Royal Horticultural Society
DAS GROSSE GARTEN-
HANDBUCH

ROYAL HORTICULTURAL SOCIETY
DAS GROSSE GARTEN-HANDBUCH

DORLING KINDERSLEY

London ■ New York ■ München ■ Paris

DORLING KINDERSLEY

Redaktion Gillian Roberts
Bildredaktion Alison Lotinga

Cheflektorat Mary-Clare Jerram
Chefbildlektorat Lee Griffiths

Lektorat Annelise Evans, Simon Maughan, Lesley Riley
Bildlektorat Roger Daniels, Martin Hendry, Miranda Kennedy,
Kevin Ryan, Ann Thompson

Medienbeschaffung Neale Chamberlain, Rachel Hilford, Charlotte Oster

Bildrecherche Sean Hunter

DTP-Design Louise Paddick, Louise Waller

Herstellung Ruth Charlton, Julian Deeming

Bibliografische Information Der Deutschen Bibliothek
Die Deutsche Bibliothek verzeichnet diese Publikation
in der Deutschen Nationalbibliografie;
detaillierte bibliografische Daten sind im Internet über
http://dnb.ddb.de abrufbar.

Titel der englischen Originalausgabe:
Gardening Manual
© Dorling Kindersley Limited, London, 2000

4. Auflage 2004
© der deutschsprachigen Ausgabe by
Dorling Kindersley Verlag GmbH, München, 2001
Alle deutschsprachigen Rechte vorbehalten

Übersetzung Gerald Bosch (S. 288–363, 409)
Feryal Kanbay (S. 364–408), Martina Köhlhoff (S. 166–287) und
Angela Kuhk (S. 9–165)

Fachlektorat Dipl.-Biologin Ute Döring für VMR, Bonn
Redaktion und Satz Verlagsservice Monika Rohde, Bonn
Büro für Informationsgestaltung, München

ISBN 3-8310-0108-1

Printed and bound in China by Toppan

MIT BEITRÄGEN VON

TEIL I: DIE PLANUNG EINES GARTENS
David Joyce

TEIL II: ANLAGE UND PFLEGE EINES GARTENS
Terassen und Wege **Zierbäume im Garten**
Lin Hawthorne Claire Calman, Alison Copland

Rasen und Bodendecker **Wassergärten** Lin Hawthorne
Alison Copland
Kräuter im Garten und ihre
Grenzen, Unterteilungen und **Verwendung** Claire Calman
Rankgerüste
Pamela Brown, Claire Calman, **Der Nutzgarten**
Joanna Chisholm Louise Abbott, Lin Hawthorne

Beete und Rabatten **Gartenpflege**
Alison Copland, Lin Hawthorne Alison Copland

Kübel und Hochbeete **Unkrautbekämpfung und**
Pflanzenkrankheiten
Claire Calman, Alison Copland Louise Abbott, Lin Hawthorne

TEIL III: PFLANZEN IM JAHRESKREIS
Louise Abbott, Fiona Wild

TEIL IV: DER GARTENKALENDER
Annelise Evans

GLOSSAR
Joanna Chisholm, Lin Hawthorne

INHALT

UNKRAUTBEKÄMPFUNG UND PFLANZENKRANKHEITEN

TEIL 3
PFLANZEN IM JAHRESKREIS

TEIL 4
DER GARTENKALENDER

SYMBOLE

Die Frosthärtesymbole zeigen an, welche Tiefstemperaturen die Pflanze ungeschützt im Freien ertragen kann. Folgende Symbole werden in Teil 3 dieses Buches verwendet:

❄❄❄ Frosthart, bis zu –15 °C

❄❄ Frosthart, bis zu –5 °C

❄ Frostempfindlich, bis zu 0 °C

❅ Frostempfindlich, bereits bei unter 5 °C
Frostschäden möglich

Höhe im ausgewachsenen Zustand ↕ und
Breite im ausgewachsenen Zustand ↔

TEIL 1

DIE PLANUNG EINES GARTENS

DER EIGENE GARTEN: AUSWAHL UND ÜBERLEGUNGEN

GRUNDZÜGE EINES GARTENS

NATÜRLICH IST JEDER GARTEN ein Lebensraum für Pflanzen, aber angelegt wird er nicht für die Pflanzen, sondern für bestimmte Menschen — und deren Vorlieben und Anforderungen können sehr verschieden sein. Hier bietet sich zum Beispiel die Gelegenheit, die gärtnerischen Fähigkeiten zu vervollkommnen und eine einzigartige Pflanzensammlung zusammenzustellen. Mit der gleichen Berechtigung kann jedoch auch eine angenehme pflegeleichte Umgebung für ein Leben im Freien geschaffen werden. Idealerweise ist der Garten eine sehr persönlich geprägte Landschaft, der die eigenen Wünsche mit den Möglichkeiten des Grundstücks in Einklang bringt.

GRUNDSÄTZLICHES

Die Art, wie der Garten genutzt werden soll, bestimmt seine Gestaltung: Sie spiegelt sich in dem jeweiligen Anteil wider, der den baulichen Gestaltungselementen, wie Pflaster und Mauern, und den bepflanzten Flächen zukommt. Wer den Garten in erster Linie als »Wohnzimmer im Freien« nutzt, wird vermutlich eine große, befestigte Terrasse einplanen. Pflanzen- und Nutzgartenfreunden mögen hingegen schmale Pfade reichen, die sich durch die verschiedenen Beete schlängeln. Wer gern Tiere beobachtet, möchte vielleicht zunächst einen Teich anlegen.

Wer sich überlegt hat, wie der Garten genutzt werden soll und wozu sich das Grundstück am besten eignet, kann nun planen, welche Gestalt der Garten annehmen soll.

△ EIN AUSGEWOGENER GARTEN
Dieser Garten wird von einer Hecke umgeben, der Brunnen bietet einen interessanten Blickfang. Er wurde mit einer ausgewogenen Zusammenstellung aus harten Böden in verschiedener Beschaffenheit — Ziegel, Kies, Steinplatten und Holz — und bepflanzten Flächen gestaltet. Die Blütenpflanzen, teilweise in Kübeln, bilden Farbtupfer, doch spielt auch das Blattwerk in diesem Pflanzplan eine große Rolle.

◁ EIN GARTEN IM GARTEN
Der Zugang zum abgeschirmten Teil dieses Gartens wurde durch eine zweite, erhöhte Ebene sowie eine Reihe Kübelpflanzen gestaltet. Bepflanzte Abschirmungen und Rankgitter bieten die Möglichkeit, den dreidimensionalen Raum eines Gartens optimal zu nutzen und Bereiche abzutrennen, die Schutz und Privatsphäre bieten.

◁ EIN GARTEN DER RUHE

Der Garten als Ort der Ruhe spiegelt sich hier in dieser schlichten Bank wider, die von farbenfrohen duftenden Blumen eingerahmt wird. Die Kombination aus befestigten Oberflächen und einfacher Bepflanzung lässt einen pflegeleichten Garten entstehen.

△ FÜR DEN PFLANZENFREUND

Die Mischung aus Formen, Strukturen und Farben lässt sofort darauf schließen, dass es sich hier um den Garten eines Pflanzenliebhabers handelt. Pflanzen mit einer besonderen Form machen den Garten auch jenseits der Blütezeit interessant.

△ AUSDRUCK DER EIGENEN PERSÖNLICHKEIT

Geschmack und die persönlichen Vorlieben des jeweiligen Gärtners können im Garten vielfältig zum Ausdruck gelangen. Gesamtentwurf, Auswahl der baulichen Elemente, Blatt- und Blütenpflanzen und die Art, wie sie dekoriert wurden, können alle eine persönliche Handschrift tragen.

△ NUTZGÄRTEN

Manch ein Gärtner schätzt in erster Linie die Möglichkeit, Gemüse, Obst und Kräuter ziehen zu können — und sei es auch nur eine Tomatenpflanze im Kübel. Eine einfallsreiche Bepflanzung und Gestaltung bewirken, dass der Nutzgarten sowohl dekorativ als auch praktisch ist.

△ GRÖSSE ALS HERAUSFORDERUNG

Ein gelungener Garten kann nicht nur auf einer großzügigen Fläche entstehen. Auch auf der kleinsten Fläche lässt sich Gärtnerglück finden, wie in dieser Komposition von Kübelpflanzen, die selbst hoch oben, auf einem Balkon oder einer Dachterrasse, ihren Platz haben kann.

DEN EIGENEN STIL FINDEN

Neben den Fragen der Nutzung des Gartens fließen bei der Planung auch Überlegungen zum bevorzugten Stil mit ein. Von strenger Formgebung über Gartenideen aus anderen Kulturen und Klimazonen bis zum Urwald-Effekt ist alles möglich.

Häufig wird zwischen formaler und zwangloser gärtnerischer Gestaltung unterschieden, doch lässt sich eine klare Trennlinie nicht ohne weiteres ziehen. Der Reiz des heute wieder aktuellen Bauerngartens liegt in seinem gelungenen Miteinander verschiedenster Pflanzen, die verdecken, dass er häufig auf einer schlichten geometrischen Anlage basiert, wie sie auch für klassische formale Gärten verwendet wird.

Die Vor- und Nachteile sollten gründlich abgewogen werden. Die karge Schönheit eines minimalistischen Gartens lässt sich zum Beispiel mit den Bedürfnissen einer Familie in Einklang bringen. Ein naturnaher Garten mag verlockend sein, doch entsteht dieser nicht einfach, indem man ein paar Blumensamen auf den Rasen wirft. Die beste Lösung bietet wohl ein Stil, der dem persönlichen Geschmack entspricht und keinen übermäßig arbeitsintensiven Unterhalt erfordert.

△ MINIMAL-ART IM GARTEN
Ausgewählte Steine, in Kies gesetzt, und einige Moospolster vor einem Hintergrund aus Bäumen und Sträuchern mit farbigem Laub ergeben trotz der kargen Bepflanzung einen ausgeprägt gestalteten Garten. Gärten wie dieser basieren auf traditionellen japanischen Gestaltungskonzepten.

◁ NATURGEMÄSSE PFLANZUNG
Eine zwanglose Pflanzung mit Stauden, die nach den jeweiligen Standortbedingungen ausgewählt wurden, entspricht einem ökologischen Ansatz, der sich an Pflanzengemeinschaften in der Natur orientiert. Die Struktur der Pflanzen, etwa von Gräsern, zählt hierbei ebenso wie die Blütenfarbe. Im Gegensatz zur strenger gehaltenen Rabatte ist diese Pflanzung relativ pflegeleicht.

◁ BLUMENWIESE
Der Verlust natürlicher Lebensräume und ihrer reizvollen Wildblumen bewirkt, dass manch ein Gärtner sich um ihren Erhalt bemüht. Bei einer Blumenwiese wachsen Wildkräuter auf magerem Boden zwischen Gras. Gemäht wird erst, nachdem sich die Pflanzen ausgesamt haben.

VOM BAUERNGARTEN INSPIRIERT ▷
Wie im Bauerngarten überwuchern leuchtende Mohnblüten (Papaver) nahezu den Ziegelpfad. Der Eindruck entsteht durch die Verwendung bekannter Blumen, die in großzügigen Mengen und häufig in enger Nachbarschaft zu Kräutern oder Gemüse gesetzt werden.

DER FORMALE GARTEN

Die ruhige Ordnung formaler Gärten entsteht zumeist durch eine ausgewogene Gestaltung des Raumes mit symmetrischen Details. Häufig ist die einfache Verdopplung: etwa zwei Pflanzkübel zu beiden Seiten eines Eingangs oder einer Sitzgelegenheit. Eine Allee bildet eine Erweiterung der paarweisen Gestaltung und verleiht einer Auffahrt einen stark formbetonten Charakter.

Auch strenge Hecken, Form- oder Spaliergehölze betonen den formalen Charakter eines Gartens. Ein weniger streng gehaltener formaler Garten entsteht durch eine rhythmische Bepflanzung, wobei in regelmäßigen Abständen die gleiche ins Auge fallende Pflanze gesetzt wird.

FORMALER STIL ▷
Der sorgsam gemähte Rasen und die gepflasterten Flächen, in Form geschnittene Sträucher und symmetrische Details verleihen diesem Garten eine formale — aber nicht zu strenge — Wirkung.

STIMMUNG UND NOTE

Die Art der baulichen Gestaltungselemente und die Bepflanzung bestimmen zusammen die Ausstrahlung eines Gartens. Farbige Kübel und Mosaiken hinterlassen beispielsweise einen wesentlich stärkeren Eindruck als schlichte Formen aus Terrakotta oder Stein.

Verschiedene dezente Grünschattierungen im Blattwerk erwecken in einem Garten eine grundsätzlich andere Stimmung als kräftige Farben. Die Wahl der Pflanzen kann auch den Eindruck einer anderen Klimazone vermitteln. Das Gefühl, sich am Mittelmeer oder im Urwald, etwa durch Bambus und andere Blattpflanzen, zu befinden, kann sogar in kühl gemäßigten Regionen hervorgerufen werden.

△ **SKULPTUR IM GARTEN**
Skulpturen und interessante Objekte, wie z. B. Treibholz, ungewöhnlich geformte Steine und Trödel, können Stimmungen entstehen lassen. Sie werden zumeist als Blickfang aufgestellt, entfalten aber auch an abgelegener Stelle ihre Wirkung.

◁ **KRÄFTIGE FARBEN**
Tulpen blühen vom Ende des Winters bis zum Spätfrühling. Zahlreiche ein- und mehrfarbige Sorten bieten sich für knallige Effekte an. Vor dem blaugrünen Zaun leuchten die kontrastierenden orangen und fast schwarzen Blüten noch intensiver.

△ **EINE MEDITERRANE NOTE**
In einem Stillleben, das an einen mediterranen Garten erinnert, bildet die Trompetenblume (Campsis) mit ihren röhrenförmigen orangeroten Blüten einen Baldachin über einer Ansammlung von Blatt- und Blütenpflanzen in Kübeln.

DER UMSCHLOSSENE GARTEN

EIN EINGESCHLOSSENER RAUM, der durch Mauern von der umgebenden Land-schaft abgetrennt ist und sich durch Bepflanzung und Gestaltung abhebt, zählt zu den ältesten Gartenformen. Ursprünglich mag er grünes Refugi-um fernab der rauen Natur gewesen sein. Heute gilt die Suche einem Ort, der uns dem regen lauten Treiben entkommen lässt. Die typische moderne Form dieses Gartens ist von den Mauern der anliegenden Häuser umgeben oder befindet sich auf Balkonen und Dächern. Die Fläche ist meist sehr be-grenzt, doch bietet dies den Vorteil, dass hier mit Hilfe der entsprechenden Bepflanzung leicht ein intimer Rückzugsort entstehen kann. Im Extremfall besitzt der umschlossene Garten keine Beete, sondern wurde nur mit einer Vielzahl unterschiedlicher Kübelpflanzen wunderbar verzaubert.

DER INNENHOFGARTEN
Selbst in einem Innenhof können ein ausgeklügelter Entwurf und sorgfältig ausgewählte Pflanzen ein großzügiges Raumgefühl entstehen lassen. Hier kaschiert eine üppige Bepflanzung die Mauer und bietet einen gemütlichen Schlupfwinkel im Grünen.

DETAIL FÜR KLEINE ECKEN ▽
Kleinere Ecken, die nicht als Zugang benötigt werden, eignen sich als Standort für pflegeleichte Pflanzen. Man kann den Raum auch dekorativ nutzen. Hier wurden zwei ästhetische Vasen auf einer Plattform aufgestellt und durch eine reduzierte pflanzerische Gestaltung ergänzt.
SIEHE AUCH: Blickfang, S. 29

DER UMMAUERTE GARTEN
Eine bogenförmige Öffnung in einer farbenfrohen verputzten Mauer bietet einen Einblick in einen mit Ziegeln gepflasterten Garten mit niedrigen geschnittenen Hecken und üppiger Bepflanzung. Dies ist eine Variante des traditionellen ummauerten Gartens in Backstein. Den Grundriss für einen warmen geschützten Garten bildet häufig eine formale Anlage mit Obst-bäumen, Sträuchern und Kletter-pflanzen, die die von der Mauer abgegebene Wärme zu schätzen wissen.

WASSER SPAREN

In trockenen Gegenden oder bei Kübelpflan-zen wird das Wässern zur wichtigen Aufgabe. Probleme können vermieden werden, indem man Pflanzen wählt, denen gelegentliche Trockenheit nichts ausmacht und die das vorhandene Wasser optimal nutzen.

■ Beim Gießen neu eingesetzte Pflanzen und Kübelpflanzen bevorzugt behandeln.

■ Die Oberfläche der Pflanzerde in Kübeln mit Mulch, Kies oder grobem Sand abdecken, so dass der Wasserverlust verringert wird.

■ Bei Kübeln Wasser speichernde Kristalle oder Granulat unter die Erde mischen.

■ Wenn nicht regelmäßig gewässert werden kann, hilft ein Berieselungssystem mit Zeitschaltuhr.

DEKORATIVE ELEMENTE △
Zwei Metallskulpturen – ein Relief in der Wand und ein frei stehender Kopf – bilden in diesem Innenhof trotz ihrer dunklen Töne einen eindrucksvollen Blickfang. In kleinen Gärten bieten Verzierungen wie Masken und Reliefs, die an der Wand be-festigt werden können, den Vorteil, den begrenzten Raum nicht zusätzlich zu ver-ringern. Hier beansprucht das fast zwei-dimensionale Riesenprofil, das sich von der üppig strukturierten Blattkulisse abhebt, erstaunlich wenig Platz und verleiht dem Gesamtbild einen surrealen Aspekt.
SIEHE AUCH: Blickfang, S. 29

GARTENMÖBEL ▽

Selbst in diesem kleinen, dicht bepflanzten Innenhofgarten findet sich Platz für einen großzügigen, runden wetterbeständigen Tisch. Obwohl er die Sitzecke nahezu ausfüllt, haben hier bequem fünf bis sechs Personen Platz. Die leichten Regiestühle lassen sich schnell zusammenklappen und wegräumen.

SIEHE AUCH: Elemente des Freizeitgartens, S. 34–35

PFLANZEN FÜR GEBORGENHEIT ▽

Kübel mit Fleißigen Lieschen (Impatiens) sorgen für Farbtupfer, der Schwerpunkt liegt hier jedoch auf Blattpflanzen. An der Mauer erzogene Sträucher, Bambus und Palmen sowie eine großblättrige Banane (Musa) erwecken den Eindruck eines versteckten, privaten Bereichs, der dem üppigen Grün abgerungen wurde.

SIEHE AUCH: Pflanzen für jeden Zweck, S. 38–41

AMPELN △

Ampeln an einer Wandaufhängung bieten in Innenhofgärten mit wenig Raum für Kübel einen farbenprächtigen Blickfang. Während der Blütezeit lassen sie sich je nach Bedarf leicht neu gestalten und bleiben so über lange Zeit, in milden Regionen selbst im Winter, attraktiv.

SIEHE AUCH: Der richtige Platz für jede Pflanze, S. 42–43

◁ WASSERSPIEL

Der tropische Aspekt dieses Innenhofgartens wird durch kühlendes Wasser betont, das von einem erhöhten Becken über große Steine in ein tiefer gelegenes plätschert. Das leise murmelnde Wasser wird dabei durch eine elektrische Unterwasserpumpe in einen Kreislauf geleitet.

SIEHE AUCH: Wasser im Garten, S. 32–33

◁ BODENBELÄGE

Die befestigten Oberflächen, die einen relativ geringen Teil des Gartens bedecken, bieten Zugang vom Haus zum »Wohnzimmer im Freien«. Die Sitzecke hebt sich durch den Belag mit Steinplatten ab, der Zugang besteht aus Holzplattformen.

SIEHE AUCH: Bodenbeläge, S. 24–27

DER DACHGARTEN

Eine L-förmige Bankgruppe bildet eine gemütliche Ecke, die durch am Geländer befestigte Kübelpflanzen leicht geschützt und abgeschirmt ist. Die zwanglose Bepflanzung schafft eine entspannte Atmosphäre; der Holzboden bietet einen klaren und sauberen Bodenbelag. Die Bänke lassen sich mit wetterfesten Kissen etwas bequemer gestalten. Die Tragfähigkeit von Flachdächern und Balkonen kann die Verwendung von leichten Materialien erfordern, etwa Plastik- oder Fiberglaskübel. Mit Rücksicht auf mögliche Windstöße sollten alle Pflanzgefäße gut befestigt werden.

DER FAMILIENGARTEN

EIN GELUNGENER GARTEN für die Familie ist ein optimaler Kompromiss zwischen den Bedürfnissen der Erwachsenen und der Kinder. Im Idealfall ist der Garten sicher umschlossen und bietet Lebensraum für Pflanzen, eine Spielwiese für Kinder und einen Ruheort für die Eltern. Wenngleich praktische und Sicherheitsüberlegungen dominieren, kann der Garten dennoch attraktiv gestaltet und kreativ bepflanzt werden. Lohnend ist es auch, bereits zu Beginn zu bedenken, wie der Garten später, vielleicht mit etwas mehr gärtnerischem Ehrgeiz, gestaltet werden kann, wenn die Kinder dem Spielalter entwachsen.

EIN GARTEN FÜR ALLE

Laubbäume bilden hier einen »geliehenen« Hintergrund für einen Garten, der die Bedürfnisse von Erwachsenen und Kindern vereint. Eine große Terrasse am Haus in Hausnähe führt zu einem Gebrauchsrasen, der von Beeten mit Pflanzen, dekorativen Elementen und einer Schaukel umgeben wird. Am Ende befindet sich ein Pavillon, der die zu Grunde liegende Symmetrie des Entwurfs und das vereinheitlichende, wenn auch kühne Farbschema betont.

ROBUSTE PFLANZEN ▷

Robuste Stauden, Zwiebelgewächse, Sträucher und Kletterpflanzen füllen die Beete auf beiden Seiten des strapazierfähigen Rasens, der als Spielwiese dient. Eine Hanfpalme *(Trachycarpus fortunei)* mit fächerartigen Wedeln lockert die strenge Symmetrie auf. Auf der Terrasse passen die Kübelpflanzen mit ihren leuchtenden Blüten zu den Gartenmöbeln und weiteren Elementen.

EINGELASSENER SANDKASTEN △

Der Sandkasten wurde so installiert, dass die Kinder leicht vom Haus oder der Terrasse zu beobachten sind. Der breite Holzrand sorgt dafür, dass der Sand im Kasten bleibt und dient als Sitzplatz.

SIEHE AUCH: Elemente des Freizeitgartens, S. 34–35

◁ SPIELGERÄTE
Klettergerüste und Spielflächen, die Kinder als Spaß bringende Herausforderung annehmen, müssen stabil und sicher gebaut sein. Die Fundamente erfordern durchlässigen Boden. Eine dicke Schicht Rindenmulch bietet einen vergleichsweise weichen Boden.
SIEHE AUCH: Elemente des Freizeitgartens, S. 34–35

◁ SCHAUKEL
Eine Schaukel, hier in farblichem Einklang mit den leuchtenden Tönen des Gartens, bildet für jüngere Kinder einen starken Anziehungspunkt. Sie kann später entfernt werden, ohne das gärtnerische Gesamtkonzept zu stören.

◁ TERRASSENBEREICH
Unglasierte, in zwei kontrastierenden Mustern verlegte Fliesen bieten eine leicht sauber zu haltende und feste Fläche für Familienaktivitäten wie etwa Mahlzeiten. Blumentöpfe mildern den harten Effekt der großen besfestigten Fläche.
SIEHE AUCH: Bodenbeläge, S. 24–27

SICHERES SPIELEN

In einem Garten mit Kindern muss Sicherheit gewährleistet sein:

• Das Grundstück gut einzäunen, damit die Kleinkinder nicht auf die Straße laufen.

• Den Spielbereich so anlegen, dass er vom Haus aus gut zu beobachten ist.

• Möglichst keine dornigen oder giftigen Pflanzen setzen.

• Wasserstellen, und seien sie noch so flach, bilden stets eine Gefahr.

• Gartengeräte und Pflanzenschutzmittel stets unzugänglich aufbewahren.

◁ BLUMENBEETE
Kindern wird das Interesse am Garten erleichtert, wenn sie einen Teil selbst bearbeiten dürfen. Die Begeisterung hält an, wenn sie mit vorsichtiger Unterstützung Pflanzen ziehen können, die rasche Erfolge bringen. Außergewöhnliches Wachstum und große Blüten bieten Sonnenblumen (Helianthus annuus), die als Dauerbrenner im Kinder-Garten gelten. Ebenfalls beliebt sind Radieschen und Pflücksalat.

DER GARTEN ALS SPIELPLATZ

Größere Kinder spielen häufig intensiver, und es zahlt sich aus, ihnen einen Teil des Gartens hierfür zu überlassen. Dieser geschützte Raum besteht aus einer großzügigen strapazierfähigen Rasenfläche. Farbenfrohes Spielgerät wird so aufgestellt, dass beim Umherrennen keine Gefahr besteht. Sollte der Rasen an manchen Stellen zu stark beansprucht werden, können die Geräte problemlos umgesetzt werden. Wenn die Spielgeräte im Lauf der Zeit überflüssig werden, kann man in diesem Bereich eine freie Rasenfläche oder ein Beet mit Zierpflanzen anlegen.

DER FREIZEITGARTEN

FÜR ALLE VIELBESCHÄFTIGTEN, die auch in der Freizeit zahlreichen Aktivitäten nachgehen, bildet der ideale Garten eine hübsche Umrahmung für das Haus, ohne allzu hohe Anforderungen zu stellen. Es gilt, das richtige Gleichgewicht zwischen der Zeit, die für das Genießen des Gartens bleibt, und jener, die man für dessen Instandhaltung aufbringen muss, zu finden. Beete und Rabatten sind anspruchsvoller in der Pflege als befestigte Oberflächen, doch wenn man sie mit robusten bodendeckenden Zierpflanzen begrünt, sind sie pflegeleicht und sehen dennoch gut aus.

EIN GARTEN ZUR ENTSPANNUNG

Ein langer, schmaler Garten wurde in drei getrennte Bereiche aufgeteilt, die unterschiedlichen Pflegeaufwand erfordern. Direkt am Haus befindet sich ein gepflastertes »Wohnzimmer im Freien«. Im hinteren Teil wurde eine erhöhte Rasenfläche angelegt. Die Terrassen mit arbeitsintensiveren, formalen Beeten und Kübeln in der Mitte sind auf Grund der relativ kleinen Fläche zu bewältigen.

EINFACHE BEPFLANZUNG ▷

Gehölze lassen die Mauern weicher erscheinen. Die Bepflanzung wurde jedoch größtenteils auf den terrassierten Bereich konzentriert, davon einiges auch in Kübeln. Die symmetrischen unteren Beete sind von Buchs eingefasst, die pflegeleichte Bepflanzung der nächsten Ebene ist naturgemäßer.
SIEHE AUCH: Pflanzen für jeden Zweck, S. 38–41; Der richtige Platz für jede Pflanze, S. 42–43

△ SCHWIMMBECKEN

Eine terrassierte Fläche wurde hier zur kühnen Anlage eines Schwimmbeckens mit asymmetrischem Umriss und einer tieferen Stelle in der Mitte genutzt. Oberhalb der Stützmauer befindet sich eine Sonnenterrasse, die von klar strukturierter Bepflanzung umgeben und von einer riesigen Amphore dominiert wird. Das blau angestrichene Pumpenhaus führt das Wasser über einen Wasserfall zurück ins Becken.
SIEHE AUCH: Elemente des Freizeitgartens, S. 34–35

SITZECKE △

Auf diesen zwei im rechten Winkel aufgestellten Bänken lässt sich die Sonne so lange wie möglich genießen. Das grelle Weiß der Möbel und die klare Aufstellung unterstreichen den formalen Stil des Gartens. Eine lockere Zusammenstellung von Tisch und Stühlen würde demselben Garten eine deutlich andere, entspanntere Stimmung verleihen.
SIEHE AUCH: Elemente des Freizeitgartens, S. 34–35

SCHATTENSPENDER

Damit ein Garten auch bei Hitze zum Verweilen einlädt, sollten Schattenplätze eingeplant werden. Bis Bäume die erforderliche Größe erreichen, können mit Kletterpflanzen begrünte Rankgerüste diese Aufgabe erfüllen.

• Kletterpflanzen über Pergolen oder Lauben bilden schattige Sitzplätze und Laubengänge.

• Bäume mit lockerer Belaubung wie Goldregen *(Laburnum)* sorgen für Bereiche mit angenehmem Halbschatten.

• Sonnenschirme spenden an beliebigen Stellen Schatten, etwa für Liegestühle.

◁ ZIERRASEN

Hier wird der Rasen nicht stark strapaziert, vielmehr soll er beim Gehen ein angenehm weiches, leicht federndes Gefühl vermitteln und, von den oberen Fenstern des Hauses betrachtet, als ruhiges, grünes Element des Gartens wirken. Regelmäßiges Mähen hilft, den guten Zustand des Rasens zu erhalten.
Siehe auch: Bodenbeläge, S. 24–25

◁ EINE BÜHNE FÜR KÜBEL

Die Stufen laden zu einem Spaziergang durch die unterschiedlichen Gartenbereiche ein. Dazu eignen sie sich bestens als Bühne für Kübelpflanzen, mit Dauer- oder Saisonbepflanzung.
Siehe auch: Bodenbeläge, S. 26–27

DER GARTENGRILL ▽

Ein gemauerter Grill kann ein Teil eines Gartens sein, wenn das Baumaterial mit dem Haus oder den Mauern harmoniert.
Siehe auch: Elemente des Freizeitgartens, S. 34–35

△ DIE TERRASSE ALS ÜBERGANG

Die Terrasse bietet einen ebenen, festen Boden, auf dem sich Gartenmöbel zum Entspannen und zum Beisammensein aufstellen lassen. Daneben dient sie meistens aber auch als Übergang zwischen Innen- und Außenbereich. Durch die Verwendung desselben Bodenbelages – hier quadratischer Fliesen – lassen sich Haus und Garten optisch besonders deutlich verbinden.
Siehe auch: Bodenbeläge, S. 24–27

DER RÜCKZUGSORT

Mitunter kann einem Garten in erster Linie die Aufgabe eines Rückzugsortes zukommen. Ein Hintergrund von dichtem Blattwerk und die üppige Bepflanzung lassen diesen Garten zu einem Ort zauberhafter Abgeschiedenheit werden, insbesondere wenn er wie hier von dem stillen Sitzplatz aus betrachtet wird, so dass ihn die Streben einer leichten Pergola einrahmen.

EIN GARTEN FÜR GÄSTE

Diese befestigte Fläche in unmittelbarer Nähe des Hauses mutet wie ein »Wohnzimmer im Freien« an, das auf eine Schar fröhlicher Gäste wartet. Diese Wirkung entsteht durch die architektonischen Elemente einschließlich der geschnittenen Hecken und Bäume und durch die freie Fläche mit sorgsam aufgestellten Sitzmöglichkeiten. Die Kübel tragen wie ausgeklügelte Blumengestecke zum eleganten Gesamteindruck bei.

DER NUTZGARTEN

EIN NUTZGARTEN, DER Gemüse, Obst und Kräuter der Saison für den eigenen Bedarf liefert, kann vielerlei Formen annehmen. Der traditionelle, großzügige Küchengarten mit rasterförmig gezogenen Wegen erfüllt sämtliche Wünsche, erfordert jedoch viel Platz und ist arbeitsintensiv. Eine reizvolle Lösung bietet der kleine Obst- und Gemüsegarten, in dem Nutzpflanzen so dekorativ wie möglich gesetzt und mit einigen farbintensiven Zierpflanzen kombiniert werden. Auch Gemüse lässt sich mit Sommerblumen und Stauden in einer gemischten Rabatte kombinieren. Zahlreiche Nutzpflanzen kann man leicht in Kübeln oder Balkonkästen ziehen, so dass selbst der kleinste Garten Früchte aus eigenem Anbau bereithält.

RANKHILFEN FÜR KLETTERPFLANZEN ▽
Rankende Gemüsesorten wie Stangenbohnen und Pflanzen wie Duftwicken *(Lathyrus odoratus)*, die Schnittblumen liefern, kommen zeitweilig nicht ohne Kletterhilfe aus. Hier wurden diese aus Bambusstäben errichtet, die im spitzen Winkel im Boden stehen und mit waagerechten Stäben stabilisiert wurden. Bei wenig Platz leistet ein Dreifuß aus Bambusstäben oder Reisig gute Dienste.

DER KÜCHENGARTEN
Graswege trennen hier die großen Beete eines Küchengartens. Das Gemüse wird in Reihen gezogen, die freien Flächen dazwischen werden regelmäßig gejätet. Ähnliche Erträge können auch auf einer kleineren Fläche mit schmaleren, aber tiefgründigeren Beeten sowie beidseitigen Zugangswegen erzielt werden. Statt in Reihen stehen die Gemüse dann in dichtem Verband.

PFLANZEN IN REIHEN ▷
Traditionell wird Gemüse in rechteckigen Beeten in Reihen mit großzügigem Abstand gezogen, was die Pflege erleichtert. Der Raum wird optimal genutzt, indem schnell heranreifender Salat zwischen Reihen von langsam wachsenden Gemüsesorten gesät wird, solange letztere noch klein sind.

△ BIRNENBOGEN
Die meisten Obstbäume sind überaus dekorativ, und einige lassen sich in kompakten Formen erziehen. Birnen und Äpfel werden oft am Spalier erzogen oder – wie die Birnbäume hier – als Kordons (oder »Schnurbaum«), also mit nur einem Trieb, über einen Metallbogen.

DER DEKORATIVE NUTZGARTEN

Kräuter, Gemüse und ein kleiner Apfelbaum wurden hier ebenso reizvoll wie ertragreich kombiniert. Kugelige lila Blüten des Zierlauchs, der zur Familie der Liliengewächse zählt, gesellen sich zu dunkelrotem Mangold – auf Grund der Stiele eine der farbenfrohsten Gemüsearten – und zu gelben und orangen Ringelblumen (*Calendula officinalis*). Letztere zählen zu den Kräutern und werden heutzutage häufig als Zierpflanzen gesetzt, die sich großzügig selbst aussamen. Der traditionelle Bauerngarten mit seiner zufällig wirkenden Mischung aus Zier- und Nutzpflanzen bietet zahlreiche nützliche Anregungen für solche Gärten.

◁ GRASWEGE

In einem großen Küchengarten können die verschiedenen Beete sehr reizvoll durch Graswege getrennt werden, die regelmäßig gemäht werden müssen. Bei nassem Wetter verwandeln sie sich jedoch mitunter zu Schlammwegen. Für stark genutzte Pfade, insbesondere in kleinen Gärten, sollte eher ein fester Belag gewählt werden.
SIEHE AUCH: Bodenbeläge, S. 24–27

◁ AROMATISCHE EINFASSUNG

Pflanzen mit aromatischen Blättern, die bei jeder Berührung ihren Duft entfalten und zudem geerntet werden können, bilden eine herrliche Einfassung für Beete und Rabatten. Geeignete Pflanzen sind u. a. Ysop, Lavendel, Rosmarin und Thymian. Hier wurde purpurroter Gartensalbei (*Salvia officinalis* ›Purpurascens‹) gesetzt.
SIEHE AUCH: Pflanzen für jeden Zweck, S. 40–41

KRÄUTERECKE △

Kräuter lassen sich formal im eigenen Beet, aber auch zwanglos inmitten anderer Pflanzen ziehen. Die meisten ziehen sonnige Lagen mit durchlässigem Boden vor. Zu ihnen zählt u. a. Thymian, der im Frühsommer lila Blüten treibt.

GUTE ORGANISATION

Ein gesunder und ertragreicher Küchengarten beruht auf guter Organisation.

• Die Einarbeitung großer Mengen gut verrotteten organischen Materials wie Kompost erhält die Bodenfruchtbarkeit, Bodenbeschaffenheit sowie die Fähigkeit, Feuchtigkeit zu halten.

• Fruchtfolge wirkt der Verbreitung von Schädlingen und Krankheiten in einem sorgsam bestellten Gemüsegarten entgegen.

• Pflanzliche Abfälle wie Herbstlaub werden kompostiert, kranke Pflanzenteile verbrannt.

GEMÜSE IN KÜBELN

Stangenbohnen lassen sich leicht in tiefen Kübeln an einem Klettergerüst, etwa einem Dreifuß, ziehen. An sonnigen Standorten, beispielsweise auf dem Balkon, zählen Pflücksalat und frühe Buschtomaten zu den geeignetsten Gemüsesorten für den Blumenkasten.

DER LIEBHABERGARTEN

DER LIEBHABERGARTEN HAT ZAHLREICHE Gesichter, die aber stets die Vorlieben und den Geschmack des Gärtners und die Herausforderungen des Grundstücks widerspiegeln. Insbesondere hebt er sich fast immer durch die Qualität der Bepflanzung hervor. Die Begeisterung des Gärtners äußert sich oft in einer Sammelleidenschaft für seltene, ungewöhnliche oder auch für bestimmte Pflanzen (etwa Rosen), und dies am eindrucksvollsten, wenn die jeweiligen Standortbedingungen den Pflanzen besonders zusagen. Die Pflanzen werden je nach Ansprüchen und in einer ästhetischen Weise kombiniert, und es entsteht das Gefühl, der Garten sei nicht statisch, sondern in ständiger Entwicklung.

EINE ARBEITSINTENSIVE RABATTE
In dieser gut abgestuften Rabatte zeigt sich die Zuwendung des Gartenbegeisterten – von der Bodenvorbereitung und Planung über das Aufbinden bis zum Entfernen welker Blüten. Eine solche Rabatte bietet einen zutiefst befriedigenden Anblick, während die nötige Arbeit dem Gärtner zudem große Freude bereitet.

◁ MEHRZWECK-GEWÄCHSHAUS
Ein Gewächshaus ist oft kostspielig, doch für den leidenschaftlichen Gärtner zahlt sich diese Investition zweifelsohne aus. Nicht beheizbare Gewächshäuser sind in erster Linie der Anzucht von Jungpflanzen vorbehalten. Die beheizbare Variante lässt sich vielseitiger nutzen, zum Beispiel als dauerhaftes Zuhause für Wärme liebende Pflanzen.
SIEHE AUCH: Nützliche Hilfsmittel, S. 36–37

DER NATURNAHE GARTEN
Durch arbeitssparende Gestaltung kann der begeisterte Gärtner seine Zeit besser ausnutzen. Naturgemäße Kombinationen von Pflanzen, die den gleichen Standort bevorzugen – Fetthenne und Gräser vertragen beide Trockenheit –, bringen Blattwerk und Blütenfarben am besten zur Geltung. Eine Kies- oder Mulchschicht aus gut verrottetem Material bremst Unkraut und hält die Feuchtigkeit.

FORMGEGENSÄTZE ▷
In einer Pflanzenzusammenstellung greifen die Formen ähnlich wie in der Natur ineinander. Hier umgeben niedrige silberblättrige Pflanzen, etwa Greiskraut, einzelne Gräserhorste, kissenförmige Fetthenne und eine spitze Yucca.

SCHÖNHEIT AUF DAUER ▷
Die granatroten und gelbbraunen Herbstfarben oder die sparsamen und filigranen Kontraste im Winter spielen für den Gartenliebhaber eine ebenso große Rolle wie die frischen, strahlenden Kombinationen im Frühjahr und Sommer.

STRUKTUR DURCH BLATTWERK ▷
Ein Garten mit reichhaltigen, ausgeklügelten Effekten beruht auf dem Zusammenspiel verschiedener Blattstrukturen und den Farbnuancen von Blüten und Blättern. In diesem herbstlichen Garten steht vor den steifen Zacken der Yucca und den starren senkrechten Stängeln ein Meer von wogendem Gras.
SIEHE AUCH: Pflanzen für jeden Zweck, S. 38–39

DEN GARTEN BEPFLANZEN

Den Garten mit Pflanzen aus der Baumschule oder einem Gartencenter zu bestücken, kann kostspielig werden. Zieht man einige Pflanzen selbst, kann man dagegen zusätzliche Pflanzen zu äußerst geringen Kosten erhalten.

• Die Mitgliedschaft in einer örtlichen oder nationalen Gartengesellschaft ermöglicht die Teilnahme an Tauschbörsen für Samen und Pflanzen sowie an Gartenschauveranstaltungen, wo spezialisierte Gartenbaubetriebe zumeist interessante Pflanzen anbieten.

• Ein eigenes Anzuchtbeet ermöglicht das Vorziehen von Jungpflanzen, bevor diese an den endgültigen Platz gepflanzt werden.

• Frühbeetkasten und Gewächshaus ermöglichen eine umfangreichere Anzucht aus Samen und Stecklingen.

EIN GARTEN AM WASSER

Besondere Standorte wie etwa der Ufersaum von Still- und Fließgewässern oder moorige Standorte bieten die Gelegenheit, Pflanzen mit ähnlichen Ansprüchen phantasievoll zu kombinieren. An Standorten, die ihren jeweiligen Lebensbedingungen entsprechen, lassen sorgfältig ausgewählte Pflanzen den Eindruck einer natürlichen Pflanzengemeinschaft entstehen, obwohl die einzelnen Pflanzen häufig aus weit entfernten Ursprungsgegenden stammen. In dieser ufernahen Bepflanzung, bei der dem Blattwerk eine dominante Rolle zukommt, wurden Ahorn und Funkien aus Japan, Etagenprimeln *(Primula X bullesiana)*, großblättriger *Lysichiton* aus Nordamerika, eine Hybride eines Himalaya-Rhododendrons und Baumfarn aus Neuseeland kombiniert.

BODENBELÄGE 1

DIE STRUKTUR EINES Gartens wird selbst bei Ziergärten meistens durch die befestigten Oberflächen wie Kieswege und mit Platten belegte Innenhöfe, die auch bei nassem Wetter ein sauberes Gehen erlauben, festgelegt. Sie bilden Wege durch den Garten, eine ordentliche Umrandung für Garten- und Gewächshäuser sowie einen festen Boden für die Terrasse oder einen Sitzplatz. Farbe, Beschaffenheit und Muster lassen manchen festen Bodenbelag zu einem reizvollen Element des Gartens werden.

Häufig werden große ebene Flächen aus optischen Gründen auch mit Rasen begrünt. Manche davon eignen sich für Spiel und Freizeit. Doch selbst Gebrauchsrasen vertragen kaum eine Nutzung bei feuchtem Wetter.

BEGRÜNTE FLÄCHEN SIEHE AUCH: RASEN UND BODENDECKER, S. 74–89

ZIERRASEN

Für Rasen, der in erster Linie wegen seines Aussehens angelegt wird, verwendet man feinblättrige Sorten, wie Straußgras und Schwingel.
Vorteile Der samtige Rasen bildet einen Ruhepunkt für das Auge und eine Wohltat für die Füße.
Nachteile Nur für offene, sorgfältig vorbereitete Böden geeignet. Erfordert sehr regelmäßiges Mähen und intensive Pflege, einschließlich Wässern bei Trockenheit. Als Rollrasen sehr teuer; bei Aussaat dauert es relativ lange Zeit, bis sich eine dichte Fläche bildet.

GEBRAUCHSRASEN

Die Mischung für trittfesten Rasen enthält häufig deutsches Weidelgras *(Calium perenne)*.
Vorteile Bietet einen schönen Anblick und ist dennoch als Spielfläche für Kinder geeignet. Weniger arbeitsintensiv als Zierrasen.
Nachteile Boden muss gut vorbereitet werden. Im Aussehen immer dem Zierrasen unterlegen. Erfordert regelmäßiges Mähen und muss bei Trockenheit gewässert werden. Als Rollrasen recht teuer; bei Aussaat dauert es relativ lange, bis eine strapazierfähige Fläche entsteht.

STUFEN IM GARTEN

Mit Stufen lassen sich verschiedene Ebenen eines Hanggrundstücks verbinden. Sie laden zur Bewegung ein, bilden jedoch ein Hindernis für Gartengeräte wie Schubkarren.

• Sichere Stufen bestehen aus einem festen Fundament und großzügigen ebenen, rutschfesten Trittflächen von bequemer Höhe.

• Die Kosten richten sich vor allem nach Treppengröße, Stufenzahl und Material.

• Materialkombinationen, hier Ziegel mit Holz, harmonieren häufig auch mit weiteren baulichen Gestaltungselementen.

FESTE BELÄGE SIEHE AUCH: TERRASSEN UND WEGE, S. 56–73

HOLZPLATTFORMEN

Selbst auf leicht abfallendem oder unebenem Gelände bilden Holzbretter, die auf Deckenträgern ruhen, eine ebene Fläche. Zedernholz und kesseldruckimprägniertes Holz sind besonders haltbar.
Vorteile Das Holz ist bereits in Bretterform erhältlich. Innen- und Außenraum lassen sich damit optisch besonders gelungen verbinden. Zahlreiche Gestaltungsmöglichkeiten durch Farbe, Struktur und Muster.
Nachteile Für eine längere Lebensdauer erfordern Holzflächen regelmäßige Pflege.

KIES

Kies besteht aus kleinen Steinchen, die je nach Größe zusammengestellt werden. Die Farbe variiert je nach Art der Steine. Zur Vermeidung von Unkraut wird er zumeist auf eine Plastikfolie aufgetragen.
Vorteile Relativ preisgünstig; leicht zu verlegen, auch in unregelmäßiger Form. Für formale wie zwanglose Gestaltung geeignet. Das Knirschen schreckt unerwünschte Besucher ab.
Nachteile Kies gerät leicht auf angrenzende Flächen oder mit den Schuhen ins Haus. Gelegentliches Entfernen von Unkraut ist notwendig.

NATURNAHE WIESE

Einheimische Grasarten und Wiesenblumen dürfen hoch wachsen, blühen und sich aussamen. Durch das Mähen einzelner Flächen werden Wege gestaltet.

Vorteile Muss nur wenige Male gemäht werden. Für problematische Stellen wie unebene oder abfallende Bereiche und kargere Böden geeignet. Hilft, Wildblumen zu erhalten, und zieht Tiere an.

Nachteile Gemähtes Gras muss entfernt werden. Entfernen von Problem-Unkräutern erforderlich. Kleine Wiesenstücke wirken leicht ungepflegt.

RASEN AUS KAMILLE

Ein Rasen lässt sich auch mit anderen immergrünen Pflanzen gestalten, hier mit Römischer Kamille (*Chamaemelum nobile*). Die nicht blühende niedrige ›Treneague‹ ist besonders geeignet.

Vorteile Setzt einen Kontrast zur Struktur anderer Gartenbereiche. Beim Betreten verbreiten die Kamillenblätter einen angenehmen Duft. Erfordert nur gelegentlichen Schnitt.

Nachteile Nur sehr geringe Strapazierfähigkeit, daher nur für kleinere Stellen als Zierrasen geeignet. Häufige Erneuerung erforderlich.

RINDENMULCH

Maschinell zerkleinerte Rindenstücke, die häufig als Mulch eingesetzt werden, eignen sich auch als Bodenbelag für Wege und Kinderspielplätze.

Vorteile Relativ preiswert und leicht auszubringen. Weiche Oberfläche, die besonders gut zu waldähnlichen Gartenbereichen passt.

Nachteile Wirkt auf größeren Flächen leicht zu massiv. Muss alle zwei bis drei Jahre neu aufgetragen werden, da die Rindenstücke zerfallen und sich auch außerhalb der Fläche verteilen, sofern keine Kante gesetzt wurde.

GEGOSSENER BETON

Beton, aus Zement, Sand und Zuschlag gemischt, wird auf einer Schotterunterlage aufgetragen. Damit er nicht reißt, werden in größere Flächen Dehnungsfugen eingearbeitet.

Vorteile Relativ preisgünstiges und sehr dauerhaftes Material, das sich sehr vielseitig einsetzen lässt. Wenn entsprechende Zufahrtswege vorhanden sind, kann fertig gemischter Beton verwendet werden. Beton kann getönt oder mit einer Oberflächenstruktur versehen werden.

Nachteile Die harte Wirkung größerer Flächen lässt sich selbst durch Farbe kaum kaschieren.

BETONPLATTEN

Vorgeformte Betonplatten sind in verschiedenen Größen, Formen und Farben im Baumarkt erhältlich. Sie weisen eine glatte oder aufgeraute Oberfläche auf, einige ähneln Steinen. Sie werden zumeist auf Mörtelstreifen auf Sand über einer Schotterunterlage verlegt.

Vorteile Relativ preiswertes und leicht zu verlegendes Material, das vielseitig und dauerhaft ist. Das Verwittern macht die Platten schöner.

Nachteile Frisch verlegt wirken Betonplatten kalt. Einige der kräftigeren Farben harmonieren schlecht mit Pflanzen.

GRANITPFLASTER

Die eher würfelförmigen Granitsteine werden in Mörtel oder Sand verlegt. Sie bilden eine glattere Oberfläche als Kopfsteinpflaster, das abgerundet und von einheitlicher Größe ist, aber ebenso verlegt wird.

Vorteile Äußerst haltbares Material, das ohne Pflege auskommt. Harmoniert gut mit anderen Materialien, durch die geringe Größe flexibel einzusetzen. Angenehme Farbschattierungen.

Nachteile Material und Verlegen sind teuer. Die leicht unebene Oberfläche ist bei Nässe rutschig, jedoch nicht mehr als andere feste Oberflächen.

BODENBELÄGE 2

WEITERE FESTE BELÄGE SIEHE AUCH: TERRASSEN UND WEGE, S. 56–73

STEINPLATTEN

Rechteckige Natursteinplatten werden meist auf eine Sandschicht über einer Schotterunterlage gebettet. Die Fugen werden mit Mörtel oder Sand gefüllt.
Vorteile In einer großen Vielfalt an Farben und Oberflächen erhältlich. Äußerst haltbar und leicht zu pflegen. Vermitteln den Eindruck von Qualität in formalen Gartenbereichen.
Nachteile Material und Verlegen sind teuer. Das Verlegen der schweren Platten zu einer ebenen Fläche erfordert großes Geschick.

STEINMOSAIK

Unregelmäßig geformte Natursteinbruchstücke werden wie ein Puzzle auf einer Schotterunterlage in Sand gebettet. Hier wurde eine Mischung verschiedener Steinarten verwendet. Die Fugen werden meist mit Mörtel ausgefüllt.
Vorteile Bruchstücke sind preiswerter und meistens auch leichter. Haltbar.
Nachteile Das Ineinanderpassen der Stücke zu einem Puzzle ist zeitaufwendig. Bei großen Flächen fallen die ungleichmäßigen Fugen oft unangenehm auf.

TRITTSTEINE AUS BETON

Vorgefertigte Betonplatten werden in Sand in gut begehbarem Abstand verlegt und bilden einen einfachen Pfad zwischen Pflanzen oder über Kies.
Vorteile Relativ preisgünstig, leicht zu verlegen und haltbar. Die Pfade sind leicht zu verändern und ermöglichen sauberes Gehen. Verwittert integrieren sich die Platten besser ins Gesamtbild.
Nachteile Unmittelbar nach dem Verlegen wirken die Platten eher hart. Häufig verwittern sie nicht genug, um sich tatsächlich gut in die Umgebung einzufügen.

GEMISCHTE PFLASTER SIEHE AUCH: TERRASSEN UND WEGE, S. 56–73

PLATTEN, PFLASTER UND KIES

Dieser alte Mühlstein aus maßgeschneiderten Steinen bildet hier den ungewöhnlichen Mittelpunkt einer Anlage aus Granitpflaster und Kies.
Vorteile Beeindruckend, wenn stilvoll gestaltet. Eine Mischung verschiedener Materialien lässt einen stark strukturierten Effekt entstehen. Für formale Gärten geeignet. Haltbar.
Nachteile Teuer. Die Verbindung von mehr als zwei Materialien kann sich mitunter als schwierig erweisen. Die Kiesfläche muss von Unkraut freigehalten werden.

ZIEGEL UND TERRAKOTTA

Ein ungewöhnlicher kreisförmiger Boden entstand hier durch passgerecht zugeschnittene Ziegel, die um mehrere ineinander stehende Blumentöpfe aus Terrakotta angebracht wurden. Die Töpfe sind in Sand, die Ziegel in Mörtel eingebettet.
Vorteile Ein besonderes gestalterisches Element, das ins Auge fällt und dennoch mit relativ bescheidenen Materialien auskommt.
Nachteile Selbst bei frostbeständigen Blumentöpfen ist das Mittelstück weniger haltbar als der Ziegelring. Das Zuschneiden der Ziegel erfordert Geschick. Fläche muss gejätet werden.

GROSSE STEINE UND KIESEL

Große Steinbruchstücke sind in Sand gebettet und mit Kieseln umgeben, was einen halbwegs ebenen Weg entstehen lässt.
Vorteile Natursteinbruchstücke sind preiswerter als zugeschnittener Stein und u. U. sogar in der Natur zu finden. Angenehme Kontraste in Beschaffenheit, Form und mitunter auch Farbe. Für zwanglose Gärten gut geeignet. Haltbar.
Nachteile Nur für zwanglose Gartenbereiche und für Nebenwege geeignet. Unebene Oberflächen stellen möglicherweise eine Gefahr dar. Jäten kann erforderlich werden.

ZIEGEL

Wetterfeste Ziegel sind in verschiedenen Farben und Strukturen erhältlich. Sie eignen sich für ebene Flächen und werden meistens in Mörtel gebettet und ausgerichtet.

Vorteile Hübsch zu Backstein oder Klinkerhäusern. Harmonieren mit den meisten anderen festen Belägen. Verschiedene Ziegelverbände wirken in formalen Gärten sehr dekorativ. Flexibel, geringe Größe.

Nachteile Das Verlegen erfordert Zeit und wird teuer, wenn eine Firma beauftragt werden muss.

FLIESEN

Unglasierte, bei sehr hoher Temperatur gebrannte Tonfliesen und frostbeständige, glasierte Keramikfliesen werden auf ebenflächigem Beton verlegt. Tonfliesen bettet man meist in Mörtel, Keramikfliesen klebt man mit Fliesenkleber fest.

Vorteile Bieten eine große Bandbreite an Farben und Dekors, auch Mosaiken sind möglich. Gutes optisches Bindeglied zwischen Haus und Garten.

Nachteile Glasierte Fliesen sind bei Nässe rutschig. Fliesenschneiden ist schwierig und erzeugt viel Verschnitt. Nur für formale Gärten.

Pflastermuster zählen zu den traditionellen Elementen der Gartengestaltung. Die Abbildung zeigt, dass der Kreativität keine Grenzen gesetzt sind. Hier sind die Spiralen mit hellen und dunklen Kieseln aufgefüllt, die in Zement gesetzt wurden.

• Mit Mustern, wie den verschiedenen Ziegelverbänden, bringt man leichter Ordnung in die Gestaltung kleinerer Pflasterflächen.

• Ineinander greifende Muster sind stabiler.

• Die Verwendung kontrastierender Materialien steigert die Wirkung des Musters.

ZIEGEL UND KIES

In Mörtel gebettete, frostbeständige Ziegel bilden ein kräftiges Gestaltungselement und dienen als Begrenzung der Kiesfüllung.

Vorteile Eine preiswerte Art, eine stark gemusterte Anlage zu erschaffen, die auf Gegensätzen in Struktur und Farbe beruht. Gut geeignet für formale Gartenbereiche.

Nachteile Kies verteilt sich leicht überall und muss ab und zu nachgefüllt werden. Zum Haus hin empfiehlt sich eine Übergangszone aus Ziegeln, damit er nicht ins Haus getragen wird. Möglicherweise gelegentliches Jäten erforderlich.

STEINPLATTEN UND RASEN

In Sand gebettete Steinplatten in diversen Größen umgeben eine gemähte Rasenfläche.

Vorteile Angenehmer Kontrast in Beschaffenheit, Farbe und Form. Die Platten ergeben eine Fläche, die auch bei Nässe begehbar ist. Für formale Gärten geeignet. Auch bei kleinen Rasenflächen oder Gärten von geringer Größe entsteht bereits ein reizvoller Effekt.

Nachteile Maximale Wirkung erzielt die Zusammenstellung, wenn der Rasen regelmäßig gemäht und die Kanten geschnitten werden. Zwischen den Steinplatten muss regelmäßig gejätet werden.

STEINPLATTEN UND KIESEL

Verschieden große lose Kiesel umgeben Steinplatten, die in Sand gebettet wurden.

Vorteile Eine preisgünstige Art, mit relativ wenig Steinplatten eine eben begehbare Fläche zu gestalten. Reizvoller Kontrast in der Struktur und manchmal auch in der Farbe. Die Zusammenstellung ist für formale Gartenbereiche geeignet. Die Kiesel können wie eine Mulchdecke eingesetzt werden, zwischen die einzelne Pflanzen wachsen.

Nachteile Der Kieselbereich muss von Unkraut freigehalten werden. Mitunter verteilen sich die Kiesel, wenn eine Randeinfassung fehlt.

MAUERN UND ZÄUNE

MAUERN, ZÄUNE UND Hecken bilden Abschirmungen, die das Grundstück nach außen abgrenzen oder es unterteilen. Sie sichern bestimmte Gartenbereiche für Kinder oder Tiere und bieten, bei entsprechender Höhe, auch Schutz vor unerwünschten Gästen. Sie lassen Geborgenheit entstehen, indem sie Einblicke verwehren, aber bestimmte Ausblicke zulassen. Auch offene Strukturen wie Bögen und Pergolen können einige dieser Funktionen übernehmen.

Abschirmungen beeinflussen auch die Standortbedingungen im Garten, indem sie Schutz bieten, Wärme speichern, Schatten spenden, trockene Stellen entstehen lassen oder den Wind brechen. Außerdem bieten sie einen gewissen Schutz vor Abgasen und dämpfen störenden Straßenlärm.

FREIE MAUERN SIEHE AUCH: GRENZEN, UNTERTEILUNGEN UND RANKGERÜSTE, S.90–121

BACKSTEINMAUER

Diese Mauer ist auf einem Schotter-Beton-Fundament errichtet. Die Ziegel sind im Verband vermauert und mit einer Krone geschützt.
Vorteile Haltbar und pflegeleicht. Bietet Sicherheit und sorgt für Abschirmung. In zahlreichen Farben erhältlich. Verschiedene reizvolle Ziegelverbände. Auf der Sonnenseite lässt die gespeicherte Wärme ein eigenes Mikroklima entstehen.
Nachteile Wer nicht handwerklich begabt ist, muss mauern lassen, was teuer sein kann. Windturbulenzen auf der abgewandten Seite möglich.

VERPUTZTE MAUER

Mauern aus als unschön empfundenen Baustoffen, wie zum Beispiel Betonblöcken, werden mit einer Putz- oder Mörtelschicht verputzt. Diese Schicht wird zumeist gestrichen.
Vorteile Haltbare und preiswerte Mauer, die dennoch einen reizvollen Anblick bietet. Den Putz kann man auf verschiedene Weise bearbeiten, etwa bürsten oder mit Raupputz versehen.
Nachteile Undurchlässiger Windschutz, daher unangenehme Turbulenzen möglich. Instandhaltung erforderlich.

ZÄUNE SIEHE AUCH: GRENZEN, UNTERTEILUNGEN UND RANKGERÜSTE, S. 90–121

STAKETENZAUN

Im Boden stehende senkrechte Pfosten werden mit waagerechten Querriemen verbunden, die in regelmäßigen Abständen Latten tragen. Der Zaun kann roh bleiben, wird jedoch meist gestrichen.
Vorteile Dekorativer leichter Zaun. Kann individuell gestaltet werden, durch unterschiedliche Abstände und Breite der Latten, durch Formgebung der Spitzen oder durch Farbe. Die Öffnungen sind winddurchlässig, so dass die Gefahr von Turbulenzen hier nicht so groß ist.
Nachteile Benötigt Pflege. Bietet nur begrenzte Sicherheit und schirmt nur teilweise ab.

DICHTZAUN

Holzelemente aus einem Rahmen und Lamellen werden mit Hilfe von Holz- oder Betonpfosten zu Zäunen zusammengesetzt.
Vorteile Relativ preiswert. Aus Fertigelementen relativ leicht zu errichten. In vielen Ausführungen erhältlich.
Nachteile Flechtzäune mit eingearbeiteten Leisten und fehlkantige Zäune mit überlappenden waagerechten Brettern, wie hier abgebildet, zählen zu den leichteren Zäunen, die nicht ewig halten.

BOHLENZAUN

In regelmäßigen Abständen gesetzte senkrechte Pfosten tragen zwei oder drei waagerechte Spaltholzbretter. Wenn man statt ungesäumter Bretter solche mit geraden Kanten verwendet und sie mit einem Anstrich versieht, ist der Eindruck weniger rustikal.
Vorteile Relativ preisgünstige Grundstücksbegrenzung, die den Garten nicht von der ihn umgebenden Landschaft trennt.
Nachteile Bietet keinen Sicht- oder Windschutz oder Sicherheit vor Eindringlingen. Kindern und kleineren Tieren stellt er kein Hindernis dar.

STÜTZMAUERN SIEHE AUCH: GRENZEN, UNTERTEILUNGEN UND RANKGERÜSTE, S. 90–121

TROCKENMAUER

Trockenmauern werden zumeist aus örtlichen Steinen errichtet, die ohne Mörtel in zufälliger oder geschichteter Ordnung aufeinander gestapelt werden. Einige mit Erde gefüllte Spalten bieten Pflanzen die Möglichkeit, sich hier anzusiedeln.
Vorteile Bei vorhandenen Steinen eine relativ preiswerte Lösung. Haltbar. Sehr reizvoll, wenn von erwünschten Pflanzen besiedelt.
Nachteile Die Errichtung erfordert Geschick. Benötigt mitunter etwas Pflege. Unerwünschte Pflanzen sind u. U. schwer zu entfernen.

EISENBAHNSCHWELLEN

Mit schweren ausgedienten Eisenbahnschwellen lassen sich stabile niedrige Mauern oder wie hier eine Stufenreihe bilden. Bei mehr als zwei Schichten sichert man sie – etwa mit Metallstäben.
Vorteile Haltbares Material, das einen guten Hintergrund für Pflanzen bildet. Auch zur Errichtung von Hochbeeten geeignet.
Nachteile Nur für niedrige Stützmauern geeignet. Schwer zu handhaben. Häufig sickert aus ihnen Teer, und sie können mit Schadstoffen belastet sein.

BAMBUSZAUN

Bambusreisig oder -rohr wird auf Maß geschnitten, mit Draht oder Schnur verflochten und senkrecht zwischen Pfosten aufgestellt. Dickeres Bambusrohr kann wie hier als waagerechte Stabilisierung verwendet werden.
Vorteile Hervorragende Abschirmung. Vielfalt an Strukturen und Farben, die alle gut mit Pflanzen harmonieren.
Nachteile Außer bei Fertigelementen erfordert der Aufbau einiges Geschick. Relativ leichte Abgrenzung, die regelmäßige Instandhaltung und Erneuerung benötigt.

FLECHTZAUN

Dünne Zweige oder Holzstreifen werden zu einem leicht ungleichmäßigen Flechtwerk verbunden und von Pfosten gehalten.
Vorteile Relativ preisgünstige Fertigelemente, meist mit quer angeordnetem Flechtwerk erhältlich. Besonders nützliche Abschirmung als Übergangslösung, etwa während eine Hecke heranwächst. Angenehmes Erscheinungsbild, das in Farbe und Beschaffenheit gut mit der Pflanzenwelt harmoniert. Rustikal, aber vielseitig.
Nachteile Schwer vor Ort herzustellen. Relativ kurzlebig.

SCHMIEDEEISERNER ZAUN

Ein Zaun aus Guss- oder Schmiedeeisen besteht zumeist aus senkrechten und waagerechten Stäben, die eng genug stehen, um Tiere, und bei entsprechender Höhe, auch unerwünschte Gäste abzuschrecken. Durch das Muster bietet sich ein angenehmer Blick in und aus dem Garten. Damit er nicht rostet, ist ein Anstrich erforderlich.
Vorteile Haltbar, bietet sicheren Schutz. Zahlreiche dekorative Muster erhältlich.
Nachteile Ein qualitativ hochwertiger Zaun ist teuer. Bietet weder Sicht- noch Windschutz. Muss von Zeit zu Zeit gestrichen werden.

HECKEN, RANKGERÜSTE UND EINFASSUNGEN

HECKEN SIEHE AUCH: GRENZEN, UNTERTEILUNGEN UND RANKGERÜSTE, S. 90–121

IMMERGRÜNE FORMHECKE

Immergrüne Sträucher und Bäume, die sich hervorragend für klassische Formhecken eignen, sind etwa Buchs *(Buxus)*, hier am Rand des Weges, und Eibe *(Taxus)* zu beiden Seiten des Durchgangs.
Vorteile Klare Struktur, langlebig. Lässt sich in der ganzen Bandbreite von der niedrigen Beeteingrenzung bis zu hohen, schützenden Hecken gestalten. Harmoniert gut mit anderen Pflanzen.
Nachteile Wie bei allen Hecken dauert es etwas, bis die gewünschte Höhe erreicht ist. Schnitt mindestens einmal jährlich erforderlich.

LAUB ABWERFENDE HECKE

Einige Laub abwerfende Gehölze reagieren auf regelmäßigen Schnitt mit einer dichten Oberfläche. Buche *(Fagus)* und Hainbuche *(Carpinus)* behalten bis zum Frühjahr ihre attraktiven rostbraunen Blätter. Für diese purpurfarbene Hecke wurden Kirschpflaumen *(Prunus cerasifera ›Nigra‹)* gewählt.
Vorteile Unterscheiden sich in Farbe und Struktur von immergrünen Hecken.
Nachteile Meist winterkahl. *(Siehe auch links, Immergrüne Formhecke.)*

HECKEN UND FORMSCHNITT

Für Formschnitt sind immergrüne Heckenpflanzen geeignet, die wie hier in Verbindung mit Hecken Akzente setzen und als Blickfang dienen. Zumeist werden einfache geometrische Figuren geformt, aber auch Tiere und Vögel.
Vorteile Fertige Gehölzskulpturen geben Gärten eine zeitlose, auffällige Struktur.
Nachteile Nur wenige Pflanzen eignen sich für einen langlebigen Formschnitt. Das Herausbilden der Formen erfordert Geduld und regelmäßige, sorgfältige Schnittmaßnahmen.

BÖGEN UND PERGOLEN

FLECHTHECKE

Bei Flechthecken entsteht eine dichte Abschirmung in Kronenhöhe, indem die Äste nebeneinander stehender Bäume miteinander verwoben werden. Geeignet sind Bäume mit biegsamen Zweigen (insbesondere *Tilia platyphyllos* ›Rubra‹).
Vorteile Ungewöhnlich. Im Gegensatz zu einer Barriere auf Bodenhöhe kann die kalte Luft hier abziehen. Kann unterpflanzt oder mit einer Hecke oder Mauer kombiniert werden.
Nachteile Zu Beginn rigorose Erziehung am Draht- oder Holzrahmen erforderlich. Benötigt jährliche Pflegemaßnahmen.

FREI WACHSENDE HECKE

Natürlich buschige, dicht wachsende Sträucher, einschließlich mancher Rosenarten, wie hier, bilden in Reihen gepflanzt wirkungsvolle Hecken. Ungeschnitten oder nur leicht zurückgenommen, bilden sich Blüten und Früchte, was diesen Hecken einen besonderen Reiz verleiht.
Vorteile Zu bestimmten Jahreszeiten sehr farbenfroh. Meist wenig Rückschnitt erforderlich.
Nachteile Beansprucht mitunter viel Platz. Schnittmaßnahmen dürfen Blüte und Heranreifen der Früchte nicht beeinträchtigen.

METALLBOGEN

Ein Metallbogen besteht aus einem zumeist eisernen Rahmen mit Querstäben. Er kann als Bausatz erworben oder nach Maß gefertigt werden. Wie andere Bögen auch, setzen sie Akzente und heben Durchgänge im Garten hervor. Meistens sind sie von Kletterpflanzen bewachsen.
Vorteile Das kräftige und vielseitige Material ergibt elegante Strukturen in vielerlei Stilen.
Nachteile Maßgeschneiderte Bögen sind relativ teuer, Bausätze mitunter nicht sehr stabil. Erfordert einen gelegentlichen Anstrich.

EINFASSUNGEN

Einfassungen sind meist funktional und häufig dekorativ. Sie zeigen an, wo ein Rasenstück oder ein fester Belag auf ein Beet trifft. Der Rand kann von einer niedrigen Begrenzung wie Ziegeln gebildet werden; er kann u. U. auch nur eine optische Grenze darstellen. Auch eine Reihe niedrig wachsender Pflanzen übernimmt diese Aufgabe.

• Eine schmale Mähkante, die tiefer als der Rasen liegt (*siehe oben* kombiniert mit einer Einfassung aus Ziegeln), erleichtert das Mähen.

• Lose Böden wie Kies benötigen eine Einfassung, damit sie sich nicht verteilen.

• Böden, die aus kleinen Einheiten wie Back- oder Pflastersteinen bestehen, werden durch eine Einfassung, meist auf gleicher Höhe mit der Fläche, im Verband gehalten.

HECKE MIT DURCHGANG

Durchgänge und Fenster in einer Hecke sollen zu den Hauptwegen und Ausblicken im Garten überleiten. Die Zweige werden zunächst auf einem Rahmen erzogen, manchmal auch auf einem Bogen oberhalb der Hecke.
Vorteile Hebt den architektonischen Charakter der Begrenzung hervor und definiert eindringlicher die Struktur des Gartens. Rückt einen Blickfang oder Aussichtspunkt ins Licht.
Nachteile Erziehung und Schnitt erfordern Sorgfalt. Braucht Jahre bis zur Vollendung.

GEMISCHTE HECKE

Bei der gemischten Hecke entstehen auf Grund der Verwendung verschiedener Gehölze reizvolle Kontraste. Bei dieser Buchenhecke (*Fagus*) mit grünen und dunkelroten Blättern ist nur Farbe, bei Verwendung von mehr als einer Gehölzart auch Blattstruktur und -größe unterschiedlich.
Vorteile Auffällige Hecke, in der auch Lichteffekte eine maßgebliche Rolle spielen.
Nachteile Einige Zusammenstellungen wirken unruhig. Neigt zu uneinheitlicher Entwicklung wegen des unterschiedlichen Wachstums.

SIEHE AUCH: GRENZEN, UNTERTEILUNGEN UND RANKGERÜSTE, S. 90–121

• Niedrige Formhecken, etwa aus Zwergbuchs (*Buxus*), bilden einen schönen Rahmen für locker bepflanzte Beete, wie oben.

• Zwergstraucheinfassungen, zudem aromatisch wie der hier abgebildete Lavendel, mildern den Übergang zu Beeten und Rabatten.

HOLZBOGEN

Aus maßgeschnittenem Holz und rustikalen Pfosten entstehen Bögen, die mehr ins Auge fallen als jene aus Metall, doch erfüllen sie den gleichen Zweck, wölben sich über einen Gartenweg und rahmen einen Aussichtspunkt oder Blickfang dekorativ ein.
Vorteile Vielseitiges Material, das so gestrichen oder gebeizt werden kann, dass der Holzbogen zu anderen gestalterischen Elementen des Gartens passt. Auch als Bausatz erhältlich.
Nachteile Die dekorative Farbschicht muss regelmäßig aufgefrischt werden.

RUSTIKALE PERGOLA

Dieses Gerüst aus Stangenholz spendet einem Gartenweg Schatten und ist mit dekorativen Kletterrosen begrünt. Für eine Pergola können auch Schnittholz, Ziegel, Mauerwerk oder Metall verwendet werden.
Vorteile Relativ preisgünstige Pergola, die sich problemlos errichten lässt. Nützlich als Schattenspender in einem neuen Garten, während die Gehölze heranwachsen.
Nachteile Sogar behandeltes Holz muss irgendwann ersetzt werden. Weniger haltbar und stabil als eine Pergola aus anderen Materialien.

WASSER IM GARTEN

TEICHE UND WASSERLÄUFE finden sich bereits in den frühesten Gärten, und bis zum heutigen Tag hat Wasser nichts von seiner Beliebtheit eingebüßt. Stehendes Wasser fasziniert durch seine spiegelnde Oberfläche. Bei fließendem Wasser fesselt das Spiel mit dem Licht und sein Murmeln oder Rauschen.

Dank moderner Materialien und Zubehör können Elemente eines Wassergartens heute in nahezu jede Anlage integriert werden, wo sie auch einen Anziehungspunkt für die Tierwelt bilden.

Es sollte jedoch berücksichtigt werden, dass mangelhaft installierte elektrische Geräte in Verbindung mit Wasser einen tödlichen Schlag verursachen können und dass Teiche für Kleinkinder immer eine Gefahrenquelle darstellen.

TEICHE SIEHE AUCH: WASSERGÄRTEN, S. 198–223

WASSERBECKEN

Ein Becken mit geometrischer Form kann aus Beton gegossen, mit Teichfolie oder mit einer vorgefertigten Form gebaut werden. Es kann auch wie hier erhöht angelegt werden. Ein Becken kann teilweise mit Pflanzen begrünt oder von einem Springbrunnen belebt werden.
Vorteile Harmoniert mit den meisten Bodenbelägen. In jeder Größe reizvoll, somit auch für sehr kleine Gärten geeignet.
Nachteile Geometrische Wasserbecken passen schlecht zu einer zwanglosen Randbepflanzung.

GARTENTEICH

Ein unregelmäßig geformter Teich wird meist mit Teichfolie oder einem Fertigteich aus Kunststoff hergestellt, kann aber auch mit Ton abgedichtet werden. Am natürlichsten wirkt er in einem niedrig gelegenen Teil des Gartens und mit sanft abfallendem Rand, der Raum für Sumpf- und Wasserpflanzen bietet.
Vorteile Mit einer Teichfolie leicht anzulegen. Der beste Teich für die Tierwelt.
Nachteile Fischteiche wirken vor allem auf kleinem Raum bisweilen künstlich.

SPRINGBRUNNEN UND WASSERSPEIER SIEHE AUCH: WASSERGÄRTEN, S. 198–223

SPRINGBRUNNEN

Der einfachste Springbrunnen besteht aus einer einzigen Fontäne in der Mitte eines Beckens. Sie wird zumeist von einer Unterwasserpumpe betrieben, die das Wasser im Kreislauf führt. Die Höhe der Fontäne bestimmt die Größe der Pumpe. Kompliziertere Effekte entstehen durch vielfache oder winklige Düsen, die zum Beispiel in Statuen eingearbeitet werden.
Vorteile Zusätzlicher Reiz für Becken und Teich. Leicht zu installieren und zu bedienen.
Nachteile Schlauch der Pumpe muss verdeckt werden. Ist bei Frost u. U. abzustellen.

MAUERWASSERSPEIER

Ein konventioneller Wasserspeier besteht aus zwei Teilen. Aus einem einfachen Speier oder einem dekorativen Element wie einer Maske fließt ein Strahl Wasser. Dieser wird in einem darunter liegenden Becken aufgefangen. Eine Pumpe führt das Wasser zurück.
Vorteile Relativ preiswert; in verschiedenen Stilen und Designs erhältlich. Auf einer Terrasse oder in einem Innenhof leicht anzubringen.
Nachteile Ein nur tröpfelnder Strahl kann störend wirken. Schlauch und Leitungen vom Becken zum Speier müssen verdeckt werden.

ORIGINELLER WASSERSPEIER

Zahlreiche improvisierte Wasserspeier wie die hier umfunktionierte Gießkanne oder konventionelle Skulpturen, die mit einem Schlauch versehen werden, kommen in Betracht. Düsen und Verlängerungsschläuche, die verschiedene Effekte ermöglichen, werden häufig zur Tauchpumpe mitgeliefert oder sind einzeln erhältlich.
Vorteile Ein ungewöhnlicher Wasserspeier unterstützt den individuellen Charakter eines Gartens. Geeignete Objekte sind meist preiswert.
Nachteile Mit Sorgfalt auszuwählen, da das Neue u. U. schnell seinen Reiz verliert.

WASSERLÄUFE <small>SIEHE AUCH: WASSERGÄRTEN, S. 198–223</small>

MINIATURTEICH

Für kleinste Wassergärten, die sich auch für Terrassen, Wintergärten oder Gewächshäuser eignen, kommt eine Vielzahl wasserdichter Behälter in Frage, wie Halbfässer, Kübel und alte Tröge. Holzbehälter können imprägniert sein und müssen daher ausgekleidet werden.
Vorteile Relativ preiswert. Bringt Wasser selbst in kleinste Gärten.
Nachteile Muss bei heißem Wetter häufig nachgefüllt und im Winter eventuell geleert werden, da kleinere Behälter durchfrieren.

WASSERLAUF

Wasserläufe als naturnaher Bachlauf können mit naturgemäßer Bepflanzung gestaltet sein, aber auch wie hier architektonisch angelegt sein, wo das Wasser im rechten Winkel in und aus einem in Granitpflaster gefassten Teich fließt. Künstliche Wasserläufe werden durch eine Pumpe angetrieben.
Vorteile Interessante Licht- und Geräuscheffekte möglich bei geringem Wasserfluss.
Nachteile Anlage erfordert handwerkliches Geschick; Anlage durch eine Baufirma ist teuer.

WASSERFALL

Ein Wasserfall besteht aus natürlichen oder künstlich angelegten Stufen, über die das Wasser abwärts fließt. Hierzu kann ein natürlicher oder ein von einer Pumpe angetriebener Wasserlauf dienen. Abgebildet sind einfache kanalisierte Stufen, die einen Wiesengarten am Hang bilden.
Vorteile Lebendiger Effekt von Bewegung, Licht und Geräusch. Materialien nicht unbedingt teuer.
Nachteile Künstliche Bachläufe und Wasserfall erfordern eine leistungsstarke Pumpe für den Wasserkreislauf.

BRÜCKEN <small>SIEHE AUCH: WASSERGÄRTEN, S. 198–223</small>

QUELLSTEIN

Ein niedriger Wasserstrahl, der sanft zwischen großen Kieseln abläuft, bildet ein schlichtes, aber wirkungsvolles Wasserspiel. Der große durchbohrte Sprudelstein verdeckt den eingelassenen Wasserbehälter und die elektrische Pumpe.
Vorteile Kindersicher und selbst für kleinste Gärten geeignet. Relativ preiswert als Bausatz oder auch leicht aus einigermaßen preiswerten Materialien zu bauen.
Nachteile Muss bei Frost abgestellt werden und verliert dann seinen Reiz. Angenehme Randbepflanzung erforderlich.

BOHLENSTEG

Die Urform einer Brücke – ein Brett über einen Wasserlauf wurde hier zu einem stilvollen Holzpfad erweitert. Aufrauen der Oberfläche durch eingeritzte Rillen oder Bearbeitung mit einer Drahtbürste macht die Bohlen bei Nässe weniger rutschig.
Vorteile Relativ preiswerte Materialien; leichter Aufbau. Gut geeignet für einen natürlichen Teich.
Nachteile Nicht geeignet als Hauptweg durch den Garten. Regelmäßiger Unterhalt notwendig für lange Lebensdauer und Sicherheit.

BRÜCKE MIT GELÄNDER

Leicht gewölbte oder gerade Brücken mit Geländer und beidseitigem solidem Fundament können wie hier aus imprägniertem Holz gebaut werden oder auch aus teureren Materialien wie Ziegeln oder Mauerwerk. Kleinere Holzbrücken werden als Bausatz angeboten.
Vorteile Sicheres Gartenelement mit Bilderbuchcharakter über kleinen und mittleren Wasserläufen. Kann auch als Gerüst für erzogene Pflanzen dienen. Als Bausatz nicht teuer.
Nachteile Maßgefertigte Brücken sind kostspielig. Holzbrücken erfordern regelmäßige Pflege.

ELEMENTE DES FREIZEITGARTENS

FEST STEHENDE UND BEWEGLICHE ELEMENTE, die das Leben unter freiem Himmel angenehm machen, erlauben eine optimale Nutzung des Gartens.

Mit einem Spielhäuschen und Sandkasten sind Kinder einige Jahre glücklich und beschäftigt, später kann das Spielgerät entfernt werden. Ein Schwimmbecken, das auch Erwachsene begeistert, zählt zu den dauerhaften Gartenelementen.

Sitzgelegenheiten sind wesentliche Bestandteile eines jeden Gartens. Eine Laube mit bequemen Möbeln ist optimal, doch auch einige Klappstühle leisten gute Dienste. Permanente Sitzgelegenheiten sind praktisch, wenn man oft draußen isst. Dazu gehört für viele auch ein Grill.

Bei Dunkelheit schafft Beleuchtung eine zauberhafte Atmosphäre.

BAULICHE ELEMENTE SIEHE AUCH: TERRASSEN UND WEGE, S. 56–73

GEMAUERTER GRILL

Ein Grill aus Backstein, Beton oder Stein besteht aus einer Feuerebene und einer Halterung für den Grill. Stauraum für Brennstoff und eine Arbeitsfläche sind ebenfalls nützlich.
Vorteile Für Mahlzeiten mit Familie und Gästen ein beliebter Treffpunkt. Relativ leicht zu bauen.
Nachteile Standortwahl schwierig: Das Feuer muss gut ziehen, Rauchbelästigung aber vermieden werden. Ständige Beobachtung des Feuers erforderlich. Eventuell sind örtliche Bestimmungen einzuhalten.

LAUBE

Kleine dekorative Gebäude, zumeist aus Holz und häufig an mindestens einer Seite offen, die eine schattige Sitzgelegenheit im Garten bieten. Die Laube sollte dort errichtet werden, wo sie schön anzusehen ist und gleichzeitig einen angenehmen Blick in den Garten eröffnet.
Vorteile Eine Gelegenheit für ein bescheidenes, aber stilvolles architektonisches Element.
Nachteile Ein maßgezimmertes wie auch ein gutes Serienmodell sind zumeist teuer. Lauben aus Holz erfordern Pflege.

SITZGELEGENHEITEN SIEHE AUCH: TERRASSEN UND WEGE, S. 56–73

HOLZBANK

Holz gilt als klassisches Material für Gartenbänke, von schlicht und funktional bis kühn dekorativ, wie die Abbildung zeigt. Das Holz kann passend zum übrigen Garten gebeizt oder gestrichen werden. Geölt erhält die Bank einen natürlichen Schutz. Bei Tropenholz auf die Herkunft achten.
Vorteile Solide und auffallende Modelle im Handel. Kann sehr haltbar sein.
Nachteile Stilvolle Gartenbänke haben entsprechende Preise. Komfort ist oft zweitrangig. Pflege erforderlich. Im Winter geschützt unterstellen.

METALLBANK

Zu den elegantesten Gartenmöbeln zählen jene aus Metall. Die hier abgebildete Parkbank ist aus Schmiedeeisen mit verzinkten Leisten. Reicher verzierte Metallmöbel basieren häufig auf Entwürfen aus dem 19. Jahrhundert. Sie sind meist aus Gusseisen oder einem Aluminiumgemisch und gestrichen oder emailliert.
Vorteile Elegante Modelle im Handel. Können sehr langlebig sein.
Nachteile Meistens teuer. Können unbequem und kalt sein. Erfordern Pflege. Im Winter am besten geschützt unterstellen.

HÖLZERNE SCHAUKELBANK

Dieses zwanglose Gartenmöbel lädt zu bequemem Sitzen ein. Die oben abgebildete Schaukel hat einen festen Rahmen und kann im Winter abgenommen werden. Frei beweglich und leicht zu lagern sind Hängematten, Liegestühle und zusammenklappbare Hollywoodschaukeln.
Vorteile Bequem. Trägt zur entspannten Atmosphäre des Gartens bei.
Nachteile Beansprucht mehr Platz als eine vergleichbar große Gartenbank. Lässt sich nicht je nach Sonne oder Schatten an einem anderen Ort aufstellen. Benötigt Pflege.

SCHWIMMBAD

Für den Bau eines Schwimmbeckens werden verschiedene Methoden angewandt, fast durchgängig wird jedoch Beton als Basis verwendet, der oft mit Fliesen verkleidet wird.
Vorteile Kann von eleganter Schönheit sein.
Nachteile Beansprucht viel Platz und dominiert optisch den Garten. Wird am besten mit professioneller Hilfe angelegt, was kostspielig ist. Platz für die Unterbringung des Wasserfilters erforderlich. Potenzielle Gefahr für unbeaufsichtigte Kinder. Benötigt regelmäßige Pflege.

KINDERSPIELHÄUSCHEN

Das traditionelle Material für ein Kinderspielhäuschen ist Holz, obwohl viele kommerzielle Modelle aus Plastik in leuchtenden fröhlichen Farben angeboten werden. Ein Spielhäuschen benötigt einen sonnigen Platz, wo die Kinder beobachtet werden können.
Vorteile Wird von Kindern gern angenommen und regt das kreative Spielen an.
Nachteile Wenn die Kinder älter werden, kann das Häuschen überflüssig werden. Ein Holzhaus ist pflegeintensiv.

SANDKASTEN

Die meisten Kinder lieben es, im Sand zu spielen. Am besten eignet sich ein sonniger Ort, der vom Haus einsehbar ist. Der Sand, wie hier von einem Holzrahmen umgeben, wird über einer wasserdurchlässigen Membran verteilt, die auf einer Schotterunterlage mit Kiesschicht liegt. Eine Abdeckung schützt vor Laub und Haustierkot.
Vorteile Ein sicherer Spielplatz im Freien für kleine Kinder. Preiswert, leicht zu errichten, und kann später umgestaltet werden.
Nachteile Nach einigen Jahren überflüssig.

BELEUCHTUNG SIEHE AUCH: TERRASSEN UND WEGE, S. 56–73

SITZGRUPPE

Für gemeinsame Mahlzeiten wie auch für Überraschungsbesuch sind Tisch und Gartenstühle aus Holz, Plastik oder Metall ein Muss. Einige sind leicht und wetterfest, wie diese Metallmöbel. Sie werden auf einem ebenen festen Belag aufgestellt, gern unter einem Sonnenschirm.
Vorteile Die praktischen Möbel lassen den Garten oder die Terrasse als »Wohnzimmer im Freien« erscheinen. Zahllose Modelle.
Nachteile Gartenmöbel von guter Qualität sind zumeist teuer. Beanspruchen Platz. Im Winter am besten geschützt unterstellen.

ELEKTRISCHES LICHT

Elektrische Beleuchtung kann im Garten Wege und Sitzecken ausleuchten. Besondere Effekte erreicht man mit Spots und nach oben gerichteten Lichtquellen oder mit Lichterketten. Einbrecherschutz bieten Bewegungsmelder mit Flutlicht. Eventuell benötigte Stromanschlüsse müssen allerdings von einem Elektriker gelegt werden.
Vorteile Problemlos. Stimmungsvoll. Verbesserte Sicherheit beim Gehen und vor Einbrechern.
Nachteile Installation kann kostspielig sein.

FLACKERNDE FLAMMEN

Lichtquellen, bei denen Wachs oder Paraffin (in fester oder flüssiger Form) in einer Flamme verbrennt, sind Fackeln, Laternen, Kerzen und Windlichter. In einigen Fällen ist die Flamme wie auf der Abbildung durch Glas geschützt.
Vorteile Preiswerte, flexible Beleuchtungsmethode, die leicht je nach Bedarf eingerichtet werden kann. Angenehmes, weiches Licht. Spezielle Duftkerzen halten Insekten fern.
Nachteile Schwache Lichtquelle, die eher dekorativ als praktisch ist. Mögliche Brandgefahr. Abgebrannte Lichter müssen ersetzt werden.

NÜTZLICHE HILFSMITTEL

GUTE HILFSMITTEL ERLEICHTERN das effiziente Bewirtschaften eines Gartens. Das Gewächshaus bietet frostempfindlichen Pflanzen ein Winterquartier und ermöglicht rechtzeitiges Vorziehen, was die Blüte- und Erntezeit verlängert. Aber auch mit bescheideneren Mitteln wie Frühbeet oder Folientunnel kann man viel erreichen.

In einem Kompostbehälter setzen sich Küchen- und Gartenabfälle zu Kompost um, der später auf die Beete ausgebracht wird, wo er sowohl die Fruchtbarkeit des Bodens als auch dessen Struktur verbessert.

Das ordentliche und sichere Verstauen der Gartengeräte spart Zeit und schont die Geräte. Abschließbare Schuppen bieten zwar Sicherheit, lenken aber gerade erst die Aufmerksamkeit von Dieben auf sich.

GEWÄCHSHÄUSER SIEHE AUCH: GARTENPFLEGE, S. 274–287

FREI STEHENDES GEWÄCHSHAUS

Das Satteldachhaus mit einem Aluminium- oder Holzskelett ist am weitesten verbreitet. Die senkrechten, ganz oder teilverglasten Wände, werden von einem Glasdach abgedeckt, das zu beiden Seiten gleichmäßig abfällt.
Vorteile Viele Modelle in unterschiedlichen Preisklassen im Handel. Vorhandene Fläche mit viel Platz für Stellagen kann optimal genutzt werden. Verschiedenes Zubehör erhältlich.
Nachteile Unter Umständen weniger hell als ein Holländerhaus mit nur schrägen Glasflächen.

WANDGEWÄCHSHAUS

Dieses Gewächshaus besteht aus einem Metall- oder Holzgerüst, das an einer Gebäudewand lehnt. Es kann auch als Wintergarten dienen.
Vorteile Zahlreiche Modelle auf dem Markt. Gute Lösung, wenn der Platz für ein frei stehendes Gewächshaus fehlt. Die Mauer wirkt Wärme isolierend, was den Temperaturverlust mindert. Installation von Wasser und Strom einfacher als bei frei stehendem Glashaus.
Nachteile Lichteinfall wird durch die Mauer reduziert. Lüftung häufig unzureichend.

HAUBEN UND TUNNEL SIEHE AUCH: DER NUTZGARTEN, S. 234–273

KOMPOSTBEHÄLTER

GLASHAUBE

Traditionell besteht eine Haube aus Glasscheiben, die durch Metallspangen oder einen Metallrahmen gehalten werden. Es bildet eine Schutzhaube, die über Setzlinge oder frühe Aussaten gestellt wird. Heute erfreuen sich Plastikhauben zunehmender Beliebtheit.
Vorteile Leicht zu versetzen, daher vielseitig als Schutz für einzelne Pflanzen oder kleinere Pflanzengruppen zu verwenden. Glas besitzt eine größere Lichtdurchlässigkeit als Plastik.
Nachteile Relativ teuer auf großen Flächen. Muss vorsichtig behandelt werden.

FOLIENTUNNEL

Flexibler Kunststoff wird über Drahtbügel zu einem durchgehenden Tunnel gespannt, der als Schutz über frühe Möhren oder Salatpflanzen gesetzt wird. Der Kunststoff sollte strapazierfähig und UV-stabilisiert sein. Nicht benutzter Kunststoff wird dunkel aufbewahrt. Folientunnel sind auch aus steifem Kunststoff erhältlich.
Vorteile Relativ preiswerte Weise, um Frühgemüse zu schützen.
Nachteile Im Vergleich zu Glas ist Kunststoff weniger lichtdurchlässig und hält die Wärme weniger gut. Relativ kurzlebig.

KOMPOSTBEHÄLTER AUS HOLZ

In einem Kompostbehälter aus Holz lassen sich relativ große Mengen pflanzlichen Abfalls aus Küche und Garten so schichten, dass sie sich zersetzen können. Zum Leeren werden die Bretter an der Vorderseite entfernt. Ein zweiter Behälter zum Umsetzen ist sinnvoll.
Vorteile Relativ preiswerte Materialien. Einfacher Aufbau. Als Bausatz erhältlich.
Nachteile In kleinen Gärten schlecht einzubinden. Nicht abgedeckter Kompost kann im Sommer austrocknen und sollte bei Bedarf gewässert werden.

FRÜHBEETKÄSTEN SIEHE AUCH: GARTENPFLEGE, S. 274–287

DEKORATIVES GEWÄCHSHAUS

Ein frei stehendes Gewächshaus, das auch dekorativen Charakter besitzt, besteht wie hier aus einem Gerüst aus kunststoffbeschichtetem Stahl, Aluminium oder Holz. Dieses Modell entspricht im Wesentlichen dem konventionellen Satteldachhaus mit teilgemauerten Wänden.
Vorteile Kann, was den Schutz für Pflanzen betrifft, ebenso wirkungsvoll sein wie andere Gewächshäuser und bildet zudem ein dekoratives Element im Garten. Stahl ist äußerst robust.
Nachteile Betont dekorative Modelle oft teurer.

FRÜHBEETKASTEN AUS HOLZ

Der herkömmliche Frühbeetkasten, der Pflanzen vor Kälte schützen soll, besteht aus einem Holzrahmen, auf dem leicht abfallende Glasfenster aufliegen. Zur Belüftung werden diese hochgeklappt oder zur Seite geschoben. Im Handel sind Holzkästen nur noch selten aufzutreiben. Sie lassen sich jedoch leicht selbst bauen.
Vorteile Holzrahmen speichert gut Wärme.
Nachteile Falls noch erhältlich, sind im Handel angebotene Kästen teuer. Lassen sich nicht so leicht versetzen wie Kästen aus Aluminium.

ALUMINIUMFRÜHBEETKASTEN

Leichte Kästen aus Aluminium und Glas sind in zahlreichen Varianten erhältlich. Die oberen Glasfenster werden meistens zur Seite geschoben.
Vorteile Der preiswerte Bausatz ist leicht zusammenzubauen. Lässt mehr Licht durch als Holz- oder Ziegelkästen. Kann leicht versetzt werden, so dass die sich verändernden Licht- und Schattenverhältnisse optimal genutzt werden können.
Nachteile Weniger stabil als Holz- oder Ziegelkästen, muss bei großer Kälte zusätzlich isoliert werden.

SIEHE AUCH: GARTENPFLEGE, S. 274–287

GERÄTESCHUPPEN SIEHE AUCH: GARTENPFLEGE, S. 274–287

KUNSTSTOFFKOMPOSTER

Die meisten Modelle im Handel sind für kleine bis mittelgroße Gärten gedacht. Einige verfügen über einen Mechanismus zum Wenden des Komposts, was die Zersetzung beschleunigt.
Vorteile Wirkungsvoller als Holzbehälter, weil Feuchtigkeit und Wärme, die für das Zersetzen notwendig sind, besser erhalten bleiben. Sauber, kompakt und meistens robust.
Nachteile Kann relativ teuer sein, wobei der Preis nicht unbedingt etwas über die Leistung aussagt. Die Kompostmenge, die sich nach der Größe des Behälters richtet, ist oftmals gering.

GARTENSCHUPPEN

Ein Gartenschuppen kann aus vielerlei Materialien wie etwa Holz, Beton, Metall oder Glasfaser bestehen. Für einen gekauften oder selbst gebauten Holzschuppen wird am besten von Natur aus fäulnisresistentes Zedernholz oder kesseldruckimprägniertes Holz gewählt.
Vorteile Mittlere Preislage. Bietet Wetterschutz auch für große Geräte wie Rasenmäher und einen wetterunabhängigen Ort für kleinere Gartentätigkeiten wie Umtopfen.
Nachteile Benötigt Platz. Erfordert Pflege. Eingeschränkte Diebstahlsicherheit.

DEKORATIVER GERÄTESCHUPPEN

Ein Geräteschuppen kann maßgezimmert, als Bausatz errichtet oder fertig zusammengesetzt gekauft werden. In einem kleinen Garten kann ihm durchaus dekorativer Wert zukommen.
Vorteile Relativ preiswert und kompakt. Bietet Wetterschutz. Bei sorgfältiger Platzierung auch als Blickfang einzusetzen.
Nachteile Benötigt Pflege. Selbst bei optimaler Nutzung des Raumes meist nicht für größere Geräte zu verwenden. Kommerziell gefertigten Schuppen fehlt es mitunter an ästhetischer Qualität. Eingeschränkte Sicherheit.

PFLANZEN FÜR JEDEN ZWECK 1

SELBST WENN ES IM GARTEN viele befestigte Flächen gibt, immer sind es die Pflanzen, die ihn durch alle Jahreszeiten hindurch zum Leben erwecken. Farben sind von großer Bedeutung, und deren Vielfalt bei Blüten und Blattwerk ist schier unerschöpflich. Die Struktur des Blattwerks und aller anderen Pflanzenteile bilden einen zusätzlichen Reiz. Unter den weiteren Eigenschaften der Pflanzen, die genutzt werden können, kann auch der Duft von würzig-scharf bis süß-parfümiert bedacht werden. Einige Pflanzen kommen erst richtig zur Geltung, wenn sie in bestimmten Situationen eingesetzt werden, etwa weil sie einen pflegeleichten Garten ermöglichen, individuelle Akzente und Blickfänge bilden oder sich besonders für senkrechte Wände eignen.

JAHRESZEITLICHE AKZENTE SIEHE AUCH: BEETE UND RABATTEN, S. 122–165

FRÜHJAHR

Jetzt haben farbenfrohe Zwiebel- und Knollengewächse Hochsaison. Sie lassen sich wie hier mit ein- oder zweijährigen Blumen kombinieren. Das knospende Grün der Gehölze bildet einen zarten Hintergrund. Feinere Zwiebelgewächse harmonieren mit zahlreichen früh blühenden Steingartenpflanzen. Viele Gehölze stehen nun in Blüte, etwa Magnolien, *Prunus* und Rhododendron. Für Fassade und Pergola bieten sich blühende Kletterpflanzen wie Glyzinen und verschiedene Clematis-Arten an.

SOMMER

Die blattreichste Jahreszeit geht mit der Hauptblütezeit zahlreicher Pflanzen einher. Im Frühsommer verwöhnen einmal blühende Rosen mit ihrer Pracht, während die öfter blühenden Sorten bis zum Herbst remontieren. Die hier abgebildeten Lupinen, Rittersporn und Nelken (*Dianthus*) sind nur einige der vielen Stauden, Zwiebel- und Knollengewächse, die sich in der Blüte ablösen. Für Beete und Balkonkästen gibt es Petunien und Verbenen sowie zahllose andere farbenfrohe einjährige Sommerblumen.

FARB- UND STRUKTURAKZENTE SIEHE AUCH: BEETE UND RABATTEN, S. 122–165

FARBSCHEMA

Zu den zuverlässigeren Weisen, ein einheitliches Pflanzschema durchzusetzen, zählt die Verwendung bestimmter Farben. Hierzu werden harmonierende oder kontrastierende Blütenpflanzen ausgewählt und mit entsprechenden Blattpflanzen kombiniert wie bei dieser kühl wirkenden Pflanzung aus weißen Frühjahrsblüten und silbrigen und cremefarben panaschierten Blattpflanzen. Ein gelegentlicher Schockeffekt, etwa von sich beißenden Tönen wie Purpur und Orange, erweckt den Garten zu neuem Leben.

BLÜTENFARBE

Obwohl sie nicht der einzige dekorative Aspekt einer Pflanze sind, kommt den Blüten eine besondere Bedeutung zu: Das Auswählen und Zusammenstellen ihrer Farben stellt für jeden Gärtner eine der aufregendsten Herausforderungen dar. Die Palette erstreckt sich von Weiß- und Pastellschattierungen über leuchtende, satte Farben – darunter einige von feuriger Intensität, wie die hier abgebildete Brennende Liebe (*Lychnis chalcedonica*) – bis zu tiefen, nahezu schwarzen Tönen. Oft haben Blüten auch in sich schöne Blattstrukturen oder kräftige Muster.

BLATTFARBE

Nur im Herbst erreichen die Farben des Blattwerks die Leuchtkraft oder Vielfalt der Blütentöne. Blattgrün wird als beruhigende Hintergrundfarbe natürlicher Landschaften wahrgenommen. Im Garten bietet sich die Möglichkeit, eine fast unendliche Palette an Grünschattierungen neben ausdrucksvolleren Farbvariationen in die Gestaltung einzubeziehen. Zu den auffälligsten zählen weiß und gelb panaschierte Blätter, goldgelbes Blattwerk, einige Silber-, Grau- und Blautöne sowie schwergewichtige Bronze- und Purpurnuancen, wie bei dieser Berberitze.

SIEHE AUCH: ZIERBÄUME IM GARTEN, S. 184–197

PFLANZENGRUPPEN

Die folgenden Begriffe werden von Gartenbaubetrieben, Gartencentern und Katalogen zur Einstufung von Pflanzen verwendet:

• **BÄUME** Immergrüne oder Laub abwerfende verholzte Pflanzen. Größer als Sträucher, mit Stamm und verzweigter Krone.

• **BEETPFLANZEN** Meistens Einjährige, Zweijährige oder Stauden, die zur vorübergehenden Beetgestaltung gesetzt werden.

• **BODENDECKER** Hauptsächlich immergrüne Pflanzen von niedrigem Wuchs mit dekorativem Blattwerk. Sie bilden einen dichten Teppich, der kein Unkraut aufkommen lässt.

• **EINJÄHRIGE UND ZWEIJÄHRIGE** Kurzlebige Pflanzen. Einjährige keimen, blühen und fruchten in einem Jahr, Zweijährige beenden ihren Lebenszyklus im zweiten Jahr.

• **FARNE** Nicht blühende Pflanzen, die sich durch Sporen vermehren, die sie auf der Unterseite der blattähnlichen Wedel bilden.

• **GRÄSER** Pflanzen mit knotigen Halmen und langen schmalen Blättern. Die Blüten stehen in Ähren oder Rispen. Gräser bilden Horste oder dichte Rasen. Bambus ist ein Gras mit verholzten Sprossen.

• **KLETTERPFLANZEN** Pflanzen mit biegsamen Stängeln, die an einem Gerüst hochranken, sich hochwinden oder mit Haftwurzeln selbst an einer Wand befestigen.

• **NADELGEHÖLZE** Meist immergrüne Gehölze mit Nadeln oder schuppenförmigen Blättern. Die meisten bringen Zapfen hervor.

• **STAUDEN** Krautige, nicht verholzende Pflanzen, die länger als zwei Jahre leben und jeden Frühling neu austreiben. Die meisten sterben im Winter oberirdisch ab.

• **STEINGARTENPFLANZEN** Niedrige Sträucher, Stauden oder Zwiebelgewächse (nicht unbedingt Hochgebirgspflanzen), die sich für Steingärten oder ein Hochbeet eignen.

• **STRÄUCHER** Immergrüne oder Laub abwerfende verholzte Pflanzen. Kleiner als Bäume und von der Basis an verzweigt.

• **WASSERPFLANZEN** Sammelbegriff für Pflanzen, die in Gewässern wurzeln oder frei schwimmen.

• **ZWIEBEL- UND KNOLLENGEWÄCHSE** Zwiebeln sind unterirdische gestauchte Sprosse, die für eine Ruhephase Energiereserven speichern. Allgemeiner werden hiermit Pflanzen bezeichnet, die aus verdickten unterirdischen Speicherorganen herauswachsen, zu denen Zwiebeln, Rhizomknollen, Rhizome und Knollen zählen.

HERBST

Die Illusion eines fortdauernden Sommers wird von lang blühenden Pflanzen unterstützt, etwa Rosen, Fuchsien, Pelargonien und zahlreichen kleinblütigen Clematis-Arten. Deren Blütezeit überschneidet sich mit jener der Herbstblüher, zu denen Stauden wie Astern, Japananemonen und Sonnenbraut zählen, oder auch Knollengewächse wie Alpenveilchen und Herbstzeitlose (*Colchicum*). Den Höhepunkt bilden natürlich die Herbstfärbung der Gehölze, die leuchtenden Beeren und schließlich der Laubfall.

WINTER

Im Winter scheinen Pflanzen innezuhalten. Nicht länger ihre Blütenfarbe, sondern ihre Struktur spielt nun die Hauptrolle und wird durch Frost und Schnee auf zauberhafte Weise betont. Gräser wie auch die kahlen Äste der Gehölze zeigen nun vor den geschlossenen Formen der Immergrünen ihre filigrane Schönheit. Doch es gibt Anzeichen für Bewegung, etwa der unerwartete Duft blühender Gehölze oder die Blüten früher Zwiebelgewächse und Stauden wie Schneeglöckchen (*Galanthus*) und Christrosen.

SIEHE AUCH: GRENZEN, UNTERTEILUNGEN UND RANKGERÜSTE, S. 90–121

BLATTSTRUKTUR

Blattwerk bietet im Garten die größten Strukturkontraste. Einen Aspekt bildet die Oberfläche der Blätter, die beispielsweise glänzend oder matt, wachsartig oder zart flaumig sein kann. Gewellte oder runzelige Blätter und jene mit welligem oder gesägtem Rand kontrastieren mit glatten ganzrandigen Blättern. Auch Form und Größe der Blätter sind wichtig. Hier heben sich die großen Blätter einer Bergenie gegen die tief eingeschnittenen Farnwedel ab, ein wirkungsvoller Kontrast würde aber ebenso im Zusammenspiel mit schlanken Grashalmen entstehen.

GEMISCHTE STRUKTUREN

Auch Rinde, Zweige, Samenkapseln und Früchte bereichern den Garten mit faszinierenden Strukturen. Blüten können samtig wie die Bartiris oder leuchtend und glänzend wie viele Tulpenarten sein. Am beeindruckendsten wirken blattähnliche Pflanzenteile, die eine Blüte umgeben. Hier erheben sich die Blütenköpfe der Edeldistel (*Eryngium*) mit gezackten Hochblättern aus einem Meer von Jungfern im Grünen (*Nigella damascena*), deren Blüten in einer filigranen Haube aus haarfein zerteilten Blattzipfeln geborgen sind.

PFLANZEN FÜR JEDEN ZWECK 2

DUFTAKZENTE SIEHE AUCH: ZIERBÄUME IM GARTEN, S. 184–197; KRÄUTER IM GARTEN UND IHRE VERWENDUNG, S. 224–233

DUFTENDE GEHÖLZE

Bäume und größere Sträucher mit duftenden Blüten verzaubern die Luft weit über den Garten hinaus. Der Duft wird weitergetragen und bildet dann eine süße Überraschung. Dies gilt besonders für einige eher bescheiden wirkende, aber duftende, winterblühende Sträucher wie etwa Winterblüte (Chimonanthus). Im Sommer bilden Linden (Tilia) eine ähnlich geheimnisvolle Duftquelle. Auffälliger sind die hier abgebildeten frühlingsblühenden Azaleen (Rhododendron), Flieder (Syringa) und Sommerjasmin (Philadelphus).

DUFTENDE RABATTENPFLANZEN

Mit einer Vielzahl an kleineren Sträuchern, Stauden und Zwiebelgewächsen kann auch einer Rabatte eine duftende Note verliehen werden. Seidelbast, Nelken (Dianthus) und verschiedene Lilienarten, etwa die hier abgebildeten Madonnenlilien (Lilium candidum), bereichern den Garten mit ihrem angenehmen Geruch. Stark duftende Ein- und Zweijährige wie Levkojen (Matthiola) und Goldlack (Erysimum) unterstreichen die Wirkung einer solchen Rabatte. Sie eignen sich auch zur Bepflanzung von Beeten und Kübeln.

WÜRZKRÄUTER

Aromatische Kräuter werden seit langer Zeit zu kulinarischen und medizinischen Zwecken gezogen. Wie bei anderen aromatischen Pflanzen reicht häufig ein leichtes Berühren der Blätter aus, um den Duft der ätherischen Öle freizusetzen. Sowohl in einem Kräutergarten als auch in einer gemischten Rabatte sollten sie sorgfältig platziert werden: vorne im Beet oder in Kübeln, wo sie beim Vorbeigehen berührt, oder zwischen Pflastersteinen, wo sie leicht mit den Füßen getreten werden.

EINE PFLANZUNG PLANEN

Pflanzungen, die die Struktur des Gartens bestimmen und hervorheben und diesen das ganze Jahr hindurch interessant gestalten, kann man in drei große Gruppen unterteilen.

• Den Rahmen des Gartens bilden Bäume und Sträucher, die einen Windschutz bieten, oder Hecken, große Sträucher und Bäume, die den Garten einrahmen und aufteilen oder als Blickfang eine Schlüsselrolle spielen sollen. Rasenflächen sind eine fast zweidimensionale Komponente des Rahmens, während Kletterpflanzen für das Verdecken oder Schmücken von senkrechten Flächen wie Mauern und Zäunen unentbehrlich sind.

• Die wichtigsten Pflanzen, die den Rahmen füllen, sind Sträucher, Stauden und Zwiebelgewächse. Von einer Art können mehrere Pflanzen in zwanglosen Gruppen gesetzt werden. Gemischte Pflanzungen wirken natürlicher, da sie die Pflanzengemeinschaften der Natur nachzuahmen scheinen.

• Mit Saisonbepflanzung kann man farbenfrohe Bereiche anlegen oder einen neuen Garten mit Leben füllen. Einjährige entfalten sofort ihre Wirkung; rasch wachsende Sträucher und Stauden dünnt man später aus.

BLICKFANG UND AKZENTE SIEHE AUCH: GRENZEN UND RANKGERÜSTE, S. 90–121

FORMSCHNITT

Sträucher oder Bäume, die zu geometrischen oder repräsentativen Formen geschnitten sind, bilden als lebende Skulpturen starke Anziehungspunkte im Garten. Sie können einzeln einen Blickfang bilden oder als Gruppe Alleen gestalten. Das relativ langsame Wachstumstempo klassischer immergrüner Formschnittpflanzen wie Lorbeer (Laurus nobilis), Buchs (Buxus) und den oben abgebildeten Eiben (Taxus) ist zunächst frustrierend. Wenn die Formen ausgewachsen sind, müssen sie dafür nur einmal jährlich geschnitten werden.

SOLITÄRGEHÖLZE

Die Kombination einer interessanten Form mit ein oder zwei weiteren Merkmalen – außergewöhnliches Laub, besondere Rinde oder bemerkenswerter Fruchtbehang – können einen Baum oder Strauch zu einem Blickfang machen. In Einzelstellung setzt man ihn so, dass er das Auge zum Ende eines Ausblicks leitet oder eine Wegekreuzung hervorhebt. Zu den beliebten Formen zählen schmale Säulen und Trauerformen, wie der hier abgebildete weidenblättrige Birnbaum (Pyrus salicifolia) – oder auch die hängende Pyrus salicifolia ›Pendula‹.

PFLEGELEICHTE PFLANZEN SIEHE AUCH: RASEN UND BODENDECKER, S. 74–89; BEETE UND RABATTEN, S. 122–165

ROBUSTE BODENDECKER

Immergrüne Pflanzen mit einem natürlichen dichten Wuchs können als Bodendecker gesetzt werden, die Unkraut keine Chance lassen. Geeignete Pflanzen erfordern geringe Pflege und wachsen schnell zu einem geschlossenen Teppich zusammen. Damit ein schönes Gesamtbild entsteht, werden dekorative Pflanzen gewählt. Efeu (Hedera) ist auf Grund seiner Blattformen und -farben beliebt. Das oben abgebildete Immergrün (Vinca) bildet im Frühling und Frühsommer reizende Blüten.

DICHTES BLATTWERK

Nicht alle pflegeleichten Pflanzen mit dichtem Blattwerk weben auf die Dauer einen kompakten Blätterteppich. Wenn sie jedoch eng mit ähnlich gearteten Stauden und Sträuchern gesetzt werden, können sie eine wirkungsvolle und sehr dekorative Abdeckung bilden, die Unkraut ebenfalls keine Chance lässt. Trotz ihrer zarten Wedel sind zahlreiche Farnarten robuste und langlebige Pflanzen, die sich in schattigen Bereichen des Gartens besonders gut für diese Aufgabe eignen.

SELBST AUSSAMENDE PFLANZEN

Mit Pflanzen, die sich selbst aussamen, können Lücken in Beeten mühelos geschlossen und Unkräuter unterdrückt werden. Sie verleihen dem Garten eine spontane Note, ungewollte Sämlinge werden einfach entfernt. Manche Arten nehmen jedoch leicht überhand. Zu den geeigneten Ein- und Zweijährigen zählen Sumpfblumen (Limnanthes) und Judassilberlinge (Lunaria). Willkommene Stauden sind u. a. Frauenmantel (Alchemilla) und Akelei, deren weiße Blüten hier abgebildet sind.

KLETTERPFLANZEN ZUR WANDBEGRÜNUNG SIEHE AUCH: GRENZEN, UNTERTEILUNGEN UND RANKGERÜSTE, S. 90–121

RAMBLER- UND KLETTERROSEN

Rosen mit aufrechten und sich ausbreitenden Trieben lassen sich an Rankgerüsten hochziehen. Am wüchsigsten sind Rambler, die meistens vom Anfang bis Mitte des Sommers kleine duftende Blüten in großen Büscheln hervorbringen. Sie eignen sich zum Beranken von Pergolen und Bäumen. Die weniger wüchsigen Kletterer, oft mit großen Blüten in kleinen Büscheln, lassen sich eher an Bögen, Spalieren oder an Drähten, die an der Wand befestigt sind, erziehen. Einige Kletterrosen duften auch, und zahlreiche remontieren bis in den Herbst hinein.

SELBSTKLIMMER

Einige sehr dekorative Kletterpflanzen befestigen sich mit Haftwurzeln oder -scheiben direkt an der Wand. Starkwüchsige Sorten können sehr große Flächen bedecken. Viele der immergrünen Efeu-Arten (Hedera) sind kleinblättrig, einige besitzen jedoch auch großes, panaschiertes Blattwerk, wie das oben abgebildete. Wilder Wein (Parthenocissus) ist Laub abwerfend, wobei das Blattwerk eine unübertroffene Herbstfärbung in leuchtenden Rot- und Purpurtönen aufweist. Bei intakten Wänden richten die Selbstklimmer keine Schäden an.

RANK- UND SCHLINGPFLANZEN

Zahlreiche Kletterpflanzen, u. a. die Geißblatt-Arten (Lonicera), wachsen nach oben, indem sie sich um eine Stütze winden. Andere, wie die meisten Clematis-Arten, so auch die großblumige hier abgebildete, klettern, indem ihre Blattstiele eine Stütze umwachsen. Blüten treibende Rank- und Schlingpflanzen sind für Bögen geeignet und können auch an Wänden mit Drähten oder Spalieren erzogen werden. Wenn sie in Bäumen hochwachsen, kann die Blütezeit mit jener des Baumes zusammenfallen, oder sie folgen einander in der Blüte nach.

DER RICHTIGE PLATZ FÜR JEDE PFLANZE

FÜR DIE BEPFLANZUNG eines Gartens scheint es zwei grundverschiedene Ansätze zu geben. Das eine Extrem sieht geometrische Flächen vor, die wiederum in symmetrischen Mustern bepflanzt werden. Auf der anderen Seite des Spektrums steht die Zusammenstellung einer möglichst natürlich erscheinenden Pflanzengemeinschaft. Hier wäre eine gekünstelte Pflanzengruppe so fehl am Platze wie gerade Linien und rechte Winkel.

Doch ob Pflanzen streng arrangiert, in zwanglosen organisch gewachsenen Gruppen angeordnet oder in Kübeln gezogen werden, das zu Grunde liegende gärtnerische Prinzip einer wirkungsvollen Bepflanzung ist stets dasselbe: Der Erfolg beruht immer darauf, dass die richtige Pflanze für den jeweiligen Standort ausgewählt wird.

BEETE UND RABATTEN SIEHE AUCH: BEETE UND RABATTEN, S. 122–165

GEMISCHTE RABATTE

Die Bezeichnung Rabatte wird meist für ein streifenförmiges Beet verwendet, das entlang des Gartenrandes verläuft oder vor einer Mauer oder Hecke und mit Zierpflanzen bewachsen ist. Tatsächlich aber können Rabatten auch unregelmäßigere Formen annehmen und sich in fast jedem Teil des Gartens befinden. Eine Mischung aus Sträuchern, Zwiebelgewächsen und Stauden einschließlich Gräsern bleibt im Gegensatz zu einer reinen Staudenrabatte das ganze Jahr über interessant.

BEET MIT SAISONBEPFLANZUNG

Allgemein betrachtet ist ein Beet jedes Stück bearbeiteten Bodens im Garten, doch wird die Bezeichnung gern präzisiert. Dann ist eine offene Fläche gemeint, häufig aber nicht immer in der Mitte des Gartens, wo eine wechselnde Pflanzung, die der jeweiligen Jahreszeit angemessen ist, vorgenommen wird. Das Jahr kann mit winterblühenden Stiefmütterchen (*Viola*) und Zwiebelgewächsen wie Tulpen einsetzen. Anschließend können Sommerblumen wie Petunien und Verbenen folgen.

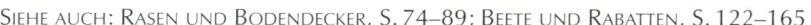

NATURNAHE PFLANZUNGEN SIEHE AUCH: RASEN UND BODENDECKER, S. 74–89; BEETE UND RABATTEN, S. 122–165

PFLANZEN FÜR KIES

Diese scheinbar zufällige und naturgemäße Pflanzmethode eignet sich besonders für trockene Standorte und dürreresistente Pflanzen. Die aufliegende Kiesschicht verbessert die Drainage, indem sie die Feuchtigkeit schnell von den Pflanzen wegleitet. Gleichzeitig hält diese Schicht die Feuchtigkeit, da sie die Verdunstung verringert. Kies hat eine isolierende Funktion und sollte daher nicht über kalte oder gefrorene Böden ausgebracht werden. Die Kiesschicht hemmt neues Unkraut, allerdings muss altes vor dem Ausbringen der Schicht entfernt werden.

PFLANZEN FÜR WIESEN

Zierpflanzen kann man auch wie oben nach dem Muster einer Wiese im Gras verwildern lassen. Der Erfolg wird von der Wahl der Pflanzen bestimmt: Sie müssen – bei uns oder auf anderen Kontinenten – an diesem Standort heimisch sein. Eine stabile und sich selbst erhaltende Pflanzengemeinschaft anzusiedeln dauert mitunter etwas länger. Zu Beginn empfiehlt es sich, unerwünschte Kräuter zu entfernen und den Boden auszumagern, da die Blumen sonst von den konkurrenzkräftigeren Gräsern verdrängt werden.

WALDPFLANZEN

Zahlreiche Pflanzen lieben den lichten Schatten unter Laubbäumen, wenngleich ihre Blütezeit zumeist im Frühling vor dem Blattaustrieb stattfindet. Waldstücke kann man durch großflächige Pflanzungen zu einem naturgemäßen Garten umgestalten. So bevorzugt Rhododendron halbschattige Standorte auf saurem Boden. Auch die letzten Bäume eines Obstgartens oder ein Einzelbaum lassen Waldatmosphäre entstehen, wenn sie mit Zwiebelgewächsen und schattentoleranten Stauden wie Nieswurz, Farnen und ein oder zwei Sträuchern unterpflanzt werden.

SIEHE AUCH: KÜBEL UND HOCHBEETE, S. 166–183; DER NUTZGARTEN, S. 234–273

EINGEFASSTE BEETE

Von einer niedrigen Hecke eingefasste Beete waren ein typisches Merkmal der Gartenkultur des 16. und 17. Jahrhunderts. Sie zählen zu den vertrauten Elementen der heutigen formalen Gärten. Am beliebtesten ist wie hier die Einfassung mit immergrünem Zwergbuchs (Buxus sempervirens ›Suffruticosa‹). Das Beet kann je nach Jahreszeit neu gestaltet oder dauerhaft bepflanzt sein, etwa mit Rosen. Die lockere Gestaltung innerhalb des Beetes schafft häufig einen angenehmen Kontrast zu der Einfassung.

HOCHBEET

Zumeist werden Hochbeete angelegt, weil man in ihnen besondere Lebensbedingungen schaffen kann, etwa für zahlreiche Zwiebel- und Steingartenpflanzen, die gut durchlässige Böden brauchen, oder für Moorbeetpflanzen. Durch die zusätzliche Höhe sind die Beete leichter zu pflegen. Zudem können hier manche Pflanzen zur Geltung gelangen, die in anderen Beeten vielleicht übersehen würden. Die Wände kann man zum Beispiel aus Backsteinen oder Eisenbahnschwellen errichten.

GEMÜSEBEET

Der Gemüsegarten kann in verschiedene große Beete aufgeteilt werden, wobei die Gemüse wie hier in langen Reihen gesetzt werden. In dieser Aufteilung ist alles leicht zugänglich, doch wird der Platz zwischen den Reihen nur festgetreten und nicht genutzt. Alternativ kann das Gemüse auf verschiedenen kleineren festgelegten Beeten oder Streifen gezogen werden, die über schmale Pfade von allen Seiten zugänglich sind. Der Boden wird dann regelmäßig gedüngt, die Pflanzen können enger stehen und die Erträge sind besser.

SIEHE AUCH: WASSERGÄRTEN, S. 198–223

PFLANZGEFÄSSE SIEHE AUCH: KÜBEL UND HOCHBEETE, S. 166–183

SUMPF- UND UFERPFLANZEN

Nur wenige Gärten besitzen einen natürlichen Wasserlauf oder Teich, an dem Wasser- und Sumpfpflanzen angesiedelt werden können, doch ist es nicht schwer, mit Teichfolien einen Wassergarten selbst anzulegen. Ein Sumpfbereich kann am Rand eines Gartenteiches oder Bachlaufes entstehen oder auch für sich stehen. Harmonisch sieht ein Sumpfgarten nur in einem niedrig gelegenen Bereich des Gartens aus. Im Gegensatz zu Teichen sollten Sumpfbeete nicht vollständig abgedichtet werden. Im Sommer muss gelegentlich Wasser nachgefüllt werden.

TÖPFE, KÄSTEN UND KÜBEL

Kübelpflanzen verleihen dem Garten zusätzlichen Reiz. Mit einer Dauer- oder einer Saisonbepflanzung in einem einzigen oder mehreren Pflanzgefäßen können Kübel eine vernachlässigte Ecke beleben, einen Blickfang bilden oder Innenhof und Terrasse mit farbenfroher oder grünen Akzenten versehen. Zu den vielen Pflanzgefäßen zählen Kunststoff- und Terrakottatöpfe, Holzfässer, Fiberglas- und Metallgefäße. Eigentlich ist fast jeder Behälter geeignet, vorausgesetzt, er ist stabil und kann an der Unterseite mit einer Drainage-Öffnung versehen werden.

AMPELN

Pflanzgefäße, die in irgendeiner Form aufgehängt werden können, bilden eine Möglichkeit, auch auf kleinem Raum oder gar ganz ohne Garten Pflanzen zu ziehen. Wie alle Pflanzgefäße müssen Ampeln mit Drainage-Öffnungen versehen und entsprechend groß sein, dass sie den Pflanzen genügend Wurzelraum und Feuchtigkeit bieten. Vor dem Aufhängen sollte sichergestellt werden, dass die Ampeln so zugänglich sind, dass sie ausreichend bewässert werden können. Sowohl die Wandhalterung als auch die Aufhängung selbst muss stabil und sicher sein.

VORÜBERLEGUNGEN FÜR DIE GARTENPLANUNG

SOWOHL FÜR EINE GARTENNEUGESTALTUNG als auch für Veränderungen in einem bestehenden Garten ist es hilfreich, die eigenen Ziele relativ genau vor Augen zu haben. Dies bedeutet nicht, dass alle Details von Anfang an ausgearbeitet sein müssen. Nur die eigenen Vorstellungen vom Stil und der Stimmung, die der Garten verbreiten soll, sowie die Frage nach den bevorzugten Gartenelementen sollten bereits durchdacht werden. Da spätere Veränderungen oft kostspielig und zeitraubend sind, ist es lohnend, die Gedanken im Vorfeld zu ordnen und alle Fragen, die die Entstehung des eigenen Wunschgartens betreffen, in die Planung mit einzubeziehen.

ANREGUNGEN EINHOLEN

Informationen und Anregungen aus Büchern, Zeitschriften und TV-Sendungen sind bei der Planung eines Gartens allesamt nützlich. Auch Modellgärten auf einer Gartenschau können Ideen liefern, doch muss bedacht werden, dass diese Gärten nur für kurze Dauer angelegt wurden und weder Aufschluss über ihr ganzjähriges Erscheinungsbild noch über die erforderliche Pflege bieten.

Gartengestaltungen von Freunden, Nachbarn und für Besucher zugänglichen Gärten liefern zweifelsohne die besten Anregungen. Selbst in großflächigen Anlagen finden sich oft Ideen für den eigenen bescheideneren Garten, etwa der Umgang mit einer Hangfläche oder die Gestaltung von besonderen Elementen wie einem Hochbeet.

BLÜTENTRAUM ▷
Für manch einen mag dies ein idyllischer Garten sein. Übervolle Blumenbeete, ein Grasweg, eine Sonnenuhr und ein gusseisernes Tor. Doch sind auch Zeit und Mittel vorhanden, um dieses Paradies zu pflegen?

△ PFLEGELEICHTE PFLANZUNG
Die grünen Köpfe der Euphorbia characias *ergeben zusammen mit grünem und silbrigem Blattwerk einen nahezu pflegefreien begrünten Bereich.*

NOTWENDIGKEITEN FESTLEGEN

Bei dem Besuch eines Gartens lohnt es sich immer, ein Notizheft dabeizuhaben. Gedanken zu Stil und Stimmung wie auch speziellere Informationen zu Gartenelementen und Pflanzungen verleihen den eigenen Vorstellungen klarere Konturen. Anschließend muss eine Auseinandersetzung, allein oder mit Partner und Familie, stattfinden. Eine Liste mit allen zur Verfügung stehenden Optionen wie die gegenüber erstellte Checkliste kann dabei helfen.

Schwierige Entscheidungen betreffen kurzfristige Notwendigkeiten und längerfristige Wünsche. Zunächst muss aus Zeitmangel mitunter auf großflächige Effekte mit pflegeleichten Pflanzungen gesetzt werden. Später lassen sich für speziellere Pflanzungen Raum schaffen, etwa ein Hochbeet für Zwiebel- und Steingartenpflanzen. Diese geplanten Veränderungen sollte man bereits in die Skizze aufnehmen.

Auch müssen mögliche Unvereinbarkeiten von Stil und manchen Gartenelementen beachtet werden. So passt ein Grill zwar zu einer zwanglos gepflasterten Fläche eines Innenhofes, bildet aber unter Umständen einen Fremdkörper in der kargen Schlichtheit eines japanischen Gartens. Diese Geschmacksfragen muss jedoch jeder für sich beantworten.

CHECKLISTE FÜR DIE GARTENPLANUNG

PRIORITÄTEN

Diese Checkliste soll das Aufstellen der Reihenfolge erleichtern, die einzelne Komponenten des Gartens für Sie persönlich haben. Man überlegt, was nützlich und erwünscht ist, und dies sowohl jetzt als in etwa zehn Jahren, wenn vielleicht auch Kinder den Garten nutzen oder wenn zwar mehr Zeit, aber nur noch geringe Leistungskraft vorhanden ist.

▨ AUTOSTELLPLATZ ▨ BESONDERE PFLANZEN ▨ FÜR ÄLTERE ODER BEHINDERTE MENSCHEN GEEIGNET ▨ GEBORGENHEIT ▨ GEMÜSE ▨ HAUSTIERE ▨ KINDERSPIELWIESE ▨ KRÄUTER ▨ OBST ▨ PFLEGELEICHT ▨ PREISWERT ▨ SITZECKE FÜR GÄSTE ▨ ZIERPFLANZEN

STIL UND STIMMUNG

Wenn Stil und Stimmung eines Gartens festgelegt sind, können die dazugehörigen Elemente ausgewählt werden. So unterstützen eine Pergola oder eine Laube die romantische Stimmung eines Gartens, während Obelisken und formgeschnittene Sträucher zu den wichtigen Akzenten eines formalen Gartens zählen. Zahlreiche Elemente harmonieren mit unterschiedlichsten Gartenstilen.

▨ ABGESCHIRMT ▨ BAUERNGARTEN ▨ FORMAL ▨ FRIEDLICH ▨ MEDITERRAN ▨ MINIMALISTISCH ▨ NATURGEMÄSS ▨ NUTZGARTEN ▨ ROMANTISCH ▨ HEIDEGARTEN ▨ ÜPPIG ▨ WEITLÄUFIG

PFLANZEN

▨ BÄUME
  ▪ dekorative Früchte
  ▪ farbenfrohe Blüten
  ▪ immergrün
  ▪ interessantes Blattwerk
▨ BEETPFLANZEN
  ▪ Dauerpflanzung (Stauden)
  ▪ Duft
  ▪ farbenfrohe Blüten
  ▪ interessante Form und Struktur
  ▪ interessantes Blattwerk
  ▪ Saisonpflanzen (Einjährige)
▨ BODENDECKER
▨ GANZJÄHRIG INTERESSANTE PFLANZEN
▨ GEMÜSE
▨ INTERESSANTE PFLANZEN FÜR EINZELSTELLUNG
▨ KLETTERPFLANZEN
  ▪ farbenfrohe Blüten
  ▪ dekorative Früchte
  ▪ immergrün
  ▪ interessantes Blattwerk
▨ KÜCHENKRÄUTER
▨ NAHRUNGSPFLANZEN FÜR BIENEN, HUMMELN UND SCHMETTERLINGE
▨ OBST
  ▪ Beerensträucher
  ▪ Obstbäume
▨ PFLEGELEICHTE PFLANZEN
▨ STRÄUCHER
  ▪ farbenfrohe Blüten
  ▪ dekorative Früchte
  ▪ immergrün
  ▪ interessantes Blattwerk
▨ WILDSTAUDEN

BELAG

▨ BETON
▨ BÖDEN FÜR SPIELFLÄCHEN
  ▪ Rindenmulch
  ▪ Gras
  ▪ Gummigranulat
▨ FLIESEN
▨ GRANITPFLASTER
▨ HOLZBODEN
▨ KIES
▨ KIESEL
▨ KOPFSTEINPFLASTER
▨ MOSAIKPFLASTER
▨ NATURSTEINPLATTEN
▨ RASEN
  ▪ aromatischer Rasen
  ▪ naturnahe Wiese
  ▪ Zierrasen
▨ RINDENMULCH
▨ VERBUNDSTEIN
▨ ZIEGEL

FREIZEIT

▨ GARTENMÖBEL
  ▪ Bank
  ▪ Hängematte
  ▪ Hollywoodschaukel
  ▪ Liege
  ▪ Sitzgruppe
▨ GRILL
▨ SCHWIMMBECKEN
▨ SPIELGERÄT
  ▪ Basketballnetz
  ▪ Baumhaus
  ▪ Rutsche
  ▪ Sandkasten
  ▪ Schaukel
  ▪ Spielecke
  ▪ Spielhäuschen
  ▪ Spielwiese

HECKEN, MAUERN, ZÄUNE, RANKGERÜSTE

▨ HECKEN
  ▪ Flechthecke
  ▪ Formhecke
  ▪ Formschnittsträucher als Ergänzung
  ▪ gemischt
  ▪ immergrün
  ▪ Laub abwerfend
  ▪ mit Blüte
  ▪ mit einem Durchgang
▨ MAUERN
  ▪ Backstein
  ▪ behauener Stein
  ▪ Betonblöcke
  ▪ Eisenbahnschwellen
  ▪ Gitterstein
  ▪ Glasbausteine
  ▪ Klinkerverblendung
  ▪ Trockenmauer
▨ RANKGERÜSTE
  ▪ Bogen
  ▪ Pergola
  ▪ Spalier
▨ ZÄUNE
  ▪ Bambus
  ▪ Eisenkette
  ▪ Flechtzaun
  ▪ Maschendraht
  ▪ Paneelzaun
  ▪ Pfahlzaun aus Holz
  ▪ Schmiedeeisen
  ▪ Zaun aus Pfählen und Brettern
  ▪ Zaun aus Pfählen und Kette

DEKORATIVE ELEMENTE

▨ HOCHBEETE
▨ OFFENE LAUBE
▨ PAVILLON
▨ PERGOLA
▨ PFLANZGEFÄSSE
  ▪ Ampeln
  ▪ Blumenkästen
  ▪ Kübel
▨ SENKRECHTE AKZENTE
  ▪ Dreifuß aus Zweigen
  ▪ Obelisk
▨ SKULPTUREN UND ORNAMENTE
▨ SONNENUHR
▨ STEIN- ODER KIESGARTEN
▨ VOGELHAUS
▨ VOGELTRÄNKE
▨ WASSER
  ▪ Gartenteich
  ▪ Mauerwasserspeier
  ▪ Miniaturteich
  ▪ Quellstein
  ▪ Springbrunnen
  ▪ Sumpfbeet
  ▪ Wasserbecken
  ▪ Wasserlauf

INFRASTRUKTUR

▨ BANK MIT STAURAUM
▨ BELEUCHTUNG
  ▪ Elektrisch
  ▪ Windlichter und Fackeln
▨ FRÜHBEETKASTEN
▨ GERÄTESCHUPPEN
▨ GEWÄCHSHAUS
▨ KOMPOSTBEHÄLTER
▨ MÜLLTONNEN
▨ WÄSCHELEINE

BESTANDSAUFNAHME

BEVOR EIN REALISTISCHER Gartenplan entstehen kann, muss man sich in Ruhe mit dem Grundstück vertraut machen. Es ist wichtig, einen Eindruck des Gartens zu verschiedenen Tageszeiten, wenn möglich auch zu verschiedenen Jahreszeiten, zu bekommen, um zu wissen, welche Bereiche am sonnigsten sind und wann welcher Schatten vorherrscht oder um die wärmsten und kältesten, die feuchtesten und windigsten Ecken zu entdecken. Jedes Grundstück hat gute und schlechte Seiten – es kann sehr klein sein, ausgelaugten Boden aufweisen oder an einem steilen Hang liegen, doch kann dies auch Herausforderung sein, einen besonders interessanten Garten zu schaffen. Je nach diesen Gegebenheiten werden nun vielleicht voreilige Ideen fallen gelassen oder zumindest so abgewandelt, dass sie mit der Größe und den Bedingungen des Grundstücks in Einklang zu bringen sind.

EINE FRAGE DER GRÖSSE

Die jeweilige Größe eines Grundstücks kann auf verschiedene Weisen optimal genutzt werden.

GROSSES GRUNDSTÜCK Es wird am besten mit von Hecken und anderen abschirmenden Elementen in kleinere Bereiche aufgeteilt. Ausblicke, Blickfänge oder überraschende Elemente tragen dazu bei, dem Garten Zusammenhang zu verleihen. Vielleicht bietet sich die Möglichkeit, Bäume oder große Sträucher zu setzen (zusätzlich zu bereits vorhandenen Gehölzen). Pflanzen, die aufwendige Pflege erfordern, müssen mitunter auf kleinere Bereiche konzentriert werden.

KLEINES GRUNDSTÜCK Auch kleine Grundstücke bieten eine Vielzahl an Möglichkeiten. Ein erweitertes Raumgefühl kann entstehen, indem die umgebenden Gehölze in die Gestaltung einbezogen werden. Eine leicht erhöhte Ebene und wenige große Pflanzen setzen Akzente. Die ausschließliche Verwendung von Zwergpflanzen wirkt hingegen langweilig und verkleinernd.

◁ **GRÜNER INNENHOFGARTEN**
Die ungewöhnliche Baumstammbegrenzung und die in Kies gebetteten Baumscheiben, die zu einem Sitzplatz führen, betonen den intimen Charakter des winzigen Innenhofgartens. Das Blattwerk zaubert eine kühle grüne Atmosphäre.

△ **KLEINER TERRASSENGARTEN MIT HOLZBODEN**
Obwohl dieser Garten klein ist, verleiht der Holzboden der von der Hauswand geschützten Sitzecke Großzügigkeit. Die Tiefe des Gartens wird durch die längs verlegten Bretter betont. Mit den beweglichen Kübelpflanzen lässt sich der Raum je nach Bedarf vergrößern oder verkleinern.

EINE FRAGE DER FORM

Die Form eines Grundstücks ist ebenfalls ein wichtiger Faktor bei der Planung des Gartens.

SCHMALE GÄRTEN Auf einem langen schmalen Grundstück leitet ein gerader Weg von einem Ende zum anderen das Auge unmittelbar zur Grundstücksgrenze und verkürzt somit optisch den Garten. Damit sich nicht alles auf den ersten Blick erschließt, ist es lohnend, ein bis zwei Abschirmungen zu errichten, die sich teilweise in den Garten hinein erstrecken, ihn unterteilen und auch den Weg somit zu einem angenehmen Umweg machen.

BREITE GÄRTEN Ein großzügiger breiter Garten vor dem Haus entspricht häufig der idealen Vorstellung. Er kann beispielsweise mit fließenden Linien gestaltet sein oder mit einem breiten zentralen Weg, der auf beiden Seiten von hohen Hecken gesäumt wird, deren Durchgänge wiederum Zutritt zu einzelnen Bereichen bieten. Auch Rankgitter, die sich von vorne bis hinten durchziehen, bieten eine Möglichkeit, einer kurzen breiten Fläche angenehmere Proportionen zu verleihen.

SCHWIERIGE FORMEN Eine Anlage, die die Grundstücksgrenzen verdeckt, kann einige der Nachteile eines unglücklich geschnittenen Gartens ausgleichen. Bei einem dreieckigen Garten können beispielsweise die Ecken so bepflanzt oder mit einem Schuppen bestückt werden, dass ein bis zwei gleichmäßig geformte Flächen entstehen.

◁ **UNTERBRECHUNG IN EINEM LANGEN GARTEN**
In diesem langen, üppig grünen Garten bietet ein Ruhe-ort entlang des Weges eine willkommene Ablenkung. Die Art, wie sich die Anlage hier öffnet, vermittelt ein Gefühl der Weite, ohne dass die Stimmung der Geborgenheit des Gartens, die auf der großzügigen Verwendung von Blatt-pflanzen als Rahmengestaltung und Beetbegrünung beruht, beeinträchtigt würde.

UMGANG MIT HÄNGEN

Bei einem abfallenden Grundstück bieten sich Möglichkeiten, die verschiedenen Ausblicke optimal zu nutzen und auf gestuften Ebenen deutlich unterschiedliche Gartenbereiche zu schaffen.

TERRASSEN UND STUFEN ANLEGEN Der ehrgeizigste Umgang mit einem abfallenden Hang ist die Anlage von terrassierten Flächen, die von Stützmauern gehalten und durch Stufen verbunden sind. Hierzu müssen häufig größere Mengen Erdwerk bewegt werden. Damit die Stützmauern dem Druck der Erde und Feuchtigkeit standhalten, müssen sie verstärkt werden.

RAMPEN Als Alternative zu Stufen beanspruchen sanft abfallende Flächen oder Rampen mehr Gartenfläche. Für ältere Menschen sind sie jedoch besser zu begehen. Auch eignen sie sich für Gartengeräte wie Schubkarren und Rasenmäher und sind rollstuhlfreundlich. Und natürlich freuen sich Kinder über die freie Bahn für Fahrzeuge jeglicher Art.

◁ **TERRASSEN**
Wenige Stufen verbinden zwei Ebenen eines terrassierten Gartens. Die Struktur der Stützmauer wurde bewusst oben und unten durch Pflanzen verdeckt. Die obere Terrasse ist von unten nicht völlig einsehbar, was ihr etwas angenehm Geheimnisvolles verleiht.

LAGE UND AUSBLICK

Falls der Garten einen schönen Ausblick bietet, lohnt es sich, diesen in die Gestaltung mit einzubeziehen. In den meisten Fällen muss man jedoch eher unschöne Ausblicke verdecken.

AUSBLICKE Damit ein Ausblick wirklich zur Geltung gelangt, sollte er einen Rahmen bekommen. Dies gilt auch für Ausblicke innerhalb des Gartens. Rahmen gestaltet man mit paarweise gesetzten Sträuchern und Bäumen, mit von Gehölzen gesäumten Wegen und mit Bögen.

PRIVATSPHÄRE Bei einem einsehbaren Garten kann eine Erhöhung der Mauern und Zäune in Betracht gezogen werden, etwa mit einem Spalier, das oberhalb befestigt und mit Kletterpflanzen begrünt wird. Auch Gehölze entlang der Grundstücksgrenze schaffen Geborgenheit, brauchen jedoch Zeit, bis sie groß genug sind.

VERKEHRSLÄRM Die Nutzung vieler Gärten wird durch Verkehrslärm beeinträchtigt. Mit einer Hecke oder anderem dichten Bewuchs lässt sich der Geräuschpegel reduzieren.

△ SCHUTZ UND GEBORGENHEIT
Hecken und halb durchlässige Zäune brechen den Wind und lassen relativ ruhige und geschützte Gartenbereiche entstehen. Mauern und geschlossene Zäune verursachen hingegen Turbulenzen. Bäume, hohe Sträucher und Strukturen wie begrünte Spaliere schirmen den Garten nach außen ab und schaffen eine Atmosphäre der Geborgenheit.

KLIMA UND MIKROKLIMA

Die Bepflanzung und die Nutzung des Gartens werden zum Großteil durch klimatische Faktoren wie Niederschlag, Temperatur und Wind bestimmt.

KLIMA Bei der Planung eines Gartens müssen auch die allgemeinen Wetterverhältnisse vor Ort, die Höhe und die Entfernung vom Meer berücksichtigt werden. Insbesondere muss man wissen, wann Frost, kalter Wind oder Trockenheit zu erwarten sind. Ein Gespräch mit den Nachbarn gibt hier wohl am schnellsten Aufschluss. Auch ein Blick in die umliegenden Gärten zeigt an, welche Pflanzen am jeweiligen Standort gut gedeihen.

MIKROKLIMA Innerhalb eines Gartens kann in verschiedenen Bereichen jeweils ein unterschiedliches Mikroklima herrschen, also das örtliche Klima mehr oder weniger abgewandelt sein. So können etwa Frostsenken vorhanden sein, in denen sich die Kälte besonders lange hält. Vor einer nach Süden ausgerichteten Mauer entsteht ein besonders warmer und geschützter Standort. Man kann das Mikroklima nutzen und passende Pflanzen auswählen.

△ SONNIGE BEREICHE
Die meisten Einjährigen gedeihen und behalten ihre natürliche kompakte Form nur in offenen, sonnigen Lagen. An schattigen Standorten würden auch Klatschmohn (Papaver rhoeas) und Kornblumen (Centaurea cyanus) eingehen und wenige Blüten hervorbringen.

◁ SCHATTIGE ECKEN
Der Unterwuchs an Waldstandorten bietet Anregungen für die Gestaltung schattiger Gartenbereiche, nicht nur unter Bäumen und Gehölzen, sondern auch im Schatten von Mauern und Gebäuden. Zahlreiche Zwiebelgewächse, die an ihren natürlichen Standorten vor dem Blattaustrieb der Bäume blühen, gedeihen unter diesen Bedingungen gut. Im Sommer bilden zahlreiche Stauden, etwa Funkien, hübsches bodendeckendes Blattwerk.

BODEN UND ENTWÄSSERUNG

Der Boden bestimmt in starkem Maße, welche Pflanzen dort gedeihen. Man kann fünf Bodenarten unterscheiden – Ton, Schluff, Sand, Kalk und Torf. Die meisten Pflanzen ziehen einen bestimmten Boden vor.

BODENSTRUKTUR Der ideale Boden besteht aus einer ausgewogenen Mischung von Ton, Sand und Schluff und enthält reichlich organisches Material (gut verrottete Reste von Pflanzen und Tieren). Ein gut strukturierter Boden mit zahlreichen Lufteinschlüssen und hohem Wasserhaltevermögen ist krümelig und feucht. Zwischen den Fingern zerrieben, haftet er gut zusammen, ohne klebrig zu sein. Jeder Boden kann durch das Einarbeiten von gut verrottetem, organischem Material verbessert werden.

SAURE UND ALKALISCHE BÖDEN Je nach Kalkgehalt wird zwischen sauren und alkalischen Böden unterschieden. Dieser Gehalt drückt sich im pH-Wert aus, der mit einfachen Testsätzen zu bestimmen ist. Dies lohnt sich, da manche Pflanzen alkalische, andere saure Böden bevorzugen.

ENTWÄSSERUNG Die Geschwindigkeit, mit der Wasser im Boden versickert, ist ebenfalls für die Wahl der Pflanzen entscheidend. Es können Bewässerungs- oder Drainagesysteme angelegt werden, doch ist es sinnvoller, Pflanzen auszuwählen, die trockene oder nasse Standorte bevorzugen.
SIEHE AUCH: BEETE UND RABATTEN, S. 122–165

◁ **SAURER BODEN**
Die bekanntesten Pflanzen, die kalkfreien Moorbeetboden bevorzugen, sind Sträucher und Bäume aus der Familie der Heidekrautgewächse, zu denen etwa Rhododendren, Azaleen und Heide gehören. Zusätzlich gibt es einige Stauden, unter ihnen viele Waldpflanzen, wie hier abgebildet, die nur in neutralem bis saurem Boden gut gedeihen.

◁ **ALKALISCHER BODEN**
Zahlreiche wunderbare Gärten sind auf einer dünnen alkalischen Bodenschicht über Kalk entstanden. Pflanzen, die auf alkalischem Boden gedeihen, sind zumeist flexibler in ihren Standortansprüchen als Pflanzen, die sauren Boden bevorzugen. Dies trifft zum Beispiel für die Spornblume (Centranthus ruber) zu, deren weiße Form hier abgebildet ist. Ihren Lieblingsstandort zeigt sie jedoch an, indem sie sich gern an alten Kalkmauern selbst aussamt.

FEUCHTER STANDORT ▷
Statt einen tiefer gelegenen Gartenbereich zu entwässern, mag es preiswerter und leichter sein, ihn zu einem Sumpfgarten umzugestalten. Feuchtigkeitsliebende Pflanzen, wie die Sumpfdotterblume (Caltha palustris), gedeihen an ganzjährig nassen Standorten, etwa am Teichrand.

◁ **TROCKENER STANDORT**
An Standorten mit geringem Niederschlag und durchlässigem Boden ist die Wahl von trockenheitsliebenden Pflanzen für den gärtnerischen Erfolg ausschlaggebend. Eine attraktive Variante ist die Verwendung einer Kiesschicht, in der Pflanzen wie in natürlichen Pflanzengemeinschaften in Gruppen gesetzt werden. Kies funktioniert wie Mulch.

GARTENANLAGEN PLANEN

WER SEINEN GARTEN umfassend planen möchte, sollte sich einen gründlichen Überblick verschaffen und die eigenen Vorstellungen in einer maßstabsgerechten Skizze darstellen. Ein nach und nach oder zufällig gestalteter Garten ist meistens weniger zufrieden stellend als ein sorgfältig geplanter Entwurf und zudem letzlich meist teurer.

◁ VOR DER UMGESTALTUNG
Trotz des vernachlässigten Zustandes bietet dieses Grundstück gute Möglichkeiten. Die Abbildungen auf S. 52—53 zeigen, wie durch das Entfernen einiger Gehölze und eine kreative Gestaltung ein schöner Garten entstanden ist.

DIE BESCHAFFENHEIT DES GRUNDSTÜCKS

Der erste, mitunter sehr enttäuschende Eindruck eines Grundstücks kann sich als völlig falsch herausstellen, insbesondere was die Dimensionen betrifft. Präzise Details ergeben ein genaueres Gesamtbild und dienen als Grundlage für die Planung.
SKIZZE MIT ANMERKUNGEN Eine Skizze *(siehe rechts)* bietet einen ersten Zugang zum Grundstück. Hier können Anmerkungen zu allem, was die Standortbedingungen betrifft, hinzugefügt werden: Wind- und Schattenverhältnisse, Bodenbeschaffenheit und Wasserdurchlässigkeit. Erhaltenswerte Ausblicke wie auch jene, die verdeckt werden sollen, werden notiert, ebenso der Zustand der Bausubstanz, einschließlich Mauern, Zäunen und festen Belägen.
FOTOS Mit einer Kamera lässt sich ein Grundstück hervorragend kennen lernen. Am besten wird das Grundstück aus verschiedenen Perspektiven abgelichtet, vom Haus in den Garten und umgekehrt, von Türen und Fenstern aus, einschließlich eines Blickes von oben. Derselbe Blickwinkel sollte zu verschiedenen Tages- und wenn möglich auch Jahreszeiten festgehalten werden, weil dies genaue Aussagen zu den Schattenverhältnissen erlaubt.
GEFÄLLE EINSCHÄTZEN Die Neigung eines Grundstücks muss festgestellt werden, da sie die Entwässerung, das Platzieren einzelner Elemente und u. U. die Feuchtigkeitsdämmung an der Hauswand bestimmt. In einem kleinen Garten mag es ausreichen, eine leichte vom Haus wegführende Neigung festzustellen. Bei stärkerer Neigung muss man es genauer wissen. Hierzu wird ein waagerechtes Brett (mit einer Wasserwaage prüfen) zwischen zwei senkrechte Pflöcke gelegt. Der Höhenunterschied, an den beiden Pflöcken gemessen, ergibt die Neigung über die Länge des Brettes.

▽ **BEETE UND RABATTEN**
Die geradlinigen Beete und Rabatten, in denen sich Unkraut und Sträucher breit gemacht haben, könnten wiederhergestellt werden, doch dies wäre nur schwer mit dem Gesamtentwurf in Einklang zu bringen.

▽ **UNGESCHNITTENE STRÄUCHER**
Ein rigoroser Schnitt könnte diesen Sträuchern wieder Form und Kraft verleihen, doch stehen sie schlecht, und es ist daher besser, sie zu entfernen.

EINE SKIZZE ANFERTIGEN

Hierzu eine Skizze des vorhandenen Gartens anfertigen, die Abstände in Schritten messen und die Himmelsrichtung mit dem Kompass bestimmen. Nun die baulichen Elemente, die befestigten Flächen und den Standort von Beeten und Rabatten, Bäumen und Gehölzen einzeichnen. Wichtige Pflanzen werden nach Möglichkeit identifiziert. Mitunter sind zusätzliche Nachforschungen erforderlich, um die Lage von Drainagerohren und Gas-, Strom- und Wasserleitungen zu bestimmen.

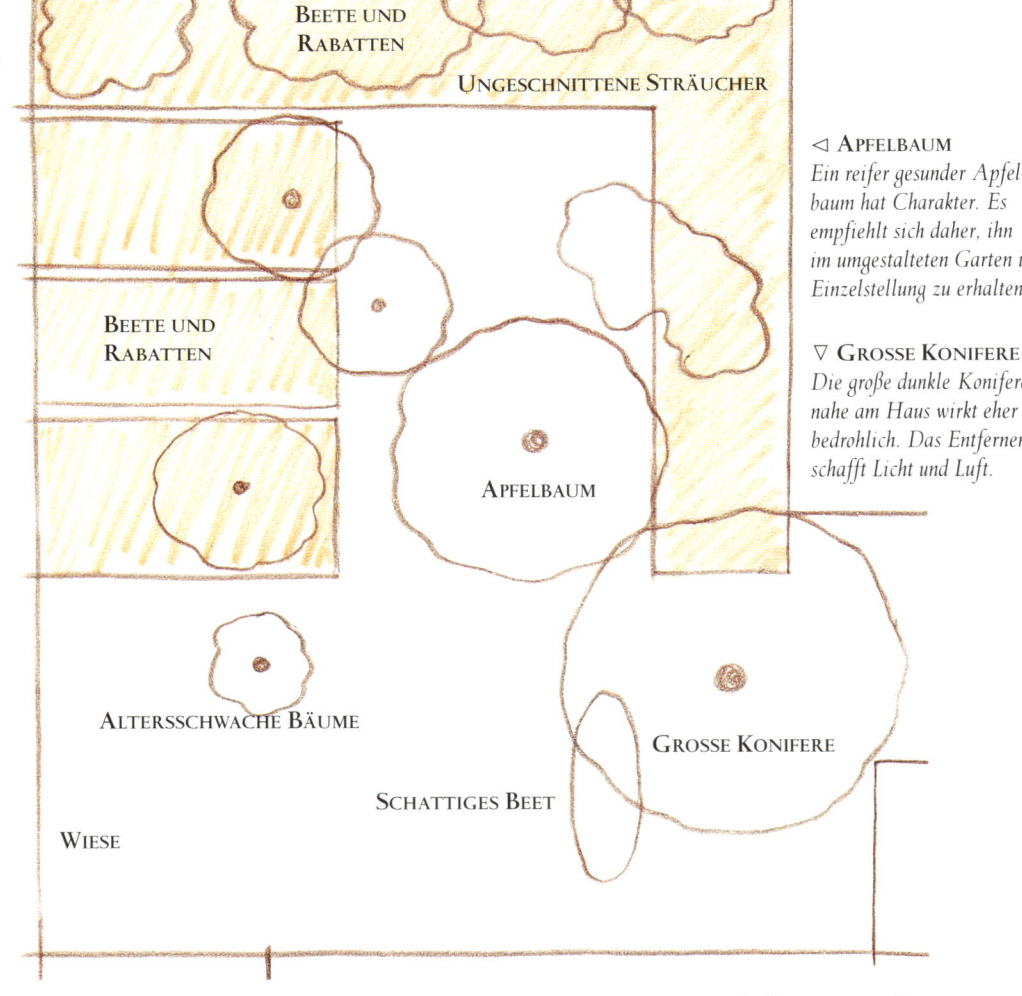

BEETE UND RABATTEN

UNGESCHNITTENE STRÄUCHER

BEETE UND RABATTEN

APFELBAUM

ALTERSSCHWACHE BÄUME

SCHATTIGES BEET

GROSSE KONIFERE

WIESE

◁ **APFELBAUM**
Ein reifer gesunder Apfelbaum hat Charakter. Es empfiehlt sich daher, ihn im umgestalteten Garten in Einzelstellung zu erhalten.

▽ **GROSSE KONIFERE**
Die große dunkle Konifere nahe am Haus wirkt eher bedrohlich. Das Entfernen schafft Licht und Luft.

△ **WIESE**
Um das Haus herum gibt es keine befestigten Flächen, und der Rasen ist im Laufe der Zeit zu einer Wiese geworden.

△ **ALTERSSCHWACHE BÄUME**
Die schwächlichen Obstbäume, die vereinzelt im Garten stehen, sind nicht erhaltenswert.

△ **SCHATTIGES BEET**
Ein undefinierbares Beet im Schatten der Konifere, in dem nichts so recht gedeiht, wird am besten eingeebnet.

DEN SOLL-ZUSTAND ENTWERFEN

Auch wenn die Gedanken zum neuen Entwurf schon fortgeschritten sind, lohnt es sich, sie einer kritischen Prüfung zu unterziehen. Mit einer maßstabsgetreuen Zeichnung, die sowohl die Elemente, die erhalten werden sollen *(siehe unten)*, als auch die vorgesehenen Veränderungen enthält, können Alternativen durchdacht und erforderliche Materialien und Pflanzen aufgelistet werden.

IDEEN ÜBERPRÜFEN Die maßstabsgetreue Zeichnung kann als Grundriss verwendet werden, auf dem verschiedene Entwürfe auf Pauspapier ausgetestet werden.

VISUELLE UNTERSTÜTZUNG Mit der Zeichnung in der Hand kann vor Ort überprüft werden, wie die Umsetzung der einzelnen Ideen funktionieren könnte. Mit Gartenschlauch, Schnur oder Linien aus Sand lassen sich die Umrisse von Beeten, Rabatten und anderen Elementen sichtbar machen. Stöcke können senkrechte Elemente wie Bäume vertreten.

STRUKTUR- UND PFLANZPLÄNE Wenn der Grundriss des Gartens festgelegt ist, können nun detaillierte Pflanzpläne für einzelne Bereiche entworfen werden. Auch Querschnitte einzelner Elemente, etwa eines Wasserbeckens oder einer Pergola, können hilfreich sein.

DIE MASSSTABSGETREUE ZEICHNUNG

Eine maßstabsgetreue Zeichnung dient zuallererst dazu, den Standort der verschiedenen alten und neuen Elemente des Gartens festzuhalten. Am besten eignet sich hierfür Millimeterpapier, auf dem man die vor Ort festgestellten Abmessungen einträgt *(siehe unten, Grenzen und Gartenelemente einzeichnen)*. Der Maßstab wird so gewählt, dass die Zeichnung gut aufs Papier passt und an den Rändern noch etwas Platz für Anmerkungen bleibt.

PERGOLA UND GRASWEG ▽
Die schmaler werdende Perspektive des Grasweges lässt den Garten größer erscheinen.

▽ **LINDENDURCHGANG**
Die Flechthecke aus Linden beiderseits des Weges bildet eine Abschirmung, die höher ist als die Gartenmauer.

▽ **BECKEN UND GEMÜSEBEET**
Die Abschirmung lässt das Becken geheimnisvoller erscheinen und trennt den Nutzbereich des Gartens ab.

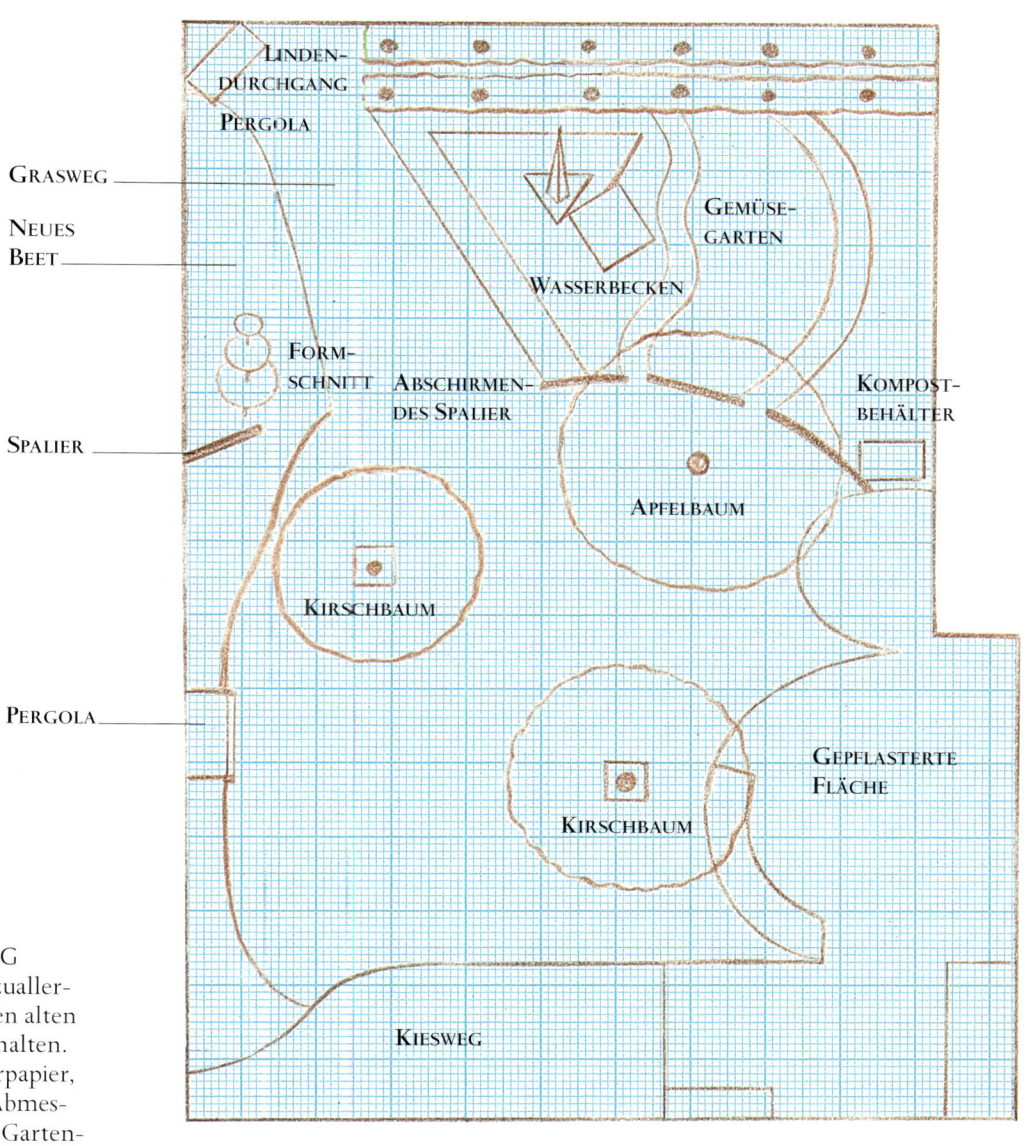

△ **FESTE BODENBELÄGE**
Der Garten besteht überwiegend aus Rasen und bepflanzten Bereichen, doch wurden die Zugangsflächen zum Haus mit harten Böden versehen.

△ **APFELBAUM UND SPALIER**
Der ausgewachsene Apfelbaum wird in Einzelstellung erhalten und durch das im Halbkreis geführte Spalier noch betont.

GRENZEN UND GARTENELEMENTE EINZEICHNEN

Zunächst werden systematisch die Maße aller Gebäude, Bäume und Pflanzflächen erfasst und auf der Skizze eingetragen.

• Bei rechteckigen Gärten nimmt man die Maße ausgehend von einer Basislinie wie einer Grundstücksgrenze im rechten Winkel.

• Bei unregelmäßig geformten Gärten kann die Lage eines Punktes mit Hilfe eines Dreiecks genau festgelegt werden.

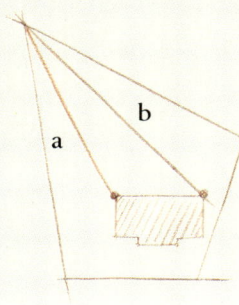

1 AUSMESSEN
Von zwei Fixpunkten aus — hier zwei Ecken des Hauses — messen, bis zu einem Eckpunkt des Grundstücks. Die Maße (a und b) auf der Skizze festhalten. Ebenso für jede der anderen Grenzecken die Maße nehmen.

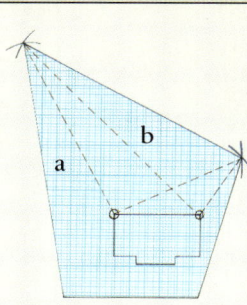

2 MASS ÜBERTRAGEN
Das Haus auf Millimeterpapier maßstabsgetreu einzeichnen. Einen Zirkel auf die maßstabsgetreue Abmessung (a) einstellen und vom ersten Fixpunkt aus einen Kreis zeichnen. Entsprechend für (b).

UMSETZUNG DES ENTWURFS

Es ist schwierig, nicht sofort loszulegen, wenn die Pläne für den neuen Garten endlich fertig sind. Doch insbesondere wenn größere Mengen an Baumaterial oder Pflanzen benötigt werden, lohnt es sich, zuvor noch Preisvergleiche anzustellen. Die meiste Arbeit wird am besten im Herbst oder Frühjahr erledigt, allerdings sollte der Boden nicht zu nass sein, da häufiges Betreten und Maschineneinsatz zu ernsthafter Verdichtung des Bodens führen.

EIN ENTSTEHENDER GARTEN

Der auf Seite 50 skizzierte Garten dient hier als Musterbeispiel einer Gartenplanung. Der dreidimensionale Plan des neuen Gartens (rechts) zeigt den ausgewachsenen Apfelbaum, der erhalten wurde, während die Fotos die neuen Elemente zeigen, die zu beiden Seiten der Rasendiagonale entstanden.

△ FRÜHLINGSRABATTE
Zu einem frühen Zeitpunkt in der Entwicklung des Gartens wurden hier im Herbst gesetzte Tulpen mit Vergissmeinnicht zu einem farbenfrohen Frühlingsbild kombiniert.

△ SOMMERRABATTE
Blau blühende Stauden dominieren in dieser Sommerrabatte, doch wird mit spät blühenden Einjährigen wie diesen Kosmeen die Saison bis zum Frühherbst verlängert.

△ WINTERRABATTE
Die Triebe vom Hartriegel (Cornus) verleihen dem Garten im Herbst und Winter Farbe. Den leuchtenden Akzent setzt hier jedoch eine Zierkohl-Gruppe.

◁ PLATTEN VERLEGEN
Im Idealfall werden zuerst die Platten verlegt, damit der Rasen nicht beschädigt wird. Hier gab es zum Glück einen Zugang von einer Gartenseite aus, so dass der vorhandene Rasen durch das Verlegen keinen Schaden genommen hat. Anderenfalls hätte er durch Bretter geschützt werden müssen.

△ **LINDENFLECHTHECKE**
Am äußeren Ende des Gartens wurden die Zweige von zwei Reihen Linden über 1,80 Meter waagerecht zu einer Flechthecke verbunden, so dass der Weg durch eine Abschirmung auf Stelzen führt.

△ **SPALIERABSCHIRMUNG**
Durchbrochene Rankgitter lassen innerhalb des Gartens getrennte und doch kommunizierende Räume entstehen und verstärken die durch den alten Apfelbaum gebildete Barriere. Die Spaliere wurden später dunkelgrün gestrichen.

△ **VON DER KÜCHENTÜR AUS**
Die Küchentür ist der am meisten genutzte Zugang zum Garten, die hier abgebildete Ecke bildet den sanften Übergang. Blumen und Blattpflanzen wurden nahe der Tür eng zusammengesetzt, danach leitet der Plattenweg zu einer großzügigen, runden Fläche über.

PRIORITÄTEN FESTLEGEN

Die Arbeiten können vielleicht nicht nach einem idealen Zeitplan erfolgen, doch sollte man eine gewisse Reihenfolge beachten und die Folgen der jeweiligen Maßnahmen bedenken.

■ **Grenzen** Begrenzungsmauern und Zäune werden früh errichtet, da sie Schutz bieten und der Zugang von einem fertig angelegten Garten mitunter schwierig ist.

■ **Leitungen und Rohre** Vor der Gestaltung des Gartens – feste Beläge, Rasen und Bepflanzung – müssen alle unterirdischen Leitungen und Rohre verlegt sein.

■ **Bauliche Gestaltungselemente** Feste Bodenbeläge werden verlegt, solange das Baumaterial noch leicht zu transportieren und zu lagern ist. Wenn sie aus Kostengründen erst nach und nach gelegt werden, muss überlegt werden, wo das Baumaterial gelagert und wie der Bruchstein entsorgt werden kann.

■ **Rasen** Eine im Frühling oder Herbst gesäte Rasenfläche braucht viele Monate, bis sie strapazierfähig ist, und selbst bei Rollrasen dauert es einige Monate. Man legt sie am besten dann an, wenn der Bereich anschließend nicht betreten wird.

■ **Schnittmaßnahmen** Ein radikaler Verjüngungsschnitt von Bäumen und Gehölzen geschieht am besten im Herbst oder zeitigen Frühjahr.

■ **Bepflanzung** Die Hauptpflanzzeiten sind Spätherbst und zeitiges Frühjahr. Siehe hierzu unten PFLANZENKAUF.

GESETZLICHE BESTIMMUNGEN

Es ist wichtig, sich mit den einzelnen gesetzlichen Bestimmungen zur Anlage eines Gartens vertraut zu machen.

■ **Grenzen** Die Grundstücksgrenzen zählen zu den sensibelsten Punkten im nachbarschaftlichen Kontakt. Die jeweiligen Rechte und Pflichten sind im Nachbarschaftsrecht gesetzlich geregelt.

■ **Baumaßnahmen** Vor Beginn jeglicher Baumaßnahmen muss gegebenenfalls ein Bauantrag gestellt werden.

■ **Fällen und Abriss** Beim Fällen von Bäumen oder dem Abriss von Mauern oder Gebäuden sind u. U. Vorschriften (Baumschutzsatzung etc.) einzuhalten. Auskunft geben die Regionalbehörden.

FACHLEUTE BEAUFTRAGEN

Selbst wer an der praktischen Seite der Gartenarbeit Gefallen findet, sollte Aufgaben, die sehr schwer oder möglicherweise gefährlich sind, und jene, die besonderes Gerät erfordern, Fachleuten überlassen. Auch bei Rechts- oder Planungsfragen, wie etwa dem Errichten einer Stützmauer, sollte auf fachliche Hilfe nicht verzichtet werden. Eine persönliche Empfehlung ist viel wert, ein Spezialist sollte aber auf jeden Fall einem Berufsverband angehören.

■ **Elektrik** Sämtliche elektrische Anlagen im Garten müssen von einem Elektriker angeschlossen werden.

■ **Fällen und Schneiden von Bäumen** Das Fällen von Bäumen oder Entfernen größerer Äste sollte einem Fachmann überlassen werden, ebenso der Baumschnitt in größerer Höhe.

PFLANZENKAUF

Pflanzen können in spezialisierten Gartenbaubetrieben, Gartencentern oder auch per Versand bezogen werden.

■ **Containerpflanzen** Diese können auch außerhalb der üblichen Pflanzzeit, im Herbst oder zeitigen Frühling, gesetzt werden. Sie sollten jedoch gut gegossen werden.

TIPPS FÜR UNGEDULDIGE

Eine allmähliche Entwicklung des Gartens, die zunächst auf kurzlebige, aber farbenkräftige, rasch wachsende Pflanzen setzt, ist preiswerter, als mit erstklassigen Bodenbelägen und neuen großen Gehölzen Reife vorzutäuschen.

• Für Sitzecken und Wege kann Kies als Bodenbelag in Verbindung mit Platten oder Holz verwendet und teilweise bepflanzt werden.

• Mit schnell wachsenden Kletterpflanzen wie Kapuzinerkresse *(Tropaeolum peregrinum)* begrünte Spaliere unterteilen den Garten und schirmen ihn ab.

• Senkrechte Akzente setzen Bögen, Pergolen und Dreifüße aus Stäben, an denen etwa Wicken oder Zierkürbisse hochranken. Rabatten füllt man zunächst mit Beetpflanzen, mit rasch wachsenden Einjährigen (z. B. Cleome) und wüchsigen Sträuchern (etwa Strauchpappeln – *Lavatera* ›Rosea‹) hinten.

• Im Vordergrund verleihen Margaritenbäumchen *(Argyranthemum)* und Fuchsien in Kübeln der Pflanzung etwas Höhe.

TEIL 2

ANLAGE UND PFLEGE EINES GARTENS

TERRASSEN UND WEGE

TERRASSEN

EINE TERRASSE, DIE HAUS und Garten verbindet, dient als Insel zum Entspannen oder zum gemeinsamen Essen. Am praktischsten ist eine quadratische Fläche unmittelbar am Haus, die überdies den Vorteil einer problemlosen Stromversorgung bietet. Falls diese Lage jedoch zu kühl oder einsehbar ist, können auch Alternativen in Betracht gezogen werden. Eine Fläche in einem Mauerwinkel oder einer Gartenecke ist mitunter den ganzen Tag sonnig oder bietet wunderbare Blicke in den Garten oder die umgebende Landschaft. Zwei kleinere Sitzplätze erlauben die Wahl zwischen einem warmen und einem schattigen, kühlen Ort.

DIE RICHTIGE LAGE WÄHLEN

Im Gegensatz zu einer luftigen Terrasse kann ein warmer, geschützter Ort auch an kühleren Sonnentagen genutzt werden. Ein Spalier oder eine Pergola sorgt für Windschutz, ihre Begrünung mit duftenden Kletterpflanzen verschafft dem Platz zusätzlichen Reiz. Terrassen sollten möglichst nicht unter großen Bäumen angelegt werden; starker Schatten, Regentropfen oder herabfallende Insekten und Blätter können störend wirken und Wurzeln Unebenheiten im Pflaster verursachen.

> ### PRAXIS-TIPPS
> • Die Größe ist wichtig. Zusätzlich zu dem Raum für Tisch und Stühle werden für jede Person 3–3,5 m² gerechnet. Und natürlich muss die Terrasse im Verhältnis zu den Proportionen von Haus und Garten stehen.
> • Schlichtheit lohnt sich. Möbel und dekorative Kübel wirken am besten auf einer unaufdringlichen Fläche. Einfache Materialien sind auch leichter selbst zu verlegen.

△ **BLICKFANG**
Die farblich neutrale Gestaltung des Bodens lenkt die Aufmerksamkeit auf die klaren Linien der Möbel; Steinplatten und Kies bilden einen interessanten Kontrast.

◁ **PERFEKTE LAGE**
Eine kleine Terrasse in einiger Entfernung vom Haus ist optimal sonnig gelegen. Hohe Mauern mit dahinter gepflanzten Bäumen bieten Schatten, Geborgenheit und den Duft der umgebenden Pflanzen.

AUSMESSEN

Zunächst wird die geplante Terrasse ausgemessen. Bei Angabe der genauen Maße sollte ein Fachmann im Baumarkt die benötigten Materialmengen überschlagen können.

Man multipliziert einfach Länge mal Breite. Eine unregelmäßige Fläche wird auf Karopapier eingezeichnet, mit einem Kästchen pro Quadratmeter. Die Summe aller Kästchen, die ganz oder zu mehr als einem Drittel ausgefüllt sind, ermöglicht eine hinreichend genaue Schätzung.

DER BEANSPRUCHUNG ANGEMESSEN

Die Beläge für Terrassen und Wege müssen der vorgesehenen Belastung entsprechend ausgewählt und auf ein stabiles Fundament gebettet werden. Die Wahl richtet sich nach der Nutzung – z.B. danach, ob die Fläche nur begangen oder gelegentlich auch befahren wird – und nach dem Klima: Trockene Sommer oder strenge Winter erfordern ein tieferes Fundament.

GUSSBETONPLATTEN   **PRESSBETONPLATTEN**

DIE RICHTIGEN PLATTEN WÄHLEN
Gussbeton wird für leichte bis mäßige Belastung gewählt, während der leichtere Pressbeton stärker ist. Gussbetonplatten sind ideal für Terrassen, die nur begangen werden. Wenn die Fläche jedoch in eine Auffahrt übergeht, ist Pressbeton besser geeignet.

SIEHE AUCH: Verlegen von Pflaster und Platten, S. 58–59; Gartenbeleuchtung, S. 70–71; Die Terrasse als Raum, S. 72–73; Gartenstile, S. 122–123

DIE WAHL DES BELAGS

Die Gestaltung einer Terrasse ist selbstverständlich eine Frage des Geschmacks, doch
ist es ratsam, sich in Farb- und Material-
wahl nach dem Haus und dem Stil des
Gartens zu richten.

Die immense Auswahl an Bodenbelägen
mag, was Form, Größe, Farbe und Preis betrifft, zunächst fast erdrückend erscheinen. Strukturelle Faktoren ermöglichen
jedoch eine erste Vorauswahl. Die Oberfläche sollte der Beanspruchung standhalten und wetterbeständig sein, was Rutschfestigkeit bei Nässe mit einschließen kann.

ROTER
BACKSTEINKLINKER

TONFLIESEN

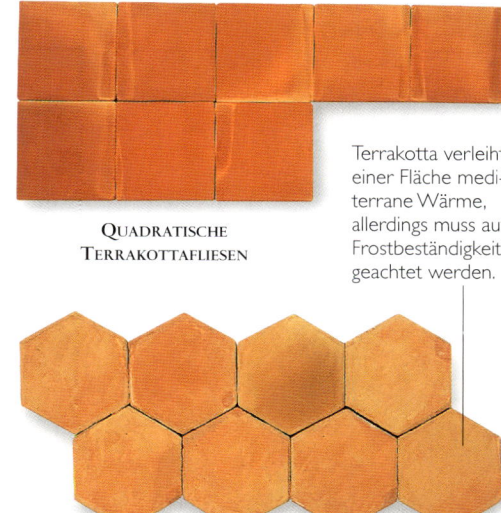

QUADRATISCHE
TERRAKOTTAFLIESEN

Terrakotta verleiht
einer Fläche medi-
terrane Wärme,
allerdings muss auf
Frostbeständigkeit
geachtet werden.

△ **PFLASTER IN KLEINEN FLEXIBLEN EINHEITEN**
*Kleine Einheiten sind ideal für fein strukturierte oder ge-
musterte Oberflächen. Auf ungleichmäßigen Flächen können
sie ohne viel Verschnitt verlegt werden. Sie eignen sich für
einfaches Verlegen ohne Mörtel auf einer Sandunterlage.*

BELGIER

SECHSECKIGE TERRAKOTTAFLIESEN

BETONPLATTEN

Kräftiger und haltbarer
Beton ist in vielerlei
Oberflächen erhältlich,
die seinen Ruf als
unschönes Material
widerlegen.

Die fein gemusterte
rutschfeste Ober-
fläche erleichtert das
Musterverlegen.

GERIPPTE PLATTEN

NATURSTEIN

KUNSTSTEIN

△ **PFLASTER IN GRÖSSEREN EINHEITEN**
*Größere Pflaster werden in zahlreichen Formen, Größen
und Oberflächen angeboten. Hier kann zwischen Natur-
und Kunststein oder Betonplatten ausgewählt werden. Sie
werden zumeist auf einer Unterlage in Mörtel gebettet.*

MATERIAL FÜR EINFASSUNGEN

Einfassungen dienen einem praktischen
Zweck und bilden dekorative Abschlüsse
zwischen Bodenbelägen und umgebenden
Rasenflächen und Rabatten. Sie werden in
Mörtel gebettet und können so eine Begrenzung für kleinere flexible Pflaster
oder, falls hoch genug, für losen Kies
bilden. Zu den geeigneten Materialien
zählen kesseldruckimprägniertes Holz,
Backsteine und Tonziegel.

△ **MODERN**
*Pflaster bildet einen
sauberen Terrassenab-
schluss und dient als
Mähkante.*

NOSTALGISCH ▷
*Eine Terrakotta-Seil-
Einfassung im traditionell
englischen Stil leistet
besonders gute Dienste als
Eingrenzung von Kies.*

TERRAKOTTA-SEIL-EINFASSUNG UND PFOSTEN

VORGEFERTIGTE DIAGONALZIEGEL

◁ **RUSTIKAL**
*Eine hübsche Einfassung, die als vorge-
fertigte Einheit leicht zu verlegen ist; bei
einzelnen Backsteinen ist dies schwer.*

SIEHE AUCH: Verlegen von Pflaster und Platten, S. 58–59

VERLEGEN VON PFLASTER UND PLATTEN

DAS GRÜNDLICHE VERLEGEN eines festen Unterbaus, der der Beanspruchung und dem vorhandenen Boden Rechnung trägt, ist unentbehrlich. Fachmännisches Vorgehen erfordert hierbei genaues Vermessen, exakte rechte Winkel und wirklich waagerechte Oberflächen. Bei der Verwendung von Beton und Mörtel werden zur eigenen Sicherheit Arbeitshandschuhe getragen, eine Schutzbrille beim Umgang mit losen Materialien, Gehörschutz und anliegende Arbeitskleidung beim Einsatz von Maschinen. Kopf, Gliedmaßen und Arbeitsgeräte sollten stets außerhalb der Reichweite von beweglichen Maschinenteilen bleiben. Schwere Lasten trägt man zu zweit.

FUNDAMENTE FÜR WEGE UND TERRASSEN

Vor dem Ausheben der Erde muss geklärt werden, wo Leitungen und Rohre verlaufen. Zunächst werden Pflanzenreste und Baumwurzeln entfernt. Der lockere Boden wird bis zum festen Grund ausgehoben. Nun bildet eine 10 cm dicke Schicht aus verdichtetem Schotter mit einer 5 cm dicken Sandauflage einen ausreichenden Unterbau. Auf schwerem Lehm- oder Torfboden, der bei Trockenheit schrumpft und sich bei Nässe ausdehnt, wird die Schotterschicht 15 cm dick angelegt; bei einer Auffahrt mindestens 10 cm verdichteten Schotter und eine Betonschicht von ebenfalls 10 cm, bei Torf- oder Lehmböden 15 cm Beton. Der Beton kann direkt die Schlussschicht bilden oder mit in Mörtel verlegtem Pflaster verdeckt werden. Bei strengen Wintern oder sehr trockenen Sommern sollte man Fachleute zu Rate ziehen.

PRAXIS-TIPPS

• Rüttelplatten können häufig für einen halben oder ganzen Tag gemietet werden. Am besten wird alles vorbereitet, so dass die Maschine sofort eingesetzt werden kann.

• Die Bedienung gemieteter Maschinen sollte genau erklärt, deren einwandfreies Funktionieren überprüft und der benötigte Kraftstoff bereitgestellt werden.

FUNDAMENT LEGEN

1 FLÄCHE MARKIEREN
Die Fläche mit Pflöcken und Schnur genau markieren, die Schnur dabei bereits auf der gewünschten Höhe der fertigen Oberfläche führen. Mit Hilfe eines ausreichend großen Winkelmaßes die Ecken rechtwinklig markieren.

2 BODEN VERDICHTEN
Die obere lockere Erde abheben. Den Boden darunter mit einer Rüttelplatte ebnen und verdichten. Es wird 10 cm Schotter gerechnet und 5 cm Sand (bei Bedarf auch mehr) plus die Dicke des Belags.

3 NIVELLIERPFLÖCKE ANBRINGEN
Alle 2 m Nivellierpflöcke einschlagen. Bei einer Terrasse ein Gefälle für Wasserabfluss vorsehen (siehe unten). Mit einer Wasserwaage überprüfen, ob die Oberkante der Pflöcke und die Schnur auf einer Höhe sind. Gegebenenfalls anpassen.

4 SCHOTTER AUFTRAGEN
10 cm hoch Schotter auftragen und grob verteilen. Verdichten, bis die Fläche ganz eben ist. Die Pflöcke dienen als Anhaltspunkte. Sand aufbringen und erneut verdichten. Auf diesem Unterbau wird nun der gewünschte Belag verlegt.

WASSERABFLUSS

Bei der Anlage einer Terrasse reicht meist ein Drainagegefälle von 2,5 cm pro 2 m aus, natürlich so, dass das Wasser vom Haus bzw. einer Begrenzungsmauer wegläuft. Die Terrassenfläche wird markiert, ausgehoben und verdichtet (siehe oben). Die Höhen von Unterbau und Belag addieren und dieses Maß auf einigen Pflöcken markieren. Eine erste Reihe Pflöcke entlang der Wand alle 2 m bis zur Markierung in den Boden stecken. Die Oberkante der Pflöcke zeigt nun die Höhe des Belags an, der mindestens 15 cm unter dem Feuchtigkeitsschutz der Wand liegen sollte. Eine zweite Pflockreihe wird 2 m entfernt in den Boden gesteckt. Auf jeden wird ein 2,5 cm dickes Holzstück gelegt. Ein Brett zwischen den beiden Reihen Pflöcke sollte nun waagerecht (Wasserwaage!) justiert werden. Das Holzstück entfernen und mit einer weiteren Reihe Pflöcke ebenso verfahren.

Feuchtigkeitsschutz nicht beschädigen.

Zwei Pflöcke mit einem Holzstück nivellieren.

△ **GEFÄLLE ANLEGEN**
Mit Wasserwaage, Messlatten und einem Holzstück werden parallel verlaufende Reihen von Pflöcken nivelliert. Wie die gestrichelte Linie anzeigt, verläuft der Belag parallel zum Boden.

SIEHE AUCH: Ein Beet markieren, S. 145

PLATTEN VERLEGEN

Zunächst wird mit einer Schnur eine gerade Linie markiert, da eine Hauswand nicht unbedingt so gerade ist, wie sie aussieht. Auch kann überlegt werden, ob die Terrasse bündig mit der Wand abschließen soll, oder ob Raum für ein schmales Beet gelassen wird. Es ist preiswerter und erzeugt keinen Verschnitt, wenn die Terrassenfläche durch die Zahl der Platten teilbar ist. Plattenmörtel wird aus einem Teil Zement und fünf Teilen scharfem Sand erstellt. Diese Mischung eignet sich auch zum Verfugen, nur wird weniger Wasser zugefügt, so dass sie eine trockenere, krümelige Beschaffenheit aufweist. Verlegte Platten werden erst betreten, wenn der Mörtel hart ist. Nach dem Verfugen wird überschüssiger Mörtel sofort von den Platten gebürstet. Damit keine Flecken entstehen, werden die Platten mit Wasser besprüht und der restliche Mörtel aufgenommen.

PLATTEN VERLEGEN

1 MÖRTELFUNDAMENT LEGEN
Das Fundament vorbereiten. In einer Ecke der Basislinie beginnen (siehe oben). 3–5 cm hohe Mörtelstreifen zu Quadraten legen, die etwas kleiner als die Platten sind. Bei Platten über 45 cm zusätzlich ein Mörtelkreuz einfügen.

2 PLATTEN EBEN VERLEGEN
Platte an den vorgesehenen Ort legen und mit einem Hammerstiel leicht festklopfen. In beiden Richtungen auf ebene Lage kontrollieren und gegebenenfalls korrigieren. Die Fugen mit einem Abstandshölzchen (0,5–1 cm) markieren.

3 FUGEN MIT MÖRTEL FÜLLEN
Ohne die Platten zu betreten, die Abstandshölzchen entfernen, bevor der Mörtel hart ist. Nach etwa 2 Tagen die Fugen mit krümeligem Mörtel füllen. Mit einem runden Holzstäbchen den Mörtel in der Fuge festdrücken.

4 MIT SCHABLONE ARBEITEN
Die Schablone ermöglicht ein sauberes Verfugen, ohne dass die Platten verschmiert werden. Sie hat einen 0,5–1 cm breiten Schlitz. Der Schlitz wird über die Fuge gelegt. Der Mörtel wird bis 2 mm unter der Plattenoberfläche hindurch gestrichen.

PFLASTER VERLEGEN

Pflastersteine werden bei normaler Gartenverwendung auf einer 5 cm hohen verdichteten Sandschicht verlegt; bei instabilem Boden oder Flächen, die großer Belastung ausgesetzt sind, sollte der Unterbau bis zu 20 cm hoch sein. Falls sich die Steine nach gewisser Zeit etwas absenken, können sie leicht herausgenommen und neu verlegt werden. Sie werden mit einem festen Kantstein verlegt, der verhindert, dass sich Sand oder Steine verlagern. Die Oberfläche der verdichteten Sandschicht sollte bei 6 cm dickem Pflaster 4,5 cm unter der geplanten Oberfläche des fertigen Belags liegen, bei 6,5 cm dickem Pflaster 5 cm darunter. Beim Verlegen wird der Sand trocken gehalten und nicht betreten; am besten kniet man auf einem Brett.

FLEXIBLES PFLASTER VERLEGEN

1 DIE EINFASSUNG LEGEN
Auf festem Boden eine 8 cm dicke Lage verdichteten Schotter ausbringen. Die Fläche mit Kantsteinen einfassen und diese in Beton einbetten. Mit einer Wasserwaage auf ebene Lage prüfen und sanft mit einem Hammerstiel festklopfen.

2 DIE SANDFLÄCHE LEGEN
Fläche mit 5 cm dicken Leisten in Quadrate von 1 m² teilen. Darin jeweils 5 cm hoch Sand aufschütten. Mit der Rüttelplatte planieren und Sand nachfüllen. Mit einer Holzleiste glätten. Leisten entfernen und Zwischenräume mit Sand füllen.

3 DAS PFLASTER VERLEGEN
Von einer Ecke ausgehend das Pflaster entlang der Einfassung verlegen, bis die Reihe fertig ist. Bei Fischgrätmuster zunächst die ganzen Steine im Winkel von 45° verlegen, zum Schluss die restlichen zuschneiden und Lücken am Rand füllen.

4 PLANIEREN UND FERTIG STELLEN
Den Belag zwei- oder dreimal mit der Rüttelplatte planieren, die zu dem Zweck mit einer Gummiplatte versehen ist. Anschließend feinen trockenen Sand über die Fläche fegen und erneut mit der Rüttelplatte planieren, so dass der Sand die Fugen füllt.

SIEHE AUCH: Betonieren, S. 60–61; Kies verlegen, S. 62–63

BETONIEREN

BETON ZÄHLT ZU DEN PREISWERTESTEN Materialien für großflächig befestigte Böden, er lässt sich zudem leicht und schnell aufbringen, er ist fest und dauerhaft und vielseitiger, als sein Ruf vermuten lässt. Man kann Muster in den Beton einlegen oder -drücken, ihn bürsten oder in anderer Weise aufrauen.

Beton sollte nicht bei Temperaturen über 32 °C oder nahe 0 °C und niemals auf gefrorenem Boden verarbeitet werden, da er sonst schnell reißt. Trockene windige Tage sind ebenfalls nicht geeignet, da der Beton dann zu rasch trocknet. Nasser Beton wirkt ätzend, deshalb sollte man die Haut gut schützen.

BETON GIESSEN

Beton besteht zumeist aus 1 Teil Zement und 1$\frac{1}{2}$ Teilen scharfem Sand sowie 2$\frac{1}{2}$ Teilen 20-mm-Zuschlag. Sand und Zuschlag auf einem Brett oder in einem Schubkarren anhäufen, Zement darüber geben und mit dem Spaten durchmischen. In die trockene Mischung eine Mulde drücken und mit Wasser füllen. Die Mischung nach und nach in die Mulde einarbeiten und dabei Wasser nachfüllen, bis eine feste Masse entstanden ist, die das Wasser aufgenommen hat. Die Oberfläche glätten und mit einem Spaten eine Reihe Eindrücke machen. Der Beton ist richtig, wenn sich eine Spitze bildet, die nicht zusammenfällt. Beim Abziehen entsteht an der Oberfläche eine Wasserschicht, die verdampfen sollte, bevor erneut abgezogen wird.

EINE FLÄCHE BETONIEREN

1 MARKIEREN UND PFLÖCKE EINSCHLAGEN
Die Fläche mit Pflöcken und Schnur markieren und etwa 20 cm Boden ausheben. Im Abstand von 1 m Nivellierungspflöcke entlang der Schnur einschlagen. Die Pflöcke mit Wasserwaage und Latte auf gleiche Höhe bringen.

2 VERSCHALUNG ANBRINGEN
Die Schnur entfernen und von innen Bretter an die Pflöcke nageln, so dass sie an den Ecken dicht abschließen. Diese Verschalung begrenzt den Beton, während er aushärtet.

3 UNTERBAU EINBRINGEN
Größere Flächen mit Hilfe von Brettern in höchstens 4 m lange Abschnitte teilen. Schotter 10 cm hoch aufschütten und mit einer Walze oder einem schweren Holzpfahl verdichten.

4 GIESSEN
In den ersten Abschnitt Beton gießen und gleichmäßig verteilen, so dass er mit dem Rahmen abschließt. Der Beton mit einem Spaten oder einer Schaufel mit hackenden Bewegungen auch in den Ecken verteilen.

5 ABZIEHEN
Mit einer Holzlatte, die breiter ist als die Form, den Beton mit Klopfbewegungen verdichten. Die Latte dann über den Rahmen ziehen, um den Beton in dieser Höhe zu planieren.

6 AUSBESSERN UND GLÄTTEN
Die Fläche glätten, Löcher mit frischem Beton füllen und erneut abziehen. Fläche mit einer Plastikplane schützen, bis der Beton nach etwa 10 Tagen hart geworden ist. Den Rahmen erst entfernen, wenn der Beton fest ist.

SIEHE AUCH: Verlegen von Pflaster und Platten, S. 58–59; Wege anlegen, S. 66–67

FERTIGBETON

Fertig gemischter Beton ist eine arbeitssparende Lösung für größere Flächen, allerdings müssen Unterlage und Schalung fertig sein. Dem Lieferanten müssen die Maße und der Verwendungszweck mitgeteilt werden, damit er die richtige Mischung und Menge bereithält. Die Fläche muss über eine Zufahrt erreichbar sein, außerdem wird Platz zum Manövrieren benötigt, da die Betonrinne an verschiedenen Stellen angelegt werden muss. Alternativ können mehrere Helfer mit Schubkarren bereitstehen, die den Beton rasch fahren, verlegen und abziehen.

NICHT VERGESSEN!

VORBEREITUNG IST UNERLÄSSLICH

Fertigbeton wird rasch aus dem Mischer ausgeschüttet und muss verarbeitet werden, ehe er fest wird. Bei Bedarf kann der Lieferant gebeten werden, langsamer zu schütten. Helfer sind hier unerlässlich: Alle sollten mit Handschuhen, Schutzbrille, Arbeitskleidung und -stiefeln ausgerüstet sein.

WASCHBETON

Wenn die Betonmischung einen Zuschlag in angenehmen Farbtönen enthält, kann dieser als dekorative Oberfläche verwendet werden. Je nach Größe des Zuschlags entsteht so eine unterschiedliche Beschaffenheit, die von grobem Sand über Feinkies bis zu größeren Kieseln reicht. Ein Material aus der Umgebung wird sich mit Sicherheit gut in den Garten einfügen.

◁ SÄUBERN
Nach dem Guss wird der Beton nicht mit einem Brett geglättet, sondern nach 6 Stunden mit einer harten Bürste aufgeraut. Nach weiteren 36–48 Stunden wird der Zuschlag mit einem Hochdruckreiniger abgewaschen.

△ FLUSSKIESEL
Kiesel bilden eine dekorative Oberfläche, die allerdings etwas unbequem zu begehen ist. Sie eignen sich somit am besten für Einfassungen.

△ KIES
Kies zwischen 6 und 8 mm oder Standardzuschlag bis zu 20 mm ergibt eine gut begehbare rutschfeste Oberfläche.

△ GROBSAND
Grober Sand ergibt eine fein strukturierte, natürlich aussehende Oberfläche, die besonders wegen ihrer Rutschfestigkeit geschätzt wird.

FARBE AUFTRAGEN

Beton kann während des Mischens mit einem mineralischen Pigment getönt werden. Es kann auch Pigmentpulver über die feuchte, geglättete Oberfläche gestreut werden. Weitere Anstriche erfolgen etwa nach einem Monat, wenn der Beton fest ist.
■ Eine Versiegelung bietet Schutz und Farbpigmente.
■ Etwa sechs Wochen nach dem Betonieren kann Farbe aufgebracht werden.
■ Halb transparente Holzlasur wird von Beton ebenfalls gut angenommen.
■ Spezielle Betonfarben, Latexfarben auf Wasserbasis, bieten die größte Farbpalette und sind am besten. Zwei bis drei Anstriche erforderlich.

◁ FARBE AUFTRAGEN
Farbe, Beize oder Versiegelung werden — wie auf der Abbildung — mit einem sauberen, trockenen Pinsel nach der Anleitung des Herstellers aufgebracht. Hierfür wird am besten ein trockener Tag mit leichter Brise gewählt.

DEKORATIVE OBERFLÄCHENBEHANDLUNG

Wenn dekorativere Materialien zu zwei Dritteln in Beton oder Mörtel eingelegt werden, sind sie nach dem Aushärten fest darin verankert. Auf diese Weise können Kiesel, Kopfsteine, Glas- oder Tonscherben zu beeindruckenden Mustern kombiniert werden. Größere Stücke erschweren allerdings das Begehen. Wenn ein größeres Mosaik entstehen soll, bedarf dies einiger Planung. Nach Fertigstellung des Unterbaus wird das Muster aufgezeichnet und die Materialien nach Farbe und Form sortiert. Die Fläche wird in viereckige Abschnitte unterteilt. Abschnittsweise bringt man dann eine Schicht Mörtel oder Beton aus und setzt die Mosaikstücke hinein, damit man fertig ist, bevor er fest ist.

△ KIESMOSAIK
Kiesel werden zu zwei Dritteln ihrer Höhe in Mörtel gebettet und mit einem Brett nivelliert.

GEMISCHTE FLÄCHE ▷
Ein breites Zementband mit eingelegten Kieseln bildet die Umrandung für fein gekörnte Waschbetonplatten.

SIEHE AUCH: Stufen anlegen, S. 68–69

KIES VERLEGEN

EINE GLATT GEHARKTE KIESFLÄCHE sieht immer gut aus, besonders wenn Gestein aus der Umgebung gewählt wird. Nur wenige Materialien fügen sich so nahtlos zu Ziegeln und Steinen und bilden gleichzeitig einen feinen Belag für Pflanzen. Da Kies nicht lautlos betreten werden kann, bildet er um das Haus herum zudem eine Ab-schreckung für unerwünschte Gäste. Kies ist relativ preis-wert und leicht zu verlegen. Von Nachteil ist, dass er regelmäßig nachgefüllt und von Unkraut freigehalten werden muss. Wird jedoch eine Unterlage aus modernen geotextilen Materialien verwendet, bleibt die Fläche unkrautfrei und muss nur ab und zu aufgefüllt werden.

KIES, SPLITT UND SCHOTTER

Kantige Stücke von Muttergestein nennt man je nach Korngröße Splitt oder Schot-ter. Vom Wasser rundgeschliffener Kies wird in Gruben abgebaut. Je kleiner die einzelnen Kiesel oder Steine, desto feiner wird die fertige Oberfläche.

Praktisch betrachtet lässt sich feinerer Kies oder Splitt besser begehen. Dafür haftet er leichter am Schuh und wird so ins Haus oder auf angrenzende Flächen getragen. Auf gröberem Material läuft man unbequemer, dafür bildet es einen verschleißfesten Belag. Für die meisten Gärten eignen sich 6 bis 10 mm Durch-messer am ehesten.

△ KIES
Rundgeschliffene Steine bilden eine bequeme Ober-fläche und eignen sich für jeden Gartenstil.

△ GRANITSPLITT
Granitsplitt ist in vielen Farben erhältlich; ein Stein aus der Umgebung passt am besten zum Garten.

△ KALKSPLITT
Für formale Gärten eignet sich Splitt besser als Kies. Am preiswertesten ist fast immer lokales Material.

△ SCHOTTER
Schotter verhindert, dass Flächen betreten werden, und bildet einen geeigneten Belag für Auffahrten.

FLÄCHE VORBEREITEN

Eine gründliche Bodenvorbereitung opti-miert die Verwendung dieses vielseitigen und praktischen Belags und verringert die laufende Pflege auf ein Minimum.
■ Die Fläche muss eben sein; bei gerings-tem Gefälle bewegt sich Kies nach unten.
■ Unkraut und Wurzeln entfernen. Das Abtragen des oberen Oberbodens reduziert das Nachwachsen und entfernt auch Samen. Kies kann man auch einfach über einem undurchlässigen Faservlies ausbringen.
■ Die Unterlage muss fest und gut verdichtet sein, da Kies langsam, aber sicher durch lose Oberflächen hindurchsickert. Dies kann ebenfalls mit Vlies verhindert werden.
■ Kies nach dem Ausbringen rechen und walzen, bis ein fester Belag entsteht, auf dem auch Schubkarren und andere Geräte mit Rädern bewegt werden können.

KIESFLÄCHEN EINFASSEN

Da es sich bei Kies um ein loses Material handelt, muss eine Begrenzung vorgesehen werden, damit er nicht auf Rasen und Rabatten gelangt und nicht ständig nach-gefüllt werden muss.

Preiswerte und nützliche Holzbegren-zungen werden einfach an Pflöcke ge-nagelt, die in den Boden getrieben wurden; sie werden schon bald von der umgeben-den Bepflanzung verdeckt.

Ausgediente Eisenbahnschwellen sind teuer, aber, auf eine einfache Unterlage aus verdichtetem Schotter gebettet, äußerst haltbar. Ränder aus Stein, Ton, Beton, Kopfstein oder Ziegeln werden in einem Graben auf festem Unterboden oder Schotter, der tief genug für einen Unterbau von 5 cm verdichtetem Sand ist, fest gedrückt.

KIESTERRASSEN UND -WEGE

Im Gegensatz zu härteren und festeren Materialien, die zugeschnitten werden müssen, damit sie auch in ungewöhnlichen Formen verlegt werden können, lässt sich Kies problemlos auch in den kleinsten Ecken und in der engsten Kurve verlegen. Es ist das einfachste Material für gewundene und Zick-Zack-Wege, für Terrassen mit unregelmäßiger runder oder eckiger Form.

> ### NICHT VERGESSEN!
> #### KIES UND SICHERHEIT
> Trifft eine Terrasse oder ein Weg auf eine Rasenfläche, muss die Einfassung für den Kies so hoch sein, dass er nicht auf den Rasen gelangt, doch auch so niedrig, dass der Rasen-mäher keinen Schaden nimmt. Loser Kies kann beim Mähen in die Luft geschleudert werden und den Rasenmäher beschädigen.

△ ZIEGELEINFASSUNG
Ein breites Band aus Back-steinen harmoniert gut und bildet eine wirkungsvolle Einfassung.

◁ DER SEILTRICK
Eine Einfassung mit einem Terrakottaseil betont die strengen Linien eines for-malen Flechtgartens.

SIEHE AUCH: Material für Einfassungen, S. 57; Fundamente für Wege und Terrassen, S. 58

EINE KIESFLÄCHE ANLEGEN

1 BODEN VORBEREITEN
Den Boden von Unkraut befreien und etwa 10 cm Erde ausheben, so dass eine ebene Fläche entsteht. Ziegeleinfassung in Mörtel betten oder Rand aus imprägniertem Holz anbringen, der den Kies in der Fläche hält.

2 UNTERLAGE AUSBRINGEN
Die Fläche wird geharkt und mit einer Schicht Kies, Splitt oder Schotter fast bis zur ursprünglichen Höhe aufgefüllt. Danach die Fläche mit einem Rechen gründlich einebnen.

3 UNTERLAGE VERDICHTEN
Mit einer gemieteten Rüttelplatte oder schweren Gartenwalze die Unterlage verdichten und Lufteinschlüsse beseitigen. Diese Fläche sollte danach mindestens 2 cm unter der ursprünglichen Bodenhöhe liegen.

4 KIES AUSBRINGEN
Auf dieser Unterlage wird nun der Kies ausgebracht. An einer Seite beginnen und nach und nach glatt streichen. Bei Verwendung einer geotextilen Membran diese zuvor auf der Unterlage ausbreiten und mit Drahtösen feststecken.

5 RECHEN UND WALZEN
Die Fläche harken, so dass eine ebene, gleichmäßig dicke Fläche mit einer Kiesschicht von etwa 2,5 cm entsteht, die genau unterhalb der Einfassung liegt. Mit einer Gartenwalze wird der Kies eingebettet.

6 ABSCHLUSSARBEITEN
Frischer Kies ist zunächst staubig und kann mit Gartenschlauch und Brause abgewaschen werden. Wässern während des Walzens verdichtet den Boden zusätzlich. Man kann diese Arbeit aber auch dem Regen überlassen.

PFLANZEN IN KIES

Kies bildet ein ideales Substrat für viele Pflanzen. Da er Wasser gut ableitet und Licht und Wärme reflektiert, eignet er sich besonders für mediterrane und robuste alpine Pflanzen, die keine Staunässe vertragen. Das Pflanzen in Kies geschieht wie in jedem anderen Boden auch; den Kies zur Seite schieben, ein Pflanzloch ausheben und den Kies nach dem Pflanzen bis zum »Wurzelhals« wieder auffüllen. Bei Verwendung einer Faservlies-Membran wird diese kreuzweise eingeschnitten, so dass der Wurzelballen hindurch passt.

NICHTS ALS VORTEILE ▷
Kies ist nicht nur ein eleganter Hintergrund für Pflanzen mit ausgeprägten Formen, er ist auch ein hervorragend durchlässiger Boden, der Winterfäule durch Nässe verhindert. Struktur bietende Pflanzen wie diese Königskerzen lockern größere Flächen auf.

△ **EINE LEBENDE FONTÄNE**
Die fedrigen Horste dieses Grases (Stipa tenuissima) erheben sich aus einer Kiesfläche und bieten den ganzen Sommer über Bewegung, da schon die leichteste Brise sie hin- und herwiegt.

SIEHE AUCH: Beete mit trockenheitsresistenten Pflanzen, S. 132–133; Beete und Rabatten bepflanzen, S. 148–149; Kräutersteingarten, S. 229

HOLZBÖDEN VERLEGEN

GARTENBÖDEN AUS HOLZ zählen zu den modernsten und praktischsten Gestaltungselementen. Sie bringen die natürliche Schönheit von Holz in den Garten, und zwar in vielfachen Möglichkeiten, die alle hervorragend mit dem jeweils vorhandenen Gartenstil harmonieren. Als Fläche für eine Sitzecke bilden Holzböden immer eine ästhetische Möglichkeit, den Lebensraum zu erweitern. Je nach Klima können sie eher schattig oder in voller Sonne angelegt werden. Möglicherweise sind zudem Bauvorschriften zu beachten, die die Tragfähigkeit der Fläche oder eine Begutachtung der Arbeit vorschreiben. Eventuell muss auch eine Baugenehmigung eingeholt werden.

HOLZ FÜR BÖDEN

Der örtliche Holzhandel bietet oft gute Beratung bei der Auswahl der geeigneten Holzsorte. Nicht jedes Holz ist für die Verwendung im Freien geeignet. Einige Arten sind auf natürliche Weise fäulnisresistent, die meisten werden kesseldruckimprägniert. Eine regelmäßige Behandlung mit einem Holzschutzmittel nach dem Verlegen garantiert eine längere Lebensdauer. Eine rutschfeste Oberfläche bietet geriffeltes Holz, die Verwendung von Messingschrauben und -beschlägen vermeidet Rostflecken.

VERWENDUNG VON HOLZFLIESEN ▷
Die einfachste Art einer Oberflächengestaltung für Holzböden ist die Verwendung von Fertigplatten. Die Träger müssen mit etwas Abstand verlegt werden (siehe unten), so dass sie eine sichere Unterlage für die Holzfliesen bilden.

SCHACHBRETT   FISCHGRÄT   PARALLELLAMELLEN

HOLZPLATTFORM BAUEN

Diese frei stehende Plattform besteht aus einem Quadrat von 2,5 m Länge. Es ist leicht in Größe und Form abzuwandeln, das Grundprinzip ist stets gleich.

Auf einem Fundament und einem Rahmen aus Stein- und Holzträgern wird die Holzoberfläche verlegt. Die Stabilität der Plattform gewährleisten Trägerbalken, die quer zu den Steinträgern montiert werden. Die Bretter verlaufen parallel zu den Steinträgern. (Hier Betonträger.) Bei erhöhten Plattformen erleichtern Trägerschuhe *(siehe gegenüber oben)* die Konstruktion. Die unteren Träger sind dann aus Holz. Die oberen Bretter werden mit etwas Zwischenabstand verlegt, so dass sie sich bei Nässe ausdehnen können, ohne sich zu verziehen.

PRAXIS-TIPPS

• Im Internet finden sich spezialisierte Händler, Baupläne und detaillierte Angaben zu Holzplattformen.

• Die hier erläuterte Vorgehensweise eignet sich auch für das Errichten stufig angelegter Plattformen oder zum Einfassen einer Ecke. Trägerschuhe erleichtern den Bau von Stufenplattformen, da sich die Höhe der Stützpfosten leicht anpassen lässt.

EINE HOLZPLATTFORM ZIMMERN

1 FLÄCHE MARKIEREN
Mit 4 Brettern ein Viereck markieren, die Ecken mit einem Winkelmaß rechtwinklig legen. Auf der Außenseite den Umriss mit einem Spaten markieren. Die endgültige Fläche wird 15 cm größer als die 2,5 m große Plattform.

2 TRÄGERUNTERLAGE MARKIEREN
Von den Brettern 3 beiseite legen. Von dem vierten ausgehend die 4 Träger in gleichmäßigen Abständen auslegen, wobei die äußeren bündig mit dem Brett abschließen. Beiderseits des Trägers 15 cm markieren.

5 FUNDAMENTGRÄBEN WIEDER AUFFÜLLEN
Alle 4 Gräben wieder mit Sand auffüllen und diesen kräftig antreten, damit die Blöcke sich später nicht verschieben und die Plattform sich verzieht. Der Sand sollte mit dem umgebenden Boden eben abschließen.

6 VERLEGEN DER TRÄGER
Die Holzträger auf die Betonblöcke legen und zentrieren: Der Abstand zwischen dem ersten und dem letzten Träger muss genau 2,5 m betragen (mit einem der Bretter überprüfen), die Enden bilden eine gerade Linie.

SIEHE AUCH: Gartenbeleuchtung, S. 70–71

VERWENDUNG VON SCHUHSTÜTZEN

Auf Beton geschraubte Trägerschuhe aus Stahl bilden eine feste Unterlage für Träger und sind besonders für höhere Plattformen nützlich. Jeder Schuh braucht einen viereckigen, 30 cm großen Unterbau aus 10 cm Schotter und darauf 10 cm Beton.

◁ **SCHUHSTÜTZEN MONTIEREN**
Die Schuhe in einem Abstand von 1,2 m anbringen. Erste Lage darauf festnageln. Die zweite Lage mit schräg eingeschlagenen Nägeln in Abständen von 45 cm quer zur ersten Lage befestigen.

Der Schuh wird mit 5 cm langen Schrauben in vorgebohrten Löchern in dem Beton befestigt.

VERBINDEN VON HOLZTRÄGERN

Im Idealfall reicht ein Holzträger über die gesamte Länge, doch kann man auch zwei Träger durch eine überlappende Verbindung zusammenfügen. Sie werden mit senkrechten Nägeln aneinander und mit schrägen Nägeln am Stützträger befestigt.

△ **EINE ÜBERLAPPENDE VERBINDUNG HERSTELLEN**
Fürt eine überlappende Verbindung am Ende der beiden Träger je einen 5 cm langen waagerechten und einen 10 cm langen senkrechten Schnitt vornehmen. Wie auf der Abbildung gezeigt, halb überlappen und festnageln.

PFLEGE

Holzbeläge sollten jährlich auf Splitter oder Risse untersucht werden. Bei Bedarf werden einzelne Bretter ersetzt. An häufig begangenen Stellen muss möglicherweise die Beize erneuert werden. Die Flächen sollten pilz- und moosfrei gehalten, Blätter stets weggefegt werden.

NICHT VERGESSEN!

RUTSCHGEFAHR AUF HOLZ

In feuchteren Gegenden können Holzböden durch unvermeidliche Algen oder Pilze gefährlich rutschig werden. Eine sichere Alternative zum Einsatz von Fungiziden bildet das Abschrubben mit einer harten Bürste, scharfem Sand oder einer Chlorkalklösung.

OBERFLÄCHENBEHANDLUNG

Kesseldruckimprägniertes Holz braucht nur gelegentlichen Holzschutz. Ein Anstrich verleiht dem Holz gleichzeitig Farbe und Schutz. Der Fachhandel berät, ob mit dem jeweiligen Mittel der gewünschte Effekt erzielt werden kann und ob es für den Außenbereich geeignet ist. Durchscheinende Holzbeize dringt in das Material ein und tönt es, gleichzeitig wird die Maserung stärker betont. Holzfarbe bietet eine Palette an kräftigeren Tönen. Nicht eindringende Anstriche sollten das Holz atmen lassen, sonst blättert es leicht ab.

3 GRÄBEN FÜRS FUNDAMENT
Die markierten Flächen 10 cm tiefer ausheben, als die Betonträger dick sind. Jeden Graben mit Sand füllen. Anschließend diesen zu einer Gesamthöhe von 5 cm verdichten.

4 BETONTRÄGER EINSETZEN
Auf jeder Unterlage 3 Betonträger so einbetten, dass sie 1 cm über dem Boden stehen. Der Holzträger sollte später den Boden nicht berühren. Auf Ebenflächigkeit überprüfen und anpassen.

7 TRÄGER BEFESTIGEN UND BRETT ANBRINGEN
Die Holzträger von beiden Seiten mit Metallwinkeln an den Betonträgern befestigen, die geschraubt werden (siehe kleine Abbildung). Das erste Brett bündig auflegen und mit 2 Senkschrauben pro Träger festschrauben.

8 BRETTER UND VERKLEIDUNG ANBRINGEN
Die restlichen Bretter jeweils mit 5 mm Abstand anschrauben. Weitere 4 Bretter werden als Verkleidung außen an die Trägerbalken genagelt. Zwei dieser Bretter müssen 4 cm länger sein, so dass sich die Ecken überlappen.

△ **NATÜRLICHER STIL**
Kesseldruckimprägniertes Bauholz ist grünlich. Natürlicher wirkt das hier abgebildete fäulnisresistente Holz oder spezielles, von Natur aus behandeltes Holz für den Landschaftsbau.

SIEHE AUCH: Die Terrasse als Raum, S. 72–73; Kübel und Hochbeete, S. 166–179

WEGE ANLEGEN

DER PRAKTISCHE GRUND für einen Gartenweg ist natürlich, dass der Benutzer sauberen Fußes von A nach B gelangen soll. Doch dient der Weg im Gesamtbild auch zahllosen, weniger nüchternen Zwecken. Die Vielfalt an Materialien erlaubt, dass Wege den Stil eines Gartens besser zur Geltung bringen und auch für sich genommen ästhetisch wertvolle Elemente sein können. Ein verschlungener Pfad verhindert, dass alle Schönheiten des Gartens auf einen Blick erfasst werden. Sich kreuzende gerade Wege bieten die Möglichkeit unterschiedlicher Ausblicke. Nicht zuletzt bilden Wege im Gesamtkonzept oft ein grundlegendes vereinheitlichendes Element.

DIE WEGE PLANEN

Bei der Planung eines Weges kommen die am häufigsten begangenen Strecken in Betracht: vom Gartentor zur Tür, vom Haus zum Gewächshaus oder zum Komposthaufen. Diese Wege bilden den Rahmen. Zumeist wählt man den kürzesten Weg zwischen zwei Punkten – Umwege sind unbeliebt. Rechte Winkel werden abgerundet – dies macht sie auch leichter mit einer Schubkarre zu befahren.

Wenn der Rahmen festgelegt ist, können Überlegungen zu Nebenwegen angestellt werden, die zu einem Ausblick oder einer versteckten Pergola führen oder sich einfach zwischen vielerlei Lieblingspflanzen hindurchschlängeln.

ÜBERLEGUNGEN ZUR GESTALTUNG

In jedem sorgfältig angelegten Garten bilden Wege ein Hauptelement im gestalterischen Rahmen, das die Bepflanzung unterstützt, einrahmt und hervorhebt. Bei der Planung sollte die natürliche Neigung, den kürzesten Weg zu wählen, berücksichtigt werden. Daneben muss auch beachtet werden, dass Wege einen Garten in Bereiche mit unterschiedlicher Nutzung einteilen oder dass sie Pflanzflächen einrahmen oder formen können.

Lohnend kann auch das Kombinieren von rein funktionalen Wegen mit solchen, die anderen Zwecken dienen, sein. So kann eine unvermutete kleine Abzweigung eine angenehme Überraschung bilden. Ebenso wird ein schmaler Pfad, der sich vor einem Ausblick öffnet, zum Verweilen einladen. Ein Wechsel im Oberflächenbelag kann einen Richtungswechsel ankündigen oder die Grenzen zwischen unterschiedlichen Gartenabschnitten markieren.

NICHT VERGESSEN!

DIE FUNKTION BESTIMMT DIE FORM
Zugangswege müssen eben, glatt und breit genug für Gartenbenutzer und Schubkarre sein. Auf 1,2 bis 1,5 m kann man auch nebeneinander gehen, selbst wenn Pflanzen etwas in den Weg hineinragen. Nebenwege, die sich sanft durch den Garten schlängeln, dürfen schmaler und weniger eben sein.

VERSCHIEDENE WEGARTEN

Da das Wesen des Formalen in der Geometrie und der Präzision liegt, während kurvenreiche Unregelmäßigkeit ein Zug des Zwanglosen ist, spiegelt sich ein Stil in der Wegführung und der Art der verwendeten Materialien wider. Natürliche Materialien, etwa in Rindenmulch gebettete Baumscheiben, oder Steinplatten, die unregelmäßige Trittflächen in Kies bilden, sind für zwanglose Gestaltungen ideal. Formale Gärten fordern hingegen die Verwendung von Materialien mit sauberen, geraden Rändern, die deutlichen Linien folgen. Hier sind somit Pflaster- oder Steinplatten erste Wahl. Kies bildet die eindeutige Ausnahme zu dieser allgemeinen Regel, da er fast zu jedem Gartenstil passt.

RECYCLING ▷
Die Verwendung ausgedienter Materialien hat gewisse Reize, nicht zuletzt finanzielle. Alte Ziegel besitzen eine angenehme Patina, sollten sie wirklich zerfallen, können sie einzeln ausgemeißelt und ersetzt werden.

KORBMUSTER

VERBUND

FISCHGRÄTMUSTER

△ ZIERVERBÄNDE
Ziegel- oder Pflastersteine können in zahlreichen Mustern verlegt werden. Für die Verwendung im Garten sollten die Ziegel feuchtigkeits- und frostbeständig sein. Am Rand des Fischgrätmusters benötigt man relativ viel Zuschnitt.

SIEHE AUCH: Bodenbeläge, S. 24–27; Platten verlegen, S. 59; Kies verlegen, S. 62

POLYGONPLATTEN VERLEGEN

Unregelmäßige Natursteinplatten sind eine relativ preisgünstige Lösung für einen zwanglosen Weg. Sie können in Sand oder dauerhafter in Mörtel gebettet werden. Der benötigte Betonmörtel wird aus einem Teil Zement und fünf Teilen scharfem Sand mit Wasser zu einer trockenen, krümeligen Konsistenz gemischt. Die Unterlage wird mit einem leichten

Drainagegefälle bereitet. Die Platten werden ohne Mörtel auf eine Fläche von jeweils etwa 1 m² ausgelegt, zunächst die großen Platten, dann zum Auffüllen der – möglichst kleinen – Fugen die kleineren. Mitunter müssen einzelne Platten mit Hammer und Meißel angepasst werden (Schutzbrille tragen). Dann können die Steine fertig ausgelegt und eingebettet werden.

POLYGONPLATTEN VERLEGEN

1 RANDSTÜCKE VERLEGEN
Die Fläche mit Pflöcken und Schnur markieren und eine Unterlage aus verdichtetem Schotter anlegen. Auf beiden Seiten des Weges zuerst Stücke mit gerader Kante als Rand verlegen. Diese Stücke werden in Mörtel gebettet, selbst wenn der Rest auf Sand verlegt wird.

2 MITTE AUFFÜLLEN
In der Mitte große Stücke verlegen, Zwischenräume mit kleineren auffüllen. Die Steine auf Sand oder Mörtel legen und mit Brett und Hammer festklopfen. Mit Messlatte und Wasserwaage auf ebene Lage prüfen. Bei Bedarf Platten wieder hochnehmen und anpassen.

3 ABSCHLUSSARBEITEN
Bei in Sand gebetteten Platten wird trockener Sand in die Fugen gebürstet. Bei Mörtel werden die Fugen mit krümeligem, nahezu trockenem Mörtel gefüllt. Dieser wird mit einer Maurerkelle leicht abgeschrägt, damit das Wasser von den Platten abfließt (siehe kleine Abbildung).

◁ **KIESWEGE**
Kieswege sind leicht zu verlegen und benötigen, wenn sie auf einer geotextilen Membran liegen, wenig Pflege. Hier ist die Holzeinfassung vollkommen unter üppigem Lavendel verdeckt. Ein klarer Fall von geringem Aufwand mit großer Wirkung.

△ **BRUCHSTEINWEG**
Die optisch angenehmen, aber unebenen Bruchsteine eignen sich am besten für Nebenwege.

TRITTSTEINE ▷
Sie ermöglichen das Gehen ohne nasse Füße und lassen das Auge zu neuen Entdeckungen schweifen.

SIEHE AUCH: Verlegen von Pflaster und Platten, S 58–59; Kies verlegen, S. 62–63; Kräuter für Ritzen und Fugen, S. 229

STUFEN ANLEGEN

IN GÄRTEN IN HANGLAGE lassen sich Höhenunterschiede am ehesten durch Stufen bewältigen. Diese können zudem ein dekoratives Element bilden, einen zuvor langweiligen Grashang ersetzen oder die Möglichkeit bieten, einen Blickfang im Garten nun aus einem anderen Winkel zu betrachten. Breite, flache Stufen laden zum Genießen eines Ausblicks ein oder bilden eine Bühne für Kübelpflanzen. Auf schmalen, steilen Treppen erreicht man schnell verschiedene Gartenbereiche. Sicherheit muss jedoch Vorrang haben. In Gegenden mit strengem Winter sollte man sich für rutschfeste Beläge und bequeme Stufengrößen entscheiden.

STUFEN BERECHNEN

Sicheres und bequemes Gehen wird von dem richtigen Verhältnis zwischen der Auftrittstiefe und der Steigungshöhe der Stufen bestimmt. Der Auftritt muss mindestens 30 cm tief sein (Fußlänge!), die Höhe variiert von 10 bis 18 cm. Als Faustregel gilt, dass die Auftrittstiefe plus die doppelte Höhe der Stufe zusammen etwa 65 cm ergeben sollten. Die Auftrittstiefe wird ermittelt, indem zuerst die Höhe der Stufe festgelegt, diese verdoppelt und von 65 abgezogen wird. Zur Ermittlung der Stufenzahl wird die Hanghöhe (siehe rechts, Schritt 1) durch die Höhe einer Stufe geteilt. Mitunter muss die Höhe etwas angepasst werden, um die Gesamthöhe zu erreichen.

Die Rechnung kann auf Millimeterpapier überprüft werden, indem die Stufenmaße maßstabsgerecht gezeichnet und dann die geplanten Bausteine eingetragen werden.

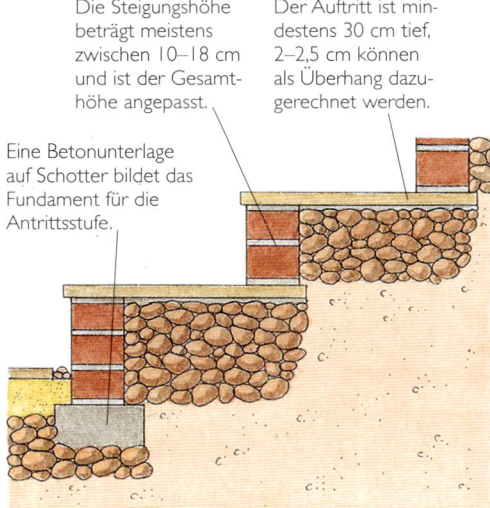

Die Steigungshöhe beträgt meistens zwischen 10–18 cm und ist der Gesamthöhe angepasst.

Der Auftritt ist mindestens 30 cm tief, 2–2,5 cm können als Überhang dazugerechnet werden.

Eine Betonunterlage auf Schotter bildet das Fundament für die Antrittsstufe.

△ STUFEN ANLEGEN

An dieser Zeichnung lassen sich die grundsätzlichen Konstruktionsprinzipien ablesen, die bei zahlreichen Materialien in beliebiger Kombination angewendet werden können. Die Maße sollte man so anpassen, dass möglichst nicht zugeschnitten werden muss.

TRITTSTUFEN AN EINEM HANG ANLEGEN

Den Hang ausmessen, um die Proportionen und die Zahl der Stufen auszurechnen (siehe links). Die Höhe der Stufe schließt Trittplatte und Mörtel mit ein.

Die Breite der Stufen und die Lage der Unterlage mit Pflöcken markieren und entsprechend eine Reihe Erdstufen ausheben. Das Fundament für die Antrittsstufe aus 1 Teil Zement mit $2\frac{1}{2}$ Teilen scharfem Sand und $3\frac{1}{2}$ Teilen 20-mm-Zuschlag oder 5 Teilen kombiniertem Zuschlag mit 1 Teil Zement erstellen. Die Unterlage mit Maurermörtel (1 Teil Maurerzement mit 3 Teilen Sand) errichten. Mit Latte und Wasserwaage prüfen, ob die Ziegel plan liegen. Ist die erste Trittplatte verlegt, wird der Unterbau der nächsten Stufe darauf markiert und mit Mörtel aufgemauert.

UNTERLAGE FÜR STUFEN ERRICHTEN

Die Schnur muss waagerecht verlaufen und mit dem Pfosten ein Dreieck bilden.

1 AUSMESSEN
Um Höhe und Länge des Hangs auszumessen, am oberen Hangende einen Pflock anbringen, unten einen Pfosten, und mit einer Schnur verbinden. Die Höhe entspricht dem Abstand zwischen Boden und Schnur, die Hanglänge der Schnurlänge.

2 STUFEN AUSHEBEN
Die Zahl der Stufen, ihre Höhe und Auftrittstiefe kalkulieren. Die Breite der Stufen mit Pflöcken und Schnur markieren, dann auch den Beginn jeder Stufe. Die Stufen ausheben und die Erde auf jeder Stufenfläche verdichten.

BASIS-WISSEN!

STUFENVERHÄLTNISSE SIND GRUNDLEGEND FÜR DIE SICHERHEIT

Das hier gezeigte Verfahren ist für vielerlei Materialien geeignet, bei jeder Planung ist es jedoch wichtig, Sicherheit und leichte Nutzbarkeit zu berücksichtigen. Am wichtigsten ist es, dass die Stufen gleichmäßig hoch sind. Eine höhere oder niedrigere Stufe stellt immer ein Sicherheitsrisiko dar. Die Stufen müssen leicht zu begehen, also der Auftritt mindestens 30 cm tief sein. Der Überhang sollte höchstens 5 cm lang sein.

3 FUNDAMENT FÜR DIE ANTRITTSSTUFE
Einen 15 cm tiefen Graben für den Sockel in doppelter Ziegelbreite ausheben. Mit einer 8 cm dicken Schotterschicht und dann mit Beton auffüllen. Einige Tage lang fest werden lassen, dann können die Ziegel für die Unterlage der Antrittsstufe gesetzt werden.

SIEHE AUCH: Verlegen von Pflaster und Platten, S. 58–59; Betonieren, S. 60–61

ZIEGEL UND PLATTEN VERLEGEN

4 UNTERBAU AUFMAUERN
Den Unterbau der Antrittsstufe mit einer einfachen Ziegelreihe auf dem Fundament aufmauern. Dabei die Ziegel wie abgebildet versetzt verlegen. Mit einer Schnur zwischen Pflöcken überprüfen, ob die Ziegel gerade und plan liegen.

5 TRITTPLATTEN VERLEGEN
Ziegel mit Schotter hinterfüllen und mit einem Pfosten anstampfen. Die Trittplatten auf eine 1 cm dicke Mörtelschicht betten, zwischen den Platten eine schmale Fuge lassen. Die Platten sollten 2—2,5 cm überstehen und leicht nach vorn geneigt sein, damit Wasser abfließen kann.

6 ZWEITE STUFE VERLEGEN
Die Position der zweiten Stufe auf den Platten markieren und die Ziegel aufmauern. Den leeren Raum dahinter mit Schotter füllen, verdichten und die zweite Reihe Trittplatten verlegen. Nach diesem Muster fortfahren, und zuletzt die Trittplatten mit Mörtel verfugen.

TREPPEN FÜR JEDEN GARTENSTIL

Stufen aus Ziegeln und Trittplatten sind einfach und praktisch, weil sie in Normgrößen angeboten werden, was die Kalkulation erleichtert. Im Wesentlichen wird das gleiche Verfahren auch mit anderen Materialien angewandt, selbst wenn der Unterbau aus Eisenbahnschwellen oder Beton- oder Steinplatten besteht und der Auftritt aus Kies oder zu Mustern verlegten Backsteinen. Kies wird auf einer verdichteten Unterlage von Kies mit einer 5 cm hohen Sandschicht verlegt.

Bei langen, flachen Hängen sind einzelne oder paarweise Stufen, die durch lange Absätze getrennt sind, häufig optisch überzeugender als eine kurze Treppe. Vorausgesetzt, die Stufen sind einheitlich 10—18 cm hoch, und der Auftritt ist mindestens 30 cm tief, bieten sich hier unzählige Kombinationsmöglichkeiten.

△ FISCHGRÄTMUSTER
Diese Stufen wurden ohne Überhang angelegt. Die Ziegel sind an der Stufenkante der Länge nach über einer Doppelreihe Ziegel verlegt. Der Auftritt ist vollständig in Mörtel gebettet.

BAHNSCHWELLEN ▷
Hier bilden Eisenbahnschwellen eine großzügig breite Treppe. Den Unterbau für die Schwellen bilden flache Gräben mit gestampftem Boden, der mit 5 cm verdichtetem Sand bedeckt ist.

◁ NATURSTEIN
Eine kurze Natursteintreppe mit einem großzügigen oberen Absatz ermöglicht, dass die erhöhte Position für einen wunderbaren Rundblick über den Garten genutzt werden kann.

△ HOLZSTUFEN
Abgestufte Holzplattformen — hier mit diagonalem Muster eignen sich besonders für trockene Gegenden, wo rutschiger Algenbefall kein Problem darstellt.

SIEHE AUCH: Die Wahl des Belags, S. 57; Holzböden verlegen, S. 64—65; Gartenbeleuchtung, S. 70—71

GARTENBELEUCHTUNG

DAS BEDÜRFNIS, SICH IM GARTEN sicher bewegen zu können, ist häufig der Grund für eine Gartenbeleuchtung, doch Licht bietet noch viel mehr: Es weckt den Garten nachts zu neuem Leben und kann nach Sonnenuntergang mit einer Vielfalt an beeindruckenden Gestaltungselementen aufwarten. Auch Detailbeleuchtung, die in erster Linie zur Beleuchtung eines einzigen Gartenelementes verwendet wird, streut etwas Licht in die Umgebung, mit dem gelegentlichen Nebeneffekt, dass ein Gefühl der Sicherheit und eine gewisse Abschreckung gegenüber unerwünschten Gästen geschaffen wird. Warum also rein praktisch denken, wenn Beleuchtung auch schön sein kann?

ZWECKORIENTIERT

Zu den nahe liegenden Gründen für eine Gartenbeleuchtung zählt die erweiterte Nutzung des Gartens auch in den Abendstunden. Die Beleuchtung wird am besten bereits bei der Planung des Gartens bedacht. Licht kann auch zu besonderen Zwecken installiert werden: als gemütliche Kulisse für ein Abendessen auf der Terrasse, zur Ausleuchtung eines verschlungenen Pfades, vielleicht mit Bewegungsmeldern. Beleuchtung lässt Stimmungen entstehen, leuchtet einzelne Gartenelemente szenisch aus oder gewährleistet rein praktisch, dass man auf sicherem Wege zurück zum Haus gelangt.

▽ **DEZENTE BELEUCHTUNG**
Verschiedene höher angebrachte Lichtquellen bieten beim Abendessen eine gemütliche Beleuchtung. Milchglas verhindert allzu grelles Leuchten, geschicktes Platzieren, etwa an Stufen, sorgt zudem für Sicherheit.

NATÜRLICHE LÖSUNGEN

Sturmlampen, Fackeln und Windlichter bilden eine preiswertere Alternative zu fest installierter Beleuchtung. Sie sind ideal für kühle Gegenden, wo man den Garten abends kaum nutzt. Für ein Mittsommernachtsfest gibt es keine stimmungsvollere Beleuchtung als eine Kette mit Lampions in den Bäumen. Zitronengraskerzen in offenen Gefäßen aromatisieren die Luft und halten Mücken fern.

BEI KERZENSCHEIN ▷
Öllampen, Kerzen und andere Wärmequellen sollten in sicherer Entfernung von Blattwerk platziert, Hängelichter mit Draht und nicht mit Schnur befestigt werden. Offenes Licht wird mit der nötigen Vorsicht aufgestellt und am Ende des Abends gelöscht.

SICHERHEIT

Außenbeleuchtung muss stabil befestigt und ausdrücklich für die Nutzung im Freien vorgesehen sein. Außenbeleuchtung ist wasserdicht abgedichtet, Innenbeleuchtung kann nicht verwendet werden. Außensteckdosen sollten mit einem Schraub- oder abschließbaren Deckel versehen sein und sich außerhalb der Reichweite von Kindern befinden.

LEITUNGEN

Außenbeleuchtung ist an die Netzspannung oder an eine Niederspannungsquelle angeschlossen. Letztere benötigen nur kleine Beleuchtungseinheiten und können mit einem Transformator vom Netz abgezweigt werden. Stärkere Beleuchtung ist auf Netzspannung angewiesen und sollte von einem Elektriker installiert werden. Kabel in gesicherten Kabelkanälen sollten mindestens 45 cm tief entlang einer Mauer, eines Pfades oder einer markierten Fläche verlegt werden, so dass sie die Gartenarbeit nicht behindern. Alle Systeme sollten mit einem Schalter versehen sein.

◁ **LIEBE ZUM DETAIL**
Das nahezu unermessliche Angebot hält für jeden Garten die passende Lampe bereit. Sie können an der Wand befestigt, in Mauern oder Böden eingelassen oder auf festen oder beweglichen Haken montiert werden.

SIEHE AUCH: Die Terrasse als Raum, S. 72–73; Sicherheit an erster Stelle, S. 199; Nicht vergessen!, S. 209

LICHTEFFEKTE

Für Schutz und Sicherheit werden meistens größere Flächen ausgeleuchtet, etwa mit zwei kreuzweise leuchtenden Scheinwerfern oder mit einem leistungsstarken Scheinwerfer oder Flutlicht. Blenden wird vermieden, indem sie unterhalb der Augenhöhe angebracht werden. Zum gemütlichen Beisammensein ist dezenteres Licht aus einer diffuseren Lichtquelle angenehmer. Detailbeleuchtung ist auf einen bestimmten Punkt ausgerichtet, sie kann zur Sicherheit beitragen, etwa durch die Ausleuchtung von Stufen, oder für die unten beschriebenen Effekte eingesetzt werden.

◁ **SPOT VON OBEN**
Ein hoch montierter Spot, der senkrecht nach unten scheint, hebt einen einzelnen Blickfang hervor. Gleichzeitig trägt das restliche Streulicht zu Schutz und Sicherheit bei.

STREULICHT ▷
Ein nach oben abgeschirmtes Licht scheint nach unten und außen und ermöglicht hier zum Beispiel sicheres Gehen auf einer Treppe ohne Gefahr, geblendet zu werden.

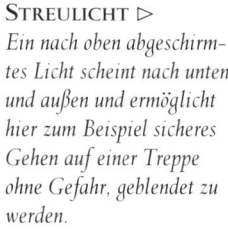

◁ **SCHATTENSPIELE**
Ein Spot, der gegen eine größere Fläche leuchtet, bietet sich für Schattenspiele mit interessanten Pflanzenformen an. Lichtstärke und Abstand bieten Variationsmöglichkeiten.

AKZENTE ▷
Mit einem starken, niedrig platzierten und frontal gerichteten Punktstrahler lässt sich ein wichtiger Blickfang in Szene setzen, so etwa eine Skulptur oder ein besonders dekorativer Baum.

◁ **SPOT VON UNTEN**
Ein Bodenspot, der senkrecht nach oben scheint, lässt faszinierende Schattenspiele entstehen. Er sollte vom Betrachter weg gerichtet sein und auch nicht die Nachbarn blenden.

SPEZIALEFFEKTE

Licht kann einem Wassergarten eine zusätzliche Dimension verleihen, etwa andeuten, dass es ungeahnte Tiefen geben könnte, oder der Bewegung von Wasserfällen und Fontänen eine lebendige Note geben. Sicherheit ist hier oberstes Gebot. Es muss sichergestellt werden, dass das gesamte Material, Kabel und Anschlüsse ausdrücklich für die Verwendung unter Wasser geeignet sind. Normale Außenbeleuchtung ist wasserdicht, aber nicht unter Wasser verwendbar. Laut Vorschrift sollte diese mindestens zwei Meter von einem Teich oder Wasserlauf entfernt installiert werden.

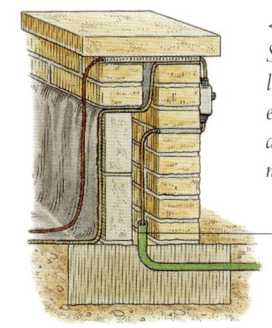

◁ **STROMVERSORGUNG**
Sie wird in der Bauphase verlegt; bei Netzspannung von einem Elektriker. Installation der Anlage unter Wasser muss zugelassen sein.

Die Kabel verlaufen durch gesicherte Kanäle. Das Licht wird daran wasserdicht angeschlossen.

▽ **LICHTSPIELE**
Eine Unterwasserlichtquelle kann einen Gartenbereich richtiggehend verzaubern und ein ohnehin dekoratives Element weiter hervorheben. Hier trifft das Wasser der Mauerspeier auf das lichtdurchflutete Becken.

TIPPS

Es sollte bedacht werden, dass undurchdachtes Platzieren von Lichtquellen mitunter Nachbarn oder Tiere stören kann.
■ Lichtquellen, die unmittelbar auf Augenhöhe leuchten, vermeiden.
■ Milch- oder mattiertes Glas erzeugen weiches, diffuses Licht, das weniger stört.
■ Weißes Licht, zum Beispiel Halogen, hebt die natürlichen Farbtöne etwa von Blattwerk hervor; Wolframlampen geben ein weicheres, gelbliches Licht.

PRAXIS-TIPPS

• Langlebige Energiesparbirnen mindern Kosten und Wartung. Solarbetriebene Einheiten sparen am meisten Energie.

• Mit getönten Birnen können verschiedene Farbnuancen erzielt, die Helligkeit kann mit der Wattzahl variiert werden. Die Wirkung von Farbfiltern ist weniger überzeugend.

• Einzelne Spots erzielen häufig die beste Wirkung, wenn sie verdeckt angebracht sind.

SIEHE AUCH: Die Terrasse als Raum, S. 72–73; Sicherheit an erster Stelle, S. 199; Nicht vergessen!, S. 209

DIE TERRASSE ALS RAUM

EINE NEU ANGELEGTE TERRASSE ist zunächst eine freie Fläche, die nun dekoriert und ausgestattet werden kann, so dass ein angenehmer Lebensraum entsteht. Die Gestaltungsprinzipien, die für Innenräume gelten, sind hier gleichermaßen anwendbar – die Wahl des Bodenbelags, der Beleuchtung, die Aufstellung der Möbel zum Essen und Ent-

spannen tragen auch hier dazu bei, einen bequemen Raum zum Wohlfühlen zu erschaffen. Hinzu kommt außerdem die Gestaltungsmöglichkeit mit Pflanzen. Mit ihnen lassen sich Schutz, Schatten und Geborgenheit schaffen. Ihr frischer oder berauschender Duft kann das Leben im Freien zudem zu einem Fest der Sinne werden lassen.

INNENRÄUME MIT DEM GARTEN VERBINDEN

Eine gelungene Verbindung von Haus und Garten entsteht, wenn den im Garten verwendeten Materialien, Möbeln und ihrer Aufstellung die gleiche Aufmerksamkeit zuteil wird wie in den Innenräumen. So kann der Bodenbelag draußen einen Ton des innen ausgelegten Teppichs aufnehmen, oder eine Farbnuance der Polstergarnitur drinnen kann auch in der Sitzgruppe oder

den Pflanzen der Terrasse vorkommen. Die Zeit, die man sich für die Wahl der richtigen Struktur, Farbtöne und Möbel nimmt, und der Spaß, den der Besuch von Ausstellungen, Gärten und Internetseiten bringt, zahlt sich in einer gelungenen Gestaltung aus.

Terrassen- oder Balkontüren aus Glas bilden eine eindeutige und psychologisch einladende Verbindung zwischen Haus und Garten. Sie bieten Zugang, aber ebenso einen Rahmen für den Blick in den Garten. Bei dem Erstellen des Pflanzplans sollte somit immer auch der Blick aus dem Wohnraum Berücksichtigung finden.

EIN PERFEKTER RAHMEN ▷
Eine offene Tür rahmt hier eine Komposition aus Fuchsien, Japananemonen und Montbretien und stellt eine unwiderstehliche Einladung auf die Terrasse und in den dahinter liegenden Garten dar, während die süßen Düfte von draußen und das Singen der Vögel das Haus füllen.

PRAXIS-TIPPS

• Kübel, Pflanzgefäße und Lampen aus Naturmaterialien wie Holz, Korb oder Terrakotta sind draußen und drinnen gleich dekorativ. Sie bilden so ein hervorragendes Bindeglied zwischen beiden Bereichen.

• Markisen oder Pergolen betonen die raumähnliche Atmosphäre. Das Gefühl eines abgeschlossenen Bereiches kann durch Spalierpflanzen verstärkt werden, deren Duft die Innenräume mit erfüllt.

TERRASSEN MIT ELEMENTEN EINES WASSERGARTENS VERBINDEN

Der Gedanke, einen Ruheort im Garten durch ein Wasserspiel noch angenehmer zu machen, hat Gärtner schon immer fasziniert, sei es wegen der Schönheit der ruhigen Wasserspiegelungen oder des Murmelns eines plätschernden Bächleins oder sprudelnden Springbrunnens. Selbst auf der kleinsten Terrasse findet sich Platz für einen Mauerspeier, Quellstein oder Miniaturteich. Ehrgeizige Projekte sollten bereits bei der Planung mit bedacht werden, etwa ein erhöhter Teich oder ein Holzsteg, der sich teilweise über die Wasserfläche erstreckt. Und wo ließen sich Pflanzen- und Tierwelt besser beobachten als von einem bequemen Gartensessel aus bei einem kühlen Getränk?

◁ **PLATZ AM WASSER**
Ein Holzsteg ist der ideale Ort zur Beobachtung von Zierfischen, badenden Vögeln oder blitzschnellen Libellen.

△ **KÜHLENDER KANAL**
Ein schlichter Kanal bietet an heißen Tagen angenehme Kühle. Bei Nacht sorgt eine sanfte Unterwasserbeleuchtung für die Sicherheit.

SIEHE AUCH: Holzböden verlegen, S. 64–65; Bewegtes Wasser auf kleinem Raum, S. 212–213

MIT PFLANZEN VOLLENDEN

Die Terrassenbepflanzung kann bei sorgfältiger Planung verschiedene Funktionen übernehmen. Große oder Kletterpflanzen spenden Schatten und Schutz, begrenzen die Fläche nach außen und bieten Geborgenheit. Glyzine, Jasmin, Geißblatt und Kletterrosen werden wegen ihres Duftes ausgewählt. Ein Weinstock ist dekorativ und ertragreich zugleich. Für offenen Boden oder Kübel eignen sich kleinere Pflanzen, die auf Grund der Farbe und des Duftes

ausgewählt werden, etwa Lilien, Ziertabak oder nachtduftende Levkojen (Matthiola longipetala ssp. bicornis), deren Duft an windstillen Abenden den Garten durchdringt. Für Wege eignen sich niedrig wachsende Thymian- und Kamille-Arten, die duften, wenn man sie streift. Wer gern grillt, sollte Gartenkräuter in die Nähe setzen, etwa Rosmarin, Thymian und Salbei, die dem Grillgut Eleganz verleihen und die Luft mit ihren würzigen Aromen durchziehen.

DUFTPARADIES ▷
Eine mit Duftpflanzen berankte Pergola und Kübel voller aromatischer Pflanzen sind ein Genuss für die Sinne und bieten zudem Schutz, Schatten und das Gefühl der Abgeschiedenheit.

△ **KLEIN, ABER FEIN**
Lücken im Terrassenbelag können bereits bei der Planung, aber auch noch später angelegt werden, die Fläche wird mit gutem Boden gefüllt und mit möglichst duftenden niedrig wachsenden Pflanzen begrünt.

TERRASSENMÖBEL

Abgesehen von Geschmack, Sitzkomfort und Preis sollten Gartenmöbel wetterfest oder leicht zu verstauen sein. Holzmöbel fügen sich in vielerlei Stile ein, altern würdevoll und halten sich bei der richtigen Pflege lange. Bei Tropenhartholz wie Teak oder Iroko sollte (zum Schutz des Regenwaldes) auf die Herkunft (FSC-Siegel des Forest Stewardship Council) geachtet werden. Metallmöbel sind haltbar, solide und häufig erstaunlich bequem. Kunststoffmöbel sind weit verbreitet und preiswert. Sie sind nässebeständig, werden aber häufig nach einiger Zeit unansehnlich oder manchmal auch brüchig, wenn sie lange der Sonne ausgesetzt waren.

△ **FUNKTIONALE ELEGANZ**
Diese leichten und wetterfesten Möbel sind haltbar und lassen sich im Winter gut verstauen und sind somit die ideale Verbindung aus Nützlichkeit und Eleganz.

EIN ORT ZUM GRILLEN

Zweifellos schmeckt es im Freien besser, besonders, wenn die Geschmacksnerven schon geraume Zeit mit dem köstlichen Aroma frisch gegrillter Speisen geködert wurden.

Ob fest installiert oder mobil – jeder Grill sollte leicht von der Küche aus zu erreichen sein – spontane Essen im Freien bereiten mehr Genuss, wenn die Zutaten nicht durch den halben Garten getragen werden müssen. Der Koch sollte ausreichend Platz haben und eine wetterfeste Arbeitsfläche. Die Kochstelle liegt windgeschützt, so dass die Gäste nicht durch Rauch belästigt werden.

NICHT VERGESSEN!

GRILLEN UND SICHERHEIT

Der Grill sollte in sicherer Entfernung von brennbaren Materialien wie Holzzaun, Spalier und Pergola aufgestellt werden. Ein Feuerlöscher sollte stets zur Hand sein. Nachbarn sollten möglichst nicht durch Rauch belästigt – oder ansonsten eingeladen werden.

TRAGBARER GRILL ▷
Ein tragbarer Grill eignet sich hervorragend für kleinere Flächen, insbesondere wenn eher durchschnittliche Sommer nicht dazu einladen, einen Grill fest zu installieren.

SIEHE AUCH: Gartenbeleuchtung, S. 70–71; Kräuter im Garten und ihre Verwendung, S. 224–233

RASEN UND BODENDECKER

EIN LEBENDER TEPPICH

IN FAST JEDEM GARTEN FINDET SICH zumindest eine Fläche, die ideal geeignet ist, mit einem Teppich von niedrig wachsenden Pflanzen begrünt zu werden und eine sanfte, angenehme und dauerhafte Oberfläche zum Begehen, Sitzen und Spielen zu bilden. Meist entscheidet man sich für eine Rasenfläche. Attraktive Alternativen, besonders für kleine Bereiche, bieten Pflanzen, die ähnlich wie Rasen wachsen, z.B. Kamille oder Thymian – je nach Bedarf als Zierrasen oder als strapazierfähige Spielwiese, unter Umständen mit Zwiebeln oder Wildstauden bereichert. Flächen, die gar nicht begangen werden, können mit niederliegenden Bodendeckern begrünt werden.

GUTE GRÜNDE FÜR EINEN RASEN

Vor dem Erwerb von Saatgut oder Rollrasen sollte sichergestellt werden, dass eine Rasenfläche für den jeweiligen Garten wirklich die richtige Wahl ist. Wer ungezügelte Begeisterung und Zeit in die Gartenarbeit investieren kann, findet an einem klassischen »englischen Rasen« vielleicht größte Genugtuung. Falls die Pflege jedoch nur auf ein Minimum beschränkt sein kann, sollten Nutzung und Möglichkeiten der Fläche überdacht werden:

■ Ist die Fläche wirklich für Gras geeignet? Bei wenig Sonne, die für das gute Gedeihen eines Rasens wesentlich ist, können Beläge wie Kies oder Platten, aber auch Bodendecker, die schattige Standorte bevorzugen, eher geeignet sein.

■ Ist die Rasenfläche leicht zu mähen und zu pflegen? Falls der Bereich ein relativ steiles Gefälle aufweist, sind Bodendecker mitunter die pflegeleichtere Alternative.

◁ ZWANGLOSE FORM
Die geschwungenen Linien dieser zwanglosen Rasenfläche lassen die ausdrucksstarken Blüten und Blattpflanzen in den angrenzenden Rabatten besser hervortreten. Die Kurven setzen sich im hinteren Teil als gewundener Kiespfad fort, der einen angenehmen optischen Effekt mit praktischem Nutzen verbindet.

△ GROSSER RASEN
Bei großen Flächen ist Gras häufig am preiswertesten und wesentlich leichter zu pflegen als Pfade und Rabatten.

KLEINER RASEN ▷
Auf begrenzten Flächen entfaltet eine formale Rasenfläche inmitten von üppiger Bepflanzung eine überzeugende Wirkung.

SIEHE AUCH: Terrassen und Wege, S. 56–73; Eine Rasenfläche planen, S. 76–77; Rasen aus anderen Pflanzen, S. 88–89; Bodendecker für schattige Standorte, S. 131

DIE RICHTIGE GRASMISCHUNG

Bei der Planung sollten die vorgesehenen Aktivitäten ebenso berücksichtigt werden wie auch die Standortbedingungen des jeweiligen Gartenbereiches.

■ Gras benötigt sonnige, wasserdurchlässige Standorte; für feucht-schattige Lagen gibt es jedoch einige Bodendecker.

■ Es gibt verschiedene Grasarten: von der Gebrauchsrasenmischung für Spielwiesen bis zu Zierrasenmischungen aus feinen Gräsern für klassische Rasen.

■ In wärmeren Gegenden wählt man Grassorten, die Trockenheit und lange, starke Sonneneinstrahlung verkraften.

SPIELWIESE ▷
Spielende Kinder sind für jeden Rasen, insbesondere auf einer kleinen Fläche, eine Herausforderung. Hier sollten deshalb robuste, Ausläufer bildende Grassorten, die der dauerhaften Nutzung gewachsen sind, gewählt werden.

ZIERRASEN

GEBRAUCHSRASEN

DIE RICHTIGE WAHL
Hochwertiger feiner Zierrasen (siehe oben) erfordert sorgfältige Pflege und geringe Nutzung. Robuste Arten (siehe oben rechts) stellen weniger hohe Ansprüche und sind strapazierfähig. Bodendecker wie Lamium maculatum (siehe rechts) gedeihen im Schatten und fordern wenig Aufmerksamkeit.

SCHATTENPFLANZEN

RASENFLÄCHEN MIT ZUSÄTZLICHEM REIZ

Mitunter muten Rasenflächen optisch etwas langweilig an. Wer möchte, kann sie jedoch problemlos mit mehr Abwechslung gestalten, etwa mit Zwiebeln von Frühlingsblühern verzaubern. Wildblumen, die als Saatgutmischung angeboten werden, ziehen zudem nützliche Insekten wie Schmetterlinge und Bienen an. Die Pflanzen breiten sich jedoch aus und müssen daher mit Vorsicht verwendet werden. Kleinere Flächen lassen sich gut mit niedrigen aromatischen Kräutern wie Kamille oder Thymian- und Minze-Arten beleben.

▽ NATURNAHE WILDBLUMENWIESE
In der passenden Umgebung — etwa einem wenig begangenen Bereich in einem größeren Garten auf dem Land — kann eine zwanglose Wiese voller Wildblumen eine wahre Freude sein. Am besten wählt man in der Region heimische Blumen und Gräser, da sie vermutlich gut gedeihen werden.

BODENDECKER

Pflanzen mit niedrigem, sich rasch ausbreitendem Wuchs eignen sich als Bodendecker. Sie unterdrücken Unkraut und erfordern im Allgemeinen wenig Pflege. Die meisten vertragen gelegentliches Betreten, jedoch keine Dauerbelastung. Sie lassen sich gut in kleinen, wenig genutzten Bereichen einfügen, wobei der Standort ihren jeweiligen Ansprüchen entsprechen muss. Auch eine Kombination verschiedener Bodendecker ist möglich.

WALDEFFEKT ▷
Im Schatten von Baumkronen kann man verschiedene niedrig wachsende Pflanzen ansiedeln, die wie eine natürliche Waldbodenvegetation wirken.

△ PACHYSANDRA-TEPPICH
Diese Pflanze vereint alle Qualitäten eines Bodendeckers als Alternative zu Rasen: niedrig wachsend, immergrün, sauber und ganzjährig pflegeleicht.

SIEHE AUCH: Das richtige Saatgut, S. 77; Rasen aus anderen Pflanzen, S. 88–89; Narzissen, S. 137; Pflanzen und Kultivieren von Kräutern, S. 228–231

EINE RASENFLÄCHE PLANEN

BEVOR SAATGUT ODER ROLLRASEN voreilig erworben wird, empfiehlt es sich, zunächst einige grundsätzliche Überlegungen anzustellen. Erst wenn alle relevanten Faktoren und Alternativen berücksichtigt wurden, können Entscheidungen zu Lage und Form, zu Wegen und Rändern, zu Grasarten und der Frage nach Saatgut oder Rollrasen gefällt werden. In warm-trockenen Gegenden wachsen Graspflanzen in Töpfen oder Rhizome vermutlich besser an als Saatgut oder Rollrasen. Die in die Planung investierte Zeit hilft oft, spätere Probleme zu vermeiden, die dann schwierige und kostspielige Lösungen erfordern würden.

LAGE UND FORM

Vielleicht steht gar nicht zur Wahl, wo die Rasenfläche angelegt werden soll, insbesondere wenn der Garten eher klein ist, doch lohnt es sich dennoch, die jeweilige Fläche zuvor zu ergründen. Ist sie sonnig oder schattig? Wie ist der Boden? Ist die Fläche wasserdurchlässig oder staunass? Bei mangelnder Helligkeit oder Drainage findet sich mitunter eine besser geeignete Fläche.

Bei den Formen können Quadrate und Rechtecke praktischen Wert besitzen, optisch sind sie jedoch wenig anregend. Dennoch sollte man der Versuchung widerstehen, allzu unruhige Formen zu wählen, da diese Mähen und Pflege der Ränder erschweren. In manchen Gärten

sind ovale und kreisförmige Rasenflächen sehr attraktiv. Schmale Streifen sehen schnell ungepflegt aus.

Nach der Anlage der Fläche können Inselbeete für Sträucher und Stauden geschaffen oder Pflanzen in Einzelstellung gesetzt werden. Diese Vorhaben werden am günstigsten bereits bei der Planung berücksichtigt, um sicherzugehen, dass sich die jeweilige Fläche hierfür eignet.

SCHMAL ▷
Strauchliebhaber grenzen die Rasenfläche mitunter stark ein. Damit sie wirkt, sollten ihrer Form und Größe gebührende Aufmerksamkeit geschenkt werden.

> ### NICHT VERGESSEN!
>
> Die unteren Äste eines Baumes werfen dunkle Schatten und lassen wenig Regen durch. Hier gedeiht ein Rasen nur schwer. Geeigneter sind hier Schatten liebende, trockenheitsresistente Pflanzen. Pflanzt man einen Baum in eine Rasenfläche, sollte man seine zukünftige Entwicklung und seine Auswirkungen auf den Rasen mit bedenken.

△ **UNREGELMÄSSIG**
Bei dieser interessant geformten Rasenfläche kann man die Bank für immer neue Blicke umstellen.

GESCHWUNGEN ▷
Rasenflächen mit schlichter Form und weit geschwungenem Rand lassen sich leichter mähen.

SIEHE AUCH: Rasen aus Büscheln und Rhizomen, S. 81; Bodendecker für schattige Standorte, S. 131; Ein Beet markieren, S. 145

RASEN IN UNTERSCHIEDLICHER FORM

Die Form der Rasenfläche sollte dem Stil des Gartens angepasst sein. Im Allgemeinen bilden gerade Ränder eine passende Ergänzung für formale Gärten, während geschwungene Linien eine eher lockere Wirkung erzielen. Enge Kurven und komplizierte winklige Formen sind aufwendiger in der Pflege.

△ **SANFT GESCHWUNGENE LINIEN**
Diese Form passt gut zu zwanglosen Gestaltungen und kann von einer farbenfrohen gemischten Rabatte umgeben werden.

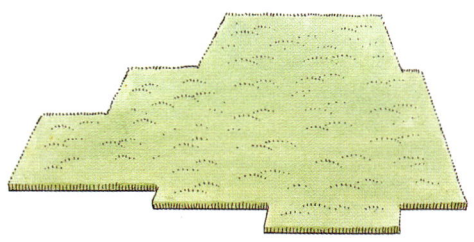

△ **KLASSISCHE ELEGANZ**
Die rechtwinkligen Kanten dieser Fläche passen gut zu einer formalen Anlage, verlangen aber sorgsame Pflege.

△ **GETEILTE FLÄCHE**
Eine interessante Lösung für große Grasflächen, ob formal oder zwanglos, bietet das Teilen durch einen Weg.

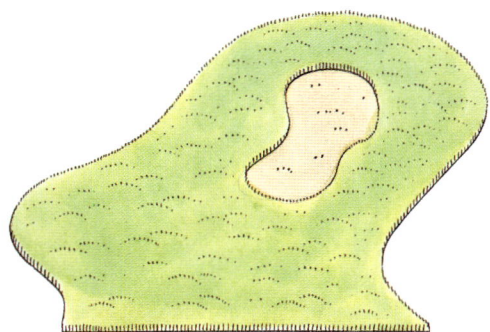

△ **INSELBEETE**
Wenn der allgemeine Stil des Gartens es erlaubt, lässt sich eine große Fläche mit einem Inselbeet ideal auflockern.

SAATGUT ODER ROLLRASEN?

Für das Anlegen einer allgemein genutzten Rasenfläche haben beide Methoden ihre Vorteile *(siehe unten)*. Wenn jedoch eine spezielle Fläche gewünscht wird ist Saatgut die einzige Wahl. Die Wahl hängt von verschiedenen Faktoren ab:

■ Das Transportieren und Verlegen von Rollrasen – das unmittelbar nach der Lieferung oder dem Kauf geschehen muss – erfordern eine gute körperliche Kondition.

■ Wenn es keine Freunde oder Verwandte gibt, die beim Verlegen helfen können, ist Aussaat die bessere Wahl.

■ Für kleinere Flächen kann Rollrasen die bessere Lösung sein.

SAATGUT

Die Vorteile von Saatgut sind:

■ Relativ preiswert.

■ Erfordert keine anstrengende Arbeit.

■ Verschiedene Mischungen im Angebot.

■ Leicht zu transportieren.

■ Problemlos zu lagern.

■ An kahlen Stellen kann mit der gleichen Mischung nachgesät werden.

AUSSAATHILFE ▷
Die Aussaat von Hand wird oft ungleichmäßig. Hier hilft ein Topf mit kleinen Löchern. Durch leichtes Schütteln wird das Saatgut gleichmäßig verteilt.

BASIS-WISSEN

SAATGUT ODER ROLLRASEN?

Außer bei großer Hitze, Trockenheit, Kälte oder gefrorenem Boden kann Rollrasen jederzeit verlegt werden. Herbst oder Frühling bieten sich jedoch an, da der Rasen dann vermutlich, bis er sich etabliert hat, weniger benutzt wird als etwa im Sommer, wo es auch schwieriger ist, die Fläche feucht zu halten. Samen werden am besten zwischen Vorfrühling und Frühherbst ausgesät, wenn der Boden feucht, aber nicht nass ist. Häufig ist der Herbst besser geeignet, da die Fläche dann bis zum nächsten Sommer bereits so weit gediehen ist, dass sie leicht genutzt werden kann. Frühlingsaussaat muss bei Trockenheit gewässert werden und hat sich u. U. erst zum Herbst hin etabliert.

DAS RICHTIGE SAATGUT

Man kaufe nur spezifizierte Mischungen. Für Zierrasen wird eine Mischung feinblättriger Schwingel- und Straußgrasarten verwendet, die man sehr kurz mähen kann. Deutsches Weidelgras (*Lolium perenne*) ist etwas robuster und strapazierfähiger. Für warmes Klima eignen sich auch Straußgras (*Agrostis*) und Rotschwingel (*Festuca rubra*). Mischungen für leichten Schatten bestehen oft aus Wiesengräsern, die nicht kurz gemäht werden sollten.

▽ **ROLLRASEN KAUFEN**
Rollrasen wird vor dem Kauf sorgfältig untersucht. Das Gras sollte ebenmäßig gewachsen sein, gute Wurzeln und Blätter besitzen, keine braunen oder kahlen Stellen aufweisen und von gleichmäßiger Qualität sein. Es wird etwas mehr gekauft als benötigt, so dass die ganze Fläche mit Rollrasen aus derselben Lieferung verlegt werden kann.

Der Hauptnachteil von Saatgut ist, dass die Fläche lange Zeit schütter aussieht und im ersten Jahr nicht genutzt werden kann. Manchmal lassen Krankheiten und Unkraut aus einem nicht sorgfältig bereiteten Boden die Sämlinge verkümmern.

ROLLRASEN

Rollrasen kann relativ preiswert sein, doch sollte er gründlich untersucht werden, um sicher zu sein, dass es sich um hochwertigen ausgesäten Rollrasen und nicht um Wiesenrasen handelt. Letzterer ist zwar billig, doch kann er gröbere Gräser und Unkraut enthalten, die mitunter später Probleme verursachen.

Die Vorteile von Rollrasen sind:

■ Ergebnis ist schnell sichtbar: Der Rasen kann schon bald genutzt werden.

■ Ränder sind deutlich markiert.

■ Während der Rasen einwächst, ist Jäten nicht erforderlich.

■ Lässt sich fast das ganze Jahr verlegen.

■ Kahle Stellen können mit neuen Stücken ausgelegt werden.

SIEHE AUCH: Anlegen eines Rasens, S. 78–79; Auslegen eines Rollrasens, S. 80; Reparieren von schadhaften Stellen, S. 86

ANLEGEN EINES RASENS

WENN FESTSTEHT, WO UND IN WELCHER Form eine Rasenfläche entstehen soll, kann nun der Boden planiert und gründlich vorbereitet werden. Sämtliche Brocken, Steine und Unkräuter werden entfernt. So kann das Gras mit Erfolg anwachsen, ohne kahle oder von Unkraut bewachsene Stellen. Bei schlecht wasserdurchlässigem Boden wird ein Abfluss angelegt. Nun kann ausgesät oder der Rollrasen verlegt werden. In heißem Klima können jedoch andere Methoden, etwa Graspflanzen aus Büscheln oder Rhizomen, zu wesentlich besserem Erfolg als Aussaat oder Rollrasen führen. Zum Schluss wird der Rand sauber abgestochen.

BODENVORBEREITUNG

Den Boden umgraben und sämtliche Unkräuter entfernen. Bei Bedarf planieren *(siehe rechts)*. Die Fläche gleichmäßig antreten und mit dem Rechen Blätter und größere Steine wegräumen. Mitunter muss eine Drainage gelegt *(siehe gegenüber)* oder organisches Material zur Bodenverbesserung eingearbeitet werden.

Bis zur Aussaat ruht der vorbereitete Boden nun 2–3 Wochen: In dieser Zeit können Samen von einjährigem Unkraut keimen und entfernt werden.

△ DEN BODEN ANTRETEN
Wenn die Fläche bereits relativ eben ist, beginnt die Vorbereitung mit dem Festigen des Bodens. Dies kann durch leichtes systematisches Antreten der gesamten Fläche geschehen. Für kleinere Bodenflächen kann auch der Rechenrücken verwendet werden. Das Verfahren wiederholen, bis die Fläche gründlich gefestigt ist.

◁ RECHEN
Die Erde sehr feinkrümelig rechen, Pflanzenreste und Unkraut entfernen. Bei Aussaat die Fläche ruhen lassen, bis Unkraut keimt, und dieses mit einer Hacke entfernen.

PLANIEREN

Wie eben die Fläche sein muss, wird durch die vorgesehene Rasenfläche bestimmt. Bei einem Gebrauchsrasen oder einer Spielwiese kann nach Augenmaß planiert werden, ein Zierrasen oder eine Fläche für Ballspiele erfordern wesentlich größere Genauigkeit. Bei grobem Planieren werden Erhebungen und Vertiefungen eingeebnet und angetreten. Zum genauen Planieren werden markierte Pflöcke, Latte, Wasserwaage und Hammer benötigt. Die Pflöcke werden auf der gewünschten Höhe eingeschlagen *(siehe unten)* und die Erde bis zur Höhe, die auf den Pflöcken markiert ist, gerecht. Diese Methode kann auch für die Anlage sanfter Gefälle *(siehe rechts)* verwendet werden.

△ EINSATZ VON WASSERWAAGE UND PFLÖCKEN
Einige Pflöcke 5 cm von oben markieren, mit dem Hammer etwa bis zur Markierung so in den Boden schlagen, dass die Oberkanten eine Linie bilden, mit Wasserwaage und Latte überprüfen.

BODEN PLANIEREN

1 MARKIERPFLÖCKE
Eine Reihe Pflöcke am Rand der Fläche so einschlagen, dass die Markierungen die gewünschte Bodenhöhe anzeigen.

2 HÖHE ÜBERPRÜFEN
In etwa 1 m Abstand eine zweite Reihe einschlagen, mit Wasserwaage gleiche Höhe prüfen, u. U. anpassen.

▽ EIN GEFÄLLE ANLEGEN
Wenn ein sanftes Gefälle angelegt werden soll, das vielleicht von einer befestigten Fläche wegführt, werden Pflöcke in zunehmendem Abstand von oben markiert. Die Pflöcke in regelmäßigen Abständen in den Boden schlagen und mit Latte und Wasserwaage prüfen, ob die Oberseiten eben sind (siehe unten). Dann die Erde bis zu den jeweiligen Markierungen rechen.

PFLÖCKE

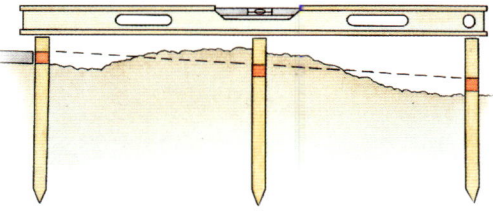

△ PLANIEREN
Pflöcke in einem Raster einschlagen. Mit Wasserwaage und Latte in allen Richtungen überprüfen, ob die Oberkanten eine Linie bilden.

3 BODEN ANPASSEN
So die ganze Fläche mit gleich hohen Pflöcken überziehen. Die Erde bis zu den Markierungen rechen. Pflöcke entfernen.

SIEHE AUCH: Saatgut oder Rollrasen?, S. 77; Rasen aus Büscheln und Rhizomen, S. 81; Verschiedene Bodenarten verbessern, S. 142

AUSSÄEN

Nach der gründlichen Vorbereitung des Bodens kann nun gesät werden. Die benötigte Menge Saatgut richtet sich nach der Mischung:

- **Feinblättriges Gras:** 25–30 g pro m²
- **Gröberes Gras:** 35–40 g pro m²
- **Unvermischte Arten:** Den jeweiligen Anweisungen auf der Verpackung (oder des Händlers) folgen. Die Mengen variieren von etwa 2 g pro m² für *Eremochloa ophiuroides* bis zu etwa 30 g für Deutsches Weidelgras (*Lolium perenne*).

Die genaue Saatmenge für die gesamte Fläche auswiegen und von Hand oder mit einem Säwagen gleichmäßig aussäen. Die Erde leicht rechen, so dass die Samen mit Erde bedeckt werden. Den Boden regelmäßig feucht halten, bis nach 1–2 Wochen die ersten Sämlinge sichtbar werden. Wenn das Gras etwa 10 cm hoch ist, wird es zum ersten Mal gemäht (Messer auf die höchste Stufe stellen).

PRAXIS-TIPPS

- Am besten wird an einem trockenen windstillen Tag ausgesät.
- Das Saatgut nicht zu dicht ausbringen, das hat keinerlei Vorteil.
- Gleichmäßiger sät man in Teilflächen, für die jeweils eine Saatgutmenge vorgesehen ist.
- Vögel sollten nach der Aussaat von der Fläche fern gehalten werden. Hierzu kann die Fläche mit feinem Maschendraht abgedeckt oder Alufolie als Vogelscheuche an kleinen Stäben oder einer Schnur befestigt werden.

EINE FLÄCHE EINSÄEN

△ **MARKIERUNGEN VERWENDEN**
Mittelgroße Flächen können zum Einsäen mit Töpfen oder Stäben in Quadrate aufgeteilt werden, die man dann jeweils gleichmäßig einsät. Das Verfahren wiederholen, bis die ganze Fläche eingesät ist.

△ **EIN RASTER BILDEN**
Bei größeren Flächen ist es praktischer, diese vor dem Säen mit einem Raster aus Quadraten zu versehen. Das Saatgut portionsweise abwiegen und die Hälfte von links nach rechts, die andere Hälfte von oben nach unten aussäen.

△ **RUNDE FLÄCHEN MARKIEREN**
Eine Schnur an zwei Pflöcken befestigen. Die Länge wird von dem gewünschten Kreis bestimmt. Einen Pflock in der Erde befestigen, mit dem anderen den Kreis markieren.

◁ **SÄWAGEN VERWENDEN**
Die Verwendung eines Säwagens gewährleistet eine gleichmäßige Aussaat. Der Rand wird mit einer Plastikfolie markiert. Die Hälfte wird in eine Richtung ausgesät, die andere quer dazu.

◁ **ABSCHLUSS**
Nach dem Säen die Fläche leicht harken, damit das Saatgut bedeckt wird. Bei trockenem Wetter in den nächsten Tagen und Wochen gut wässern, um das Keimen zu fördern.

DRAINAGE ANLEGEN

Je nach Lage der Rasenfläche kann es nötig sein, an der tiefsten Stelle einen Abfluss anzulegen, bevor die Grasfläche entsteht. So vermeidet man mögliche Probleme durch staunassen Boden in regenreichen Perioden. Der Abfluss sollte in gebührender Entfernung von allen Hauswänden liegen, damit die Feuchtigkeit nicht in die Wände gelangt. Bei größeren Drainageschwierigkeiten sollte die Anlage eines Sumpfgartens mit feuchtigkeitsliebenden Pflanzen in Betracht gezogen werden.

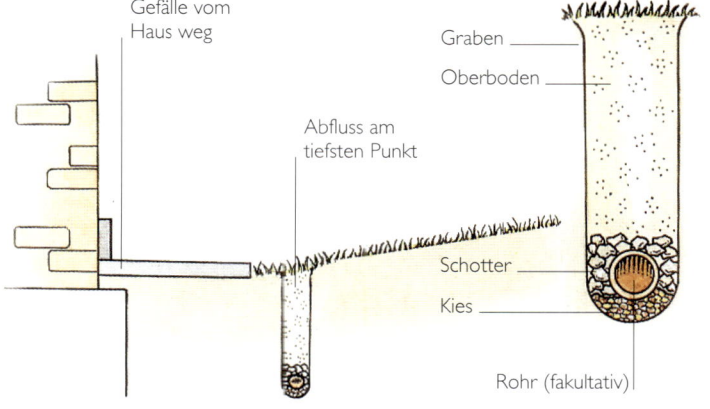

Gefälle vom Haus weg
Abfluss am tiefsten Punkt
Graben
Oberboden
Schotter
Kies
Rohr (fakultativ)

◁ **EINE EINFACHE DRAINAGE LEGEN**
Einen Graben ausheben und den Boden mit grobem Kies und Schotter füllen, so dass überschüssiges Wasser weggeleitet wird. Bis zur Höhe der vorbereiteten Fläche mit Oberboden auffüllen. Ein perforiertes Drainagerohr wird nur bei ernsthaften Abflussproblemen gebraucht.

SIEHE AUCH: Saatgut oder Rollrasen?, S. 77; Mähen, S. 82; Sumpfbeete, S. 204–205; Uferpflanzen, S. 218–219

AUSLEGEN EINES ROLLRASENS

Der größte Vorteil von Rollrasen ist, dass sozusagen sofort eine sichtbare Rasenfläche entsteht. Man sollte jedoch der Versuchung widerstehen, diese sogleich zu begehen, da die Wurzeln etwas Zeit brauchen, in den Boden zu dringen und gut anzuwachsen. Die Fläche muss auch feucht gehalten werden, damit die Soden nicht braun werden oder sich an den Ecken aufstellen. Obwohl Rollrasen jederzeit verlegt werden kann, empfiehlt es sich, Regen und Frost zu vermeiden, ebenso besonders heiße oder trockene Perioden, in denen ein ausreichendes Wässern des neuen Rasens Schwierigkeiten bereitet.

Die Anlage bedarf einiger gründlicher

Planung: Es muss berechnet werden, wie viele Soden benötigt werden (großzügig rechnen), und der Boden muss gründlich vorbereitet sein, bevor der Rasen geliefert wird. Es sollte auch ausreichend Zeit für das Verlegen eingeplant werden. Wenn der Rollrasen nicht sofort verarbeitet werden kann, etwa wegen Regen oder Bodenfrost, kann er bis zu drei Tage gelagert werden *(siehe rechts)*. Bei längerer Lagerung wird er mitunter trocken und gelb.

Nach dem Verlegen verbleibende Soden werden mit der Grasseite nach unten gelagert. Sie zersetzen sich so zu feinem Boden, der später über der Rasenfläche ausgebracht werden kann.

△ ROLLRASEN LAGERN
Kann der Rollrasen nicht sofort verlegt werden, legt man die Soden flach und ohne sich zu berühren auf Folie oder Erde und wässert jeden Tag gründlich.

AUSLEGEN EINES ROLLRASENS

1 DIE ERSTE REIHE
Die erste Reihe entlang einer geraden Kante verlegen, etwa einem Weg oder einem Brett. Zwischen den einzelnen Soden darf dabei keine Lücke bleiben.

2 BRETT VERWENDEN
Für die zweite Reihe wird ein Brett über die erste gelegt, von dem aus kniend weitergearbeitet wird. Die zweite Reihe versetzt verlegen. Alle Soden auf diese Weise auslegen, bis die Fläche bedeckt ist. Den nackten Boden möglichst nicht betreten.

3 FESTSTAMPFEN
Jede Sode mit dem Rechenrücken oder einer leichten Walze festdrücken, um Lufteinschlüsse zu entfernen und die Wurzeln mit dem Boden in Kontakt zu bringen.

4 ABSCHLUSS
Eine dünne Deckschicht aus gesiebtem, sandigem Lehm ausbringen und mit einem Besen in etwaige Spalten verteilen. Gut angießen — bei Trockenheit feucht halten.

PRAXIS-TIPPS

• Das Verlegen dort beginnen, wo der Rollrasen gelagert ist.

• Ein Brett auf den fertigen Flächen verteilt beim Arbeiten das Gewicht, so dass der Rasen nicht verdichtet wird.

• Kleinere Stücke sollten in der Mitte verlegt werden, wo sie weniger leicht austrocknen oder schrumpfen.

• Jede neue Reihe wird versetzt verlegt, wie Ziegelsteine beim Mauern.

• Den Rollrasen über die vorgesehene Fläche hinaus verlegen und anschließend den Rand abstecken.

• Beim ersten Mähen im Mai wird der Mäher auf die höchste Stufe eingestellt.

SIEHE AUCH: Saatgut oder Rollrasen?, S. 77; Bodenvorbereitung, S. 78; Planieren, S. 78; Mähen, S. 82

RASEN AUS BÜSCHELN UND RHIZOMEN

In subtropischen Klimaten bereitet das Anlegen traditioneller Rasenflächen mitunter Schwierigkeiten. Hier verwendet man hitzetaugliche, sich ausbreitende Arten, die für extreme Bedingungen geeignet sind. Das auch in gemäßigteren Zonen gesetzte Straußgras kann ebenfalls gewählt werden. Damit der Rasen eine einheitliche Fläche bildet, besteht er zumeist nur aus einer einzigen Art, die mit kleinen Stücken dieser Pflanzen – Grasbüscheln oder Rhizomen – angelegt wird. Der beste Zeitpunkt hierfür ist Frühling oder Frühsommer. Büschel sind kleine Stücke rhizombildender Gräser, die in einzelne Pflanzlöcher gesetzt werden (siehe rechts). Neue Triebe entspringen am Rand und schließen bald den Teppich. Rhizome oder wurzelnde Triebe werden gleichmäßig über die Bodenoberfläche verteilt, mit einer dünnen Schicht Erde abgedeckt und gründlich gewässert. Bei beiden Verfahren wächst das Gras innerhalb weniger Monate an.

NICHT VERGESSEN!

Rasen aus Büscheln oder Rhizomen von robusten, trockenheitsresistenten Gräsern reichen nicht an einen englischen Rasen heran, doch sind sie strapazierfähig, praktisch und pflegeleicht. Auch hier muss der Boden schon vorbereitet sein, denn Büschel und Rhizome sind lebende Pflanzenmaterialien, die sich nicht lange lagern lassen.

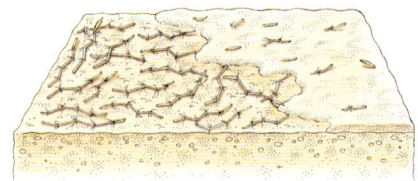

△ **GRASRHIZOME VERTEILEN**
Die Rhizome gleichmäßig auf dem Boden verteilen, mit feiner Erde abdecken und gründlich wässern.

△ **GRASBÜSCHEL PFLANZEN**
Die Büschel alle 15–30 cm über die Fläche verteilen. Eine Schicht Erde ausbringen und gründlich feucht halten.

DEN RAND FORMEN

Wenn die Rasenfläche vollständig verlegt ist, können nun die Ränder geformt werden. Diese Aufgabe sollte keineswegs vernachlässigt werden, denn den Rändern kommen wichtige praktische und ästhetische Aufgaben zu. Selbst bei einer unvollkommenen Rasenfläche kann ein sauberer Rand den Eindruck einer gut gepflegten Fläche vermitteln. Bei der Wahl eines sanften oder harten Randes müssen mögliche Schwierigkeiten beim Mähen immer mit bedacht werden. Bei Mähkanten, einem erhöhten Rand mit Einfassung (siehe unten) oder harten Rändern (siehe rechts) müssen die Kanten weniger mit der Schere oder einem Kantenstecher geschnitten werden.

△ **RUNDER RAND**
Nach Verlegen des Rollrasens wird mit einer Schnur am Pflock und einem Trichter mit Sand ein Kreis abgestochen.

GERADER RAND ▷
An einer gespannten Schnur wird die Kante entlang eines Brettes abgestochen.

△ **SANFTER RAND**
Auch sanfte Ränder müssen regelmäßig geschnitten, die Stauden gestutzt werden.

△ **HARTER RAND**
Schmale Steinpflaster mit Einfassungsziegeln aus Terrakotta bilden eine praktische Begrenzung.

ERHÖHTER RAND ▷
Die Rasenfläche kann etwas höher als der Gartenweg liegen und attraktiv mit Holz (siehe rechts) oder Kunststoff (siehe ganz rechts) eingefasst werden.

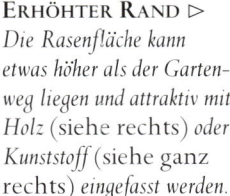

MÄHKANTE ▷
Eine Mähkante zwischen Rabatte und Rasen (siehe rechts) erleichtert das Mähen. Sie liegt etwas tiefer als der Rasen (siehe ganz rechts).

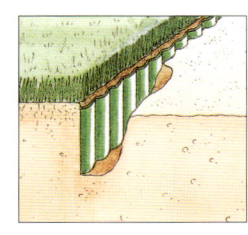

ZIEGELVORSPRUNG ▷
Um das Mähen von Stellen, wo Stufen (und andere erhöhte Gartenelemente) unmittelbar an die Rasenfläche grenzen, nicht unnötig zu erschweren, kann innen ein kleine Fläche aus Ziegeln vorgelagert werden. Der feste Belag gewährleistet zudem eine sichere Nutzung der Stufe.

SIEHE AUCH: Material für Einfassungen, S. 57; Stufen anlegen, S. 68–69; Pflege einer Rasenfläche, S. 82–85

PFLEGE EINER RASENFLÄCHE

EINE RASENFLÄCHE WIRD ERST durch gute Pflege wirklich dekorativ und strapazierfähig. Mähen und Kanten schneiden sind für viele die offensichtlichen Aufgaben, doch gibt es noch einige weitere jahreszeitlich gebundene Arbeiten. In der Hauptwuchszeit im Frühling und Sommer wird der Rasen gemäht, gedüngt und bei Tro-

ckenheit gewässert. Vertikutieren, Lüften, Absanden und Laubharken tragen ebenfalls wesentlich zur Gesundheit der Rasenfläche bei. Liegen gebliebenes Laub verschattet das Gras, verlangsamt das Wachstum und begünstigt Krankheiten. Bei regelmäßiger Pflege lassen sich zahlreiche verbreitete Schwierigkeiten vermeiden.

MÄHEN

Das Mähen fördert den Austrieb, lässt die Fläche dichter werden und verhindert das Aufkommen von Unkraut. Zu diesem Zweck wird häufig und wenig gemäht *(siehe unten)*. Formale Rasen erhalten ein Muster *(siehe rechts)*. Dabei wird jedoch bei jedem Mähen die Richtung gewechselt, damit keine Furchen entstehen. Nach Möglichkeit wird mit Fangvorrichtung gemäht, damit sich kein Schnittgut am Boden sammelt.

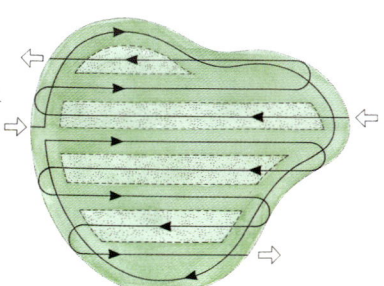

◁ PHANTASIEFORM
Bei einer asymmetrischen Form werden zunächst die Ränder, dann die Fläche in parallelen Streifen gemäht.

GEOMETRISCHE FORM ▷
Zunächst die gegenüberliegenden Ränder und dann im rechten Winkel dazu die Fläche mähen.

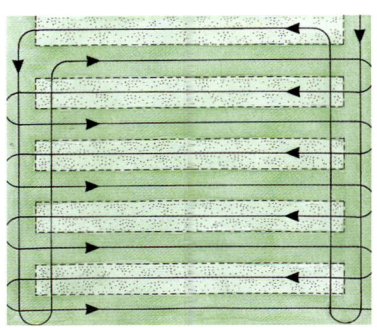

WANN WIRD GEMÄHT?

Im Frühling wird zum ersten Mal gemäht, und zwar mit maximaler Schnitthöhe. Im Sommer kann die Höhe etwas reduziert werden. Im Herbst wird sie wieder auf maximal gestellt. Im Spätherbst wird das Mähen eingestellt. Zu radikale Schnitte können verbrannte Stellen hinterlassen.

■ Zierrasen wird im Frühling und Herbst ein- bis zweimal pro Woche gemäht, im Sommer bis zu dreimal pro Woche. Die günstigste Schnitthöhe für mitteleuropäisches Klima liegt – abweichend von englischer Tradition – bei 3–5 cm.

■ Gebrauchsrasen wird von Frühling bis Herbst nach Bedarf (etwa einmal wöchentlich) gemäht. Hier beträgt die günstigste Halmlänge 5 bis maximal 8 cm.

**RASEN MIT ZWIEBEL-
GEWÄCHSEN ▷**
Wenn ins Gras Frühlingsblüher gesteckt wurden, kann noch bis Ende des Herbstes gemäht werden. Nach der Blüte muss dann allerdings sechs Wochen gewartet werden. So können die Zwiebeln Nahrungsreserven für die Blüte im nächsten Jahr anlegen.

DER RICHTIGE RASENMÄHER

Für kleine Flächen reicht ein Handmäher aus; er ist klein, geräuscharm und benötigt keine Kabel. Dafür muss er geschoben werden. Bei größeren Flächen oder bei fehlender Kraft können elektrische oder benzinbetriebene Mäher verwendet werden. Strom ist sauberer und wirkungsvoller als Benzin, kann aber keinen leistungsstarken Motor antreiben.

■ **Spindelmäher** besorgen den feinsten Schnitt und produzieren attraktive Streifen. Bei falscher Einstellung reißen sie jedoch die Halme ab. Insgesamt schwer zu handhaben.

■ **Sichelmäher** sind leichter zu bedienen, insbesondere in längerem Gras, hinterlassen aber kein Streifenmuster.

■ **Luftkissenmäher** sind am leichtesten und einfachsten zu manövrieren. Sie sind ideal für leichte Gefälle.

Rasenmäher sollten grundsätzlich höhenverstellbar und möglichst mit Fangvorrichtung ausgestattet sein.

▽ MOTORGETRIEBENER SPINDELMÄHER
Vermutlich der geeignetste Mäher für Zierrasen. Liefert einen feinen Schnitt mit klassischem Streifenmuster. Die Spindelmesser sind um einen rotierenden Zylinder angeordnet, der gegen eine feste Klinge schneidet. Der Zylinder wird von einer dahinter gelagerten Walze bewegt. Je schwerer die Walze umso deutlicher das Streifenmuster. Benzinbetriebene Spindelmäher haben oft eine breitere Schnittfläche als elektrische, was aber Schwierigkeiten beim Manövrieren verursachen kann. Rasenmäher zum Aufsitzen sind ideal für ausgedehnte Flächen.

SPINDELMESSER

SIEHE AUCH: Pflege einer Rasenfläche, S. 82–85; Zwiebeln im Rasen pflanzen, S. 89

RASENKANTEN SCHNEIDEN

Rasenflächen mit sauberen Rändern tragen maßgeblich zu einem guten Gesamteindruck bei. Während der Vegetationszeit schneidet man die Ränder regelmäßig mit einer Kantenschere (siehe unten), die winklig am Rand des Rasens schneidet, oder mit einem Rasentrimmer (siehe unten rechts). Der Schnitt wird aufgesammelt. Beetpflanzen sollten nicht auf dem Rasen aufliegen, da er so dort abstirbt. Regelmäßig geschnittene Kanten müssen nur einmal jährlich im Vorfrühling abgestochen werden, damit die Rasenfläche ihre ursprüngliche Form behält. Hierbei werden kleine Grassoden mit einem Halbmond-Kantenstecher (siehe unten) oder einem gemieteten motorgetriebenen Kantenstecher abgeschnitten. Ein Spaten ist weniger geeignet, da das leicht gerundete Blatt eher kleine Bögen als gerade Kanten entstehen lässt.

△ RÄNDER TRIMMEN
Nach dem Mähen die Ränder mit Kantenschere oder Rasentrimmer schneiden.

△ RÄNDER NEU ABSTECHEN
Mit einem Halbmond-Kantenstecher und einem Brett entstehen gerade Ränder.

◁ TRIMMER
Elektrische Rasentrimmer schneiden mit einem Nylonfaden, der mit hoher Geschwindigkeit rotiert. Bei manchen lässt sich der Kopf senkrecht stellen, so dass auch Rasenränder geschnitten werden können. Gut für große Flächen.

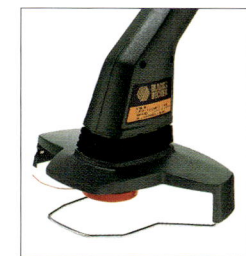

△ FÜHRUNG
Führt den Faden auf einer Höhe für ebenen Schnitt.

▽ ELEKTRISCH BETRIEBENER LUFTKISSENMÄHER
Luftkissenmäher bewegen sich auf einem Luftkissen vorwärts und haben herausnehmbare Kunststoffblätter, die das Gras sensenartig mit einer horizontalen Drehbewegung abschneiden. Sie sind ideal für kleinere Flächen und schwierige Bereiche, etwa Grasränder an Wegen oder unter überhängenden Pflanzen. Sie lassen sich problemlos über ebene und schwach geneigte Flächen bewegen, bei größerem Gefälle kippen sie jedoch leicht. Die meisten sind nicht mit einem Grasfangbehälter ausgestattet, so dass der Schnitt anschließend zusammengerecht werden muss. Sie schneiden nicht sonderlich kurz, sind aber gut für langes oder ungleichmäßiges Gras geeignet.

KUNSTSTOFFSCHEIBE

▽ BENZINBETRIEBENER SICHELMÄHER
Da ein benzinbetriebener Motor leistungsfähiger ist als ein elektrischer, ist dies der optimale Rasenmäher für sehr große Flächen, auch mit robustem oder langem Gras. Er läuft auf Rädern und schneidet mit einem herausnehmbaren Metall-Blatt, das horizontal dreht. Unebene Flächen werden somit auf keinen Fall rasiert, allerdings kann mit einem Sichelmäher generell nicht sehr kurz geschnitten werden. Die meisten haben keine Walze, dafür aber einen großen Grasbehälter, der nicht oft geleert werden muss. Benzinmäher sind teurer in der Anschaffung und im Betrieb, haben aber keine potenziell gefährlichen Kabel.

METALLMESSER

SIEHE AUCH: Den Rand formen, S. 81

WÄSSERN

Ein neuer Rasen muss gut feucht gehalten werden, bis er richtig angewachsen ist. Danach kann er sich selbst überlassen werden. In Zeiten lang anhaltender Trockenheit, wenn das Wachstum sich verringert und das Gras braun wird, sollte der Rasen allerdings gründlich gewässert werden. Sobald sich das Gras nach dem Betreten nicht wieder aufrichtet, ist es zu trocken.

Das Wässern am frühen Morgen oder abends verhindert, dass wertvolles Wasser durch Verdunstung verschwendet wird. Dabei muss sichergestellt werden, dass wirklich ausreichend gewässert wurde (siehe rechts); bei schwerem Boden sollte das Wasser nicht an der Oberfläche stehen bleiben, da die Wurzeln so weder Sauerstoff noch Mineralstoffe aufnehmen können. Zur Überprüfung der Wassermenge kann bis zur entsprechenden Tiefe ein kleines Loch gegraben und überprüft werden, ob der Boden bis unten feucht ist. Im Handel werden auch elektrische Feuchtigkeitsmesser angeboten.

Kleine Flächen kann man mit der Gießkanne, größere mit dem Schlauch oder einem Rasensprenger wässern. Große Rasenflächen, die voraussichtlich regelmäßig gewässert werden müssen, erhalten am besten ein eingebautes unterirdisches Beregnungssystem, wenngleich diese kostspielig sind. Beim Aufdrehen des Wassers werden die Beregnungsdüsen über die Oberfläche gehoben.

△ ZU WENIG WASSER
Oberflächliches Wässern, das den Boden nur bis wenige Zentimeter unter der Oberfläche anfeuchtet – der dunkle Boden auf der Abbildung –, kann den Rasen für Trockenheit anfällig machen, weil die Wurzelbildung nur nahe der Oberfläche gefördert wurde.

△ GENÜGEND WASSER
Nach dem Wässern wird überprüft, ob der Boden wirklich bis zu einer Tiefe von 10–15 cm durchfeuchtet wurde (siehe oben). Dies regt eine kräftige Wurzelbildung bis in tiefe Wurzelschichten an, so dass die Pflanzen auch in trockenen Zeiten Wasser finden.

DÜNGEN

Zur Vermeidung von Krankheiten, Flecken, Moos und Unkraut werden dem Rasen regelmäßig Nährstoffe zugeführt. Der Dünger fördert die Entstehung einer dichten, gesunden und leuchtend grünen Rasenfläche. Meist sind zwei jährliche Düngegaben ausreichend: eine im Zeitraum Mai–Juni, die zweite im Zeitraum August–September. Rasendünger wird als Granulat oder in Pulverform angeboten. Rasen auf nährstoffreichen Lehmböden benötigen nur geringe Düngegaben, auf leichtem Sandboden muss kräftiger gedüngt werden. Der Dünger wird gleichmäßig ausgebracht, bei kleinen Flächen von Hand, bei großen mit einem Streuwagen.

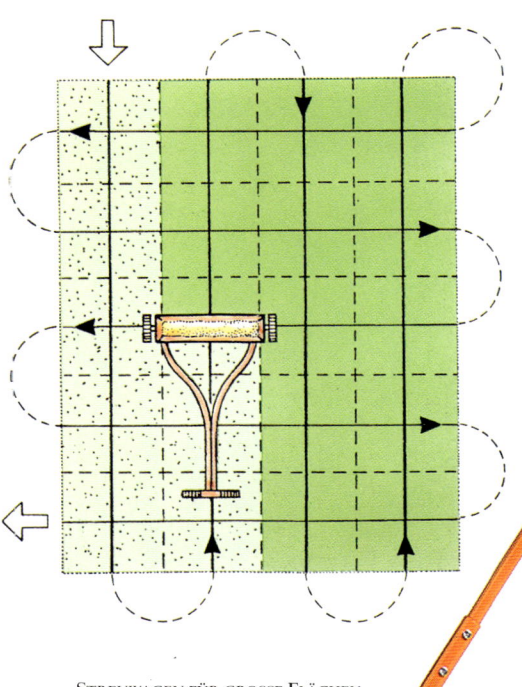

STREUWAGEN FÜR GROSSE FLÄCHEN

◁ DÜNGEN MIT EINEM STREUWAGEN
Der Wagen verteilt den Dünger gleichmäßig, die Hälfte in eine Richtung, den Rest quer dazu.

△ VERBRENNUNG
Diese abgestorbene Stelle wurde überlappend und dadurch doppelt gedüngt. Mit den links und unten gezeigten Verfahren lassen sich derartige Probleme vermeiden.

△ VON HAND DÜNGEN
Kleine Flächen unterteilt man in Quadrate. Der Dünger wird mit einem kleinen Topf portionsweise von oben nach unten, dann von links nach rechts ausgebracht.

SIEHE AUCH: Reparieren von schadhaften Steller, S. 86; Bewässerungsgeräte, S. 280

HERBSTPFLEGE

Wenn der Rasen stark genutzt worden ist und der Boden sich verdichtet hat, ist das Lüften – das so genannte Aerifizieren – besonders wichtig. Die Bodenverdichtung, die das Gras letztlich ersticken lässt, wird reduziert, das Wachstum tiefer Wurzeln angeregt. Durch Absanden wird die Drainage verbessert. Diese Arbeiten werden am günstigsten im Frühherbst nach gründlichem Vertikutieren, das übermäßigen Filz entfernt (siehe unten), ausgeführt. Zusammen bieten die drei Pflegemaßnahmen dem Rasen eine gute Chance, im nächsten Frühling kräftig neu auszutreiben.

Grasflächen können auf verschiedene Weisen aerifiziert werden (siehe rechts), am einfachsten mit einer Grabgabel. Nach dem Lüften wird der Rasen abgesandet (siehe unten rechts), was die Öffnungen, die während des Lüftens entstanden sind, wieder füllt, die Durchgänge freihält und kleine Unebenheiten im Rasen beseitigt.

LÜFTEN MIT EINEM HOHLLÖFFEL ▷
Zur Verbesserung der Oberflächendrainage mit dem Spezialwerkzeug bis zu 2 cm breite Gras- und Erdstücke ausstechen. Die Stücke aufnehmen und kompostieren.

LÜFTEN MIT EINER GRABGABEL ▷
Kleine Flächen können mit einer einfachen Grabgabel gelüftet werden. In Abständen von 15 cm die Gabel in den Boden stechen und sanft hin und her bewegen, so dass mehr Luft eindringen kann.

△ **LÜFTEN MIT EINER FRÄSE**
Auf großen Flächen mit einem gemieteten Gerät tiefe Schlitze schneiden.

Durch den Zinken entstandener Schacht

Schacht wird mit Sand gefüllt, was die Drainage verbessert.

◁ **VORTEILE DES LÜFTENS**
Durch die Schächte, die beim Aerifizieren entstehen, dringen Wasser, Luft und Dünger leichter zu den Wurzeln. Moos geht zurück. Neben den Schächten dehnt sich verdichteter Boden wieder leicht aus. Dies verbessert die Drainage, insbesondere wenn die Schächte mit Sand gefüllt werden.

PRAXIS-TIPPS

- Vor dem Lüften Rasen auf normale Höhe mähen. Nach dem Lüften Dünger mit geringem Stickstoffgehalt ausbringen.
- Man lüftet bei feuchtem Boden; es ist leichter, und Trockenschäden sind seltener.
- An einem trockenen Tag absanden, damit die Mischung nicht weggeschwemmt wird.
- Rasensand im Verhältnis von 3 kg pro m² verwenden.

ABSANDEN EINER RASENFLÄCHE

RASENSANDMISCHUNG ▽
Eine gute Mischung besteht aus 6 Teilen mittelfeinem Sand (oben), 3 Teilen Mutterboden (unten rechts) und einem Teil Torf bzw. Torfersatz (unten links) oder Laubhumus. Steine werden beim Sieben durch ein 5-mm-Sieb entfernt.

◁ **MISCHUNG AUSBRINGEN**
Kleine Flächen können mit einer Schaufel abgesandet werden; für größere Flächen ist ein Streuwagen besser geeignet. Mischung gleichmäßig über die Fläche verteilen und mit einem Besen einarbeiten.

VERTIKUTIEREN

Eine weitere Aufgabe für die frühen Herbsttage. Beim Vertikutieren werden Filz (siehe unten rechts) und abgestorbenes Moos entfernt, während Luft in die Rasenoberfläche eindringt und das Gras atmen kann. Die Fläche sieht danach zunächst schlechter aus als zuvor, dafür erscheinen im nächsten Frühjahr massenhaft gesunde neue Grashalme.

Feuchte Witterung ist die beste Zeit fürs Vertikutieren. Zuvor wird das Moos bekämpft, damit es sich nicht danach ausbreitet. Kleine Flächen können mit einem Rechen oder Besen oder aber

besser auch mit einer Messeregge vertikutiert werden. Größere Flächen werden eher mit einem mechanischen oder motorgetriebenen Vertikutierer bearbeitet. Die Geräte werden ähnlich wie ein Rasenmäher systematisch über den Rasen gezogen.

◁ **FÄCHERBESEN**
Den Rechen kräftig über die Fläche ziehen, so dass die Zinken gut in die Bodenoberfläche vordringen.

FILZ ▷
Zum Herbst hin hat sich im Gras viel abgestorbenes Material, der so genannte Filz, angesammelt. Wenn er nicht entfernt wird, wird das Gras hierdurch erstickt.

◁ **VERTIKUTIER-RECHEN**
Er hat feste Metallzinken, die tief in den Filz und den Rasen eindringen.

SIEHE AUCH: Mähen, S. 82; Reparieren von schadhaften Stellen, S. 86; Vertiefungen und Erhebungen, S. 87; Rechen, Harken S. 279

RASENSCHÄDEN

SCHADHAFTE STELLEN FINDEN SICH irgendwann in fast jeder Rasenfläche. Das Gras kann Lücken, Vertiefungen, Erhebungen, Moos und Unkraut aufweisen oder von Schädlingen und Krankheiten befallen sein. Geringfügige Probleme bedürfen oft gar keiner Behandlung. Das Reparieren von schadhaften Stellen ist jedoch einfach, etwa das Ausgleichen einer Vertiefung oder Erhebung. Bei Moos, Unkraut, Schädlingen und Krankheiten wird zunächst versucht, die Ursache zu beheben oder biologische Methoden zu verwenden. In einigen Fällen schafft etwa das Verbessern der Wasserdurchlässigkeit Abhilfe. Frühzeitiges Eingreifen empfiehlt sich.

REPARIEREN VON SCHADHAFTEN STELLEN

Zu starke Beanspruchung kann schadhafte oder unansehnliche Bereiche hinterlassen. Dann wird die schadhafte Stelle entfernt und durch eine neue Sode ersetzt oder neu eingesät. Die beste Zeit hierfür ist April oder Oktober. Man sollte die gleiche Saatgutmischung bzw. die gleichen Soden wie im restlichen Rasen verwenden. Ist die Mischung unbekannt, setzt man am besten eine Sode aus einem wenig genutzten Rasenteil um. Wenn der Rasen regelmäßig Schaden nimmt, eignet sich die Fläche vielleicht eher für einen festen Belag wie Kies oder Pflaster.

Bei schadhafter Kante wird die Sode entfernt und die Lücke mit einer neuen Grasnabe oder mit Aussaaterde gefüllt (siehe rechts). Alternativ kann die beschädigte Sode auch einfach umgedreht werden, so dass die Lücke nun von Rasen umgeben ist. Leicht andrücken, mit sandigem Lehm auffüllen, einsäen und gründlich gießen. Schadstellen in der Rasenmitte werden ausgeschnitten und entfernt. Der Boden wird gelockert, gedüngt und neu eingesät oder eine Ersatzsode eingesetzt (siehe unten).

REPARIEREN EINER SCHADHAFTEN KANTE

1 SODE ENTFERNEN
Kante quadratisch ausschneiden. Den Rasen mit einem Spaten abheben und die Sode vorschieben.

2 KANTE BEGRADIGEN
Ein Brett auf den Rasenrand legen und mit einem Kantenstecher das schadhafte Stück abtrennen.

3 LÜCKE AUFFÜLLEN
Eine neue Sode zuschneiden und in die Lücke einsetzen. So lange zuschneiden, bis sie genau passt.

4 HÖHE ANGLEICHEN
Unter der neuen Grassode Erde entfernen oder ergänzen, bis sie auf gleicher Höhe liegt wie der Rest.

5 ANDRÜCKEN
Die neue Sode mit dem Rechenrücken oder einer mittelschweren Walze fest andrücken.

6 ABSCHLUSSARBEITEN
Die ausgebesserte Stelle, insbesondere die Spalten, absanden und gründlich angießen.

REPARIEREN EINER SCHADHAFTEN STELLE

1 SCHADHAFTE SODE ENTFERNEN
Mit dem Kantenstecher Sode viereckig ausschneiden, mit dem Spaten abheben und entfernen.

2 BODEN BEREITEN
Die Erde durch leichtes Hacken oder Rechen lockern. Etwas Flüssig- oder Granulatdünger ausbringen.

3 BODEN FESTTRETEN
Vor dem Einlegen des neuen Rasenstückes den Boden sorgfältig antreten und wieder etwas verdichten.

4 AUFFÜLLEN
Eine neue Sode zuschneiden und mit dem Halbmond-Kantenstecher so lange korrigieren, bis sie genau passt.

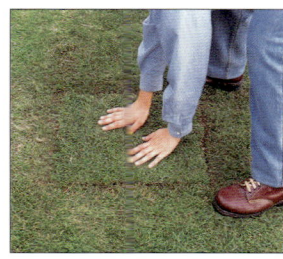

5 ABSCHLUSSARBEITEN
Lage der neuen Sode prüfen, bei Bedarf nachbessern. Die neue Sode andrücken und gründlich gießen.

SIEHE AUCH: Terrassen und Wege, S. 56–73; Saatgut oder Rollrasen?, S. 77; Eine Fläche einsäen, S. 79; Auslegen eines Rollrasens, S. 80

VERTIEFUNGEN UND ERHEBUNGEN

Nach einiger Zeit bilden sich in manchen Rasenflächen Vertiefungen und Erhebungen. In einer Vertiefung wächst das Gras zu lang, auf einer Erhebung wird es zu kurz gemäht. Bei einer kleinen Fläche lässt sich das Problem leicht beheben, indem die Stelle kreuzförmig eingeschnitten, die Grasnarbe zurückgeklappt und der Boden darunter geebnet wird (siehe rechts).

Wenn größere Flächen betroffen sind, werden besser ganze Rasenteile abgenommen. Man legt sie beiseite (und schützt sie vor Austrocknung), planiert den Boden unter Verwendung einer Wasserwaage (siehe S. 78) und legt die Soden an die alten Plätze zurück.

AUSGLEICHEN EINER VERTIEFUNG ODER ERHEBUNG

1 KREUZ EINSCHNEIDEN
Mit dem Kantenstecher die unebene Stelle und eine gewisse Zugabe kreuzweise einschneiden. Die sich so ergebenden Rasendreiecke mit dem Spaten unterschneiden.

2 SODEN ANHEBEN
Die Grasdreiecke aus der Mitte des Kreuzes zurückschlagen. Dabei behutsam vorgehen, da sie leicht brechen.

3 BODEN EINEBNEN
Eine Vertiefung mit gut gesiebtem, sandigem Oberboden füllen, bis die Fläche eben ist. Bei einer Erhebung etwas Erde abtragen, bis eine feste ebene Oberfläche entsteht.

4 RASENDECKE WIEDERHERSTELLEN
Die Grasdreiecke zurückfalten, leicht andrücken und die ebene Lage überprüfen. Gegebenenfalls erneut nachbessern. Absanden und gründlich angießen.

UNKRAUT

Gänseblümchen oder Klee können sogar hübsch sein und – außer bei einem hochwertigen Zierrasen – durchaus belassen werden. Andere Unkräuter fügen dem Gras jedoch langfristig Schaden zu, und es empfiehlt sich daher, sie selbst bei einem Gebrauchsrasen zu entfernen. Die meisten Rasenunkräuter sind kriechende oder Rosetten bildende Pflanzen, denen Mähen nichts ausmacht, etwa Wegerich oder Löwenzahn. Einige der gängigsten Arten sind hier abgebildet. Probleme können u. a. auch Quecke, Vogelknöterich und einjähriges Rispengras bereiten.

Regelmäßiges Mähen, Düngen und Wässern unterdrückt Unkraut, erscheint es dennoch, können einzelne Pflanzen mit einem Unkrautstecher oder Küchenmesser entfernt werden. Lange Pfahlwurzeln müssen vollständig herausgenommen werden. Auf großen Flächen muss mitunter ein Unkrautvertilgungsmittel eingesetzt werden. Diese werden in verschiedener Form angeboten:

- **Flüssige Mittel** werden mit einer Gießkanne mit Brause oder Tröpfelstab verteilt.
- **Pulver und Granulat** werden von Hand oder mit einem Streuwagen auf feuchtem Boden ausgebracht.
- **Punktuell einsetzbare Mittel,** zumeist in Gelform, dienen zur Bekämpfung von Einzelpflanzen.

MOOS

Moos findet sich oft in feuchten schattigen Bereichen oder auf magerem Boden. Es kann chemisch oder mit Rasensand bekämpft werden, am besten im Frühling. Abgestorbenes Moos entfernen. Im Herbst wird Moos durch Vertikutieren mitunter sogar verbreitet. Bei saurem Boden kann Kalk helfen. Regelmäßige Düngung fördert den gesunden Austrieb des Grases. Ist Moos ein Dauerproblem, sucht man die Ursachen. Vielleicht muss die Durchlässigkeit, Drainage oder die Nährstoffversorgung verbessert werden. Bei dichtem Schatten kann der Rasen durch Bodendecker oder bewusst durch einen Moosrasen ersetzt werden.

△ **ACKERWINDE**
Breitet sich auf mageren Böden durch unterirdische Kriechtriebe aus.

△ **FADEN-EHRENPREIS**
Auf feuchtem Boden nur schwer, sonst durch Absanden zu bändigen.

△ **KRIECHENDER HAHNENFUSS**
Auf feuchten Tonböden weit verbreitete Pflanze.

△ **BREITWEGERICH**
Pflanze mit breiten Blätterrosetten, die das Gras erdrücken.

△ **SCHAFGARBE**
Gedeiht auf magerem trockenem Boden. Kleine Flächen können gejätet werden.

△ **LÖWENZAHN**
Bildet Pfahlwurzeln und Rosetten, die das Gras erdrücken. Selbstaussamend.

△ **KLEINER GELBKLEE**
Einjährige Pflanze, die durch Grasschnitt verbreitet wird.

△ **WEISSKLEE**
Bei trockenem Wetter breitet sich diese Pflanze schnell aus.

SIEHE AUCH: Planieren, S. 78; Rasen aus anderen Pflanzen, S. 88–89; Unkrautbekämpfung, S. 290–291

RASEN AUS ANDEREN PFLANZEN

WER KEINEN HERKÖMMLICHEN RASEN anlegen möchte, kann stattdessen mit Bodendeckern oder Kräutern eine Fläche gestalten oder einer Grasfläche mit Wildblumen oder Zwiebeln zusätzlichen Reiz verleihen. Am besten lassen sich diese Ideen in kleinen, wenig begangenen Bereichen des Gartens verwirklichen, denn die Pflanzen sind zum einen teurer als Gras, zum anderen sind sie nicht für regelmäßiges Betreten geeignet. Das gelegentliche Begehen einer Kräuterfläche setzt jedoch ihren köstlichen Duft frei. Diese Flächen werden nicht gemäht. Wässern, Düngen, Jäten und Stutzen sind allerdings dennoch erforderlich.

BODENDECKER

Beliebte Pflanzen für alternative Rasen sind u. a. Pachysandra (s. S. 75), nicht blühende Römische Kamille (Chamaemelum nobile ›Treneague‹) und Kräuter wie die kriechende Korsische Minze (Mentha requienii) oder niedrig wachsende Thymian-Arten, etwa Feldthymian (Thymus serpyllum).

Weitere für schwierige Bereiche nützliche Bodendecker sind:

▪ Kriechpflanzen wie Stachelnüsschen (Acaena), Laugenblume (Cotula) oder Immergrün (Vinca).

▪ Kriechende Zwergkoniferen wie Juniperus squamata ›Blue Carpet‹.

▪ Niedrige Sträucher oder Kletterpflanzen wie Spindelstrauch, Heide oder Efeu.

ANLEGEN EINES RASENS AUS ANDEREN PFLANZEN

Eine Rasenfläche mit anderen Pflanzen kann teuer werden, wenn man die Pflanzen kauft. Zum Selbstziehen ist eine Fläche für Sämlinge und Jungpflanzen erforderlich. Die meisten Kamille- und Thymian-Arten lassen sich aus Samen oder Stecklingen ziehen, größere Pflanzen können geteilt werden. Die Arten müssen natürlich für den jeweiligen Standort geeignet sein. Wie für einen Grasrasen wird der Boden gründlich vorbereitet, ein- und mehrjährige Unkräuter werden entfernt. Die Pflanzen werden in Abständen von 20–30 cm gesetzt und regelmäßig gewässert und gejätet, bis sie einen Teppich bilden, der kein Unkraut mehr aufkommen lässt. Im Frühling sollte man einen Universaldünger ausbringen, im zeitigen Frühjahr und Spätsommer die Kräuter zurechtstutzen. Unkraut wird sofort von Hand ausgezogen. Mitunter muss nach einigen Jahren die gesamte Pflanzung ersetzt und der Boden verbessert werden.

△ **DUFTENDER RASEN**
Auf einem wenig genutzten Bereich bildet eine Mischung aus Kamille und Thymian hier einen idealen ganzjährig dekorativen Teppich, der das Aufkommen von Unkraut unterbindet und zudem im Sommer mit farbenfrohen Blüten geschmückt ist. Gelegentliches Begehen setzt verschiedene zarte Düfte frei.

EINHAND-
GARTENSCHERE

LANGSTIELIGE
SCHERE

△ **SCHNEIDE-
WERKZEUGE**
Bodendeckende Pflanzen werden von Hand geschnitten. Am einfachsten mit einer langstieligen oder einer Einhand-Gartenschere.

◁ **MINIMALE PFLEGE**
Ein Rasen aus anderen Pflanzen wird möglichst klein gehalten, so dass das Jäten und der Schnitt von Hand nicht allzu beschwerlich sind. Dann wird er auch gut gedeihen.

SIEHE AUCH: Bodendecker, S. 75; Anlegen eines Rasens, S. 78; Neue Stauden teilen, S. 148; Beetpflanzen vermehren, S. 162–163

BLUMENWIESEN

Die einfachste Art, einen Wieseneffekt entstehen zu lassen, ist das Pflanzen von Zwiebeln oder Knollen im Gras (siehe unten), die im Frühling Narzissen, Schneeglöckchen oder Krokusse hervorbringen. Aufwendiger, aber überaus lohnend ist die Neueinsaat mit einer Blumenwiesenmischung. Diese gedeihen auf eher mageren Böden, somit sollte ein bis zwei Jahre zuvor das Düngen eingestellt und der Rasen durch regelmäßiges Mähen und Entfernen des Schnittguts ausgehagert werden. Wiesen werden im Juni und September–Oktober mit der Sense oder einem Nylonfadentrimmer geschnitten.

△ KROKUSSE
Bevor das Gras zu wachsen beginnt, beleben Frühlingsblüher die Fläche.

◁ BLUMENWIESE
Im ersten Jahr blühen meist Ackerwildkräuter wie Mohn und Kornblumen.

ZWIEBELN IM RASEN PFLANZEN

Zu den Zwiebeln, die für eine Pflanzung in Gras geeignet sind, zählen die meisten Frühlingsblüher und die Herbstzeitlose. Einmal gepflanzt im Gras, siedeln sich die Zwiebeln schnell an, vermehren sich jährlich und bieten durch dieses so genannte »Verwildern« somit ohne zusätzliche Arbeit immer intensivere Farbtupfer. Die Bedingung ist allerdings, dass ihre Blätter nach der Blüte nicht allzu rasch mit dem Rasen abgemäht werden, da dies das Wachstum und die Blühwilligkeit einschränken würde. Erst sechs Wochen nach der Blüte, oder wenn das Laub wirklich gelb ist, kann gemäht werden.

GROSSE ZWIEBELN IM RASEN PFLANZEN

1 PFLANZLOCH GRABEN
Die Zwiebeln (hier Narzissen) auf dem Gras verstreuen. Für jede ein 10 bis 15 cm tiefes Loch mit einem Zwiebelpflanzer oder einer Handhilfe ausheben.

2 ZWIEBEL PFLANZEN
Etwas Erde mit Knochenmehl vermischen und in das Loch geben. Die Zwiebel mit der Spitze nach oben hineinsetzen.

3 MIT GRAS ABDECKEN
Den Boden unterhalb der Sode etwas lockern und über die Zwiebel geben. Den Grasdeckel wieder einsetzen und leicht andrücken.

KLEINE ZWIEBELN IM RASEN PFLANZEN

1 GRASFLÄCHE SCHNEIDEN
Mit Spaten oder Kantenstecher ein H in die Grasfläche schneiden. Der Schnitt muss bis in den Boden dringen.

2 SODEN AUFFALTEN
Die Grasdecke behutsam abheben und zurückschlagen, möglichst ohne sie zu brechen.

3 BODEN BEREITEN
Boden mit einer Hacke mindestens 8 cm tief lockern, eine kleine Menge Depotdünger untermischen.

4 ZWIEBELN PFLANZEN
Die Zwiebeln (hier Krokusse) mit der Spitze nach oben im Abstand von mindestens 2,5 cm verteilen.

5 GRASSODEN LOCKERN
Die Erde an der Unterseite der Sode mit der Pflanzgabel lockern. Soden wieder auflegen und andrücken.

PRAXIS-TIPPS

• Ein natürlicher Effekt entsteht, wenn die Zwiebeln auf der Fläche verstreut und dort eingepflanzt werden, wo sie landen.

• Große Zwiebeln pflanzt man mindestens im Abstand ihres jeweiligen Umfangs.

SIEHE AUCH: Rasenflächen mit zusätzlichem Reiz, S. 75; Narzissen, S. 137; Zwiebeln pflanzen, S. 149

GRENZEN, UNTERTEILUNGEN UND RANKGERÜSTE

BEGRENZUNGEN UND UNTERTEILUNGEN

EINE BEGRENZUNG LEGT nicht nur den Rand eines Grundstücks fest, sie bestimmt auch zusammen mit Unterteilungen innerhalb des Gartens die Atmosphäre. Wenn beide auf die umgebenden Pflanzungen abgestimmt sind, können sie ein wesentliches Verbindungsglied zwischen verschiedenen Gartenbereichen und zwischen Garten und Haus bilden. Je nach Material entstehen hierbei unterschiedliche Eindrücke: Niedrige Mauern, Zäune und offene Spaliere laden zu weitläufigen Blicken ein, während dichte Hecken und hohe Abschirmungen das Gefühl vermitteln, an einem von der Außenwelt abgeschirmten, intimen Ort zu sein.

GRENZEN GESTALTEN

Bei den Überlegungen zur geeigneten Grundstücksbegrenzung muss berücksichtigt werden, wie viel Sicherheit und Privatsphäre die Lösung bieten soll. Muss sie eine sichere Grenze für Kleinkinder bieten? Soll sie unerwünschte Gäste abschrecken? Ist Schutz vor Blicken aus der Nachbarschaft erwünscht? Muss die Begrenzung dafür sorgen, dass Haustiere auf dem Grundstück bleiben?

Offene Gärten mit unaufdringlichen Begrenzungen strahlen eine entspannte, zwanglose Atmosphäre aus. Mit Kletterpflanzen wie Geißblatt (Lonicera) begrünte luftige Spaliere sehen phantastisch aus. Leichte Materialien eignen sich auch gut für Dachgärten, wo Abschirmungen aus

Segeltuch noch mehr Privatsphäre schaffen können. Der Preis der Materialien und ihre Haltbarkeit spielen natürlich auch eine Rolle. Eine Backsteinmauer ist ziemlich teuer, hält dafür aber Jahrzehnte. Wesentlich preiswerter ist ein Maschendrahtzaun, der mit Kletterpflanzen begrünt wird.

Änderungen bei Mauern oder Zäunen sollten mit den Nachbarn besprochen werden. Wenn besonders hohe Begrenzungen geplant sind, sollte man bei der örtlichen Baubehörde erfragen, ob bestimmte Vorschriften einzuhalten sind. Grundsätzlich dürfen Zäune und Mauern höchstens zwei Meter hoch sein.

◁ **UNAUFDRINGLICHER HINTERGRUND**
Eine hohe Backsteinmauer bietet ungestörte Privatsphäre und bildet einen wirkungsvollen Hintergrund für eine Vielzahl von Pflanzen in dieser farbenreichen Rabatte.

◁ **NATURMATERIAL**
Ein solcher selbst gebauter Holzzaun lässt sich relativ leicht errichten und bildet eine gefällige und doch robuste Begrenzung. Er passt gut aufs Land und hält zur Not auch das Vieh ab.

▽ **JAPANISCHE NOTE**
Bambuszäune bieten Sichtschutz und hier einen attraktiven Hintergrund für Blattpflanzen.

SIEHE AUCH: Mauern und Zäune, S. 28–31

UNTERTEILUNGEN GESTALTEN

Selbst in einem bescheidenen Garten kann man mit Abschirmungen verschiedene Bereiche schaffen. Mit Rankgerüsten können Gemüsegarten oder Kinderspielfläche abgetrennt, Mülltonnen oder Komposthaufen verdeckt werden. Ein schwieriger schmaler Garten lässt sich in mehrere leichter zu gestaltende kleinere Bereiche aufteilen, und eine Terrasse wird mit einem mit Kletterpflanzen berankten Spalier zu einem Ort der Geborgenheit. Ein Anstrich verleiht einer Holzabschirmung eine angenehme Farbe, doch muss diese mit den Pflanzen und den Gartenmöbeln harmonieren. An windigen Stellen können Abschirmungen aus Bambus oder Stoffbespannung Schutz bieten.

Eine Pergola, die mit dicht belaubten Kletterpflanzen begrünt ist, kann als Unterteilung dienen, ein Bogen, der den Blick in die Ferne lenkt, in eine Abschirmung eingelassen werden. Ein Blick in einen anderen Teil des Gartens kann auch durch ein »Fenster« in einem Zaun, einer Mauer oder einer Hecke hervorgehoben werden (s. S. 116). Die gleiche Wirkung erzielt auch eine Flechthecke, die aber gärtnerisches Können und Zeit – etwa 15 Jahre – erfordert. Dabei werden die Triebe junger Bäume waagerecht an einem stabilen Holzgerüst erzogen, bis sie sich zu einer Hecke auf Stelzen ineinander verweben.

△ **ABSCHIRMUNG AUS BLATTWERK**
Über einem sanft geschwungenen Pfad entsteht hier durch eine Lindenflechthecke ein Blättergewölbe. Es rahmt den Blick in den angrenzenden Gartenteil.

VERSCHIEDENE UNTERTEILUNGEN ▷
Drei verschiedene Arten der Abschirmung – Hecke, Spalier und Bambuspflanzen – sind hier äußerst wirkungsvoll zusammengestellt, um eine Lücke in einer Einfriedung zu bilden.

ZIERPFLANZEN FÜR BEGRENZUNGEN UND ABSCHIRMUNGEN

Begrenzungen und Unterteilungen sind umso reizvoller, wenn sie mit farbenprächtigen Kletterpflanzen und Mauersträuchern begrünt sind. In einem kleinen Garten oder Innenhof kann die Pflanzung an den Rändern so üppig gestaltet werden, dass die Begrenzung völlig verdeckt ist und ein Gefühl der Weite oder ruhigen Zurückgezogenheit entsteht (s. S. 14 und 19). Hierfür eignen sich: Efeu, Gräser wie Chinaschilf (*Miscanthus*), Farne und Bambus oder eine imposante *Yucca*.

◁ **INTEGRIERTE PFLANZUNG**
Diese rosa Kletterrose bildet eine gelungene Verbindung zwischen der Rabatte mit Romneya coulteri und panaschierten Iris und der harten Begrenzungsmauer dahinter.

Je nach den verwendeten Pflanzen können Begrenzungen und Unterteilungen ganz verschieden wirken. Eine zwanglose Atmosphäre entsteht, wenn Clematis und Rosen ungestört zusammenwachsen dürfen. Eine formalere Note bekommt der Garten durch einen fächerförmig an einer Mauer gezogenen Pfirsich- oder Kirschbaum.

Pergolen und Bögen, die gelegentlich auch als Raumteiler benutzt werden, sind meist von allen Seiten zu sehen, was die Wahl der Bepflanzung beeinflusst. Diese Strukturen sollten stabil gebaut werden, damit sie das – häufig ernst zu nehmende – Gewicht der Pflanzen tragen können.

SIEHE AUCH: Gräser und Farne, S. 140–141

ZÄUNE UND SPALIERE

ZÄUNE UND SPALIERE ZÄHLEN ZU den schnellsten und preiswertesten Möglichkeiten, eine Begrenzung, Unterteilung oder einen Windschutz zu errichten. Sie bieten sofort Privatsphäre und Sichtschutz und eignen sich hervorragend als Rankgerüst oder Hintergrund für Kletterpflanzen und Mauersträucher. Sorgfältig ausgewählte Zäune und Spaliere übernehmen zudem eine eigenständige dekorative Funktion im Garten. Sie benötigen jedoch eine gewisse Pflege. Das Angebot ist äußerst vielseitig, so dass die Wahl genau auf die Bedürfnisse abgestimmt werden kann. Schlichte Formen sind relativ preiswert, ungewöhnliche oder stark verzierte Ausführungen haben ihren Preis.

VERSCHIEDENE ZAUNARTEN

Grundsätzlich kann man zwei Zaunarten unterscheiden: geschlossene und offene. Geschlossene oder eng verflochtene Zäune bieten eine größere Privatsphäre, aber auch einen stärkeren Windwiderstand. Die Stützpfosten müssen daher besonders stabil verankert sein. Ein offener Zaun lässt Licht und Regen auch zu den unmittelbar am Zaun stehenden Pflanzen und bietet ihnen dennoch Windschutz. Interessante Muster entstehen, wenn die Latten diagonal oder im Zick-Zack-Muster angebracht werden. Bei niedrig stehender Wintersonne werfen solche Zäune attraktive Schatten auf Rasen oder Terrassen.

Grenzzäune errichtet man auf dem eigenen Grundstück oder gemeinsam mit dem Nachbarn auf der Grenze. Der Zaun sollte zum Gesamtbild des Gartens passen (s. S. 28–29). Häufige Zaunarten sind:

- **Bambus** (*geschlossen*): Aus geflochtenen oder zusammengebundenen Bambusrohren. Dicht, mitunter nicht sehr haltbar.
- **Dichtzaun** (*geschlossen*): Überlappende Bretter sind an einem Rahmen befestigt. Aus diesen Fertigelementen lässt sich leicht ein Zaun errichten. In verschiedenen Höhen und Ausführungen erhältlich.
- **Eisenzaun** (*offen*): Zumeist aus Guss- oder Schmiedeeisen, teuer und daher selten eine Alternative. Am besten für kleine Vorgärten.
- **Flechtzaun** (*geschlossen*): Aus geflochtenen Trieben, meist von Hasel oder Weide, bietet vorübergehenden Schutz für junge Hecken. Nicht sehr haltbar.
- **Maschendrahtzaun** (*offen*): Preiswert und schnell an Beton-, Holz- oder Eisenpfosten in großer Länge zu errichten.
- **Ranchzaun** (*offen*): Zwei oder mehr waagerechte Holzbretter zwischen Pfosten; solide und preiswert.
- **Staketenzaun** (*geschlossen oder offen*): Senkrechte Holz- oder Kunststofflatten, die an waagerechten Querhölzern befestigt sind.

△ **WECHSELNDE ROLLEN**
Während die Hecke heranwächst, bildet dieser einfache Weidezaun aus Pfählen und Latten die Grundstücksbegrenzung und hält das Vieh ab, das dahinter weidet.

△ **DOPPELROLLE**
Ein offener Staketenzaun ermöglicht Blicke über die Grundstücksgrenzen hinaus und lässt Pflanzen durch ihn hindurch und über ihn hinweg wachsen. Die weiße Farbe greift auch das Farbthema der Rabatte auf.

SCHATTENSPENDER ▷
Die sanften Farbtöne dieses senkrechten Bretterzauns bilden einen hervorragenden Hintergrund für Clematisblüten und Blattwerk.

SIEHE AUCH: Mauern und Zäune, S. 28–29

VERSCHIEDENE SPALIERARTEN

Spaliere können als frei stehende leichte Begrenzung oder als Trennwand innerhalb des Gartens verwendet werden. Die Rankgitter können auch an oder auf einer Mauer oder einem Zaun angebracht werden. Die große Auswahl umfasst auch abgerundete und ausgefallenere Entwürfe für Bögen und Pergolen. Einige Rautengitter lassen sich bis auf ein gewünschtes Maß verlängern, müssen jedoch vor dem Anbringen an Holzstützen befestigt werden. Handgefertigte Spaliere aus Bambus oder Weide verleihen dem Garten eine persönliche Note, doch treiben Weiden mitunter Wurzeln, so dass dann die Seitentriebe mit verflochten oder geschnitten werden müssen.

Die Auswahl eines Spaliers wird auch von dem Gewicht der jeweiligen Pflanzen bestimmt. Frei stehende Spaliere sollten grundsätzlich sehr stabil sein. Gehobeltes Hartholz ist teurer als gesägtes Weichholz, doch letztlich stabiler. Wenn dem Spalier eine – in jeder Hinsicht – tragende Rolle zugedacht ist, lohnt sich die Investition. Holzspaliere sind dekorativer als Kunststoff- oder Drahtgerüste, doch erfordern sie mehr Pflege und sollten regelmäßig mit einem ungiftigen Schutzanstrich behandelt werden. Einige der auffälligen neuen Farbtöne können sich ihrer Wirkung sicher sein, braune oder olivgrüne Töne wirken aber besonders unauffällig.

GESTALTUNGSIDEEN

• Besonders dekorativ wirken Spaliere auch oben auf Mauern oder Zäunen.

• Mit Spalieren können unansehnliche Gebäude oder auch Bereiche verdeckt werden.

• Eine schöne Aussicht kann man mit einem Spalierfenster im geschlossenen Zaun rahmen.

• Ein Dachgarten kann von stabilen Spalieren eingefasst werden: Sie lassen Geborgenheit entstehen und bieten Windschutz.

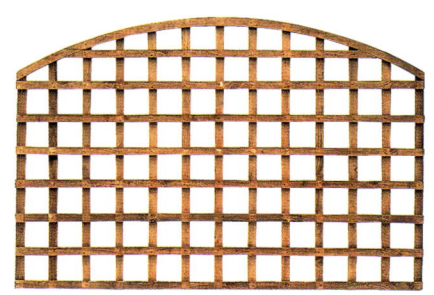

RUNDBOGEN △
Ein konvexer oder konkaver Bogen liefert einer formalen Begrenzung eine zwanglose Note.

▽ SCHERENGITTER
Spaliere aus Scherengitter sind weniger stabil als fest verbundene Gitter.

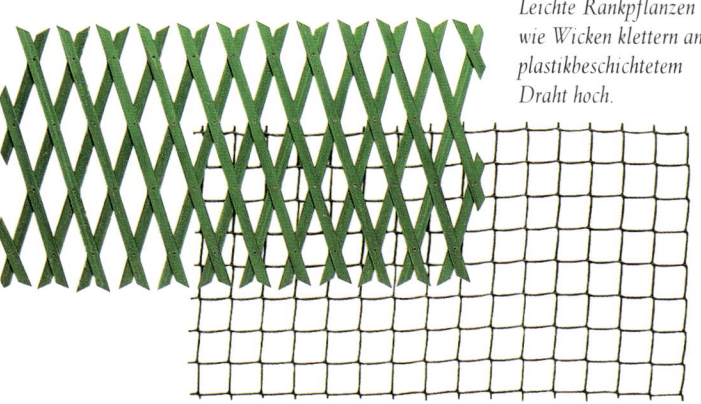

◁ RAUTENGITTER
Vorgefertigte Spaliere wie dieses Rautengitter erfordern eine stabile Befestigung an Zaun oder Mauer.

DREIECKIGES SPALIER ▷
Diese Form eignet sich am besten für eine einzelne Kletterpflanze.

▽ NETZ-SPALIER
Leichte Rankpflanzen wie Wicken klettern an plastikbeschichtetem Draht hoch.

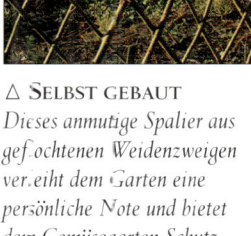

△ SELBST GEBAUT
Dieses anmutige Spalier aus geflochtenen Weidenzweigen verleiht dem Garten eine persönliche Note und bietet dem Gemüsegarten Schutz.

GARTENTORE

Der Stil und Zustand eines Gartentores ist von Bedeutung, da es Besuchern einen ersten Eindruck des Gartens vermittelt. Zudem stimmt es auf den Garten und das Haus, die sich dahinter befinden, ein.

Bei der Wahl eines Gartentores spielen folgende praktische Überlegungen mit:

■ Wie breit soll es sein? Wird es von einem Fachmann angebracht? Jedes Tor benötigt stabile, meist einbetonierte Pfosten. Je breiter das Tor, desto schwieriger ist seine Anbringung.

■ Soll es Kleinkinder und Haustiere auf dem Grundstück halten? Dann sollte ein kindersicherer Riegel gewählt und bedacht werden, dass kleine Tiere auch gern unter dem Tor hindurchkriechen.

■ Soll das Tor auch Privatsphäre bieten? Dann wäre eine Ausführung in der Höhe der umgebenden Begrenzung die Lösung.

Die meisten Gartentore werden fortwährend benutzt. Somit sollte es nicht nur zu Mauer, Zaun oder Hecke passen, sondern auch eine stabile dauerhafte Konstruktion sein, die sich für den tagtäglichen Gebrauch eignet.

△ HOLZTOR
Die stark geometrischen Linien dieses quadratischen Holztores nehmen die Form der formal geschnittenen Hecken zu beiden Seiten des Tores auf. Obwohl das Design etwas schwer und streng ist, verhindern die Durchblicke in den Garten und in die Landschaft, dass es einschüchternd wirkt.

SIEHE AUCH: Rankhilfen für Kletterpflanzen, S. 108–109

BAUEN EINES HOLZZAUNS

Ein Holzzaun muss mit der schöneren Seite nach außen auf dem eigenen Grundstück angebracht werden. Am leichtesten ist ein Fertigelementzaun zu errichten.

Jedes Element wird von Holz- oder Betonpfosten gehalten. Letztere halten noch länger als Holzpfosten, die von Metallhalterungen im Boden gehalten werden, so dass sie nicht faulen. Sie können auch in Beton gebettet werden. Eine Schotterunterlage gewährleistet guten Wasserabfluss. Weiterhin kann die Lebensdauer erhöht werden, indem kesseldruckimprägniertes Holz verwendet wird. Die Pfosten werden oben mit einer Kappe versehen. Das Anbringen einer hölzernen Schutzleiste (auch in Beton erhältlich) unterhalb der Elemente bewirkt, dass bei eventueller Fäulnis lediglich die Leiste ersetzt werden muss. Während der gesamten Errichtung des Zaunes muss zur Überprüfung eine Wasserwaage herangezogen werden.

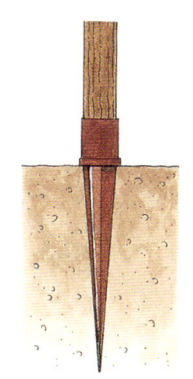

◁ PFOSTENTRÄGER
Für eine längere Lebensdauer der Holzpfosten sorgen Pfostenträger, auf die die Pfosten aufgesteckt werden. Um Beschädigungen an den Metallrändern zu vermeiden, steckt man ein Stück Abfallholz in die Halterung und schlägt auf dieses mit dem Vorschlaghammer, um die Hülse in den Boden zu treiben.

BAU EINES ZAUNS AUS FERTIGELEMENTEN

MATERIAL UND WERKZEUG

- Pfostenträger
- Zaunelemente
- Werkzeug zum Einschlagen der Pfostenträger
- Vorschlaghammer
- Wasserwaage
- Holzpfosten
- Stützklammern für Zaunelemente
- weiße Kreide
- Schraubendreher
- verzinkte Nägel und Schrauben
- Schutzleisten
- Klammern für Schutzleisten
- Spalier und Abdeckung
- Hammer

1 POSITION DER PFOSTEN AUSMESSEN
Ersten Pfostenträger in den Boden schlagen (siehe oben). Die Position des zweiten ausmessen, indem man das Zaunfeld neben den ersten auf den Boden legt.

2 HÖHE DES TRÄGERS ÜBERPRÜFEN
Die zweite Halterung einschlagen und mit der Wasserwaage und einer Latte überprüfen, ob die Höhe übereinstimmt. Auf diese Weise alle Pfostenträger anbringen.

3 PFOSTEN EINSETZEN
Den ersten Pfosten in den Pfostenträger stecken und mit einem Vorschlaghammer festschlagen. Von allen Seiten überprüfen, ob er senkrecht steht.

4 STÜTZKLAMMER
Den Pfosten senkrecht mit mittiger Linie und waagerechten Strichen in gleichmäßigem Abstand für die Oberkante der Stützklammern versehen. Die Klammern anschrauben.

5 SCHUTZLEISTE
Ein Ende der Schutzleiste mittig in eine Stützklammer stellen. Die Klammer an die Leiste und an das Zaunelement nageln. Am anderen Ende ebenso verfahren.

6 ELEMENT EINFÜGEN
Zaunelement in Stützklammern gleiten lassen und mit Holzstück und Hammer festklopfen. Den zweiten Pfosten mit Klammern versehen. Pfosten einschlagen und Element einpassen.

7 SPALIER EINFÜGEN
An beiden Pfosten Spalierstützklammern anschrauben. Das Spalier in die Halterungen schieben. Auf diese Weise den gesamten Zaun errichten.

NICHT VERGESSEN!

PFLEGE VON ZÄUNEN

- Erde und Pflanzenreste von der Basis der Pfosten und Schutzleisten fern halten, so dass diese nicht faulen.
- Alle 3–4 Jahre der Witterung ausgesetzte Holzteile mit einem Schutzanstrich versehen.
- Lockere Zaunelemente oder Leisten mit Nägeln befestigen oder ersetzen.

8 PFOSTENKAPPE
Die Oberseite der Pfosten mit Pfostenkappen oder Zierelementen abschließen, die mit 5 cm langen verzinkten Nägeln befestigt werden und das Regenwasser besser ableiten.

9 ABSCHLUSSARBEITEN
Jedes Zaunelement und Spalier wird vorn und hinten durch die vorgesehenen Öffnungen in den Stützklammern mit Schrauben gut befestigt.

SIEHE AUCH: Verschiedene Spalierarten, S. 93

STAKETENZAUN

Vielseitigere Gestaltungsmöglichkeiten als bei einem Staketenzaun aus Fertigelementen ergeben sich, wenn die Latten selbst entworfen und angebracht werden. Mit einer Schablone können sie oben abgerundet oder zugespitzt werden, so dass Regenwasser gut abfließt. Ausgefallenere Formen lassen sich mit einer Dekupiersäge erstellen. Die Länge der Latten kann variiert werden, indem beispielsweise kurze und lange abwechseln oder der Abstand zwischen ihnen individuell gestaltet wird.

Wer größeren Wert auf Privatsphäre legt, kann sie etwas enger zusammenrücken. Für einen rustikalen Zaun wählt man ungehobeltes Holz, für einen gehobeneren Stil oder einen gestrichenen Zaun sind gehobelte Latten besser geeignet.

Wer seinen Zaun selbst baut, legt zunächst den Abstand zwischen den Pfosten fest, schlägt die Pfostenträger ein und richtet die Pfosten auf (siehe gegenüber, Schritte 1–3). Zum Erstellen der Zaunelemente werden die Latten zwischen die Pfosten auf den Boden gelegt. Mit der Unterkante liegen sie an einem Brett an. In passendem Abstand von oben und unten werden zwei Querhölzer waagerecht darüber gelegt (mit einem Winkelmaß überprüfen). Zwischen die Latten steckt man Abstandshölzchen, um einen gleichmäßigen Abstand zu gewährleisten. Die Querriegel mit je zwei schräg eingeschlagenen Nägeln pro Latte befestigen, an den Enden vorbohren und an die Pfosten schrauben.

△ **VIELSEITIGE PALETTE**
Ein Zaunanstrich, der die Farbpalette der benachbarten Pflanzung ergänzt, sieht nicht nur gut aus, sondern schützt auch das Holz. Wird die Bepflanzung verändert, kann man den Farbton wechseln.

ANBRINGEN EINES SPALIERS

Frei stehende Rankgitter werden wie Zaunelemente an Pfosten befestigt (siehe gegenüber). Häufiger werden sie jedoch an Mauern oder Zäunen als Rankhilfe angebracht.

Geeignet sind grundsätzlich alle ebenen Garten-, Haus- oder Garagenmauern in gutem Zustand. Im Zweifelsfall können der Rat eines Fachmanns eingeholt und vor dem Anbringen des Spaliers nötige Reparaturen ausgeführt werden. Um mögliche Schäden am Mauerwerk zu vermeiden, werden zwischen dem Spalier und der Mauer Holzleisten angebracht. Dies ist für die Pflanzen ebenfalls nützlich, da eine erhöhte Luftzirkulation zwischen Pflanze und Mauer das Risiko von Mehltau und anderen Krankheiten verringert. Man kann Spaliere mit verzinkten Nägeln dauerhaft in der Mauer verankern, es empfiehlt sich jedoch häufig, sie mit Scharnieren, Haken und Ösen zu befestigen, so dass das Spalier mitsamt den Kletterpflanzen etwa bei Sanierungsarbeiten umgelegt werden kann.

PRAXIS-TIPPS

• Rankgerüste werden zu Zierelementen, wenn sie sich durch einen farbenfrohen Anstrich von Mauer oder Zaun abheben.

• Bei einem dezentem Farbton verschmelzen sie mit dem Hintergrund.

• Holzschutzmittel auf Wasserbasis sind für Pflanzen weniger schädlich als Karbolineum und daher auch für Rankgerüste geeignet.

• Für eine gleichmäßige Färbung Farbe oder Beize nur auf trockenes Holz auftragen.

BEFESTIGEN EINES SPALIERS AN EINER MAUER

MATERIAL & WERKZEUG

• Spalier
• Bleistift
• Bohrmaschine, Holz-, Steinbohrer
• 2 Holzleisten in der Breite des Spaliers (3,5 × 2,5 cm dick)
• Metallbandmaß
• Bindeahle

• Hammer
• 6 Dübel
• Schraubendreher
• 5 verzinkte Schrauben (Länge 5 cm)
• 2 Scharniere, passende verzinkte Schrauben
• 2 Haken und Ösen

1 MARKIEREN
Spalier an die Mauer halten und mit einem Bleistift Ober- und Unterseite an der Mauer markieren. In jede Holzleiste in gleichmäßigem Abstand 3 Löcher bohren. Holzleisten an die Mauermarkierungen halten und die Bohrlöcher mit dem Bleistift an der Mauer markieren. Die Löcher in die Mauer bohren und die Dübel einsetzen.

2 OBERE LEISTE BEFESTIGEN
Die obere Leiste an die Mauer schrauben. An der Unterkante der unteren Leiste die beiden Scharniere befestigen.

3 SPALIERUNTERSEITE BEFESTIGEN
Die untere Leiste an die Mauer schrauben. Die Scharniere an der Leiste nun auch an der Unterkante des waagerecht gelegten Spaliers befestigen.

4 SPALIEROBERSEITE BEFESTIGEN
Das Spalier behutsam nach oben kippen und prüfen, ob seine Oberkante mit der Leiste bündig abschließt. Dann auf beiden Seiten einen Haken an der oberen Leiste (s. Detail) und eine Öse oben am Spalier anbringen.

SIEHE AUCH: Kletterpflanzen und Mauersträucher, s. 102–103; Kletterpflanzen und Mauersträucher auswählen, S. 104–107

MAUERN

HÖHE, BESCHAFFENHEIT UND FARBTON eines dauerhaften baulichen Elements sollte stets mit der Umgebung harmonieren. Eine Stützmauer in Hausnähe sollte mit den gleichen oder ähnlichen Materialien errichtet werden, so dass sie ein optisches Bindeglied zwischen Haus und Garten bildet. Eine sorgfältig errichtete Mauer ist zwar zunächst weitaus kostspieliger als andere Arten der Begrenzung oder Abschirmung. Sie ist jedoch äußerst pflegeleicht und dauerhaft. Ehe man eine höhere Mauer errichtet, sollte man mit dem kommunalen Bauamt Rücksprache nehmen, da die maximale Höhe von Mauern örtlichen gesetzlichen Bestimmungen unterliegen kann.

GESTALTEN MIT MAUERN

Das Errichten einer frei stehenden oder einer Stützmauer (um einen Hang zu terrassieren oder ein Hochbeet anzulegen) erfordert geeignete Materialien. Farbe und Art von Ziegel- oder Natursteinen sind häufig regional verschieden, somit sollte versucht werden, Bausteine auszuwählen, die zu benachbarten Gebäuden passen. Gelber Sandstein wäre etwa in einer Gegend, in der grauweißer Kalkstein heimisch ist, völlig fehl am Platz. Auch wiederverwendeter Stein ist in verschiedenen Farben erhältlich. Er ist preiswerter als Naturstein, kann aber erhebliche Qualitätsunterschiede aufweisen.

Steinmauern können je nach Größe und Form des Steins regelmäßig oder unregelmäßig geschichtet werden *(siehe gegenüber)*. Trockenmauern, die häufig als Stützmauer dienen, werden ohne Mörtel errichtet und erfordern Geschick und Geduld. Bei verfugten Stützmauern lässt man zur Entwässerung in den unteren

△ MULTIFUNKTIONAL
Diese niedrige Steinmauer setzt zwei Gartenbereiche voneinander ab, ohne den Blick zu verstellen. Die Mauerkrone bildet zudem eine angenehme Sitzgelegenheit.

Schichten zwischen jedem zweiten oder dritten Stein die Fugen unvermörtelt. Mauerkronen aus Ziegeln oder Steinen fallen häufig ganz leicht ab oder sind breiter als die Mauer selbst, damit das Wasser leicht abfließen kann.

Jede Mauer von einiger Länge, selbst aus heimischem Stein, ist ein unübersehbarer Bestandteil eines Gartens und sollte daher mit Sorgfalt ausgewählt werden. Eine verputzte Mauer kann einem Garten unerwartete Farbe oder auch dekorative Elemente wie Mosaik hinzufügen.

Mit Gittersteinen können halb durchlässige Abschirmungen errichtet werden, die den Wind brechen und Pflanzen auf der Leeseite schützen. Massive Mauern lassen dagegen oft nur unerwünschte Turbulenzen entstehen. Glasbausteine können in einer modernen Gestaltung eine interessante Abschirmung bilden. Sie sind aber mühsam zu reinigen.

△ KONTRASTREICH
Die weiße Mauer aus wiederverwendetem Stein kontrastiert deutlich die eingebaute schwarzmetallene Sitzgelegenheit, passt aber gut zu den weißen Blumen.

▽ GESCHWUNGEN
Die mögliche Eintönigkeit einer langen Mauer wurde hier durch eine sanft geschwungene Linie eines Ziegelsockels und einer stilvollen Mauerkrone vermieden.

SIEHE AUCH: Pflanzen vor einer Mauer, S. 110

MATERIALIEN FÜR MAUERN

Die Materialien für Gartenmauern müssen frostbeständig sein und von beiden Seiten das Eindringen von Feuchtigkeit verhindern. Sie sollten auch für den jeweiligen Zweck stabil genug sein. Niedrige Stützmauern können selbst errichtet werden, jedoch muss berücksichtigt werden, dass bei größerer Länge der Druck von dahinter liegendem feuchtem Boden erheblich sein kann. Bauvorschriften müssen zumeist erst bei höheren Stützmauern beachtet werden. Mauern benötigen grundsätzlich ein stabiles Fundament (siehe rechts). In Ziegelbreite kann eine Mauer bis zu 65 cm hoch sein. Eine höhere Mauer erfordert fachmännisches Können und sollte in doppelter Ziegelbreite errichtet oder mit Stützpfeilern versehen werden.

Folgende Materialien stehen für den Bau einer Mauer zur Verfügung:

- **Backstein:** Farbe und Wetterbeständigkeit werden vom Ton und der Herstellungsart bestimmt. Nicht alle Ziegel sind frostbeständig; teuer, stark und dauerhaft.
- **Betonblock:** In einer Vielzahl an Ausführungen erhältlich, sieht dennoch häufig nur praktisch aus; relativ preiswert, stark und leicht zu verwenden. Kann mit Ziegeln verkleidet oder verputzt und gestrichen werden.
- **Glasbaustein:** Aus verstärktem Glas hergestellt, kann eine ungewöhnliche Abschirmung bilden.

- **Naturstein:** Kann in gleichmäßige Blöcke zugeschnitten oder unbearbeitet verwendet werden. Farbe variiert je nach Steinsorte. Stark und sehr teuer.
- **Porenbeton:** Leicht und preiswert. Nicht sehr stark; kann mit Ziegeln oder Stein verkleidet oder verputzt und gestrichen werden.
- **Kunststein:** Aus zerkleinertem Stein und Zement hergestellt. Nicht so stark wie Naturstein, aber preiswerter.

△ IDEALER HINTERGRUND
Verwittert und von Flechten attraktiv besiedelt, speichert diese alte Backsteinmauer Wärme und regt eine Rose zu üppigem Gedeihen an.

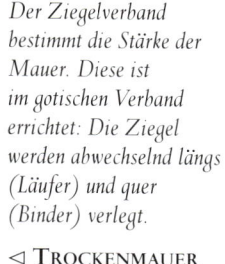

◁ ZIEGELVERBAND
Der Ziegelverband bestimmt die Stärke der Mauer. Diese ist im gotischen Verband errichtet: Die Ziegel werden abwechselnd längs (Läufer) und quer (Binder) verlegt.

◁ TROCKENMAUER
Diese Mauer aus Kalkstein wurde trocken — ohne Mörtel — aufgeschichtet. Die Lücken und Spalten können mit Erde gefüllt und mit Steingartenpflanzen bewachsen werden.

◁ BRUCHSTEINMAUER
In dieser unregelmäßig geschichteten Mauer sind Steine unterschiedlicher Größe und Form in Mörtel gefasst. Solche Mauern sind kostspielig, da das Zusammensetzen sehr zeitaufwendig ist.

NICHT VERGESSEN!

SICHERHEIT

Eine 45–65 cm hohe Mauer benötigt ein 10–15 cm tiefes und 20–30 cm breites Betonfundament. Bei einer Höhe von bis zu 1 m benötigt die Mauer ein 23–30 cm tiefes und 45–60 cm breites Fundament. Höhere Mauern sollten von einem Fachmann errichtet werden.

VERSCHIEDENE MATERIALIEN

Materialien werden traditionsgemäß auch miteinander kombiniert. Eine Randeinfassung aus Ziegeln mildert das rohe Aussehen einer Mauer aus heimischen Steinen. Das Kombinieren moderner Materialien kann außerordentlich effektvoll sein und bietet eine preiswerte Lösung.

Mauern aus Beton können mit einer Mischung aus Maurerzement und feinem Sand verputzt und dann angestrichen werden. Weiß oder Cremefarben eignen

◁ ANGENEHME MATERIALIEN
Ziegel bilden eine sichere und wetterfeste Umrandung für eine Mauer aus in Mörtel gefassten Flintsteinen und mildern zugleich die etwas rohe Beschaffenheit der Steine.

sich für schattige Bereiche, da sie Licht reflektieren; Erdtöne sind warm und angenehm; in städtischer Umgebung kann mitunter auch eine kräftigere Farbe wirkungsvoll sein. Während der Zement noch trocknet, können auch Muster eingeprägt oder Kiesel, Muscheln, Steingut oder Ziegelscherben eingebettet werden. Hierbei wird jeweils nur eine kleine Fläche bearbeitet, die Dekoration mindestens zwei Drittel tief versenkt. Ähnlich kann mit einer renovierungsbedürftigen Mauer verfahren werden. Kleine Lücken oder bröckelnde Stellen werden mit Zement gefüllt und nach Wunsch dekoriert.

SIEHE AUCH: Mauern und Zäune, S. 28; Betonieren, S. 60–61; Bau eines Hochbeets, S. 181

ZIERBÖGEN

SELBST DER KLEINSTE GARTEN lässt sich durch einen Zierbogen, der an einem sorgfältig ausgewählten Platz aufgestellt ist, verschönern. Der Bogen kann zu verschiedenen Zwecken genutzt werden: als reizvoller Empfang über dem Gartentor oder am Hauseingang, als Durchgang bei einer Unterteilung innerhalb des Gartens oder als Abtrennung in einem Gartenbereich, für den Mauern, Zäune oder Hecken zu massiv wären. Je nach Gartenstil kann ein Bogen dekorativ oder schlicht sein. Eine schlichte Konstruktion kann man auch leicht selbst erstellen. Ein ausgefallenes Design wird am besten von einem Fachmann errichtet.

GESTALTEN MIT BÖGEN

Bevor im Garten ein Bogen aufgestellt wird, sollte dessen Zweck – etwa als Führung über einen Gartenpfad oder als Einladung, einen weiteren Teil des Gartens zu betreten – geklärt sein, sonst kann er etwas fehl am Platz aussehen.
Ein frei stehender Bogen wird zumeist aus Holz oder Metall errichtet. Die jeweiligen Kletterpflanzen werden mit Sorgfalt ausgesucht. Bogen und Pflanzen müssen sich immer ergänzen. Einen dezenten Eindruck hinterlässt ein Bogen, der sich in die umgebende Pflanzung einfügt, beispielsweise ein schlichter rustikaler Bogen mit traditionellen Kletterrosen.

Ein Bogen ergänzt den Garten immer um eine nützliche Höhendimension. Außerdem kann er das Auge zu einem

◁ GELUNGENE ZUSAMMENSTELLUNG
Der Stil dieses rustikalen, selbst gebauten Bogens ergänzt in einem normalen Garten reizvoll die umgebenden Pflanzungen.

△ ELEGANTES RANKGERÜST
Eisenbögen und Rosen sind ideale Partner. Ohne den Bogen zu verdecken, kommt dennoch ihre üppige Blüte optimal zur Geltung.

Teich, einigen Stufen oder einer Sitzgelegenheit am Ende des Weges hin- oder von einem weniger schönen Teil des Gartens ablenken. Geschickte Gartenkünstler nutzen Bögen auch für einen speziellen Effekt, indem sie einen Bogen an einer Begrenzung aufstellen und mit einem Spiegel ausfüllen, der den Garten größer erscheinen lässt. Der Spiegel muss immer leicht nach unten geneigt werden, so dass er kein Sonnenlicht auffängt.

HOLZBOGEN ERRICHTEN

Ein selbst gebauter Bogen aus nicht entrindetem oder kesseldruckimprägniertem Holz ist zumeist preiswerter als ein Bausatz. Vor dem Zusammenbau sollten Schnittflächen und rindenfreie Stücke mit Holzschutzmittel behandelt werden. Die Stützen werden mit Pfostenträgern aus Metall im Boden befestigt oder auf einer Schotterunterlage einbetoniert gesetzt. Der obere Teil und die Querleisten werden mit verzinkten Nägeln oder Schrauben befestigt. Eine Mindesthöhe von 2,2 m bietet ausreichende Bewegungsfreiheit.

EINFACHER HOLZBOGEN
Dieser schlichte Bogen ist als Bausatz leicht zu errichten. Die oberen Querstreben stabilisieren die Konstruktion, weitere zwischen den senkrechten Stützen festigen noch mehr.

Schreinerverbindung mit verzinkten Nägeln befestigt.

Querstreben stabilisieren den Bogen.

Hohes Dach ermöglicht sicheres Hindurchgehen.

Pfosten aus Kanthölzern (10 x 10 cm) bieten Kletterpflanzen ausreichende Stabilität.

Kräftige, tiefe Pfostenhalterungen aus Metall verhindern Fäulnis an der Basis und bieten dem Bogen ein solides Fundament.

SIEHE AUCH: Begrünen von Bögen und Pergolen, S. 103

METALLBOGEN ERRICHTEN

Metallbögen werden in einer Vielzahl verschiedener Formen angeboten. Der Bogen sollte auf jeden Fall das Gewicht der vorgesehenen Pflanzen im ausgewachsenen Zustand tragen können.

Praktischerweise lassen sich die verschiedenen Teile eines Bogenbausatzes mit wenig Werkzeug zusammensetzen. Zuvor sollte gründlich die Bauanleitung gelesen und überprüft werden, ob alle Teile vorhanden sind. Kunststoffdichtungen, die über die Verbindungen geschoben werden, schützen vor Regen. Querstäbe verleihen der Konstruktion stabilen Halt. Die Position des Bogens am Boden markieren und an den vier Ecken Löcher bohren. Falls die erforderliche Tiefe nicht angegeben ist, wird 30 cm von der Basis an gerechnet. Der Stand der gesamten Konstruktion wird mit der Wasserwaage überprüft.

NICHT VERGESSEN!

SICHERHEIT

Die schlanken, aber stabilen Streben des unten abgebildeten Bogens lassen sich leicht in sicherer Tiefe im Boden befestigen. Die Pfosten schwerer Holzkonstruktionen sollten einbetoniert oder in Metallhalterungen gesetzt werden. In windigen Lagen ist Sicherheit doppelt wichtig.

AUFBAU EINES METALLBOGENS

MATERIAL & WERKZEUG

- Metallbogenbausatz mit PVC-Dichtungen
- Schrauben, Muttern (im Bausatz)
- Schraubendreher
- Erdbohrer (im Bausatz)
- Vorschlaghammer
- Wasserwaage

1 STÜTZEN ZUSAMMENSTECKEN
Bei allen Stützen Dichtung auf einen Stützenteil schieben, Ober- und Unterteil zusammenstecken und Dichtung über die Naht schieben.

2 QUERSTREBEN ANBRINGEN
Die erste Querstrebe 60 cm vom Boden in die T-Verbindungen einpassen, anschrauben, so dass ein Seitenteil entsteht. An beiden Streben je 3 T-Verbindungen befestigen.

3 ZWEITES SEITENTEIL
Schritt 2 wiederholen. Damit die Höhe der Querstreben auf beiden Seiten genau übereinstimmt, werden die Seitenteile nebeneinander gelegt.

4 BOGENSPITZE ERRICHTEN
Je zwei geschwungene Teile mit einem T-Stück zu einem Bogen verbinden. Die beiden Bögen mit einer Querstange verbinden und die Verzierungen anbringen.

5 LÖCHER FÜR DIE STÜTZEN BOHREN
Die Krone auf die Seitenteile aufsetzen. Die Verbindungen mit Dichtungen verschließen. Am vorgesehenen Platz den Bohrer bis zur Markierung einschlagen.

6 STAND PRÜFEN
Den Bogen in die Löcher stecken und von allen Seiten den senkrechten Stand prüfen. Sämtliche Schrauben nachziehen.

BEGRÜNEN EINES BOGENS

Zu beiden Seiten ein bis zwei Kletterpflanzen setzen, die den Bogen beranken und schließlich verdecken werden. Als Kletterhilfe wird an den Seiten weitmaschiger Kletterdraht gespannt, an dem die jungen biegsamen Triebe fächerförmig ausgebreitet werden. Die meisten Kletterpflanzen sind blühwilliger, wenn sie sich spiralförmig um das Gerüst winden können. Oben sollten die Triebe beschnitten werden, damit sie sich nicht zu stark ausbreiten oder für das Gerüst zu schwer werden.

1 RANKHILFE
Mit kunststoffummanteltem Draht zu beiden Seiten weitmaschiges Drahtnetz befestigen.

2 PFLANZWINKEL
Pflanzen im Winkel von 45° an den Bogen pflanzen. Haupttrieb an der Querstange befestigen.

3 ANFANGSERZIEHUNG
Sobald die Triebe an das Netz heranreichen (und von der Stütze gelöst wurden), werden sie gleichmäßig über die Seite des Bogens verteilt. Mit Achterschlaufen locker an der Querstange befestigen und mit dem Kletternetz verflechten. Erziehen und befestigen, bis die Pflanze selbst schlingt.

SIEHE AUCH: Einjährige Kletterpflanzen, S. 106

PERGOLEN UND PAVILLONS

MIT REBEN, BLAUREGEN ODER anderen Kletterpflanzen begrünt, bildet eine Pergola an heißen Tagen einen schattigen Zufluchtsort. Hier kann man in angenehmer Kühle essen oder sich entspannen. Eine Pergola kann frei stehen oder an ein Gebäude gelehnt werden, wo sie dann auch den dahinter liegenden Räumen Schatten bietet.

Pavillons, meist kleiner und von drei Seiten umschlossen, liegen eher am Rand des Grundstücks in angenehm abgeschiedener Lage. In neu angelegten Gärten bietet eine Pergola oder ein Pavillon sofort einen Blickfang; in älteren stellt die Pergola ganzjährig ein verbindendes gestalterisches Element dar.

GESTALTEN MIT PERGOLEN

Bei einer Pergola über einer Sitzecke ist die Lage vermutlich bereits geklärt. Wenn sie jedoch einen Weg überdachen soll und somit in den Mittelpunkt der Aufmerksamkeit rückt, sollte ihre Lage genau durchdacht werden. Sie kann beispielsweise auch zugleich eine Abschirmung zwischen zwei verschiedenen Gartenbereichen bilden.

Auch die Wahl der Konstruktion will gut überlegt sein: Stil und Material sollten mit der Umgebung harmonieren. In einen Garten voller sanft geschwungener Linien wäre eine gerade Pergola schlecht zu integrieren; ebenso wenig würde eine elegante Pergola in einen rustikalen ländlichen Garten passen. Holz und Metall passen zu zwanglosen Gestaltungen, während Säulen aus Ziegeln, Beton oder Stein eine formale Stimmung entstehen lassen.

◁ SCHATTEN UND ZURÜCKGEZOGENHEIT
Ein schwieriger Bereich, der von drei Seiten mit Mauern umgeben ist, wurde zu einer attraktiven Essecke umgestaltet, indem er mit einer Pergola aus Balken, die auf den Mauern ruhen, überdacht wurde. Das massive Design harmoniert gut mit dem etwas monumentalen Charakter des Steintisches.

Die Proportionen einer Pergola sind bekanntermaßen ein schwieriges Thema, somit empfiehlt es sich, außer bei ganz schlichten Konstruktionen, den Rat eines Fachmanns einzuholen. Der Abstand zwischen den senkrechten Stützen sollte in etwa mit der Breite der Pergola übereinstimmen. Die Höhe wird von der Verwendung über einer Sitzecke oder über einem Weg bestimmt.

◁ NATÜRLICHER SCHATTEN
Kräftige Sonnenstrahlen werden von dieser Terrassenbalustrade in ein Schattenmuster verwandelt, das der Pergola darüber ähnelt. Im Frühsommer hängen die Blütentrauben der Glyzine anmutig durch die Balken.

△ TRIUMPH DES SOMMERS
Diese von einer Rose berankte Holzpergola lädt zu einem entspannten Bummel durch einen duftenden Tunnel ein. Eine derartige Pflanzung bietet im Sommer auch willkommenen Schatten.

BASISWISSEN

ÜBERLEGUNGEN ZUR WAHL UND LAGE EINER PERGOLA

• Schlichte Ausführungen sind meistens am geeignetesten; die Bepflanzung verstärkt den dekorativen Aspekt.
• Die Größe sollte im entsprechenden Verhältnis zu Haus und Garten stehen.
• Materialien und Konstruktion müssen das Gewicht der Pflanzen tragen können.
• Falls die Pergola eine Essecke überdacht, muss sie groß genug für die Sitzgruppe sein.
• Eine Pergola kann auch vor Blicken aus höher gelegenen Fenstern der Nachbarhäuser schützen.
• Bei einer Pergola, die an das Haus grenzt, sollte beachtet werden, dass sie die dahinter liegenden Zimmer nicht zu sehr verdunkelt.
• Eine Pergola lenkt auch die Aufmerksamkeit auf einen Weg. Er sollte breit genug sein und die Pergola sollte einen Rahmen für einen attraktiven Ausblick bilden.

SIEHE AUCH: Kletterpflanzen für Herbst und Winter, S. 107; Duftende Kletterpflanzen und Mauersträucher, S. 107; Rankhilfen für Kletterpflanzen, S. 108–109

PAVILLONS

Diese berankten offenen Konstruktionen vermitteln immer ein Gefühl des Rückzugs inmitten eines offenen Gartenbereichs. Meist findet sich hier eine Sitzgelegenheit für einen Blick in den Garten.

Der Ort für einen Pavillon richtet sich nach der Tageszeit, in der dieser genutzt werden kann. Eine ruhige Laube für warme Sommerabende kann beispielsweise so ausgerichtet sein, dass dort die letzten Strahlen des Tages noch erlebt werden können. Die Höhe eines Pavillons sollte mindestens 2,2 m betragen, damit das dichte Grün nicht beengend wirkt.

Die Konstruktion muss stabil genug sein, um das Gewicht der rankenden Zierpflanzen zu tragen, doch gleichzeitig offen genug, damit deren Duft überall zu genießen ist. Schmiedeeisen und Holz sind die gebräuchlichsten Materialien.

Eine schlichte Holzkonstruktion aus glatten oder rustikalen Pfosten mit Spalieren an drei Seiten passt zu einem zwanglosen Garten, während extravagant geformtes oder geschnitztes Holz sich eher zu einer formalen Anlage fügt. Zartes Schmiedeeisen kann sich für einen kleinen Garten eignen, ein reich verzierter Pavillon im italienischen Stil passt nur in einen großzügigen Garten.

△ KLASSISCH SCHLICHT
Die klaren Linien dieses schmiedeeisernen Pavillons erheben sich elegant aus einem Meer farbenfroher Pflanzen und bieten einen herrlichen Blickfang.

BAU EINER PERGOLA

Pergolen können als Bausatz erworben oder selbst zusammengestellt werden. Eine schlichte Konstruktion, aus rustikalen Pfosten zusammengenagelt, ist für leichte Kletterpflanzen durchaus ausreichend. Allerdings ist sie bei unbehandeltem Holz nicht besonders dauerhaft. Schwerere Pflanzen erfordern eine stabilere Pergola, und wer nicht über einiges handwerkliches Können verfügt, sollte Entwurf und Aufbau lieber einem Fachmann überlassen.

Eine Pergola wird meist mindestens 2,5 m hoch gebaut, so dass genug Platz zum Gehen bleibt, selbst wenn sie mit ausgewachsenen Pflanzen berankt ist. Über einer Sitzecke kann sie niedriger sein.

HOLZPERGOLA MIT SPALIERDACH
Eine Holzpergola mit Spalierüberdachung wie diese ist relativ preiswert und problemlos als Bausatz zu errichten. Hübsch auch mit einem dezenten grünen oder blauen Schutzanstrich.

ÜBERDACHUNG SICHERN
Das Spalier auf die Stützen und Querbalken auflegen und den Rahmen mit Messingschrauben fest an den Stützen befestigen.

Wer eine Holzpergola als Bausatz errichtet, wird feststellen, dass die Hersteller den Bau relativ erleichtern: Das Holz ist gehobelt und mit Nuten versehen, so dass Querbalken leicht mit einem Hammer eingepasst werden können. Es sollte überprüft werden, ob ausreichend Schrauben, Muttern und Nägel vorhanden sind. Meist werden auch Metallhülsen für das Befestigen der Pfosten im Boden mitgeliefert. Natürlich können diese auch auf einer Schotterunterlage, die Fäulnis verhindert, in Beton gesetzt werden. Die hintersten Pfosten werden zuerst gesetzt, dann die übrigen Stützen, schließlich die Querbalken und weitere Stützteile. Wenn eine oder mehrere Seiten der Pergola von einer Mauer gestützt werden, werden die Querbalken mit Winkeleisen im Mauerwerk verankert.

> ### NICHT VERGESSEN!
> #### AUFBAU ERLEICHTERN
> Beim Auspacken eines Bausatzes prüfen, ob alle Teile und das notwendige Werkzeug vorhanden sind. Eine Wasserwaage ist unentbehrlich. Die Aufbauanleitung genau befolgen. Ein Helfer kann die Arbeit erheblich erleichtern. Schrauben und Muttern erst nachziehen, wenn die Pergola richtig steht.

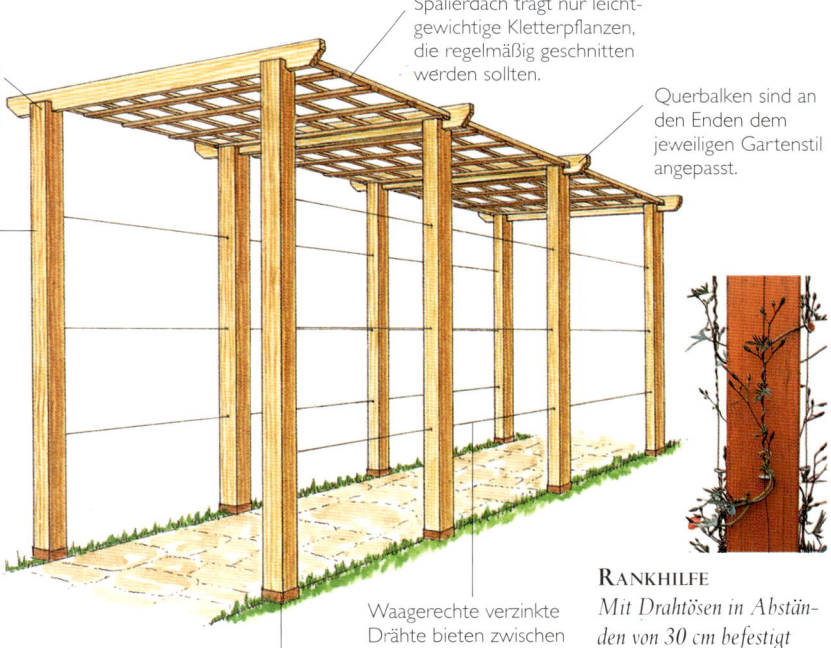

Spalierdach trägt nur leichtgewichtige Kletterpflanzen, die regelmäßig geschnitten werden sollten.

Querbalken sind an den Enden dem jeweiligen Gartenstil angepasst.

Der Querbalken liegt passgenau und sicher auf der vorgeformten Stütze.

Kesseldruckimprägniertes Holz

STAND ÜBERPRÜFEN
Jeden Pfosten in eine Bodenhülse einsetzen und senkrechten Stand von allen Seiten mit einer Wasserwaage überprüfen.

Bodenhülsen aus Metall schützen die Holzpfosten vor Fäulnis. Sie können auch in ein Betonfundament gesetzt werden.

Waagerechte verzinkte Drähte bieten zwischen den Pfosten Rankhilfen für Pflanzen und gewährleisten einen gleichmäßigen Bewuchs.

RANKHILFE
Mit Drahtösen in Abständen von 30 cm befestigt man als Rankhilfe für die Pflanze auf allen Seiten jedes Pfostens senkrechte verzinkte Drähte.

SIEHE AUCH: Begrünen von Bögen und Pergolen, S. 103

KLETTERPFLANZEN UND MAUERSTRÄUCHER

ZAHLREICHE GÄRTEN VERFÜGEN ÜBER senkrechte Flächen, die mit dekorativen Kletterpflanzen oder Mauersträuchern wesentlich reizvoller aussehen würden. Pflanzen lassen Flächen wie Mauern, Zäune und Pergolen zu einem Bestandteil des Gartens werden und verleihen ihnen zugleich eine zusätzliche Höhendimension. Viele bringen wunderbar duftende Blüten oder euchtende Beeren hervor. Wuchsfreudige Kletterer we Geißblatt oder *Clematis montana* eignen sich auch zum Verdecken unansehnlicher Mauern. Das Beranken von Bäumen mit Kletterpflanzen zählt sicherlich zu der bemerkenswertesten Gestaltungsmöglichkeiten.

MAUERN UND ZÄUNE BEGRÜNEN

Wer die Unterschiede zwischen einzelnen Kletterpflanzen kennt, kann sie optimal in das Pflanzschema integrieren und die harten Konstruktionen eines Gartens zu neuem Leben erwecken.

Die meisten Kletterer benötigen Gerüste oder andere Pflanzen, an denen sie hochwachsen können. Sie haben verschiedene Möglichkeiten entwickelt, sich festzuhalten, etwa durch Haftwurzeln, windende Sprossspitzen, Sprossranken oder hakige Stacheln (*s. S. 108*). Mauersträucher klettern nicht, sondern gedeihen einfach am besten vor einer schützenden Mauer. So finden sich hier beispielsweise zahlreiche weniger winterharte Sträucher wie *Fremontodendron*, die einen warmen und geschützten Standort vor einer sonnigen Mauer bevorzugen.

Kletterpflanzen können sich attraktiv über einer Mauer oder einem Zaun ausbreiten, wenn sie an einigen Punkten locker an einem Spalier oder an Drähten befestigt wurden. Mit immergrünen Kletterern lässt sich Unansehnliches verdecken. Die Triebe

△ **VERDECKTER ZAUN**
Diese architektonische Begrenzung entstand, indem eine kleinblättrige wuchsfreudige Kletterpflanze, Muehlenbeckia complexa, *über einen Maschendrahtzaun rankt.*

einiger Mauersträucher können stufen- oder fächerförmig erzogen werden, so dass Blüten und Früchte noch reizvoller zur Geltung kommen. Steife, verholzte Mauersträucher können nur schwer von ihrer Stütze entfernt werden und werden daher an Mauern und Zäunen erzogen, die kaum Pflege benötigen.

△ **BLÜTENPRACHT**
Die harte Fläche dieser Backsteinmauer wird durch eine Säckelblume (Ceanothus) gemildert, die jeden Frühling in üppiger Pracht erstrahlt.

△ **SPALIERZAUN**
Ein Vorteil offener Zäune ist, dass man die Triebe von Kletterpflanzen, wie dieser Rose, in jungem Zustand durch die Öffnungen hindurch flechten kann.

◁ **GRÜNER VORHANG**
Neue Zäune oder andere starre Flächen kann man mit attraktiven Immergrünen wie diesem panaschierten Efeu das ganze Jahr über verdecken.

SIEHE AUCH: Rankhilfen für Kletterpflanzen, S. 108–109

BEGRÜNEN VON BÖGEN UND PERGOLEN

Bögen und Pergolen verschaffen Pflanzungen eine weitere Höhendimension. Mit ihnen lassen sich verschiedene Gartenbereiche verbinden oder trennen. Unter ihrem dichten Blätterdach entsteht ein intimer, erfrischend schattiger Raum. Mit duftenden Kletterern verwandelt sich ein kahler neuer Arkadengang in einen wunderbar kühlen, dufterfüllten Tunnel, der einlädt, den dahinter liegenden Bereich des Garten zu entdecken.

△ **ÜPPIGER KLETTERER**
Dieser üppig begrünte Hopfenbogen (Humulus lupulus) bildet einen anmutigen Rahmen für den dahinter liegenden Garten.

Wesentlich ist, dass man Kletterpflanzen auswählt, die sich für den jeweiligen Standort und das jeweilige Rankgerüst eignen. Die wuchsfreudige immergrüne *Hedera colchica* würde einen zarten schmiedeeisernen Bogen schon bald erdrücken. Eine Pergola braucht hingegen häufig kräftige Kletterer. Rosen wie ›Seagull‹ oder ›Albéric Barbier‹ decken das Dach großzügig mit überhängenden Blüten ab.

Auch unterschiedlich wuchsfreudige Pflanzen können erfolgreich kombiniert werden. Die rasch wachsende *Clematis montana* var. *rubens* läutet den Frühling ein, während ihre zartrosa Töne später in *C.* ›Mrs. N. Thompson‹ und *C.* ›Nelly Moser‹ eine Fortsetzung finden. Auch Blattwerk verleiht Farbe und Struktur. Die goldenen Blätter des Hopfens *Humulus lupulus* ›Aureus‹ besitzen mehr Leuchtkraft als manche Blüte, während Reben wie *Vitis coignetiae* und *V.* ›Brandt‹ im Herbst eine großartige rote Laubfärbung zeigen. Im Sommer bieten sie besonders erfrischenden Schatten.

Kletterpflanzen und Mauersträucher wenden sich beim Wachsen dem Licht zu, so dass viele nur an einer Seite eines Bogens oder einer Pergola blühen. Dennoch kann versucht werden, sie so zu setzen, dass Blüten und Früchte zu maximaler Geltung gelangen.

△ **VERBUNDENE UNTERTEILUNGEN**
Üppig blühende weiße Rosen verbinden hier die Pergola mit dem Bogen.

FRÜHSOMMERLICHE ABSCHIRMUNG ▷
Glyzinen bilden im Frühsommer eine zauberhafte Abschirmung über einer Pergola. Kräftige Stämme älterer Pflanzen erschweren später deren Pflege.

BERANKEN VON HECKEN UND BÄUMEN

Bäume, die nur in einer Jahreszeit von besonderem Interesse sind, können, indem sie mit Kletterpflanzen berankt werden, eine zusätzliche Blüte hervorbringen. Insbesondere in kleinen Gärten kann diese doppelte Nutzung von Frühling bis Herbst für duftende Blüten oder farbenfrohes Laub sorgen. Krautige Kletterer können auch Hecken beranken. Eine akkurat geschnittene Eibe lässt die scharlachroten Blüten von *Tropaeolum speciosum* imposant hervortreten, wenngleich das Ziehen dieser Pflanze ihre Tücken hat.

Kletter- und Stützpflanze müssen zueinander passen. Kräftige Kletterpflanzen wie die großartige *Lonicera × americana* eignen sich für größere Bäume, kleinere und leichtere wie die Prunkwinde *(Ipomoea)* für

◁ **DUFTWOLKE**
Wuchernde Ramblerrosen wie ›Wedding Day‹ entfalten in großen Bäumen ihre ganze Pracht.

UNTERSTÜTZUNG ▷
Mitunter wird ein Stab benötigt, um eine neu gepflanzte Clematis, wie hier ›Comtesse de Bouchard‹, zu einem Baumstamm zu führen. Dort findet sie dann ihren Weg allein weiter.

Hecken und Sträucher. Auch die erforderlichen Schnittmaßnahmen sollten sich ergänzen. Beide Pflanzen müssen zugänglich sein, und eine Pflanze sollte nicht zur Blütezeit der anderen geschnitten werden müssen.

SIEHE AUCH: ZIERBÖGEN, S. 98–99; HECKEN IM GARTEN, S. 116–119

KLETTERPFLANZEN UND MAUERSTRÄUCHER WÄHLEN

DAMIT KLETTERPFLANZEN UND Mauersträucher dauerhafte Freude bereiten, sollten Arten gewählt werden, die für den jeweiligen Garten geeignet sind. Es sollte festgestellt werden, zu welcher Tageszeit Sonne auf Mauer oder Zaun fällt. Moorbeetpflanzen sollten nicht für Kalkböden ausgewählt werden; bei trockenen Lagen empfehlen sich dürreresistente Gewächse. Ist die Fläche begrenzt, können keine allzu wuchsfreudigen Kletterer gesetzt werden. Auch das Klima sollte berücksichtigt werden, wenngleich eine nicht ganz winterharte Pflanze vor einer warmen Mauer doch gedeiht. Auf den folgenden Seiten finden sich einige Empfehlungen.

PFLANZEN FÜR TROCKENE SONNIGE STANDORTE

Am Fuß einer sonnigen Mauer ist der Boden durch den Regenschatten meist trocken und eignet sich für Kletterpflanzen wie Strahlengriffel, die solche Lagen bevorzugen. Clematis gedeiht nur gut, wenn die Wurzeln kühl und feucht bleiben, etwa indem Ziegel darüber gestellt werden.

Zahlreiche Mauersträucher gedeihen ausschließlich vor einer sonnengewärmten Wand. Die Strahlungswärme unterstützt das Reifen des Holzes, so dass sie besser gegen Kälte gewappnet sind. Mittelmeersträucher wie Rosmarin lieben derartige Standorte. Andere Sträucher, etwa *Ceanothus*, werden hier höher als in offenen Gartenbereichen. Morgensonne fügt überfrorenen Trieben und Blüten von Winter- und Vorfrühlingsblühern jedoch Schäden zu, da sie zu schnell tauen.

WEITERE EMPFEHLUNGEN

Abutilon megapotamicum. Immer- bis halbimmergrüner Strauch mit gelben Blütenglocken im Sommer.
Actinida kolomikta. Laub abwerfender Kletterer, Blätter an älteren Pflanzen rosa bis weiß panaschiert.
Banksrose (*Rosa banksiae*). Kräftige Kletterrose mit duftenden gefüllten Blüten im Mai.
Buddleja crispa. Laub abwerfender Strauch, junge Triebe mit weißwolligen, duftenden, fliederfarbenen Blüten von Hoch- bis Spätsommer.
Clematis ›Bill MacKenzie‹. Laub abwerfende Kletterpflanze mit glockenförmigen gelben Blüten von Hoch- bis Spätsommer, große flauschige Früchte.
Cytisus battandieri. Wuchsfreudiger baumartiger Mittelmeerstrauch mit silberfarbenen Blättern und gelben Blüten, die nach Ananas duften.
Fremontodendron ›California Glory‹. Immergrüner Mauerstrauch, tiefgelbe Blüten von Mai bis Herbst.
Lavatera maritima. Buschige immergrüne Staude mit fliederrosa bis weißen Blüten. Spätsommer.
Weinrebe (*Vitis vinifera* ›Purpurea‹). Laub abwerfender Kletterer. Blätter grau behaart, im Herbst dann dunkelpurpurn, Trauben purpurfarben, ungenießbar.

EFEU

Der selbst klimmende immergrüne Efeu ist leicht zu ziehen. Bei älteren Pflanzen liefern die grünen Herbstblüten späten Nektar, die winterlichen Beeren Nahrung für Vögel. Vollschattige Bereiche bekommen durch Efeu wie *Hedera colchica* ›Dentata‹ eine interessante Struktur. Panaschierte Sorten wie *H. helix* ›Goldheart‹ bringen ihre Farben nur bei ausreichenden Lichtverhältnissen zur Geltung. Die Wuchsfreudigkeit von Efeu variiert je nach Sorte stark, so dass für den jeweiligen Standort die entsprechende Sorte gewählt werden kann.

△ *HEDERA HELIX* ›EVA‹
Dieser hübsche, weiß panaschierte Efeu zählt zu den kleineren Sorten und wird nur 1,2 m hoch. Er bevorzugt einen sonnigen Standort.

△ *HEDERA COLCHICA* ›SULPHUR HEART‹
Die gelb panaschierten Blätter dieser bis zu 10 m hohen Sorte bilden in dunkler Ecken und langen farblosen Wintern einen willkommenen Farbtupfer.

WEITERE EMPFEHLUNGEN

H. colchica. Nahezu ovale, ledrige, dunkelgrüne Blätter, 8–12 cm lang; bis 10 m hoch.
H. helix ›Glymii‹. Grüne Blätter, im Winter purpur- bis bronzefarbene Schattierungen; 2 m hoch.
H. helix ›Green Ripple‹. Reingrüne Blätter mit fünf gezackten, geäderten Zipfeln; 2 m hoch.
H. helix f. *poetarum.* Glänzende reingrüne Blätter, 8 cm lang, orange-gelbe Früchte; 3 m hoch.
H. helix ›Pedata‹. Zierliche reingrüne Blätter, die in der Form an eine Vogelkralle erinnern; 4 m hoch.

△ *CALLISTEMON PALLIDUS*
Wegen ihrer üppigen Blütenähren heißt die Gattung auf Deutsch Zylinderputzer. Andere Arten der Gattung sind auch bei uns winterhart.

△ *SOLANUM CRISPUM* ›GLASNEVIN‹
Das Nachtschattengewächs, das zur selben Gattung wie die Kartoffel zählt, benötigt einen geschützten Standort, wo es rasch 6 m hoch klettert und den Sommer über blüht.

◁ *PASSIFLORA CAERULEA*
Winterhärteste Passionsblume, braucht dennoch einen sonnigen geschützten Standort. Bis zu 10 m hoch, Gipfeltriebe frieren aber häufig im Winter zurück.

△ *VITIS COIGNETIAE*
Diese wuchsfreudige Rebe benötigt viel Platz für ihr prachtvolles Herbstlaub. Sie verträgt einen kräftigen Rückschnitt im Frühling, treibt rasch neu aus und wird bis 15 m hoch.

SIEHE AUCH: Kletterpflanzen und Mauersträucher pflanzen, S. 110–111

PFLANZEN FÜR SCHATTIGE MAUERN

Solange eine Mauer oder ein Zaun überhaupt Licht erhält, finden sich Kletterpflanzen und Mauersträucher für diese Standorte. In der Natur kommen zahlreiche Pflanzen, etwa *Jasminum*, in Wäldern oder an ähnlich schattigen Orten vor. Einige Pflanzen, etwa *Garrya elliptica*, vertragen den trockenen Boden im Baum- oder Mauerschatten, während andere wie Hopfen *(Humulus lupulus)* feucht-schattige Bereiche, etwa an einem Hangfuß, vorziehen. Manche Gewächse wie Geißblatt lassen sich gleichermaßen in Sonne oder Schatten ziehen, wenngleich sie, wie auch *Choenomeles speciosa,* in sonnigen Lagen zuverlässiger blühen und fruchten. *Parthenocissus henryana* dagegen toleriert zwar Sonne, das Laub färbt sich jedoch besser im Schatten.

STRAHLENDER FEUERDORN ▷
Die Früchte von Pyracantha *– hier orange, aber auch gelb oder meistens rot – erscheinen in üppigen Mengen. Sie beleben eine langweilige Wand mehrere Monate vom Herbst bis weit in den Winter hinein.*

LAPAGERIA ROSEA VAR. ALBIFLORA ▷
Dieser zarte Kletterer liebt sauren Boden und einen geschützten Standort. Die augenfälligen weißen Blüten erscheinen von Sommer bis Herbst.

WEITERE EMPFEHLUNGEN

Clematis. Zartfarbene großblumige Hybriden – etwa ›Nelly Moser‹ und ›Bees Jubilee‹ – neigen im Schatten weniger zum Ausblassen.
Euonymus-fortunei-Sorten. Immergrüner Strauch. Blätter häufig weiß oder goldfarben panaschiert.
Lonicera × tellmanniana. Laub abwerfende Schlingpflanze mit kupferfarbenen Blüten von Frühling bis Hochsommer. Nicht duftend.
Mitraria coccinea. Immergrüner Strauch, röhrenförmige rote Blüten von Frühling bis Herbst.
Parthenocissus tricuspidata. Laub abwerfende Kletterpflanze, mitunter kriechend, also von Dachrinnen fern halten. Purpurrote Herbstfärbung.
Rosa ›Mme Alfred Carrière‹. Öfter blühende Kletterrose mir duftenden weißen Blüten mit rosa Schattierungen. Für kühle Mauern geeignet.
Staudenwicke *(Lathyrus latifolius).* Kletternde, nicht duftende Wicke mit purpurroten bis weißen Blüten im Sommer und zeitigen Herbst.

◁ **KLETTERHORTENSIE**
Der Laub abwerfende Kletterer Hydrangea anomala *ssp.* petiolaris *treibt im Mai große Blüten mit auffälligen Randblüten. Im Winter sind die nackten Triebe attraktiv zimtfarben.*

SCHNELLWÜCHSIGE KLETTERPFLANZEN

Wer eine lange Mauer oder einen unansehnlichen Schuppen schnell begrünen möchte, benötigt rasch wachsende Kletterer wie *Muehlenbeckia complexa* oder *Clematis* ›Perle d'Azur‹. Außergewöhnlich wuchernde Sorten wie Schlingknöterich sollten bei begrenztem Raum jedoch vermieden werden, da sie leicht andere Pflanzen ersticken. Kletterpflanzen sollten immer zum jeweiligen Rankgerüst passen. Zahlreiche wüchsige Kletterer werden letztendlich auch sehr groß. Eine riesige Ramblerrose wie ›Kiftsgate‹ benötigt beispielsweise einen sehr großen Garten und einen ebensolchen Baum als Kletterhilfe. Für leichte Konstruktionen, die schnell begrünt werden sollen, bieten sich häufig einjährige Kletterer wie *Ipomoea tricolor* an (s. auch S. 106). An geschützten Stellen können frostempfindliche Stauden, die sonst als Einjährige gezogen werden, überleben, und selbst wenn sie im Winter zurückfrieren, treiben sie im Frühjahr neu aus. Schönranken *(Eccremocarpus scaber)* sind hier sicher einen Versuch wert.

◁ *CLEMATIS MONTANA*
Je nach Lage erreicht diese wuchsfreudige Art eine Höhe von 6 bis 10 m. Einige der rosa blühenden Sorten werden nicht ganz so hoch.

▽ *AKEBIA QUINATA*
Dieser nach Schokolade duftende Kletterer lässt sich etwas mehr Zeit, erreicht aber auch eine Höhe von 10 m. Eine nützliche Kletterpflanze für halbschattige und sonnige Standorte.

◁ *AMPELOPSIS MEGALOPHYLLA*
Ein wüchsiger Kletterer mit haftenden Ranken, der rasch eine Mauer oder Pergola begrünt oder einen Baum erklettert. Den unscheinbaren Blüten folgen ungewöhnliche Beeren, die sich von rosa nach blau verfärben.

WEITERE EMPFEHLUNGEN

Ampelopsis megalophylla. Blätter dunkelgrün, unterseits bereift. Laub abwerfend. Schwarze Früchte.
Campsis × tagliabuana ›Madame Galen‹. Laub abwerfend. Orangerote Blüten von Spätsommer bis Herbst.
Clematis montana. Laub abwerfend. Einfache Blüten von Mai bis Juni.
Cobaea scandens. Immergrüne Staude, meist als Einjährige gezogen. Duftende grüne Blütenglocken, später purpurn. Sommer bis Herbst.
Jasminum polyanthum. Immergrün, stark duftende rosa Knospen, weiße Blüten. Frühling bis Sommer.
Lonicera × americana. Laub abwerfend. Im Sommer stark duftende gelbe Blüten, rot überhaucht.
Rosa ›Paul's Himalayan Musk‹. Laub abwerfend. Im Sommer gefüllte blassrosa Blüten in üppiger Menge.
Vitis coignetiae. Rebe mit großen attraktiven Blättern, im Herbst leuchtend gelb und rot.

SIEHE AUCH: Kletterpflanzen und Mauersträucher pflegen, S. 112–115

KLETTERPFLANZEN UND MAUERSTRÄUCHER KOMBINIEREN

Mauersträucher und Kletterpflanzen lassen sich auch gut kombinieren. Strukturen und Farbtöne vermischen sich dabei zu einem harmonischen Ganzen. So bilden etwa Clematis tibetana und Feuerdorn im Herbst ein Gesamtkunstwerk aus gelben Blüten und gelben oder orangen Beeren. Die panaschierten Blätter des Spindelstrauches Euonymus fortunei ›Silver Queen‹ passen gut zum grünen Laub und den weißen Blütendolden der Kletterhortensie.

Wenn man Pflanzen so kombiniert, muss man sicherstellen, dass der Reiz einer Stützpflanze – etwa die Beeren einer Zwergmispel (Cotoneaster) – nicht unter den Blättern der Kletterpflanze verloren gehen. Auch die Wuchsfreude der einen sollte das Gedeihen der anderen nicht beeinträchtigen. Clematis und Rosen sind klassische Partner. Auf einer Pergola oder Dreifuß sind sie weniger anfällig für Mehltau (s. S. 296) als vor einer Wand. Auch können zwei Clematis-Arten zusammen gezogen werden; so etwa eine frühlingsblühende Clematis alpina und eine später blühende, großblumige Hybride. Bezaubernd wirken auch die dunkelpurpurnen Blüten der Clematis ›Jackmanii‹ zwischen dem dunklen weinroten Laub der Rebe Vitis vinifera ›Purpurea‹.

ERFOLGREICH BEGRÜNT ▷
In diesem kleinen Innenhof-garten wurden zwei Mauern durch die kunstvolle Zusammenstellung einer scharlachroten Lonicera mit einer weiß blühenden Kletterhortensie (Hydrangea anomala ssp. petiolaris) und dunkelroten Kletterrosen völlig umgestaltet.

△ **DREIFACHER VORTEIL**
Immergrüne, wie das lang blühende Geißblatt Lonicera japonica, lassen sich gut mit Laub abwerfenden Kletter-pflanzen, z. B. Rosen, verbinden. So entsteht eine ganz-jährig reizvolle Pflanzung mit verlängerter Blütezeit.

NICHT VERGESSEN!

SCHNITTZEIT

Die Schnittzeitpunkte gemeinsam gezogener Kletterpflanzen dürfen sich nicht stören. Benötigt nur eine einen jährlichen kräftigen Rückschnitt? Wenn ja, hat die andere dann ihren Höhepunkt bereits überschritten? Muss man beide schneiden, sollte der Zeitpunkt übereinstimmen.

EINJÄHRIGE KLETTERPFLANZEN

Diese raschwüchsigen Pflanzen sind in einem Garten von unschätzbarem Wert, da sie schnell farbenfrohe Flächen bilden, besonders über neuen nackten Pergolen oder an Dreifüßen in Rabatten.

Als Gäste auf Zeit bieten sie sich für Experimente an, etwa Zusammenstellungen verschiedener Farben und Sorten oder mit ausdauernden Kletterpflanzen. Wicken, rankende Kapuzinerkresse und Stangenbohnen eignen sich für Spaliere (müssen allerdings befestigt werden) und bilden im Sommer wirkungsvolle Abschirmungen. Auch Tropaeolum peregrinum, Schwarzäugige Susanne (Thunbergia alata),

Schönranke (Eccremocarpus scaber) und Glockenrebe (Cobaea scandens) werden meistens als Einjährige gezogen. Wicken und Nasturtium wachsen auch durch Sträucher, solange sie nur ausreichend Licht und Wasser erhalten. Einige Einjährige bringen recht vergängliche Blüten hervor. Jene der Prunkwinde welken bereits am Nachmittag, und Wicken blühen nur bei regelmäßigem Schnitt über längere Zeit.

SCHWARZÄUGIGE SUSANNE ▷
Die auffälligen Blüten dieses windenden Kletterers (Thunbergia alata) erscheinen von Sommer bis Herbst. Die Staude wird zumeist als Einjährige gesetzt und lässt sich auf einer warmen Fensterbank aus Samen ziehen.

SIEHE AUCH: Aussaat in Gefäßen, S. 162

KLETTERPFLANZEN UND MAUERSTRÄUCHER FÜR HERBST UND WINTER

Ein Garten sollte möglichst das ganze Jahr über interessant gestaltet sein, so auch im Herbst und Winter. Rabatten, die nun mehr oder weniger ruhen, benötigen jetzt einen attraktiven Hintergrund, insbesondere, wenn sie vom Haus aus zu sehen sind. Die Blüten, Blätter und Früchte zahlreicher Kletterpflanzen und Mauersträucher eignen sich für diese Rolle.

Im Herbst bringt die wuchsfreudige Trompetenblume (Campsis) Aufsehen erregende Blüten in warmen Orangetönen hervor. Im Winter durchzieht der Duft blühender Sträucher wie Winterblüte (Chimonanthus praecox) die Luft, eine dünne Reifschicht verzaubert die hängenden graugrünen Kätzchen von Garrya elliptica.

Efeu bietet einen ganzjährigen Hintergrund für andere Pflanzen. Nur einige Sorten, etwa ›Tricolor‹ und ›Glymii‹, wechseln bei kaltem Wetter zu Dunkelrosa oder Purpurrot. Mit die eindrucksvollste Herbstfärbung zeigen die großen, gelb- bis scharlachroten Blätter der Rebe Vitis coignetiae. Die flauschigen Fruchtstände von Clematis tibetana spielen in der sanften Herbstsonne ihren ganzen Reiz aus. Häufig erscheinen sie bereits noch zur Blütezeit. Die Berberitze Berberis thunbergii ›Dart's Red Lady‹ verwöhnt im Herbst gleich doppelt; mit orangerotem Laub und mit glänzenden roten Früchten. Dauerhafte Winterfarbenfreude bieten die gelben bis roten Beeren verschiedener Feuerdorn-Arten (Pyracantha).

◁ **WINTERFREUDE**
Von Winter bis Vorfrühling leuchten die gelben Blüten des Winterjasmins (Jasminum nudiflorum). Die Triebe müssen jedoch regelmäßig hochgebunden werden.

△ **FEURIGES BLATTWERK**
Die leuchtend grünen Blätter von Parthenocissus tricuspidata ›Veitchii‹ werden im Herbst dunkelpurpurrot, bevor sie abfallen.

DUFTENDE KLETTERPFLANZEN UND MAUERSTRÄUCHER

Zahlreiche Kletterpflanzen und Mauersträucher bringen so angenehm duftende Blüten hervor, dass es sich lohnt, den für sie geeignetsten Platz im Garten zu suchen. Zart duftende Kletterpflanzen wie Clematis armandii können in die Nähe eines Pfades oder des Hauses gesetzt werden, während der intensive Duft von Geißblatt den Garten auch von weiter her durchströmt.

Bögen, Pergolen und Tore werden doppelt attraktiv, wenn sie von üppig duftenden Rosen wie der dornenlosen ›Zephirine Drouhin‹ umgeben sind. Blauregen oder Strahlengriffel (Actinidia kolomikta) können in Tür- oder Fensternähe gepflanzt werden, wo man sie von innen und außen genießen kann.

Einige Pflanzen verströmen ihren Duft nur zu einer bestimmten Tageszeit. Eine Pflanze, die am Tag duftet, etwa Akebia quinata, eignet sich besonders für Pavillons oder Bögen, während Terrassen oder andere Sitzecken, die eher später am Tag genutzt werden, hervorragende Standorte für Jasminum officinale sind, der abends am intensivsten duftet. Sträucher mit aromatischen Blättern wie Rosmarin tragen zur entspannenden Atmosphäre einer Terrasse bei.

△ **ÜPPIGER DUFT**
Der berauschende Duft des Waldgeißblattes (Lonicera periclymenum ›Serotina‹) durchzieht die Luft im Umkreis von mehreren Metern, besonders abends.

◁ **LIEBLICHER WOHLGERUCH**
Die steif verzweigte alte Kletterrose ›Gloire de Dijon‹ bringt von Sommer bis Herbst prachtvolle, gut gefüllte Blüten hervor, deren lieblicher intensiver Duft den Garten erfüllt.

PFLANZENAUSWAHL

KLETTERPFLANZEN UND MAUERSTRÄUCHER, DIE WEGEN IHRES DUFTES EMPFEHLENSWERT SIND
* = nicht winterhart

Akebia quinata
Clematis armandii, C. montana ›Elizabeth‹, *C. rehderiana*
Ginster *(Cytisus battandieri)*
Geißblatt *(Lonicera x brownii* ›Dropmore Scarlet‹, *L. x heckrottii, L. periclymenum* ›Serotina‹*)*
Glyzine *(Wisteria sinensis)*
Japanische Aprikose *(Prunus mume)*
Jasmin *(Jasminum azoricum, J. officinale* (insbes. ›Argenteo variegatum‹), *J. × stephanense)* *
Rosen ›Albertine‹, ›Bobbie James‹, ›Climbing Etoile de Hollande‹, ›Compassion‹, ›Gloire de Dijon‹, ›Jacqueline du Pré‹ (›Harwanna‹), ›Lavinia‹ (›Tanklawi‹), ›Mme Alfred Carrière‹, ›Meg‹, ›Wedding Day‹
Rosmarinweide *(Itea ilicifolia)*
Spalthortensie *(Schizophragma integrifolium)* *
Sternnachtschatten *(Solanum jasminoides* ›Album‹) *
Sternjasmin *(Trachelospermum asiaticum)* *
Strahlengriffel *(Actinida kolomikta)*
Wicken *(Lathyrus odoratus)*, bes. ›Jayne Amanda‹, ›White Supreme‹ und altmodische Sorten wie ›Painted Lady‹ und ›Matucana‹
Winterblüte *(Chimonanthus praecox)*

SIEHE AUCH: Efeu, S. 104; Kletterpflanzen und Mauersträucher pflanzen, S. 110–111

RANKHILFEN FÜR KLETTERPFLANZEN

IM WESENTLICHEN SIND KLETTERER Pflanzen mit langen biegsamen Trieben, die, wenn sie sich selbst überlassen werden, über andere Pflanzen wachsen – und diese mitunter ersticken. Im Garten werden sie an eigenen Rankgerüsten erzogen, so dass sie und die umgebenden Pflanzen allesamt unbeeinträchtigt gedeihen und blühen können. Die passende Stütze richtet sich nach der jeweiligen Kletterpflanze. Ein leichter einjähriger oder krautiger Kletterer, dessen Triebe im Winter absterben, lässt sich ohne Probleme ziehen. Große verholzende Pflanzen werden manchmal für ihre Bögen oder Spaliere zu schwer. Aus Gründen der Sicherheit sollten derartige Stützen sehr stabil sein.

WIE KLETTERPFLANZEN WACHSEN

Kletterpflanzen halten sich in verschiedener Weise: haftend, schlingend, rankend oder als Spreizklimmer. Dies bestimmt, welche Kletterhilfe, nicht jedoch welchen Schnitt sie brauchen. Einige sind Selbstklimmer, andere benötigen eine Starthilfe und klettern dann allein weiter, manche müssen regelmäßig angebunden werden.

■ **Selbstklimmer** benötigen keine Rankhilfe. Einige wie Efeu verwenden Luftwurzeln, um an Mauern, Zäunen und Baumstämmen zu haften. Andere wie Wilder Wein (*Parthenocissus*) entwickeln bei Berührung Haftscheiben, mit denen sie sich an festen Oberflächen befestigen. Haftkletterer benötigen nur eine Starthilfe, bis sie die jeweilige Oberfläche erreicht haben.

■ **Schling- und Rankpflanzen** halten sich ebenfalls selbst fest, sofern sie ihre Sprosse oder Ranken um etwas schlingen können. Schlingpflanzen umfassen ihre Stützen spiralförmig mit dem Stängel. Einige schlingen wie *Lonicera* im Uhrzeigersinn, andere wie Glyzinen entgegengesetzt. Sie können an einem kräftigen Baum oder Strauch hochranken oder an Spanndrähten oder Spalieren gezogen werden. Bei Rankpflanzen wie Reben und Passionsblumen sind Seitensprosse oder Blattteile zu Ranken umgebildet, die sie um die Triebe anderer Pflanzen oder um ein geeignetes Gerüst schlingen. Bei anderen wie Clematis sind es die Blattstiele, die sich um ein Rankgerüst winden.

■ **Spreizklimmer** müssen angebunden werden. Einige wie Winterjasmin (*Jasminum nudiflorum*) bilden eine Vielzahl überhängender Triebe aus, die auch als zwangloser Bodendecker geeignet sind. Vor einer Mauer oder einem Zaun müssen sie an Drähten oder einem Spalier befestigt werden. Andere, besonders einige *Rubus*-Arten und Kletterrosen, haben hakige Stacheln, mit denen sie an einer Stützpflanze Halt finden. Wenn sie ohne einen solchen Baum oder Strauch in ein Beet gesetzt werden, müssen sie in regelmäßigen Abständen an einem Spalier oder anderen Rankgerüst angebunden werden.

△ **ERZIEHUNG JUNGER KLETTERPFLANZEN**
Die jungen und noch biegsamen Sprosse frisch gepflanzter schlingender oder rankender Kletterpflanzen (hier Hopfen) werden behutsam mit einem Drahtgeflecht verwoben.

BASISWISSEN

KLETTERPFLANZEN UND HAUSWÄNDE

Nur Pflanzen mit Haftwurzeln oder -scheiben – Efeu und Wilder Wein – können möglicherweise Schwierigkeiten verursachen, jedoch nur bei bereits schadhaftem Mörtel. Auch von Dachrinnen, Fensterrahmen und Dachziegeln sollte man sie fern halten. An verklinkerten Wänden sollten keine Kletterpflanzen gezogen werden, da ihre Triebe gelegentlich unter die Schindeln gelangen und diese verschieben. Meistens überwiegen die Vorteile. Kletterpflanzen unterstützen die Isolierung von Hauswänden und bieten Nahrung und Nistplätze für Vögel.

KLETTERSTRATEGIEN

△ **SPROSSRANKEN**
Mit Hilfe in Ranken umgewandelter Seitentriebe kann sich zum Beispiel die Passionsblume an jedem feinen Gerüst festhalten.

△ **BLATTRANKEN**
Teile des Blattes – bei der Clematis die Blattstiele – werden zu Ranken, die sich fest um Stützen wie Draht oder Pflanzenstiele schlingen.

△ **WINDENDE SPROSSE**
Schlingpflanzen wie Jasminum officinale oder Stangenbohnen winden ihre Stängel spiralförmig um Stützen. Manche Sorten rechts- andere linkswindend.

△ **HAKIGE STACHELN**
Spreizklimmer wie Rosen und Brombeere halten sich – mehr schlecht als recht – mit hakigen Stacheln an anderen Pflanzen oder Gerüsten fest.

△ **HAFTWURZELN**
Diese haftenden Luftwurzeln bilden sich bei Selbstklimmern wie Efeu, sobald diese einen Zaun, eine Mauer oder eine andere Oberfläche berühren.

△ **HAFTSCHEIBEN**
Bei anderen Selbstklimmern, etwa Wildem Wein, bilden die Ranken kleine Haftscheiben, wenn sie mit einer festen Oberfläche in Kontakt kommen.

SIEHE AUCH: Kletterpflanzen und Mauersträucher pflanzen, S. 110–111

ZIERGERÜSTE

Dekorative Rankgerüste können einen Blickfang bilden oder die Gestaltung um einige senkrechte Linien ergänzen. Einzelsäulen sind auffallende Elemente, eine stärker formale Wirkung erzielt jedoch eine durch Kette oder Seil verbundene Säulenreihe, an der Kletterpflanzen erzogen wurden. Kletterer mit biegsamen Trieben wie die Rose ›New Dawn‹ oder die Clematis ›Etoile Violette‹ bringen prachtvolle Blüten hervor und sind hervorragend für diesen Zweck geeignet. Die beste Wirkung erzielen Pflanzen, deren kräftiger Wuchs und Blütenfülle die Rankhilfen großzügig verdecken.

Dreifüße, Obelisken und Wigwams zählen zu den einfachsten und preiswertesten Konstruktionen. Sie ergänzen den Garten um eine senkrechte Dimension, können für jeden nicht zu hohen und kräftigen Kletterer verwendet werden und ermöglichen gesunden Wuchs, da sie eine gute Luftzirkulation gewährleisten. Viele Gerüste sind bereits für sich genommen dekorativ. Bepflanzt mit einjährigen Kletterern bildet ihre architektonische Form im Winter einen attraktiven Blickpunkt.

Die Triebe in regelmäßigen Abständen anbinden

Sprosse in die entsprechende Richtung schlingen

◁ **ROSENSÄULEN**
Kletter- und Ramblerrosen werden traditionell an Säulen und Seilen erzogen. In diesem großen Nutzgarten liefern sie zudem gute Schnittblumen.

◁ **GIRLANDEN**
Behutsam werden die Triebe entlang einer Seilgirlande erzogen und befestigt. Waagerechte Erziehung fördert die Bildung einer üppigeren Blüte als bei senkrechten Pflanzen.

△ **ZIERBOHNEN**
Feuerbohnen bilden wie hier in einer Rabatte reizvolle Farbtupfer. ›Painted Lady‹ hat hübsche rosaweiße Blüten. Ein Dreifuß aus Zweigen kann selbst gebaut werden.

BEFESTIGUNGEN

Die meisten Kletterpflanzen lassen sich an Spalieren (s. S. 93), Drahtgeflechten oder kunststoffüberzogenem Spanndraht erziehen. Für Schlinger kann ein stabiler Maschendraht verwendet werden, für Rankende, zum Beispiel Wicken, reicht ein Kunststoffgeflecht. Spanndrähte bilden für

zahlreiche Kletterer und Mauersträucher eine unauffälliges Rankhilfe. Mit Gartenschnur können die meisten Triebe festgebunden werden. Sämtliche Befestigungen sollten korrosionsfest sein. Spaliere und Rankgerüste sollten nicht unmittelbar an einer Mauer oder einem Zaun aufsitzen, da die fehlende Luftzirkulation die Pflanzen krankheitsanfällig macht. Stattdessen können 5 cm dicke Holzleisten angebracht werden, an denen die Rankgerüste aufgehängt, mit einem Scharnier befestigt oder festgeschraubt werden (s. S. 95). Drähte führt man am besten im Abstand von 5–8 cm von der Oberfläche durch Drahtösen. Sie werden mit einer Zange straff gezogen — oder es werden im Abstand von 2 m Spannvorrichtungen angebracht, die ein Durchhängen verhindern. Die Drähte werden senkrecht und waagerecht in Abständen von 23–30 cm gespannt, der unterste befindet sich 30 cm über dem Boden.

△ **REGELMÄSSIGE PFLEGE**
Für attraktiven, gesunden Wuchs werden die Triebe von Kletterpflanzen während der Vegetationszeit regelmäßig an das Gerüst angebunden, gleichzeitig abgestorbene oder schadhafte Triebe entfernt.

TRIEBE BEFESTIGEN

◁ **SCHLEIFEN IN FORM EINER ACHT**
An Spalieren oder starkem Draht werden die Triebe mit Gartenzwirn in Achterschleifen festgebunden. Diese lockere Befestigung erlaubt, dass die Triebe im Laufe der Zeit dicker werden, und vermeidet, dass sie sich an harten Flächen oder am Rankgerüst reiben.

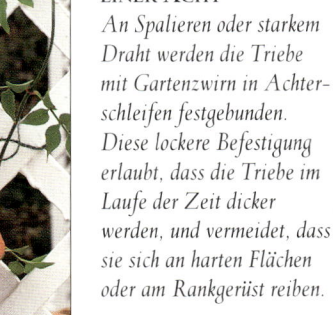

◁ **KUNSTSTOFFBEFESTIGUNGEN**
An Holzflächen können dünne Triebe von Kunststoffbefestigungen gehalten werden. Das eine Ende wird in die Holzwand getrieben, die Schlaufe wird über den Spross gelegt und am anderen Ende fest ins Holz gedrückt.

SIEHE AUCH: Kletterpflanzen und Mauersträucher pflegen, S. 112–115

KLETTERPFLANZEN UND MAUERSTRÄUCHER PFLANZEN

DIE MEISTEN KLETTERPFLANZEN und Mauersträucher bilden dauerhafte Elemente eines Gartens, daher sollten sie mit Sorgfalt ausgewählt werden. Vor der Pflanzung wird der Boden gründlich vorbereitet (s. S. 142). Bei einer Pflanzung vor einer Mauer oder einem Zaun werden zuvor Drähte oder ein Spalier angebracht. Mauern, Zäune und Kletterhilfen sollten in einwandfreiem Zustand sein, da sie sich später, wenn die Pflanze hoch gewachsen ist, nur schlecht in Stand setzen lassen. Nach dem Pflanzen wird gut gewässert, bis die Kletterer angegangen sind, die Triebe werden am Rankgerüst erzogen und regelmäßig auf Krankheiten und Schädlinge überprüft.

PFLANZEN VOR EINER MAUER

Mauersträucher und Kletterpflanzen werden, wie alle Gehölze, am besten im Herbst oder Frühling gesetzt. Spaliere oder andere Rankgerüste sollten dann bereits errichtet sein (s. S. 95 und S. 108–109). Auch der Boden ist bereits bereitet und mit viel gut verrottetem, organischem Material verbessert (s. S. 142, auch S. 147 und S. 150). Die Pflanze wird nicht zu dicht an die Mauer gesetzt, da dorthin fast kein Regen gelangt und die Mauer selbst einen Teil der Bodenfeuchtigkeit aufnimmt: Ein Mindestabstand von 30 cm ist daher empfehlenswert.

Die Pflanze wird zur Mauer hin schräg eingesetzt. Bei veredelten Pflanzen wie Rosen sollte sich die Veredelungsstelle mindestens 6 cm unter dem Boden befinden. Dies verhindert die Entstehung von Wildtrieben aus der Wurzel. Beim Auffüllen des Pflanzlochs wird die Erde gut angedrückt, damit Lufteinschlüsse entfernt werden. Schwache Triebe werden weggenommen. Wenn nur ein Haupttrieb erwünscht ist, wird der kräftigste Trieb belassen. Gründliches Wässern und das anschließende Ausbringen einer dicken Mulchschicht beschleunigen das gute Einwachsen der Pflanze (s. S. 152).

Um Windschäden an den jungen Trieben zu vermeiden, werden Kletterpflanzen und Mauersträucher unmittelbar nach der Pflanzung an das Rankgerüst gebunden. Bei Bedarf kann ein Bambusstab die Pflanze zur Stütze überleiten. Zu Beginn müssen die Triebe mitunter eingeflochten werden, später klettern sie von selbst weiter. Mauersträucher und Spreizklimmer müssen in regelmäßigen Abständen immer wieder angebunden werden.

PFLANZEN AN EINEM BAUM

Durch einen Kunststoffschlauch um den Stützdraht wird der Baum geschützt.

STARTHILFE
Die Triebe (hier einer Kletterrose) werden behutsam spiralförmig um den Draht bis in die untersten Äste des Baumes gezogen. Die Triebe werden mit Gartenzwirn in Achterschlaufen angebunden.

Eine Kletterpflanze wird 1–2 m von der Stützpflanze entfernt, außerhalb des Kronenrandes gesetzt, damit die Pflanzen nicht um Wasser und Nährstoffe wetteifern. Der Abstand sollte noch größer sein, wenn der Baum durch eine niedrige Krone oder dichtes Laub Licht wegnimmt. Auf Rasen wird eine großzügige Baumscheibe angelegt, so dass auch hier Kletterer und Gras nicht konkurrieren.

Damit die Kletterpflanze den Weg in den Baum findet, wird sie an einem Stützdraht zwischen einem schräg eingeschlagenen Pflock im Boden und einem niedrigen Ast gezogen. Der Kletterer wird schräg eingepflanzt. Die Triebe werden am Stützdraht befestigt. Spiralförmige, gewundene Triebe um die Stützpflanze fördern die Blüte. Kletterer sollen die Stützpflanze nicht erdrücken. Clematis montana etwa braucht einen großen Baum. Kleinere Bäume eignen sich besser für schwachwüchsigere großblumige Clematis oder Einjährige wie die Prunkwinde.

KLETTERPFLANZE AN EINER WAND PFLANZEN

1 EINPFLANZEN
Von der Mauer 30 cm entfernt die Pflanze in einem Winkel von 45° ins Pflanzloch setzen, die Wurzeln von der Mauer weg ausbreiten. Mit einem Stab prüfen, ob die Pflanze so tief sitzt wie vorher.

2 AUFFÄCHERN
Die Pflanze gut andrücken. Den ursprünglichen Stützstab lösen. Kräftige Triebe an der Basis an einem Stab anbinden. Die Stäbe oben mit dem Drahtgerüst verbinden und die Triebe locker anbinden.

3 PFLANZSCHNITT
Mit einer Gartenschere die verbleibenden nicht gestützten, schwachen oder schadhaften Triebe entfernen. Falls nur wenige kräftige Triebe zur Verfügung stehen, diese entspitzen, um so Neuaustrieb zu fördern.

4 MULCHEN
Der Boden wird nun gründlich gewässert und mit einer 8 cm hohen Mulchschicht aus gut verrottetem Gartenkompost oder Stallmist abgedeckt, was die Feuchtigkeit besser erhält und das Keimen von Unkraut unterbindet.

SIEHE AUCH: Zäune und Spaliere, S. 92–93; Mauern, S. 96–97; Befestigungen, S. 109; Den Boden vorbereiten, S. 142–143

CLEMATIS PFLANZEN

Clematis entwickeln sich am besten, wenn sie im Frühling oder Herbst in warmem, feuchtem Boden gesetzt werden. Das Pflanzloch wird mindestens 30 cm von der Mauer ausgehoben, um trockenen Boden zu vermeiden. Es soll so tief sein, dass die Basis der Triebe gut unter Bodenhöhe liegt. Das fördert den Austrieb zahlreicher neuer Triebe aus der Basis. Wenn dann bei Clematiswelke die Triebe zurückgenommen werden müssen, kann die Pflanze mitunter überleben (s. S. 301).

Clematis benötigen kühle Wurzeln, nach dem Pflanzen sollte der Wurzelbereich daher mit Steinen, Platten, Dachziegeln, niedrig wachsenden Pflanzen oder einer Mulchschicht aus gut verrottetem Mist oder Kompost bedeckt werden.

◁ GUTER START
Feine Blüten und gesundes Blattwerk entwickeln Clematis (hier C. montana ›Warwickshire Rose‹) nach einem guten Start: viel organisches Material im Boden, ein tiefes Pflanzloch und kühle und feuchte Wurzeln.

CLEMATIS AN EINER MAUER PFLANZEN

Clematis benötigen viel Feuchtigkeit. Man kann einen Blumentopf oder ein Plastikrohr neben der Pflanze eingraben, die das Wasser unmittelbar zu den Wurzeln führen.

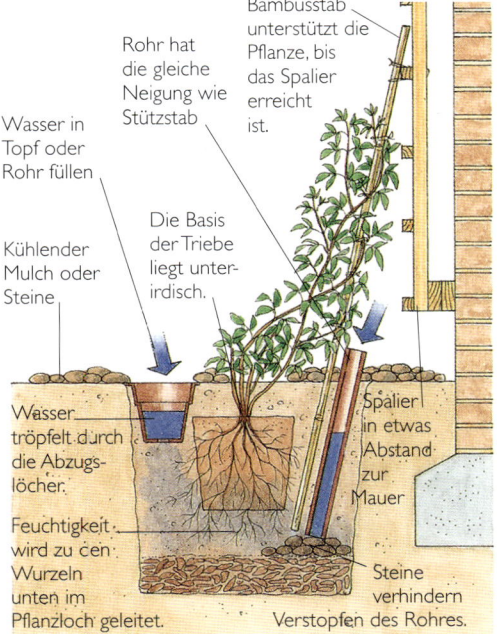

Bambusstab unterstützt die Pflanze, bis das Spalier erreicht ist.

Rohr hat die gleiche Neigung wie Stützstab

Wasser in Topf oder Rohr füllen

Die Basis der Triebe liegt unterirdisch.

Kühlender Mulch oder Steine

Wasser tröpfelt durch die Abzugslöcher.

Feuchtigkeit wird zu den Wurzeln unten im Pflanzloch geleitet.

Spalier in etwas Abstand zur Mauer

Steine verhindern Verstopfen des Rohres.

BLÜTE FÖRDERN

Während der ersten ein bis zwei Jahre müssen Kletterpflanzen gut erzogen werden. Nach der Pflanzung werden die Triebe nach und nach zu einem ausgewogenen Netzwerk eingeflochten oder angebunden. Je waagerechter die Triebe erzogen werden, desto mehr Seitentriebe bringen sie hervor, die alle zu Blütentrieben werden können. So kann das Dach einer Pergola zu einem wahren Blütentunnel verzaubert werden. Blauregen

blüht am besten, wenn im Spätsommer die langen Triebe rigoros geschnitten und die Seitentriebe gekürzt werden. Die Kurzsprossen werden dann im Spätwinter auf 2–3 Augen zurückgenommen.

Wenngleich Kletterpflanzen oft kühle Wurzeln bevorzugen, blühen sie am besten oben, bei voller Sonne. Häufig wird oben auf einer Mauer ein Spalier benötigt, damit die Blüte nicht einfach auf dem Nachbargrundstück ihre Pracht entfaltet. Triebe von Kletterern, die sich um Obeliske und Dreifüße *(siehe unten)* winden, blühen reichlicher als jene, die einfach senkrecht ein Gerüst erklimmen.

ÜPPIGERE BLÜTE ▷
An einem Dreifuß oder Obelisk können die Triebe (hier einer Rose) um das Gerüst gewunden und gelegentlich an waagerechten Drähten befestigt werden. Diese Erziehung fördert die Blütenbildung.

◁ FLÄCHENDECKEND
Solange die Triebe einer jungen Kletterpflanze noch biegsam sind, werden sie an einer Mauer aufgefächert. Lücken an der Basis schließen sich später kaum noch.

PROBLEME VERMEIDEN

In der Nähe einer Mauer oder eines Zaunes sind Pflanzen manchmal anfälliger für Probleme. Echter Mehltau (s. S. 296) tritt bei geringer Luftzirkulation in Kombination mit trockenem Boden auf. Für Mehltau, Rost und Sternrußtau anfällige Rosen sollte man nicht pflanzen (s. S. 296–297). Bei hohen Pflanzen ist eine Bekämpfung selbst mit chemischen Mittel schwierig. Befallene Blätter werden entfernt, da der Befall von einer Saison zur nächsten getragen wird.

Im Schutz einer warmen Mauer überleben mitunter auch Schädlinge besser. Ab März sollte man junge Triebe auf Blattläuse kontrollieren und sie bei Bedarf entspitzen.

Clematiswelke (s. S. 301) befällt nur großblumige Hybriden, kleinblumige *(siehe Kasten, rechts)* sind resistent.

Die Pflanzen gut pflegen, die Befestigungen regelmäßig prüfen, nach dem Schnitt düngen und regelmäßig mulchen.

BASISWISSEN

PFLANZENWAHL UND PFLANZMETHODE

Die Wahl krankheitsresistenter Sorten und ein möglichst guter Start lassen eine gegen Schädlinge oder Krankheiten gewappnete Pflanze heranwachsen.

Einige Rosen sind anfälliger für Krankheiten als andere. Mehltau-Kandidaten wie ›American Pillar‹, ›Händel‹ und ›Dorothy Perkins‹ sind nicht empfehlenswert. ›Aloha‹ und ›Golden Showers‹ sind dafür recht resistent.

Kleinblumige Clematis-Sorten und Wildarten wie *Clematis alpina, C. macropetala, C. montana, C. tibetana* und *C. viticella* sind gegen Clematiswelke resistent.

Der Boden vor einer Mauer ist zumeist karg und trocken. Vor der Pflanzung sollten gründlich organische Materialien eingearbeitet werden, die Feuchtigkeit und Nährstoffe halten. Bei frisch gesetzten Pflanzen die Wurzeln feucht halten *(siehe Abbildung links)* und regelmäßig mulchen.

SIEHE AUCH: Allgemeine Beetpflege, S. 152–153; Unkrautbekämpfung und Pflanzenkrankheiten, S. 288–311

KLETTERPFLANZEN UND MAUERSTRÄUCHER PFLEGEN

DIE PFLEGE UND ZEIT, die Kletterpflanzen und Mauersträuchern gewidmet werden, belohnen sie mit gesundem Wuchs und attraktiven Blüten oder Beeren. Schnitt und Erziehung ist bei einigen Pflanzen wichtig, aber nicht bei allen. Efeu kann man getrost sich selbst überlassen. Abgestorbene oder schadhafte Triebe wie auch grüne Sprosse panaschierter Pflanzen werden sofort entfernt. Triebe werden eingeflochten, solange sie noch biegsam sind. Die Befestigungen sollten locker sein, das Rankgerüst stabil. Nach Schnittmaßnahmen sind Pflanzen für Düngegaben und für eine Mulchschicht, die die Bodenfeuchtigkeit erhält, dankbar.

WIE UND WANN WIRD GESCHNITTEN?

Durch Schnittmaßnahmen wird die attraktive Form einer Pflanze erhalten. Grundsätzlich gilt jedoch, je kräftiger der Rückschnitt, desto stärker der Neuaustrieb. Wenn kräftigere Triebe leicht und schwache Triebe stark geschnitten werden, entsteht eine ausgewogene Pflanze. Insbesondere locker wachsende Sträucher in zwanglosen Pflanzungen müssen nach der Blüte nur etwas gesäubert werden.

Schnittmaßnahmen zur falschen Zeit lassen die Pflanze nicht sofort absterben, mitunter fallen im betreffenden Jahr jedoch

Blüte oder Frucht aus. Gehölze, die am diesjährigen Holz blühen, wie Schönmalve (*Abutilon*), Trompetenblume (*Campsis*) und Nachtschatten (*Solanum crispum*) schneidet man im Februar oder März, jene, die am vorjährigen Holz blühen, wie Strahlengriffel (*Actinidia*), Zierquitte und die immergrüne Säckelblume (*Ceanothus*) werden nach der Blüte geschnitten.

Reben, die wegen des Blattwerks gezogen werden, schneidet man im Winter; *Prunus* im Hochsommer; Immergrüne erst ab April. Schnitt und Erziehung sind bei den meisten Kletterern insbesondere in jungen Jahren notwendig. An einem geeigneten Standort kann wuchsfreudigen Kletterern auch freier Lauf gelassen werden. Einige wie Clematis (s. S. 114) und Glyzinen (s. S. 111) haben besondere Bedürfnisse.

WO WIRD GESCHNITTEN?

Ein Schnitt wird in der unmittelbaren Nähe einer Knospe oder eines Seitentriebes durchgeführt. Möglichst wird der Schnitt angeschrägt, so dass das Wasser ablaufen kann, aber nicht zu stark, da eine große Wunde sich leichter infiziert. Auch Stummel ohne Auge sterben ab und sind anfällig.

Klare Schnitte werden mit scharfen Werkzeugen ausgeführt. Gequetschte Wunden bilden einen möglichen Infektionspunkt. Meist reicht eine Gartenschere, bei dickeren Ästen eine Astschere oder -säge, bei Kletterern mit vielen dünnen Ästen ist unter Umständen auch eine Heckenschere hilfreich.

WAS WIRD GESCHNITTEN?

△ SICH KREUZENDE TRIEBE
Sich kreuzende und schwache Triebe werden bis zum Ansatz zurückgenommen, damit sie sich nicht reiben und schadhaft oder krank werden.

△ DICHTER WUCHS
Zu dichte Stellen im Inneren werden ausgedünnt, um die Pflanze nach außen zu öffnen, Luftzirkulation zu ermöglichen und zu verhindern, dass die Pflanze zu schwer wird.

◁ SEITENTRIEBE
Um Lücken durch Neuaustrieb zu füllen, werden Seitentriebe gekürzt. Möglichst wird über einem nach oben oder unten weisenden Auge geschnitten, damit der neue Trieb nicht vom Spalier weg wächst.

BASISWISSEN

GUTE GRÜNDE FÜR DAS SCHNEIDEN VON MAUERSTRÄUCHERN UND KLETTERPFLANZEN

Schöne Form: Zusammen mit der Erziehung können Pflanzen auch durch Schnittmaßnahmen in bestimmte Richtungen gelenkt werden, so dass sie eine Fläche gleichmäßig bedecken und die Pflanze eine attraktive Form erhält. Einige Mauersträucher können etwa durch Schnitt und Erziehung in Fächerform gezogen werden.

Blühfreudigkeit: Durch Schnitt wird Neuaustrieb gefördert, der mehr Blüten hervorbringt als altes Holz. Kräftige neue Triebe besitzen häufig dickere Knospen, aus denen größere Blüten entstehen.

Größe begrenzen: Wüchsige Reben, Rosen und Geißblatt kann man so auf dem vorhandenen Platz eingrenzen.

Gesunder Wuchs: Das Entfernen von abgestorbenem, krankhaftem oder schadhaftem Wuchs verringert das Krankheitsrisiko.

△ WECHSELSTÄNDIGE SPROSSE
Hier wird genau über einem Auge und parallel zum Wuchswinkel geschnitten. Ideal ist ein Auge, das in die gewünschte Richtung weist.

△ GEGENSTÄNDIGE SPROSSE
Gehölze mit gegenständigen Sprossen werden über einem dicken gesunden Augenpaar oder über jungen kräftigen Sprossen gerade gekürzt.

◁ EINKÜRZEN
Wenn ein Trieb eingekürzt werden muss, sollte vor dem Schnitt der Gesamtaufbau der Pflanze beachtet und dann mit einer scharfen Gartenschere über einem gesunden Trieb, der in die erwünschte Richtung weist, geschnitten werden.

SIEHE AUCH: Unkraut mit Mulch oder Folie unterdrücken, S. 145; Verblühtes entfernen, S. 155

ERZIEHUNG VON MAUERSTRÄUCHERN

Zwanglos gezogene immergrüne Sträucher und locker wachsende Kletterer erfordern wenig bis keine Schnittmaßnahmen. Die Triebe werden so angebunden, dass eine ausgewogene Form entsteht, schlecht platzierte und schwache Triebe werden entfernt.

Bei Sträuchern, die möglichst flach an einer Mauer gedeihen sollen, wie Zierquitte oder Feuerdorn, oder als Fächer erzogen werden, wie etwa Japanische Aprikosen (Prunus mume), werden die nach außen und die zur Mauer weisenden Triebe entfernt. Die anderen werden wie gewünscht ausgebreitet und angebunden.

◁ **DEKORATIVER STRAUCH**
Feuerdorn in waagerechten Lagen vor einer Mauer sieht besonders reizvoll aus. Es lässt sich selbst um Fensterrahmen herum erziehen. Benötigt wird hierfür eine kräftige Stütze.

ERZIEHUNG EINES JUNGEN STRAUCHES

△ **ANBINDEN**
Die ausgewählten Triebe (hier einer Säckelblume) werden ausgebreitet und mit Gartenzwirn festgebunden.

△ **UNERWÜNSCHTE TRIEBE**
Triebe, die direkt von der Stütze weg oder zu ihr hin wachsen, entfernt man.

△ **ABKNIPSEN JUNGER TRIEBSPITZEN**
Junge, nach vorn weisende Triebspitzen werden abgeknipst, um seitlichen Neuaustrieb zu fördern.

△ **RÜCKSCHNITT**
Die längsten Triebe um 2–3 Augen zurücknehmen, so dass der Strauch eine ausgewogene Form erhält.

SCHNITT BEREITS AUFGEBAUTER PFLANZEN

Neue Triebe werden im jungen Zustand dort angebunden, wo Lücken zu schließen sind. Gleichzeitig werden alte Befestigungen gelockert, bevor sie Triebe einschnüren. Abgestorbenes, schadhaftes und krankes Holz kann jederzeit entfernt werden, frostgeschädigte Triebe erst, wenn die Frostgefahr gebannt ist. Die Schnittzeit der anderen Triebe wird von der Blütezeit bestimmt (siehe gegenüber). An Sträuchern, die wegen ihrer Beeren gezogen werden, werden die Blütentriebe belassen.

Einige Sträucher benötigen nur einen minimalen Schnitt, etwa Zwergmispel (Cotoneaster horizontalis) und Garrya. Bei Zierquitten kann der Austrieb von Blütentrieben durch zweimaligen Schnitt pro Jahr angeregt werden: Lange Sommertriebe werden im Hochsommer um zwei Drittel zurückgenommen, im Spätwinter auf 3–4 Augen gekürzt. Ceanothus wird durch jährlichen Schnitt alter Blütentriebe im Zaum gehalten. Altes Holz treibt nicht nach.

SCHNITT EINER LAUB ABWERFENDEN KLETTERPFLANZE

◁ **UNERWÜNSCHTE TRIEBE**
Schwache, sich kreuzende Schösslinge, von der Mauer weg oder zu ihr hin wachsende Triebe entfernen.

TRIEBE GLEICHMÄSSIG VERTEILEN ▷
Junge Triebe am Spalier anbinden, dabei Lücken schließen. Neuaustrieb durch Schnitt anregen.

◁ **ALTES HOLZ**
Wenig blühwillige Triebe bis zum Grund zurücknehmen. Neuaustrieb zur Lücke hin erziehen.

SEITENTRIEBE KÜRZEN ▷
Lange Seitentriebe auf 3–6 Augen zurücknehmen, um Blütentriebe anzuregen.

SIEHE AUCH: Verjüngungsschnitt, S. 115

CLEMATIS SCHNEIDEN

Die zahlreichen Clematis lassen sich danach, ob diesjähriges oder älteres Holz blüht, in drei Schnittgruppen unterteilen.

Clematis der Gruppe 1 sind Frühlingsblüher und benötigen kaum Schnitt. Gelegentliches Ausdünnen gibt ihnen neue Kraft. Viele vertragen einen radikalen Verjüngungsschnitt. *C. montana* erholt sich mitunter jedoch nicht von einem Rückschnitt bis ins alte Holz. Wenn sie zu groß wird, wird der alte dichte Wuchs entfernt, einige kräftige Triebe werden jedoch belassen.

Clematis der Gruppe 2, deren Blüte im Frühsommer einsetzt, sollten im Februar oder März leicht geschnitten werden, so dass die Pflanze auf gleichmäßig verteilte, ein- bis zweijährige Triebe ausgedünnt wird. Alternativ kann diese Gruppe alle 3–4 Jahre kräftig zurückgeschnitten werden, wodurch die erste Blüte eingebüßt wird.

Clematis der Gruppe 3 blühen im August. Sie werden im Februar oder März bis auf 30 cm über dem Boden auf ein gesundes Augenpaar zurückgenommen, vertragen aber auch einen Rückschnitt im Herbst.

◁ **LEICHTER SCHNITT**
Im Februar oder März die Triebe der Clematis aus Gruppe 2 auf kräftigen Wuchs oder auf ein gesundes Augenpaar zurücknehmen. Es verbleiben ein- bis zweijährige Triebe, die Blüten hervorbringen.

◁ **ALTER WUCHS**
Altes Holz mit sauberem Schnitt am Ansatz entfernen. Übermäßiger oberer Wuchs kann mit der Heckenschere zurückgenommen werden. Verbleibende Triebe entwirren, auf ein gesundes Augenpaar kürzen und befestigen.

◁ **KRÄFTIGER SCHNITT**
Im Februar oder März, kurz nach dem Austrieb alle Triebe der Clematis aus Gruppe 3 auf 30 cm über dem Boden zurücknehmen. Schwächere Triebe ganz entfernen, um neuen Austrieb anzuregen.

CLEMATIS-SCHNITTGRUPPEN

Clematis der Gruppe 1 umfassen die zeitig blühenden Immergrünen, *C. alpina*-Sorten, die zarte *C. macropetala* und die wuchsfreudige *C. montana*. Gefüllte Clematis zählen alle zur Gruppe 2, wie auch die großblumigen Hybriden, die im Frühsommer Blüten treiben, mit einer gelegentlichen Nachblüte. Die später im Sommer blühenden Clematis zählen zur Gruppe 3, wie auch die unproblematischen, kleinblütigen *C. viticella*-Sorten, etwa ›Alba Luxurians‹, außerdem *C. tibetana* und *C. tangutica*.

◁ **GRUPPE 1, ETWA *CLEMATIS MONTANA***
Bei dieser Gruppe entfernt jede Schnittmaßnahme potenzielle Blütentriebe. Gelegentliches Ausdünnen und Kürzen einiger Triebe auf gesunde Augen oder Seitentriebe nach der Blüte hat jedoch einen positiven Effekt. Auch abgestorbenes, schwaches und krankes Holz wird entfernt.

△ **GRUPPE 2, ETWA ›VYVYAN PENNELL‹**
Im Februar oder März werden schwache Seitentriebe entfernt. Zu dichter oder schadhafter Wuchs wird bis zum Ansatz oder bis auf den Grund zurückgenommen. Eine längere Blütezeit wird erreicht, wenn man die Schnittmaßnahmen auf einige Wochen verteilt.

△ **GRUPPE 3, ETWA ›GRAVETYE BEAUTY‹**
Im Februar oder März wird abgestorbenes und schadhaftes Holz entfernt. Verbleibende Triebe werden auf dicke gesunde Knospen 30 cm über Bodenhöhe zurückgeschnitten. Die Blütezeit verlängert sich, wenn einige Triebe im Frühsommer erneut zurückgenommen werden.

DIE DREI SCHNITTGRUPPEN

Einige der beliebtesten Clematis-Arten und -Sorten und ihre Gruppen:

GRUPPE 1
Clematis alpina, ›Frances Rivis‹, ›Pink Flamingo‹, ›Ruby‹, ›White Moth‹, *C. armandii*, *C. cirrhosa*, *C. macropetala*, ›Maidwell Hall‹, ›Markham's Pink‹, *C. montana*, ›Elizabeth‹, ›Marjorie‹, ›Picton's Variety‹.

GRUPPE 2
›Arctic Queen‹, ›Beauty of Worcester‹, ›Bees' Jubilee‹, ›Dr Ruppel‹, ›Elsa Späth‹, ›Fireworks‹, ›Guernsey Cream‹, ›H. F. Young‹, ›Henryi‹, ›Lady Northcliffe‹, ›Lasurstern‹, ›Marie Boisselot‹, ›Miss Bateman‹, ›Moonlight‹, ›Mrs. Cholmondeley‹, ›Multi Blue‹, ›Nelly Moser‹, ›Niobe‹, ›Royalty‹, ›Silver Moon‹, ›Sugar Candy‹, ›The President‹, ›The Vagabond‹, ›Vyvyan Pennell‹, ›Wada's Primrose‹, ›W.E. Gladstone‹, ›Vino‹.

GRUPPE 3
Clematis rehderiana, *C. tangutica*, *C. tibetana*, *C. viticella*, ›Alba Luxurians‹, ›Ascotiensis‹, ›Bill MacKenzie‹, ›Comtesse de Bouchaud‹, ›Ernest Markham‹, ›Etoile Rose‹, ›Etoile Violette‹, ›Gipsy Queen‹, ›Gravetye Beauty‹, ›Hagley Hybrid‹, ›Huldine‹, ›Jackmanii‹, ›Jackmanii Superba‹, ›Mme. Edouard André‹, ›Mme. Julia Correvon‹, ›Minuet‹, ›Pagoda‹, ›Perle d'Azur‹, ›Polish Spirit‹, ›Princess Diana‹, ›Rouge Cardinal‹, ›Royal Velours‹, ›Venosa Violacea‹, ›Ville de Lyon‹.

SIEHE AUCH: Schneidwerkzeuge, S. 279

KLETTER- UND RAMBLERROSEN

Verblühtes wird laufend entfernt, um bei öfter blühenden Rosen neue Knospen anzuregen; Neuaustrieb wird sofort angebunden, unmittelbar nach dem Schnitt düngen.

Rambler- und Kletterrosen unterscheiden sich in Wuchs und Blühgewohnheiten und werden entsprechend geschnitten. Rambler brauchen den Schnitt nicht, um die Blüte zu fördern, sondern um ihre Form zu behalten.

Sie blühen am üppigsten am vorjährigen Holz und werden daher im Sommer nach ihrer Blüte zurückgenommen. Sie bringen eher Neuaustrieb an der Basis hervor als Kletterrosen, was man durch das Entfernen einiger alter Triebe bis auf den Grund fördern kann. Blüten bilden sich mehrere Jahre lang an denselben Seitentrieben, die man somit nicht jährlich schneiden muss.

△ HERBSTPFLEGE
Gegen Ende der Vegetationszeit werden lange überhängende Sprosse von Kletterrosen behutsam eingebunden und bei Bedarf leicht zurückgenommen.

Zahlreiche moderne Kletterrosen sind öfter blühend und werden erst im Herbst geschnitten. Lange Triebe werden angebunden oder gekürzt, Blütentriebe um zwei Drittel zurückgenommen, weniger blühwillige Triebe entfernt.

SCHNITT UND ERZIEHUNG VON RAMBLERROSEN

1 HAUPTTRIEBE
Jeden dritten Haupttrieb bis auf den Boden zurücknehmen. Dabei werden die langen dicken Triebe in mehreren Stücken entfernt, so dass die anderen Triebe keinen Schaden nehmen.

2 ÜBERZÄHLIGE TRIEBE
Einige starke Triebe ausdünnen, andere um 5–8 cm und ihre Seitentriebe um zwei Drittel zurücknehmen, um die Verzweigung und üppigere Blüte im kommenden Jahr anzuregen.

3 NEUE TRIEBE BEFESTIGEN
Während der gesamten Saison werden neue Triebe mit Rosenanbindern oder Gartenzwirn in Achterschlaufen sofort angebunden, so dass eine ausgewogene Form entsteht.

SCHNITT UND ERZIEHUNG MODERNER KLETTERROSEN

1 BLÜTENTRIEBE
Abgeblühte Triebe werden auf ein Drittel ihrer Länge zurückgenommen. Bei zu langen Trieben die Spitzen einkürzen.

2 BLÜHUNWILLIGE TRIEBE
Schwache oder schadhafte Triebe werden auf einen gesunden Trieb zurückgenommen. Haupttriebe bei Bedarf in Bodennähe entfernen.

3 ROSENANBINDER ANPASSEN
Befestigungen lockern oder ersetzen, wenn die Äste dicker werden. Sich reibende Triebe abschneiden oder anders positionieren

VERJÜNGUNGSSCHNITT

Passionsblumen oder Zwergmispel (*Solanum crispum*) werden, wenn sie zu alt und dicht geworden oder über ihre Fläche hinausgewachsen sind, am besten durch neue Pflanzen ersetzt. Viele lassen sich jedoch verjüngen, wenngleich manche besser für einen Radikalschnitt geeignet sind als andere.

Immergrüne reagieren am wenigsten gut auf kräftige Schnittmaßnahmen. Efeu treibt jedoch aus dem alten Holz nach: Er wird auf weniger als 1 m vom Grund gestutzt. Geißblatt, Reben, Trompetenblume (*Campsis*) und Baumwürger (*Celastrus orbiculatus*) treiben bei einem Schnitt auf 60 cm über dem Boden zumeist gut nach. Immergrüne werden am besten von April bis Mai verjüngt, andere während der Vegetationsruhe im Herbst oder Frühjahr.

Manche Kletterer, etwa Kletterhortensien, erholen sich am besten, wenn der Verjüngungsschnitt über 2–3 Jahre verteilt wird. Auch falls Zweifel über die Fähigkeit, sich zu erholen, bestehen, wird so verjüngt. Mitunter ist es sinnvoll, zunächst den oberen Wuchs mit der Heckenschere zu kappen, die Haupttriebe zu entwirren oder die Pflanze vom Rankgerüst zu lösen und auf dem Boden auszubreiten. Die meisten Triebe werden auf einer vernünftigen Höhe auf ein gesundes Auge gekürzt, ein oder zwei ganz abgeschnitten. Die Triebe wieder anbinden, mulchen, mäßig düngen. Dieses Verfahren in den nächsten Jahren wiederholen, bis alle alten Triebe entfernt sind.

△ RADIKALSCHNITT
Nach einem Radikalschnitt auf etwa 60 cm über dem Boden treibt Geißblatt schnell wieder aus und bringt zahlreiche Blüten hervor. Andere wie Glyzinen und Jasminum officinale benötigen mehrere Jahre zur Erholung.

SIEHE AUCH: Mulchen, S. 152; Rosenpflege, S. 160

HECKEN IM GARTEN

EINE HECKE PRÄGT den grundlegenden Charakter eines Gartens und kann sowohl praktische als auch ästhetische Funktionen übernehmen. Meist als äußere Begrenzung eingesetzt, bilden sie auch innerhalb der Fläche hervorragende Unterteilungen. Da Hecken dauerhafte Bestandteile des Gartens sind, ist die sorgfältige Auswahl der Heckenpflanzen für das gute Gedeihen wesentlich: Sie sollten für Boden, Standort, Stil und Klima geeignet sein und in einem angemessenen Tempo wachsen. Im Vergleich zu Mauern und Zäunen sind Hecken preiswerter und umweltfreundlicher, sie benötigen jedoch etwas Zeit, bis sie herangewachsen sind.

ÜBERLEGUNGEN ZUR GESTALTUNG

Pflanzenauswahl und Stil einer Hecke sollten dem Stil des Gartens entsprechen, doch gibt es hier keine Regeln. Eine sauber geschnittene Eibenhecke passt nicht nur zu einem formalen Garten, sondern bildet auch einen hervorragenden Hintergrund für naturgemäße oder Bauerngärten. In ländlichen Gegenden fügen sich Hecken aus heimischen Sträuchern nahtlos in die Umgebung ein. Frei wachsende Hecken bereichern den Garten um Blüten und Beeren und ziehen Vögel und Insekten an. Die Wahl der Pflanzen richtet sich auch nach dem Stil. Eine Formhecke aus rasch wachsenden Pflanzen muss häufiger geschnitten werden. Eine Pflanze, die schnell bis auf 2 m hinauf wächst und dann das Wachstum einstellt, gibt es nicht. Frei wachsende Hecken sind zumeist etwas ausladender, aber leichter in der Pflege, wenngleich sie gelegentlich gestutzt werden müssen. Niedrige aromatische Hecken aus Lavendel, Buchsbaum oder Heiligenkraut (Santolina) sind reizvolle Beeteinfassungen oder Wegbegrenzungen.

Innerhalb des Gartens können höhere Hecken als Abtrennung dienen. Ein Bogen entsteht, indem einige Triebe zu beiden Seiten des Durchgangs so hoch gezogen werden, bis sie oben zusammengeführt werden können. Durch regelmäßiges Kürzen der Triebspitzen wird der Wuchs insgesamt buschiger. Bei Bedarf werden weitere Triebe eingebunden. Wenn der Bogen dick genug ist, wird er behutsam in Form geschnitten. Die Erziehung eines Fensters ist etwas schwieriger, funktioniert aber im Prinzip genauso. Mitunter kann die gewünschte Form mit einem Rahmen aus Stäben vorgegeben werden. Eine Flechthecke (s. S. 91) erlaubt auch Blicke in weitere Gartenbereiche.

Meist bestehen Hecken aus einer einzigen Art, es lassen sich jedoch auch verschiedene mit Erfolg kombinieren. Bei Formhecken sollten Pflanzen mit ähnlicher Aufbaugeschwindigkeit gewählt werden. In großzügigen Gärten können auch Feldhecken nachgebildet werden, u. a. aus Haselnuss, Weißdorn oder Feldahorn.

△ ECKIGE RÄNDER
Der massive geometrische Rahmen dieses Gartens wurde durch die Erziehung eines »Fensters« in einer der Begrenzungshecken kreativ aufgelockert.

▽ KRÄFTIGER HINTERGRUND
Die massive dunkelgrüne Koniferenhecke bildet einen hervorragenden Hintergrund für rosa Präriemalven und Mohn und goldgelben Ginster.

◁ KONTRASTE DURCH BLATTWERK
Die Farbe und Dichte dieser formalen Eibenhecke wird durch die wesentlich leichteren, lockeren und längeren Blätter der angrenzenden Bambusabschirmung betont.

SIEHE AUCH: Hecken, Rankgerüste und Einfassungen, S. 30–31

PRAKTISCHE FRAGEN

Die Wahl der Pflanzen hängt von der Funktion der Hecke im Garten ab. Einige Gewächse bilden guten Windschutz (siehe S. 119) oder Lärmschutz. Dornige Pflanzen wie Weißdorn können eine nahezu undurchdringliche Barriere bilden (siehe Liste rechts).

Falls die Heckengehölze ausgewachsen höher als erwünscht werden, erfordert dies regelmäßig zeitaufwendigen Rückschnitt. An der Grundstücksgrenze muss auch die Seite des Nachbarn geschnitten werden. Rasch wachsende Bäume wie Zypressen (× Cupressocyparis leylandii) müssen unter Kontrolle gehalten werden. Die Konifere Thuja plicata lässt sich dagegen bei zweimaligem Schnitt – im Frühling und September – leicht auf 2 m oder niedriger halten. Maschendraht oder ein Flechtzaun bilden vorübergehende Begrenzungen, bis die Hecke herangewachsen ist.

In vielen Fällen spielt der Preis eine nicht unerhebliche Rolle. Heckenpflanzen ohne Ballen, insbesondere von heimischen Gehölzen, sind weitaus preiswerter als Containerpflanzen. Mitunter besteht auch die Möglichkeit, Stecklinge zu bewurzeln (siehe S. 164–165), besonders Buchs- oder Lavendelhecken, da diese Pflanzen leicht selbst zu ziehen sind. Die unten angegebenen Pflanzabstände lassen gute dichte Hecken entstehen. Für eine höhere Abschirmung kann der Abstand vergrößert werden.

Man vermeide Hecken auf sehr trockenem Boden oder neben schmalen Rabatten, da die Nachbarpflanzen dann wenig Wasser und Nährstoffe erhalten.

◁ **STACHELIGE ABWEHR**
Dornige Hecken, etwa aus Berberitzen, bilden eine wirksame Abwehr gegen unerwünschte Gäste jeglicher Art. Im Herbst wetteifern farbenfrohe Blätter und Beeren um die größte Aufmerksamkeit.

PFLANZENAUSWAHL

EMPFOHLENE DORNENHECKEN

Zahlreiche immergrüne und Laub abwerfende Pflanzen mit Dornen oder Stacheln sind ausgezeichnet als Hecken geeignet. Der Stil der Hecke bestimmt hier die Auswahl, wie auch die Frage, ob die Hecke einen ganzjährig gleichen Hintergrund bilden soll.

Berberitze: insbesondere *Berberis × stenophylla*
Bitterorange (*Poncirus trifoliata*)
Feuerdorn (*Pyracantha*)
Rosen: besonders ›Complicata‹, *Rosa eglanteria*, *R. rugosa*
Schlehe (*Prunus spinosa*, etwa ›Paul's Scarlet‹)
Stechpalme (*Ilex × altaclerensis*, *I. × aquifolium*)
Weißdorn (*Crataegus laevigata*, *C. monogyra*)
Zierquitte (*Choenomeles* in großer Auswahl)

△ **HECKE FÜR VÖGEL**
Die bunten Früchte dieser frei wachsenden Hecke aus Feuerdorn mit gelben und roten Beeren sind nicht nur eine Zierde, sondern werden auch gern von Vögeln verspeist.

PFLANZABSTAND UND SCHNITTHÄUFIGKEIT

FORMHECKEN

IMMERGRÜN	PFLANZ-ABSTAND	HÖHE	SCHNITTTERMINE
Eibe (*Taxus baccata*)	60 cm	M–G	1–2 × in der Vegetationsperiode
Escallonia	45 cm	M–G	1 ×, gleich nach der Blüte
Scheinzypresse			
Chamaecyparis lawsoniana	60 cm	M–G	2 ×, im Frühling und Frühherbst
Stechpalme (*Ilex × altaclarensis*, *I. aquifolium*)	45 cm	M–G	1 ×, im Spätsommer
× *Cupressocyparis leylandii*	75 cm	G	2–3 × in der Vegetationsperiode
Buchsbaum			
(*Buxus sempervirens*)	30 cm	K	3 × in der Vegetationsperiode
Lavendel	30 cm	K	2 ×, im Frühling und nach der Blüte
Ligustrum ovalifolium	30 cm	M–G	3–4 × in der Vegetationsperiode
Lonicera nitida	30 cm	K	3–4 × in der Vegetationsperiode
LAUB ABWERFEND			
Buche (*Fagus sylvatica*)	30–60 cm	M–G	1 ×, im Spätsommer
Hainbuche (*Carpinus betulus*)	45–60 cm	G	1 ×, im Hoch- bis Spätsommer
Berberitze			
(*Berberis thunbergii*)	45 cm	K–M	1 ×, im Hochsommer
Weißdorn			
(*Crataegus monogyna*)	30–45 cm	M–G	2 ×, im Sommer und Herbst

* K (klein) 30 cm–1 m; M (mittel) 1–2 m; G (groß) 2 m oder höher

FREI WACHSENDE UND BLÜTENHECKEN

IMMERGRÜN	PFLANZ-ABSTAND	HÖHE	SCHNITTTERMINE
Berberis × stenophylla	45 cm	M–G	Unmittelbar nach der Blüte
Cotoneaster lacteus	45–60 cm	M–G	Nach dem Fruchten
Escallonia	45 cm	M–G	Unmittelbar nach der Blüte
Feuerdorn (*Pyracantha*)	60 cm	G	Im mittleren bis späten Frühling
Stechpalme (*Ilex × altaclarensis*, *I. aquifolium*)	45–60 cm	M–G	Im Spätsommer
Garrya elliptica	45 cm	M–G	Unmittelbar nach der Blüte
Lavendel	30 cm	K	Nach der Blüte
LAUB ABWERFEND			
Forsythia × intermedia	45 cm	M–G	Nach der Blüte, alte Triebe entfernen
Fuchsia magellanica	30–45 cm	K–M	Im März, alte Triebe entfernen
Weißdorn (*Crataegus monogyna*)	45–60 cm	G	Im Herbst bzw. zeitigen Frühjahr, überzählige kräftige Triebe entfernen
Haselnuss (*Corylus avellana*)	45–60 cm	G	Nach der Blüte, im Frühling
Potentilla fruticosa	30–45 cm	K–M	Im mittleren Frühling
Rosen ›Roseraie de l'Haÿ‹, *Rosa rugosa*	5–60 cm	M–G	Im Frühling dünne Zweige entfernen
Schlehe (*Prunus spinosa*)	45–60 cm	G	Im Herbst bzw. zeitigen Frühjahr, überzählige kräftige Triebe entfernen

* K (klein) 30 cm–1 m; M (mittel) 1–2 m; G (groß) 2 m oder höher

SIEHE AUCH: Pflanzen und Pflege von Hecken, S. 120–121

FORMHECKEN

Gehölze für Formschnitt-Hecken müssen dichten Neuaustrieb hervorbringen und regelmäßigen Schnitt gut verkraften. Häufig besitzen sie kleine Blätter und wachsen relativ langsam. Zu den klassischen Heckenpflanzen zählen Eibe, *Thuja plicata* und Liguster. Bei regelmäßigem Schnitt behalten Buchen und Hainbuchen, obwohl sie normalerweise ihr Laub abwerfen, im Winter ihre abgestorbenen braunen Blätter.

Formhecken bestehen meistens aus einer einzigen Sorte, gemischte Hecken können für Abwechslung sorgen. Die Pflanzen sollten ähnlich schnell wachsen, da sonst schnellwüchsige Sorten dominieren. Eine beliebte Zusammenstellung besteht aus normaler Buche und Blutbuche (s. S. 31). Auch Sträucher mit unterschiedlich großen Blättern bilden attraktive Hecken,

◁ **GROSSE BLÄTTER**
Immergrüne mit reizvollem großblättrigem Laub wie dieser Elaeagnus × ebbingei ›Gilt Edge‹ *werden mit der Gartenschere beschnitten. Mit der Heckenschere zerschnittene Blätter werden braun und machen die Hecke unansehnlich.*

etwa *Lonicera nitida* und Liguster, besonders reizvoll mit goldblättrigen Sorten. Stechpalme und Hainbuche können eine Mosaikhecke aus immergrünen und Laub abwerfenden Arten bilden.

Buchsbaum, Lavendel, *Santolina* und *Berberis thunbergii* eignen sich für niedrige Einfassungen an Beeten und Wegen, sehen aber auch über niedrigen Stützmauern gut aus.

◁ **ELEGANTE BEGRENZUNG**
Die Eibe (Taxus baccata) *bildet prachtvolle und besonders dichte Formhecken, die jedoch 6–10 Jahre benötigen, bis sie völlig aufgebaut sind. Währenddessen müssen sie präzise und regelmäßig geschnitten werden, damit eine gleichmäßige und dichte Struktur entsteht.*

BAMBUS

Verholzte überhängende Triebe und dekoratives Laub machen eng gesetzten Bambus zu einer nützliche Pflanze für Sicht- und Windschutz. Sie sind ein guter Lärmschutz und bringen zudem selbst ein beruhigendes Rascheln hervor.

Zahlreiche Arten breiten sich rasch mit Rhizomen aus, was bei der Wahl der Pflanze berücksichtigt werden sollte. Die langsam wachsende *Chusquea culeou* mit anmutigen olivgrünen Trieben wird bis zu

6 m hoch, der Zwergbambus *Pleioblastus auricomus* mit goldgelben Blättern und grünen Streifen nur bis zu 1,5 m. *Phyllostachys flexuosa* erreicht bis zu 3 m, die grünen Triebe verlaufen deutlich zickzackförmig und bilden mit der Zeit ein wahres Dickicht.

GANZJÄHRIGE ABSCHIRMUNG ▷
Phyllostachys nigra *var.* henonis *bildet einen ausgezeichneten Windschutz. Zudem besitzt dieser Bambus als ausgewachsene Pflanze attraktive glänzend gelbe Triebe.*

SIEHE AUCH: Bambus, S. 141

FREI WACHSENDE HECKEN MIT BLÜTEN UND BEEREN

Einige Sträucher bilden bereits mit irem Laubwerk wunderbare zwanglose Hecken (*siehe Liste gegenüber*), der besondere Charme liegt jedoch in ihren Blüten oder Beeren.

Für Frühlings- und Sommerblüte bieten sich Hecken aus Zierquitten (*Choenomeles*), Johanniskraut (*Hypericum*) oder Wild- und Strauchrosen an. Ideal sind duftende Rosen wie ›Roseraie de l'Haÿ‹.

Zuverlässige Herbstfarben bieten *Cotoneaster*-Arten mit meist roten Beeren und Schneebeeren (*Symphoricarpos*), die ihre dichten Büschel weißer Knallerbsen bis lange in den Winter hinein tragen. Zu den Heckenpflanzen mit attraktiven Blüten wie auch Früchten zählen die Feuerdorn-Arten (*Pyracantha*) mit weißen Blüten und gelben, orangen oder roten Beeren sowie *Rosa rugosa* mit pinkfarbenen Blüten und dicken roten Hagebutten.

In Gärten mit Kleinkindern gehören keine Heckenpflanzen mit verführerischen, aber giftigen Beeren wie *Cotoneaster*, Gartenberberitzen oder Schneeball.

PFLANZENAUSWAHL

HECKENPFLANZEN MIT ATTRAKTIVEN BLÜTEN

Einige Pflanzen in dieser Liste besitzen auch interessante Früchte und umgekehrt.

Berberis darwinii, B. × *stenophylla*
Blutjohannisbeere (*Ribes sanguineum*)
Escallonia ›Apple Blossom‹, *E.* ›Langleyensis‹, *E.* ›Pride of Donard‹, einige *
Fingerstrauch (*Potentilla fruticosa*)
Forsythia x intermedia
Fuchsia magellanica, F. ›Phyllis‹, *F. Riccartonii*
Garrya elliptica
Hypericum forrestii
Lavendel, besonders *Lavandula angustifolia* ›Hidcote‹
Tamariske (*Tamarix ramosissima*)

HECKENPFLANZEN MIT ATTRAKTIVEN FRÜCHTEN

Cotoneaster horizontalis, C. lacteus, C. simonsii
Feuerdorn (*Pyracantha*)
Haselnuss (*Corylus avellana*)
Heckenkirsche (*Lonicera nitida* ›Yunnan‹)
Kirschpflaume (*Prunus cerasifera* ›Pissardii‹)
Myrte (*Myrtus*, besonders *M. communis* ssp. *tarentina*) *
Rosen: *Rosa canina* (Hundsrose), *R. rugosa, R.* ›Schneezwerg‹
Schlehe (*Prunus spinosa*)
Schneeball (*Viburnum tinus* ›Eve Price‹)
Schneebeere (*Symphoricarpos x doorenbosii*)
Weißdorn (*Crataegus monogyna*)

* = nicht winterhart

△ **SCHWELGERISCHE BLÜTE**
*Blühende Hecken, etwa mit Fingerstrauch (*Potentilla*), gleichen häufig von Frühling bis Herbst einem schier endlosen Blütenmeer.*

HERBSTLEUCHTEN ▷
Die orangeroten Beeren an diesem Cotoneaster simonsii *heben sich leuchtend von dem glänzenden sattgrünen Laub ab.*

HECKEN IN WIND- UND SEEWINDLAGEN

△ **WINDSCHUTZ**
Die überhängenden Triebe dieser anmutigen Tamarix ramosissima *biegen sich willig und halten daher starkem Wind stand.*

◁ **KÜSTENSTRAUCH**
*Zu den salzfesten Gehölzen zählt der Sanddorn (*Hippophae rhamnoides*), dessen weibliche Pflanzen leuchtend orange Beeren hervorbringen.*

In exponierten Lagen, wo der Wind Blattwerk oder Triebspitzen ausdörrt, können Hecken von unschätzbarem Wert sein. Pflanzen in oberen Hanglagen sind Windböen in besonderem Maße ausgesetzt. In Küstennähe kann der Wind auch Salzpartikel mitführen, die das Blattwerk braun

PFLANZENAUSWAHL

HECKENPFLANZEN FÜR WIND- UND SEEWINDLAGEN

κ = besonders für Küstenlagen geeignet

Zahlreiche Gehölze ertragen Küstenwind, doch nur wenige gedeihen dort gut.

Escallonia (siehe Liste oben, einige *) κ
Griselinia littoralis κ *
Hainbuche (*Carpinus betulus*)
Melde (*Atriplex halimus*) κ *
Olearia nummulariifolia κ
Ölweide (*Elaeagnus*, alle, beispielsweise *E. angustifolia*) κ
Sanddorn (*Hippophae rhamnoides*) κ
Stechpalme (*Ilex* × *altaclerensis, I. aquifolium*)
Tamariske (*Tamarix ramosissima*) κ
Wacholder (*Juniperus communis*) κ
Weißdorn (*Crataegus monogyna*)

* = nicht winterhart

werden lassen. Salzablagerungen im Boden schaden mitunter auch den Wurzeln.

Für Gärten in entsprechender Lage empfiehlt es sich, Gehölze auszuwählen, die diese Standorte tolerieren (*siehe Liste links*). Sie besitzen häufig die gleichen Merkmale, etwa kleine robuste Blätter wie bei Stechpalme und Weißdorn. Laub abwerfende Hecken bilden die wirkungsvollsten Windfilter. Dicke immergrüne Hecken kann kräftiger Wind »überspringen« und Turbulenzen verursachen.

Für Gärten in Küstenlagen bietet sich eine größere Auswahl an Heckenpflanzen an, denn da die Winter milder sind, können auch weniger frostharte Pflanzen ausgewählt werden. So bilden beispielsweise auch Blütensträucher wie Strauchveronika, *Olearia* und Baumlupinen (*Lupinus arboreus*) reizvolle frei wachsende Hecken.

Um eine junge Hecke in windiger Lage aufzubauen, kann ein vorübergehender Windschutz errichtet werden (*siehe nächste Seite*).

SIEHE AUCH: Bodenbereitung und Pflanzung, S. 120

PFLANZEN UND PFLEGE VON HECKEN

HECKEN ZÄHLEN ZU den potenziell dauerhaften Elementen eines Gartens, somit sollte der Boden vor der Pflanzung sorgfältig vorbereitet werden. Der gute Aufbau einer neuen Hecke wird von den Schnittmaßnahmen in den ersten zwei bis drei Jahren mitbestimmt – insbesondere Laub abwerfende Hecken benötigen einen Erziehungsschnitt, der von der Basis bis zur Spitze dichten Wuchs fördert. Später richtet sich die erforderliche Pflege nach der Art der Hecke: immer- oder sommergrün, formgeschnitten oder frei wachsend, mit Blüten oder Beeren. Alle Hecken erhalten jedes Frühjahr eine Kopfdüngung und eine neue Mulchschicht.

BODENBEREITUNG UND PFLANZUNG

Containerpflanzen werden am besten von Herbst bis Frühling gesetzt, Sträucher mit oder ohne Ballen von November bis Februar, jedoch nicht bei Frost. Mitunter müssen die Wurzeln feucht gehalten werden, bis die Bedingungen geeignet sind. Dazu werden die Pflanzen vorübergehend an einer frostfreien Stelle eingeschlagen. An der Pflanzstelle Dauerunkräuter wie Giersch, Brombeeren und Ackerwinde vollständig entfernen, da dies bei einer bereits aufgebauten Hecke nicht mehr möglich ist. Während der Aufbauzeit regelmäßig jäten.

Einige Wochen vor dem Pflanzen wird die Hecke mit einer Richtschnur markiert und ein Graben ausgehoben, der den Wurzeln ausreichend Platz bietet. Großzügige Mengen gut verrotteten Stallmists oder Komposts *(siehe unten)* einarbeiten und den Boden ruhen lassen.

■ **Pflanzen gründlich wässern.** Am Tag vor der Pflanzung. Nackte Wurzeln abdecken, damit sie nicht austrocknen.

BODEN VORBEREITEN

1 PFLANZGRABEN
Entlang einer Richtschnur einen 30–60 cm tiefen und 60–90 cm breiten Graben ausheben, Oberboden entfernen. Bei schwerem, nassem Boden den Unterboden lockern.

2 DÜNGUNG
Abwechselnd organisches Material und Oberboden in 8 cm dicken Schichten einfüllen. Mit 110 g/m Dünger wie Blut- oder Knochenmehl abdecken.

EINREIHIGE PFLANZUNG △
Heckenpflanzen werden meist in einer Reihe im Abstand von 30–60 cm gesetzt (s. S. 117). Bei Zwerghecken ist ein Pflanzabstand von 10–15 cm angemessen.

ZWEIREIHIGE PFLANZUNG △
Nur bei sehr breiten Hecken (90 cm oder mehr) setzt man die Pflanzen abwechselnd in zwei 45 cm entfernte Reihen. Innerhalb der Reihe beträgt der Abstand 90 cm.

■ **Pflanzen auslegen.** Entlang der Schnur im entsprechenden Abstand. Kräftigere und schwächere Pflanzen abwechseln.

■ **Pflanzlöcher ausheben und pflanzen.** Jede Pflanze erst unmittelbar, bevor sie gepflanzt wird, aus dem Topf nehmen oder auspacken. Die Pflanze auf derselben Höhe wie zuvor einsetzen. Zumeist finden sich am Trieb Zeichen der früheren Pflanztiefe. Einen Stab über das Pflanzloch legen, um die Pflanztiefe zu überprüfen. Mit Erde auffüllen und nach und nach andrücken, um Lufteinschlüsse zu entfernen.

■ **Einschlämmen.** Nach dem Pflanzen der ganzen Hecke gründlich wässern. Eine Mulchschicht von 5–8 cm auf der gesamten Pflanzfläche ausbringen.

■ **In sehr windigen Lagen** Pflanzen mit einigen Drähten, die auf der Windseite zwischen Pfosten gespannt werden, stützen. Pflanzen locker anbinden, dass sich die Rinde nicht abscheuert.

SCHNITT UND ERZIEHUNG

Die Hecken brauchen zunächst nicht gleich hoch zu sein. Immergrüne benötigen oft nur minimale Schnittmaßnahmen. Bei Buche und Hainbuche werden kräftige Triebe um ein Drittel, schwache Triebe um zwei Drittel gekürzt. Weißdorn und Liguster werden im Mai auf 15 bis 30 cm über dem Boden zurückgenommen. Seitentriebe werden im August zurückgeschnitten; im nächsten Winter wird die Hälfte des vorjährigen Wuchses entfernt.

ERZIEHUNGSSCHNITT

1 VOR DEM SCHNITT
Kräftig wachsende Immergrüne wie diese Lonicera nitida benötigen einen Erziehungsschnitt, um dichten Wuchs von der Basis her zu fördern.

2 NACH DEM SCHNITT
Starke Seitentriebe wurden leicht, schwache kräftig zurückgenommen. Ist die Hecke aufgebaut, werden Leittriebe leicht geschnitten.

HECKENFORMEN

TUNNELFORM △
In schneereichen Gebieten wird die Oberseite rund oder sogar spitz geformt, weil der Schnee hier weniger leicht liegen bleibt.

TRAPEZFORM △
Eine Hecke soll sich nach oben verjüngen, damit die unteren Zweige genug Licht bekommen und nicht verkahlen.

SIEHE AUCH: Den Boden vorbereiten, S. 142–143; Sträucher pflanzen, S. 150; Pflanzen in Faservlies, S. 151; Dauerunkräuter, S. 292–293

HECKENSCHNITT

Der Schnitt einer Formhecke soll von unten bis oben einen gesunden, kräftigen und dichten Wuchs bewirken und die klare Linie erhalten. Kranke oder schadhafte Triebe werden laufend entfernt. Schnittzeit und -häufigkeit richten sich nach der Wuchsgeschwindigkeit der Pflanzen und der potenziellen Wuchshöhe (s. S. 117). Die Seiten der Hecke werden leicht angeschrägt und sind oben schmaler als unten (siehe gegenüber unten). Eine gleichmäßige Höhe wird erreicht, indem entlang einer Schnur, die zwischen zwei Pfählen gespannt ist, geschnitten wird. Immergrüne werden von Frühling bis September geschnitten, Laub abwerfende Hecken zumeist ab Ende Juli. Während der

Nistzeit sollten Schnittmaßnahmen jedoch unterbleiben. Die Sträucher einer frei wachsenden Hecke schneidet man wie Einzelsträucher (s. S. 158–159), zumeist nach der Blüte, nach der Beerensaison oder im Frühjahr. Formhecken werden mit einer elektrischen Heckenschere, frei wachsende mit einer Gartenschere oder -säge geschnitten. Nur Sträucher mit großen immergrünen Blättern werden mit der Gartenschere zurückgenommen (s. S. 118). Nach dem Schnitt wird gedüngt, gewässert und gemulcht.

▽ **HECKENSCHERE**
Beim Schneiden werden die Klingen immer parallel zum Verlauf der Hecke gehalten. Mit Hilfe einer zwischen zwei Pfählen gespannten Richtschnur wird die Hecke gerade.

△ **ELEKTRISCHE HECKENSCHERE**
Die meisten kleinblättrigen Formhecken werden mit einer elektrischen Heckenschere gestutzt, die mit einer weit ausladenden Schneidebewegung parallel zur Hecke geführt wird. Das Messer niemals über den Kopf führen.

NICHT VERGESSEN!
SICHERHEIT
Eine elektrische Heckenschere wird nie bei Feuchtigkeit verwendet. Sie sollte durch einen Stecker mit Reststromableiter geschützt sein und nicht an potenziell gefährlichen Stellen abgelegt werden. Beim Schneiden Schutzbrille, Gehörschutz und Arbeitshandschuhe tragen.

FORMSCHNITT

Die Oberseite von Hecken wie auch frei stehende Sträucher eignen sich für Formschnitt. Kugel und Würfel sind die einfachsten Formen, Tiere lassen der Phantasie freien Lauf. Man wählt dichte, langsam wachsende, kleinblättrige Immergrüne – Eiben und Buchsbaum sind ideal. Runde Formen lassen sich nach Augenmaß schneiden, für gerade geometrische Formen können mit Stäben und Draht Gerüste erstellt werden. Kompliziertere Formen erfordern meist ein dauerhaftes Drahtgerüst. Formschnitt gelingt am besten, wenn man sich Zeit nimmt, immer wieder zurücktritt und die Wirkung begutachtet.

△ **SCHNEIDEHILFE**
Ein grob vorgeformter Buchsbaum wird mit Hilfe von Stäben und Draht zum symmetrischen Kegel geformt.

△ **FERTIGER KEGEL**
Regelmäßiger Schnitt – mit Garten- oder Heckenschere – bewirkt, dass die Form erhalten bleibt.

HECKEN VERJÜNGEN

Herausgewachsene Hecken können oft durch schrittweise Schnittmaßnahmen verjüngt werden. Mit Ausnahme von Eiben, die aus dem alten Holz neu austreiben, vertragen jedoch nur wenige Koniferen einen kräftigen Rückschnitt. Sollen Höhe und Breite einer Hecke radikal verringert werden, sollten die zwei Maßnahmen nicht im selben Jahr erfolgen. Wenn nur die Seiten zurückgenommen werden sollen, empfiehlt es sich ebenfalls, dies auf zwei Jahre zu verteilen (siehe unten). Sommergrüne Hecken werden im Winterhalbjahr (jedoch nicht bei Frost) geschnitten, immergrüne am besten im April. Kräftiges Düngen und Mulchen unterstützen einen Neuaustrieb.

△ **QUERSCHNITT EINER KONIFERENHECKE**
Selbst bei regelmäßigem Schnitt verlieren Koniferenhecken schließlich von innen alle Blätter, da viele keinen Neuaustrieb aus altem Holz hervorbringen können. Letztendlich müssen diese Hecken ersetzt werden. Nur Eiben reagieren gut auf Verjüngungsmaßnahmen in mehreren Phasen.

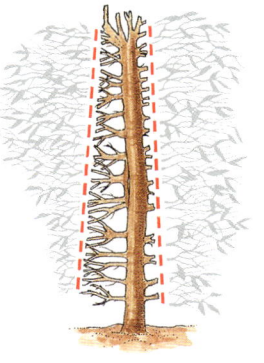 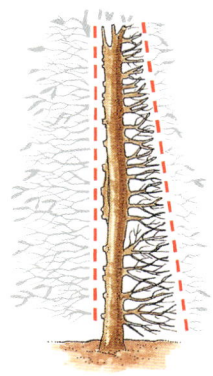

△ **ERSTES JAHR**
Um eine vernachlässigte oder zu große Hecke zu verschmälern, wird eine Seite nur mäßig, die andere fast bis zum Stamm zurückgenommen (hier rechts). Düngen und mulchen.

△ **ZWEITES JAHR**
Wenn die Hecke kräftig nachgewachsen ist, wird ein Jahr später die andere Seite fast bis auf den Stamm zurückgenommen (hier links). Die andere Seite leicht schneiden. Dünger und Mulch ausbringen.

SIEHE AUCH: Schnitt und Erziehung von Sträuchern, S. 158–159

BEETE UND RABATTEN

GARTENSTILE

IM LAUFE DER JAHRHUNDERTE hat sich die Gestaltung von Blumengärten von kunstvollem Formalismus zu lockerer Zwanglosigkeit und zurück bewegt, mit einer Vielfalt an Mischformen. Heutige Gärtner können die alten Stile kopieren oder eine eigene, individuelle und moderne Gestaltung ausarbeiten. Beete und Rabatten können mit einer strukturierten Bepflanzung streng formbetont oder mit ineinander übergehenden Pflanzflächen natürlicher angelegt sein. Alternativ können mitunter auch beide Stile vermischt werden. Höhe, Form, Beschaffenheit und Farbe der Pflanzen sind ebenso von Bedeutung wie die Lage und Form eines Beetes und werden in die Planung mit einbezogen.

STRENGE GESTALTUNG

Geometrie, Muster und Symmetrie, die sich in klaren Linien und Formen äußern, bilden das Wesen der formalen Gartengestaltung. Ziegel und Pflastersteine umrahmen die Beete und sind gleichzeitig das verbindende Element zwischen Haus und Garten.

Auch die Pflanzungen können nach einem geometrischen Muster angeordnet sein, etwa streng geschnittene Hecken oder Flechtgärten. Symmetrie, bei der jede Pflanzung ein entsprechendes Spiegelbild besitzt, ist ein wesentliches Stilelement.

ZWANGLOSE GESTALTUNG

Der zwanglos gestaltete Garten versucht, die Natur nachzuahmen, und setzt auf unregelmäßige Formen. Als Rahmen für Pflanzungen von scheinbar ungebändigter Fülle dienen hier fließende Linien und geschwungene Formen, als Baumaterialien bevorzugt man Naturstein oder Holz.

Pflanzenliebhaber favorisieren meist den naturnahen Garten. Wo formale Anlagen Beschränkung erfordern, liegt dem zwanglosen Garten Vielfalt am Herzen. Neue Pflanzen lassen sich hier ohne Rücksicht auf Symmetrie leicht integrieren.

PRAXIS-TIPPS

• Das Besuchen von Gärten bildet eine Hauptquelle der Inspiration, um Ideen zu beobachten, übernehmen und auszubauen.
• Bücher und Fachzeitschriften sowie Listen mit Pflanzen, die man »gern« oder »unbedingt« haben möchte, helfen, Stil und Inhalt der eigenen Gestaltung festzulegen.

▽ **ZWANGLOSE VIELFALT**
Dem scheinbar natürlich gewebten Teppich des zwanglosen Blumenbeets sieht man die sorgfältige Planung und harte Arbeit nicht an.

△ **GEOMETRISCHE FORMEN**
Rechtecke, Dreiecke und Quadrate aus niedrigen geschnittenen Buchshecken erwecken sofort den Eindruck eines formalen Gartens. Mit blühenden Pflanzen innerhalb der Abschnitte kann diese Strenge etwas gemildert werden.

SIEHE AUCH: Verschiedene Rabatten, S. 124–125; Hochbeete, S. 180–181

NATURNAHER GARTEN

Naturnahe Gärten können als der höchste Ausdruck des zwanglosen Stils betrachtet werden. Heimische Pflanzen werden im Garten angesiedelt, weil ihr Lebensraum bedroht ist oder einfach, weil ihr natürlicher Charme gefällt. Am besten gedeihen die meisten an Standorten, die den ursprünglichen Lebensraum — etwa eine sonnige Wiese oder einen schattigen Wald — nachahmen. Solche naturnahen Lebensgemeinschaften bilden z. B. für exponierte Flächen oder für magere trockene Böden eine hervorragende Lösung. Heimische Pflanzen bieten auch Nahrung oder Schutz für heimische Tiere.

BASISWISSEN

WILDPFLANZEN IM GARTEN

Heimische Arten sind eine Nahrungsquelle für Bienen und Schmetterlingen sowie für Vögel, die sich von Insekten und Samen ernähren. Da Vögel und Raubinsekten viele so genannte Schädlinge fressen, tragen sie auch zur biologischen Schädlingsbekämpfung bei.

WILDBLUMENRABATTE ▷
Wildblumen ziehen zumeist mageren Boden vor und können daher für eine prachtvolle Pflanzung in einem Gartenbereich verwendet werden, der für Kulturpflanzen weniger geeignet ist. Auch ziehen sie eine Vielzahl von Insekten an.

FLÄCHEN OPTIMAL NUTZEN

Beete und Rabatten bieten eine Möglichkeit, den Garten in optisch interessanter Weise aufzuteilen und zu gestalten, so dass er sowohl Privatsphäre und Abgeschiedenheit als auch einen Ort für die bevorzugten Pflanzen bietet. Beete und Rabatten können daher großzügig geplant werden. Sie können so groß wie möglich sein, nur sollte das Verhältnis von freier Fläche und Pflanzmasse im Gleichgewicht sein: Die Bepflanzung muss hinreichend Substanz bieten, um Formgegensätze und eine Staffelung der Höhenunterschiede entstehen zu lassen. Klare, kräftige Linien führen das Auge in die Weite; breite geschwungene Kurven verdecken — oder laden zur Entdeckung dessen ein —, was sich dahinter befindet.

◁ INSELBEET
Ein Inselbeet kann so bepflanzt werden, dass es sich von jeder Seite in einer anderen Pflanzenzusammenstellung darbietet: Eine gute Möglichkeit, viele Pflanzen auf relativ kleinem Raum zu setzen.

△ OPTIMAL GENUTZT
Die kleinste Fläche kann bis aufs Äußerste gefordert werden. Diese schattige Ecke wird von einer Reihe Blattstrukturen belebt, die einen interessanten grünen Hintergrund für verschiedene Blütenpflanzen bilden.

△ GERADLINIGE FLÄCHEN
Lange schmale Rabatten spielen mit der Perspektive und führen das Auge weiter. Große formbetonte Pflanzen bieten eine Reihe interessanter Blickfänge.

GESCHWUNGENE RÄNDER ▷
Eine geschwungene Linie zwischen zwei Punkten ist immer länger als eine Gerade. So gewinnt man in engen Gärten mehr Platz für Pflanzen.

SIEHE AUCH: Gestaltungsprinzipien, S. 126–127; Hochbeete, S. 180–181

VERSCHIEDENE RABATTEN

RABATTEN KÖNNEN NACH DER ART der Bepflanzung unterschieden werden, so etwa Stauden- oder Gehölzrabatten. Jede hat unterschiedliche Eigenheiten, doch alle sind so gestaltet, dass sie fast das ganze Jahr hindurch interessante Blickpunkte bieten. Das gilt besonders in kleinen Gärten, wo sich jede Pflanze ihre Berechtigung verdienen muss.

Neben persönlicher. Lieblingspflanzen – und sei ihre Blütezeit noch so kurz –, sollte man Pflanzen auswählen, von denen man etwas hat: Dauerblüher, mehrfach blühende oder Frühblüher mit dekorativen Früchten. Andere verwöhnen im Frühling oder Herbst mit prachtvollem Laub oder bilden einen interessanten Hintergrund.

GEHÖLZRABATTE

Sowohl immergrüne als auch Laub abwerfende Sträucher sind in vielfacher Weise dekorativ, und bei einer sorgfältigen Auswahl in Hinblick auf Blüten, Früchte, Laub oder Struktur und Farbe finden sich zu jeder Jahreszeit attraktive Aspekte. Gehölzrabatten bieten sich besonders als dauerhafter und relativ pflegeleichter Rahmen eines Gartens an.

GEMISCHTE RABATTE

Die gemischte Rabatte ist die vielseitigste Form, da sie die Vorzüge sämtlicher Pflanzengruppen nutzt. Sträucher liefern Höhe, Struktur und einen reizvollen Hintergrund.

Früh blühende Zwiebelgewächse beleben die ersten Monate des Gartenjahres und ziehen dann ein, um Platz für sommerblühende Stauden und Zwiebelgewächse zu schaffen. Vorübergehende Lücken werden mit ein- und zweijährigen Sommerblumen gefüllt, während Spätblüher vor einem Hintergrund von Herbstlaub ihre Pracht entfalten.

▽ PFLANZENARTEN KOMBINIEREN
Hier wurde lang blühendes Geranium endressii *mit dem Blau der Hortensien und den hoch aufragenden Rohren des Riesenschilfes* (Arundo donax) *kombiniert.*

PRAXIS-TIPPS

• Eine Gehölzrabatte bildet eine blickdichte, lärmdämpfende und pflegeleichte Alternative zu geschnittenen Hecken mit dem Vorteil der jahreszeitlichen Abwechslung.

• Die Langlebigkeit einer Gehölzrabatte lässt sich vorteilhaft nutzen: Sie kann den Garten in Bereiche für verschiedene Aktivitäten unterteilen, eine Einfriedung bilden, die Schutz und Geborgenheit bietet, und unattraktive Ausblicke verdecken.

△ BLÜHENDE BARRIERE
Gehölzrabatten – hier aus Rosen, Strauchveronika (Hebe) und Greiskraut – bilden ideale Abtrennungen, besonders dort, wo Formhecken ungeeignet wären.

SIEHE AUCH: Struktur aufbauen, S. 126; Hochbeete, S. 180–181

STAUDENRABATTEN

Wenn im Sommer die meisten Stauden in voller Blüte stehen, bildet die traditionelle Staudenrabatte einen Hauptanziehungspunkt. Stauden sterben im Herbst oberirdisch ab und treiben im Frühling neu aus. Das ist auch der größte Nachteil einer reinen Staudenrabatte, denn ruhende Pflanzen hinterlassen im Winter Lücken im Beet, wenn das Bedürfnis nach Aufmunterung am größten ist. Wem die

Vorfreude auf neue üppige Gartenpracht nicht ausreicht, der kann die Blütezeit im Frühjahr mit Zwiebelgewächsen und bis in den Herbst hinein mit Spätsommerblühern und Fruchtständen, die häufig kleine Kunstwerke sind, verlängern.

▽ **VERLÄNGERTE BLÜTEZEIT**
Frauenmantel und Sterndolden flankieren die kurzlebigeren Glockenblumen; schwertförmige Montbretien kündigen künftige Pracht an.

HÖHEPUNKTE

Für die Gestaltung von Rabatten bietet die lebendige Palette an Pflanzen ein schier unerschöpfliches Reservoir, das das Gartenjahr von einem attraktiven Höhepunkt zum nächsten führt. Noch unbefriedigende Momente sollten mit zusätzlichen Elementen aufgefüllt werden, besonders auf kleinem Raum, wo Lücken stärker auffallen. Zwiebel- und Knollengewächse bieten hier eine einfache Lösung; ihre prunkvolle saisonale Blütenpracht liefert kraftvolle Farben, in der Ruhezeit nehmen sie schnell den Platz ein.

ZWIEBELGEWÄCHSE

WINTER
Schneeglöckchen (Galanthus)
Winterling (Eranthis hyemalis)

FRÜHLING
Anemone blanda
Blaustern (Scilla), einige
Chionodoxa, alle
Hundszahn (Erythronium), die meisten
Hyazinthen (Hyacinthus reticulata)
Iris histrioides
Kegelblume (Puschkinia)
Krokusse, die meisten
Märzenbecher (Leucojum vernum)
Milchstern (Ornithogalum montanum)
Narzissen

Traubenhyazinthen (Muscari), die meisten
Tulpen, die meisten

SOMMER
Blumenrohr (Canna), die meisten
Galtonia candicans
Gladiolen, die meisten
Lilien, die meisten
Montbretien (Crocosmia)
Schmucklilie (Agapanthus)
Zierlauch (Allium cristophii, A. giganteum)

HERBST
Cyclamen hederifolium
Knotenblume (Leucojum autumnale)
Sternbergia lutea
Zeitlose (Colchicum), die meisten

VERWENDUNG VON EIN- UND ZWEIJÄHRIGEN

Ein- und Zweijährige sind von Natur aus kurzlebige Pflanzen: Einjährige keimen, blühen, setzen Samen an und sterben innerhalb einer einzigen Vegetationsperiode; Zweijährige bringen in der ersten Saison nur Blätter hervor, im zweiten Jahr blühen sie, produzieren Samen und sterben ab.

Diese kurzlebigen Pflanzen können als Rabattenbepflanzung neue Gärten sofort – in Erwartung anderer dauerhafter Bepflanzung – in ein buntes Farbenmeer verwandeln. Sie eignen sich auch gut als Lückenfüller. Da sich viele selbst aussamen, können sie in dauerhaften Rabatten für Überraschungsmomente sorgen.

ALLJÄHRLICHE EXPERIMENTE ▷
Kurzlebige sind ideal für Versuche mit Farbe und Form. Hier harmonieren gelbe Lonas und blauer Leberbalsam (Ageratum).

△ **FRÜHLING BIS SOMMER**
Die Tulpe ›Texas Gold‹ lässt dieses Beet im Mai erstrahlen; verblasst sie, setzen goldgelbe Taglilien (Hemerocallis) diesen Farbakzent bis zum Sommer fort.

SIEHE AUCH: Lückenfüller, S. 127; Hochbeete, S. 180–181

GESTALTUNGSPRINZIPIEN

ORIGINELLE, INNOVATIVE IDEEN ZEICHNEN die besten Rabatten als die Arbeit individueller Gartengestalter aus, doch gibt es Prinzipien, die jeder guten Anlage zu Grunde liegen, wo und wie auch immer. Gute Kompositionen weisen ein Gleichgewicht von Masse und Raum, von Einheit und Gegensätzen auf, wobei alle Aspekte im richtigen Verhältnis zueinander und zur Umgebung vorkommen. Obwohl dekorative Eigenschaften besonders wichtig sind, werden die Pflanzen zumeist wegen ihrer Funktion ausgewählt – der Rolle, die sie in der Gestaltung einer gestaffelten, wunderschönen und zusammenhängenden Komposition übernehmen.

STRUKTUR AUFBAUEN

Die strukturgebenden Elemente eines Gartens können durchaus mit einem Skelett verglichen werden. Im engeren Sinne umfassen sie bauliche Elemente wie Mauern und Bodenbeläge, die die Gestaltung festlegen. Doch auch formbetonte Pflanzen in Beeten und Rabatten können bei der Erschaffung des Garten-»Skeletts« eine Rolle spielen.

Gehölze, die aus einer Fülle an Sträuchern und Bäumen ausgewählt werden, sind tragende Elemente in der Erstellung eines Pflanzschemas. Sie bilden einen dauerhaften Rahmen für eine Komposition und sind gleichzeitig ein Teil davon. Strukturgebende Pflanzen sind meist sehr attraktiv, werden aber bei der Gartengestaltung in erster Linie nicht allein deshalb, sondern auf Grund ihres funktionalen Beitrags zum Pflanzschema ausgewählt.

> ### BASISWISSEN
> #### DIE NATUR ALS VORBILD
> Bei der Betrachtung eines Waldrandes fallen die verschiedenen Pflanzenschichten auf: In der Sonne wachsen niedrige Kräuter zu Füßen größerer Stauden, einige davon bereits im Halbschatten; dahinter eine Reihe Sträucher und schließlich hohe Bäume. Diese Staffelung ist nicht nur ökologisch funktional, sondern auch sehr schön anzuschauen, wodurch sie sich für die Gartengestaltung empfiehlt.

NATÜRLICHE STAFFELUNG ▷
Diese Pflanzung, mit der Robinie ›Frisia‹ als goldener Blickfang, stützt sich auf einen Rahmen von Stechpalmen, Klebsamen und Olearia.

△ **ÜBERHÄNGENDE ROSEN**
Rosen mit biegsamen Trieben wie ›Mme. Isaac Pereire‹ können auch ohne stützenden Bogen mit ihrer überhängenden Form einen Schutz bilden.

BLICKFÄNGE

Bei der Betrachtung eines Pflanzschemas zeigt ein Blickfang dem Betrachter, wo eine Pause angebracht ist, und steht somit in starkem Gegensatz zu dem Grundrhythmus und dem Fluss der Gestaltung. Solche Pflanzen müssen sich durch ihre Größe oder kraftvolle Form unterscheiden. Sie gelangen am stärksten zur Geltung, wenn sie aus verschiedenen Perspektiven betrachtet werden können. Eine einzige Pflanze kann in zwei benachbarten Kompositionen jeweils den Blickfang bilden.

△ **HAUPTROLLE**
Der metallische Ton und die stachelige Form von Eryngium giganteum fordern über dem Teppich dunkler Blätter die volle Aufmerksamkeit.

STARKE LINIEN ▷
Die hohen, klaren senkrechten Linien von Eremurus robustus lassen sich szenisch als Blickfang einsetzen, insbesondere vor einem dunklen Hintergrund.

SIEHE AUCH: Form, S. 128; Besondere Standortbedingungen, S. 130–131

PFLANZEN IN GRUPPEN

Die Pflanzen, denen in einem Pflanzschema der größte Raum zukommt, sollten auch die dekorativsten sein. Im Gegensatz zur Rahmenbepflanzung müssen sie das ganze Jahr hindurch sehenswerte Blüten oder Blätter hervorbringen. Sie werden so eingesetzt, dass einzelne Gruppen durch einen gemeinsamen Rhythmus verbunden sind, der das Auge in einer angenehmen fließenden Bewegung weiterleitet. Hierzu werden Pflanzen in Gruppen gesetzt. Die verschiedenen Methoden der Gruppierung verleihen der Rabatte jeweils einen formalen oder zwanglosen Stil und eine bestimmte Stimmung (siehe unten).

△ **MASSIVE PFLANZENGRUPPEN**
Strukturierte Pflanzengruppen entwickeln eine starke form-betonte Wirkung, die auf Gegensätzen in Farbe, Struktur und Form aufbaut. Hier heben sich weiße Fetthenne, rosa Dahlien und Malven von einem Hintergrund ab.

△ **ZWANGLOSE GRUPPIERUNG**
Unregelmäßig geformte, in die Länge gezogene Pflanzen-gruppen verschiedener Höhe werden vereinzelt von auf-rechteren Gruppen aufgelockert. Hier kontrastiert blassrosa Phlox die aufrechten Salvien.

△ **ZUFÄLLIGE ZUSAMMENSTELLUNGEN**
Pflanzenkompositionen in der Natur — hier Fingerhut — können nachgeahmt werden, indem große Pflanzen einzeln zwischen Gruppen von kleineren gesetzt werden und sich durch Samen oder Ausläufer ausbreiten dürfen.

GESTAFFELTE HÖHEN

Traditionell werden Rabatten von vorn nach hinten oder um die Achse herum in ansteigender Höhe angelegt. So entsteht ein gestaffeltes Beet, bei der keine Pflanze durch eine andere verdeckt wird, doch ist dies nicht zwingend. Mit vereinzelten höheren Pflanzen am Beetrand, die Durch-blick bieten, wie zum Beispiel Meerkohl, betont man sogar den gestuften Effekt.

△ **DAS AUGE LEITEN**
Der Stufeneffekt bei einer gestaffelten Pflanzung verleiht einer Rabatte den Eindruck größerer Tiefe und lässt eine Linie entstehen, die das Auge allmählich weiter und höher führt. Wenn entlang der Längsachse die Höhe der Rabatte zunimmt, wird die Perspektive vergrößert.

BODENDECKER

Die meisten Bodendecker sind dichte, Polster bildende oder kriechende Pflanzen, die Unkraut verdrängen, indem sie ihnen das Licht nehmen und somit verhindern, dass die Samen keimen. Durch ihren niedrigen Wuchs sind sie ideal für den Rand einer Rabatte. Dort bilden sie eine deutliche waagerechte Linie, gegen die sich höhere senkrechte Pflanzen und rundere Formen gut abheben. Ihr ausgebreiteter Wuchs bewirkt, dass sie mit ähnlich kräftigen Pflanzen einen Teppich bilden, der auch harte Kanten etwas abrundet.

NIEDRIG WACHSENDE PFLANZEN

Anthemis punctata ssp. *cupiana*. Teppichbildende Staude, silbergraue Blätter; weiße Blüten im Frühsommer.

Bergwundklee (*Anthyllis montana*). Seidenhaarige Blätter, rosa bis purpurne Blüten im Frühsommer.

Frauenmantel (*Alchemilla conjuncta*). Gelappte, blaugrü-ne Blätter, gelbgrüne Blüten den ganzen Sommer.

Katzenminze (*Nepeta × faassenii*). Aromatische Blätter, lila Blütenähren den ganzen Sommer.

Purpurglöckchen (*Heuchera micrantha*). Grau gefleckte Blätter, rosa bis weiße Blütenrispen im Frühsommer.

Storchschnabel (*Geranium renardii*). Samtige Blätter, weiße oder lavendelblaue Blüten im Frühsommer.

Wollziest (*Stachys byzantina*). Polster mit dicht wollig behaarten Blättern, mit rosapurpurnen Blüten den ganzen Sommer.

LÜCKENFÜLLER

Ein- und Zweijährige sind ideale kurzfristige Lückenfüller mit dem zusätzlichen Vor-teil, dass sie sich oft selbst aussamen und in den darauf folgenden Jahren hübsche zu-fällige Effekte entstehen lassen. Die Farben des ursprünglichen Schemas tauchen dann in der neuen Bepflanzung wieder auf. Unerwünschte Pflanzen können jederzeit problemlos entfernt werden.

△ **UNVERHOFFTE BEGEISTERUNG**
Viele Ein- und Zweijährige samen sich an einem Standort, der ihnen zusagt, gern üppig aus, doch lässt sich nicht vorhersagen, wo die nächste Generation erscheinen wird. Unterhalb von Nachtviolen (Hesperis matronalis) überwuchert hier Limnanthes douglasii einen Pfad.

SIEHE AUCH: Bodendecker, S. 75; Farbe, Form und Struktur, S. 128–129; Bodendecker für schattige Standorte, S. 131

FARBE, FORM UND STRUKTUR

WÄHREND FORM UND LAGE der Beete und die Staffelung der Pflanzen das Gerüst eines Gartens bilden, sind es die verschiedenen Formen und Strukturen der zahlreichen Pflanzen, die ihm Farbe und endgültiges Aussehen verleihen. Die Form der Pflanzen ermöglicht Kontraste zwischen senkrechten, waagerechten und diagonalen Linien sowie runden, spitzen oder überhängenden Wuchsformen. Die Struktur des Blattwerks kann als grüner Hintergrund verwendet werden, vor dem sich die Blüten in ihrer vergänglicheren Pracht abheben. Und natürlich wird die Stimmung einer Pflanzung von nichts eingehender bestimmt als von den gewählten Farben.

VIELFALT ODER EINHEITLICHKEIT?

Wie groß die Vielfalt in einem Garten sein kann, wird von seiner Größe bestimmt. Zu viel wirkt wie ein Durcheinander; zu wenig ist schlichtweg langweilig. Gegensätze sind am wirkungsvollsten, wenn sie einfach aufgebaut sind. Zu viele gegensätzliche Aspekte verwirren, und das Auge irrt haltlos umher, ohne einen Blickfang oder eine Linie zu finden.

Zusammengehalten wird eine Gestaltung durch wiederkehrende Muster, Formen oder Strukturen. Mit einem festgelegten Farbschema oder der Beschränkung auf bestimmte Pflanzengruppen lässt sich gut Einheitlichkeit herstellen.

THEMA MIT VARIATIONEN ▷
Ziergräser bilden das vereinheitlichende Thema in diesem ungewöhnlichen Beet, das jedoch nicht nur aus Gräsern besteht. Kontrastierende Pflanzen trennen die architektonischen Formen und heben sie hervor.

FORM

Ein Pflanzschema ist oft so aufgebaut, dass die Formen der Pflanzen ausgewogene und optisch angenehme Gegensätze bilden. So können beispielsweise zwei Wacholder-Arten – der senkrechte *Juniperus scopulorum* ›Skyrocket‹ und die waagerechte Form des *J. procumbens* – wirkungsvoll kombiniert und durch eine rundere Form, etwa *Hebe rakaiensis,* verbunden werden. Es lohnt sich, bei der Planung einige Zusammenstellungen durchzuspielen, Formen und Umrisse zu skizzieren, bis man zufrieden ist.

WIRKUNG DURCH EINHEITLICHKEIT ▷
Die kräftige spitze Yucca gloriosa ›Variagata‹ *bestimmt das Thema, das die dunkelgrünen Nadeln der Krummholzkiefer* (Pinus mugo) *und die metallblauen Horste des* Eryngium × oliverianum *wiederholen.*

STRUKTURELEMENTE

Verschiedene Strukturen bilden einen dezenten, aber wesentlichen Aspekt in einer Komposition, insbesondere beim Blattwerk. Die Blattstruktur wird sowohl von der Größe als auch von der Oberfläche bestimmt. Kleinblättrige Pflanzen mit feiner Struktur können Gewächse mit großen Blättern und klaren einfachen Umrissen ergänzen; mattes, seidenes Blattwerk kontrastiert neben Licht reflektierenden glänzenden Blättern.

△ **FILIGRANE WEDEL**
Im Frühlingslicht entrollen sich die Wedel des Schildfarns. Vor schlichterem Blattwerk hebt sich seine fedrige Struktur gut ab.

WEICH UND SANFT ▷
Die weichen großen Blätter einiger Funkien-Arten wie dieser Hosta sieboldiana *bilden einen guten Hintergrund für feinere Blätter.*

SIEHE AUCH: Stauden, S. 134–135; Gräser und Farne, S. 140–141

FARBENLEHRE

Die Primärfarben Rot, Gelb und Blau können paarweise zu Grün, Violett und Orange gemischt werden. Bis auf Grün können alle diese intensiven Töne bei übermäßiger Verwendung auf das Auge sehr heftig wirken. In kleineren Mengen und vor dezenteren Nuancen bilden sie glanzvolle Kontraste. Im Farbkreis benachbarte Töne harmonieren immer, da sie über gemeinsame Komponenten verfügen. Dagegen bilden einander auf dem Farbkreis gegenüberliegende Farben, etwa Blau und Orange, Komplementärkontraste.

FARBPRAXIS

Die Farbwahrnehmung variiert je nach Breitengrad, Jahres- und Tageszeit. Pastelltöne, die mittags ausgebleicht erscheinen, beginnen in der Dämmerung zu leuchten; strahlendes Magentarot wirkt in den Subtropen paradiesisch, erscheint jedoch grell in dem bläulichen Licht trüberer Regionen. Bei der Zusammenstellung von Farben sollten immer auch der persönliche Geschmack sowie die Töne der Gebäude und Umgebung berücksicht werden.

Blau, Indigo, Violett und ihre Pastelltöne lassen eine kühle kultivierte Atmosphäre entstehen; sie scheinen sich vom Betrachter zu entfernen und können somit die Wirkung einer Perspektive steigern.

Im Farbkreis nebeneinander liegende Farben bilden als reine Töne und auch als vermischte Schattierungen enge Harmonien.

Warme Schattierungen von Gelb, Orange und Rot sorgen für üppige Wärme und scheinen sich dem Betrachter zu nähern, die Perspektive wird verkürzt.

Grüntöne sorgen für den Zusammenhalt oder trennen kräftige oder sich beißende Farben.

Komplementärfarben sind Paare aus sich unmittelbar gegenüberliegenden Farben. Wenn sie als Kontraste zusammen verwendet werden, erhöht sich die jeweilige einzelne Wirkung.

DER FARBKREIS ▷
Primärfarben ergeben paarweise gemischt die ebenfalls intensiven Sekundärtöne. Zwischentöne spiegeln die unaufdringlichen Farben der Natur wider und können in größeren Mengen verwendet werden.

Je intensiver der Farbton, desto weniger wird davon benötigt, um einen beeindruckenden, aber nicht überladenen Effekt zu erzielen.

△ HARMONIE
Üppige Harmonien, hier Kirsch- und Purpurrot, entstehen aus im Farbkreis benachbarten Tönen.

△ GEGENSATZ
Traubenhyazinthen und Tulpen setzen Blau gegen Orange, die sich auf dem Farbkreis gegenüberliegen.

△ HARMONISCHE SCHATTIERUNGEN
In dieser Pastellpalette finden sich vor allem miteinander harmonierende Farben aus demselben Drittel des Farbkreises; willkommenen Kontrast bieten das Purpur der Salvien und das warme Orange der Taglilien.

JAHRESZEITLICHE AUFEINANDERFOLGE

Die Abfolge der Jahreszeiten bietet eine Fülle sich verändernder Farben und Strukturen. Frisches Frühjahrsgrün (oft mit Rosa- und Rottönen durchzogen), wandelt sich im Sommer zu einem gleichmäßigen Hintergrund, um in der herbstlichen Laubfärbung seine ganze Pracht zu entfalten. Kurzlebige Blüten können dekorative Samenkapseln hervorbringen oder Früchte, die zahlreiche Gehölze bis tief in den Winter hinein zieren. Somit wählt man verlässliche, lang blühende Pflanzen und solche, die zu mehreren Jahreszeiten reizvoll sind.

△ REIFES OBST
Der Holzapfelbaum mit seiner üppigen Blüte und frischem grünem Blattwerk im Frühjahr glänzt im Herbst mit reizvollem Laub und Früchten.

△ SAMENKAPSELN
Zahlreiche Mohnarten haben dekorative Samenkapseln. Die blauen des Schlafmohns (Papaver somniferum) folgen rosa, lila oder weißen Blüten.

FARBE FÜR JEDE JAHRESZEIT

Fächerahorn (*Acer palmatum*). Kleine Bäume oder Sträucher, für ihre Herbstfärbung bekannt.

Felsenbirne (*Amelanchier laevis*). Kleiner Baum, weiße Frühlingsblüte, blaue Früchte, Herbstfärbung.

Feuerdorn (*Pyracantha*). Immergrüner Strauch, Blüte im Frühsommer, lang währende Herbstfrüchte.

Judassilberling (*Lunaria annua*). Ein- oder Zweijährige, purpurne Frühlingsblüten, silbrige Schoten.

Karde (*Dipsacus fullonum*). Zweijährig, Blatt smaragdgrün, distelähnliche Samenköpfe bis in den Winter.

Perückenstrauch (*Cotinus ›Grace‹*). Strauch, Laub purpurn, Wolken kleiner Blüten.

Rosa rugosa. Smaragdgrüne Blätter, rosa oder weiße Blüten im Sommer, rote Hagebutten im Herbst.

SIEHE AUCH: Mohn, S. 135; Sträucher mit farbigem Laub, S. 139

BESONDERE STANDORTBEDINGUNGEN

DIE MEISTEN PFLANZEN PASSEN sich verschiedenen Bodenbedingungen an, wenn ihre Ansprüche an Sonne, Schatten und Temperatur erfüllt werden. Die Lage einiger Gärten bringt jedoch besondere Bedingungen mit sich, die häufig als weniger ideal betrachtet werden. Ein optimistischer Gartenfreund lässt sich jedoch nicht abschrecken, sondern sieht hier die Möglichkeit, eine andere Auswahl an Pflanzen zu ziehen. Überall in der Welt finden sich Pflanzengruppen, die an verschiedene schwierige Lebensräume – etwa Wüsten, Gebirge, Sümpfe, Küsten – angepasst sind, und genau diese Pflanzen stehen auch für besondere Bedingungen im Garten zur Verfügung.

TROCKENE, SONNIGE STANDORTE

An trockenen sonnigen Standorten empfiehlt es sich, die feuchtigkeitshaltenden Eigenschaften des Bodens zu verbessern (s. S. 133). Pflanzen aus heißen sonnigen Lebensräumen wie der Macchie sollten hier gut gedeihen. Viele davon besitzen ledrige Blätter, die den Wasserverlust reduzieren, oder eine weiße Behaarung, die UV-Strahlen reflektiert. Einige wie Tulpenzwiebeln speichern Nahrung und Wasser und ziehen sich in der Sommerhitze unter die Erde zurück.

△ SCHOPFLAVENDEL
Diese aromatische Staude (Lavandula stoechas) *aus der kargen, felsigen Macchie bevorzugt warme trockene Standorte.*

TROCKENE, SONNIGE STANDORTE

BÄUME UND STRÄUCHER
Aloysia triphylla
Ceanothus thyrsiflorus
  var. *repens*
Mönchspfeffer
  (*Vitex agnus-castus*)
Perovskia atriplicifolia
Sonnenröschen
  (*Helianthemum*)
Wacholder
Yucca
Zistrose (*Cistus ladanifer*)

STAUDEN
Acaena novae-zealandiae
Agastache mexicana
Alyssum saxatile

Anthemis punctata ssp.
  cupana
Diptam (*Dictamnus albus*)
Erigeron karvinskianus
Gypsophila repens
Hauswurz (*Sempervivum*)
Osteospermum jucundum
Riesenfenchel
  (*Ferula communis*)
Steppenkerze (*Eremurus robustus*)

KRÄUTER
Lavendel
Oregano
Rosmarin
Thymian

◁ WÄRME LIEBENDE PFLANZEN
Sonnenröschen (Helianthemum), Königskerzen und Binsenlilien (Sisyrinchium) sind typische Pflanzen für heiße, trockene, steinige Standorte. Sie mögen keine Staunässe. Eine Mulchschicht fördert die Drainage.

WIND- UND SEEWINDEXPONIERTE STANDORTE

Außer seiner direkten, mechanisch schädigenden Wirkung kann Wind auch Blätter ausdörren. Der Luftzug bewirkt, dass mehr Feuchtigkeit verloren geht, als die Wurzeln wieder aufnehmen können. Am Meer wird dieser Effekt durch salzigen Wind noch verstärkt.

Pflanzen aus Gebirgs- und Küstenregionen bilden hier die erste Wahl, ebenso tief wurzelnde Pflanzen mit niedrigem Wuchs wie die Silberwurz (*Dryas octopetala*), denen der Wind weniger anhaben kann. Pflanzen mit ledrigen Blättern wie *Griselinia littoralis* sind häufig wind- und salzresistent. Die lateinischen Artbezeichnungen mit *montana* (Berg-), *littoralis* oder *maritima* (Küsten-/Meerstrand-) deuten auf die gewünschten Pflanzen hin.

KÜSTENNAHE STANDORTE

BÄUME UND STRÄUCHER
Brachyglottis
Drehkiefer (*Pinus contorta*)
Elfenbeinginster
  (*Cytisus praecox*)
Felicia amelloides
Genista hispanica
Griselinia littoralis
Latsche (*Pinus mugo*)
Mehlbeere (*Sorbus aria*)
Pyrus salicifolia ›Pendula‹
Rosa rugosa
Sanddorn (*Hippophae rhamnoides*)
Vogelbeere (*Sorbus aucuparia*)

STAUDEN
Anchusa azurea
Arenaria balearica
Buschmalve
  (*Lavatera arborea*)

Centranthus ruber
Geranium sanguineum
Fackellilie (*Kniphofia*)
Grasnelke (*Armeria maritima*)
Katzenpfötchen
  (*Antennaria dioica*)
Lobularia maritima
Leucanthemum × superbum
Levkoje (*Matthiola incana*)
Neuseeland-Flachs
  (*Phormium*)
Phlomis russeliana
Stranddistel
  (*Eryngium maritimum*)
Strandflieder
  (*Limonium latifolium*)
Weißer Meerkohl
  (*Crambe maritima*)

SUKKULENTEN
Carpobrotus edulis

△ MEERESBLICK
Fackellilien, Felicia amelloides und Carpobrotus edulis *fühlen sich in dieser üppigen Pflanzung wohl. Der hier vorherrschende salzige Wind würde zahlreichen üblichen Gartenpflanzen das Leben schwer machen.*

SIEHE AUCH: Beete mit trockenheitsresistenten Pflanzen, S. 132–133; Den Boden vorbereiten, S. 142–143

SCHATTIGE STANDORTE

Schattige Gartenbereiche stellen kein Problem dar, sondern bieten Lebensraum für zusätzliche Pflanzen. Waldpflanzen etwa gedeihen erst in lichtem Schatten richtig gut. Die Blüten halten sich hier länger, und ihre Farben sind der bleichenden Sonne nicht ausgesetzt, Blattwerk bleibt länger frisch. Da es hier im Frühjahr nur langsam wärmer wird, verzögert sich im Schatten das Wachstum etwas und ist so weniger spätfrostgefährdet. Schattiger Boden hält die Feuchtigkeit länger, so dass weniger gewässert werden muss, manche Bereiche sind auch dauerhaft feucht. Unter großen Bäumen kann es aber auch sehr trocken sein.

SCHATTENSTANDORT

BÄUME UND STRÄUCHER
Hamamelis × intermedia
Lorbeerseidelbast
 (*Daphne laureola*)
Mahonia (die meisten)
Scheinbeere
 (*Gaultheria mucronata*)
Skimmia japonica
Zierquitte (*Chaenomeles*)

ZWIEBEL- UND KNOLLENGEWÄCHSE
Hasenglöckchen
 (*Hyacinthoides nons-cripta*)
Iris foetidissima
Lilium chalcedonicum,
 L. henryi, L. martagon
Schneeglöckchen

FARNE (die meisten)
STAUDEN
Alchemilla mollis
Herbstanemone
 (*Anemone × hybrida*)
Luzula sylvatica ›Marginata‹
Primel (*Primula vulgaris*)
Roter Fingerhut
 (*Digitalis purpurea*)
Salomonssiegel
 (*Polygonatum*)
Schöllkraut
 (*Chelidonium majus*)
Tränendes Herz
 (*Dicentra*)
Wiesenschaumkraut
 (*Cardamine pratensis*)

ÜPPIGES BLATTWERK ▷
Diese feuchte Randrabatte im Halbschatten wurde wohl überlegt mit Iris laevigata ›Variagata‹ *vor Funkien und Bärenklau (*Heracleum*) bepflanzt.*

BODENDECKER FÜR SCHATTIGE STANDORTE

Bei der Bepflanzung schattiger Standorte wird in erster Linie auf Abwechslung in der Form und Struktur des Blattwerks gesetzt, da die meisten Schatten liebenden Pflanzen im Frühjahr oder zeitigen Sommer blühen. Als niedriger Hinter- und Untergrund für kurzlebige jahreszeitliche Blüten können Bodendecker verwendet werden, die häufig in Waldgebieten heimisch sind. Sie ergeben auch eine pflegeleichte Pflanzung, da sie Unkraut unterdrücken und die Feuchtigkeit im Boden halten.

△ **WALDSTEINIA TERNATA**
Diese kriechende wintergrüne Staude ist von Mai bis Juni mit Blüten übersät und verträgt auch trockenen Schatten.

△ **LIRIOPE MUSCARI**
Diese trockenheitsresistente Staude bildet Horste von grasähnlichen immergrünen Blättern. Die Blüte im Herbst harmoniert besonders gut mit Cyclamen hederifolium.

BODENDECKER FÜR SCHATTEN

STRÄUCHER/ KLETTERPFLANZEN
Cotoneaster horizontalis
Efeu (*Hedera helix*)
Sarcococca

STAUDEN
Bergenia
Brunnera macrophylla
Cyclamen hederifolium
Elfenblume
 (*Epimedium*)
Funkien, die meisten
Galax urceolata
Günsel (*Ajuga*)
Heuchera cylindrica

Immergrün (*Vinca*)
Lamium maculatum
Maianthemum bifolium
Maiglöckchen
Pachysandra terminalis
Rüsselsternchen
 (*Vancouveria hexandra*)
Saxifraga × urbium
Shortia galacifolia
Tiarella wherryi
Tolmiea menziessii
Veilchen (*Viola odorata*)
Waldmeister
 (*Galium odoratum*)
Wolfsmilch (*Euphorbia amygdaloides* var. *robbiae*)

SAURER BODEN

Ein Garten mit saurem Boden kann mit zahlreichen dekorativen Pflanzen bestückt werden, darunter Rhododendren, wie etwa *R. yakushimanum,* und Azaleen. Heidegewächse bieten das ganze Jahr über interessantes Blattwerk: Besenheide, die im Spätsommer bis Herbst blüht, und frühlingsblühende Glockenheide. Sträucher mit bemerkenswerter Herbstfärbung wie *Fothergilla major* oder Zaubernuss (*Hamamelis*) weisen bei saurem Boden besonders intensive Töne auf.

PFLANZEN FÜR SAUREN BODEN

BÄUME UND STRÄUCHER
Azaleen (*Rhododendron*)
Bärentraube
 (*Arctostyaphylos*)
Erdbeerbaum (*Arbutus andrachne, A. menziesii*)
Fichte (*Picea*),
 die meisten
Hartriegel (*Cornus*),
 einige
Heide (*Calluna,
 Daboecia, Erica*)
Heidelbeere (*Vaccinium*)
Japanischer Ahorn, in Sorten
Kamelien
Lavendelheide (*Pieris*)

Purpurglöckchen
 (*Fothergilla major*)
Scheinbeere (*Gaultheria*)
Scheinkamelie
 (*Stewartia pseudocamellia*)
Zaubernuss (*Hamamelis*)

FARNE (viele)
Königsfarn (*Osmunda regalis*)
STAUDEN
Corydalis cashmeriana
Dreiblatt (*Trillium*)
Moltkia doerfleri
Schwalbenwurzenzian
 (*Gentiana asclepiadea*)

△ **MOORBEETZAUBER**
*Königsfarn (*Osmunda regalis*) gedeiht in neutralem bis saurem Boden. Der Rhododendron ›May Day‹ im Hintergrund blüht im Frühling, andere der unendlichen Palette von Ende des Winters bis in den Spätsommer.*

SIEHE AUCH: Unkrautbekämpfung und Beete markieren, S. 144–145; Gute Pflanzen kaufen, S. 146–147

BEETE MIT TROCKENHEITSRESISTENTEN PFLANZEN

ZAHLREICHE GARTENBÖDEN SIND im Sommer relativ trocken. Bei warmem, trockenem Wetter entstehen so ideale Bedingungen für Pflanzen, die aus dem Mittelmeerraum oder aus subtropischen Regionen stammen. Viele aromatische Kräuter, silberblättrige Pflanzen und Sukkulenten sind hervorragend für ein sonniges Beet geeignet. Sie sind so angepasst, dass sie mit Feuchtigkeit haushalterisch umgehen können, was sie jedoch für nasskalte Winter ungeeignet macht. Trockenheitsresistente Pflanzen finden jedoch unter Umständen geeignete Bedingungen, wenn man durch die Anlage eines Hochbeetes oder Kiesbeetes die Drainage verbessert.

SONNENHUNGRIGE PFLANZEN ZIEHEN

Trockenheitsresistente Pflanzen stammen ursprünglich von Standorten, an denen der Boden nur wenig Feuchtigkeit bereithält, etwa Halbwüsten, Gebirge, Geröll oder Klippen, wo Regenwasser sehr schnell abläuft. Sie entwickeln lange, weit reichende Wurzelsysteme, mit denen sie sich verankern und Feuchtigkeit und Nahrung aufnehmen. Viele zeichnen sich durch weiß behaarte Blätter und leuchtende Blüten aus. Oft sind sie kälteresistent, doch ist eine ausgezeichnete Bodendurchlässigkeit überlebenswichtig, da sie die Kombination von Kälte und Nässe mitunter nicht verkraften würden.

PRAXIS-TIPPS

• Mit einem Naturführer – oder im Urlaub in einer sonnigen Gegend – können Pflanzen ausfindig gemacht werden, die an trockenen, sonnigen Standorten gedeihen: Diese Arten sind zumeist hinreichend trockenheitsresistent.

• Weitere vermutlich Wasser speichernde Pflanzen erkennt man u. a. an haarigen, wächsernen, ledrigen, fleischigen, silbrigen oder schmalen Blättern, verdickten Sukkulenten-Stielen oder an Zwiebeln.

DER SONNE ZUGEWANDT ▷
Ein sonniger, flacher Hang eignet sich für sonnenhungrige Pflanzen, die gut durchlässigen Boden lieben. Die meisten sind gedrungen und blühen üppig – ideal für kleine Gärten.

KIESBEETE

Trockenheitsresistente Pflanzen sind unter kalten, feuchten Bedingungen am Wurzelhals (wo die Wurzel in den Stiel übergeht) sehr frost- und fäulnisempfindlich. Um keine teuren Pflanzen zu verlieren, wird am besten ein Kiesbeet angelegt. Es weist eine wesentlich bessere Durchlässigkeit als ein Beet mit normalem Boden auf und bietet den Pflanzen gute Überlebenschancen.

Hierfür eignet sich ein Bereich in sanft abfallender, offener und sonniger Lage. Er wird mit losem Bruchstein in unterschiedlichen Größen, einigen umgedrehten Grasnarben, leichtem Oberboden und einer dicken Schicht Kies bedeckt. Ein so aufgehöhtes Kiesbeet ist eine Art Hochbeet (s. S. 180–183).

KIESBEET ANLEGEN

1 DIE UNTERLAGE
Oberste Schicht Mutterboden abtragen und den Boden mit einer Gabel lockern. Eine 15 cm hohe Schicht Bruchstein auftragen, die einen leichten Wall bildet, damit das Wasser gut abgeleitet wird.

2 STÜTZSCHICHT
Den Bruchstein mit einer Schicht umgedrehter Grassoden bedecken, die entweder zuvor aus der Fläche entfernt oder eigens besorgt wurden. So rutscht die Erdschicht nicht zwischen die Bruchsteine.

3 BODENAUFTRAG
Die Soden mit einer 15–25 cm dicken Schicht leichter Bodenmischung (siehe gegenüber oben) bedecken. Den Boden glatt rechen und durch sanftes Treten etwas verdichten.

4 OBERSCHICHT
Den Boden wässern, so dass er sich setzt, und eventuelle Lücken auffüllen. Die Fläche mit einer Grasgabel einstechen, mit einer 10 cm dicken Kiesschicht abdecken und glatt rechen.

SIEHE AUCH: Kies verlegen, S. 62–63; Trockene, sonnige Standorte, S. 130; Beete und Rabatten bepflanzen, S. 148–149

BODENZUSAMMENSTELLUNG

Schweren tonhaltigen Boden macht man durch folgende Mischung leichter:

- 1 Teil Mutterboden (aus dem Beet)
- 1 Teil Gartenkompost
- 2–3 Teile Kies. Auch scharfer Sand oder Schotter kann hinzugefügt werden.

▽ **ALTERNATIVE MISCHUNGEN**
Die nebenstehende Mischung kann, je nach vorhandenem Boden oder Standortansprüchen der Pflanzen abgewandelt werden. Magerer Boden benötigt beispielsweise organische Materialien wie Kompost oder verrotteten Stallmist. Ein eher feuchtigkeitshaltender Boden besteht aus 1 Teil Lehmboden, 1 Teil Kompost und 2 Teilen Kies.

MUTTERBODEN   SCHARFER SAND   SCHOTTER   KIES   KOMPOST

KIESBEET BEPFLANZEN

Mitunter benötigen Pflanzen in Kies zu Beginn etwas mehr Aufmerksamkeit, falls der Kies austrocknet, ehe die Wurzeln den feuchten Boden darunter erreichen. Junge Pflanzen müssen daher gegossen werden, bis sie gut angegangen sind. In sehr trockenen Lagen kann die Bodenfeuchtigkeit erhalten werden, indem der Kies auf einem Faservlies ausgebracht wird. Gepflanzt wird durch Schlitze in der Membran

IN KIES PFLANZEN

1 PFLANZLOCH AUSHEBEN
Den Kies beiseite schieben. In der Bodenmischung ein Pflanzloch ausheben, das etwas größer ist als der Wurzelballen. Um den Ballen gleichmäßig anzufeuchten, gründlich wässern und Wasser ablaufen lassen.

2 WURZELBALLEN LOCKERN
Wurzeln lockern. Pflanze bis zum Wurzelhals auf Höhe der Kiesbeet-fläche in das Loch geben. Bei Hochgebirgspflanzen Erde abschütteln, dann verzweigt sich die Wurzel besser.

3 ANDRÜCKEN
Um die Wurzeln herum Boden-mischung nachfüllen. Mit den Fingern den Wurzelballen behutsam andrücken. Kiesschicht wieder auffüllen und gründlich wässern. Regelmäßig gießen, bis sich neue Triebe zeigen.

PFLANZEN KAUFEN

Gesunde Pflanze wachsen kompakt und zeigen weder Verfärbungen noch Schädlingsbefall. Schwache oder gelbliche Pflanzen sollte man nicht kaufen. Sie wurden u. U. bei schlechten Lichtverhältnissen oder mit mangelnder Wasserzufuhr gezogen. Beim Pflanzen die endgültige Größe bedenken; wuchernde Pflanzen können andere schnell erdrücken.

Kompakter Wuchs und sauberes Blattwerk in klaren Farben ohne abgestorbene oder absterbende Blätter

GESUNDE PFLANZE ▷
Die Pflanze soll kräftig und gesund und die Erde frei von Unkraut sein, wie bei diesem Steinbrech. Die Wurzeln füllen den Topf fast aus, ohne sich zu drängen.

PFLANZEN FÜR EIN KIESBEET

POLSTERPFLANZEN
Alpennelke
  (*Dianthus alpinus*)
Alyssum montanum
Anacyclus pyrethrum
  var. *depressus*
Ballota pseudodictamnus
Campanula cochleariifolia
Gänsekresse (*Arabis*)
Goldmohn (*Eschscholzia*)
Gypsophila aretioides
Igelginster
  (*Erinacea anthyllis*)
Jovibarba
Nelke (*Dianthus erinaceus*)
Oenothera acaulis
Papaver burseri, P. rhaeticum
Petrorhagia saxifraga
Saxifraga burseriana
Silene acaulis

WEITERE
Allium akaka,
  A. neapolitanum
Alpenleinkraut
  (*Linaria alpina*)
Artemisia stelleriana
  ›Boughton Silver‹
Cistus creticus, C. × cyprius
Erinus alpinus
Gartenanemone
  (*Anemone coronaria*)
Hornveilchen
  (*Viola cornuta* ›Minor‹)
Hypericum olympicum
Narcissus cantabricus
Parahebe catarractae
Silberwinde (*Convolvulus cneorum*)
Steintäschel
  (*Aethionema*)

PFLEGE EINES KIESBEETS

Ein fertig angelegtes Kiesbeet ist im Wesentlichen angenehm pflegeleicht. Kies bildet eine unkrauthemmende Abdeckung. Neues Unkraut lässt sich im jungen Zustand leicht herauszupfen. Lässt man es sich jedoch im Blattwerk der Zierpflanzen etablieren, ist es schwerer zu beseitigen.

Polster bildende und sich ausbreitende Pflanzen gedeihen besser, wenn sie alle paar Jahre herausgenommen und geteilt (s. S. 163) werden.

◁ **KIES ERNEUERN**
Kies rutscht allmählich weg, besonders an Hängen. Kahle Stellen werden bei Bedarf im Herbst und Frühjahr aufgefüllt.

BEETPFLEGE ▷
Nach den Eisheiligen werden abgestorbene Pflanzenteile entfernt. Verblühtes wird laufend entfernt.

SIEHE AUCH: Kies verlegen, S. 62–63; Unkraut mit Mulch oder Folie unterdrücken, S. 145; Pflege von Rabattenpflanzen, S. 154–155

STAUDEN

STAUDEN BILDEN DIE PFLANZENGRUPPE mit der größten Vielfalt. Man bezeichnet damit Pflanzen, die mindestens zwei Jahre leben, also wie Bäume und Sträucher ausdauernde Arten sind, aber im Allgemeinen nicht verholzen und im ausgewachsenen Stadium jährlich austreiben und blühen. Einige sind immergrün und somit auch im Winter von Interesse. Stauden lassen sich für jeden Garten finden, ob klein oder groß, sonnig oder schattig, geschützt oder exponiert, feucht oder trocken. Im Lauf der Zeit haben Staudengärtner immer weitere Sorten entwickelt, um die Farbpalette zu erweitern, die Blüten zu vergrößern und die Blütezeit zu verlängern.

STAUDEN FÜR RABATTEN

Nur wenige Pflanzengruppen können mit einer derartigen Vielfalt an Formen und Strukturen, Farben und Düften aufwarten. In der Höhe reichen sie von den niedrigsten Bodendeckern bis zu imposanten Riesen. Viele Gärtner tragen ihre winterliche Ruhezeit mit Fassung und freuen sich jedes Jahr über den erneuten Austrieb, der den Frühling einläutet. Andere setzen sie lieber in gemischte Rabatten, in denen vor und nach der hochsommerlichen Staudenblüte andere Pflanzengruppen blühen.

Während die meisten Stauden um ihrer Blüte willen geschätzt werden, weisen viele auch interessantes Blattwerk auf. Alle hier empfohlenen Pflanzen (siehe rechts und unten) sind über einen langen Zeitraum hinweg von Interesse und leicht zu ziehen. Sie benötigen nichts weiter als einen sonnigen Standort mit mäßig fruchtbarem, gut durchlässigem Boden. Man sollte aber nicht vergessen, dass auch die Wirkung von Pflanzen mit nur kurzer Blütezeit, wie *Papaver orientale*, intensiv und wunderschön sein kann.

Vor dem Pflanzen sollte man sich gründlich mit dem Standort vertraut machen (s. S. 46–49). Pflanzen gedeihen dort am besten, wo sie Lebensbedingungen vorfinden, die ihren Ansprüchen entsprechen.

WEITERE STAUDEN

Buschmalve (*Lavatera*). Den ganzen Sommer über rosa bis purpurfarbene trichterförmige Blüten.

Dreimasterblume (*Tradescantia*). Grasähnliches Blattwerk mit blauen, purpurfarbener, rosa oder weißen Blüten den Sommer über.

Echinaca purpurea. Dunkelpurpurne Körbchenblüten mit goldbraunem zapfenförmigem Zentrum erscheinen von Hochsommer bis Herbst.

Kardone (*Cynara cardunculus*). Imposanter Riese mit silbergrauen, tief eingeschnittenen Blättern. Große distelähnliche Blütenköpfe von Sommer bis Herbst.

Sedum spectabile. Graugrüne Blätter und flache tiefrosa Blütenstände von Spätsommer bis Herbst.

Sonnenbraut (*Helenium*). Sonnengelbe margeritenartige Blüten von Spätsommer bis Herbst.

Taglilien (*Hemerocallis*). Schmale Blätter; trompetenförmige Blüten von Hoch- bis Spätsommer.

△ GARBE (*ACHILLEA ›MOONSHINE‹*)
Von Sommer bis Herbst erscheinen flache blassgelbe Blüten über fiederspaltigen graugrünen Blättern. Mit 60 cm Höhe ideal für die Beetmitte.

△ NELKE (*DIANTHUS ›DORIS‹*)
Klare Horste mit graugrünen Blättern, mehrere Blühperioden im Sommer, Gewürznelkenduft, 30 cm hoch, schön in Rosen.

△ LEUCANTHEMUM × SUPERBUM ›WIRRAL PRIDE‹
Die reinweißen Körbchenblüten mit Zungenblüten erscheinen von Hoch- bis Spätsommer an 75 cm hohen Trieben über niedrigen Horsten von glänzenden dunkelgrünen Blättern. Robust und zuverlässig. Gute Schnittblume.

△ GERANIUM HIMALAYENSE ›GRAVETYE‹
Über dichten Büschen aus 30 cm hohem Blattwerk erscheinen mehrmals im Sommer leuchtend blaue Blüten. Attraktive Herbstfärbung.

△ NELKENWURZ (*GEUM ›LADY STRATHEDEN‹*)
Gefiederte Blätter, halb gefüllte gelbe Blüten. Bis zu 60 cm hoch, doch luftig genug für die erste Beetreihe.

◁ WOLLZIEST (*STACHYS BYZANTINA*)
Robuste, dicht silbrig behaarte Staude, die mit 45 cm gut in den vorderen Beetbereich passt. Bildet niedrige Bestände mit weiß wolligen Ähren von purpurfarbenen Blüten während des Sommers.

◁ SCABIOSA ›CLIVE GREAVES‹
Über graugrünen Blättern bilden sich im Hochsommer lavendelfarbene Blüten. Trotz ihrer Höhe von 60 cm eignet sich die luftige Staude gut für eine Stellung im vorderen Beetteil; gute Schnittblumen.

◁ ARTEMISIA LUDOVICIANA ›SILVER QUEEN‹
Gruppen mit silbrigen Blättern, 75 cm hoch. Bilden wenige Blüten aus, aber während der gesamten Vegetationszeit sehenswertes Blattwerk, daher gute Nachbarn für leuchtende Blumen.

SIEHE AUCH: Bestandsaufnahme, S. 46–49; Staudenrabatten, S. 125; Besondere Standortbedingungen, S. 130–131

△ HERBSTANEMONE (*ANEMONE* x *HYBRIDA* ›HONORINE JOBERT‹)
*Diese erstklassige Staude blüht über Monate vom Spät-
sommer bis in den Herbst. Die weißen Blüten stehen an
1,5 m hohen Trieben. Sonne bis leichten Schatten.*

△ *ACANTHUS SPINOSUS*
*Horste von glänzenden, tief eingeschnittenen Blättern und
hoch aufragende Ähren mit weißlila Blüten (1,5 m)
bieten im Frühsommer einen reizenden Anblick, insbesondere
vor dem purpurfarbenen Hintergrund des Cotinus ›Grace‹.*

MOHN

Die zahlreichen Sorten des Türkischen
Mohns (*Papaver orientale*) bilden den früh-
sommerlichen Blickfang einer Staudenrabatte. Die behaarten fiederteiligen
Blätter fangen das Licht ein, und die
Blüten entfalten seidige Kronblätter mit
dunklen, samtigen Staubgefäßen.

Ihr einziger Nachteil ist, dass die Blätter
sich nach der Blüte wieder einziehen. Die
Lücke kann jedoch mit Einjährigen oder
mit den überhängenden Trieben anderer
Gewächse, etwa Schleierkraut, verdeckt
werden. Mohn bevorzugt tiefen, fruchtbaren, durchlässigen Boden in voller
Sonne. Sollte im April geteilt werden, ohne
die fleischigen Wurzeln zu beschädigen.

WEITERER TÜRKISCHER MOHN

P. ›Allegro‹. Leuchtend orangerote Blüten mit kräftigem schwarzem Mal am Blütengrund.

P. ›Indian Chief‹. Große, nicht gezeichnete Blüten in
einem ungewöhnlich satten Mahagonirot.

P. ›May Queen‹. Gefüllte, orangerote Blüten mit ungewöhnlichen, eingerollten Kronblättern ohne Mal.

P. ›Mrs Perry‹. Große lachsrosa Blüten mit schwarzem
Mal.

P. ›Picotee‹. Große weiße Blüten, geknitterte Kronblätter mit lachsrosa überhauchten Rändern.

P. ›BLACK AND
WHITE‹ ▷
*Die seidenglatten, weißen
Blüten zeigen ein karmin-
rot-schwarzes Mal am
Grund. Die robuste Sorte
wird 90 cm hoch und passt
hervorragend in ein
einfarbiges Beet.*

◁ **P.** ›CEDRIC MORRIS‹
*Mit grauen, behaarten
Blättern und sehr großen
rosa Blüten harmoniert
diese Sorte gut mit der
Ramblerrose ›Albertine‹,
während der Blütezeit
verdeckt sie die oft kahlen
unteren Triebe der Rose.*

P. ›BEAUTY OF
LIVERMERE‹ ▷
*Die bis 20 cm großen,
glänzenden Blüten er-
scheinen in undeutlichem
Scharlachrot mit
schwarzem Mal. Die
Pflanze erreicht eine Höhe
von 1,20 m.*

PFINGSTROSEN

Die meisten Pfingstrosen sind Sorten von
Paeonia lactiflora und *P. officinalis*. Ihre schalenförmigen, zunächst oft kugeligen Blüten
gibt es ungefüllt, halb gefüllt oder gefüllt.
Sie blühen im Frühsommer in zahlreichen
Rot- und Pastelltönen und bevorzugen
Sonne oder Halbschatten und tiefen frucht-
baren Boden, der durchlässig, aber humus-
reich und feucht ist. Sie können im Vor-
frühling oder Frühherbst geteilt werden.
Hierzu schneidet man die fleischigen
Wurzeln auseinander. Entgegen anderer
Meinung können ausgewachsene Päonien
durchaus verpflanzt werden, nur müssen
der Wurzelballen und die Pflanze bis zum
Anwachsen gut gewässert werden.

WEITERE PFINGSTROSEN

P. ›Bowl of Beauty‹. Anemonenförmige, karminrot-
rosa Blüten mit cremefarbenen Staubfadenbüschel.

P. ›Festiva Maxima‹. Sehr große, duftende, gefüllte
weiße Blüten mit gekräuselten Kronblättern, die
innersten am Blütengrund karminrot überhaucht.

P. mlokosewitschii. Blaugrüne Blätter und ungefüllte
zitronengelbe Blüten von Spätfrühling bis Frühsommer.

◁ **P.** ›SARAH
BERNHARDT‹
*Kräftige zuverlässige
Päonie, etwa 90 cm hoch,
mit aufrechten Trieben, die
sehr große, gefüllte Blüten
in zartem Rosarot tragen.
Die inneren Kronblätter
sind gekräuselt und be-
sitzen einen silbrigen Rand.*

△ **P.** ›DUCHESSE DE
NEMOURS‹
*Grünliche Knospen öffnen
sich zu reinweißen Blüten,
die groß und duftend sind.
Sie besitzen dicht stehende
innere, am Grund blass-
gelb überhauchte Kron-
blätter. Bis 80 cm hoch.*

△ **P.** *OFFICINALIS*
›RUBRA PLENA‹
*Klassische Bauerngarten-
pfingstrose mit karminroten
gefüllten Blüten im Früh-
und Hochsommer.
Eher kompakter Wuchs,
bis 75 cm hoch.*

SIEHE AUCH: Besondere Standortbedingungen, S. 130–131; Beete und Rabatten bepflanzen, S. 148–149

EIN- UND ZWEIJÄHRIGE UND ZWIEBELPFLANZEN

EIN- UND ZWEIJÄHRIGE KÖNNEN als Lückenfüller in gemischten Rabatten oder als intensive Farbtupfer in einem Pflanzschema eingesetzt werden. Viele bilden attraktive Samenkapseln, die sich freizügig aussamen, was an zusagenden Standorten zu erfreulich spontanen, zwanglosen Kompositionen führt.

Zwiebel- und Knollengewächse erscheinen und ziehen wieder ein; sie sorgen damit für dynamischen Wechsel. Bei sorgfältiger Auswahl eröffnen sie die Blütezeit im späten Winter und Vorfrühling, erfreuen den ganzen Sommer über mit strahlender Farbenpracht und tragen im Herbst zum prächtigen Ausklang des Jahres bei.

EIN- UND ZWEIJÄHRIGE

Ein- und Zweijährige sind kurzlebige Pflanzen, wenngleich sie zum Teil sehr lange blühen. Einjährige blühen, produzieren Samen und sterben innerhalb eines Jahres. Ihre Blüte kann verlängert werden, wenn Abgeblühtes regelmäßig entfernt wird oder sie für die Vase geschnitten werden. Zweijährige bringen im ersten Jahr Blätter hervor und sterben nach der Blüte im zweiten Jahr.

Es gibt Ein- und Zweijährige für die meisten Standorte – sonnig, feucht, trocken. Knappe Angaben hierzu finden sich zumeist auf den Samentütchen. Beete können ausschließlich mit Ein- und Zweijährigen angelegt werden, was sich vor allem in neu angelegten Gärten anbietet. Die Planung der Dauerbepflanzung kann somit in Ruhe durchdacht werden.

ZWEIJÄHRIGE

Begonia (Semperflorens-Gruppe). Niedrig wachsend, glänzende Blätter, lang haltende leuchtende Blüten.

Chrysanthemum carinatum. Zahllose margeritenartige Blüten in Rot, Gelb, Weiß oder Purpur.

Duftwicke *(Lathyrus odoratus).* Rankpflanze mit süßen, farbenfrohen Schmetterlingsblüten.

Eselsdistel *(Onopordum acanthium).* Stachelige graue Blätter, purpurne distelartige Blüten, bis 3 m.

Fleißiges Lieschen *(Impatiens).* Glänzendes Laub, unzählige leuchtende rote, rosa und weiße Blüten.

Gartenrittersporn *(Consolida ajacis).* Fedriges Laub, blaue, rosa, purpurfarbene oder weiße Blütenkerzen.

Godetie *(Clarkia amoena).* Seidige, trichterförmige Blüten in Pastelltönen den ganzen Sommer hindurch.

Mariendistel *(Silybum marianum).* Weiß marmorierte, stachelige Blätter, purpurne distelähnliche Blüten.

Muschelblume *(Moluccella laevis).* Blüten mit muschelartigen grünen Blütenkelchen.

Schlafmohn *(Papaver somniferum).* Graue Blätter, weiße bis purpurne Blüten und blaugrüne Samenkapseln.

ZWIEBELGEWÄCHSE

Zu dieser Pflanzengruppe zählen im weiteren Sinn auch Pflanzen aus Knollen oder Rhizomen. Das Laub vergilbt nach der Blüte, und die Pflanze begibt sich in einen unterirdischen Ruhezustand. Es ist wichtig, die Blätter zumindest welken zu lassen, bis sie gelb sind. Die meisten benötigen nur Sonne und durchlässigen Boden; Waldpflanzen bevorzugen feuchteren Boden und Halbschatten.

GALTONIA CANDICANS ▷
Eleganter Sommerblüher mit Trauben wachsartiger weißer Blüten und blaugrünen Blättern. Mit einer Höhe von 1,2 m empfiehlt sie sich für eine mittlere Beetstellung.

◁ ALLIUM GIGANTEUM
Dieser Zierlauch erreicht bei der Blüte im Sommer eine Höhe von 1,5 m und bildet eine hervorragende Ergänzung in einer sonnigen Rabatte. Er passt gut zu Rosen und hebt sich besonders vor grauem Blattwerk gut ab.

△ **COSMOS BIPINNATUS ›SEA SHELLS‹**
Die eingerollten Kronblätter dieser Kosmea erscheinen in einer weiten Farbpalette von Weiß über Rosa bis Karminrot. Die 90 cm hohe Einjährige bildet einen farbenfrohen Lückenfüller in gemischten oder Staudenrabatten.

△ **VERBASCUM OLYMPICUM**
Mit weißwolligen Blättern und leuchterförmigen Blütenähren bietet diese bis zu 2 m hohe Zweijährige den ganzen Sommer einen Blickfang. Sonniger Standort, Boden auch mager und trocken.

△ **ROTER FINGERHUT (DIGITALIS PURPUREA ›SUTTON'S APRICOT‹)**
Die aprikosenfarbenen Blüten harmonieren gut mit rosa und tiefblauen Blüten. Die Zweijährige wird bis zu 1,5 m hoch. Sonne oder lichter Schatten.

◁ **SONNENBLUME (HELIANTHUS ANNUUS)**
Sie werden wegen ihrer leuchtenden Blüten geschätzt; 60 cm hohe Sorten für mittlere Beetstellung bis rasch wachsende 5 m hohe Riesen. Gute Schnittblume.

△ **MONTBRETIE CROCOSMIA ›LUCIFER‹**
Diese 1,2 m hohe Montbretie wird vor allem wegen ihrer prachtvollen Blüten von Hoch- bis Spätsommer geschätzt. Schwertförmige hellgrüne Blätter. Sonne oder Halbschatten.

SIEHE AUCH: Verwendung von Ein- und Zweijährigen, S. 125

NARZISSEN

Unter den tausenderlei Narzissen-Sorten (Narcissus), die zwischen Spätwinter und Spätfrühling blühen, lässt sich für jede Rabatte oder Grasfläche die geeignete finden. Die Zwiebeln werden im Herbst so tief gesetzt, dass sie in 1½-facher Höhe bedeckt sind. Sie brauchen Sonne oder Halbschatten bei feuchtem, fruchtbarem, gut durchlässigem Boden. Verblühtes Laub nach der Blüte noch sechs Wochen welken lassen.

△ *N.* ›ACTAEA‹
Köstlichkeit für den Mai, die die Luft großzügig mit ihrem Duft erfüllt. Weiße Kronblätter umgeben die flache gelbe Nebenkrone, geziert mit rotem Rand. 45 cm hoch.

WEITERE NARZISSEN

N. ›Cheerfulness‹. Stark duftende, gefüllte rundliche weiße Blüten. 40 cm hoch.

Dichternarzisse (*N. poeticus*). Duftende weiße Blüten, kleine gelbe Nebenkronen mit rotem Rand, 50 cm.

N. ›Hawera‹. Kleine Narzisse mit schlanken goldgelben Blüten mit kleiner Nebenkrone.18 cm hoch.

N. × *odorus*. Stark duftende goldene trompetenförmige Blüten. 25 cm hoch.

N. ›ARKLE‹ ▷
Kräftige Osterglocke mit sehr großen goldenen trompetenförmigen Blüten im April. Die 40 cm hohe Pflanze fühlt sich sowohl in Rabatten als auch im Rasen wohl.

TULPEN

Das Farbspektakel der Tulpen (Tulipa) erstreckt sich von Spätwinter bis Spätfrühling. Sie eignen sich als einjährige Beetpflanen oder als Gruppen und bevorzugen fruchtbaren, gut durchlässigen Boden, volle Sonne und Schutz vor starkem Wind. Die Zwiebeln steckt man ab Spätsommer 10–15 cm tief. Wenn die Blätter welken, kann man die Zwiebeln herausnehmen oder an Ort und Stelle lassen.

△ *T.* ›QUEEN OF NIGHT‹
Robuste Tulpe mit tief dunkelroter Blüte im Mai. Eine der dunkelsten Sorten, harmoniert gut mit graublättrigem Laub.

WEITERE TULPEN

T. ›Artist‹. Lachsrosa Blüten, grün und purpurfarben überhaucht. 45 cm hoch.

T. ›Estella Rijnveld‹. Rotweiße Blüten im Mai, 55 cm hoch.

T. ›Plaisir‹. Karminrote und schwefelgelbe Blüten im März. 15 cm hoch.

T. ›White Triumphator‹. Elegante Tulpe mit reinweißen Blüten im Mai. 45–60 cm hoch.

T. ›PEACH BLOSSOM‹ ▷
Die gefüllten satt rosaroten Blüten sind häufig zunächst am Grund grün überhaucht. Sie lassen sich im Mai ausgezeichnet mit blauen Vergissmeinnicht ergänzen.

LILIEN

Lilien (Lilium) werden meist relativ hoch und tragen im Sommer und mitunter bis zum Herbst auffällige, häufig duftende Blüten. Sie gedeihen in gut durchlässigem Boden, der mit organischem Material angereichert wurde; die meisten lieben saure bis neutrale Böden und einen sonnigen Standort. Die Zwiebeln werden im zeitigen Herbst auf einem Kiesbett, das die Drainage verbessert, gesetzt, so dass sie in 2–3facher Höhe bedeckt sind.

△ TÜRKENBUNDLILIE (**L. MARTAGON**)
Waldlilie mit turbanförmigen Blüten an bis zu 2 m hohen Stielen. Blüte Früh- bis Hochsommer. Gedeihen in fast jedem wasserdurchlässigen Boden.

WEITERE LILIEN

L. canadense. Nickende gelbe Blüten im Sommer. 1,6 m hoch.

L. ›Fire King‹. Orangerote Blüten im Hochsommer. 1,2 m hoch. Ideal für Kübel.

Madonnenlilie (*L. candidum*). Duftende weiße Blüten. 1,8 m hoch. Neutraler bis alkalischer Boden.

L. ›Sterling Star‹. Aufwärts gerichtete, duftende weiße, braun gesprenkelte Blüten im Sommer. 1,2 m hoch.

KÖNIGSLILIE (L. REGALE) ▷
Lilie von hochsommerlicher Eleganz und herrlichem Duft. Sie wächst am besten in der Sonne oder leichtem Schatten. Bei optimalen Bedingungen erreicht sie eine Höhe von 2 m.

IRIS

Die meisten Iris-Sorten blühen relativ kurz zwischen Frühling und Frühsommer, ihre gelegentlich panaschierten spitzen Blätter sind die gesamte Vegetationszeit über sichtbar. Iris werden in verschiedene Gruppen unterteilt. Bartiris und Zwiebeliris gedeihen in fruchtbarem, wasserdurchlässigem Boden in voller Sonne. Die schlankere und zartere Sibirische Iris bevorzugt etwas feuchteren Boden und Sonne bis leichten Schatten.

△ *I. PALLIDA* ›VARIEGATA‹
Bartiris mit blauen bis malvenfarbenen Blüten im Frühsommer und cremegelb gestreiften Blättern während der Vegetationszeit. Wird bis zu 1 m hoch.

WEITERE IRIS

I. ›Blue-eyed Brunette‹. Warmbraune Blüten mit violettem Hauch und gelbem Bart. 90 cm hoch.

I. germanica. Wuchsfreudige Art mit gelbem Bart und blauvioletten Blüten. 60–120 cm hoch.

I. ›Golden Harvest‹. Zwiebeliris mit gelben Blüten von April bis Hochsommer. 70 cm hoch.

I. sibirica. Zierliche blauviolette Blüten mit blasseren dunkel geäderten Hängeblättern. 50–120 cm hoch.

I. ›ARNOLD SUNRISE‹ ▷
Bartlose, 25 cm hohe Iris, die besonders für vordere Beetstellung geeignet ist. Die unteren der weißen Kronblätter tragen einen gelborangen Fleck.

SIEHE AUCH: Beete und Rabatten bepflanzen, S. 148–149; Weitere Tulpen, S. 330; Weitere Iris, S. 336

STRÄUCHER UND ROSEN

IN JEDEM GARTEN, ob groß oder klein, formal oder naturnah, sind Laub abwerfende und immergrüne Sträucher wesentlich für die Gestaltung eines dauerhaften Rahmens. Sie reichen von niedrigen Bodendeckern bis zu großen, fast baumhohen Pflanzen, obwohl die meisten wesentlich kleiner sind. Die Auswahl ist schier endlos, und da Sträucher in allen erdenklichen Lagen auf der Welt vorkommen, findet sich für jeden Standort das geeignete Gehölz. Sie bieten eine große Palette unterschiedlichsten Blattwerks, mitunter imposante Formen und häufig duftende Blüten. Auch die Triebe können durch Rindenstruktur oder -farbe einen dekorativen Beitrag leisten.

STRÄUCHER FÜR RABATTEN

Laut Definition sind Sträucher Pflanzen mit verholzten Trieben, die an oder nahe der Basis eine Vielzahl von Trieben hervorbringen, während Bäume in der Regel nur einen einzigen Stamm ausbilden. Dieses Merkmal erlaubt allerdings nicht immer eine eindeutige Unterscheidung.

Alle hier beschriebenen Sträucher lassen sich leicht ziehen, sind weit verbreitet und zumeist länger als nur eine Jahreszeit von Interesse. Bei steigendem Interesse und größerer Erfahrung lassen sich noch viele weitere geeignete Gehölze finden, doch ist es durchaus lohnend, auch die gängigen Sorten zu berücksichtigen – viele Sträucher sind eben beliebt, weil sie robust und zuverlässig sind. Der individuelle und kreative Stil zeigt sich dann in der jeweiligen Zusammenstellung.

Vor dem Kauf sollte man sich über die Standortansprüche und endgültige Größe des Strauches informieren. Er sollte genug Platz in der Rabatte erhalten. Lücken im Beet füllt so lange eine Saisonbepflanzung.

WEITERE STRÄUCHER

Feuerdorn (*Pyracantha* ›Soleil d'Or‹). Dorniger immergrüner Strauch, glänzend dunkelgrüne Blätter, weiße Blüten im Frühjahr und massenhaft leuchtend gelbe Beeren, die den Winter überdauern.

Hartriegel (*Cornus alba* ›Sibirica‹). Weiße Blüten im Mai, rotorange Herbstfärbung. Jährlicher Frühjahrsschnitt bis auf den Grund fördert den Neuaustrieb leuchtend roter Zweige, die im Winter besonders attraktiv wirken.

Leycesteria formosa. Aufrechter Strauch mit Wurzelschösslingen; weiße Blüten, rote Früchte im August.

Prunkspiere (*Exochorda macrantha* ›The Bride‹). Anmutig, mit weißen Blüten im Mai und gelber Herbstfärbung.

Roseneibisch (*Hibiscus syriacus* ›Red heart‹). Aufrecht wachsender Strauch mit weißen Blüten mit rotem Mal von Sommer bis Herbst.

Zierquitte (*Chaenomeles speciosa* ›Moerloosii‹). Wuchsfreudiger, dorniger Strauch. Glänzende Blätter, weiße, rosa überhauchte Blüten, gelbgrüne Früchte.

Zwergvogelbeere (*Aronia arbutifolia*). Kleiner Strauch mit weißen Frühlingsblüten, roten Beeren und attraktivem Herbstlaub.

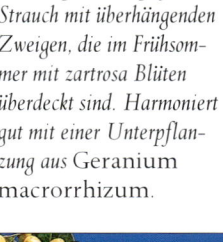

KOLKWITZIA AMABILIS ›PINK CLOUD‹ ▷
Anmutiger mittelgroßer Strauch mit überhängenden Zweigen, die im Frühsommer mit zartrosa Blüten überdeckt sind. Harmoniert gut mit einer Unterpflanzung aus Geranium macrorrhizum.

GEMEINER SCHNEEBALL (*VIBURNUM OPULUS* ›XANTHOCARPUM‹) ▷
Großer vielseitiger Strauch mit cremeweißen Blütenständen von Mai bis Juni, gefolgt von glänzenden gelben Früchten. Die ahornähnlichen Blätter entwickeln rote Herbstfärbung.

△ **BLUTJOHANNISBEERE** (*RIBES SANGUINEUM* ›PULBOROUGH SCARLET‹)
Kräftige mittelgroße Zierjohannisbeere mit dunkelroten Blüten im Frühling, blauschwarzen Früchten und gelbrotem Herbstlaub.

△ **BUDDLEJA DAVIDII** ›WHITE PROFUSION‹
Mittelgroßer Strauch, sehr lange Rispen mit kleinen weißen Blüten mit gelbem Auge von Sommer bis Herbst. Die duftenden Blüten ziehen Bienen und Schmetterlinge an.

△ **FORSYTHIA × INTERMEDIA** ›LYNWOOD‹
Laub abwerfender mittelhoher Strauch, zahlreiche sattgelbe Blüten im Frühjahr. Schön mit Unterpflanzung von blauen Traubenhyazinthen (Muscari).

△ **SYRINGA MEYERI** ›PALIBIN‹
Gefällige, langsam wachsende Fliederart, ideal für kleine Gärten. Von Mai bis Juni bringt er dichte Blütenstände mit kleinen, herrlich duftenden lavendelrosa Blüten hervor.

△ **PFEIFENSTRAUCH** (*PHILADELPHUS* ›BOULE D'ARGENT‹)
Kompakter Strauch mit cremeweißen Blüten im Juni oder Juli. Farbe und Duft machen Sommerjasmin-Sorten zu idealen Begleitern von Rosen.

△ **WEIGELIE** (*WEIGELA* ›EVA RATHKE‹)
Gefälliger aufrechter Strauch. Bringt im Mai und Juni zuverlässig dunkelrote, lange haltende Blüten hervor. Weigelien kann man mit spät blühenden Clematis beranken.

SIEHE AUCH: Pflanzen für sauren Boden, S. 131; Gute Pflanzen kaufen, S. 146–147; Pflege von Sträuchern, S. 156–157; Schnitt und Erziehung von Sträuchern, S. 158–159

STRÄUCHER MIT FARBIGEM LAUB

Farbenprächtiges Blattwerk kann einer Rahmenbepflanzung im Hintergrund größeren Reiz verleihen. Graues oder purpurrotes Laub hält sich oft die gesamte Vegetationszeit hindurch. Goldenes Laub wird oft im Sommer grün, dann rücken Nachbarpflanzen in den Vordergrund.

◁ *BERBERIS THUNBERGII* ›ROSE GLOW‹
Mittelgroßer Dornstrauch mit roten bis purpurroten, weiß gesprenkelten Blättern, hübsch zu grauem oder hellgrünem Laub. Ausgezeichnete Stütze für Clematis ›Alba Luxurians‹.

KUPFERFELSENBIRNE (*AMELANCHIER LAMARCKII*) ▷
Beim Austrieb kurz nach der weißen Frühlingsblüte bronzene Blätter, später dunkelgrün und im Herbst orange und rot.

◁ EBERRAUTE (*ARTEMISIA ABROTANUM*)
Kleiner, aromatischer Halbstrauch mit feinen graugrünen Blättern. Auffälliger Hintergrund für Blüten in Blau, Karmin- und Purpurrot. Harmoniert gut mit altmodischen Rosen.

WEITERE FARBIGE STRÄUCHER

Hartriegel (*Cornus alba* ›Aurea‹). Mittelhoch; dauerhaft gelbes Laub, das im Herbst fällt; rote Wintertriebe.

Heiligenkraut (*Santolina chamaecyparissus* ›Lemon Queen‹). Kompakte Immergrüne; fein gefiedertes graues Laub, üppige zitronengelbe Blüte im Sommer.

Klebsame (*Pittosporum tenuifolium* ›Tom thumb‹). Klein, immergrün mit glänzendem, bronzepurpurfarbenem Laub mit gewelltem Rand.

Ölweide (*Elaeagnus × ebbingei* ›Gilt Edge‹). Immergrün und mittelhoch mit dunkelgrünen Blättern mit gelbem Rand.

Perückenstrauch (*Cotinus coggygria* ›Royal Purple‹). Mittelhoch mit tief purpurfarbenen Blättern, die sich im Herbst rot färben.

Weigelie (*Weigela florida* ›Foliis Purpureis‹). Kompakt, Laub abwerfend, mit purpur überhauchten bronzegrünen Blättern und trichterförmigen rosa Blüten im Frühsommer.

ROSEN

In keiner anderen Pflanzengruppe findet sich eine derartige Fülle an Blüten mit auserlesenen Düften und Farbnuancen. Viele unter ihnen blühen vom Sommer bis zum ersten Frost. Die Bandbreite an Rosen reicht von niedrigen Bodendeckern zu großen überhängenden Sträuchern und hochwüchsigen Kletterern. Sie können für ein Rosenbeet oder in einer gemischten Rabatte verwendet werden. Sonniger Standort, durchlässiger fruchtbarer Boden und der richtige Schnitt (*siehe S. 161*) bilden die Voraussetzungen für eine reiche Blüte. Gedüngt wird im März und nach der ersten Blüte. Man wählt möglichst krankheitsresistente Sorten.

△ *R.* HAMPSHIRE
Die 30 cm hohe und 75 cm breite Bodendeckerrose eignet sich hervorragend als Randbepflanzung von Wegen und Beeten, ist aber auch für Kübel. Sie trägt von Sommer bis Herbst zahlreiche flache ungefüllte scharlachrote Blüten.

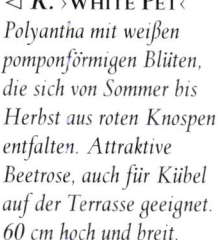

◁ *R.* ›WHITE PET‹
Polyantha mit weißen pomponförmigen Blüten, die sich von Sommer bis Herbst aus roten Knospen entfalten. Attraktive Beetrose, auch für Kübel auf der Terrasse geeignet. 60 cm hoch und breit.

R. QUEEN MOTHER ▷
Mit 40 cm Höhe und 60 cm Umfang eine Rose für die Terrasse. Von Sommer bis Herbst halb gefüllte, hellrosa Blüten. Wunderschön zu den tief purpurfarbenen Blüten von Lavandula ›Hidcote‹.

WEITERE ROSEN

R. ›Cornelia‹. Wüchsige Strauchrose mit zartrosa Blüten in Rosettenform den Sommer hindurch.

R. ›Graham Thomas‹. Lockerer Strauch mit duftenden gelben Blüten den ganzen Sommer über.

R. ›Kent‹. Niedriger Bodendecker mit halb gefüllten, cremeweißen Blüten von Sommer bis Herbst.

R. moyesii. Hoher aufrechter Strauch mit ungefüllten roten Blüten im Juni und flaschenförmigen Hagebutten im Spätsommer und Herbst.

R. ›Rosy Cushion‹. Wuchernder Strauch, duftende ungefüllte, blassrosa Blüten von Sommer bis Herbst.

R. rugosa. Sehr stacheliger Strauch mit pinkfarbenen Blüten im Sommer und roten Hagebutten ab August.

R. ›Swany‹. Niedrige Bodendecker-Rose mit gefüllten cremeweißen Blüten den ganzen Sommer über.

R. ›White Wings‹. Großblumiger Strauch mit ungefüllten weißen Blüten mit roten Staubgefäßen den ganzen Sommer hindurch.

△ *R.* ›BLESSINGS‹
Eine wuchsfreudige Buschrosensorte mit dunkelgrünen Blättern und großen gefüllten, duftenden Blüten in Lachsrosa vom Sommer bis zum Herbst. Sie wird bis zu 1 m hoch und 75 cm breit.

△ *R.* ›JACQUELINE DU PRÉ‹
Moderne Strauchrose mit überhängenden Trieben. Moschusduftende elfenbeinfarbene Blüten mit roten Staubgefäßen von Frühsommer bis Herbst. 1,5 m hoch und 1,2 m breit.

△ *R.* ›MME ISAAC PEREIRE‹
Überhängende Bourbon-Rose mit duftenden Blüten, mehrmals zwischen Sommer und Herbst. Die 2 m hohe und breite Rose lässt sich auch als Kletterrose erziehen.

△ *R.* ›AMBER QUEEN‹
*50 cm hohe und 60 cm breite Rose mit glänzend dunkelgrünem Laub und duftenden Blüten von Sommer bis Herbst. Reizvoll zu blauem Rittersporn (*Delphinium *Belladonna-Hybriden).*

SIEHE AUCH: Sträucher und Rosen pflanzen, S. 150–151; Rosenpflege, S. 160–161; Weitere Rosen, S. 334, 337, 339, 348, 362

GRÄSER UND FARNE

GRÄSER UND FARNE VERLEIHEN einem Pflanzschema eine raffinierte Komponente, da ihre Vorzüge auf Form und Struktur beruhen und nicht auf prachtvollen Blüten. Uneingeweihte halten die Farbpalette dieser Pflanzen oft zu Unrecht für begrenzt: Sie bietet eine reiche Auswahl an Grüntönen, auch Nuancen wie Smaragd- oder Lind-grün, neben Blau, Grau, Silber und Gold. Grasblüten weisen häufig zarte Strukturen auf. Grasartige Pflanzen verleihen dem Garten bei der kleinsten Brise einen Aspekt wogender Bewegung. Farne blühen zwar nicht, in schattigen Gartenbereichen, die oft für Blüten zu dunkel sind, bilden ihre Wedel jedoch auffällige Strukturen.

GRÄSER

Die meist staudigen, selten einjährigen Ziergräser entstammen drei verschiedenen Pflanzenfamilien: den Binsengewächsen, den Sauergräsern und den Süßgräsern oder Echten Gräsern, zu denen auch der Bambus gehört. Ihre meist linealischen Blätter kommen in vielen Farben vor, auch panaschiert. Süßgräser mit imposanter Erscheinung und anmutigen Blütenständen sind für Einzelstellung, gemischte oder reine Ziergrasrabatten und Kiesbeete geeignet. Einige, wie Schwingel (Festuca) oder Haargerste (Elymus), sind gute Bodendecker.

Die meisten gedeihen in voller Sonne, in feuchtem, aber gut durchlässigem, eher magerem Boden. Sie werden am besten im Frühjahr gesetzt. Eingewachsene Gräser sind pflegeleicht und werden nur im Herbst ganz zurückgeschnitten. Blattwerk, oft mit attraktiver Herbstfarbe, oder Blütenstände bilden bei Raureif eine besondere Zierde. Sie werden daher erst im März zurückgeschnitten, ehe sie neu austreiben.

△ **HAARGERSTE (ELYMUS MAGELLANICUS)**
Dieses niedrige Horstgras besitzt intensiv blaue Blätter und wird 15 cm hoch. Den Sommer hindurch trägt es fast niederliegende Blütenähren. Für vordere Stellung im Beet geeignet, insbesondere vor grauem Blattwerk.

△ **PAMPASGRAS (CORTADERIA SELLOANA ›SUNNINGDALE SILVER‹)**
Dieses Gras bildet majestätische Horste mit bis zu 3 m hohen silberweißen Federbüscheln. Die Blattränder sind messerscharf, bei der Pflege unbedingt Handschuhe tragen!

WEITERE SÜSSGRÄSER

Blauschwingel *(Festuca cinerea ›Blaufuchs‹)*. Immergrün, sehr schmale blaue Blätter und violett überhauchte Blütenrispen im Sommer. 30 cm hoch.

Federborstengras *(Pennisetum villosum)*. Büscheliges ein- oder mehrjähriges Gras; federartige Blütenstände, ausgereift purpurfarben überhaucht. 60 cm hoch.

Federgras *(Stipa tenuissima)*. Aufrechtes Staudengras mit fadenförmigen hellgrünen Blättern, die im Herbst einziehen, und fedrigen lohfarbenen Blütenständen. Bis 60 cm hoch.

Fuchsschwanz *(Alopecurus pratensis ›Aureovariegatus‹)*. Ausdauerndes Gras mit schmalen, gelb und grün gestreiften Blättern. Bis zu 1,2 m hoch.

Hiobsträne *(Coix lachryma-jobi)*. Einjährig, bis 90 cm hoch, hellgrüne Blätter; überhängende Blütenstände, im Herbst mit perlförmigen grauen Samen.

Honiggras *(Holcus mollis ›Albovariegatus‹)*. Matten bildend, von weicher Beschaffenheit mit flachen blaugrünen Blättern mit cremeweißem Rand. 30 cm hoch.

△ **HAKONECHLOA MACRA ›AUREOLA‹**
Die leuchtend gelben Blätter dieses Horstgrases sind dunkelgrün gestreift und zeigen im Herbst auch rostrote Töne, die sich bis in den Winter hinein halten. Bis zu 35 cm hoch.

△ **FEDERGRAS (STIPA CALAMAGROSTIS)**
Horste von überhängenden blaugrünen Blättern bringen im Sommer purpurn überhauchte braunsilbrige fedrige Ähren hervor. Trotz der Höhe von 1 m ist es auf Grund des offenen luftigen Wuchses für eine Stellung vorne im Beet geeignet.

△ **MISCANTHUS SINENSIS ›ZEBRINUS‹**
Der fontänenartige Horst aus weit überhängenden Blättern mit cremegelben Querstreifen passt gut in gemischte Rabatten oder in Wassernähe. Das Gras wird 1,2 m hoch.

SIEHE AUCH: Beete und Rabatten bepflanzen, S. 148–149

SAUERGRÄSER UND BINSEN

Sauer- oder Riedgräser sind eine umfangreiche Gruppe meist immergrüner, mehrjähriger Pflanzen. Ihre Blätter sind in der Regel dreizeilig angeordnet und oft derber als bei Süßgräsern. In der kleinen Familie der Binsengewächse haben echte Binsen (*Juncus*) röhrige, Hainsimsen (*Luzula*) grasartige Blätter. Wie die meisten Sauergräser bevorzugen sie feuchte bis nasse Lagen.

SAUERGRÄSER UND BINSEN

Carex conica. Kleine immergrüne Horstsegge für milde Lagen mit dunkelgrünem, weiß berandetem Blatt.

Carex elata ›Aurea‹. Im Herbst einziehende Horstsegge mit überhängenden, leuchtend goldgelben Blättern mit feingrünem Rand.

Luzula sylvatica ›Aurea‹. Immergrüne, horstbildende Hainsimse mit gelbgrünen Blättern im Sommer und leuchtend goldgelben im Winter.

△ **CAREX OSHIMENSIS** ›**EVERGOLD**‹
Immergrüne Horstsegge, dunkelgrüne Blätter mit breiten gelben Mittelstreifen. Im Frühling erscheinen braune Blütenähren. Bevorzugt feuchten, aber gut durchlässigen Boden und kann in Beeten vorne gesetzt werden. 30 cm hoch.

△ **HAINSIMSE (LUZULA NIVEA)**
Diese lockerhorstige, 60 cm hohe Hainsimse blüht am besten auf feuchtem Boden in sonniger Lage, gedeiht aber auch im Halbschatten. Die Blütenstände sind gut zum Schnitt geeignet.

△ **HÄNGE-SEGGE (CAREX PENDULA)**
Große, bis zu 1,5 m hohe Horstsegge, die in nassem bis feuchtem Boden in Sonne oder Halbschatten gedeiht. Die kätzchenartigen Blüten erscheinen im Juni und halten bis zum Winter.

BAMBUS

Bambusarten, eine eigene Unterfamilie der Süßgräser, bilden elegante, leicht im Wind raschelnde Abschirmungen oder Gruppen im Halbschatten. Sie gedeihen in feuchtem, gut humosem Boden, der vor starkem oder austrocknendem Wind geschützt sein sollte. Einige verbreiten sich unerwünscht rasch durch Rhizome. Pflanzung in Fässern ohne Böden schafft hier Abhilfe.

WEITERE BAMBUSARTEN

Chusquea culeou. Elegant, bis 6 m hoch. Überhängende, glänzend-gelbgrüne Stängel mit büscheligen schmalen grünen Blättern an jedem Knoten.

Phyllostachys nigra. Horstbildend, 3–5 m hoch mit schlanken grünen Trieben, die sich im zweiten und dritten Jahr glänzend schwarz färben.

Pleioblastus variegatus. Kompakter Bambus, 75 cm hoch. Blaugrüne Stängel und dunkelgrüne, cremefarben gestreifte Blätter.

△ **PLEIOBLASTUS VIRIDISTRIATUS**
Eine farb- und strukturreiche Augenweide: Die Triebe dieses aufrechten Bambus' sind purpurgrün, die Blätter hellgelb mit grünen Streifen. Er wird etwa 1,5 m hoch und breit.

△ **PHYLLOSTACHYS BAMBUSOIDES** ›**ALLGOLD**‹
Sich ausbreitender Bambus mit goldgelben, manchmal grün gestreiften Sprossen. Mitunter sind auch die Blätter gelb gestreift. Er wird mindestens 3 m hoch.

△ **SASA VEITCHII**
Schlanker Bambus, purpurfarbene Sprosse und Blätter mit weißem Rand; breitet sich gern aus, daher als Bodendecker geeignet. Ohne guten Windschutz trocknen die Blätter an den Rändern aus. 1,2 m hoch.

△ **SHIBATAEA KUMASASA**
Kompakte, immergrüne Bambusart mit frischgrünen, eleganten, spitz zulaufenden Blättern. Der 1 m hohe, 75 cm breite Bambus lässt sich in Form schneiden.

FARNE

Farne sind die Schattenpflanzen schlechthin. Für die meisten ist ein feuchter, schattiger und geschützter Ort der ideale Standort. Bei humusreichem und zuverlässig feuchtem Boden vertragen die meisten etwas Morgen- oder Abendsonne. Kombiniert mit Schattengewächsen mit kräftigem Blattwerk wie Funkien bringt man Strukturgegensätze optimal zur Geltung.

WEITERE FARNE

Frauenfarn (*Athyrium niponicum* var. *pictum*). 30 cm hoher kriechender Farn; silbriggraue Wedel, purpurrot überhaucht, und ebensolche Mittelrippe. Zieht ein.

Perlfarn (*Onoclea sensibilis*). Kriechender Farn mit fast dreieckigen blassgrünen Wedeln, im Frühling rosa überhaucht. 45 cm hoch.

Straußenfarn (*Matteuccia struthiopteris*). Bildet trichterförmig angeordnete, gefiederte Wedel. 1 m hoch.

△ **SCHILDFARN (POLYSTICHUM SETIFERUM, DIVISILOBUM-GRUPPE)**
Immergrüner Farn mit überhängenden ledrigen Wedeln, die sehr fein gefiedert sind. Er wird 70 cm hoch und breit und ist für Halb- oder Vollschatten gut geeignet.

△ **HIRSCHZUNGE (PHYLLITIS SCOLOPENDRIUM** ›**CRISPUM**‹**)**
Glatte ledrige, etwa 50 cm lange Blätter mit welligem Rand. In feuchten Schattenbeeten bildet er einen reizvollen Gegensatz zu stärker zerteilten Farnwedeln.

△ **KÖNIGSFARN (OSMUNDA REGALIS)**
Bis zu 2 m hoher Farn mit hellgrünen Wedeln, die im Herbst vertrocknen. Im Sommer erscheinen braune troddelartige Sporenstände. Verträgt bei feuchtem Boden auch Sonne.

SIEHE AUCH: Schattige Standorte, S. 131; Beete und Rabatten bepflanzen, S. 148–149; Weitere Farne, S. 320

DEN BODEN VORBEREITEN

DER ERFOLG JEGLICHEN GELUNGENEN Handelns beruht auf gründlicher Vorbereitung. Bei der Gartenarbeit lautet die erste und wichtigste Aufgabe, den Boden vorzubereiten und zu pflegen. Der Boden ist ein lebendiges Ökosystem, das Pflanzen Halt, Wasser und Nährstoffe liefert. Wenn er gesund, fruchtbar und krümelig gehalten wird, spiegelt sich dies in der anhaltenden Gesundheit und Wuchsfreudigkeit der Pflanzen wider, die dort gedeihen. Nur wenige Gärten sind mit einem idealen, fruchtbaren, feuchten, doch gut durchlässigen Lehmboden gesegnet, doch man kann die meisten Böden zufrieden stellend verbessern – nur erfordern manche mehr Aufwand als andere.

VERSCHIEDENE BODENARTEN VERBESSERN

Organisches Material verbessert alle Böden; es wird von Bodenorganismen zu Nährstoffen und Humus zersetzt, der Bodenfruchtbarkeit, Wasserdurchlässigkeit, aber auch Wasserhaltevermögen steigert. Der ideale Boden besteht aus einer ausgewogenen Mischung von Ton, Schluff und Sand.
■ Tonboden ist fruchtbar, jedoch schwer, bei Nässe klebrig, bei Trockenheit hart, schlecht durchlüftet, schwer zu bearbeiten. Seine Wasserdurchlässigkeit ist gering.
■ Schluffboden hält Feuchtigkeit gut, ist recht fruchtbar, verdichtet aber leicht und wird dann schwer, kalt und Nässe stauend.
■ Sandboden ist trocken, leicht zu bearbeiten, im Frühjahr schnell zu erwärmen, jedoch sehr wasserdurchlässig, so dass Nährstoffe schnell ausgewaschen werden.
■ Kalkboden ist alkalisch, häufig flachgründig und dann auch trocken.
■ Torfboden entsteht, wo Nässe den Abbau organischen Materials verhindert. Er ist nass, sauer und nährstoffarm. Auf entwässertem Torf wachsen Pflanzen aber gut, wenn man mit Kalk die Säure reduziert und durch Düngung Nährstoffe zuführt.

Der Oberboden (Mutterboden) ist fruchtbar und enthält Humus. Der Unterboden ist weniger fruchtbar und sollte nie mit dem Oberboden vermischt werden.

△ BODENPROFIL
Böden entstehen beim Verwittern von Gestein; sie bilden verschiedene Schichten. Die Wurzeln beziehen Nahrung und Wasser aus dem Oberboden. Darin enthaltene Bodenorganismen und organische Reste machen ihn fruchtbar.

UMGRABEN MIT DER GABEL

In bestehenden Gärten muss der Boden oft nur mit der Grabgabel gelockert werden. Mit dieser kann man den Boden grob umgraben und tief wurzelnde Unkräuter entfernen, etwa um in Beeten neue Pflanzflächen zu schaffen. Die Gabel schadet der Bodenstruktur weniger als ein Spaten, da sie die Erde nicht künstlich, sondern längs natürlicher Bruchstellen durchsticht.

UMGRABEN MIT DER GABEL

1 DEN BODEN AUFBRECHEN
Wenn der Boden feucht, aber nicht nass ist, lässt sich die Fläche gut bearbeiten: Mit der Gabel in den Boden stechen und wenden (siehe Detail), so dass der verdichtete Boden zu einer krümeligen Struktur aufgebrochen wird.

BODEN BEARBEITEN

Ziel ist, organisches Material wie Kompost oder Mist einzuarbeiten, um die Krümelbildung anzuregen, die Luft, Wasser und Nährstoffe zu den Wurzeln gelangen lässt. Man gräbt im Herbst um, da der Frost die Schollen aufbricht. Bei leichten Sandböden wird im Winter organisches Material über dem nackten Boden ausgebreitet und im Frühjahr mit der Gabel eingearbeitet. Sehr nasser oder gefrorener Boden soll nicht betreten oder umgegraben werden, da er sich hierdurch verdichtet.

NICHT VERGESSEN!

LANGSAM ANGEHEN LASSEN!

Umgraben kann Rückenquälerei sein – oder gesundes Training. Man braucht eine Gabel oder einen Spaten, die zur Körpergröße passen, und feste Schuhe. Die Spatenmengen sollen leicht zu halten sein. Gerade bei größeren Flächen teilt man sich die Arbeit ein, gräbt systematisch und im eigenen Rhythmus um. Muskeln benötigen etwas Zeit zum Aufwärmen. Getragen wird die Last von den Oberschenkeln, nicht vom Lendenbereich!

2 ORGANISCHES MATERIAL EINARBEITEN
Nach dem Aufbrechen der Oberfläche wird die Bodenfruchtbarkeit und -struktur durch das Einarbeiten von organischem Material mit der Gabel gefördert. Hierzu eignen sich gut verrotteter Kompost oder Stallmist.

SIEHE AUCH: Düngen von Nutzpflanzen, S. 238–239

EINFACHES UMGRABEN

Hierbei wird ein Spaten voll Erde hochgehoben, gewendet, wieder in die ursprüngliche Lage fallen gelassen und mit dem Spaten zerschlagen. Es ist eine nützliche Methode, um Pflanzenreste und nicht ausdauernde Unkräuter zu entfernen oder kleine Mengen Dünger, organisches Material oder Sand einzuarbeiten. Es bietet sich besonders für unregelmäßig geformte oder bereits bepflanzte Beete an.

»EINEN SPATENSTICH TIEF« ▷
Soll der Boden »einen Spatenstich tief« umgegraben werden, bearbeitet man ihn in der Tiefe eines Spatenblattes.

Ein »Spatenstich« bezieht sich auf die Länge des Spatenblattes, gewöhnlich etwa 25 cm.

EINFACHES UMGRABEN

1 DEN SPATEN EINFÜHREN
Das Spatenblatt in voller Länge senkrecht in den Boden stoßen. Dabei robuste Schuhe tragen und mit Fußballen oder Hacken den nötigen Druck auf den Spaten ausüben. (Treten mit dem Fußgewölbe führt binnen kurzer Zeit zu unangenehmer Spannung.)

2 DEN BODEN HOCHHEBEN
Griff zurückziehen und dabei Erde auf das Blatt nehmen. Mit gebeugten Knien und Ellbogen den Spaten heben. Das Rückgrat möglichst gerade halten, um den unteren Rücken zu entlasten. V. a. bei schwerem Boden nicht zu viel auf einmal ausheben.

3 DEN BODEN WENDEN
Das Blatt drehen, um den Boden zu wenden. Hierdurch dringen Luft und Wasser ein; die Bodenorganismen werden aktiviert. Am besten systematisch in gerader Linie arbeiten. Vor der Aussaat den Boden harken, damit ein feinkrümeliger Boden entsteht.

SPATENTIEFES UMGRABEN

Mit dieser systematischen und effizienten Arbeitsmethode wird gewährleistet, dass eine größere freie Fläche gleichmäßig einen Spaten tief umgegraben wird. Man kann dabei zuätzlich organisches Material einarbeiten, um sowohl die Qualität als auch die Tiefe des Mutterbodens zu verbessern.

VORGEHENSWEISE ▷
Die Fläche wird unterteilt. Der Boden des ersten Rechtecks wird ausgehoben und zur Seite geworfen. Die Erde des folgenden Rechtecks wird jeweils in den leeren Graben davor geworfen. Den letzten Graben füllt die Erde des ersten.

Der Boden aus der ersten Furche wird beiseite geworfen und zum Füllen der letzten Furche verwendet.

Beim Graben rückwärts gehen, damit der umgegrabene Boden nicht festgetreten wird.

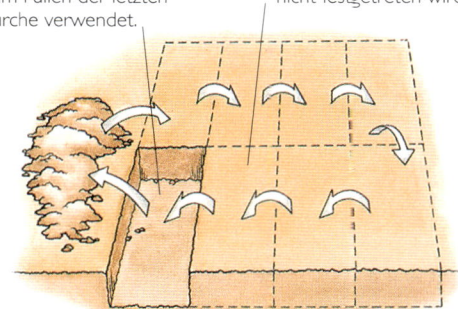

SPATENTIEFES UMGRABEN

1 DER ERSTE GRABEN
Den ersten Graben 30 cm breit und einen Spaten tief ausheben. Die Erde nach vorn werfen. Falls organisches Material untergegraben werden soll, wird es in den Graben geworfen und leicht mit der Grabgabel eingearbeitet.

2 DER ZWEITE UND WEITERE GRÄBEN
Rückwärts arbeiten: Erde aus zweitem Graben heben; gewendet in den ersten werfen, um einjährige Unkräuter und Samen unterzugraben. Auf diese Weise weitere Gräben ausheben. Letzte Furche mit Erde aus der ersten füllen.

VERZICHT AUFS UMGRABEN

Umgraben reduziert die Bodenfruchtbarkeit durch schnelleren Abbau organischen Materials. Es bringt Unkrautsamen an die Oberfläche, wo sie keimen. Biologischer Gartenbau verzichtet aufs Umgraben. Er setzt auf Regenwürmer und Mikroorganismen für die Bodenbelüftung. Mit organischem Mulch werden Bodenstruktur, Feuchtigkeit und Nährstoffe erhalten und Unkräuter unterdrückt. Vor der Aussaat wird die Mulchschicht entfernt und die Oberfläche gehackt oder gerecht.

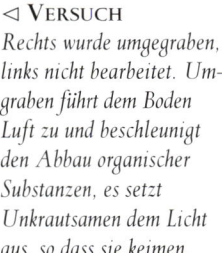

◁ VERSUCH
Rechts wurde umgegraben, links nicht bearbeitet. Umgraben führt dem Boden Luft zu und beschleunigt den Abbau organischer Substanzen, es setzt Unkrautsamen dem Licht aus, so dass sie keimen.

ERGEBNIS ▷
Der unbearbeitete Boden links weist kaum Unkraut auf, auf der rechten Seite ist einiges gekeimt. Die Bodenbereitung ohne Umgraben kann den Arbeitsaufwand bei der Bereitung eines Saatbettes reduzieren.

SIEHE AUCH: Beetarten, S. 237; Unkrautbekämpfung, S. 290–291

UNKRAUTBEKÄMPFUNG UND BEETE MARKIEREN

DER NÄCHSTE SCHRITT BEI der Bereitung eines neuen Beetes oder einer Rabatte ist die Entfernung der Unkräuter und das genaue Markieren der Fläche. Unkräuter sind für den Gärtner alle Pflanzen, die unerwünscht im Beet wachsen und mit den Zierpflanzen um Licht, Luft und Nährstoffe konkurrieren, häufig wuchsfreudige anpassungsfähige Wildkräuter. Rabatten sollten vor dem Bepflanzen vollständig von Unkraut befreit werden, insbesondere von tief wurzelnden Dauerunkräutern, so dass neue Pflanzen sich möglichst gut entwickeln können. Neue Beete machen einen besseren Eindruck, wenn sie genau markiert werden, besonders bei Gärten im formalen Stil.

MECHANISCHE UNKRAUTBEKÄMPFUNG

Bei mechanischen Methoden wird das Unkraut mit Hacke, Handgabel, Beet- oder Grabgabel aus dem Boden entfernt. Meist gelingt es so, die Unkrautpflanzen am Stück zu entfernen, ohne die Beetpflanzen zu beeinträchtigen. In stark verwilderten Bereichen kann man zunächst oberirdische Triebe mit Trimmer, Sense oder Freischneidegerät weitgehend abräumen.

Man entfernt den gesamten Schnitt und gräbt die Wurzeln von Hand aus. Für großflächige Bodenbearbeitung sind Fräsen nützlich. Sie zerstückeln jedoch auch Wurzeln von Dauerunkräutern, die sich u. U. zu vollständigen Pflanzen regenerieren. Es ist daher nach dem Fräsen wichtig, die Unkräuter sofort von Hand zu entfernen und die Fläche gründlich abzurechen.

SCHUFFEL

ZIEHHACKE

△ DAS RICHTIGE WERKZEUG
Die Schuffel ist am vielseitigsten und leichtesten zu verwenden. Sie trennt flach wurzelndes Unkraut auf Bodenhöhe ab. Auch mit der Ziehhacke kann man jäten, doch ist sie nützlicher zum Anhäufeln oder Ziehen von Saatrillen.

VERWENDUNG EINER SCHUFFEL ▷
Beim Unkrautjäten zwischen Beetpflanzen mit einer Schuffel müssen Einjährige nur einmal, tief Wurzelnde mehrmals gehackt werden. Die Schnittkante wird an oder dicht unter der Oberfläche parallel zum Boden vorwärts bewegt.

◁ UNKRAUTENTFERNUNG MIT EINER GABEL
Mit einer Handgabel wird Unkraut in einer Rabatte gejätet. Dadurch werden die dort wachsenden Zierpflanzen kaum gestört. Die Wurzeln werden zurückverfolgt und so weit wie möglich herausgezogen. Jedes verbleibende Wurzelstück lässt neues Unkraut sprießen. Für größere Flächen und tief wurzelndes Unkraut ist u. U. eine Grabgabel geeigneter.

CHEMISCHE MITTEL

Den Gebrauch von Herbiziden sollte man der Landwirtschaft überlassen. In einem Hausgarten – ob Ziergarten oder Nutzgarten – haben sie eigentlich nichts verloren. Doch wenn man auf ihren Einsatz nicht verzichten will, muss man sich zumindest genau an die Anweisungen des Herstellers halten, um eine wirkungsvolle und sichere Anwendung zu gewährleisten.

NICHT VERGESSEN!

GEBRAUCHSANLEITUNG BEFOLGEN

Nur genaues Befolgen der Gebrauchsanleitung stellt einen sicheren und effektiven Einsatz von Herbiziden sicher. Sie wirken am besten an warmen, windstillen sonnigen Tagen, wenn das Unkraut aktiv wächst und genug Blattoberfläche für die Aufnahme des Mittels bietet. Bei der Wahl eines guten Zeitpunkts muss man in der Regel nur einmal behandeln.

VERNACHLÄSSIGTE BEREICHE ▷
Ein vernachlässigter oder stark verunkrauteter Bereich muss vor dem Bepflanzen sorgfältig von Unkraut befreit werden. Nach dem »Roden« sollte man eine Mulchschicht ausbringen, die das Nachwachsen von Unkraut verhindert.

◁ HERBIZID-ANWENDUNG
Auf kleineren Flächen werden Unkrautvertilgungsmittel mit einer Gießkanne mit Tröpfelstab ausgebracht. Hierfür sollte eine andere Kanne als zum Blumengießen verwendet werden, da mögliche Reste den Pflanzen schaden könnten.

SIEHE AUCH: Unkrautbekämpfung, S. 290–291

PUNKTUELLE UNKRAUTBEKÄMPFUNG

In Beeten können Herbizide nicht als Spray oder mit der Gießkanne eingesetzt werden, da die Beetpflanzen Schaden nehmen würden. Einzelne Tropfen auf das Blattwerk von Zierpflanzen hätten fatale Folgen. Wenn man in existierenden Beeten Unkraut chemisch bekämpfen will, kann es punktuell mit einem Vertilgungsmittel auf Gel-Basis entfernt werden, das mit einem Pinsel aufgetragen wird.

Ökologisch unbedenklicher kann man gegen unerwünschte Pflanzen einen Krautbrenner, ein Abflammgerät zur Unkrautbekämpfung, einsetzen. Es richtet eine kleine Flamme unmittelbar auf den Vegetationspunkt der Pflanze. Je trockener der Boden, desto besser ist das Ergebnis. Wenige Sekunden starker Hitze vernichten kleine einjährige Unkräuter, während man Dauerunkräuter öfter behandeln muss.

UNKRAUTPFLANZEN EINZELN BEKÄMPFEN ▷
Zur Vertilgung einzelner Unkräuter werden meist auf Gel basierende Mittel verwendet, die sowohl über die Blätter als auch über die Wurzeln wirken. Gel haftet gut und tropft nicht, so dass es umstehende Zierpflanzen nicht gefährdet. Nach dem Auftragen auf die Blätter Hände gut waschen.

UNKRAUT MIT MULCH ODER FOLIE UNTERDRÜCKEN

Das Unterdrücken von Unkraut durch Abdecken wird mit zwei Zielen angewandt: um Beete vor dem Bepflanzen unkrautfrei zu machen und um gesäuberte Flächen unkrautfrei zu halten. Eine abdunkelnde Schicht, etwa schwarze Plastikfolie oder ein alter Teppich, die eine Vegetationszeit lang ausgebreitet wird, vernichtet sämtliche Unkräuter. Bei hartnäckigen Pflanzen wie Schachtelhalm benötigt man u. U. zwei Jahre. In sonnigen Gegenden hilft auch eine klare Plastikfolie: Darunter wird es so heiß, dass alle Pflanzen absterben.

Wenn der Boden unkrautfrei ist, kann Mulch oder Folie das Nachwachsen von Unkraut verhindern. Unschöne Folie lässt sich unter einer flachen Schicht Rindenmulch oder Kies verstecken.

PRAXIS-TIPPS

• Unkrautunterdrückung mit Folie ist ökologisch unbedenklich, bedarf allerdings einer gewissen Planung.

• Eine Kombination von Folie und Mulch ist eine preiswerte und dennoch ästhetische Art, Unkraut in den Griff zu bekommen. Eine 2–3 cm hohe Mulchschicht reicht zum Verdecken der Folie aus — halb so viel (und halb so teuer) wie eine reine Mulchschicht.

• Örtliche Grünflächen- oder Forstämter geben manchmal gehäckseltes Holz oder Rinde ab: eine ökologische und ökonomische Quelle für Mulch.

△ **MULCHABDECKUNG**
Eine 5–8 cm dicke Schicht aus Mulch — zerkleinertem organischem Material wie Rinde oder gehäckseltem Holz — oder Kies verhindert das Aufkommen von Unkraut. Gartenkompost und Stallmist sind hierfür weniger wirkungsvoll, da sie Unkrautsamen enthalten können. Dennoch sind sie nützliche Mulchschichten, da sie den Boden verbessern.

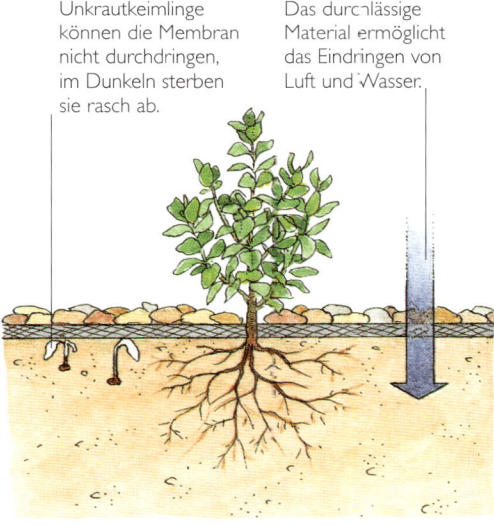

Unkrautkeimlinge können die Membran nicht durchdringen, im Dunkeln sterben sie rasch ab.

Das durchlässige Material ermöglicht das Eindringen von Luft und Wasser.

△ **ABDECKUNG MIT FASERVLIES**
Als Membran unter einer Mulchschicht eignet sich wasser- und luftdurchlässiges Faservlies besser als Plastik. Dünger kann mit dem Regen in den Boden gelangen. Auf einem Vlies bleibt Kies oder Mulch länger erhalten, da sie sich nicht mit dem Boden mischen. Zum Pflanzen wird es kreuzweise eingeritzt und darunter ein Pflanzloch ausgehoben.

EIN BEET MARKIEREN

Geschwungene Beete können mit Schnur oder Gartenschlauch markiert werden. Am besten sind schwungvolle kräftige Linien. Schlängelnde Linien geben ein unruhiges Bild und sind schwerer zu pflegen. Rechtwinklige Beete werden mit Schnur und Pflöcken markiert, die Ecken mit dem Winkelmaß geprüft. Auch ein Kreis lässt sich mit Schnur und Pflöcken markieren, dabei entspricht die Länge der Schur dem Radius (nicht dem Durchmesser) des gewünschten Kreises. Ein Pflock wird in der Mitte befestigt und der andere mit straffer Schnur um diesen herum geführt.

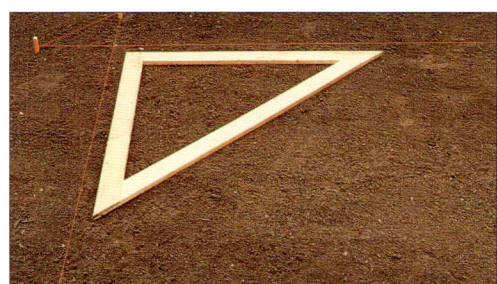

△ **GERADWINKLIGES BEET**
Eine gerade Linie kann mit Schnur und zwei Pflöcken markiert werden. Mit einem Winkelmaß lassen sich bei rechteckigen Beeten rechtwinklige Ecken anlegen.

KREISE MARKIEREN ▷
Hierzu treibt man einen von zwei mit Schnur verbundenen Pflöcken in die Erde und führt den anderen im passenden Abstand darum.

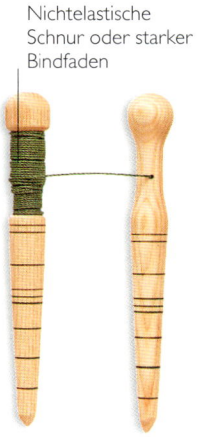

Nichtelastische Schnur oder starker Bindfaden

SIEHE AUCH: Pflanzen in Faservlies, S. 151; Allgemeine Beetpflege, S. 152–153

GUTE PFLANZEN KAUFEN

WENN DER BODEN BEREITET IST, wird der vorgesehene Pflanzplan nach bestem Vermögen umgesetzt: mit gesunden, kräftigen Pflanzen, die für den jeweiligen Standort und den Stil des Gartens, in dem sie wachsen sollen, geeignet sind. Es lohnt sich, Pflanzen, die unter weniger guten Bedingungen gezogen wurden, beim Kauf zu vermeiden, denn bei ihnen ist die Gefahr größer, dass sie eingehen. Möglicherweise bringen sie auch Schädlinge oder Krankheiten in den Garten. Wer jedoch gewisse Punkte beachtet und die Pflanzen bei einem angesehenen Gartenbetrieb bezieht, verringert das Risiko erheblich und kann sich auf einen gut gedeihenden Garten freuen.

STAUDEN

Stauden können während der gesamten Vegetationszeit als Containerpflanzen in vollem Wachstum gesetzt werden, vorausgesetzt, sie werden bis zum Anwachsen gut gegossen. Am besten pflanzt man jedoch im Frühjahr, da die Pflanzen so bis zum Wintereinbruch Zeit haben, sich zu entwickeln. Bei frühem Kauf sollte auf gesunde Knospen geachtet werden. In wärmeren Regionen können Stauden auch im Herbst gepflanzt werden, wenn der Boden noch warm ist und weniger leicht austrocknet.

Die Erde im Container sollte feucht und unkrautfrei sein. Falls Moos darauf wächst, ist vielleicht die Erde nicht durchlässig, oder die Pflanze war zu lange im Container und hat zu wenig Nährstoffe bekommen.

Kräftiges Wachstum und gesunde grüne Blätter ohne Anzeichen von Krankheiten oder Schädlingen

Kräftige, gesunde Triebe, die bis unten hin belaubt sind.

Oberfläche der Pflanzerde ist gleichmäßig feucht und frei von Unkraut und Moos

Verzweigte gesunde Wurzeln bilden einen guten Wurzelballen.

△ GUTES EXEMPLAR

Diese gesunde kräftige Lupine hat frisches grünes Laub ohne Verfärbungen, die auf Nährstoffmangel oder Virusinfektionen hindeuten könnten. Die Blätter werden auf Spuren von Schädlingen oder Blattfraß untersucht. Welkheit kann auf Wurzelschädlinge oder -schäden, aber auch auf Wassermangel zurückzuführen sein. Möglichst die Pflanze auch aus dem Container heben und Wurzeln begutachten.

PRAXIS-TIPPS

• Beim Kauf von Gruppen bildenden oder Horststauden große Pflanzen mit mehreren kräftigen Trieben wählen; diese können vor dem Pflanzen geteilt werden und ergeben so zwei bis drei Pflanzen *(s. S. 148)*.

• Wer etwas vorausschauender plant, kann viele Stauden aus Samen selbst ziehen *(s. S. 162)*. Diese preiswerte Methode ergibt so viele Setzlinge, dass sie sogar verschenkt oder getauscht werden können.

◁ BEENGTE WURZELN

Bei Pflanzen, die zu lange im Container wachsen mussten, füllen die Wurzeln manchmal den Topf ganz aus und wachsen am Rand entlang oder aus dem Topf heraus. Mitunter hat es ihnen an Wasser und Nährstoffen gefehlt, was zu einem ernsthaften Wachstumsrückschlag geführt hat.

SCHLECHTES EXEMPLAR ▷

Pflanzen mit schwachem oberirdischen Wuchs haben häufig auch schwach entwickelte Wurzeln und gehen nicht gut an. Torfsubstrate trocknen bei unregelmäßigem Gießen aus und lassen sich nur schwer wieder befeuchten. Dann leidet das Wachstum der Pflanze.

Bei trockener Pflanzerde ist das Wurzelwerk nur schlecht entwickelt.

Der oberirdische Wuchs ist schwach und durch Trockenheit verkümmert.

ZWIEBELPFLANZEN

Zwiebel- und Knollengewächse werden im trockenen Ruhezustand angeboten und am besten gekauft, sobald sie im Handel sind – Frühlingsblüher ab August und Herbstblüher ab Juni. Sie verkümmern, wenn sie zu lange trocken bleiben. Zwiebeln sollten dick und fest sein, mit einem kräftigen Vegetationspunkt. Beim Kauf wählt man die größten Exemplare. Schale und Wurzeln dürfen keine sichtbaren Schäden, Krankheiten oder Schimmel aufweisen.

HYAZINTHE   TULPE

NARZISSE   NARZISSE
(EINFACH)   (MIT DOPPELNASE)

HUNDSZAHN   ALPENVEILCHEN
(ERYTHRONIUM)   (CYCLAMEN)

SIEHE AUCH: Beete und Rabatten bepflanzen, S. 148–149

STRÄUCHER

Sträucher werden entweder im Container oder im Freiland gezogen. Containerpflanzen verfügen meist über ein besser entwickeltes Wurzelwerk und können – wie andere Gehölze mit Wurzelballen – jederzeit gepflanzt werden, außer bei Frost und in sehr feuchten oder trockenen Perioden.

Laub abwerfende Sträucher werden während der Vegetationsruhe auch ohne Ballen angeboten. Sie werden im Spätherbst oder im Frühjahr vor dem Laubaustrieb gekauft und bei frostfreiem Wetter gesetzt. Das Wurzelsystem sollte viele Faserwurzeln gebildet haben und nicht vertrocknet sein.

◁ **GUTES EXEMPLAR**
Gesundes Laub ohne gelbe Stellen oder Anzeichen von Schädlingen oder Krankheiten. Ausgewogener oberirdischer Teil, der bis auf Bodenhöhe belaubt ist. Der gut entwickelte feste Ballen aus Wurzeln mit gesunden weißen Spitzen hält die Erde, wenn er aus dem Topf gehoben wird.

Kräftige ausgewogene Wuchsform, Pflanze bis ganz unten belaubt

Ein gut entwickeltes System von feinen Faserwurzeln bildet einen kompakten Wurzelballen, der den Topf fast ausfüllt.

Spärliche dünne Zweige zeigen wenig Anzeichen für Neuaustrieb, einige sind bereits abgestorben.

Wurzeln wachsen bereits entlang der Topfwand und haben alle Nährstoffe verbraucht.

◁ **MIT WURZELBALLEN**
Sträucher mit Ballen werden im Freiland gezogen und mit einem kompakten Wurzel- und Erdballen herausgehoben, der in ein Ballentuch eingeschlagen wird. Der Ballen sollte fest, die Umhüllung intakt sein, sonst trocknen die Wurzeln und sterben ab.

◁ **STARTHILFE**
Bei viel versprechendem oberirdischen Wuchs mit vielen dicken neuen Knospen, aber beengten Wurzeln die Wurzeln etwas voneinander befreien und abgestorbene, sehr lange oder beschädigte Wurzeln bis in das gesunde Wurzelwerk zurückschneiden.

△ **SCHLECHTES EXEMPLAR**
Abgestorbene Triebe und spärlicher, ungleichmäßiger Wuchs mit wenig bis keinen Knospen deutet auf Pflanzen, die schon zu lange im zu kleinen Topf stecken und wegen Wasser- und Nährstoffmangels nicht mehr weiterwachsen.

ROSEN

Rosen werden traditionell in der Ruheperiode – im Spätherbst, zeitigen Winter oder zeitigen Frühjahr – wurzelnackt angeboten. Wenn sie möglichst umgehend gepflanzt werden, gehen sie hervorragend an. Wenn man alte oder ungewöhnliche Sorten per Versand bezieht, sind sie häufig ebenfalls ohne Ballen, doch zum Schutz vor Austrocknung in Plastik gehüllt.

Containerpflanzen können jederzeit gesetzt werden, außer bei Nässe, Trockenheit oder Frost. Auch unverkaufte wurzelnackte Gewächse, die gegen Ende der Saison eingetopft wurden, wachsen gut an, außer wenn sie Trockenheit oder Kälte ausgesetzt waren. Durch leichtes Rütteln am Haupttrieb kann festgestellt werden, ob eine Containerrose gut eingewurzelt ist.

Kräftige Veredelungsstelle und ausgewogene oberirdische Wuchsform mit robusten, gesunden Trieben

Gleichmäßig feuchtes Substrat und ein Netz von dicken gesunden Wurzeln

◁ **ROSE OHNE BALLEN**
Man achte auf ein gutes Netzwerk an Faser- und Hauptwurzeln und 3–5 kräftige Triebe und prüfe, ob Wurzeln vertrocknet sind oder Triebe vorzeitigen Austrieb aufweisen; solche Rosen sind schlecht gelagert und gehen schlecht an.

CONTAINERPFLANZE ▷
Eine gut gewachsene Pflanze verfügt über gleichmäßig verteilte starke Triebe mit üppigem gesunden Laub. Es sind keine Anzeichen für Schädlinge oder Krankheiten wie Rosenrost oder Sternrußtau zu erkennen. Die Erde ist gleichmäßig feucht, die Oberfläche frei von Unkraut und Moos.

◁ **SCHLECHTES EXEMPLAR**
Ballenlose Rosen mit Pilzbefall oder dünnen und abgestorbenen Trieben kauft man nicht. Auch eine verkümmerte, ausgetrocknete Wurzel mit wenig Faserwurzeln kann nie gesunden Wuchs gewährleisten.

SCHLECHTES EXEMPLAR ▷
Wenige, kümmernde Triebe, Laub mit Sternrußtau, abgefallene Blätter und Unkraut zeigen, dass die Rose schon lange im Topf steckt.

SIEHE AUCH: Sträucher und Rosen pflanzen, S. 150–151

BEETE UND RABATTEN BEPFLANZEN

DIE ZEIT ZWISCHEN PLANUNG und Pflanzung oder Aussaat kann endlos scheinen, doch wenn man den Boden vorbereitet und die Pflanzen ausgewählt hat, sollte man sich auch bei der Pflanzung ausreichend Zeit gönnen, damit die Stauden, Zwiebeln, Ein- und Zweijährigen richtig gesetzt werden. Pflanz- und Aussaatmethoden und der jeweilige Zeitpunkt richten sich nach der Pflanzengruppe und dem Klima. Neu bepflanzte Beete müssen regelmäßig gegossen und gejätet werden, bis die Pflanzen angewachsen sind. Später wird nur in längeren Trockenperioden gewässert. Jäten bleibt weiter nötig, doch ein dichter Bewuchs gesunder Pflanzen hilft, Unkraut zu unterdrücken.

STAUDEN PFLANZEN

Containerpflanzen kann man ganzjährig pflanzen, solange der Boden nicht zu feucht, zu trocken oder gefroren ist. Im Herbst bietet der noch warme und selten austrocknende Boden den Wurzeln vor dem Winter gute Wachstumsbedingungen. In kälteren Regionen ist das Frühjahr besser geeignet, insbesondere für Pflanzen, die etwas mehr Trockenheit bevorzugen oder nicht völlig winterhart sind. So können sie sich vor dem ersten Winter bereits gut und lange entwickeln. Frühlings- und Sommerpflanzungen benötigen meist regelmäßige Wassergaben, bis sie eingewachsen sind. Stauden in ungeradzahligen Gruppen sehen immer besser aus.

CONTAINERSTAUDEN EINPFLANZEN

1 PFLANZLOCH BEREITEN
In einem vorbereiteten Beet mit einer Handgabel oder einer Pflanzkelle ein Pflanzloch ausheben, das 1½ Mal so tief und breit wie der Wurzelballen ist.

2 PFLANZE AUS DEM TOPF NEHMEN
Den Topf gut wässern, das Wasser abfließen lassen und die Pflanze behutsam herausgleiten lassen, ohne dass Wurzeln oder Triebe Schaden nehmen.

3 WURZELN HERAUSZIEHEN
Die obersten 3 cm Erde vorsichtig entfernen, falls sie Unkrautsamen enthalten. Wurzeln behutsam mit den Fingern herauszupfen, dass sie schneller angehen.

4 EINSETZEN UND ANDRÜCKEN
Pflanze in richtiger Höhe ins Loch setzen (siehe unten), Erde auffüllen und andrücken. Oberfläche mit der Gabel etwas lockern. Gut angießen.

NEUE STAUDEN TEILEN

Große, in Horsten wachsende oder Gruppen bildende Stauden mit Faserwurzeln wie Astern, Phlox oder Fetthenne lassen sich leicht in mehrere Pflanzen teilen. Die Staude aus dem Topf nehmen und behutsam den Wurzelballen in 2–3 gleich große Stücke trennen. Die Teilstücke sogleich pflanzen.

◁ **GUTER KAUF**
Diese Aster hat eine Vielzahl gesunder Triebe entwickelt, die das Wachstum der Pflanze aber noch nicht einschränken. Sie lässt sich entsprechend in 2–3 brauchbare Pflanzen teilen.

TEILEN ▷
Pflanze behutsam in gleich große Stücke mit einem gesunden Wurzelsystem auseinander ziehen. Möglichst viel Erde daran lassen und sofort einpflanzen.

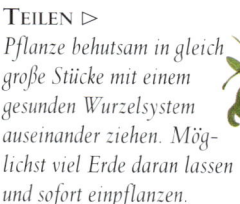

PFLANZTIEFE BEI STAUDEN

Allgemein gilt, dass Pflanzen genauso tief gesetzt werden, wie sie im Topf gestanden haben, einige gedeihen jedoch besser, wenn sie etwas höher oder tiefer eingepflanzt werden: Pflanzen mit Rhizomen wie Bartiris sind bei zu großer Pflanztiefe für Fäulnis anfällig. Einige panaschierte Pflanzen schlagen zurück ins Grüne, wenn sie zu tief gesetzt werden. Knollen- und feuchtigkeitsliebende Pflanzen sind für den Schutz in größerer Pflanztiefe dankbar.

UNTERSCHIEDLICHE PFLANZTIEFEN

△ **TIEFE PFLANZUNG**
Stauden mit verdickten Wurzelsystemen (hier Salomonssiegel) werden mit dem Wurzelanlauf 10 cm unter Bodenniveau gesetzt.

△ **VERTIEFTE PFLANZUNG**
Feuchtigkeitsliebende Stauden (etwa Funkien) werden mit der Wurzelkrone etwa 2 cm unter Bodenhöhe gepflanzt.

△ **AUF BODENNIVEAU**
Die meisten Stauden werden mit der Wurzelkrone auf Bodenniveau gesetzt, also genauso tief, wie sie im Topf gestanden haben.

△ **HÖHERE PFLANZUNG**
Pflanzen, die leicht faulen, oder panaschierte Pflanzen (hier Sisyrinchium ›Aunt May‹) werden etwas über Bodenhöhe gepflanzt.

SIEHE AUCH: Unkrautbekämpfung und Beete markieren, S. 144–145; Pflege von Rabattenpflanzen, S. 154–155; Beetpflanzen vermehren, S. 162–163

ZWIEBELN PFLANZEN

Frühlingsblüher werden am besten im Spätsommer bis Herbst gesteckt, Sommerblüher im Frühjahr und Herbstblüher im Sommer. Die meisten werden mit mindestens einer Zwiebelbreite Abstand und zwei bis drei Zwiebelhöhen tief gepflanzt (bei Sandböden und in sehr kalten Regionen vier bis fünf). Bei einigen, etwa *Nerine*, muss die Spitze auf Bodenhöhe liegen.

ZWIEBELN IN OFFENEN BODEN SETZEN

◁ **EINZELGÄNGER**
Die Löcher werden in der entsprechenden Tiefe mit einem Zwiebelpflanzer oder einer Pflanzkelle ausgehoben. Dann werden die Zwiebeln einzeln in die Pflanzlöcher gesetzt.

1 PFLANZLOCH BEREITEN
In gut vorbereitetem Boden ein Pflanzloch in richtiger Tiefe graben. Zwiebeln mit Vegetationspunkt nach oben legen, wenn sie gut durchlässigen Boden brauchen, auf eine Kiesschicht.

2 MIT ERDE BEDECKEN
Natürlicher wirkt es, wenn die Zwiebeln mit mindestens einer Zwiebeldicke Abstand zufällig verteilt sind. Erde darüber geben, ohne Zwiebeln zu verrücken oder zu beschädigen.

3 ERDE ANDRÜCKEN
Die Erde leicht mit dem Rechenrücken andrücken. Die Fläche nicht betreten, da sonst die Vegetationspunkte beschädigt werden könnten. Die Lage der Zwiebeln markieren.

BELAUBT PFLANZEN ▷
Einige Zwiebeln, etwa Schneeglöckchen, teilt und pflanzt man besser während des Wachstums, also mit Laub. Löcher so groß graben, dass die Wurzeln reichlich Platz finden, und Zwiebeln so tief wie vorher setzen.

◁ **GROSSE ZWIEBELN IN DIE WIESE PFLANZEN**
Große Zwiebeln locker über die Pflanzfläche verstreuen (hier Narzissen). Löcher mit einem Zwiebelpflanzer ausheben. Zwiebeln mit dem Vegetationspunkt nach oben einsetzen, mit Erde überdecken, Grasdeckel zurücklegen und leicht andrücken.

◁ **KLEINERE ZWIEBELN IN DIE WIESE PFLANZEN**
Für kleinere Zwiebeln wie Krokusse mit Spaten oder Kantenstecher ein »H« in das Gras schneiden. Grasnarbe abtrennen und aufklappen. Zwiebeln verteilen. Erde an der Unterseite der Sode lockern, Grasdecke zurücklegen und andrücken.

EIN- UND ZWEIJÄHRIGE AUSSÄEN

Ein- und Zweijährige zieht man stets aus Samen. Im Frühling werden Einjährige direkt gesät oder in Töpfen gezogen und später ausgepflanzt. Beim Füllen von Beetlücken kann durch Breitsaat ein natürlicher Eindruck geschaffen werden. Gejätet wird dann von Hand. Zweijährige sät man von Mai bis Juli in Töpfe oder Saatbeete.

◁ **VEREINZELN**
Nach Breitsaat muss man Sämlinge oft ausdünnen, da sie zu dicht stehen. Dazu werden die kräftigsten leicht von beiden Seiten angedrückt, schwächere herausgezogen, so entwickeln sich die Verbliebenen besser.

◁ **GRUPPEN UMSETZEN**
Dicht stehende Sämlinge entwickeln sich selten gut. Darum werden sie in kleinen Gruppen mit reichlich Erde um die Wurzeln herausgehoben und umgesetzt. Später werden sie normal ausgedünnt.

BREITSAAT VON EINJÄHRIGEN

1 RECHEN UND AUSSÄEN
Boden sehr feinkrümelig rechen und die Samen dünn mit der Hand oder direkt aus dem Tütchen auf der gesamten Fläche verteilen.

2 SAMEN ABDECKEN
Fläche mehrmals rechtwinklig behutsam rechen, damit die Samen abgedeckt werden, ohne Schaden zu nehmen. Mit feiner Brause gießen. Fläche beschriften.

ZWEIJÄHRIGE ZIEHEN

1 SÄMLINGE PIKIEREN
Um genug Zweijährige (hier Goldlack) zu erhalten, werden sie vom Mai bis Juni in einem vorbereiteten Saatbeet in Reihen gesät. Wenn die Sämlinge 5—8 cm hoch sind, werden sie pikiert und in eine Schale gesetzt.

2 IN DIE ANZUCHTFLÄCHE PFLANZEN
Die Sämlinge in einer Anzuchtfläche alle 15—20 cm mit Reihenabständen von 20—30 cm pflanzen. Zweijährige für zwanglose Pflanzungen kann man auch direkt an Ort und Stelle setzen.

3 AUSPFLANZEN
Im Herbst werden die gut entwickelten neuen Pflanzen bei Trockenheit gründlich gewässert und behutsam herausgehoben, ohne die Wurzeln zu beschädigen. In gut vorbereitetem Boden an Ort und Stelle pflanzen.

SIEHE AUCH: Unkrautbekämpfung und Beete markieren, S. 144–145; Beetpflanzen vermehren, S. 162–163

STRÄUCHER UND ROSEN PFLANZEN

ROSEN UND ANDERE STRÄUCHER sind langlebige Pflanzen, eine gründliche Vorbereitung des Bodens ist somit wesentlich. Die besten Pflanzzeiten sind Herbst und Frühling. Im Herbst ermöglicht die gespeicherte Bodenwärme eine gute Wurzelentwicklung vor Wintereinbruch. Bei Frühjahrspflanzung wird die Winterkälte vermieden, dafür muss man wässern, falls oberirdischer Wuchs einsetzt, ehe sich die Wurzeln gut entwickelt haben. Rosen sollten spät im Jahr gesetzt und sorgfältig beschnitten werden, um Neuaustrieb anzuregen. Eine Mulchschicht erleichtert neuen Pflanzen das Einwachsen, da sie Unkraut unterdrückt und die Bodenfeuchtigkeit erhält.

STRÄUCHER PFLANZEN

Containerpflanzen kann man jederzeit pflanzen, solange der Boden offen ist. Außerhalb der Ruheperiode muss man allerdings gründlich wässern. Die beste Pflanzzeit ist wie für alle Gehölze Frühling oder Herbst. Boden von Unkraut befreien und in die oberen 30–45 cm gut verrottetes organisches Material einarbeiten. Möglichst sollte man das gesamte Beet vorbereiten, mindestens aber eine Fläche, die größer ist als die Pflanzfläche. Für Sträucher ohne Ballen wird das Pflanzloch so groß ausgehoben, dass die Wurzeln bequem Platz finden, für Ballen oder Containerware doppelt so groß wie der Ballendurchmesser. Man setzt den Strauch genauso tief wie vorher.

PFLANZEN EINES CONTAINER-STRAUCHES

1 PFLANZLOCH AUSHEBEN
Pflanze gründlich wässern und Wasser ablaufen lassen. Pflanzloch in doppelter Breite des Wurzelballens (bei schwerem Tonboden noch größer) und in Tiefe des Topfes ausheben.

2 BODEN VORBEREITEN
Mit einer Gabel den Grund des Pflanzloches und die Seiten lockern, um das Eindringen der Wurzeln zu erleichtern. Den Aushub mit organischem Material vermengen.

3 PFLANZE AUS DEM CONTAINER NEHMEN
Eine Hand um den Stammgrund und über die Topferde legen. Pflanze vorsichtig aus dem Topf gleiten lassen. Wurzelballen ins Loch stellen.

4 PFLANZTIEFE ANPASSEN
Einen Stab quer über das Pflanzloch legen, der die Höhe des Bodens angibt. Pflanztiefe des Strauches durch Auffüllen oder Wegnehmen von Erde unter dem Wurzelballen anpassen.

5 MIT ERDE AUFFÜLLEN
Pflanzloch mit dem vermischten Aushub füllen. Mit den Händen oder einer Pflanzkelle andrücken, um Luft zu entfernen und zwischen Wurzel und Erde guten Kontakt herzustellen.

6 ANGIESSEN UND MULCHEN
Erde sanft antreten und wässern. Auf leichten Böden um den Strauch herum einen Gießrand anlegen (siehe Detail). Mit lockerer Mulchschicht abdecken, Stamm frei lassen.

STRÄUCHER ABSTÜTZEN

Bis auf große Exemplare mit schlecht entwickelter Wurzel oder Hochstämme muss man Sträucher nicht anbinden. Erstere, die man besser gar nicht kaufen sollte, brauchen im ersten und vielleicht auch zweiten Jahr eine Stütze, bis sich die Wurzel entwickelt und der Strauch stabiler wird.

Bis unten belaubte Sträucher stützt man am besten mit einer Schnur, die an drei gleichmäßig um die Pflanze verteilten Pfählen befestigt wird. Wo die Schnur Äste berührt, wird sie mit Gummi überzogen.

Bei Hochstämmen wird – vor der Pflanzung, damit die Wurzeln nicht beschädigt werden – ein Pfahl ins Pflanzloch geschlagen. Seine Spitze sollte bis knapp unter die ersten Äste reichen. Um Reibung zu verhindern, wird der Stamm mit Spezialbinder mit Abstandshalter oder mit Kokosstrick in Form einer Acht an die Stütze gebunden.

SIEHE AUCH: Allgemeine Beetpflege, S. 152–153; Mulchmaterialien, S. 153; Pflege von Sträuchern, S. 156–157; Bepflanzen von Kübeln, S. 176–177

ROSEN PFLANZEN

Rosen ohne Ballen werden entweder im Herbst zu Beginn oder genau vor der Ruheperiode oder aber im März oder April gesetzt. Ist der Boden zu nass, zu trocken oder gefroren, sollte man das Pflanzen verschieben. Die Wurzeln werden unterdessen feucht gehalten. Zögert sich das

Einsetzen der Pflanzen hinaus, schlägt man die Rosenwurzeln in einem freien Beet in einem Graben ein. Containerrosen kann man jederzeit pflanzen. Rosen, vor allem remontierende, brauchen fruchtbaren Boden. Daher vor dem Pflanzen gründlich vorbereiten und düngen.

STRAUCHROSE OHNE BALLEN PFLANZEN

1 ROSE VORBEREITEN
Wurzeln etwa eine Stunde in Wasser stellen. Kranken, schadhaften Wuchs entfernen. Sich überkreuzende oder dünne Triebe an der Basis wegnehmen, dass eine ausgewogene Form entsteht. Dicke Wurzeln um ein Drittel kürzen.

2 PFLANZLOCH AUSHEBEN
Pflanzloch ausheben, das den Wurzeln bequem Platz bietet und so tief ist, dass Veredelungsstelle (Verdickung an Stammbasis, wo Edelreis und Unterlage miteinander verbunden sind) 2,5 cm unter der Bodenoberfläche liegt.

3 PFLANZTIEFE ÜBERPRÜFEN
Halben Eimer Kompost und kleine Hand voll Universaldünger ins Pflanzloch geben. Rose hineinstellen und Wurzeln gleichmäßig ausbreiten. Mit über das Pflanzloch gelegtem Stab richtige Höhe der Veredelungsstelle prüfen.

4 AUFFÜLLEN UND ANTRETEN
Pflanzloch nach und nach mit Erde füllen. Zunächst von Hand andrücken, um Lufteinschlüsse zu entfernen, schließlich sorgsam antreten. Boden rechen, Pflanze gut wässern. Im nächsten Frühling Mulchschicht aufbringen.

PFLANZSCHNITT

Ein kompakter, kräftiger Strauch benötigt keinen Pflanzschnitt. Schnittmaßnahmen können bei jungen Pflanzen *(siehe unten)* jedoch leicht kleinere Mängel ausgleichen. Die meisten Rosen werden unmittelbar nach dem Pflanzen geschnitten: Schwache, schadhafte Triebe, abgestorbenes Holz und besonders lange Sprosse, die die Gesamtform beeinträchtigen, werden entfernt. Containerrosen, die in vollem Wachstum gesetzt wurden, erhalten im März nach der Pflanzung einen Formschnitt.

△ **PFLANZSCHNITT BEI STRÄUCHERN**
Abgestorbene, kranke oder schadhafte Triebe bis auf ein gesundes Auge zurückschneiden. Sich kreuzende und nach innen wachsende Triebe über einem nach außen weisenden Auge entfernen. Schwache, dünne Triebe kürzen, ebenso übermäßig lange, die eine ausge

FRÜHJAHRSSCHNITT ▷
Bei Containerrosen wird im ersten Frühling nach der Pflanzung frostgeschädigtes, schwaches oder abgestorbenes Holz entfernt. Verbleibende Triebe werden — außer bei Kletterrosen — über einem nach außen weisenden Auge auf eine Höhe von 8 cm gekürzt.

PFLANZEN IN FASERVLIES

Faservlies *(siehe S. 145)* erleichtert das Anwachsen neu gepflanzter Sträucher. Es wird am Boden ausgebreitet und seitlich mit Metallpflöcken befestigt. Mit Messer oder Spaten einschlitzen und durch das Loch pflanzen. Alternativ kann man eine runde Vliesmatte mit einem Pflanzloch in der Mitte und einem Schlitz von der Mitte zum Rand verwenden, die man leicht um den neu gepflanzten Strauch legen kann.

PRAXIS-TIPPS

• Trockenen Boden vor dem Auslegen des Faservlieses gründlich wässern. Sehr nassen Boden etwas abtrocknen lassen, da das Vlies wasserundurchlässig ist.

• Bei Bedarf Kompost oder Dünger in den Boden einarbeiten, ehe man das Vlies auslegt.

• Zusätzliche Nährstoffe kann man bei Bedarf durch kleine Löcher im Vlies zuführen.

Vlies schafft bessere Bedingungen, während die Pflanzen anwachsen.

◁ **IN FASERVLIES PFLANZEN**
Faservlies über dem Boden ausbreiten und befestigen. Kreuzweise einschlitzen, darunter das Pflanzloch ausheben und den Strauch wie üblich einpflanzen.

SIEHE AUCH: Pflege von Sträuchern, S. 156–157; Schnitt und Erziehung von Sträuchern, S. 158–159; Rosenpflege, S. 160–161

ALLGEMEINE BEETPFLEGE

GUTE VORBEREITUNG KANN ZWAR den späteren Arbeitsaufwand verringern, doch benötigen Beete, die sich dauerhaft von ihrer besten Seite zeigen sollen, ein Mindestmaß an Pflege. Unkräuter werden immer wieder erscheinen, doch sollte man sie regelmäßig entfernen, ehe sie sich aussamen. In gut bereitetem Boden muss man Pflanzen nur bei großer Trockenheit gießen. Neue Pflanzen benötigen jedoch regelmäßige Wassergaben. Fruchtbarer Boden, in dem Pflanzen gut wachsen und blühen, braucht nur wenig Dünger, doch sollte man ihn jährlich mulchen. Bei regelmäßigem oder kräftigem Schnitt benötigen Pflanzen zusätzlich Nährstoffe.

JÄTEN BESTEHENDER BEETE

Unkraut möglichst sofort bei Erscheinen entfernen. Regelmäßiges Jäten ist wirksamer als gelegentliche Großeinsätze. Zwischen Zierpflanzen empfiehlt sich Jäten von Hand oder mit der Gabel. Hier nur vorsichtig und nicht zu tief hacken, damit Wurzeln oder Triebe nicht beschädigt werden.

REGELMÄSSIGES JÄTEN ▷
Zum Entfernen von Unkraut aus einer Rabatte hackt man zwischen den Zierpflanzen behutsam und nicht zu tief, um nicht Wurzeln oder Triebe zu beschädigen. Hartnäckiges Unkraut kann mit einer Handgabel entfernt werden.

WÄSSERN

Um auch tiefe Wurzeln zu erreichen, muss man gründlich wässern. Wenig und häufiges Gießen ist Verschwendung und oft sogar schädlich: Werden nur die oberen Schichten feucht, bilden sich Wurzeln eher an der Oberfläche, wo sie für Hitze, Kälte und Wind anfälliger sind. Gießen von Hand oder mit dem Schlauch – mit feiner Brause bei Sämlingen und gröberer bei ausgewachsenen Pflanzen – ist für kleine Gärten oder Einzelpflanzen praktisch. Bei größerer Fläche bieten sich Sprenger oder Berieselungssysteme an. Bei Letzteren tröpfelt Wasser aus einem gelochten Schlauch in die Erde. Um kein Wasser zu verschwenden, sollte man eine Zeitschaltuhr verwenden.

△ GIESSRAND
Bei Sandböden oder leichtem Gefälle kann die Erde als ringförmiger Wall um den Wurzelbereich einen Gießrand um eine Mulde bilden. Füllt man diese langsam mit Wasser, fließt es nicht weg und gelangt unmittelbar zu den Wurzeln.

◁ PFÜTZEN VERMEIDEN
Wird mit zu hohem Druck gewässert, schwemmt der Boden aus, die Wurzeln werden freigelegt und die Bodenstruktur beschädigt. Einen Gartenschlauch sollte man auf niedrigen Druck einstellen, möglichst mit feiner Brause versehen und sanft hin und her bewegen.

◁ BEWÄSSERUNGS- SYSTEM
Bei Schluff- oder Tonböden, die sich durch Gießen leicht verdichten, kann man einen großen Topf in den Boden einsenken und mit Wasser füllen. Dieses sickert allmählich durch die Abflusslöcher zu den Wurzeln, ohne dem Boden zu schaden.

MULCHEN

Eine Mulchschicht unterdrückt keimende Unkrautsamen, hält Wurzeln im Sommer kühl und im Winter warm, verringert den Wasserverlust der Bodenoberfläche, verhindert Erosion und verbessert Struktur und Fruchtbarkeit des Bodens. Eine Mulchschicht kann man jedes oder jedes zweite Jahr im Herbst oder Frühjahr ausbringen, wenn der Boden feucht ist. Trockenen, nassen, kalten oder gefrorenen Boden soll man nie mulchen. 5–8 cm verhindern Unkraut, 10–15 cm bieten guten Kälteschutz.

△ STRÄUCHER MULCHEN
Bei Gehölzen wird der gesamte Wurzelbereich gemulcht, dieser ist zumeist mit dem Durchmesser des Blätterdachs identisch. Um die Stammbasis werden 10–15 cm frei gelassen, da der Mulch hier zu Fäulnis führen könnte.

△ STAUDEN MULCHEN
Stauden wie Pfingstrosen, die nahrhaften feuchten, aber gut durchlässigen Boden bevorzugen, mulcht man mit einer 5 cm hohen Schicht. Am günstigsten geschieht dies im Herbst oder Frühling, wenn keine Triebe beschädigt werden können.

SIEHE AUCH: Unkrautbekämpfung und Beete markieren, S. 144–145; Kompost anlegen, S. 236

MULCHMATERIALIEN

Mulch – zerkleinertes organisches Material – hemmt das Keimen von Unkraut, hilft die Bodentemperatur zu regulieren und Fruchtbarkeit und Struktur des Bodens zu verbessern, da der Mulch durch Bodenorganismen abgebaut und eingearbeitet wird. Kokosfaser und Rindenmulch besitzen ideale Eigenschaften und sind frei von Unkrautsamen. Rinde sollte kompostiert sein, da sie natürliche Chemikalien

enthält, die für manche Pflanzen schädlich sein können. Garten- und Laubkompost oder gut verrotteter Stallmist führen dem Boden zugleich Nährstoffe zu und sind somit gute Bodenverbesserer, doch können sie Unkrautsamen enthalten. Pilzsubstrat verbessert den Boden und liefert Nährstoffe, ist aber alkalisch und daher nicht für Kalk fliehende Moorbeetpflanzen wie Rhododendren geeignet.

MULCHMATERIAL ▷
Als Mulch eignen sich diverse organische Materialien, von gut verrottetem Gartenkompost oder Pilzsubstrat bis zu gehäckselter Baumrinde oder Kokosfaser. Alle können als Schutzschicht um Beetpflanzen herum verwendet werden.

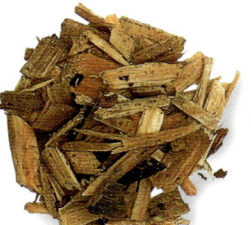   

KOMPOST — GROB GEHÄCKSELTE RINDE — KOKOSFASER — PILZSUBSTRAT — FEIN GEHÄCKSELTE RINDE

DEKORATIVE AUFLAGEN

Auflagen wie Zierkies oder Rindenmulch bilden auf der Beetoberfläche eine dekorative Schicht, die den Boden gleichzeitig schützt. Solche Auflagen werden 5–8 cm hoch ausgebracht, bei Verwendung einer Faservliesunterlage reicht die halbe Höhe. Besonders bei Tonböden bewähren sich solche Auflagen, da Probleme, die durch übermäßiges Gießen oder heftige Regengüsse entstehen, verringert werden.

SCHÖN UND NÜTZLICH ▷
Kies schützt Blüten und Blätter (hier Christrosen) vor Spritzern. Er gewährleistet eine gute Wasserdurchlässigkeit um die Triebe herum und sieht zudem dekorativ aus.

△ **GROBE KIESEL ALS DEKORATIVE AUFLAGE**
Hier gedeihen Günsel (Ajuga) und goldenes Pfennigkraut (Lysimachia nummularia ›Aurea‹) in einer Schicht grober Kiesel. Das sieht besonders an Ufern reizvoll aus.

VERWENDUNG VON DÜNGER

Jährlich ausgewogener Dünger versorgt Pflanzen mit ausreichenden Stickstoff-, Phosphor- und Kaliummengen. Jeder Dünger soll auf feuchten Boden ausgebracht werden. Bei Trockenheit wird zunächst gewässert. Langzeitdünger wird im Frühling ausgebracht, wenn das Wachstum wieder einsetzt. Bei Bedarf kann im Mai oder Juni rasch wirkender Dünger verwendet werden, um einen Wachstumsschub zu bewirken. Flüssigdünger, von denen einige Blattdünger sind, helfen rasch bei kränkelnden Pflanzen in vollem Wachstum.

NICHT VERGESSEN!

Dünger nach Herstelleranweisungen ausbringen. Zu große Mengen sind Verschwendung und verbrennen womöglich die Pflanzen. Dünger in fester Form wird mit einer Handgabel leicht eingearbeitet, wobei man die Wurzeln schonen sollte. Bei schwachem Wuchs hilft ausgewogener Volldünger, bei einzelnen Mangelerscheinungen der entsprechende Nährstoff. Stark stickstoffhaltiger Dünger wird ab Hochsommer nicht mehr ausgebracht, da er Neuaustrieb anregt, der frostempfindlich ist.

△ **DÜNGER AUSBRINGEN**
Dünger in vorgeschriebener Menge um die Pflanze herum streuen und leicht einarbeiten. Blätter und Stängel sollten verschont bleiben, um keine Verbrennungen davonzutragen.

SIEHE AUCH: Unkrautbekämpfung und Beete markieren, S. 144–145; Dünger von Nutzpflanzen, S. 238–239; Unkraut und Pflanzenkrankheiten, S. 288–311

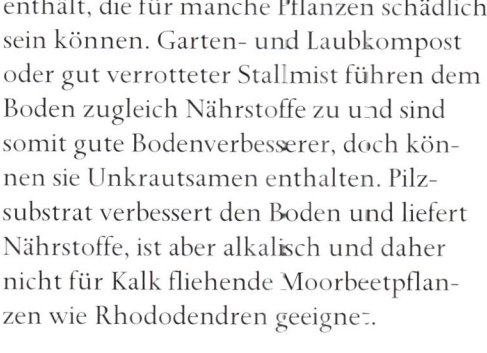

PFLEGE VON RABATTENPFLANZEN

EINEN PRACHTVOLLEN ANBLICK bieten die meisten Stauden bereits, wenn sie im Frühling mit einem Volldünger verwöhnt werden. Mit weiterer Aufmerksamkeit kann ihre Wirkung jedoch noch gesteigert werden. Ausdünnen, Entspitzen und Entfernen von Verblühtem fördert die Blüte. Größere Stauden, Ein- und Zweijährige brauchen mitunter eine Stütze, damit die Blüten vorteilhaft zur Geltung kommen oder die Pflanze nicht zusammenbrechen. Ältere Stauden werden geteilt und neu gesetzt, um sie zu verjüngen. Am Ende jeder Saison kann man Samen von Ein- und Zweijährigen sammeln. Im Herbst wird abgestorbenes Material entfernt.

STAUDEN AUSDÜNNEN UND ENTSPITZEN

Diese beiden Methoden helfen, die Menge und Qualität der Blüten zu verbessern. Horstartig wachsende Stauden wie Rittersporn, Phlox und Astern bringen im Frühling zahlreiche Triebe hervor, darunter einige recht dünne. Wenn man diese zeitig entfernt, entwickeln sich die verbleibenden kräftiger und bilden größere Blüten. Einige Stauden, wie Herbstaster, Sonnenbraut (Helenium) und Sonnenhut (Rudbeckia), entwickeln blühende Seitentriebe. Das Entfernen des Gipfeltriebes fördert die Verzweigung. Entspitzt man die Pflanzen einer Gruppe mit einigen Tagen Abstand, verlängert sich insgesamt die Blütezeit.

◁ **AUSDÜNNEN**
Von April bis Mai, wenn Stauden ein Viertel bis ein Drittel ihrer endgültigen Höhe erreicht haben, entfernt man schwache Triebe an der Basis, jedoch höchstens einen von drei. Die kräftigeren Triebe bringen dann größere Blüten hervor und brauchen wahrscheinlich keine Stütze.

ENTSPITZEN ▷
Wenn Stauden ca. ein Drittel ihrer Endhöhe erreicht haben, werden die jeweils oberen 2,5–5 cm eines Triebes entfernt. Das regt die Knospen in den unteren Blattachseln zu Austrieb und Blütenbildung an und fördert buschigen Wuchs.

RABATTENPFLANZEN STÜTZEN

Insbesondere in windigen Lagen müssen hohe, zerbrechliche Stauden und Ein- und Zweijährige mitunter gestützt werden. Stützen werden am besten zu Beginn der Saison angebracht, so dass sie dann von den wachsenden Pflanzen verdeckt werden. Pflanzstäbe werden für einen stabilen Stand zu einem Drittel ihrer Länge in den Boden gesteckt, ohne das Wurzelsystem zu beschädigen. Spezielle Staudenhalter sind teurer, können aber jedes Jahr wieder verwendet werden. Man kann auch selbst Stützen aus weitmaschigem Maschendraht bauen: Für größere Pflanzen wird er von Stäben gehalten, für kleinere formt man eine Kuppel oder einen Kegel.

> ### PRAXIS-TIPPS
>
> • Erbsenreiser sind unauffällig und preiswert. Man setzt mehrere um eine Pflanzengruppe und führt sie über der Mitte zusammen.
> • Festen Stab mitten in eine kleine Pflanzengruppe stecken und mit einzelnen Schnüren nach außen je einen Stängel erfassen.

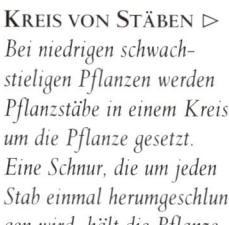

◁ **AUFBINDEN**
Ist eine einstielige Pflanze 25 cm hoch, steckt man einen zu zwei Drittel der Endhöhe hinaufreichenden Stab in den Boden. Staude nach und nach locker mit Achterschlaufen anbinden.

KREIS VON STÄBEN ▷
Bei niedrigen schwachstieligen Pflanzen werden Pflanzstäbe in einem Kreis um die Pflanze gesetzt. Eine Schnur, die um jeden Stab einmal herumgeschlungen wird, hält die Pflanze.

△ **GELENKSTÜTZEN**
Bei großen vielstängeligen Stauden wie Astern und einigen Glockenblumen werden Gelenkstützen tief in den Boden gesteckt und nach und nach angehoben.

△ **RINGSTÜTZE**
Eine ideale Stütze für große Pflanzen, die gern schlappmachen. Wird früh in der Saison gesetzt, die Pflanzen wachsen dann hindurch und verdecken die Stütze.

SIEHE AUCH: Verwendung von Dünger, S. 153; Stauden teilen, S. 163

VERBLÜHTES ENTFERNEN

Wenn man weder dekorative Samenkapseln erwarten kann, noch Saatgut gewinnen möchte, sollte man verwelkte Blüten möglichst schnell »ausputzen«. Das verlagert die Energie von der Fruchtbildung hin zu neuem Austrieb und verlängert so die Blütezeit. Bei Pflanzen mit verzweigten Blütenständen wie *Phlox paniculata* regt das Entfernen der mittleren Blüten die Seitentriebe zum Blühen an. Bei Stauden, die nur an einem Stängel blühen wie Lupine und Rittersporn, entfernt man die Stängel nach der Blüte am Ansatz, was manchmal zu einer späteren Nachblüte führt. Verwelkte Blumen stets mit scharfer Gartenschere entfernen.

△ PHLOX
Spross unter dem mittleren Blütenkopf zurückverfolgen und oberhalb der Seitentriebe mit sauberem Schnitt abtrennen. So wird das Wachstum der Seitentriebe angeregt, die dann später im Jahr zur Blüte gelangen.

△ RITTERSPORN
Er bringt von Juni bis Juli eine Blütenkerze mit kleineren Seitentrieben hervor. Stängel nach der Blüte bis auf den Ansatz zurückschneiden. Manchmal bringen neue Triebe im Herbst einen zweiten Flor.

△ LAVENDEL
Das Entfernen der Blütenstände führt bei Lavendel selten zu einer zweiten Blüte, aber das Vermeiden der Samenproduktion setzt Energie für einen dichten, buschigen Wuchs frei. Getrocknete Lavendelblüten eignen sich für Duftkissen.

HERBSTSCHNITT

Gräser tragen im Winter hübsche Fruchtstände, andere Stauden sind besser kältegeschützt, wenn man den oberirdischen Teil belässt. Die meisten schneidet man aber am besten im Herbst zurück: Verwelkte Blätter oder Triebe werden am Ansatz abgeschnitten. Ein- und Zweijährige aus dem Beet nehmen, jäten und mulchen.

STAUDEN ZURÜCKSCHNEIDEN ▷
Mit einer Gartenschere werden abgestorbene und welke Stängel bis zum Ansatz zurückgeschnitten. Bei den meisten Stauden sollte der gesamte oberirdische Wuchs entfernt werden, da so das Krankheitsrisiko verringert wird.

STAUDEN VERJÜNGEN

Den meisten Stauden tut es gut, alle 3–5 Jahre, oder bei wuchsfreudigen Arten wie Ziest oder Günsel jedes zweite Jahr, geteilt zu werden. Ansonsten verholzen sie, werden zu dicht und blühen und wachsen weniger. Das Ausheben und Teilen *(siehe S. 163)* verjüngt die Pflanzen, inzwischen kann auch der Boden umgegraben, verbessert, gedüngt und gejätet werden.

Alte, verholzte und zu dichte Stängel bilden wenig neue Blätter und Blüten.

Der oberirdische Wuchs ist spärlich und verkümmert.

△ ZEIT ZU TEILEN
Kraft und Aussehen dieser verholzten, dicht gewachsenen Heuchera haben nachgelassen, sie bringt nur noch spärlich Blüten hervor. Teilen und neu pflanzen verleiht ihr frische Energie.

▽ EINSCHLAGEN
Pflanzen, die geteilt werden sollen, kann man herausheben und einschlagen, während man die Pflanzstelle umgräbt und durch das Einarbeiten von organischem Material verbessert.

Feuchte Rinde oder Kompost auf der Wurzel schützt vor Austrocknen.

Frisch geteilte Pflanzen sind zum Einpflanzen bereit.

SAMEN AUFBEWAHREN

Die Anzucht aus Samen ist bei Ein- und Zweijährigen und gelegentlich bei Stauden eine preiswerte Vermehrungsmethode. Sie führt jedoch nicht bei allen Pflanzen zu sortenechten Nachkömmlingen. Es empfiehlt sich somit, von jenen Pflanzen Samen zu sammeln, die gute Eigenschaften zeigen, und diese trocken aufzubewahren, da feuchte Samen leicht faulen.

◁ SAMEN ERNTEN
Trockener Samen wird unmittelbar bei Reife entnommen. Reifende Samenkapseln (hier einer Stockrose) beobachtet man genau, da man den Samen entnehmen muss, ehe er ausfällt.

Die unreife Samenkapsel ist noch grün und fest verschlossen.

Reife Samenkapseln platzen auf, der Samen kann jetzt entnommen werden, bevor er auf natürliche Weise verteilt wird.

SAMENKAPSELN AUFBEWAHREN ▷
Einige Arten wie Jakobsleiter (Polemonium) besitzen Samenkapseln, die bei Reife aufplatzen. Diese erntet man, sobald sie sich braun färben, und bewahrt sie in einer beschrifteten Papiertüte auf, in der sie dann aufplatzen.

SIEHE AUCH: Beetpflanzen vermehren, S. 162–163

PFLEGE VON STRÄUCHERN

UNGEPFLEGTE STRÄUCHER BEKOMMEN meist dichte, aber dünne Zweige und bringen nicht die erwünschte üppige Blüte hervor. Mit einer angemessenen Wasser- und Nährstoffzufuhr sowie dem Ausbringen einer Mulchschicht lässt sich dem vorbeugen. Zusätzlich sorgt regelmäßiger Gehölzschnitt dafür, dass der Strauch gesund bleibt, eine gute Form behält und reichlich blüht. Das Schneiden dient vor allem dazu, abgestorbenes oder befallenes Holz zu entfernen, Größe und Form des Strauches zu bestimmen und Neuaustrieb zu fördern – besonders bei Blütensträuchern. Mit dem richtigen Schnitt zur rechten Zeit bieten Sträucher jahrelang einen prachtvollen Anblick.

WIE WIRD GESCHNITTEN?

Mit einer Gartenschere (siehe unten) werden Triebe bis zu 1 cm Durchmesser geschnitten. Diese sollen schnell und sauber durchtrennt, niemals gequetscht oder gerissen werden. Für Triebe bis 2,5 cm Durchmesser verwendet man eine Astschere, für größere Äste eine Garten- oder Baumsäge.

△ FALSCHER SCHNITT
Hier wird die Schere in der normalen Position gehalten. Da aber die dickere Klinge zum Stamm zeigt, entscheidet sie über den Schnittpunkt — in diesem Fall zu weit vom Hauptstamm weg.

△ UNGESUNDER STUMMEL
Eine zu weit vom Hauptstamm entfernte Schnittstelle hinterlässt einen Stummel, der für Infektionen anfällig ist, mitunter krank wird oder abstirbt und der Pflanze insgesamt Probleme bereitet.

△ RICHTIGER SCHNITT
Schere so ansetzen, dass die dünnere Klinge zum Hauptstamm zeigt; dann kann man genau an der gewünschten Stelle schneiden. Die Wunde heilt rasch und ist wenig infektionsanfällig.

VERZWEIGUNGSTYPEN

Ein Strauch kann gegen- oder wechselständig verzweigt sein – und davon hängt ab, wie er geschnitten wird. Wechselständige Zweige wachsen aus Knospen, die abwechselnd auf verschiedenen Seiten eines Triebes stehen. Gegenständige Zweige erscheinen jeweils aus einander gegenüberliegenden Knospen auf derselben Höhe des Triebes.

△ STRÄUCHER MIT GEGENSTÄNDIGEN ZWEIGEN
Gerader Schnitt etwa 5 mm über einem Blattachselpaar mit kräftigen Knospen. Aus den Augen entwickeln sich dann zwei kräftige Triebe. Obwohl ein schräger Schnitt vorzuziehen wäre, würde er hier einem oder beiden Augen schaden. So ist nur ein gerader, sauberer Schnitt möglich.

GUTE UND SCHLECHTE SCHNITTE

Viele Sträucher verfügen über Schutzmechanismen, die auf jede Verwundung reagieren. Pflanzeninhaltsstoffe bilden einen Schutz, der Krankheitserreger abwehrt und einen Kallus bildet, der die Wunde versiegelt und schützt. Beim Schneiden unterstützt man diesen Prozess durch kleine, saubere Schnitte an Stellen, wo die Schutzmechanismen der Pflanze kräftig sind, etwa über einer Knospe (siehe unten). Man sollte bei Trockenheit schneiden, da Feuchtigkeit die Heilung verzögert.

Die Klinge befindet sich so nahe wie möglich am Auge.

△ STRÄUCHER MIT WECHSELSTÄNDIGEN ZWEIGEN
Man schneidet etwa 5 mm über dem Auge und von diesem wegführend. Der unterste Schnittpunkt liegt gegenüber der Basis des Auges. Die Neigung gewährleistet, dass Regenwasser von der Knospe wegfließt, wodurch wiederum das Risiko einer Infektion durch Pilzsporen sinkt.

Bei einem sauberen schrägen Schnitt kann das Wasser vom Auge weg ablaufen.

Die Schnittstelle ist zu nahe am Auge und zu schräg.

Gerader Schnitt zu hoch über dem Auge.

Schnitt wurde abgerissen und hat die Knospe und das Gewebe beschädigt.

GUTER SCHNITT ▷
Eine scharfe Schere wird so angesetzt (siehe oben), dass ein kleiner sauberer Schnitt entsteht, der schnell heilen kann. Am günstigsten ist der Schnitt bei klarem, trockenem Wetter, da Pilzsporen durch Regentropfen oder in der Luft verbreitet werden.

Schnitt oberhalb eines Auges, wo der Schutz am stärksten ist.

Stummel stirbt ab und ermöglicht das Eindringen von Krankheiten.

Durch den Schnitt ist der Knoten verletzt, der natürliche Schutz beeinträchtigt.

Die große Wunde heilt schlecht ab.

RICHTIGER SCHNITT | SCHNITT ZU SCHRÄG | SCHNITT ZU HOCH | SCHNITT ZU GROB

SIEHE AUCH: Schnitt und Erziehung von Sträuchern, S. 158–159; Rosenpflege, S. 160–161

WARUM WIRD GESCHNITTEN?

Sträucher werden geschnitten, damit befallenes oder beschädigtes Holz entfernt, die Laub- oder Blütenqualität gesteigert, junge Gehölze erzogen oder alte verjüngt werden. Schnittmaßnahmen zum Zügeln der Größe mögen unvermeidlich scheinen, doch sollte man besser von vornherein Pflanzen von passender Größe wählen.

Weicher junger Austrieb wurde beschädigt, doch gibt es keine klare Trennlinie zwischen beschädigtem und gesundem Gewebe.

△ **SCHWACHE TRIEBE**
Schwache, dünne und verwachsene Zweige oder in die falsche Richtung wachsende Triebe werden komplett entfernt, da sie dem Gesamteindruck schaden.

△ **GEKREUZTE TRIEBE**
Sich kreuzende Zweige reiben sich mitunter und lassen den Strauch zu dicht werden. Sie werden an der Basis oder über einem gut platzierten Auge entfernt.

△ **TOTES HOLZ**
Abgestorbene Triebe bis ins gesunde Holz zurückschneiden, es sei denn, es gibt eine klar sichtbare Grenze. Dann wird genau darüber geschnitten.

△ **ALTES HOLZ**
Überaltertes Holz, das nicht mehr blüht, bis auf den Grund zurücknehmen. Das verjüngt die Pflanze, weil kräftiger Neuaustrieb gefördert wird.

△ **FROSTSCHADEN**
Erst wenn die Frostgefahr vorüber ist, wird der erfrorene Trieb bis ins gesunde Holz zurückgeschnitten. Erneuter Frost würde Knospen oder Neuaustriebe beschädigen.

△ **ZURÜCKGESCHLAGENE SPROSSE ENTFERNEN**
Bei panaschierten Sträuchern werden die zurückgeschlagenen, also die grünen Triebe sofort bis zum Ansatz zurückgeschnitten, da sie kräftiger sind als die panaschierten und die Pflanze letztendlich beherrschen würden.

Obere Zweige sterben ab; wenn Pusteln sichtbar sind, ist das Holz abgestorben.

Der Befall mit *Nectria cinnabarina* breitet sich nach unten aus, es scheint sich keine natürliche Grenze zu bilden.

◁ **BEFALLENES HOLZ**
Krankheiten wie Nectria cinnabarina *breiten sich so schnell aus, dass Pflanzen wehrlos sind. Bis ins gesunde Holz zurückschneiden, Schnitt verbrennen.*

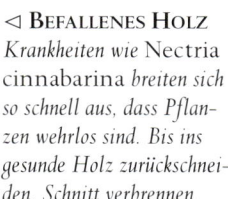

△ **BESCHÄDIGTES HOLZ**
Ein beschädigter Zweig kann am Grund entfernt werden. Ist ein Trieb in dieser Lage erwünscht, wird unter der Beschädigung über einem Auge geschnitten.

ERZIEHUNGSSCHNITT

Immergrüne Sträucher wachsen auf natürliche Weise in einer gedrungenen, gleichmäßigen Form. Von April bis Mai werden sie geschnitten: Abgestorbene, schwache, verwachsene oder frostgeschädigte Triebe werden entfernt, überlange Sprosse gekürzt. Bei Laub abwerfenden Sträuchern findet der erste Erziehungsschnitt nach dem ersten Sommer nach dem Laubfall statt. Das Ziel ist hierbei, Licht und Luft in die Mitte des Strauches gelangen und ein kräftiges Astgerüst für die Zukunft heranwachsen zu lassen.

ERZIEHUNGSSCHNITT BEI LAUB ABWERFENDEN STRÄUCHERN, DIE AM VORJÄHRIGEN HOLZ BLÜHEN

Bei Sträuchern, die am vorjährigen Holz blühen, soll durch den Erziehungsschnitt ein kräftiges offenes Astgerüst entstehen, das später gesunden Wuchs und reiche Blüte fördert. Entfernt man störende Äste bereits am jungen Strauch, kostet ihn die Heilung weniger Zeit und Kraft.

ERZIEHUNGSSCHNITT BEI LAUB ABWERFENDEN STRÄUCHERN, DIE AM DIESJÄHRIGEN HOLZ BLÜHEN

Am diesjährigen Holz blühende Sträucher nimmt man jährlich kräftig bis zum bleibenden Astwerk zurück. Dieses entsteht im ersten Frühjahr, indem man alle schwachen oder schlecht platzierten Triebe entfernt.

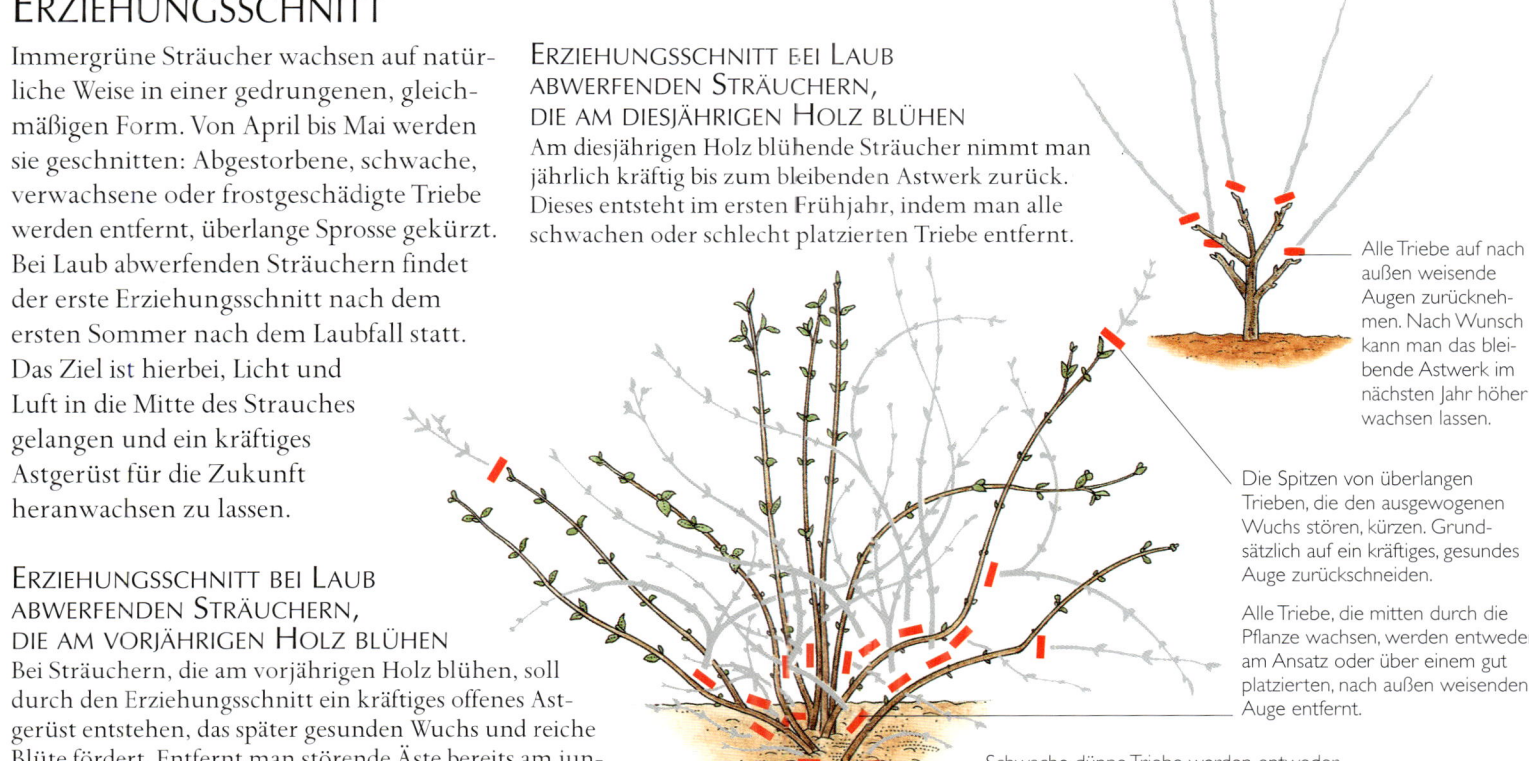

Alle Triebe auf nach außen weisende Augen zurücknehmen. Nach Wunsch kann man das bleibende Astwerk im nächsten Jahr höher wachsen lassen.

Die Spitzen von überlangen Trieben, die den ausgewogenen Wuchs stören, kürzen. Grundsätzlich auf ein kräftiges, gesundes Auge zurückschneiden.

Alle Triebe, die mitten durch die Pflanze wachsen, werden entweder am Ansatz oder über einem gut platzierten, nach außen weisenden Auge entfernt.

Schwache dünne Triebe werden entweder am Ansatz oder am Boden zurückgenommen.

SIEHE AUCH: Schnitt und Erziehung von Sträuchern, S. 158–159; Rosenpflege, S. 160–161; Der Obstbaumschnitt, S. 262–263

SCHNITT UND ERZIEHUNG VON STRÄUCHERN

EINES SOLLTE MAN VOR dem Schnitt eines Strauches vor allem wissen: Blüht der Strauch am diesjährigen oder am vorjährigen Holz? Wenn der Schnitt zur falschen Zeit erfolgt, könnten Blütentriebe mit entfernt werden. Grundsätzlich gilt, dass Pflanzen, die am diesjährigen Holz blühen, ab Juli Blüten treiben. Sie werden im Februar oder März geschnitten. Sträucher, die am vorjährigen Holz blühen, sind Spätwinter- bis Frühlingsblüher und werden nach der Blüte geschnitten. Einige Schnittregeln sind bei Pflanzen mit unterschiedlicher Wuchsform anwendbar. Abgestorbene, krankhafte oder schadhafte Triebe etwa werden bei allen Sträuchern sofort entfernt.

SCHNITT LAUB ABWERFENDER STRÄUCHER

Die meisten Sträucher verkümmern all-mählich, wenn sie ungeschnitten bleiben; der Wuchs wird zu dicht, und eigenwillige Triebe stören das Gleichgewicht. Regel-mäßiger Schnitt sorgt für offenen, ausge-wogenen Wuchs und Blüten treibende Zweige. Langsam wachsende Sträucher wie Japanischer Ahorn (*Acer palmatum*), Sternmagnolie (*Magnolia stellata*) oder Zau-bernuss (*Hamamelis*) brauchen keinen Schnitt und verzeihen nur kleine Eingriffe.

Um einen offenen Wuchs zu erhalten und Raum für Neuaustrieb zu schaffen, werden alte Triebe am Boden entfernt.

Schwache und kränkliche Triebe werden bis ins gesunde Holz auf ein kräftiges Auge zurückgenommen.

△ BLÜTENTRIEBE
Blütentriebe kürzt man bis ins nicht blühende Holz oder bis ein kräftiges Auge die richtige Richtung zeigt.

NICHT VERGESSEN!

Die gewählte Schnittstelle bestimmt die zukünftige Richtung und Kraft des Neuaustriebes. Dieser wächst in die gleiche Richtung wie die, in die das Auge weist. Wenn ein Strauch kräftigen Rückschnitt verträgt, ist der neue Trieb umso wüchsiger, je stärker der Rückschnitt war.

◁ ALTES HOLZ
Ein Viertel bis ein Drittel der alten Triebe werden unmittelbar nach der Blüte auf 5–8 cm zurück-geschnitten. Der Neuaus-trieb blüht im Folgejahr.

LAUB ABWERFENDE STRÄUCHER, DIE AM VORJÄHRIGEN HOLZ BLÜHEN

Sträucher blühen am üppigsten an jungem kräftigem, gut gereiftem festem Holz. Früh-lingsblüher, die am vorjährigen Holz blühen, schneidet man unmittelbar nach der Blüte zurück, damit der Neuaustrieb eine ganze Vegetationsperiode lang heranwachsen kann. Bei älterem Holz nimmt die Blühwilligkeit ab, es wird daher entfernt, um Platz für jüngere kräftige, üppig blühende Triebe zu schaffen.

SCHNITT IMMERGRÜNER STRÄUCHER

Die Mehrzahl der immergrünen Sträucher erfordert neben dem Entfernen abgestor-bener, kranker oder beschädigter Triebe nur geringe Schnittmaßnahmen. Zu lange oder schlecht platzierte Triebe, die die Symmetrie stören, können entfernt werden, zu dichter Wuchs wird ausge-dünnt. Bei blühenden Immergrünen ent-fernt man, wenn möglich, vor allem in jungen Jahren, regelmäßig verwelkte Blüten. Sträucher, die wie *Aucuba japonica* in erster Linie wegen des Laubes gezogen werden, vertragen bei Bedarf meist einen kräftigen Rückschnitt, etwa wenn sie als Formhecke gezogen werden. Unge-achtet der Blütezeit schneidet man möglichst erst nach den Eisheiligen.

Überlange oder eigen-willige Triebe, die die Symmetrie der Pflanze stören, werden zurück-geschnitten.

Verwelkte Blütenstände werden entfernt, ohne die darunter liegenden Knospen zu beschädigen.

IMMERGRÜNE STRÄUCHER AUSPUTZEN

Alle immergrüne Sträucher honorieren das Entfernen welker Blütenstände. Meist schnei-det man dabei die Blütentriebe mit der Schere auf gesunde, nicht blühende Triebe oder auf pralle, nach außen weisende Augen zurück. Bei Rhododendren und Kamelien, bei denen neue Blattknospen direkt unter den Blü-ten sitzen, knipst man die verwelkten Blüten vorsichtig mit den Fingern ab.

◁ RHODODENDREN AUSPUTZEN
Neue Blattknospen wachsen unmittelbar unter den Blütenständen nach. Ver-welkte Blütendolden knipst man sogleich ab, ehe die Blattknospen austreiben.

SIEHE AUCH: Pflege von Sträuchern, S. 156–157; Rosenpflege, S. 160–161

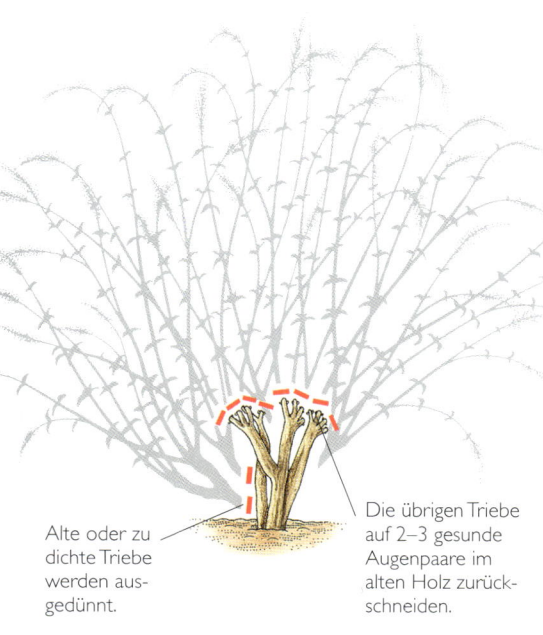

Alte oder zu dichte Triebe werden ausgedünnt.

Die übrigen Triebe auf 2–3 gesunde Augenpaare im alten Holz zurückschneiden.

◁ **AUSPUTZEN**
Blütentriebe (hier Buddleja) werden auf Augen oder Seitentriebe zurückgenommen, damit die Pflanze neue Blüten treibt.

STRÄUCHER, DIE AM DIESJÄHRIGEN HOLZ BLÜHEN

Diese Gruppe, zu der u. a. *Buddleja* zählt, wird im Februar oder März geschnitten, wenn die Knospen schwellen und kräftige und schwache leicht zu unterscheiden sind. Eine ausgewogene Krone mit robusten neuen Trieben soll jährlich aus einem niedrigen verholzten Stock heranwachsen. Diesen kann man bei Bedarf durch einen weniger radikalen Schnitt erhöhen.

STRÄUCHER, DIE AM GRUND NEU AUSTREIBEN

Einige Sträucher tragen jährlich neue Triebe, die an der Spitze blühen. Einige, wie *Kerria japonica*, blühen im Frühling am vorjährigen Holz und werden nach der Blüte zurückgenommen; andere, wie *Leycesteria formosa*, sind Maiblüher und werden im Frühling geschnitten. Bei beiden werden jedes Jahr einige alte Triebe entfernt.

Etwa ein Drittel der ältesten Blütentriebe wird am Grund gekappt, um den Neuaustrieb kräftiger Triebe zu fördern.

Jüngere Blütentriebe werden auf kräftige Augen oder Seitensprosse zurückgenommen.

SCHNITTMASSNAHMEN BEI HORTENSIEN

Von März bis April entfernt man jährlich die Blütendolden des Vorjahres bis zum ersten Augenpaar unter der Blüte, ohne dieses zu beschädigen. Ein Viertel bis ein Drittel der alten Triebe werden am Grund gekappt, um kräftigen Neuaustrieb zu fördern.

FARBENFROHE WINTERTRIEBE

Die Leuchtkraft farbenfroher Wintertriebe, etwa der roten Triebe von *Cornus alba*, wird durch einen jährlichen radikalen Rückschnitt im Vorfrühling erhalten. Dies gilt ebenso für Pflanzen mit farbigem Laubaustrieb.

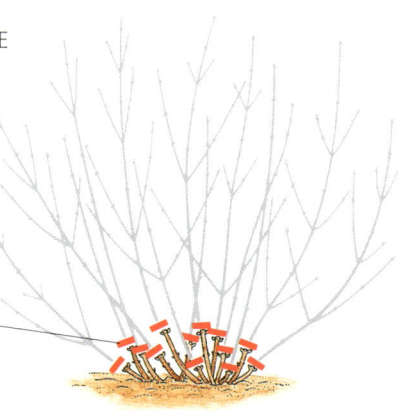

Alle Triebe auf 2–3 Augen über dem Boden zurücknehmen, Düngung und Mulchen kompensieren den Verlust des Holzes.

VERJÜNGEN ALTER STRÄUCHER

Wer vernachlässigte oder herausgewachsene Sträucher erbt, kann ihnen durch kräftigen Rückschnitt zu neuem Leben verhelfen, sofern sie gesund sind. In den meisten Fällen und selbst bei Pflanzen, die einen radikalen Schnitt vertragen, ist es am besten, sie in zwei bis drei Etappen zu verjüngen. Mitunter muss man ein Jahr auf Blüten verzichten, doch kräftiger Neuaustrieb bietet eine gute Entschädigung.

VERNACHLÄSSIGTE STRÄUCHER VERJÜNGEN

Laub abwerfende Sträucher im Herbst oder Frühjahr, immergrüne im Sommer verjüngen. Zuerst werden alte Triebe (höchstens die Hälfte) am Grund gekappt, die anderen gekürzt. Nach dem Schnitt düngen und mulchen. Im zweiten und dritten Jahr übrige alte Triebe zurückschneiden und neue schwache Triebe ausdünnen.

Seitentriebe, die durch die Mitte der Pflanze wachsen, die sich kreuzen oder reiben, werden entfernt oder auf ein kräftiges Auge zurückgenommen.

Abgestorbene, krankhafte oder beschädigte Triebe werden entfernt, höchstens die Hälfte der ältesten Triebe am Grund abgeschnitten; verbleibende gesunde auf die Hälfte ihrer Länge gekürzt.

◁ **GESUNDE TRIEBE**
Nach dem Entfernen einiger der ältesten Triebe werden die verbleibenden gesunden auf die Hälfte zurückgenommen.

△ **ALTE TRIEBE**
Unter den ältesten, am wenigsten ertragreichen Trieben etwa die Hälfte auswählen und diese mit einer Schere auf 5–8 cm Höhe einkürzen.

SIEHE AUCH: Allgemeine Beetpflege, S. 152–153; Rosenpflege, S. 160–161

ROSENPFLEGE

DER PRACHTVOLLE ANBLICK von Rosen bleibt erhalten, wenn sie nach dem Schnitt gedüngt und gemulcht werden. Buschrosen düngt man nach der ersten Blüte ein weiteres Mal. Neben dem Entfernen von abgestorbenem Holz und unerwünschtem Wuchs unterhalb der Veredelungsstelle, den so genannten Wildtrieben, brauchen Rosen einen sorgfältigen, je nach Sorte unterschiedlichen Schnitt. Besonders in Gruppen sind Rosen für eine Vielzahl von Krankheiten und Schädlingen anfällig (siehe S. 294–311), daher prüft man sie regelmäßig. Geschnitten wird am besten an klaren, trockenen, frostfreien Tagen. Der Schnitt fördert Gesundheit, Wuchsfreudigkeit und Blühwilligkeit.

HERBSTSCHNITT

Die meisten Rosen fördert ein formender Schnitt im Herbst, um den Winter besser durchzustehen und im Frühjahr kräftig auszutreiben. Für offenen Wuchs schneidet man auf nach außen weisende Augen, bei überhängenden Trieben oder um neue Triebe in der Mitte anzuregen auf aufwärts oder nach innen weisende Augen.

Aus einem dicken gesunden Auge entwickelt sich der Neuaustrieb in die gewünschte Richtung.

Ein Schnitt im richtigen Winkel leitet das Wasser von der austreibenden Knospe weg.

Gesunder Trieb ohne Verfärbung oder Anzeichen von Krankheiten.

Lange Triebe können vom Wind hin- und herbewegt werden und so die Wurzeln lockern.

◁ PERFEKTER SCHNITT
Schräger Schnitt genau über dem Auge und von diesem weg weisend. Augenunterkante und unterster Schnittpunkt liegen auf einer Linie.

△ VOR DEM SCHNITT
In kalten Regionen kann der Wuchs beschädigt, in windigen Lagen die Wurzel gelockert werden. Schnitt im Herbst mindert die Risiken.

△ NACH DEM SCHNITT
Triebe ein Drittel bis die Hälfte zurückgenommen. Nach Frost oder starkem Wind wird Boden um die Rose sorgfältig angedrückt.

WILDTRIEBE ENTFERNEN

Wildtriebe sind unerwünschte Triebe, die in der Vegetationszeit an der Basis der Pflanze oder zumindest unterhalb der Veredelungsstelle erscheinen. Im Vergleich zur übrigen Pflanze sind ihre Blätter oft anders geformt (sieben statt fünf Blättchen), kleiner oder von einem anderen Grünton. Wildtriebe entfernt man immer sofort.

△ WILDTRIEBE ENTFERNEN
Boden sanft von der Wurzel entfernen und Wildtrieb bis zum Ansatz an einem Trieb oder einer Wurzel unterhalb der Veredelungsstelle verfolgen. Mit robusten Handschuhen Wildtrieb abreißen. Dies ist mitunter nicht leicht, doch wächst ein Wildtrieb dann weniger leicht nach, weil auch ruhende Augen mit abgerissen werden.

BASISWISSEN

WILDTRIEBE ENTFERNEN

Die meisten Rosen wurden auf der Unterlage einer anderen Sorte veredelt; auf diese Weise wird die Kraft oder Langlebigkeit der gewünschten blühenden Sorte verstärkt. Dieser Wurzelstock ist häufig kräftiger als die Edelsorte und würde sie letztendlich überwachsen. Das Entfernen der Wildtriebe gewährleistet, dass die Kraft der Unterlage der Edelsorte zukommt.

WELKE BLÜTEN ENTFERNEN

Bei öfter blühenden Rosen werden verwelkte Blüten entfernt, damit die Energie der Pflanze weitere Blüten anstatt Samen hervorbringt, bei einmal blühenden wird der Neuaustrieb gefördert. Sollen die Rosen im Spätsommer oder Herbst dekorative Hagebutten hervorbringen, dürfen die welken Blüten nicht entfernt werden.

△ EINZELBLÜTEN
Verwelkte Einzelblüten werden bis auf ein kräftiges, nach außen weisendes Auge zurückgenommen, so dass der Austrieb einer neuen Blüte gefördert wird.

BLÜTENBÜSCHEL ▷
Bei Büscheln verwelkt zunächst die mittlere Blüte. Sie wird einzeln entfernt, so dass die anderen optimal zur Geltung kommen.

◁ WELKES BÜSCHEL
Sind alle Blüten im Büschel verwelkt, wird der Trieb bis auf eine austreibende Knospe bzw. einen Seitentrieb zurückgenommen. Sind keine Knospen sichtbar, wird auf die gewünschte Höhe gekürzt, um ein ruhendes Auge zum Austrieb anzuregen. Etwaige Stummel entfernt man später.

SIEHE AUCH: Pflanzschnitt, S. 151; Allgemeine Beetpflege, S. 152–153; Pflege von Sträuchern, S. 156–157; Schnitt und Erziehung von Sträuchern, S. 158–159

SCHNITT MODERNER GARTENROSEN

Bei allen Rosen nimmt man abgestorbenes, krankes oder schwaches Holz weg. Niedrige Beetrosen, Polyantha- und Zwergrosen schneidet man wie Floribunda, nur weniger stark: Haupt- und Seitentriebe kürzt man nur um ein Drittel oder bis auf die Hälfte.

Bodendeckerrosen werden in der Ruhezeit geschnitten. Lange Triebe werden auf nach außen weisende Augen gekürzt, Seitentriebe nur, wenn sie über den vorgesehenen Platz hinauswachsen. Zur Verjüngung entfernt man jeden vierten älteren Trieb.

Um einen kompakten Wuchs zu erhalten und üppige Blüte anzuregen, werden die Spitzen eines Teils der Seitentriebe am äußeren Rand der Pflanze gekürzt.

Bei zu dichtem Wuchs und nachlassender Blüte werden 1–2 der ältesten Triebe am Grund über einem nach außen weisenden Auge zurückgenommen.

Nach dem Entfernen schwacher Triebe werden die verbleibenden 25–30 cm über dem Boden gekappt, Seitentriebe auf 2–3 Augen über dem Haupttrieb zurückgeschnitten.

MODERNE STRAUCHROSEN

Viele moderne Strauchrosen (auch *Rosa moschata*- und *rugosa*-Sorten) sind öfter blühend. Man schneidet in der Ruhezeit, am besten im März. Sie benötigen meist nur geringen Schnitt, um in Form zu bleiben. Haupttriebe maximal ein Drittel, Seitentriebe um die Hälfte bis zwei Drittel kürzen. Jeden dritten alten Trieb entfernen.

Für einen offenen Wuchs über nach außen weisenden Augen schneiden.

GROSSBLUMIGE BUSCHROSE

Diese auch als Teehybriden bekannten Rosen blühen den ganzen Sommer und werden in der Ruhezeit kräftig geschnitten, am besten im März. Es bleiben drei bis fünf kräftige Triebe erhalten, die 20–22 cm über dem Boden gekappt werden. Schwache Triebe von weniger als durchschnittlicher Dicke werden entfernt.

FLORIBUNDA

Der Reiz dieser Rosen liegt in ihren dichten Blütenbüscheln. Sie werden grundsätzlich wie großblumige Buschrosen geschnitten, doch werden die Triebe nicht so weit zurückgenommen, damit mehr Kraft für die Blütentriebe bleibt. Alle Seitentriebe auf 2–3 Augen kürzen.

NICHT VERGESSEN!

DIE EIGENEN ROSEN KENNEN LERNEN

Rosen unterteilt man in verschiedene Gruppen; die Hauptgruppen sind Wildrosen, moderne und alte Gartenrosen, die letzten beiden mit zahlreichen Untergruppen. Sie erfordern unterschiedliche Schnittmaßnahmen je nach Wuchs und Blühweise und je nachdem, ob sie einmal oder öfter blühend sind. Beim Kauf ist auf dem Schild zumeist auch die Rosengruppe vermerkt.

SCHNITT ALTER ROSEN

Alte Gartenrosen sind wegen ihrer Anmut und ihres Wuchses beliebt, durch Schnittmaßnahmen wird versucht, diese Qualitäten zu erhalten. Die meisten blühen nur einmal im Hochsommer und werden direkt nach der Blüte je nach Wuchsform auf zwei Weisen geschnitten. Einige alte Gartenrosen — China-, Bourbon- und Portlandrosen — remontieren den Sommer über; sie schneidet man wie moderne Strauchrosen in der Ruhezeit, möglichst im März.

△ ALBA-ROSEN, DAMASZENERROSEN, ZENTIFOLIEN UND MOOSROSEN
Offene, reich verzweigte, oft überhängende Sträucher. Nach der Blüte Haupt- und Seitentriebe um ein Drittel bis auf ein nach außen weisendes Auge kürzen. Von den ältesten Trieben jeden vierten entfernen, um Neuaustrieb zu fördern. Im Herbst windanfällige überlange Triebe kürzen.

△ GALLICA-ROSEN
Eine typische Gallica ist eine dichte, reich verzweigte Rose mit bestachelten Trieben. Nach der Blüte wird ausgedünnt, indem Seitentriebe um zwei Drittel gekürzt werden. Überlange Triebe werden bis zu einem Drittel zurückgenommen. Bei älteren Gewächsen werden jedes Jahr (mitunter auch weniger häufig) 1–2 der ältesten Triebe am Boden entfernt.

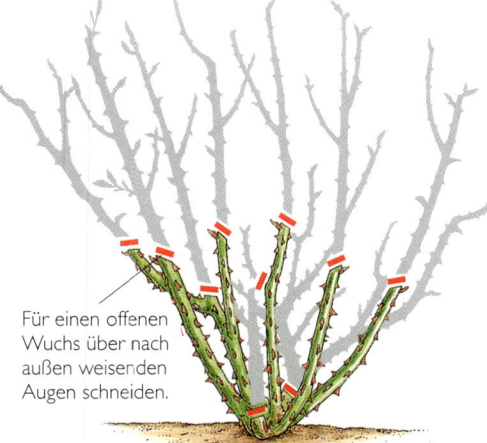

SIEHE AUCH: Rosen, S. 139; Rosen, S. 147; Pflege von Sträuchern, S. 156–157

BEETPFLANZEN VERMEHREN

SAMEN AUSSÄEN UND ÄLTERE Pflanzen teilen sind einfache Methoden für die Vermehrung von Pflanzen. Einige Samen müssen vorbehandelt werden, damit sie keimen: Hartschalige Samen, etwa von Lupinen, werden behutsam zwischen zwei Lagen Sandpapier gerieben, Samen mit chemischen Hemmstoffen, etwa von *Cyclamen*, werden in Wasser eingeweicht, und Samen, bei denen die Keimruhe durch Kälte gebrochen wird, werden im Herbst im Freien ausgesät oder vor der Aussaat im Frühling einige Wochen im Kühlschrank aufbewahrt. Die Anweisungen auf den Tütchen werden am besten genau befolgt. Horststauden kann man leicht und schnell durch Teilung vermehren.

AUSSAAT IN GEFÄSSEN

In der Regel wird zwischen Februar und März gesät. Selbst geerntete Samen von Sommerblühern können sofort ausgesät werden. 9–13 cm große Töpfe oder Pflanzschalen nehmen für die meisten Zwecke genug Samen auf. Samen, die Licht zur Keimung brauchen, werden mit einer 5-mm-Schicht feinem Vermiculit anstelle von Erde abgedeckt. Für die meisten Samen ist eine Keimtemperatur von 15 °C ideal. Winterharte Pflanzen keimen bei 10 °C, frostempfindliche Pflanzen benötigen mindestens 15–20 °C. Sämlinge brauchen helles Licht, aber keine direkte Sonne, da sie verbrennen und absterben könnten. Beim Pikieren fasst man die Sämlinge nur an den Blättern an, da die zarten Stängel bei Beschädigung faulen.

NICHT VERGESSEN!

Ein häufiger Grund für das Misslingen einer Anzucht aus Samen ist, dass die Sämlinge umfallen, häufig zeigen sie dabei einen braunen Ring an der Basis. Diese Umfallkrankheit verursachen Pilze, die feuchten Boden, wenig Licht und feuchtwarme Luft bevorzugen. Dicht stehende Sämlinge bieten ideale Bedingungen für ihre Verbreitung. Frische Erde, dünne Aussaat, gute Belüftung und Lichtverhältnisse beugen dem vor.

ANZUCHT AUS SAMEN

1 TOPF VORBEREITEN
Ein Gefäß, hier ein 13-cm-Topf, mit feuchter Aussaaterde füllen und leicht mit einem Brettchen andrücken, um Lufteinschlüsse zu entfernen. Die fertige Oberfläche reicht bis 1 cm unter den Topfrand.

2 SAATGUT AUSBRINGEN
Die Samen möglichst dünn und gleichmäßig auf der Oberfläche verteilen, hierzu behutsam von einem gefalteten Stück sauberen, glatten Papiers herunterklopfen oder direkt aus dem Samentütchen schütteln.

3 MIT FEUCHTER ERDE ABDECKEN
Die Samen mit einer dünnen Schicht feiner, gesiebter Topferde oder Vermiculit abdecken. Beschriften und mit einer feinen Brause oder von unten wässern.

4 TOPF ABDECKEN
Topf mit Glasplatte oder Frischhaltefolie gegen Feuchtigkeitsverluste schützen. An hellem Platz ohne direkte Sonne ins Zimmer, Gewächshaus oder Frühbeet stellen. Wenn die Samen keimen, Abdeckung entfernen.

5 PIKIEREN
Wenn die Sämlinge zwei Keimblätter entwickelt haben, werden sie mit einem Pikierspatel herausgehoben und in einzelne Gefäße umgesetzt, Sämlinge mit empfindlichen Wurzeln in Torftöpfe (siehe Detail).

6 ABHÄRTEN UND AUSPFLANZEN
Wenn die Wurzeln der jungen Pflanzen den Topf fast füllen, härtet man sie ab, indem sie zunehmend länger ins Freie gestellt werden, bis sie schließlich ausgepflanzt werden.

FEINE SAMEN

Manche Pflanzen – z. B. Begonien – haben äußerste feine Samen, die sich nur schwer dünn aussäen lassen. Sie werden daher mit feinem Sand vermischt. Damit die Samen nicht ausgeschwemmt werden, wässert man von unten, indem der Topf in eine Schale mit Wasser gestellt wird, bis die Erde das Wasser gleichmäßig aufgenommen hat.

FEINE SAMEN AUSSÄEN

1 MIT SAND VERMISCHEN
Trockenen feinen Sand in eine kleine Tüte geben. Den Samen mit Hilfe eines gefalteten Stück Papiers in die Tüte gleiten lassen und gründlich vermischen.

2 AUSSAAT
Die Mischung in den Knick eines gefalteten Stücks Papier geben und mit leichten Klopfbewegungen auf der Oberfläche verstreuen. Topf von unten Wasser aufnehmen lassen.

SIEHE AUCH: Beete und Rabatten bepflanzen, S. 148–149; Stauden verjüngen, S. 155; Samen aufbewahren, S. 155

EIN- UND ZWEIJÄHRIGE SÄEN

Die Saatzeit ist je nach Frostempfindlich-keit verschieden. Bei Aussaat im Freien wird in einem Saatbeet oder direkt an Ort und Stelle ausgesät, »unter Glas« bedeutet im Gewächshaus oder Frühbeet.

■ Winterharte Einjährige sät man im Frühling bei mindestens 7 °C Boden-temperatur oder im Herbst ins Freie.

■ Nicht winterharte Einjährige werden nach den Eisheiligen im Freien ausgesät. Im Gewächshaus können sie bei 15–21 °C im Februar oder März ausgesät werden. Wenn die Frostgefahr vorüber ist, werden die Sämlinge ausgepflanzt.

■ Zweijährige werden im Freien oder in Gefäßen von Mai bis Juli ausgesät. Vom Saatbeet setzt man sie in ein Anzuchtbeet um, ehe man sie im Herbst auspflanzt.

BEETAUSSAAT

1 BEETVORBEREITUNG
Boden feinkrümelig rechen. Mit Sand oder einem Stock Flächen für die verschiedenen Samen aufzeichnen. Innerhalb jeder Fläche Samen dünn in flachen Reihen aussäen. Ein natürlicher Effekt entsteht, wenn die Reihen von benachbarten Flächen in unterschiedliche Richtungen gezogen werden. Bei Reihensaat kann man leichter jäten.

2 VEREINZELN UND JÄTEN
Flächen beschriften und von Unkraut freihalten. Die Sämlinge werden auf den angegebenen Abstand aus-gedünnt, am besten bei feuchtem Boden und mildem Wetter, bei Bedarf auch nach und nach. Kräftige herausgezogene Sämlinge nutzt man als Lückenfüller für Stellen, die durch unregelmäßige Aussaat oder Keimung kahl geblieben sind.

STAUDEN TEILEN

Die meisten Stauden wachsen in dichten Gruppen von Trieben, die aus kriechenden Wurzeln oder Rhizomen entspringen. Sie zu teilen ist eine einfache Vermehrungs-methode. Es geschieht am besten in der Ruhezeit im Herbst oder Vorfrühling, aber nicht bei Trockenheit oder Frost. In Regio-nen mit harten Wintern wartet man lieber bis Mai. Bei Frühlings- oder Frühsommer-blühern wie Elfenblume *(Epimedium)*, Bart-iris und Lungenkraut *(Pulmonaria)* teilt man am besten direkt nach der Blüte und hält sie bis zum Anwachsen feucht.

△ **STAUDEN MIT FASERWURZELN TEILEN**
Bei Pflanzen mit Faser- oder fleischigen Wurzeln spült man möglichst viel Erde von Wurzeln und Wurzelhals ab, damit die Knospen sichtbar sind und nicht beschädigt werden. Zwei Rücken an Rücken aneinander gelegte Gabeln werden wie gezeigt in die Mitte der Pflanze eingestochen. Die Griffe langsam vor- und zurückbewegen und so die Staude teilen.

STAUDEN TEILEN

1 STAUDE HERAUSHEBEN
Beim Anheben Gabel in sicherer Entfernung von den Wurzeln einstechen, um sie nicht zu beschädigen. Möglichst viel Erde abschütteln und abgestorbene Blätter und Triebe entfernen, um zu sehen, wo man die Pflanze am besten teilt.

3 IN KLEINERE STÜCKE ZERLEGEN
Stücke von Hand in kleinere Teile trennen, das ist wurzelschonender als mit Messer oder Spaten. Jedes Stück soll ein gutes Wurzelsystem und mehrere Triebe aufweisen. Die holzige Pflanzenmitte wird weggeworfen.

2 STAUDE TEILEN
Viele Gruppen bil-dende Stauden entwickeln am Rand neue Triebe, während die schwach-wüchsige Mitte verholzt. Staude mit dem Spaten oder einem Messer im Bereich der verholzten Teile in mehrere Stücke trennen.

Beim Teilen mit dem Spaten die Wurzeln von kräftigem Neu-austrieb möglichst nicht beschädigen.

4 TEILSTÜCKE NEU EINPFLANZEN
Die Teilstücke sollten möglichst rasch und so tief wie zuvor in vorbereiteten Boden eingepflanzt werden. Behutsam andrücken und gut angießen. Bei Verzögerung die Teil-stücke kühl lagern und die Wurzeln feucht halten.

SIEHE AUCH: Beete und Rabatten bepflanzen, S. 148–149; Stauden verjüngen, S. 155; Samen aufbewahren, S. 155

STRÄUCHER VERMEHREN

EINE DER BESTEN ARTEN, Sträucher zu vermehren, besteht darin, Stecklinge zum Bewurzeln anzuregen. Stecklinge nimmt man von unbeschädigtem diesjährigem Holz, das frei von Krankheiten und Schädlingen ist. Stecklinge von kräftigen jungen Pflanzen bewurzeln sich am leichtesten. Dünne, schwache oder zu kräftige Triebe sind ungeeignet.

Der Spross sollte eine für den Strauch mittlere Dicke haben, der Abstand zwischen zwei Knoten gering sein. Damit Stecklinge nicht von Pilzen befallen werden, verwendet man steriles Werkzeug. Bewurzelungshormon kann den Vorgang beschleunigen. Eine weitere zuverlässige Vermehrungsmethode für Sträucher sind Absenker.

HARTHOLZSTECKLINGE

Hartholzstecklinge eignen sich zur Vermehrung Laub abwerfender Sträucher wie Hartriegel und Weiden und auch Immergrüner wie *Escallonia*. Man schneidet sie im Spätherbst bis Winter, wenn das diesjährige Holz reif und fest ist; sie werden unkrautfrei gehalten und gewässert. Vom Frost gehobener Boden wird wieder angedrückt. Im nächsten Herbst pflanzt man sie aus.

△ LAUB ABWERFENDE STRÄUCHER
Spitzen entfernen, Triebe in 20-cm-Stücke teilen. Genau unterhalb eines Knotens an der Basis waagerechten Schnitt machen und oberhalb des oberen Knotens einen leicht von diesem wegführenden Schnitt. Basis in Bewurzelungshormon tauchen. Hölzer alle 5 cm und 5 cm herausragend in Töpfe mit lehmiger Stecklingserde stecken und ins Freie stellen.

Von der unteren Hälfte des Stecklings Blätter und Seitentriebe entfernen.

△ IMMERGRÜNE STRÄUCHER
Sprosse in Stücke von 20–25 cm schneiden, oben über einem Knoten und unten darunter. Von unterer Hälfte des Stecklings Blätter und Seitentriebe entfernen. 5–8 Hölzer in 15-cm-Topf stecken, so dass Laub genau über Oberfläche ansetzt. Beschriften und in Plastikbeutel oder Vermehrungskasten mit Bodenwärme geben. Bewurzeln beginnt nach 6–10 Wochen.

HALBREIFE STECKLINGE

Viele immergrüne und Laub abwerfende Sträucher (z. B. *Cotoneaster*, einige Lavendelarten, Mahonien) können durch halbreife Stecklinge vermehrt werden. Man schneidet sie von Juli bis September frühmorgens, wenn die Wasserreserven am größten sind. Die meisten benötigen die gesamte Vegetationszeit zum Bewurzeln. Ab dem folgenden Frühjahr werden sie abgehärtet, im Frühsommer mit Langzeitdünger versorgt und im Herbst eingetopft und an einem geschützten Ort weitergezogen.

Unteres Holz ist fest, aber biegsam.

Spross ist weich und saftig.

Holz ist steif und voll ausgereift.

Schnitt unterhalb eines Knotens

ZU WEICH   RICHTIG   ZU HART

△ HALB AUSGEREIFTES HOLZ ERKENNEN
Der ideale halbreife Steckling wird vom diesjährigen Holz genommen, das bereits fest wird: Die Basis ist fest und holzig, während die Spitze weich ist und noch aktiv wächst. Die Triebe bieten beim Biegen einigen Widerstand.

STRÄUCHER DURCH HALB AUSGEREIFTE STECKLINGE VERMEHREN

1 SPROSS ABTRENNEN
Von Juli bis August wählt man einen gesunden halbreifen Trieb vom diesjährigen Holz (hier Aucuba) und trennt ihn mit scharfer sauberer Schere genau über einem Knoten ab.

2 STECKLING FEUCHT HALTEN
Nicht sofort verwendete Stecklinge in sauberem, beschriftetem Plastikbeutel aufbewahren. An kühlem Ort ohne direkte Sonne hält er einige Stunden, im Kühlschrank einige Tage.

3 STECKLING SCHNEIDEN
Seitentriebe mit einem scharfen Messer abtrennen. Den Spross auf 10–15 cm genau unterhalb eines Knotens kürzen. Die weiche Spitze und das unterste Blattpaar entfernen.

4 RINDE ENTFERNEN
Um die Bewurzelung anzuregen, wird eine »Wunde« gesetzt. Dazu wird ein flaches 1–2 cm langes Stück Rinde an der Basis abgeschält, ohne das Mark zu verletzen.

5 BEWURZELUNGSHORMON
Die Basis des Stecklings in Bewurzelungshormon tauchen. Die gesamte Schnittfläche dabei so gleichmäßig und dünn wie möglich bedecken. Überschüssiges abschütteln.

6 STECKLINGE EINSETZEN
Stecklinge alle 5–8 cm in Stecklingserde in kalten Kasten bzw. in Töpfe in einem Vermehrungskasten setzen, mit Name und Datum versehen. Gießen und Kasten schließen.

SIEHE AUCH: Schneidwerkzeuge, S. 279; Weiteres hilfreiches Zubehör, S. 281; Frühbeetkästen und Gewächshäuser, S. 284–287

WEICHHOLZSTECKLINGE

Geeignete Methode für die meisten Laub abwerfenden Sträucher. Das Bewurzeln dauert zwei bis drei Wochen. Da das zarte Gewebe leicht welkt und fault, nimmt man scharfes sauberes Werkzeug, trennt die Stecklinge frühmorgens ab und steckt sie sogleich in einen Plastikbeutel. Bei Trockenheit Mutterpflanze am Vorabend wässern. Stecklinge behutsam behandeln; sobald sie Wurzeln haben, abhärten, eintopfen und an geschütztem Ort weiterziehen.

◁ **WEICHHOLZSTECKLINGE**
Man trennt sie im Frühling und Frühsommer vom noch krautigen Neuaustrieb ab, ehe er ausreift. Geeignet sind kräftige, nicht blühende Triebe mit 2–3 Blattpaaren, genau unter einem Knoten geschnitten.

STECKLINGE VON GRÜNEM HOLZ ▷
Grünholzstecklinge von Mai bis August nehmen, ehe neue Sprossen zu fest werden. Etwas fester als Weichholzstecklinge, sind sie einfacher zu handhaben, welken weniger leicht und bewurzeln sich ebenso willig.

STRÄUCHER DURCH WEICHHOLZSTECKLINGE VERMEHREN

Die zarte Spitze abtrennen, da sie leicht fault oder verbrennt.

Belüftung des Kastens wird nach und nach weiter geöffnet, um die Stecklinge abzuhärten.

1 STECKLING SCHNEIDEN
Triebspitze oberhalb eines Knotens und unterstes Blattpaar abtrennen. Große Blätter halbieren, um Feuchtigkeitsverlust zu mindern. Steckling genau unter einem Knoten abschneiden, so dass er 4–5 cm misst.

2 STECKLING EINTOPFEN
Einen 13-cm-Topf mit Stecklingserde füllen. Entlang des Randes 2–3 Stecklinge jeweils in ein kleines Pflanzloch geben, so dass die untersten Blätter genau über der Oberfläche liegen und sich nicht berühren.

3 FÜR GUTES KLIMA SORGEN
Gründlich mit Fungizidlösung gießen, beschriften und Töpfe in ein geschlossenes Zimmergewächshaus stellen, möglichst mit Bodenwärme von 15 °C. Schattig ohne direkte Sonneneinstrahlung aufstellen.

4 STECKLINGE AUSTOPFEN
Sobald Stecklinge bewurzelt sind, durch größeren Luftzug weiter abhärten, aus dem Topf nehmen, auseinander ziehen und einzeln in 9-cm-Töpfe mit Topferde pflanzen. Für buschigen Wuchs Spitzen auskneifen.

ABSENKER

Kletterpflanzen und Sträucher mit biegsamen Trieben, wie Clematis, Rhododendron oder Geißblatt, kann man durch Absenker vermehren. Dieser bleibt mit der Mutterpflanze verbunden und wird von ihr mit Nährstoffen versorgt, bis er sich bewurzelt hat. Absenker sind jederzeit möglich, am günstigsten sind Frühling und Herbst. Gut ist ein bodennaher biegsamer Trieb, der sich leicht mit einer Drahtgabel im Boden feststecken lässt. Wurzeln bilden sich am ehesten, wo ein- in zweijähriges Holz übergeht.

STRÄUCHER DURCH ABSENKER VERMEHREN

1 TRIEB AUSWÄHLEN
Im Herbst oder Frühling den Boden bearbeiten, bis er krümelig ist. Jungen biegsamen Trieb im unteren Teil des Strauches wählen. Zu Boden drücken und 22–30 cm hinter der Triebspitze am Boden eine Stelle markieren.

2 MULDE BEREITEN
Eine 8 cm tiefe Mulde graben, die zur Mutterpflanze hin sanft ansteigt und am anderen Ende relativ senkrecht ist. Bei schwerem Boden unten etwas Sand und organisches Material einarbeiten.

3 TRIEB ANRITZEN
Seitensprosse und Blätter entfernen. Dort, wo die Unterseite des Triebes den Boden berührt, wird mit einem Schnitt durch die Sprossmitte eine Zunge eingeschnitten oder ein 2,5 cm langer Span entfernt.

4 TRIEB BEFESTIGEN
Die verletzte Stelle mit Bewurzelungshormon bestäuben und den Trieb mit mehreren U-förmigen Drahtgabeln aus verzinktem Draht zu beiden Seiten der Wunde am Boden der Mulde feststecken.

5 SPITZE HOCHBINDEN
Triebspitze nach oben biegen und an Stab befestigen. Mulde auffüllen, angießen. Regelmäßig jäten, feucht halten. Binnen eines Jahres sollte der Absenker bewurzelt sein. Dann abtrennen und eintopfen oder auspflanzen.

SIEHE AUCH: Schneidwerkzeuge, S. 279; Weiteres hilfreiches Zubehör, S. 281; Frühbeetkästen und Gewächshäuser, S. 284–287

KÜBEL UND HOCHBEETE

ANORDNUNG UND AUFSTELLUNG

OB EIN GARTEN SCHON fast einem Park oder nur einem kleinen Hinterhof gleichkommt, mit Kübeln kann man ihm neue Dimensionen verleihen. Die vielseitig einsetzbaren Gefäße lassen sich in Gruppen zusammenstellen und relativ einfach neu gestalten. Man nutzt sie in kleinen Gärten als Blickfang, zur Einfassung eines Weges oder verbessert damit die Proportionen des Gartens, indem man eine seiner Achsen betont. Kübel verbinden Haus und Garten, wenn sie einen Übergang vom festen Belag zu »weichen« Pflanzenstrukturen schaffen. Kübel auf der Terrasse oder am Eingang markieren den Übergang vom Innen- zum Außenbereich und lockern ihn zugleich auf.

KÜBEL IM GARTEN

Wer nur einen Innenhof, Balkon oder eine Dachterrasse hat, muss eventuell alles in Kübel pflanzen. Man sollte sich davon aber nicht bei der Pflanzenauswahl oder in seiner Phantasie einschränken lassen. Es gibt etliche Pflanzen, bis hin zu kleinen Bäumen, die gut in Kübeln gedeihen. Die Pflanzgefäße bringen unzählige Vorteile, da man das Design durch einfach bewegliche und abwechslungsreich bepflanzbare Elemente flexibel gestalten kann. Kübel wirken für sich selbst, auch wenn die Pflanzen noch klein sind, und geben bei durchdachter Anordnung einen Rahmen, etwa indem man für ein harmonisches Gesamtbild gleiche Kübel verwendet. Sie eignen sich sogar für Beete und Rabatten, indem sie durch abgestorbene krautige Pflanzenteile oder verblühte Pflanzen entstandene Lücken schließen. Dunkle Kübel sind unauffällige Lückenfüller.

■ **Einen freundlichen Eingang** gestaltet man, indem man neben der Haustür Töpfe als zwanglose Gruppe oder paarweise aufstellt. Als Dauerbepflanzung eignen sich Immergrüne, Zwiebeln als Frühlingsboten.

■ **Bei schmalen Fensterbrettern** befestigt man Blumenkästen mit stabilen Metallhalterungen an der Wand, am besten so niedrig, dass vom Fenster aus nur die Pflanzen zu sehen sind. Dadurch fällt auch mehr Licht in den Raum.

◁ **EIN SCHATTIGES PLÄTZCHEN**
Töpfe mit Farnen und anderen Schattenpflanzen wie Fleißiges Lieschen und Begonien verwandeln die dunkle Ecke neben dem Miniaturteich in ein kleines Paradies.

PRAXIS-TIPPS

• Unschöne Mülltonnen, Kanaldeckel oder Komposthaufen kaschiert man durch Kübelgruppen mit Sträuchern und Hängepflanzen.

• Ampeln hängt man anstatt über Kopf in Augenhöhe oder niedriger auf. Sie fallen so besser ins Auge und sind leichter zu gießen.

• Kahle Mauern belebt man durch einfache Tontöpfe mit blühenden und Hängepflanzen. Man umwickelt die Töpfe mit Draht und hängt sie an Haken in der Wand auf.

SIEHE AUCH: Kübelpflanzen-Arrangements, S. 172–175; Hochbeete, S. 180–181

BLICKFÄNGE SCHAFFEN

Ein oder mehrere Blickfänge im Garten
helfen, ihn zu definieren und zu formen,
wobei der Betrachter sie von verschiedenen Blickwinkeln aus bewundern kann.
Dies gilt selbst für den kleinsten Garten,
wo vielleicht nur ein einziger wirkungsvoll
bepflanzter Krug oder Topf nötig ist. Mit
Kübeln lassen sich Schlüsselstellen arrangieren. Sie können auch, besonders in neu
angelegten Gärten mit jungen, erst später
imposanten Pflanzen, selbst Blickfang sein.

■ **Man rahmt eine Ansicht des** Gartens
beidseitig – oder zwangloser nur auf einer
Seite – mit Kübeln ein. Für ein formaleres
Bild verwendet man zwei gleiche Gefäße
mit je einer wohlgeformten Pflanze wie
gestutztem Buchsbaum oder Agave.

■ **Bei langen schmalen Gärten** vermeidet man es, die Länge durch ein auf-
fälliges, auf der Mittelachse im hinteren
Bereich platziertes Gefäß zu betonen.
Stattdessen stellt man mehrere Töpfe
verschiedener Größe und Höhe leicht
seitlich versetzt im vorderen Drittel auf.

■ **Im kleinen Garten oder Balkon** sorgen
ein oder zwei größere Pflanzen in großzügigen Töpfen dafür, dass das Bild nicht
zu unruhig wird. Wenn man sich nicht
nur gern im Garten aufhält, sondern auch
gern hinausschaut, platziert man sie so,
dass sie vom Fenster aus zu sehen sind.

△ **AUF EINEM**
VORSPRUNG
Bei sehr kleinen Gärten ist
es wichtig, den verfügbaren
Platz optimal zu nutzen.
Die Töpfe heitern den ohne
die bunte Mischung aus
Kübelpflanzen recht kahlen
Vorsprung auf.

◁ **SINNESTÄUSCHUNG**
Der Trog wurde strategisch
auf einer Fensterbank in
Blickrichtung zum Garten
platziert. Auf diese Weise
erhöht, bildet er eine
Verbindung zwischen
Haus und Garten.

ANGEPASSTE BEDINGUNGEN

Zu den Vorteilen von Pflanzgefäßen gehört,
dass man die Wachstumsbedingungen besser
steuern und so unterschiedlichere Pflanzen
kultivieren kann. Möchte man etwa
Kamelien oder Azaleen ziehen, die einen
sauren Boden benötigen, hat aber Kalkboden im Garten, pflanzt man in Kübel mit
kalkfreiem Substrat. Ebenso brauchen zahlreiche Pflanzen, darunter viele Steingartenpflanzen und Küchenkräuter, gute
Drainage. Zwar kann man die Struktur
eines lehmigen oder moorigen Bodens
verbessern, einfacher und erfolgreicher ist
es aber, solche Pflanzen in Töpfen oder
Trögen zu kultivieren und dem Substrat
Feinkies oder Grobsand hinzuzufügen.
Wenn man die Kübel auf Ziegel stellt, fließt
überschüssiges Wasser ungehindert ab.

Kübel eignen sich ideal für Pflanzen, die
einen Winter im Freien nicht überstehen
würden. Palmen, Agaven, Stechapfel
(*Datura*), Kakteen und Zitronenbäumen in
Kübeln verleihen dem Garten im Sommer
eine exotische Atmosphäre und werden
vor dem ersten Frost im Gewächshaus
oder Wintergarten untergebracht. Auch
Zimmerpflanzen profitieren in der Regel
im Sommer von einem Platz im Garten.

■ **Steingartenpflanzen** kann man in
sandiges Substrat in einen ausgedienten
Trog setzen. Den Abschluss bildet eine
Lage Kies zwischen den Pflanzen.

■ **Bäume und Sträucher** bevorzugen
generell lehmige Böden, die schwerer sind
und mehr Nährstoffe enthalten als
Substrate auf Torfbasis.

EINE KÜNSTLICHE WÜSTE △
Man sollte Gefäße für Pflanzen mit speziellen Klima-
oder Bodenansprüchen benutzen. Die Porzellanschüssel
wurde zu einem Miniaturgarten umfunktioniert. Die
Sukkulenten lieben das sehr durchlässige Substrat. Aber
nicht vergessen: Abzugslöcher in den Boden bohren.

SIEHE AUCH: Gartenstile, S. 122–123; Kübelpflanzen-Arrangements, S. 172–175; Bepflanzen von Kübeln, S. 176–177

KÜBEL AUSWÄHLEN UND DEKORIEREN

KÜBEL GIBT ES IN JEDER erdenklichen Form. Man wählt sorgfältig die für diesen Garten geeigneten Behälter aus. Einige sehen schön vor prunkvollen Bauten aus, andere passen besser zu einem alten Bauernhaus oder einer Fischerkate. Neben der Vielzahl der im Handel erhältlichen Kübel kann man selbst Behälter herstellen oder fertige Gefäße dekorieren (z. B. mit Farbe, Schablonen, Muscheln oder Mosaiken) und zu etwas Einzigartigem machen. Wer etwas Unkonventionelleres sucht, achte auf andere Objekte, die sich zu Pflanzkübeln umfunktionieren lassen, wie Obst- oder Weinkisten, ausgediente Zinkgießkannen oder selbst alte emaillierte Badewannen.

DEM STIL DES GARTENS ANPASSEN

Kübel können die Gestaltung des Gartens stark beeinflussen. Sie können das Bild und die Atmosphäre bestimmen oder den bestehenden Stil unterstreichen. Dabei sind verschiedene Faktoren wie Stil, Farbe, Struktur und Material zu beachten. Der Stil des Kübels hängt von seiner Strenge, seiner Form und etwaigen Verzierungen ab.

Möchte man einen formellen oder zwanglosen Effekt, modern oder traditionell, vornehm oder rustikal? Sehr prächtige oder moderne Kübel passen nicht unbedingt zu zwanglosen oder ländlichen Gärten, während einfache Holztröge in einer geometrisch angeordneten, formalen Umgebung oder einem modernen Stadtgarten zu schlicht und rustikal wirken können. Diese Richtlinien werden jedoch häufig sehr erfolgreich gebrochen. In einem teilweise naturbelassenen Garten kann hier und da ein formeller Krug an frühere, mit Würde vergehende Pracht erinnern.

Man kann einen einzelnen großen, besonders schönen Topf auch leer lassen, um nicht von seiner attraktiven Form abzulenken. Solch ein Einzelstück lässt man sich z. B. von einem Töpfer oder Tischler anfertigen. Für ein geordnetes Aussehen in kleinen Gärten verwendet man Töpfe gleicher Farbe, für eine zwanglosere Stimmung verschiedene Farben und Strukturen.

■ **Terrakotta-Töpfe und -Tröge** eignen sich für viele Gärten, passen aber nicht überall. Vor einem Steinhaus oder in einer kalten, verregneten Region könnte ihr mediterranes Aussehen fehl am Platz sein. Steine aus der Gegend oder Steinguttöpfe eignen sich hier womöglich besser.

■ **Kübel in Küstengärten** sollten besser schlicht gehalten sein. Man sollte auf die lokal verwendeten Materialien achten und sich von der Umgebung, z. B. Booten, Fässern, Treibholz und Tauen, inspirieren lassen. Holz oder bemalte Töpfe sind protzigen Krügen oder Terrakotta unter Umständen vorzuziehen.

△ **EIN ZWANGLOSER STIL**
Ein großer, dicht mit lockeren Petunien und Helichrysum petiolare bepflanzter Kupfertopf ist nicht nur zwanglos, sondern hat auch einen charakteristischen Stil.

AUSWAHL UND EINSATZBEREICH

Es gibt eine enorme Auswahl an Töpfen, Übertöpfen, Kübeln und Trögen. Vor dem Kauf überlegt man sich, welchen Stil *(siehe oben)* und welche Größe man benötigt. Letztere sollte optisch auf die Bepflanzung abgestimmt sein und zugleich den Anforderungen der Pflanze entsprechen. Man wählt die am besten zum Garten passenden Materialien *(siehe gegenüber, oben)*, bedenke aber auch praktische Seiten, etwa das Gewicht, wenn die Töpfe umgestellt werden müssen. Wenn man vorhat, später noch gleiche Töpfe hinzuzufügen, erkundigt man sich im Geschäft, ob sie auch künftig erhältlich sind.

FORMELLE KÜBEL
Meist verjüngen sich klassische Kübel leicht nach unten hin. Eckige Behälter eignen sich für Pflanzen mit ausladenden Wurzeln.

Glasiertes Steingut

Unglasierte Keramik

Hölzerner Versailles-Kübel

Lackierter Versailles-Kübel

Neuseeländischer Flachs *(Phormium tenax)*

Terrakotta-Topf

Gegossene Betonspindel

Rekonstruierte historische Steinspindel

Terrakotta-Trog

SIEHE AUCH: Einfache dekorative Effekte, S. 170; Vorhandene Gefäße nutzen, S. 170

MATERIALIEN FÜR PFLANZGEFÄSSE

Man wägt neben Stil, Form und Größe auch die geeigneten Materialien ab. Sie sollten mit den anderen Elementen, den am Haus verwendeten Materialien oder den Belägen von Wegen oder einem Hof harmonieren. Terrakotta-Töpfe passen z. B. zu rotem Backstein, bemalte oder hölzerne Übertöpfe zu Holzhäusern.

■ **Terrakotta** ist in vielen Formen und Größen erhältlich und eignet sich für unzählige Gartenstile. Sie altert schön, ist aber schwer und frostempfindlich, und die poröse Struktur entzieht der Erde Wasser.

■ **Glasierte Keramik** ist oft günstig und kann mit verschiedenfarbigen Glasuren der Bepflanzung angepasst werden. Die Glasur reduziert den Feuchtigkeitsverlust und schützt die Töpfe besser vor Frostschäden. Es bildet sich jedoch keine Patina.

■ **Holz** eignet sich für viele Gartenstile und kann passend zu einem Farbschema gestrichen werden. Man kann auch Gefäße maßanfertigen lassen. Holz altert dekorativ,

verrottet aber und braucht für eine längere Lebensdauer regelmäßige Pflege.

■ **Metall** eignet sich für minimalistische und moderne Gartengestaltungen. Zum Schutz der Wurzeln vor Extremtemperaturen kleidet man es mit Styropor aus.

■ **Stein** ist in der Regel sehr teuer. Er verleiht dem Garten Alter und Würde, kann Jahrhunderte überdauern und verwittert schön, ist aber schwer zu transportieren.

◁ **GLASIERTER KRUG**
Ein prunkvoller Krug in den »Fängen« kräftiger Kletterpflanzen. Hier scheint sich klassische Strenge der Natur zu ergeben.

△ **NEW-AGE-TULPEN**
Weiß, Silber und dunkelstes Rot bilden eine äußerst moderne Ergänzung zu den klaren Linien des glänzend verzinkten Metallbottichs.

■ **Kunststein** ist günstiger als echter Stein, fühlt sich dennoch massiv an und wird oft in ähnlichen Designs angeboten. Joghurt lässt diese »zu perfekten« Gefäße altern.

■ **Kunststoff** ist normalerweise das leichteste und günstigste Material. Wenn man sein Aussehen nicht mag, sind dunkle matte Gefäße unauffälliger. Man kann die Oberfläche auch anrauen und streichen.

■ **Korbwaren** sind leicht, recht günstig, und sie ergänzen Pflanzen gut. Man kleidet sie mit Folie aus, um die Feuchtigkeit zu halten. Ein Anstrich verlängert ihr Leben.

NICHT VERGESSEN!

AUF DAS GEWICHT ACHTEN

Die wichtigste Überlegung bei Dachterrassen oder Balkonen ist das Gewicht der Behälter. Die Konstruktion sollte von einem Statiker auf ihre Tragkraft überprüft werden. Als Alternative kann man leichte Kunststofftöpfe nach eigenem Geschmack lackieren oder Kunststofftröge mit Holz verkleiden.

ZWANGLOSE GEFÄSSE
Das Potenzial zwangloser Kübelbepflanzungen ist enorm. Lassen Sie sich von Ihrer Phantasie inspirieren.

Rosmarin
(*Rosmarinus officinalis*)

Terrakotta-Topf mit leicht vertieftem Muster

Krug aus einem Künstleratelier

Handgefertigter Krug

Lackierter Korb

Naturbelassener Weidenkorb

Hölzerner Trog

Verwitterte Terrakotta

PRAXIS-TIPPS

• In raueren Regionen bei Terrakotta-Töpfen auf Frostsicherheit achten. Sie können sonst bei Temperaturen unter null Grad absplittern oder gar brechen. Man legt Backsteine unter, damit das Wasser abfließen kann, sonst gefriert es und verursacht Materialrisse.

• Alte Krüge, Tröge und Töpfe findet man in Trödelläden und auf dem Flohmarkt. Hier kann man angeschlagene oder rissige Gefäße günstig erstehen. Die Risse, wenn möglich, vor dem Bepflanzen abdichten.

• Bei Versailles-Kübeln gibt es Holzimitationen aus robustem Kunststoff, die im Gegensatz zu echtem Holz keinen Schutzanstrich benötigen und nicht verrotten.

SIEHE AUCH: Töpfe künstlich altern, S. 171; Holztröge selbst bauen, S. 171; Winterschutz, S. 179

EINFACHE DEKORATIVE EFFEKTE

Wenn man besondere, aber nicht zu teure Gefäße bevorzugt, dekoriert man schlichte günstige Behälter einfach selbst. Auch ohne künstlerisches Talent kann man eindrucksvolle Effekte erzielen. Man braucht nur etwas Zeit und ein paar Werkstoffe.

■ **Lackieren:** Kunststoffgefäße werden vor dem Lackieren mit Schleifpapier angeraut. Man besorgt sich kleine Probefarbtöpfe, wenn man verschiedene Farben, z. B. weiche Pastelltöne in Blau, Mauve und Grün oder kräftige Töne in Dunkelgrün, Burgunder und Marineblau, verwenden möchte. Das Kunstwerk mit Klarlack versiegeln.

■ **Schablonen:** Schablonen kann man kaufen oder selbst aus dünnem Karton schneiden. Am wirkungsvollsten sind einfache, stilisierte Motive, eventuell als Bordüre. Man trägt die Farbe mit einem Schwamm auf und versiegelt mit Lack.

■ **Beizen:** Holzbottiche und -kästen werden mit einer farblosen oder bunten Beize, die die Maserung hervorhebt, verschönert.

■ **Ornamente:** Bei schlichten Gefäßen kann man Ornamente aus Ton anbringen oder einfache Formen wie Früchte oder Blätter aufkleben (Baumarkt, Bastelladen).

◁ **FEURIGE TÖPFE**
Leuchtend bemalte Terrakotta-Töpfe heitern den Garten auf. Kräftige Farben passen gut zu Kakteen und Sukkulenten mit ihren ausgeprägten Konturen. Diese Töpfe wurden mit Schablonenmustern dekoriert.

△ **ZARTES GELB**
Der gelb bemalte Trog wurde wohl durchdacht Ton in Ton mit goldfarbigem Majoran (Origanum vulgare ›Aureum‹), Zinnen und Mutterkraut (Tanacetum parthenium) bepflanzt.

■ **Mosaik und Muscheln:** Einfache Gefäße schmückt man individuell mit kleinen Mosaikfliesen oder Geschirrscherben. Je nach Werkstoff nimmt man fertigen Fliesenzement, -mörtel oder -kleber. Man kann farbigen Mörtel kaufen oder ihn selbst mit Acrylfarbe färben. Statt Mosaikfliesen kann man auch kleine Muscheln verwenden. Schwere Gefäße werden möglichst am endgültigen Platz dekoriert.

VORHANDENE GEFÄSSE NUTZEN

Die Suche nach Pflanzkübeln muss sich nicht auf das Angebot von Gartencentern beschränken. Man sollte seine Phantasie nutzen und auf Gefäße achten, die sich für den Garten umfunktionieren lassen. Dazu gehören unter anderem Obstkisten, die man lackieren oder beizen kann, oder alte verzinkte Metalleimer. Häufig werden auch ausgediente Metallschubkarren, Blechwannen, Regenfässer oder Futtertröge verwendet. Man kann auch Reifen nach außen stülpen, sie stapeln und anstreichen.

Welche Art von Gefäßen man auch auswählt – man darf nicht vergessen, Wasserabzugslöcher zu bohren und sicherzustellen, dass das Substrat für die vorgesehenen Pflanzen ausreichend tief ist. Verrottbare Materialien wie Körbe und Holzgefäße legt man mit Folie aus und verlängert ihre Lebensdauer mit einem wasserfesten Lack für den Außenbereich.

◁ **IRDENER ROSENTOPF**
Die Zwergrose ›Robin Redbreast‹ füllt den alten irdenen Brottopf aus. In den Boden wurden Drainagelöcher gebohrt und mit Deckelscherben belegt.

▽ **EINE GEBEIZTE OBSTKISTE**
Eine alte grün gebeizte Zitronenkiste dient als wirkungsvoller Blumenkasten für weiße herbstblühende Alpenveilchen. Die grüne Lasur wurde mit Holzschutz gemischt.

Der hohe irdene Topf erhöht die niederwüchsige Rose.

Die Mischung aus Holzbeize und Holzschutz verlängert die Lebensdauer der Kiste.

SIEHE AUCH: Dem Stil des Gartens anpassen, S. 168; Materialien für Pflanzgefäße, S. 169

TÖPFE KÜNSTLICH ALTERN

Wenn der Garten im Allgemeinen einen schön eingewachsenen Eindruck bietet, empfindet man das grelle Leuchten neuer Kübel womöglich als störend. Das gilt oft für Terrakotta mit ihrer kräftig orangeroten Farbe sowie für Kunststein oder Beton, der neu fast weiß ist. Neue Terrakotta-Gefäße kann man mit verdünnter, grüner Wasserfarbe abtönen. Bis die Farbe abgewaschen ist, setzen sich unter Umständen bereits natürliche Algen an. Man kann auch zwei verschiedene Farben auftragen und die obere Schicht stellenweise mit Stahlwolle abreiben. Bei Krügen oder Trögen mit Ornamenten kann man Moos oder Algen nachahmen, indem man in die Reliefrillen, wo diese Pflanzen zuerst wachsen, grüne Farbe mit wenig Flüssigkeit aufträgt.

Für eine dauerhaftere Lösung kann man auch den natürlichen Alterungsprozess beschleunigen. Dazu werden die Gefäße einfach mit Joghurtkulturen, saurer Milch oder einem anderen Mittel, das das Wachstum winziger Pflanzenorganismen fördert, bestrichen. Den Vorgang nach starkem Regen wiederholen.

ALTERUNGSPROZESS BESCHLEUNIGEN

1 MIT JOGHURT BESTREICHEN
Terrakotta- oder Steintöpfe von außen mit lebenden Joghurtkulturen bestreichen. Einige Töpfe brauchen zum Trocknen mehrere Tage.

2 DER TOPF IM HALBSCHATTEN
Man stellt das Gefäß mit passenden Pflanzen wie Fleißiges Lieschen und Pelargonien in den Halbschatten. Innerhalb eines Monats sollte es eine Patina aufweisen.

HOLZTRÖGE SELBST BAUEN

Einfach Tröge aus witterungsbeständigem Holz kann man direkt bepflanzen oder mit Töpfen bzw. Blumenkästen bestücken. Die Herstellung eines schlichten Holzkastens ist recht einfach. Man muss dafür kein Handwerker sein, aber mit einer Bohrmaschine umgehen können. Die Maße gelten für einen durchschnittlichen Blumenkasten, können aber jeder Fensterbank angepasst werden. Wichtig ist nur, dass man je zwei gleich lange Seiten- und Stirnflächen hat und die Bodenbreite der Stirnflächenbreite entspricht, die Seitenlänge der Bodenlänge (Achtung, die Seitenbretter sind höher).

Für den Trog benötigt man gehobelte, 2 cm starke Bretter. Am besten beim Kauf zuschneiden lassen oder selbst schneiden.

EINEN BLUMENKASTEN BAUEN

MATERIAL UND WERKZEUG

- Bodenbrett (17 x 100 cm)
- 2 gleich große Stirnseiten (17 x 20 cm)
- 2 gleich große Seitenteile (22 x 100 cm)
- Elektrische Bohrmaschine
- Senkbohrer
- 4-mm-Bohrer
- 13-mm-Bohrer
- Schraubendreher
- Schrauben (5 cm lang)
- Holzkitt und Schleifpapier (optional)
- Außenfarbe oder Beize und Lack

3 ZUSAMMENBAUEN
Stirnseiten durch die Bohrlöcher mit Boden verschrauben. Ein Seitenteil flach hinlegen, verschraubtes Teil darauf legen und wie bei Stirnseiten Position kennzeichnen. Innerhalb der drei markierten Kanten des Seitenteils Bohrlöcher markieren; bohren, verschrauben.

4 DRAINAGELÖCHER
Kasten auf den Kopf stellen und mit dem 13-mm-Bohrer Drainagelöcher in den Boden bohren.

Raue Kanten werden vor dem Zusammenbau abgeschliffen.

Man kann den fertigen Kasten beizen, streichen, mit Schablone oder anderweitig verzieren. Wenn man ihn auf der Fensterbank platziert, muss man ihn gut befestigen, damit er nicht zur Gefahr für Passanten wird. Steht er auf flachen Blöcken oder Füßen, kann damit das Wasser abfließen, und man verwendet einen Untersetzer als Tropfschutz, wenn die Fensterbank über einer Straße liegt. Tröge sehen auch hübsch aus, wenn man sie einfach auf Ziegel oder Klötze auf den Boden stellt. Dann pflanzt man Arten wie die rosettenförmige Hauswurz *(Sempervivum)* hinein, die von oben einen attraktiven Anblick bieten.

1 MARKIEREN
Bodenbrett auf einen Tisch oder eine Werkbank legen. Eine Stirnseite auf ein Ende des Bodens setzen und an der Innenseite einen Strich ziehen. Am anderen Ende wiederholen. Innerhalb der markierten Endabschnitte in Abständen je drei Bohrlöcher markieren.

2 LÖCHER BOHREN
Mit 4-mm-Bohrer an den markierten Stellen Löcher in den Boden bohren. Dazu Brett auf Holzreste legen, um Arbeitsplatte zu schützen und Brett eben zu halten. Bohrungen mit dem Senkbohrer nachbohren, um Schraubenköpfe zu versenken.

5 ANSTREICHEN UND AUSKLEIDEN
Alle Bohrungen ggf. mit Holzkitt füllen, den man trocknen lässt und glatt schleift. Den Trog bemalen oder beizen und mit Außenlack schützen. Ihn mit Folie auskleiden, falls direkte Bepflanzung vorgesehen ist. Drainagelöcher nicht vergessen.

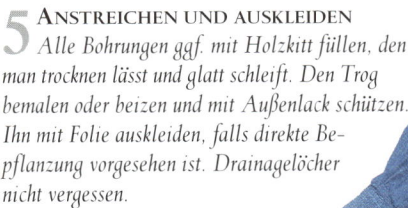

SIEHE AUCH: Dem Stil des Gartens anpassen, S. 168; Materialien für Pflanzgefäße, S. 169

KÜBELPFLANZEN-ARRANGEMENTS

WENN MAN DIE BEPFLANZUNG von Kübeln entwirft, gelten einige derselben Überlegungen wie für Beete und Rabatten. Dabei können Form, Farbe, Struktur, Duft sowie Stil und Grad der Formalität relevant sein. Wichtig ist auch der Platz, an dem das Pflanzgefäß aufgestellt werden soll. Ein Topf auf der Terrasse eignet sich gut für duftende Pflanzen, wie Myrte, und Pflanzen mit feinen Strukturen, wie z. B. Funkien. Ein Gefäß am hinteren Ende eines Weges verlangt nach einer auffälligen Farbe oder Form, etwa einer spitzen Agave. Kübel bieten große Flexibilität. Ein Arrangement in einem Topf kann alleine stehen oder Teil einer Gruppe sein.

GRUPPEN ZUSAMMENSTELLEN

Da sich Kübel relativ gut umstellen lassen und in sich eine Einheit bilden, kann man sie, so oft man möchte, neu gruppieren und so das Gartenbild verändern. Ob formell oder zwanglos, die Zusammenstellung sollte sowohl hinsichtlich der Pflanzen als auch der Anordnung der Kübel eine gewisse Struktur haben. Als dominante Mitte verwendet man z. B. eine Pflanze mit ausgeprägter Form, wie Neuseeländischen Flachs (Phormium) mit seinen emporragenden schlanken, langen Blättern. Drum herum platziert man Reihen kleinerer Töpfe auf Backsteinen. Hängepflanzen überspielen die harten Linien der Kübel und bilden einen Kontrast zur klaren Silhouette der zentralen Pflanze.

■ **Formale Gruppen:** Man verwendet identische Kübel oder zumindest Kübel desselben Materials und nur eine Art pro Gefäß. Einen Weg säumt man z. B. mit einer Topfreihe Lilien oder ordnet mit Primeln bepflanzte Tröge stufenförmig auf Backsteinen an.

■ **Zwanglose Gruppen:** Kübel können bunt zusammengewürfelt und locker gruppiert werden. Man sollte aber auf ansprechende Komposition achten. Breitwüchsige Pflanzen eignen sich als Lückenfüller

△ **EINGERAHMT**
Die klare Form der beiden Agaven dient als Rahmen für eine zwanglose Anordnung blühender Kübelpflanzen, darunter weiße Lilien und rosa Pelargonien.

GLÄNZENDE IDEE ▷
Rosa Petunien und silberfarbenes Kreuzkraut in den gleichen schimmernden Tönen hellen die ansonsten dunklen und uninteressanten Stufen auf.

und um harte Topfkanten zu verdecken. Ein oder zwei ausgeprägt geformte Arten sorgen für Schwerpunkte und Struktur.

■ **Farbe:** Die Pflanzen einer Kübelgruppe kann man Ton in Ton halten – in zartem Rosa, in feurigen Rottönen oder in kühlem Weiß und Creme. Oder man kombiniert Pflanzen eines bestimmten Farbbereichs – silbergraue Blätter mit weißen und blassrosa Blüten; Lindgrün mit zartem Gelb und reinem Blau; Bronze mit Purpur- und Dunkelrot. Selbst wenn man grellbunte Arrangements liebt, sollte man dennoch die Farbpalette begrenzen. Die gesamte Farbskala auf einmal wirkt zu chaotisch.

BASISWISSEN

PFLANZEN MIT UNTERSCHIEDLICHEN WACHSTUMSBEDINGUNGEN KOMBINIEREN

In einen Kübel sollten nur Pflanzen mit gleichen Ansprüchen an Boden, Wasser und Düngung gepflanzt werden, noch einfacher nur eine Art pro Topf. Bei Gruppen von Kübeln mit unterschiedlichen Böden müssen sich alle Arten für gleiche Lichtverhältnisse eignen. Große Pflanzen können bei Bedarf kleineren Arten als Schattenspender dienen.

SIEHE AUCH: Gartenstile, S. 122–123; Anordnung und Aufstellung, S. 166–167; Bepflanzen von Kübeln, S. 176–177

FORMBÄUME UND HOCHSTÄMME

△ **STIL UND SYMMETRIE**
Für die Einrahmung mit Hochstämmchen bieten sich stilvolle Eingänge geradezu an. Hier wurden zwei kugelförmige Liguster mit Pelargonien und Efeu unterpflanzt.

Einfach beschnittene Formsträucher oder Hochstämmchen können einer Gruppe in Kübeln Höhe verleihen oder als Blickpunkt dienen. Für ein klassisch-formelles Bild rahmen zwei Hochstämme eine Tür ein, betonen den Beginn eines Weges oder einer Auffahrt oder flankieren eine Statue. Formschnitt passt aber auch zu zwanglosen Arrangements. Kegelförmiger Buchs oder eine kugelförmige Stechpalme kontrastieren mit zwanglos ausgebreitetem Lavendel und margeritenähnlichem *Osteospermum*.

Für Hochstämme verwendet man Arten mit kräftigem Hauptstamm. Man bindet sie an und entfernt nach und nach die unteren Seitentriebe. Den Hauptstamm kappt man in der endgültigen Höhe, um die Bildung einer buschige Krone zu fördern, und entfernt jährlich die Spitzen der Seitentriebe.

EINZELEXEMPLARE ZUR SCHAU STELLEN

Besitzt man eine außergewöhnliche Pflanze, die präsentiert werden soll, pflanzt man sie alleine in einen Kübel. Dabei kann es sich um einen besonders wohlgeformten Strauch oder kleinen Baum oder eine Pflanze mit äußerst hübschen Blüten oder Blättern handeln. Diese Pflanze ehrt man durch einen auffälligen, vom Haus aus sichtbaren Standort, z.B. neben einer Gartenbank, erhöht auf einer Säule oder Mauer oder am oberen Absatz einer Treppe. Als Hintergrund wirkt eine schlichte Mauer, ein Zaun oder eine Hecke besser als eine Masse verschiedenfarbiger Pflanzen.

Man wählt einen Kübel, der das schöne Aussehen der Pflanze unterstreicht, ihr aber nicht den Rang abläuft. Er kann im Stil der Pflanze ähneln oder einen deutlichen Kontrast dazu bilden. Eine imposante Agave harmoniert z.B. mit einem schlichten Terrakotta-Topf; in einer Spindel auf einem Sockel sorgt sie für einen Überraschungseffekt, der dem Garten Lebendigkeit verleiht. Der Kübel muss auch in Höhe und Breite zur Pflanze passen. Man testet die Wirkung, indem man die Pflanze vor dem Umtopfen im alten Topf in das neue Gefäß stellt und notfalls einen anderen Behälter auswählt.

◁ **EINE FORMALE FAVORITIN**
Die weiße Hortensie wirkt in ihrem wohlproportionierten, strengen Kübel schlicht, kühl und elegant. Um sie hervorzuheben, wurde sie vor einer Thuja-Hecke am Ende eines Kieswegs platziert, den beschnittener Buchs säumt.

SIEHE AUCH: Gartenstile, S. 122–123; Pflege von Sträuchern, S. 156–157; Anordnung und Aufstellung, S. 166–167; Pflege von Kübelpflanzen, S. 178–179

KÜBEL FÜR SCHATTIGE ECKEN

Schattige Gartenteile müssen nicht düster sein. Kübelpflanzen eignen sich gut, um einen vernachlässigten, dunklen Fleck in ein üppiges Paradies zu verwandeln. Ein großer Vorteil von Kübeln ist, dass sie selbst interessant und belebend wirken. Der Glanz glasierter Töpfe oder die helle Farbe von echtem oder Kunststein kann hier besonders willkommen sein. In voller Sonne trocknen Kübel oft rasch aus, was im Schatten kaum ein Problem darstellt.

Obwohl nur wenige Pflanzen im Schatten ebenso üppig blühen wie in der Sonne, gibt es einige rühmliche Ausnahmen, wie z. B. Begonien (Semperflorens-Hybriden – die kleinen faserwurzeligen Sorten, nicht die pompöseren Knollenbegonien) und Fleißige Lieschen (*Impatiens*), die beide bis zum ersten Frost unermüdlich blühen.

Auffällige Grünpflanzen wie Farne, Funkien, Efeuaralien, Aronstab und die extrem anspruchslose Aukube (*Aucuba japonica* ›Crotonifolia‹ mit goldgelb gefleckten Blättern) ergänzen die Blumen. Bunte Aukuben und Efeu mit hübschen, cremefarbig oder gelb gefleckten bzw. umrandeten Blättern bringen ein Funkeln in die gemischten Grüntöne. Helle farbige Akzente setzen Schatten liebende, im Frühjahr blühende Zwiebelpflanzen wie Hundszahn und *Anemone blanda*.

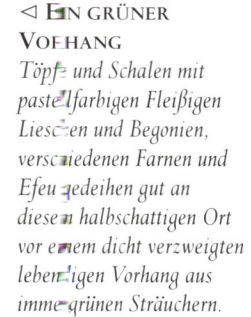

◁ EIN GRÜNER VORHANG
Töpfe und Schalen mit pastellfarbigen Fleißigen Lieschen und Begonien, verschiedenen Farnen und Efeu gedeihen gut an diesem halbschattigen Ort vor einem dicht verzweigten lebendigen Vorhang aus immergrünen Sträuchern.

▽ SCHLICHTE SCHÖNHEIT
Die weiße Begonie genießt den schattigen luftfeuchten Standort. Die großen glänzenden Seerosenblätter bilden einen hervorragenden Hintergrund.

■ **Lichtverhältnisse des Standorts:** Vielleicht erhält der Bereich wenigstens morgens oder abends ein bis zwei Stunden Sonnenlicht. Vielen Pflanzen reicht das aus.

■ **Vollschatten** durch Bäume oder Mauern begrenzt die Auswahl, doch weiße Wände reflektieren Licht. Gut gedeihen Mahonie, Stechpalme, Efeu, Bergenie und *Fatsia*.

■ **Halbschatten:** Hier gedeiht eine breite Pflanzenpalette. Viele goldlaubige und panaschierte Arten verbrennen in direkter Sonne und ziehen leicht schattige Orte vor.

KÜBEL FÜR UNGESCHÜTZTE STANDORTE

An ungeschützten Standorten wie Dachterrassen und Balkonen kann der ganze Garten aus Kübeln bestehen, während man in Gebirgs- oder Küstenlagen Bottiche und Tröge als Gestaltungselement nutzen kann. Wind und Extremtemperaturen sind die beiden typischen Probleme exponierter Standorte. In Kübeln trocknet die Erde sowieso rascher aus, dann setzt austrocknender Wind den Pflanzen zusätzlich zu.

Für windige Gärten eignen sich niederwüchsige, kleinblättrige Pflanzen, da sie Wind in der Regel besser vertragen. Bei höheren Pflanzen wählt man Arten von

◁ GRAZIÖSE GRÄSER
Man kann einen windigen Ort zum Ziehen von Gräsern nutzen. Sie vertragen austrocknenden Wind besser als Pflanzen mit breiteren Blättern und wiegen sich graziös in der Brise.

weichem biegsamem Wuchs wie Bambus und Neuseeländischen Flachs statt spröden Gehölzern. Auch Steingartenpflanzen und niedrige Zwiebelgewächse, also Pflanzen, die in der Natur an ungeschützten Stellen wachsen, passen in windige Gärten. Eine Stein- oder Kiesauflage minimiert die Verdunstung an der Bodenoberfläche. Tongefäße kleidet man mit Folie aus, um Feuchtigkeitsverluste zu reduzieren.

In Küstengebieten wählt man Pflanzen, die Salzwind vertragen. Etliche Sträucher gedeihen unter diesen Bedingungen gut in Kübeln. Man kann sie mit Steingartengewächsen unterpflanzen. Geeignete niedrige Sträucher mit derbem Laub sind Rosmarin (*Rosmarinus officinalis* ›Benenden Blue‹), *Escallonia* und *Olearia*.

SIEHE AUCH: Mulchmaterialien, S. 153; Anordnung und Aufstellung, S. 166–167; Bepflanzen von Kübeln, S. 176–177; Pflege von Kübelpflanzen, S. 178–179

KÜBEL-ARRANGEMENTS FÜR DEN WINTER

Im Winter, ohne den Wettbewerb mit prächtigen Sommerrabatten, rücken Kübel-Arrangements ins Rampenlicht. Man bepflanzt sie am besten Anfang bis Mitte Herbst. Koniferen oder immergrüne Laubsträucher als Kernstück bieten das ganze Jahr über einen interessanten Anblick und bilden den festen Rahmen für wechselnde Elemente wie Frühlingszwiebeln und Sommerblüher.

Man sollte kleinwüchsige Koniferenarten verwenden, die nicht so schnell zu groß für den Topf werden, und auf Form und Farbe achten. Es gibt aufrechte Arten (z. B. *Juniperus communis* ›Hibernica‹), runde, kissenartige Formen (*Pinus sylvestris* ›Nana‹) sowie zahlreiche konische und flachwüchsige Arten. Ihr Laub reicht von goldfarbig über silberblau und leuchtend grün bis hin zu zartem Blaugrün. Bei immergrünen Sträuchern sollte man Exemplare mit schöner Wuchsform und hübschem Laub aussuchen. Zu den Arten, die im Winter Früchte tragen, gehören z. B. *Cotoneaster*; bei

Bergenien sind hübsche winterharte, ausdauernde Pflanzen mit großen, immergrünen Blättern, die auch im tiefsten Winter attraktiv sind. Sie blühen von März bis Mai.

Skimmia und Stechpalmen braucht man weibliche Pflanzen, für Fruchtansatz muss aber auch eine bestäubende männliche Pflanze in der Nähe sein. Efeu, der über die Seiten des Kübels rankt, lockert den etwas steifen Anblick zahlreicher Gehölze auf.

IDEALE NACHBARN

Die aufgeführten Paare umfassen je einen Strauch oder eine mehrjährige Pflanze und eine Pflanze, die darunter, drum herum oder sogar daran empor wächst. Jedes Paar bildet ein schönes Winterarrangement, kann aber in anderen Jahreszeiten z. B. auch durch Frühlingszwiebeln oder Sommerblüher verändert werden. Zur Anregung wurde jeweils eine Sorte angegeben, die häufig aber auch durch eine ähnliche Sorte ersetzt werden kann. So eignet sich z. B. fast jeder hängende Efeu als Unterbepflanzung.

Bronzefarbige Bergenie und purpurblättriger Efeu:
Bergenia cordifolia ›Purpurea‹ + *Hedera helix* ›Glymii‹

Bunter Spindelstrauch und Winterling:
Euonymus fortunei ›Emerald 'n' Gold‹ + *Eranthis hyemalis*

Neuseeländischer Flachs und Fetthenne:
Phormium ›Dazzler‹ + *Sedum obtusatum*

Nieswurz und panaschierter Efeu:
Helleborus argutifolius + *Hedera helix* ›Eva‹

Ölweide und Steinbrech:
Elaeagnus × ebbingei ›Limelight‹ + *Saxifraga × urbium*

Schneeball und Schneeglöckchen:
Viburnum farreri + *Galanthus* ›Atkinsii‹

Strauchveronika und Stiefmütterchen:
Hebe ochracea ›James Stirling‹ + *Viola* Floral Dance-Serie

Wacholder und Alpenveilchen:
Juniperus squamata ›Blue Star‹ + *Cyclamen coum*

VERWENDEN VON HÄNGEPFLANZEN

Man bezieht bei der Zusammenstellung von Kübeln neben aufrechten Pflanzen auch Hängepflanzen mit ein. Sie sind nicht nur für Ampeln beliebt, wo sie frei herabhängen können, sondern eignen sich auch gut für auf dem Boden stehende Kübel. Sie unterbrechen die starre geometrische Kontur eines Gefäßes und bringen Leichtigkeit und Bewegung in ein schwerfälliges oder steifes Arrangement.

Ein Trog auf einer niedrigen Mauer oder ein Topf am oberen Treppenabsatz lassen sich optisch durch Hängepflanzen verankern, die die Grenze zwischen dem Kübel und seiner Basis verwischen. Die Auswahl ist enorm. Neben immergrünen Pflanzen wie Efeu und Immergrün (*Vinca minor*) kann man in wärmeren Monaten das filzige, silbergraue *Helichrysum petiolare* oder seine goldfarbige Sorte ›Limelight‹ (wegen Verbrennungsgefahr möglichst im Halbschatten) verwenden. Auch zahlreiche Kletterpflanzen, etwa Waldreben, geben attraktive Hängepflanzen ab, wenn man sie nicht aufbindet.

△ GRÜNLILIE
Eine Grünlilie über Pogonatherum paniceum (links) und Tolmiea menziesii gibt im Sommer einen dezenten Farbakzent in dem schattigen Eingang.

GOLDENE AMPEL ▷
Die leuchtend gelbgrüne Ampel setzt sich aus dem herabhängenden Laub von Felberich, Tradescantia, leuchtend gelbem Sauerklee und Kosmeen zusammen.

SIEHE AUCH: Anordnung und Aufstellung, S. 166–167; Bepflanzen von Kübeln, S. 176–177; Pflege von Kübelpflanzen, S. 178–179

BEPFLANZEN VON KÜBELN

KÜBELBEPFLANZUNGEN LASSEN eine vielfältigere Auswahl von Pflanzen zu, als das bei Beeten möglich ist, da man die Standortbedingungen anpassen kann. Wenn man sich für ein wunderschönes Arrangement entschieden hat, sorgt man für einen guten Start der Pflanzen, indem man sie zwischen Frühling und Herbst in passende Kübel mit geeignetem Substrat eintopft. Dabei beachtet man spezielle Bodenansprüche der Pflanzen, z. B. ob sie ein besonders durchlässiges oder kalkfreies Substrat benötigen. Für ein schönes Arrangement werden die Pflanzen meist dichter gesetzt als in Rabatten, wobei dennoch Raum zum Wachsen bleibt. Das erhöht jedoch den Pflegeaufwand.

GRUNDLAGE

Zuerst bereitet man den Kübel vor. Wichtig sind genügend Drainagelöcher. Falls nötig, bohrt man weitere, bei Stein- oder Betongefäßen mit Hilfe einer elektrischen Bohrmaschine. In Kunststoffgefäße kann man Löcher am einfachsten hineinschmelzen, z. B. mit einem erhitzten Schraubenzieher. Über die Löcher legt man Tonscherben (gewölbte Seite nach oben), sonst wird bei jedem Gießen Boden ausgeschwemmt und verstopft die Löcher. Terrakotta-Töpfe tränkt man vor dem Bepflanzen mit Wasser, sonst ziehen sie die Feuchtigkeit aus dem Boden.

EIN FRÖHLICHES ARRANGEMENT ▷
Man gruppiert in Gefäßen Pflanzen, die gute Nachbarn sind. Es macht Spaß, mit Farben, Formen und Düften zu experimentieren. Die Pelargonien, Dahlien und Malvastrum bilden ein feuriges Sommerarrangement.

BASISWISSEN

WASSER SPAREN UND GIESSAUFWAND REDUZIEREN

Manche Materialien trocknen rascher aus als andere. Ton- und Terrakotta-Töpfe müssen häufiger gegossen werden als Kunststoff- oder glasierte Töpfe. Man reduziert die Verdunstung, indem man Pflanzen in Kunststofftöpfen in Terrakotta-Übergefäße stellt. Den Plastikrand ggf. mit Boden verdecken. Man kann die Tongefäße auch mit Folie auskleiden. Wichtig sind die Drainagelöcher.
• **Man verbessert die Wasserhaltekraft** des Substrats mit Perlit oder Wasser haltendem Granulat oder mindert die Verdunstung z. B. durch eine Rindenmulch- oder Kiesauflage.
• **Bei Hängeampeln** legt man auf den Boden einen Untersetzer oder eine flache Schale als Auffanggefäß für Gießwasser. Einige Kunststoffgefäße besitzen bereits einen solchen Auffangbehälter.
• **Automatische Bewässerungssysteme** sind praktisch, wenn man häufig nicht da ist.

Man verwendet einen für die Pflanzen geeigneten Boden: lehmiges Substrat für Bäume, Sträucher und Stauden, Universalerde für einjährige Pflanzen und kurzzeitige oder Sommerbepflanzung, kalkfreien Boden für Rhododendren und andere Moorbeetpflanzen und Steingartenerde (mit viel Kies) für Steingartenpflanzen. Gartenerde eignet sich oft nicht, da sie sich in Kübeln durch regelmäßiges Gießen leicht verdichtet und Schädlinge, Krankheiten und Unkrautsamen enthalten kann.
■ **Wasser haltendes Granulat** muss man vor der Verwendung gut mit dem Substrat mischen. Man nimmt nur die empfohlene Menge Granulat und vergisst dennoch nicht, die Pflanzen regelmäßig zu gießen.
■ **Töpfe auf »Füßen«** oder einfach auf Backsteinen haben einen guten Wasserabfluss. So kann kein Wasser im Wurzelbereich stehen bleiben und im Winter bei Frost Terrakotta-Töpfe sprengen.

◁ FRÜHJAHRSPUTZ
Um bei der Verwendung alter Töpfe Krankheiten oder Schädlinge zu vermeiden, reinigt man sie samt Scherben für die Abzugslöcher mit verdünnter Desinfektionslösung.

△ PRÄCHTIGE ABDECKUNG
Gewaschene Steine, Muscheln, Glasstückchen, Murmeln, Rinde oder Kokosnussschalen reduzieren nicht nur die Verdunstung und das Unkraut, sondern können auch als attraktiver Hintergrund die Bepflanzung hervorheben.

SIEHE AUCH: Mulchmaterialien, S. 153; Gruppen zusammenstellen, S. 172; Pflege von Kübelpflanzen, S. 178–179

BEPFLANZEN VON BLUMENKÄSTEN

An erster Stelle steht bei Blumenkästen die Sicherheit. Das Fensterbrett oder die Halterungen müssen den vollen Kasten (einschließlich des zusätzlichen Gewichts nach dem Gießen) tragen. Vorsichtshalber sollte man den Kasten an den Halterungen festschrauben. Am besten werden diese so angebracht, dass sich der Trog knapp unter dem Fenster befindet. Dann verdunkeln die ausgewachsenen Pflanzen nicht den dahinter liegenden Raum, und vom Fenster aus sind nur die Pflanzen zu sehen. Idealerweise wird der Kasten an seiner endgültigen Position bepflanzt, damit man ihn gefüllt nicht mehr trans-

portieren muss. Für die Drainage und den geeigneten Boden gilt dasselbe wie bei anderen Kübelbepflanzungen (*siehe gegenüber*). Befindet sich der Kasten über einem Gehweg, verwendet man einen passenden Untersetzer, um Passanten vor Tropfwasser zu schützen. Abfallende Fensterbänke werden ausgeglichen, indem man vorne am Kasten Keile unterlegt.

Der Kasten wird bepflanzt wie gezeigt. Falls Gewicht keine Rolle spielt, nimmt man für Sträucher lehmhaltigen Boden. Man bepflanzt dicht, vermeidet aber hohe Pflanzen, die unausgewogen wirken und bei Wind die Stabilität gefährden können.

BEPFLANZEN EINES TROGS

1 TROG VORBEREITEN UND MIT ERDE FÜLLEN
Trog an seinen endgültigen Platz stellen, da er bepflanzt schwer zu tragen ist. Die Drainagelöcher werden mit Scherben bedeckt. Den Trog halb mit angefeuchteter Universalerde füllen und diese leicht andrücken.

2 GRUPPIEREN UND PFLANZEN
Die Pflanzen aus dem Topf nehmen. Vorsichtig den Wurzelballen lockern, ohne die Wurzeln zu verletzen. Die Pflanzen dicht, aber mit Raum zum Wachsen setzen. Zwischen Bodenoberfläche und Blattensatz gut 1 cm Luft lassen.

3 FERTIG STELLEN UND ANGIESSEN
Die Pflanzen leicht andrücken, und die Zwischenräume mit Substrat füllen. Einen Gießrand freihalten. Die Pflanzen gut wässern, das Wasser abtropfen lassen und eingesunkene Stellen mit Substrat auffüllen.

4 WEITERE PFLEGE
Regelmäßig gießen und düngen und verwelkte Blüten stets entfernen, um die Blütenbildung zu fördern. Wenige Wochen nach der Bepflanzung bilden Begonien, Fleißige Lieschen und Lobelien ein üppiges Arrangement.

HÄNGEAMPELN

Wie bei Blumenkästen legt man vor dem Pflanzen den Platz fest und achtet auf eine ausreichend kräftige Aufhängung. Neben Haus- oder Gartenmauern können Ampeln auch an Bäumen (Rinde mit Gummi schützen), einer Pergola oder einem Durchgang aufgehängt werden.

Hängekörbe sind leichtgewichtig und einfach zu verwenden, müssen aber ausgekleidet werden. Das früher in England verwendete Spaghnum-Moos kommt nicht in Frage, da auf Grund der kommerziellen Verwendung zusammen mit Torf starker Raubbau an natürlichen Mooren betrieben wurde. Stattdessen nimmt man heute leichte, wieder verwendbare Kokosfasertücher oder benutzt eine Schaumstoffauskleidung oder Kunststofffolie. Die ausgewachsenen Pflanzen verdecken später das Material. Das Pflanzsubstrat wählt man passend zu den Pflanzen.

BEPFLANZEN EINES HÄNGEKORBS

1 AUSKLEIDEN
Korb auf einen Eimer oder großen Topf stellen und mit Kokosfasertuch auskleiden. Überlappende Teile abschneiden. Eventuell einen Untersetzer als Auffanggefäß einsetzen.

2 SEITEN BEPFLANZEN
In unterschiedlicher Höhe Schlitze ins Tuch schneiden und bis zum untersten Schlitz Erde einfüllen. Wurzelballen befeuchten, dann Pflanzen einsetzen.

3 MITTE BEPFLANZEN
Weiter durch die Schlitze pflanzen, Wurzelballen jeweils mit Erde bedecken. Restliche Pflanzen probeweise oben im Korb arrangieren, austopfen und einpflanzen.

4 FERTIG STELLEN UND GIESSEN
Zwischenräume mit Erde füllen und sie andrücken. Das überstehende Tuch etwa 2 cm über dem Rand abschneiden. Die Ampel gut gießen.

SIEHE AUCH: Anordnung und Aufstellung, S. 166–167; Pflege von Kübelpflanzen, S. 178–179

PFLEGE VON KÜBELPFLANZEN

WÄHREND PFLANZEN IN BEETEN gelegentlich ein gewisses Maß an Vernachlässigung oder ungeeigneten Bedingungen vertragen, sind Kübelpflanzen viel stärker auf gute Pflege angewiesen und leiden oder gehen gar ein, wenn man sich nicht entsprechend um sie kümmert. Daher lohnt es in jedem Fall, einen Plan für die laufende Pflege aufzustellen, zu dem das Gießen, Düngen, Stutzen, das Ausputzen welker Blüten sowie das gelegentliche Umtopfen gehört. Man sollte sich angewöhnen, möglichst täglich einen Rundgang zu seinen Kübeln zu unternehmen, um den attraktiven Anblick zu bewahren. Wenn Probleme früh erkannt werden, lassen sie sich meist beseitigen.

GIESSEN UND DÜNGEN

Selbst bei Regen erhalten Topfpflanzen mitunter weniger Wasser, als man denkt. Dichtes Laub lässt u. U. nur wenig Wasser auf das Substrat gelangen. Die Töpfe sollten aber auch nicht im Wasser stehen, da dies zu Wurzelfäule führen kann. Schlaff herabhängende Blätter oder ein verdächtig leichter Topf deuten meist auf Wassermangel hin. Am besten gießt man regelmäßig und wartet nicht, bis die Pflanzen halb vertrocknet sind. In gewissen Abständen werden Flüssigdüngergaben hinzugefügt oder während der Wachstumsphase Düngerstäbchen verwendet. Es gibt Bewässerungssysteme mit Zeitschaltuhr, die diese Aufgabe auch z. B. während einer Reise übernehmen. Sie bestehen im Prinzip aus einem Schlauch mit Löchern, aus denen Wasser in alle Töpfe tropft.

△ **DURSTIGE PFLANZEN**
Ein attraktives Arrangement muss dicht gepflanzt sein. Dies erfordert jedoch, dass man es häufig gießt und gelegentlich flüssig düngt.

FLASCHENZUG ▷
Ampeln lassen sich an einem Flaschenzug-System aufgehängt bequem gießen.

PFLEGEN VON KÜBEL-ARRANGEMENTS

Wenn Kübelpflanzen richtig gegossen und gedüngt werden, gedeihen sie normalerweise gut. Damit sie sich von ihrer schönsten Seite zeigen, sollte man jedoch ein paar weitere Pflegemaßnahmen durchführen.

Bei Blütenpflanzen werden regelmäßig welke Blüten entfernt. Das sieht nicht nur schöner aus, sondern fördert auch die Blütenbildung und verlängert so die Blütezeit. Um eine buschige Form zu erzielen, schneidet man Pflanzen nach Bedarf zurück. Formschnittgehölze muss man möglicherweise während der Wachstumsphase alle paar Wochen stutzen, um die klare Kontur zu erhalten. Kletterpflanzen in Töpfen sollten regelmäßig aufgebunden und die Zweige an der Rankhilfe erzogen werden. Ein zum Ende der Saison hin etwas müde wirkendes Arrangement können zwei oder drei Herbstblüher beleben, die verblühte Pflanzen ersetzen und so neuen Schwung in das Bild bringen.

▽ **WOHLGEFORMTE PFLANZEN**
Die dekorativen Kübelpflanzen wurden durch stetiges Stutzen und Ausgeizen zu formalen Formen erzogen. Dabei wird einfach das gesamte Wachstum auf die endgültige Form ausgerichtet. Man entfernt alle überstehenden Blätter und Zweige.

Starker aufrechter Wuchs muss nicht durch Draht oder Stäbe unterstützt werden.

BUCHS
Buxus sempervirens

Hedera canariensis ›Gloire de Marengo‹

Immergrüne Kletterpflanzen müssen aufgebunden und an einer Rankhilfe erzogen werden.

Wuchernde Pflanzen sollte man zurückschneiden, wenn sie zu unordentlich werden.

△ **WELKE BLÜTEN**
Verwelkte Blüten schneidet man in der Blattachsel ab, um die Blüte zu verlängern. Zur Bildung von Früchten oder Samen belässt man sie an der Pflanze.

FLEISSIGE LIESCHEN
Impatiens
›Super Elfin Red‹

SIEHE AUCH: Rankhilfen für Kletterpflanzen, S. 108–109; Pflege von Sträuchern, S. 156–157; Formbäume und Hochstämme, S. 173

UMTOPFEN UND KOPFDÜNGUNG

Gut gedeihende Pflanzen können bald zu groß für ihren Kübel werden. Aus Drainagelöchern wachsende Wurzeln, verlangsamter Wuchs und gelbe Blätter sind dafür verräterische Anzeichen. Zum Prüfen hebt man den Wurzelballen aus dem Topf. Sind die Wurzeln dicht gedrängt oder umschlingen sie den Ballen dicht an dicht, ist es Zeit zum Umtopfen. Auch sehr langsam wachsende Pflanzen profitieren von frischer Erde, auch wenn sie nicht mehr Wurzelraum benötigen. Dann entfernt man so viel altes Substrat wie möglich und schneidet verletzte oder kranke Wurzeln ab, ehe die

Pflanze mit frischem Boden wieder in den alten Topf gesetzt wird. Mehrjährige Pflanzen setzt man in den ersten ein oder zwei Jahren im Frühling in die nächstgrößere Topfgröße um. Große, ältere Pflanzen und solche, die einen engen Wurzelraum lieben oder empfindliche Wurzeln haben, erhalten stattdessen zu Beginn der Wachstumsphase eine Kopfdüngung. Dazu tauscht man die oberen 5–8 cm alten Boden gegen neuen Boden desselben Typs mit einem ausgewogenen Langzeitdünger aus. Bei Flachwurzlern tauscht man besser die unterste Bodenschicht aus.

EINE KÜBELPFLANZE UMTOPFEN

1 TOPFGRÖSSE FESTSTELLEN
Die richtige Topfgröße prüfen, indem man die Pflanze im alten Topf (hier eine Aukube) in den neuen Topf stellt. Zwischen beiden soll rundum ein ca. 2,5 cm breiter Spalt sein.

2 WURZELBALLEN TRÄNKEN
Die Pflanze vor dem Umpflanzen noch im alten Topf eine Stunde lang tränken. Dies mildert den Schock des Umpflanzens; die Wurzeln wachsen im neuen Boden leichter an.

3 WURZEL LOCKERN
Es fördert das Einwurzeln im neuen Boden, wenn man den Ballen etwas von Hand auflockert. Verletzte oder kranke Wurzeln mit scharfem Messer abschneiden. Etwaige Schädlinge entfernen.

4 UMTOPFEN
Scherben und etwas Boden in den Topf geben, leicht andrücken. Pflanze in den Topf stellen, dabei auf richtige Höhe einschließlich Gießrand achten. Lücken mit Erde füllen, leicht andrücken.

Alte oder verletzte Teile mit einer Haushalts- oder Gartenschere abschneiden.

Den Topf bis 2,5 cm unter den Rand füllen.

5 FERTIG STELLEN UND GIESSEN
Tote Blätter und abstehende oder verletzte Zweige schneidet man ab. Düngerstäbchen in die Erde stecken und gut gießen. Eingesunkene Stellen ggf. mit Erde auffüllen.

BASISWISSEN

VORTEILE DES JÄHRLICHEN UMTOPFENS BEI GROSSEN SPERRIGEN PFLANZEN

Zwar kann auch eine jährliche Kopfdüngung *(siehe oben)* ausreichen, da sie dem Boden neue Nährstoffe hinzufügt, dennoch sollten die Wurzeln gestutzt werden, weshalb die Pflanze trotzdem ausgetopft werden muss. Man kürzt ca. ein Viertel der nicht faserigen Wurzeln bis zu zwei Drittel und schneidet den oberirdischen Teil im selben Maße, um die Verdunstung über die Blätter zu reduzieren, die die Pflanze zu stark belasten könnte. Dann setzt man die Pflanze wieder in den alten oder einen neuen Topf gleicher Größe und füllt die Lücken bis zur alten Höhe mit neuer Erde.

WINTERSCHUTZ

Eine großer Vorteil von Kübelpflanzen ist, dass man empfindliche Pflanzen im Sommer im Freien kultivieren und im Winter einfach an einen geschützten Ort bringen kann. Für Kübelpflanzen ist Frost eine größere Gefahr als für Beetpflanzen, da Wurzeln und Erde nur durch die Gefäßwand isoliert sind. Einigen Pflanzen genügt der Schutz einer warmen Hauswand. Andere müssen im Gewächshaus überwintern, noch andere an einem warmen Platz, z. B. in einem hellen Raum oder im beheizten Wintergarten. Man sollte das Winterquartier für jede Pflanze rechtzeitig vor den ersten kalten Nächten festlegen.

Schwere Kübel, die sich nicht umstellen lassen, werden vor Ort geschützt. Wurzeln werden generell isoliert, indem man den Topf mit Noppenfolie oder strohgefüllten Säcken umwickelt. Langblättrige Pflanzen wie Agaven werden zusammengebunden, um den Vegetationspunkt zu schützen, und ebenfalls mit Isoliermaterial umwickelt. Zum gegenseitigen Schutz stellt man die Pflanzen dicht zusammen.

Man bindet langblättrige Pflanzen vor dem Umstellen zusammen.

△ **TRANSPORT**
Den Topf kippen, um einen Jute- oder stabilen Kunststoffsack darunter zu legen, und dann am Sack ziehen.

ÜBERTOPF ▷
Um keine schweren Töpfe umstellen zu müssen, benutzt man Kunststofftöpfe in größeren Ton- oder Steintöpfen. Kies am Boden sorgt für Stabilität.

SIEHE AUCH: Frühbeetkästen und Gewächshäuser, S. 284–285; Unkrautbekämpfung und Pflanzenkrankheiten, S. 288–311

HOCHBEETE

WIE KÜBEL ERMÖGLICHEN AUCH Hochbeete das Kultivieren von Pflanzen mit speziellen Standortansprüchen. Hochbeete sind oft leichter zu pflegen als tiefer liegende Beete und Rabatten und eignen sich daher speziell für ältere oder behinderte Menschen oder Menschen mit Sehschwäche. Mit bunten Blumen, Duft- oder Hänge- pflanzen gefüllt, können sie einen eindrucksvollen Blickfang bilden. Im Gegensatz zu Töpfen oder Trögen sind Hochbeete jedoch eine permanente Einrichtung, deren Größe, Position, Konstruktion und Stil vor dem Bau gut durchdacht werden sollte. Bei genügend Platz kann man aus mehreren Hochbeeten eine Abgrenzung gestalten.

ANLAGE UND STIL

Ein Hochbeet soll mit dem restlichen Garten harmonieren und nicht das Bild stören. Zu berücksichtigen sind dabei Standort, Form, Proportionen, Materialien und Zugänglichkeit. Auch der verwendete Pflanzentyp spielt eine Rolle. Um etwa Duftpflanzen besser genießen zu können, sollte man eine in die Hochbeetkonstruk- tion integrierte Bank in Betracht ziehen.

■ **Ort und Form:** Für ein kleines Beet mit nur einer Art oder kleinen Steingarten- pflanzen genügt eventuell ein bescheidenes Hochbeet auf einer Terrasse nahe am Haus. Wichtig ist ein ausreichend breiter Durch- gang für Personen und Gartengeräte (speziell für Schubkarren). Dabei eignet sich vielleicht besser ein rundes Beet, bei dem man nicht wie bei rechteckigen Beeten auf hervorstehende Ecken achten muss. Die Beetmitte muss zum Bearbeiten von außen erreichbar sein. Steht ein größerer Bereich für mehrere Hochbeete zur Verfügung, sollte man die Anordnung vorher sorgfältig auf dem Papier planen.

△ **ÜBERSPIELEN HARTER KANTEN**
Diese Mauerkrone wird durch leuchtende Blumen belebt. Genauso kann man die Seiten von Hochbeeten mit Hänge- pflanzen schmücken, die die harten Kanten überwachsen.

△ **HOLZPALISADEN**
Für ein Hochbeet im zwanglosen Stil, in dem Pflanzen scheinbar willkürlich wachsen, gräbt man Palisaden mög- lichst dicht nebeneinander ein, dass keine Erde ausläuft.

Wichtig ist, dass zu allen Beeten ein bequemer Zugang besteht und die Beete durch breite Wege verbunden sind.

■ **Proportionen:** Die Höhe und Breite des Hochbeets sollte auf die Person abgestimmt sein, die es pflegt. Für Rollstuhlfahrer bei- spielsweise muss die Beetmitte problemlos vom Rollstuhl aus erreichbar sein, und die ausgewachsenen Pflanzen sollten sich auf Augenhöhe befinden. Werden mehrere Beete angelegt, kann die Höhe zur Ab- wechslung variieren. Hochbeete sollten immer nur so breit sein, dass ihre Mitte bequem vom Rand aus erreichbar ist.

■ **Materialien:** zum Beispiel Ziegel, Stein, Beton, Bahnschwellen oder Holzpalisaden.

■ **Pflanzen:** eindrucksvolle Ziergehölze, wie Japanischer Ahorn; duftende Kräuter, Hochgebirgs- und Steingartenpflanzen oder Moorbeetpflanzen wie Azaleen.

SIEHE AUCH: Beete und Rabatten, S. 122–165; Bepflanzung und Pflege von Hochbeeten, S. 182–183

BASISWISSEN

HOCHBEETE VORBEREITEN UND PFLEGEN

Das untere Drittel füllt man mit durchlässigem Material, z. B. Schotter, um die Drainage zu fördern. Darauf gibt man Kompost und umgedrehte Grassoden und füllt dann das Beet je nach Pflanzentyp mit Universal- oder Spezialerde auf. Vor dem Bepflanzen wird gut gewässert. Die Ober- fläche deckt man nach dem Bepflanzen mit Steinen, Rindenmulch oder Kies ab, um Unkraut zu unterdrücken und die Feuchtig- keit zu halten. Man wässert das Beet regel- mäßig und führt ggf. organisches Material zu.

△ **KÜBEL ALS ZUSÄTZLICHER BLICKFANG**
Die Ziegelmauern um die runden Hochbeete wurden mit Platten abgedeckt — ein idealer Platz für Kübel. Sie können umgestellt oder je nach Jahreszeit neu bepflanzt werden.

MATERIALIEN AUSWÄHLEN

Welche Materialien für das Hochbeet passen, hängt auch vom Stil des übrigen Gartens ab. Für eine ländliche Atmosphäre eignet sich meist Holz in Form von alten Eisenbahnschwellen oder rustikalen Palisaden. In einen formaleren Garten passen Ziegel oder Betonblöcke womöglich besser. Auch die Beetform ist relevant – für ein rechtwinkliges Hochbeet können Holzstämme oder Schwellen verwendet werden, währen sich geschwungene oder runde Beete wahrscheinlich leichter aus Naturstein oder Ziegel bauen lassen.

■ **Betonblöcke** eignen sich gut für große tiefe, rechteckige Beete. Wird das Beet mit Kalk meidenden Arten bepflanzt, muss man die Innenseiten jedoch mit Butylgummi auskleiden oder mehrere Schichten eines Wasser abweisenden Anstrichs auf Bitumenbasis auftragen, damit kein Kalk in das Substrat gelangt.

■ **Frostfeste Ziegel** eignen sich für geschwungene und gerade Beete. Für Kalk meidende Arten wird das Beet wie bei Betonblöcken *(siehe oben)* ausgekleidet.

■ **Naturstein** wird als Trockensteinmauer ohne Mörtel verarbeitet. Er eignet sich für

geschwungene und gerade, am besten für niedrige kleine Beete. Ab einer Mauerhöhe von 60 cm fixiert man doch mit Mörtel.

■ **Eisenbahnschwellen** eignen sich gut für große niedrige, rechteckige Beete, sie sind jedoch schwer. Schwellen können mit Giftstoffen belastet sein. Wenn keine unbehandelten Schwellen erhältlich sind, ist druckimprägniertes Holz eine Alternative. Schwellen kann man mit der Kettensäge auf die richtige Länge bringen.

■ **Palisaden** sind ideal für Gärten mit Waldatmosphäre und niedrige zwanglose Beete.

△ **MEHRERE BEETE**
Bei ausreichend Platz bieten Hochbeete verschiedener Höhe ein eindrucksvolles Bild, besonders gefüllt mit verschiedenen aufrechten und hängenden Pflanzen.

▽ **BAHNSCHWELLEN**
Schwellen eignen sich gut für niedrige Beete, die man wie hier treppenförmig versetzt anordnen kann. Steine und verschiedene Pflanzen vervollständigen das Bild.

△ **STEINE UND ZIEGEL KOMBINIERT**
Der untere Teil des Hochbeetes besteht aus einer vermörtelten Steinmauer. Den Abschluss der Mauer bilden dekorative Ziegelreihen.

BAU EINES HOCHBEETS

Betonblöcke und Ziegelmauern benötigen für ihre Stabilität ein Betonfundament über einem Schotterunterbau. Man hebt einen gut 20 cm tiefen Graben aus, der etwas breiter als die fertige Mauer ist, wässert ihn und lässt das Wasser ablaufen. Man füllt den Graben zu knapp zwei Dritteln mit Schotter (oder Ziegelsteinbruch) und stampft ihn gut fest. Für das Fundament gießt man 2–3 cm hoch Beton ein, glättet ihn mit einer Latte, lässt aber die Oberfläche rau, damit er sich mit dem Mörtel für die erste Ziegelreihe verbindet.

Mit Ziegeln kann man geschwungene Beete bauen, indem man sie so setzt, dass sie sich an der Innenseite berühren, und dann die äußeren Lücken mit Mörtel füllt.

ZIEGEL VERARBEITEN
Man legt ein Fundament *(siehe oben)* und setzt die erste Ziegelreihe noch unter Bodenniveau. Ziegel für starken Halt versetzt im Verbund aufmauern, evtl. Pflanzlöcher aussparen.

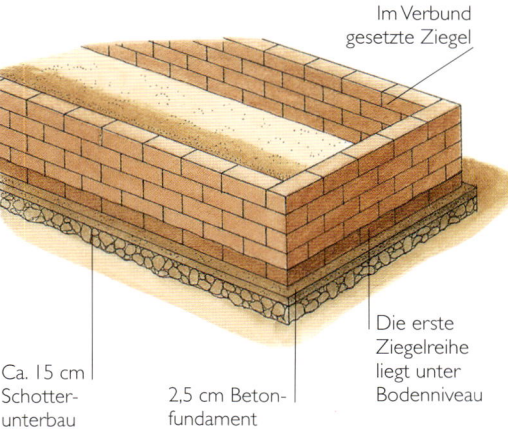

Im Verbund gesetzte Ziegel

Ca. 15 cm Schotterunterbau

2,5 cm Betonfundament

Die erste Ziegelreihe liegt unter Bodenniveau

EISENBAHNSCHWELLEN VERARBEITEN
Ein Fundament wird nicht benötigt, da die langen, schweren Schwellen stabil genug sind. Man legt sie auf ein Kiesbett, die zweite Lage versetzt zur ersten. Bei mehr als zwei Lagen sichert man sie mit Metallpflöcken.

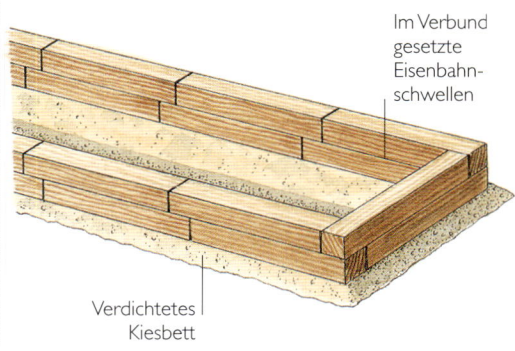

Im Verbund gesetzte Eisenbahnschwellen

Verdichtetes Kiesbett

SIEHE AUCH: Betonieren, S. 60; Beete und Rabatten, S. 122–165; Dem Stil des Gartens anpassen, S. 168; Bepflanzen von Mauern und Spalten, S. 183

BEPFLANZUNG UND PFLEGE VON HOCHBEETEN

WENN EIN HOCHBEET ANGELEGT wurde, um spezielle Standortbedingungen, z. B. für alpine oder Moorbeetpflanzen wie Heide und Azaleen, zu schaffen, ist die Erstellung des Pflanzplans wahrscheinlich recht einfach. Bei normalem Boden sollte sich die Bepflanzung des Hochbeetes an einem Thema, etwa abends duftenden Pflanzen oder einer eindrucksvollen Komposition aus Sommerfarben, orientieren. Eine hübsche Wirkung entfalten über Kanten oder aus Mauerritzen herabhängende Pflanzen. Die laufende Pflege von Hochbeeten – jäten, düngen, wässern usw. – ist einfacher als bei normalen Rabatten, da die Erde und die Pflanzen bequemer zu erreichen sind.

PFLANZARRANGEMENTS ZUSAMMENSTELLEN

Welchem Zweck soll das Hochbeet dienen – soll ein Blickfang mit einer imposanten Einzelpflanze geschaffen werden, ein Duftgarten für sehbehinderte Menschen angelegt werden, aus einem sonst im Sommer langweiligen Platz eine Farboase entstehen oder mit einem Arrangement aus leuchtenden Immergrünen die graue Winterzeit belebt werden? Falls keine speziellen Wuchsbedingungen für bestimmte Pflanzen benötigt werden (siehe gegenüber, oben), kann man auch einige Themen kombinieren.

Wenn man sich für eine Art oder eine Kombination entschieden hat, kann man die geeigneten Pflanzen aussuchen. Zur Auswahl stehen unter anderem Bäume, Sträucher, Steingartenpflanzen, Zwiebelpflanzen und Kräuter.

■ **Ein Gehölz in Einzelstellung** kann, umgeben von niederwüchsigen Pflanzen wie Zwergrosen, als Blickpunkt in der Mitte des Beetes dienen.

■ **Als Duftpflanzen** eignen sich z. B. Levkojen, Lavendel und Gewürzkräuter.

■ **Immergrüne Pflanzen** für den Winter sind *Cotoneaster*, Buchs und Zwergkoniferen.

■ **Hängepflanzen** wie Steinkraut, Blaukissen, manche Clematis und Kapuzinerkresse kaschieren die harten Konturen.

■ **Moorbeetpflanzen**, die ein saures Substrat benötigen, sind u. a. Azaleen und Rhododendren, Heide und Kamelien.

■ **Steingartenpflanzen und Sukkulenten** wie Mannsschild, Polstersteinbrech, Fetthenne und Hauswurz lieben die gute Durchlässigkeit des Bodens im Hochbeet.

STEINGARTENPFLANZEN

Die folgenden sind nur ein Bruchteil der für Hochbeete geeigneten Arten:

Enzian *(Gentiana acaulis, G. verna)*
Glockenblume *(Campanula portenschlagiana)*
Hauswurz *(Sempervivum)*, die meisten
Löwenmaul *(Antirrhinum molle)*
Mannsschild *(Androsace)*, die meisten
Mohn *(Papaver alpinum, P. fauriei)*
Phlox *(Phlox bifida, P. stolonifera)*
Seidelbast *(Daphne arbuscula, D. cneorum, D. petraea)*
Steinbrech *(Saxifraga)*, die meisten

△ **EIN BEET MIT THEMA**
Den Mittelpunkt des strengen Beetes bildet eine einzelne Rosskastanie, umgeben von Lavendelbüschen, die im Sommer ihren Duft verströmen und das ganze Jahr über grün sind.

◁ **HANGTERRASSEN**
Eine Lösung der zahlreichen Probleme bei Hanggärten besteht im Anlegen einer Reihe stufenförmig angeordneter, ebener Hochbeete. Die soliden Mauern halten die Erde und verhindern, dass wichtige Nährstoffe ausgewaschen werden.

△ **SAISONPFLANZEN**
Stauden wie Maiglöckchen beleben ein Hochbeet von April bis Mai, allerdings sterben die weichen grünen Blätter im Winter bis zum Boden ab.

SIEHE AUCH: Beete und Rabatten S. 122–165; Beete und Rabatten bepflanzen, S. 148–151; Kauf und Pflanzung von Bäumen, S. 192–195

ANPASSEN VON STANDORTBEDINGUNGEN

Hochgebirgspflanzen, Sukkulenten und Wüstenpflanzen, die sich alle an zeitweise oder ständig trockene Standorte angepasst haben, gedeihen nur in sehr durchlässigen Böden, die man mit einem Hochbeet leicht bieten kann.

Für optimalen Wasserabfluss sollte das Hochbeet mindestens 25 cm hoch sein. Es wird mindestens zu einem Drittel mit Schotter oder Steinen gefüllt. Darunter darf sich kein wasserundurchlässiges Material wie Beton befinden. Für Steingartenpflanzen und Sukkulenten soll das

Beet volle Sonne bekommen und leicht abfallen, damit Wasser besser abläuft. Entscheidend ist gut durchlässiger Boden aus einem Teil Kies und drei Teilen Erde.

Ist der Gartenboden neutral oder alkalisch (siehe S. 49), kann man dennoch im Hochbeet Moorbeetpflanzen ziehen. Eventuell muss man die Seiten auskleiden (siehe S. 181), ehe man es mit saurem Substrat füllt.

ZUFRIEDENE KAKTEEN ▷
Kakteen aus Wüstengebieten müssen keine tristen staubigen Pflanzen sein. Bei geeigneten Wuchsbedingungen bieten sie einen üppigen Anblick und bilden spektakuläre Blüten.

BEPFLANZEN VON MAUERN UND SPALTEN

Man kann Lücken zwischen den Steinen von Gartenmauern oder in den Seiten eines Hochbeetes mit kleinen Pflanzen füllen. Auf diese Weise lockern sie die steife Konstruktion auf und unterbrechen den monotonen Anblick der Mauer. Geeignet sind Pflanzen wie Hauswurz und Stein-

brech, die sich an die Bedingungen in natürlichen Felsspalten angepasst haben und nach dem Einwurzeln kaum Pflege benötigen, sowie manche Hängepflanzen.

Man füllt die Spalten mit für die Pflanzen geeignetem Boden. Sämlinge oder kleine bewurzelte Stecklinge wachsen leichter an als große ältere Pflanzen. Man schiebt die Wurzeln vorsichtig mit einem Pikierstab in die Spalte, drückt die Pflanze an und fügt evtl. mehr Boden hinzu. Gewässert wird entweder vorsichtig von oben über die Mauer oder direkt mit einem Zerstäuber.

△ **BEWACHSENE TROCKENSTEINMAUER**
Man bepflanzt für ein herrlich zwangloses, ländliches Bild die Lücken einer Trockensteinmauer. Die bunten Hängepflanzen quellen später an den Seiten herab.

EINE SPALTE BEPFLANZEN

1 SPALTE MIT ERDE FÜLLEN
Lücken unter Stufen (wie hier) in Trockenstein- und Hochbeetmauern kann man bepflanzen. Erde in die Spalte füllen und möglichst gut festdrücken.

2 PFLANZE EINSETZEN
Mit einem Pikierspatel ein kleines Loch in die Erde bohren. Dann wird die Pflanze vorsichtig in das Loch gesetzt, richtig platziert und mit leichtem Druck sicher fixiert.

3 FERTIG STELLEN
Um die Pflanze herum die Spalte ganz mit Erde füllen, bis man sicher ist, dass die Pflanze fest sitzt. Pflanze angießen und sich weiter um sie kümmern, bis sie gut angewachsen ist.

PFLEGE VON HOCHBEETEN

Ein richtig konstruiertes Hochbeet braucht wenig Pflege. Wegen der guten Wasserdurchlässigkeit prüft man regelmäßig, ob der Boden noch feucht ist, besonders an den Rändern, wo er rascher austrocknet und sich vielleicht Spalten zwischen Wand und Erdboden bilden. In Frostperioden können sie zu Schäden an den Pflanzen führen. Bei großen Beeten lohnt sich möglicherweise die Installation eines Bewässerungssystems, indem man vor dem Befüllen mit Erde eine Reihe Tröpfelschläuche und einen Zuflussschlauch ins Beet legt.

Zur laufenden Pflege gehören auch Jäten, Düngen, Pflanzenschnitt, Auswechseln alter oder kranker Pflanzen und Erneuern einer Mulch- oder Kiesauflage. Wurde das Substrat richtig vorbereitet, sollte in den ersten ein oder zwei Jahren keine Düngung erforderlich sein. Später arbeitet man im Frühling um die Pflanzen herum mit der Gabel etwas Knochenmehl und Langzeitdünger ein oder tauscht die obere Bodenschicht gegen frische Erde aus.

PRAXIS-TIPPS

• Mauerbepflanzungen plant man möglichst vor dem Errichten. Dann kann man auf der Mauerkrone und an den Seiten in Abständen Aussparungen frei lassen.
• Man wählt Pflanzen, die an den Standortbedingungen auf einer Mauer gedeihen.
• Für Steingartenpflanzen mischt man 3 Teile Lehm mit 2 Teilen grobfaserigem Torfersatz oder Torf und 1–2 Teilen Grobsand oder Kies.
• Um Pflanzen und Substrat festzuhalten, werden sie mit kleinen Steinen verkeilt.

PRAXIS-TIPPS

• Für ein ausgewogenes Bild stutzt man starkwüchsige wuchernde Pflanzen im März.
• Bei Pflanzen, die gegenüber nasser Kälte empfindlich sind, Boden mit Kies abdecken.
• Glasglocken oder Folie schützen empfindliche Steingartenpflanzen vor nasser Kälte. Abdeckung zum Schutz vor Wind mit Ziegeln oder einem Drahtrahmen fixieren. Darauf achten, dass gute Luftzirkulation um die Pflanzen herum gewährleistet bleibt.

SIEHE AUCH: Boden und Entwässerung, S. 49; Beete und Rabatten, S. 122–165; Hochbeete, S. 180–181

ZIERBÄUME IM GARTEN

BÄUME ALS GESTALTUNGSELEMENTE

DIE VIELFALT DER BÄUME ist unglaublich. Sie variieren nicht nur in Höhe, Gestalt und Form, sondern auch in ihrer Zierqualität, mit einer phantastischen Auswahl an Blättern, Blüten, Früchten und sogar Rinden für jeden Zweck. Laubbäume sorgen mit den wechselnden Jahreszeiten immer wieder für Blickfänge, wenn sie austreiben, blühen, Früchte bilden und schließlich ihr farbenprächtiges Laub abwerfen. Immergrüne Pflanzen hingegen stellen ihre Pracht das ganze Jahr über zur Schau. Es reicht ein einzelner Baum, um dem kleinsten Garten Höhe und Struktur zu verleihen. Er bildet eine lebende Skulptur und vermittelt gleichzeitig ein Gefühl der Beständigkeit.

BÄUME ALS TEIL DER GARTENGESTALTUNG

Zusammen mit anderen dauerhaften Elementen wie Mauern und Wegen bilden Bäume das Gerüst der Gartengestaltung, da sie erheblich zum Gesamtbild beitragen. Meist spielen kleine Zierbäume eine größere Rolle als Waldbäume, die sich eigentlich nur für große Gärten eignen. Wichtig ist die richtige Auswahl und Platzierung des Baumes, damit er zu einem Gewinn und nicht zum Problem oder gar zum Anlass für einen Nachbarschaftsstreit wird. Besondere, für kleine Gärten manch-mal besser geeignete Wuchsformen sind Stockausschlags- und Kopfbäume (*siehe S. 197*) oder zu einstämmigen Hochstäm-men erzogene Sträucher (*siehe S. 173*).

Bei der Auswahl des Baumes stelle man sich seine Silhouette gegen den Himmel, eine Mauer oder Hecke vor. Seine end-gültige Größe wie auch sein unterschied-liches Aussehen im Wechsel der Jahres-zeiten sollten ebenfalls berücksichtigt werden. Laubbäume strotzen von Frühjahr bis Herbst vor Laub, sind im Winter aber kahl, und herabfallende Blüten, Früchte und Blätter müssen aufgesammelt werden. Immergrüne bereichern den Garten ganz-jährig mit ihrer Struktur und Farbe. Wer Platz für mehrere Bäume hat, sollte sich vorstellen, wie diese zusammen wirken — dabei sollte man nicht nur auf Form und Dichte der Bäume, sondern auch auf Laub, Blüten oder Früchte achten.

◁ **HÖHE VERLEIHEN**
Eine Birke (hier Betula utilis) verleiht Höhe und bildet einen Ausgleich zur gegenüberliegenden, zwang-los gemischten Rabatte. Ihre Herbstfarben ergänzen die des feurigen Spindel-busches, und mit dem Laub-fall kommt ihr prächtiger weißer Stamm zur Geltung.

△ **SICH ERGÄNZEN**
Mittelpunkt des Beetes mit niedriger Heide, die im Winter einen farblichen Gegenpol zum immergrünen Laub schafft, ist ein auf-rechter, langsam wachsen-der Wacholder. Bis das wohlproportionierte Gehölz für das Arrangement zu groß ist, vergeht noch Zeit.

SIEHE AUCH: Jahreszeitliche Höhepunkte; S. 186–187; Reizvolle Details, S. 188–189

BAUMGRUPPEN UND SOLITÄRPFLANZEN

◁ **PLASTISCHE FORMEN**
Die Insel aus Koniferen wie Zypresse, Wacholder, Thuja und Fichte schafft eine Harmonie zwischen verschiedenen säulenartigen und konischen Formen. Subtile Farbwechsel entstehen durch Graublau neben Hell- und Dunkelgrün.

▽ **SOLITÄRER AHORN**
Ein einzelner Baum muss weder streng wirken noch isoliert in der Mitte des Rasens stehen. Dieser Japanische Ahorn (Acer palmatum) mit sonnendurchleuchtetem Laub ragt über einer hohen Glockenblumenwiese empor.

Baumgruppen können optisch sehr wirkungsvoll sein. Man kann sie zwanglos ähnlich einem natürlichen Gebüsch zu einer lockeren Gruppe zusammenstellen oder einfach nur drei oder fünf Bäume, wie z. B. Ahorn *(Acer)* oder Birken *(Betula).* gruppieren. Eine ungerade Anzahl sieht dabei generell harmonischer aus. Bei unterschiedlichen Arten darf keine dominieren. Deshalb erkundigt man sich vor dem Kauf über ihre Standortansprüche und endgültige Größe. Die verschiedenen Formen sollen sich zudem ergänzen. Zwei Bäume könnte man so pflanzen, dass sich später eine Hängematte aufhängen lässt.

Bei kleinen Gärten, die nur einem Baum Platz bieten, berücksichtigt man zuerst endgültige Höhe und Breite, Silhouette, Form, Farbe und Verzweigung, ehe man weitere Merkmale wie Blüte oder Frucht betrachtet. Der Baum sollte proportional zu seiner Umgebung passen. Für einen gesunden natürlichen Wuchs brauchen alle Bäume ausreichend Platz, deshalb erkundigt man sich vor dem Kauf über ihre Anforderungen. In größeren Gärten kann ein einzeln stehender Baum eine spektakuläre Wirkung erzielen. Besser als Bäume, die zwar im Frühjahr kurzzeitig eine grandiose Blütenpracht entfalten, das restliche Jahr über aber recht langweilig aussehen, sind Arten mit ausdrucksvoller Form oder besonders hübschem Laub.

■ **Als kleiner Solitärbaum** eignen sich Holzapfel *(Malus)*, Eberesche *(Sorbus)*, Japanischer Ahorn *(Acer palmatum)* oder buntlaubige Arten wie die gelbgrüne Robinie *(Robinia pseudoacacia ›Frisia‹).*
■ **Fern, am Ende des Gartens.** sollten attraktive Bäume stehen wie Silberpappeln *(Populus alba)*, Zwergwacholder *(Juniperus communis ›Hibernica‹)* oder hoch aufragende Echte Zypressen *(Cupressus sempervirens).*

FORM UND GESTALT

Form und Gestalt eines Baumes bestimmen den ersten Eindruck – eine säulenförmige Zypresse bildet eine grünen Pfeiler, ein blühender Weißdorn erinnert an eine Wolke. Generell wirken Bäume von aufrechtem, dicht verzweigtem Wuchs strenger als licht verzweigte Arten. Breitwüchsige Bäume, insbesondere Immergrüne, erzeugen viel Schatten und schränken so die Unterbepflanzung ein, bieten aber an heißen Tagen einen kühlen Zufluchtsort. Neben dem Umriss des Baumes beachte man auch Form und Verzweigungsmuster seiner Zweige, die im Winter bei Laub abwerfenden Arten in Erscheinung treten. Birken und Japanischer Ahorn besitzen z. B. dünne, zarte Zweige, Zierobstbäume oft ein kräftiges Kronengerüst.

KRONENFORMEN

BREITWÜCHSIG   SÄULENFORM

TRAUERFORM   KONISCH

RUND   MEHRSTÄMMIG

PRAXIS-TIPPS

• Um einen Baum in einem kleinen Garten niedrig zu halten, kann man ihn auf den Stock setzen oder mehrstämmig erziehen.

• Für formale Gärten eignet sich Formschnitt – die Kunst, immergrüne Gehölze durch Schnitt zu interessanten Formen (Vögel, Kegel, Kugeln) zu erziehen.

SIEHE AUCH: Formbäume und Hochstämme, S. 173; Erziehung eines mehrstämmigen Baums, S. 196; Stockausschlags- und Kopfbäume, S. 197

JAHRESZEITLICHE HÖHEPUNKTE

ZU DEN VERGNÜGEN DES Gärtnerns gehört es, das Auf und Ab der lebenden Kompositionen im Laufe des Jahres zu beobachten. Viele Bäume folgen einem ausgeprägten jahreszeitlichen Zyklus: Im Frühling zeigen sie erste Lebenszeichen; im Sommer schwelgen sie in Blättern und Blüten; der Herbst sorgt für reife Früchte und leuchtende Laubfarben; und im Winter überziehen sich die kahlen Zweige mit Raureif oder zeigen eine schön strukturierte Rinde. Viele Bäume erreichen mehrere Höhepunkte, z. B. mit Blüten im Frühling und Früchten im Herbst. Die sich wandelnden Effekte wirken am besten vor einem gleich bleibenden Hintergrund, etwa einer immergrünen Hecke.

FRÜHLING

Nach einem langen Winter sind Frühlingsboten besonders willkommen. Für eine spektakuläre Frühlingsblüte eignen sich Zierkirschen und -pflaumen (*Prunus*). Auch Weißdorn (*Crataegus*), Zieräpfel (*Malus*) und Eberesche (*Sorbus*) sind reizvoll und tragen zudem im Herbst attraktive Früchte.

Viele der frühen *Prunus*-Arten blühen an kahlen Zweigen, z. B. *Prunus* ›Pandora‹ mit Büscheln von blassrosa Blüten im zeitigen Frühling oder *Prunus* × *subhirtella* ›Pendula Rubra‹ mit rubinroten Knospen, die sich zu kräftig rosa Blüten öffnen. Soll der Baum nahe am Haus oder an einem Weg gepflanzt werden, wählt man eine Art mit duftenden Blüten. Auch die Blätter verdienen Beachtung: Manche Bäume zeigen einen farbigen Laubaustrieb.

■ **Frühlingsblüher:** *Prunus* ›Shirofugen‹, Vogelkirsche (*Prunus avium* ›Plena‹), Zierapfel (*Malus* ›Lemoinei‹), Zierbirne (*Pyrus calleryana* ›Chanticleer‹), Hartriegel (*Cornus nuttallii*).
■ **Duftende Blüten:** Magnolie (*Magnolia kobus, M. salicifolia*), Zierkirsche (*Prunus* ›Taihaku‹).
■ **Farbiger Laubaustrieb:** Mehlbeere (*Sorbus aria* ›Lutescens‹) — blassgrüne Blätter mit silbrig glänzender Unterseite, bieten beim Austrieb ein spektakuläres Bild, am besten vor dunklem Hintergrund. Lederhülsenbaum (*Gleditsia triacanthos* ›Sunburst‹) — die beim Austrieb leuchtend gelben Blätter färben sich später grün. Bergahorn (*Acer pseudoplatanus* ›Brilliantissimum‹) — seine später gelbgrünen Blätter treiben in auffallendem Lachsrosa aus.

△ **FRÜHLINGSTUPFER**
Der Rotdorn (Crataegus leavigata ›Paul's Scarlet‹), *die rot blühende Sorte eines Weißdorns, ist von Mai bis Juni in dunkelrosa Blüten gehüllt.*

BLÜTENMEER ▷
Nur wenige Anblicke sind im Frühling so berauschend wie der eines Kirschbaums (Prunus) *in voller Blüte. Hier bilden niederwüchsige, immergrüne Pflanzen einen Ausgleich zur Blütenpracht.*

SOMMER

Zum Übergang vom Spätfrühling in den Frühsommer sind die Bäume vollständig belaubt. Ihre Blätter bilden große, einheitlich strukturierte Elemente, die als Hintergrund für leuchtende Sommerblumen dienen können. Zahlreiche Bäume blühen zu Beginn des Sommers und bilden so einen sanften Übergang vom Frühling. Zu Recht beliebt sind etwa Magnolien, Goldregen (*Laburnum*) und — für große Gärten — Rosskastanien (*Aesculus*).

Im Juli und August tragen einige Frühjahrsblüher wie Eberesche und Zieräpfel farbenfrohe Früchte, die bereits Vorfreude auf die Genüsse des Herbstes wecken.

■ **Sommerblüher:** Tulpenbaum (*Liriodendron tulipifera*) — groß; tulpenförmige gelbe Blüten. Ginster (*Genista aetnensis*) — gelbe Blüten, lichte Krone, für milde Lagen.
■ **Duftende Blüten:** *Eucryphia glutinosa* — duftende, weiße Blüten. Man kann ihn in der Nähe einer Gartenbank aufstellen.

△ **SOMMERPRACHT**
Dieser Hartriegel (Cornus controversa ›Variegata‹) *bringt im Frühsommer weiße Blütenstände hervor, die das attraktive, cremefarbig panaschierte Laub ergänzen.*

SIEHE AUCH: Pflanzen für jeden Zweck, S. 38–41

HERBST

Das ist die Zeit, in der viele Laubbäume am farbenprächtigsten sind und den Garten beleben, während zahlreiche Rabattenpflanzen ihren Höhepunkt schon hinter sich haben. Mit am berühmtesten sind die japanischen Ahorne (*Acer palmatum*, *A. japonicum*), deren rötliche Töne in der Herbstsonne aufleuchten. Der Essigbaum (*Rhus typhina*) wechselt als einer der Ersten seine Farbe, mit spektakulären Gelb-, Orange- und Rottönen, aber sein Schauspiel ist nur kurz, und er neigt zu Wurzelschösslingen.

■ **Herbstfärbung:** Der Japanische Ahorn (*Acer japonicum* ›Vitifolium‹) eignet sich als attraktiver Solitärbaum im Halbschatten, sein Laub wird im Herbst kräftig karminrot, orange und purpurrot. Der Tupelobaum (*Nyssa sylvatica*) trägt feurig rotes, oranges und gelbes Herbstlaub.

■ **Herbstfrüchte:** Dekorative Früchte tragen Weißdorn (*Crataegus*), Eberesche (*Sorbus*) und Zierapfel. Die Eberesche ›Joseph Rock‹ trägt gelbe Beeren und hübsches Herbstlaub. Man kann auch essbare Früchte, speziell Äpfel, Birnen, Pflaumen und Quitten, einbeziehen.

»DAUERBRENNER«

Ist nur für einen Baum Platz, wählt man eine ganzjährig interessante Art, z. B. einen immergrünen oder einen Laub abwerfenden mit reizvoller Verzweigung.

■ **Immergrüne Laubbäume:** Erdbeerbaum (*Arbutus unedo*), für milde Lagen; Stechpalme (*Ilex aquifolium* ›Silver Milkmaid‹).

■ **Laub abwerfende Bäume:** Zierapfel (*Malus*), Mispel (*Mespilus*), Eberesche (*Sorbus*).

■ **Nadelbäume:** Himalayazeder (*Cedrus deodara* ›Aurea‹), Zypresse (*Cupressus macrocarpa* ›Goldcrest‹), Tempelkiefer (*Pinus bungeana*).

◁ **HERBSTFEUER**
Nur für große Gärten: die eigenwilligen Blätter der Scharlach-Eiche (Quercus coccinea ›Splendens‹) färben sich im Herbst tiefrot und beleben den Garten an trüben Tagen.

△ **IM DURCHLICHT**
Einen Baum mit schöner Herbstfärbung – hier Japanischer Ahorn (Acer palmatum) – pflanzt man so, dass einfallendes Sonnenlicht die Farben zum Leuchten bringt.

ZIERAPFEL
Malus ›Butterball‹

BLÜTEN UND FRÜCHTE ▷
Viele Zieräpfel (Malus) zeigen mindestens zweimal im Jahr ihren Reiz, nämlich im Frühling mit graziösen weißen bis roten Blüten, und später zahlreiche leuchtend gefärbte Früchte, die bis in den Winter halten können.

WINTER

Im Gegensatz zu den kurzlebigeren Attraktionen vieler krautiger Pflanzen sind Bäume auch im Winter interessant, sei es wegen ihres Zweigmusters gegen den Himmel, ihres immergrünen Laubes, kostbarer Blüten oder leuchtender, lang haltender Beeren. Auch Bäume mit attraktiver Rinde zeigen sich jetzt von ihrer schönsten Seite. Zu dieser Jahreszeit treten viele Nadelgehölze in den Vordergrund. Neben sämtlichen Grüntönen gibt es Blau, leuchtendes Gelbgrün oder Gold. Beim Kauf achtet man immer auf die endgültige Höhe und Breite, da einige rasch zu groß für ihren Platz werden.

■ **Blüten:** Schneeball (*Viburnum × bodnantense*).

■ **Früchte:** Erdbeerbaum (*Arbutus*), für milde Lagen; Glanzmispel (*Photinia*), Stechpalme (*Ilex*) – pflegeleicht, leuchtend rote Beeren, Eberesche (*Sorbus commixta*).

△ **WINTERFORM**
Die graziöse Form und weiße Rinde dieser Birke (Betula utilis var. jacquemontii) wirken besonders im Winter.

◁ **ZUCKERGUSS**
Die kahlen Zweige und leuchtend roten Beeren des Weißdorns (Crataegus laevigata) sind mit Raureifnadeln überzogen.

SIEHE AUCH: Bäume als Gestaltungselemente, S. 184–185; Reizvolle Details, S. 188–189

REIZVOLLE DETAILS

BÄUME WERDEN ZU RECHT für die Perspektiven geschätzt, die sie im Garten erzeugen, sowie für ihre gestaltenden Eigenschaften hinsichtlich Silhouette und Form. Wie Rabattenpflanzen verdienen jedoch auch viele Bäume auf Grund dekorativer Details einen Platz im Garten. Etliche tragen Blätter von attraktiver Form, Farbe, Struktur oder auch Bewegung. Andere werden wegen ihrer Blüten, hübscher Zapfen oder essbarer Früchte bzw. Nüsse kultiviert. Eine oft unterschätzte Qualität ist eine dekorative Rinde. Manche Bäume besitzen sogar zwei oder mehr reizvolle Details, die einen besonderen Platz im Garten wert sind.

LAUB

Blätter bieten Farbe und Struktur und sind zum Teil für die Form und das Volumen der Baumkrone verantwortlich. Sie tragen auch zur Atmosphäre und zum Stil des Gartens bei – vom exotischen Effekt der großen, stark gelappten Blätter des Feigenbaums (*Ficus carica*) bis hin zum luftigen Anblick der Zitterpappel (*Populus tremula*), deren zierliche Blätter an langen Blattstielen vibrieren. Immergrüne Arten wie Stechpalmen bieten das ganze Jahr über einen kräftigen Hintergrund, und die Blätter einiger Bäume leuchten cremefarben, weiß oder gelb panaschiert. Koniferen tragen nadel- oder schuppenförmige Blätter von unterschiedlicher Struktur und besitzen mitunter farbenprächtiges Laub in Gelbgrün oder Blau.

Wenn man Bäume hinsichtlich ihres Laubes auswählt, muss man die Gesamtwirkung im Auge haben. Blattform und -größe beeinflussen das Erscheinungsbild der Krone, Blätter mit silbriger Blattunterseite schimmern im Wind, purpur- oder bronzefarbene Bäume können kleine Gärten zu stark dominieren. Bäume mit silbrigem oder bläulichem Laub hebt man durch einen dunklen Hintergrund hervor.

◁ **GRÜN UND GOLD**
Die großen, goldfarbenen, herzförmigen Blätter des Trompetenbaums (Catalpa bignonioides ›Aurea‹) *bilden eine eindrucksvolle, breitwüchsige Krone. Diese Laub abwerfende Art wächst langsamer als ihre grünblättrigen Verwandten.*

EXOTIN ▷
Das schlanke Profil und die fächerartigen Blätter der Hanfpalme (Trachycarpus fortunei) *können eine subtropische Atmosphäre erzeugen. Sie ist nicht winterhart, kann aber im Sommer als Kübelpflanze draußen stehen.*

△ **FARBMASSE**
Die dichten Nadeln vieler Koniferen eignen sich gut als Hintergrund. Zur Farbpalette gehören Gold, Grüntöne und Blau, wie bei dieser Blaufichte (Picea glauca ›Caerulea‹).

BLÜTEN

Ein Baum in voller Blüte bietet einen prächtigen Anblick. Die Auswahl an Blütenfarben und -formen ist enorm: Sie können eindrucksvoll geformt sein wie die Kelche zahlreicher Magnolien, herabhängen, wie die gelben Trauben des Goldregens (*Laburnum*), oder wie Kirschblüten in dichten Büscheln wachsen. Einige duften auch, wie die Krimlinde (*Tilia × euchlora*). Als Laubgehölze für kleine oder mittlere Gärten eignen sich Hartriegel (*Cornus*), Weißdorn (*Crataegus*), Zierapfel (*Malus*), Zierkirsche (*Prunus*) und Eberesche (*Sorbus*). In milder Lage, am besten vor einer Wand, gedeiht die immergrüne *Magnolia grandiflora*, die ab Spätsommer große becherförmige, duftende Blüten hervorbringt.

△ **WEINKELCHE**
Einige Magnolien wie diese Magnolia liliiflora ›Nigra‹ *bringen aufrechte, kelchförmige Blüten hervor.*

◁ **STAMMBLÜTEN**
Der Judasbaum (Cercis siliquastrum) *trägt vor dem Laubaustrieb an den Haupttrieben Blüten.*

SIEHE AUCH: Pflanzen für jeden Zweck, S. 38–41

FRÜCHTE

Bäume bieten eine enorme Vielfalt von Früchten: Da gibt es Beeren und andere fleischige Früchte, einschließlich essbaren Arten, Nüsse, geflügelte Samen und Zapfen. Leuchtende Beeren bieten Futter für Vögel, während Fallobst, Nüsse und Eicheln Kleinsäugern als Nahrung dienen.

Als farbenprächtige Früchte lassen sich z. B. Stechpalme *(Ilex)*, Eberesche *(Sorbus)*, Weißdorn *(Crataegus)* und Zierapfel *(Malus)* verwenden, die alle für kleine Gärten geeignet sind. Soll der Fruchtschmuck überdauern, muss man eine Art mit lange haltenden oder von Vögeln verschmähten Früchten nehmen – z. B. *Sorbus cashmiriana*, mit erst rosa und reifer dann weißer Frucht. Aber auch harte Früchte bringen Farbe – zahlreiche Ahornarten tragen geflügelte Samen, die sich im Herbst rot verfärben.

Bestimmte Nadelgehölze tragen sehr dekorative Zapfen, z. B. die violetten, zylindrischen Früchte der Koreanischen Tanne *(Abies koreana)*. Bei vielen Arten bleiben die Zapfen auch, nachdem sie sich geöffnet und geleert haben, am Baum.

Einige Bäume müssen fremdbestäubt werden, um Früchte zu bilden, während andere sich selbst bestäuben. Bei Stechpalmen z. B. tragen nur die weiblichen Pflanzen Früchte, für die Bestäubung muss sich daher eine männliche Pflanze in der Nähe befinden. Bei Apfel- oder anderen wegen der Früchte kultivierten Obstbäumen hängt die Ernte vom Bestäubungserfolg ab, und es ist oft am besten, mehrere Bäume zu pflanzen oder die Bäume im Nachbarsgarten mit einzubeziehen.

◁ **LEUCHTENDE ERNTE**
Viele Zierapfelsorten tragen üppige Büschel kleiner leuchtender Früchte. Sie können gekocht und aus dem gefilterten Saft Gelee gemacht werden. Die kleinen, breitwüchsigen Bäume werden 6–8 m hoch und eignen sich somit auch gut für kleine Gärten.

◁ **GRELLE FARBEN**
Das Pfaffenhütchen (Euonymus europaea ›Red Cascade‹) trägt orangefarbene Samen in dunkelrosa Kapseln. Achtung, die Früchte sind giftig!

MARONEN ▷
Die Früchte der Esskastanie *(Castanea sativa)* schmecken auch manchen Tieren.

RINDE

Farbige, gemusterte oder abblätternde Rinden und die leuchtenden Farben junger Triebe sind subtile Reize, die häufig übersehen werden. Sie fallen meist am stärksten im Winter auf, wenn die Zweige kahl sind. Einige, wie z. B. Sandbirken *(Betula pendula)*, mit ihrer weißen Rinde sind selbst von weitem beeindruckend, während andere, z. B. Ahornarten mit längs gestreifter Rinde, von nahem am schönsten sind. Unter der abschilfernden Rinde des Ahorns *Acer griseum* kommt neue zimtfarbene Rinde zum Vorschein.

Bäume, die kräftig leuchtende Jungtriebe bilden, wie z. B. einige Sorten der Silberweide *(Salix alba)*, werden regelmäßig stark zurückgeschnitten oder als Kopfbäume gezogen, um den attraktiven neuen Austrieb zu fördern.

ATTRAKTIVE SCHÄLRINDE ▷
Die glänzende mahagonifarbene Rinde der Kirsche Prunus serrula *schält und erneuert sich fortwährend. Sie steht gut an einem Weg, wo man mit den Händen darüber streichen kann; abziehen sollte man sie jedoch nicht.*

DEKORATIVE RINDE

Acer griseum
Ahorn

Betula utilis var. *jacquemontii*, Birke

Acer pensylvanicum
Ahorn

Acer capillipes
Ahorn

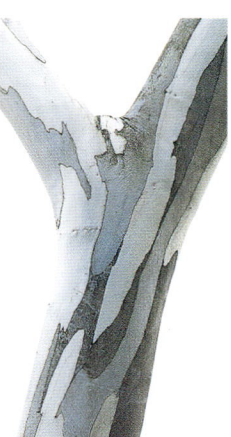
Eucalyptus pauciflora ssp. *niphophila*

SIEHE AUCH: Stockausschlags- und Kopfbäume, S. 197

DIE RICHTIGE AUSWAHL

AM WEITAUS EINFACHSTEN geht man die Gartengestaltung an, indem man Pflanzen primär nach den vorliegenden Standortbedingungen auswählt, also nach dem Klima, einschließlich Temperaturspanne und Niederschlagsmenge, und den Bodeneigenschaften. Pflanzt man Arten ungeachtet ihrer bevorzugten Bedingungen, wird die Arbeit rasch zur Mühsal. Bei Bäumen ist dies ein sehr wichtiger Punkt, da es sich um langlebige Pflanzen handelt. Es gibt jedoch für jeden Garten zahlreiche Möglichkeiten. Selbst wenn er an einer Küste, auf einem windigen Hügel, an einer viel befahrenen Straße oder in einem Hinterhof in der Innenstadt liegt, es gibt Bäume für jeden Bereich.

KLIMA UND BODEN

Je besser man den Garten und seine Bedingungen kennt, desto leichter fällt die Auswahl von Pflanzen, die sich hier wohl fühlen. Man berücksichtige zuerst die Durchschnitts- und Extremtemperaturen sowie die Niederschlagsmenge. Gibt es strenge Fröste, herrscht im Sommer Trockenheit, oder gibt es Besonderheiten wie hohe Schneedecken oder starken Wind? Liegt der Garten nahe am Meer oder in großer Höhe? Ist er durch Gebäude geschützt oder dem Wind ausgesetzt? Solche Schlüsselfaktoren zu erkennen, ist wichtig, da sie die Auswahl der Bäume beeinflussen.

Um festzustellen, welche Bäume sich am besten für die örtlichen Bedingungen eignen, achte man darauf, welche Arten in nahe gelegenen Wäldern, benachbarten Gärten oder öffentlichen Parkanlagen wachsen. Damit die Bäume mit ihrer Umgebung harmonieren, sollte man bei der Auswahl die im Sichtfeld des Gartens wachsenden Arten berücksichtigen.

Auch im Garten selbst kann es unterschiedliche Bereiche geben. In einer Ecke wuchernde Pflanzen fühlen sich womöglich in einer anderen weniger wohl.

■ **Ein örtlicher Gartenbaubetrieb** oder Gartenverein kann Ratschläge erteilen.
■ **Wenn man nahe der Grenze** einen Baum pflanzt, sollte es keine dicht verzweigte oder starkwüchsige Art sein, die das Nachbargrundstück überschattet. Zudem meide man Arten wie den Essigbaum (*Rhus typhina*), der Wurzelschösslinge produziert.
■ **Wurzelschäden an Hausmauern** vermeidet man, wenn man Bäume mit starkem Wurzelwachstum, etwa Weiden und Pappeln, nur weit von Gebäuden entfernt pflanzt.

◁ SILBRIG IN DER MEERESBRISE
Bäume, die salzige Winde vertragen, eignen sich gut für Gärten an oder nahe der Küste. Im Wind wehende Silberpappeln zeigen die hübsche Unterseite ihrer Blätter.

◁ GLANZ IN DER STADT
Nicht alle Bäume vertragen eine städtische Umgebung, aber der Lederhülsenbaum (Gleditsia triacanthos ›Sunburst‹) ist besonders immissionsresistent. Der attraktive Baum von luftigem Wuchs kleidet sich in goldgelbes Laub.

PFLANZENLISTE

BÄUME FÜR KÜSTENGÄRTEN
Diese Bäume vertragen zwar Küstenwinde, halten aber der salzigen Gischt nicht stand.

Bergahorn (*Acer pseudoplatanus ›Brilliantissimum‹*)
Erdbeerbaum (*Arbutus unedo*) *
Ginster (*Genista aetnensis*) *
Mehlbeere (*Sorbus aria*)
Stechpalme (*Ilex × altaclerensis*) *
Vogelbeere (*Sorbus aucuparia*)
Weißdorn (*Crataegus monogyna*)

BÄUME FÜR WINDIGE UND UNGESCHÜTZTE STANDORTE

Eberesche, Vogelbeere (*Sorbus aucuparia*)
Goldregen (*Laburnum*)
Mehlbeere (*Sorbus aria*)
Moorbirke (*Betula pubescens*)
Sandbirke (*Betula pendula*)
Weißdorn (*Crataegus monogyna*)

IMMISSIONSRESISTENTE BÄUME FÜR STADTGÄRTEN

Eberesche, Vogelbeere (*Sorbus aucuparia*)
Eibe (*Taxus baccata*)
Lederhülsenbaum (*Gleditsia triacantho ›Sunburst‹*)
Liguster (*Ligustrum lucidum*)
Magnolie (*Magnolia grandiflora*) *
Schwarzerle (*Alnus glutinosa*)
Stechpalme (*Ilex × altaclerensis*) *
Trompetenbaum (*Catalpa bignonnides ›Aurea‹*)
Urwelt-Mammutbaum (*Metasequoia glyptostroboides*)
Weißdorn (*Crataegus monogyna*)
Zierbirne in Trauerform (*Pyrus salicifolia ›Pendula‹*)

BÄUME FÜR FEUCHTE BÖDEN

Dotterweide (*S. alba var. vitellina*); Silberweide (*Salix alba ›Britzensis‹*); beide für farbenprächtige Triebe als Kopfweide ziehen
Erlen (*Alnus glutinosa, A. incana*)
Mispel (*Mespilus*)
Schwarzbirke (*Betula nigra*)
Trauerweide (*Salix caprea ›Kilmarnock‹*)

* = nicht winterhart, nur für besonders milde Lagen

SIEHE AUCH: Kauf und Pflanzung von Bäumen, S. 192–195; Stockausschlags- und Kopfbäume, S. 197

BODENART UND -ZUSTAND

Der Boden ist die Grundlage des Gartens, und wie beim Klima ist es leichter, sich den vorhandenen Bedingungen anzupassen, als dagegen zu arbeiten. Für Bäume braucht man keinen »perfekten« Boden, sollte sie aber entsprechend dem Boden des Gartens auswählen, auch wenn man ihn zur Verbesserung der Bedingungen aufbereiten kann. Viele Böden liegen zwischen den Extremen Ton und Sand und können lehmig oder schluffartig sein *(siehe S. 238)*. Einige Böden sind auch sehr steinig. Das Einarbeiten von gut verrottetem organischem Material wie Gartenkompost oder verrottetem Mist verbessert praktisch jeden Boden. Die optimale Pflanzgrundlage im Garten sind Lehmböden *(siehe S. 142)*, worin die meisten Bäume gut gedeihen.

Zu den Bäumen, die schwere, tonige Böden vertragen, gehören Erlen, Pappeln und Magnolien. Verwenden Sie für sandige Böden Birken, Robinien (z. B. die Sorte ›Frisia‹) oder Kiefern. Der Ginster *Genista aetnensis* gedeiht gut auf sandigen oder schluffigen Böden in milden Lagen.

Ferner ist zu bedenken, dass die Wuchskraft eines Baumes auch von anderen Bodenfaktoren als der Bodenart abhängig ist. Unter sehr warmen, trockenen Bedingungen werden Bäume wie der Urwelt-Mammutbaum *(Metasequoia glyptostroboides)* oft nicht so hoch wie auf fruchtbaren, feuchten Böden.

△ **TONIGER BODEN BEVORZUGT**
Tonböden sind normalerweise fruchtbar, auf Grund ihrer dichten Struktur jedoch wenig durchlässig, was nicht alle Bäume mögen. Magnolia × soulangeana eignet sich jedoch hervorragend zur Einzelstellung auf Tonböden.

△ **FEUCHTER BODEN BEVORZUGT**
Zu viel Wasser im Boden kann für Pflanzen ebenso schädlich sein wie zu wenig. Die Schwarzerle (Alnus glutinosa) wächst jedoch auch in der Natur an Ufern und in Sümpfen. Sie verträgt sogar schwere Tonböden.

CHECKLISTE

Wer eine Liste geeigneter Bäume für den Garten erstellen möchte, sollte folgende Anhaltspunkte beachten:

• **Klima:** Ist das Klima besonders mild? Gibt es lange Frost- oder Trockenperioden?

• **Besondere Lage:** Liegt der Garten nahe am Meer, in einer Stadt (Immissionsbelastung) oder im Gebirge? Weitere spezielle Faktoren?

• **Bodenart:** Ist der Boden sandig, schluffig, tonig oder lehmig? Ist er steinig?

• **pH:** Ist der Boden sauer oder alkalisch?

PH-WERT DES BODENS

Neben Bodenart und -struktur sollte man in etwa auch den pH-Wert bzw. den Säure- oder Basengehalt des Gartenbodens kennen *(siehe unten und S. 238)*. Er wirkt sich darauf aus, welche Pflanzen im Garten gedeihen und welche wahrscheinlich nur schwach wachsen oder eingehen.

■ **Auf Zeigerpflanzen achten:** Manche Pflanzen sagen etwas über den pH-Wert des Bodens aus. Fingerhut und Heide z. B. weisen auf sauren Boden hin, Königskerze, Schlüsselblume und Berberitze bevorzugen neutralen bis basischen Boden.

■ **Den Boden testen:** Ein pH-Test-Set erhält man im Fachhandel. Man untersucht mehrere Stellen im Garten, da der Säuregehalt kleinräumig wechseln kann.

■ **Bäume für saure Böden:** Scheinkamelie *(Stewartia)*, Erdbeerbaum *(Arbutus unedo,* für milde Lagen), Tanne und Fichte.

■ **Bäume für neutrale bis alkalische Böden:** Judasbaum *(Cercis)*, Kirsche, Robinie *(Robinia pseudoacacia ›Frisia‹)*, Weißdorn, Wacholder und *Thuja*.

△ **HOHER PH-WERT**
Zahlreiche Bäume lieben durchlässige, alkalische Böden, die sich im Frühjahr rasch erwärmen. Die Zierkirsche Prunus × yedoensis mit ihren nach Mandeln duftenden Blüten ist eine der frühesten und zuverlässigsten Arten.

NIEDRIGER PH-WERT ▷
Wie viele Koniferen wächst die Blautanne Abies concolor ›Argentea‹ gut auf sauren, gerne feuchten, aber durchlässigen Böden.

SIEHE AUCH: Den Boden vorbereiten, S. 142–143; Bestimmen der Bodenart, S. 238; Der pH-Wert des Bodens, S. 238

KAUF UND PFLANZUNG VON BÄUMEN

WENN MAN FESTGELEGT hat, welche Bäume am besten zu Größe und Standortbedingungen des eigenen Gartens passen, folgen die nächsten Schritte. Zuerst wird die optimale Stelle im Garten ausgewählt und der Boden gründlich vorbereitet. Anschließend kann man einen gesunden, kräftigen jungen Baum kaufen und pflanzen. Da Bäume eine so hohe Lebenserwartung haben, ist eine sehr genaue Vorbereitung und gute Pflege direkt nach dem Pflanzen äußerst wichtig, um dem Baum den bestmöglichen Start zu geben.

VORBEREITEN DES STANDORTS

In einem Garten kann es kleinräumig wechselnde Bedingungen geben, z.B. äußerst frostgefährdete Bereiche oder feuchte Stellen, weshalb man den Standort sorgfältig wählen sollte. Fällt der Garten steil ab, bedenke man, dass es auf halber Höhe des Hangs eher wärmer und geschützter ist als ganz oben oder unten.

Bäume pflanzt man nicht zu nahe an Mauern oder Gebäude, weil sie dort zu wenig Feuchtigkeit und Licht erhalten. Einige Bäume wie Weiden und Pappeln haben auch sehr kräftige, Wasser suchende Wurzeln, die Fundamente und Kanalisationssysteme beschädigen können. Diese Bäume sollte man meiden oder weit entfernt von gefährdeten Stellen pflanzen. Auch sollte man Bäume weit genug entfernt von Hochspannungsleitungen pflanzen.

◁ DER RICHTIGE STANDORT
Bäume müssen sich für die Bodenbedingungen und das Mikroklima der geplanten Pflanzstelle eignen.

△ EINBETTUNG
Mit Bäumen lässt sich die künstliche Anordnung des Gartens in die natürliche Umgebung einbinden, was die Wahl beeinflussen kann.

Es ist ratsam, die Pflanzstelle vor dem Kauf des Baumes vorzubereiten, da sich der Boden dann setzt und man den Baum unmittelbar nach dem Kauf pflanzen kann.

■ **Auf gut durchlässigen Boden achten,** es sei denn, die Baumart eignet sich ausdrücklich für feuchten Boden.

■ **Jeglichen Pflanzenwuchs entfernen** in unmittelbarer Umgebung, da er dem Baum Wasser und Nährstoffe entzieht.

■ **Den Boden am Standort gründlich lockern** und dabei reichlich gut verrottetes organisches Material einarbeiten.

■ **In windigen Lagen** einen jungen Baum mit einem Windschutz abschirmen, bis er fest eingewurzelt ist.

BASISWISSEN

DIE BESTE PFLANZZEIT FÜR BÄUME

Bäume werden am besten im Herbst oder Frühling gepflanzt, je nach Art, Witterungsbedingungen und Zeitpunkt, zu dem sie angeboten werden. Im Herbst gepflanzte Bäume können vor dem Winter etwas einwurzeln und trockene Perioden im folgenden Sommer besser überdauern. In kalten Regionen ist unter Umständen eine Pflanzung im Frühjahr besser, da die Bäume bis zum Wintereinbruch Kraft sammeln können. Bäume auf keinen Fall bei Frost oder in Trockenperioden pflanzen.

Bäume im Container: kann man außer bei Frost oder Trockenheit jederzeit pflanzen. **Laub abwerfende Bäume ohne Ballen:** werden in der Ruhephase im Spätherbst oder im zeitigen Frühjahr gepflanzt. **Bäume mit Wurzelballen:** in milden Regionen Nadel- und immergrüne Laubbäume im Oktober, sonst von April bis Mai pflanzen.

SIEHE AUCH: Den Boden vorbereiten, S. 142–143

AUSWAHL EINES GESUNDEN BAUMES

Gängige Baumarten werden in der Regel auch im Gartencenter angeboten. Für besondere Arten und Sorten, größere Stückzahlen oder Pflanzen ohne Ballen besucht man besser gleich eine Baumschule, die mitunter auch günstiger ist. Viele Bäume werden im Container angeboten. Sie kosten zwar mehr, können aber fast jederzeit gepflanzt werden. Arten, die keine Wurzelverletzung vertragen wie Magnolien, werden es danken. Bäume ohne Ballen, meist Laub abwerfende Arten, werden im Freiland kultiviert und nur im Spätherbst nach dem Laubfall angeboten. Eine gute Baumschule weiß, wann der beste Zeitpunkt zum Pflanzen ist. Ein größerer Baum macht zwar »mehr her« als ein junger, ist aber meist deutlich teurer und lässt sich schwerer verpflanzen.

KAUFEN VON BÄUMEN IM CONTAINER

Der Baum soll einen festen, geraden Stamm und einen kräftigen Haupttrieb haben.

Eine schöne symmetrische Form mit gleichmäßiger Verzweigung wählen.

Auf abgestorbene Triebe und bräunliche oder kranke Blätter achten.

BÄUME OHNE BALLEN

◁ **GUTE WURZEL**
Die Wurzeln sollen gut entwickelt sein und sich gleichmäßig ausbreiten. Viele kurze, feine Faserwurzeln sind ein gutes Zeichen. Ausgetrocknete Wurzeln, die vielleicht dem Wind ausgesetzt waren, meiden.

◁ **SCHLECHTE WURZEL**
Bäume mit dicht in sich verschlungenen Wurzeln oder einer einseitigen Wurzelbildung meiden, da sie wahrscheinlich schlecht anwachsen. Die Wurzeln dürfen auch nicht krank oder beschädigt sein.

◁ **BAUMBEURTEILUNG**
Der Baum muss gut entwickelte Wurzeln in noch nicht zu kleinem Topf haben. Das Gesamtbild von weitem beurteilen. Auf Schäden bzw. Krankheit achten.

In einer guten Baumschule kann man die Wurzeln überprüfen: Beim Hochheben sollte der Ballen samt Erde nicht zerfallen.

◁ **ZU KLEINER TOPF**
Bäume in zu kleinem Topf mit zu vielen, verschlungenen oder dicken, aus den Abflusslöchern wachsenden Wurzeln meidet man.

BÄUME MIT BALLEN

Immergrüne Bäume, besonders Nadelgehölze, werden häufig als Ballenpflanzen verkauft. Sie werden im Freiland kultiviert, die Wurzel wird mit Erde ausgegraben und in ein Ballentuch aus Sackleinen oder anderem Material gewickelt. Auch Laubbäume erhält man in dieser Form. Ballenpflanzen haben den Vorteil, dass die Wurzeln zwischen dem Aus- und Eingraben nicht so rasch austrocknen.

Ballenpflanzen werden in der Regel direkt von Baumschulen verkauft, häufig auch per Versand, und sind daher eher günstiger als Containerpflanzen. Gartencenter führen sie meist nicht in dieser Form. Wenn man Bäume per Versand in einer Baumschule kauft, wählt man einen anerkannten Fachbetrieb aus und pflanzt den Baum möglichst unmittelbar nach der Lieferung.

PRÜFEN DES WURZELBALLENS △
Beim Kauf einer Ballenpflanze auf eine unbeschädigte Verpackung und einen festen Wurzelballen achten — das Substrat soll an den Wurzeln haften — sowie auf Anzeichen von Schäden oder vertrockneten Wurzeln, da das bedeuten kann, dass der Baum schlechter anwächst.

BAUMPFÄHLE

Bis ein Baum gut angewachsen ist, sollte man ihn anbinden, wobei sich der Pfahl auf der Seite des Baums befinden muss, aus der der Wind meistens bläst. So wird der Baum gestützt, bis er ein kräftiges Wurzelsystem entwickelt hat. Für Bäume mit biegsamen Stämmen und peitschenartigen Zweigen verwendet man einen langen Pfahl, der bis knapp unter die Krone reicht. Im zweiten Jahr kürzt man ihn auf 50 cm; im dritten Jahr wird er ganz entfernt.

◁ **KURZER PFAHL**
Auf diese Weise kann sich der Baum leicht bewegen und bildet kräftige Wurzeln. Man setzt den Pfahl vor dem Pflanzen so, dass er ca. 50 cm aus dem Boden ragt.

SCHRÄGER PFAHL ▷
Noch nach dem Pflanzen kann man einen kurzen Pfahl schräg an der Wurzel vorbei in einem 45°-Winkel gegen die Hauptwindrichtung einschlagen.

SIEHE AUCH: Weitere Pflegemaßnahmen, S. 197

EINEN BAUM PFLANZEN

Wenn der geeignete Platz gefunden und der Boden vorbereitet ist, kann man den Baum kaufen. Das Pflanzloch gräbt man schon vorher, damit der Baum so schnell wie möglich wieder in den Boden kommt, besonders bei Pflanzen ohne Ballen, die leicht austrocknen. Für einen guten Start wird die ausgehobene Erde mit reichlich organischem Material wie Gartenkompost vermischt, das die Bodenstruktur verbessert. Seiten und Boden des Pflanzlochs werden mit einer Grabgabel gelockert, vor allem bei schweren Lehmböden, damit sich die Wurzeln besser ausbreiten und den Baum gut verankern können. Wird im Frühjahr gepflanzt, fügt man dem Oberboden etwas Langzeitdünger (ca. 110 g/m^2) zu, um das Wachstum anzuregen. Bei Containerpflanzen folgt man den unten gezeigten grundlegenden Schritten. Bei

Bäumen ohne Ballen bereitet man den Boden genauso vor, wobei das Pflanzloch jedoch so groß sein muss, dass die Wurzeln darin vollständig ausgebreitet werden können. Beschädigte Wurzeln schneidet man mit der Gartenschere ab, verletzt dabei jedoch nicht die zarten Faserwurzeln, über die der Baum Nährstoffe aufnimmt.

■ **Wird das Pflanzloch vorab bereitet,** füllt man es bis zum Pflanzen wieder locker mit Erde und deckt die Pflanzstelle mit einer Kunststofffolie ab.

■ **Wird ein Pfahl verwendet,** schlägt man ihn bereits vorher oder während des Pflanzens ein (*siehe unten*), um die Wurzel nicht zu verletzen.

EIN TREUER FREUND ▷
Bei gutem Start mit sorgfältiger Pflanzung und anschließender Pflege ziert ein Baum (hier der Zierapfel Malus tschonoskii) den Garten Jahrzehnte bis Jahrhunderte.

PFLANZEN EINES IM CONTAINER GEZOGENEN BAUMES

1 PFLANZLOCH
Pflanzbereich grob markieren. Dort das Pflanzloch 3–4-mal so breit wie den Wurzelballen und 1$\frac{1}{2}$-mal so tief wie seine Höhe ausheben.

2 VORBEREITEN
Seiten und Boden mit der Gabel lockern, ausgehobene Erde mit organischem Material mischen und etwas davon auf den Boden des Lochs schaufeln.

3 PFLANZTIEFE PRÜFEN
Baum (hier eine Buche) ins Loch setzen und mit Latte prüfen, ob Oberfläche des Wurzelballens mit Bodenhöhe abschließt (s. Kasten gegenüber). Bei Bedarf unter Wurzel Erde auffüllen oder entfernen.

4 BAUMPFAHL EINSCHLAGEN
Pfahl neben dem Wurzelballen ins Pflanzloch stellen, ohne den Ballen zu beschädigen, und mit dem Vorschlaghammer fest so einschlagen, dass er knapp neben dem Stamm gegen die Hauptwindrichtung steht.

5 AUFFÜLLEN
Das Loch mit der restlichen Bodenmischung füllen, dabei leicht mit Hammer oder Füßen verdichten.

6 ANTRETEN
Prüfen, ob der Baum noch aufrecht steht. Das Substrat zum Schluss vorsichtig festtreten. Dies beseitigt auch Lufteinschlüsse.

7 ANBINDEN
Den Stamm mit einem speziellen Baumband an den Pfahl binden, aber nicht so fest, dass der Stamm verletzt wird.

8 EINSCHLÄMMEN
Den Baum sehr reichlich wässern, damit er sich erholt. Am Anfang sollen die Wurzeln auf keinen Fall austrocknen.

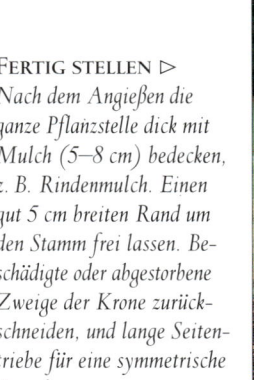

FERTIG STELLEN ▷
Nach dem Angießen die ganze Pflanzstelle dick mit Mulch (5–8 cm) bedecken, z. B. Rindenmulch. Einen gut 5 cm breiten Rand um den Stamm frei lassen. Beschädigte oder abgestorbene Zweige der Krone zurückschneiden, und lange Seitentriebe für eine symmetrische Form kappen.

SIEHE AUCH: Den Boden vorbereiten, S. 142–143; Mulchen, S. 152; Baumpfähle, S. 193

PFLANZEN EINES BAUMES MIT WURZELBALLEN

Es gilt das Gleiche wie bei Containerware *(siehe gegenüber)*, nur dass das Pflanzloch lediglich den 2–3fachen Ballendurchmesser haben muss. Soll der Baum angebunden werden, schlägt man schräg an den Wurzeln vorbei einen Pfahl ein oder bindet den Baum mit drei Spannseilen an Pfähle. In schweren Tonböden setzt man den Ballen zur Verbesserung des Abflusses leicht erhöht und bedeckt den erhöhten Teil mit 5–8 cm durchlässigem Boden (z. B. Oberboden mit Kompost), lässt aber einen ca. 5 cm breiten Rand um den Stamm frei.

1 PFLANZLOCH GRABEN UND BAUM EINSETZEN
Loch 2–3-mal so groß wie den Ballen graben. Erde mit gut verrottetem organischen Material mischen. Baum ins Loch stellen, am besten zu zweit, und Ballentuch lösen.

2 BALLENTUCH ENTFERNEN
Baum zur Seite kippen, Ballentuch unter die Wurzel einrollen. Baum zur anderen Seite kippen und Tuch herausziehen. Loch füllen, Erde antreten, einschlämmen.

BÄUME IN KÜBELN ZIEHEN

Für Bäume benötigt man keine große freie Fläche: Es gibt zahlreiche kleine und mittlere Arten, die sich in großen Kübeln auf Höfen, Balkonen oder Dachterrassen kultivieren lassen. Falls nur Platz für einen einzigen Baum ist, wählt man eine ganzjährig interessante, schön geformte Art. Kübel ermöglichen es, Bäume mit anderen Standortansprüchen als den im Garten gegebenen zu ziehen oder frostempfindliche Arten im Winter an einen geschützten Ort zu bringen.

Jedes Pflanzgefäß braucht Drainagelöcher. Man deckt sie mit Tonscherben ab (gewölbte Seite nach oben) und gibt eine Schicht groben Kies darüber. Eine gute Pflanzerde reichert man zusätzlich mit Langzeitdünger an. Im Sommer gießt man reichlich, sonst nach Bedarf, im Winter kaum. Mulch reduziert die Verdunstung.

BASISWISSEN

DIE RICHTIGE PFLANZTIEFE

Wird ein Baum zu tief gepflanzt, leiden die Wurzeln möglicherweise an Sauerstoffmangel. Dies stoppt das Wachstum, oder der Baum geht sogar ein. Wird er hingegen zu hoch gepflanzt, können die Wurzeln austrocknen. Daher stets sorgfältig die Pflanztiefe prüfen: Bei Bäumen ohne Ballen achtet man auf den von Erde dunkler gefärbten Teil am Stamm und legt an der oberen Kante waagrecht eine Latte an, um sicherzustellen, dass sie sich mit der Bodenoberfläche auf demselben Niveau befindet. Bei im Container gezogenen Bäumen soll der Wurzelballen ebenerdig abschließen.

△ **WEIDE IM WINTER**
Die Zweige und dicken pelzigen Kätzchen der beliebten Hängeweide Salix caprea ›Pendula‹ kontrastieren mit dem immergrünen Laub der Nieswurz (Helleborus argutifolius) und sind im Spätwinter hübsch anzusehen.

VERBISSSCHUTZ

In manchen Gärten, speziell auf dem Land, muss man neu gepflanzte Bäume möglicherweise vor Wildverbiss schützen. Stammschutzvorrichtungen kann man im Fachhandel kaufen oder selbst aus Maschendraht fertigen. Wichtig ist, dass der Stamm auf gesamter Höhe geschützt ist. Man bringt den Schutz direkt nach dem Pflanzen an und prüft regelmäßig, ob er noch am Platz ist. Mit zunehmendem Wuchs wird die Rinde kräftiger, so dass man ihn schließlich entfernen kann. In Rotwildgebieten müssen die Stämme möglicherweise dauerhaft geschützt sein.

△ **WILDSCHUTZSPIRALE**
Der spiralförmige Kunststoffschutz wächst mit dem Stamm. Er lässt sich rasch anbringen und ist besonders praktisch, wenn man eine große Zahl Bäume pflanzt. Er schützt vor Verbiss durch kleinere Tiere, z. B. Kaninchen.

△ **MASCHENDRAHT**
Maschen- oder Hühnerdraht bietet einen weniger auffälligen Schutz als Kunststoff, ist dafür aber aufwendiger anzubringen. Man steckt die Stöcke tief in den Boden, damit der Schutz nicht so leicht entfernt werden kann.

SIEHE AUCH: Pflege von Kübelpflanzen, S. 178–179; Kaninchen, S. 298; Wild, S. 301

LAUFENDE PFLEGE VON ZIERBÄUMEN

DIE MEISTEN BÄUME BENÖTIGEN kaum Pflege, um gesund und attraktiv zu bleiben. Sie profitieren davon, wenn man regelmäßig die Mulchschicht austauscht, die Bänder prüft, Früchte erntet, Fallobst und Laub vom Boden aufliest und in Trockenperioden gießt. Die Zierqualitäten vieler Bäume lassen sich durch gelegentliches leichtes Zurückschneiden verbessern. Sie bilden z. B. mehr Blüten oder größere Blätter. Stockausschlags- und Kopfbäume sind intensiv beschnittene Bäume, die besondere Effekte, wie schön gefärbte junge Zweige oder hübsches Laub, erzielen. Mit einem Rückschnitt kann man vernachlässigte Bäume verjüngen oder elegante, mehrstämmige Formen schaffen.

LEICHTER RÜCKSCHNITT

Die meisten Bäume müssen bis auf das Entfernen sich kreuzender oder beschädigter Äste kaum beschnitten werden. Ein zu starker Schnitt kann Wuchs und sogar Gesundheit des Baumes beeinträchtigen. Falls Rückschnitt erforderlich ist, hält man sich an folgende Grundregeln: Man achtet auf den für die Art richtigen Zeitpunkt; richtet sich nach der Wuchsform des Baumes und bildet eine symmetrische Form. Alle abgestorbenen, beschädigten oder kranken Äste schneidet man bis ins gesunde Holz zurück und entfernt für ein ausgewoges Kronengerüst u. U. einen Ast ganz; schwache, sich kreuzende oder zu dicht stehende Zweige werden entfernt. Der Schnitt setzt direkt über einem nach außen zeigenden Auge bzw. Augenpaar an (siehe unten und S. 156–157). Bei älteren Ästen keinesfalls den Astring, den etwas breiteren Teil direkt am Stamm, verletzen.

ZURÜCKSCHNEIDEN EINES ASTES

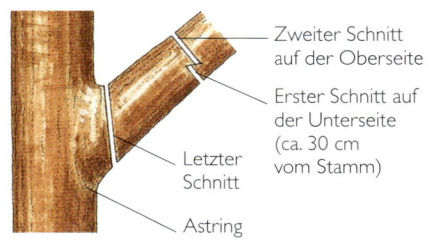

△ **ABSÄGEN EINES ALTEN ASTS**
Damit ein über 2,5 cm dicker Ast nicht abreißt und den Stamm beschädigt, entfernt man ihn in zwei Schritten. Beim Absägen des Stummels nicht den Astring verletzen.

△ **WECHSELSTÄNDIGE KNOSPEN**
Ca. 5 mm über einem nach außen weisenden Auge den Schnitt schräg ansetzen, damit Wasser abläuft. Sonst besteht Infektionsgefahr.

△ **GEGENSTÄNDIGE KNOSPEN**
Ast mit der Gartenschere so nah wie möglich über gesundem Augenpaar gerade abschneiden. Knospen nicht verletzen!

△ **RÜCKSCHNITT FÜR HÜBSCHE LAUBEFFEKTE**
Der Ahorn Acer negundo ›Flamingo‹ bildet nach Rückschnitt größere, schöner panaschierte Blätter. Regelmäßiger Schnitt bringt bei manchen Arten kräftige, gesunde Blätter.

ERZIEHUNGSSCHNITT

Hat man einen jungen Baum gepflanzt, muss man gelegentlich einen Erziehungsschnitt durchführen, damit sich eine symmetrische Krone bildet.
Einige Bäume wie Erlen sind von Natur aus mehrstämmig. Das kann man mit anderen Arten (aber nicht bei Veredelungen) nachahmen, z. B. bei Ahornarten mit gestreifter Rinde (Acer davidii), dem Tupelobaum (Nyssa sylvatica) oder Birken, indem man den Hauptstamm stark zurückschneidet (siehe rechts), so dass sich mehrere neue Äste bilden. Bei attraktiver Rinde kann man die Stämme im unteren Teil freilegen.

ERZIEHUNG EINES MEHRSTÄMMIGEN BAUMS

Den Stamm nicht tiefer als 8 cm über dem Boden abschneiden.

SCHNITT IM 1. JAHR △
Im Herbst schneidet man den Hauptstamm eines zweijährigen Baumes auf gewünschter Höhe gerade ab und säubert fransige Kanten. Im folgenden Jahr treibt er von unten neu aus.

Schwache oder zu dicht stehende neue Triebe herausschneiden.

SCHNITT IM 2. JAHR △
Drei oder vier kräftige, nicht zu dicht beieinander liegende, möglichst gleich starke Äste lässt man stehen. Alle anderen Äste werden bis zum Ansatz zurückgeschnitten.

Seitentriebe entwickeln lassen.

SCHNITT IM 3. JAHR △
Seitentriebe bleiben stehen, entfernt werden die unteren nur, wenn die Stämme zu sehen sein sollen. Man schneidet immer wieder alle am Grunde austreibenden Wassertriebe ab.

SIEHE AUCH: Wie wird geschnitten?, S. 156; Warum wird geschnitten?, S. 157; Schneidwerkzeuge, S. 279

STOCKAUSSCHLAGS- UND KOPFBÄUME

Früher sorgte man mit diesen Techniken für regelmäßigen Nachschub neuer gerader Äste für Feuerholz, Holzkohle oder Zaun- und Korbflechtmaterial. Heute kann man so Bäume in kleinen Gärten kultivieren, für die sonst zu wenig Platz wäre. Außerdem kann man damit die Blattfarbe oder -größe verbessern und das Wachstum leuchtender junger Triebe anregen. Das Köpfen großer Bäume überlässt man dem Fachmann, da dabei schwere Äste entfernt werden müssen. An jungen Bäumen kann man problemlos selbst Hand anlegen (siehe unten). Die neuen Triebe sind biegsam und lassen sich zu rustikalen Pflanzenstützen oder Flechtzäunen arrangieren.

■ **Auf den Stock setzen:** Im Februar oder März einen geeigneten Baum, z. B. *Eucalyptus*, *Paulownia* oder Weide auswählen und fast bis zum Boden zurückschneiden. Dabei nicht den Stammfuß verletzen.

■ **Köpfen:** Stamm eines jungen Hochstamms im Februar oder März 1–1,8 m über dem Boden absägen. Alle 2–3 Jahre junge Triebe am Ansatz entfernen. Dazwischen u. U. zu dichte Äste auslichten.

△ **FARBENPRÄCHTIGE KOPFWEIDE**
Einige Weiden (Salix), die für ihre farbenprächtigen jungen Triebe bekannt sind, eignen sich sehr gut zum Köpfen. Dabei wird der Hauptstamm ca. 1,5 m über dem Boden abgeschnitten, damit sich in handlicher Höhe eine attraktive Krone aus frischen, auffallenden Jungtrieben bildet.

WEITERE PFLEGEMASSNAHMEN

Damit Bäume gut gedeihen, muss in den ersten Jahren gegossen, gedüngt und gejätet werden. Bäume in Kübeln regelmäßig kopfdüngen und gelegentlich umpflanzen. Sie müssen zudem häufiger gegossen und flüssig gedüngt werden.

■ **Gießen:** Junge oder neu gepflanzte Bäume werden während der Vegetationsperiode regelmäßig und reichlich gegossen, besonders bei leichtem Sandboden.

■ **Düngen:** Den meisten Bäumen, speziell jungen, auf den Stock gesetzten oder geköpften, tut Düngen gut. Im April sollte genau nach den Anweisungen des Herstellers mit Langzeitdünger gedüngt oder im Oktober organisches Material, z. B. gut verrotteter Mist oder Kompost, aufgetragen werden.

■ **Jäten:** Den Bereich unter der Baumkrone unkrautfrei halten (z. B. mit Mulch).

■ **Mulchschicht erneuern:** Mulch, der das Unkraut und die Verdunstung mindert, sollte im Spätfrühling erneuert werden.

■ **Bänder prüfen:** Am Anfang und Ende der Vegetationsperiode prüfen, ob die Bäume noch so locker angebunden sind, dass die Bänder nicht einschneiden.

■ **Pfähle entfernen:** Bei angewachsenen Bäumen Pfähle und Bänder entfernen.

■ **Ernten:** Nicht vergessen, alle essbaren Nüsse oder Früchte, z. B. Äpfel, wenn sie reif sind, zu pflücken, bevor sie abfallen.

■ **Laub, Fallobst und Zweige entfernen:** Laub und totes Material möglichst bald wegrechen, um Krankheiten vorzubeugen.

NICHT VERGESSEN!

WURZELSCHÖSSLINGE UND WASSERREISER

Einige Bäume, speziell Pflaumen und Kirschen (*Prunus*), bilden am Stammfuß Wurzelschösslinge und an den Ästen dünne senkrecht emporwachsende Wasserreiser. Diese, sobald sie erscheinen, sofort mit der Schere abschneiden. Sie sind unschön und entziehen dem Baum wichtige Nährstoffe.

SCHWERE BAUMARBEITEN

Alle schweren Aufgaben, wie Absägen großer Zweige, Ausdünnen der Krone und Hochasten (Heben der Krone durch Entfernen unterer Äste, damit mehr Licht einfällt) sollte man Fachleuten überlassen, ebenso das Fällen großer Bäume. Solche Arbeiten können bei unsachgemäßer Durchführung gefährlich sein, und es ist Erfahrung notwendig, um ein ästhetisches Bild zu schaffen. Beim Fällen ist evtl. eine örtliche Baumschutzsatzung zu beachten.

SIEHE AUCH: Mulchen, S. 152; Umtopfen und Kopfdüngung, S. 179; Baumpfähle, S. 193; Unkrautbekämpfung, S. 290–291

WASSERGÄRTEN

ARGUMENTE FÜR EINEN WASSERGARTEN

WASSER IM GARTEN wird seit langem auf Grund der zusätzlichen Dimension, die es dem Gartenbild verleiht, geschätzt. Tatsächlich wird Wasser oft als die Seele des Gartens betrachtet. In ihm funkelt das reflektierende Licht auf vielfältigste Weise, und es belebt den Garten wie kein anderes Element mit Bewegung und angenehmen Geräuschen. Wasser ermöglicht eine viel größere Auswahl von Pflanzen für den Garten, von einfachen Arten für Feucht- oder Sumpfgebiete bis hin zu Pflanzen der Tiefwasserzone. Diese Vielfalt erfreut nicht nur den Gärtner, sondern lockt auch Tiere an, die interessant zu beobachten und insgesamt für den Garten nützlich sind.

DER PASSENDE STIL

Wie bei allen Komponenten der Gartengestaltung sollte man auch hier seinen persönlichen Geschmack einbringen, dabei aber nicht vergessen, dass ein einheitlicher Stil, der sich in die unmittelbare Umgebung einfügt, am harmonischsten wirkt.

Die erste und wichtigste Entscheidung ist, ob ein formaler oder ungezwungener Stil bevorzugt wird. Dies kann sich auf die Konstruktionsmethode, die Auswahl der Pflanzenarten und den potenziellen Wert des Wassergartens für Tiere auswirken.

Typisch für formale Elemente sind eine strenge Symmetrie und geometrische Linien, eingefasst mit Materialien wie Stein oder Ziegel. Solche harten Kanten erschweren häufig den Zugang für Tiere und schränken die Uferbepflanzung ein.

Ein ungezwungener Stil drückt sich durch natürliche Unregelmäßigkeiten mit weichen Konturen aus. Zwanglose Teiche lassen sich durch Uferbepflanzungen, die zugleich z. B. Amphibien Schutz bieten, leichter in die Umgebung einbetten.

PRAXIS-TIPPS

• Zierbecken fügen sich am besten in die Umgebung ein, wenn man dieselben Baustoffe wie am Haus oder auf der Terrasse nimmt.

• Man legt einen Gartenteich am besten in einem niedrig gelegenen Bereich an, der von Natur aus mit Wasser gefüllt sein könnte.

• Eine Wunschliste erleichtert die Wahl des Stils. Haben einfache Anlage, Lebensräume für Tiere und größtmögliche Pflanzenauswahl Priorität, ist ein zwangloser Teich ideal.

△ STRENGE GEOMETRIE
Die geraden Kanten des kleinen Zierbeckens spiegeln die Linien des dahinter liegenden Zauns wider. Die aufrechten Blätter der Wasserpflanzen bilden klare vertikale Linien. Der Kontrast zu weicheren Formen betont die strenge Geometrie.

SANFTE UNREGELMÄSSIGKEIT▷
Eine gekonnt »zufällige« Anordnung von Steinen betont das geschwungene Ufer dieses zwanglosen Teiches. Eine naturnahe Uferbepflanzung verbirgt die Ränder und bietet Fischlaich, Amphibien, Insekten und badenden oder trinkenden Vögeln Schutz.

SIEHE AUCH: Wasser im Garten, S. 32–33; Ökosystem Teich, S. 214–215; Flachwasser- und Sumpfzone, S. 216–217; Uferpflanzen, S. 218–219

BEWEGTES WASSER

Fließendes Wasser sorgt durch glitzerndes Licht für einen optischen Blickfang, und sein Murmeln und Plätschern beruhigt. Zudem verbessert fließendes Wasser durch Sauerstoffzufuhr die Wasserqualität zum Nutzen von Fauna und Flora und sorgt für angenehm kühle und feuchte Luft, die den Gärtner und die Uferpflanzen erfrischt.

Man benötigt lediglich Strom, um eine Pumpe zu betreiben, und schon können Wasserfälle glitzern, Bäche sanft funkelnd über Steine fließen oder Fontänen aus einer Düse sprudeln.

△ SPRÜHENDES LICHT
Ein schlichter, aber eleganter Springbrunnen, der mit einer Tauchpumpe betrieben wird, bildet den Blickfang in diesem Teich. Wasserstrahlen reflektieren im Fallen das Licht und erzeugen das Geräusch plätschernder Regentropfen, während sie gleichzeitig das Wasser mit Sauerstoff versorgen.

△ BACHLAUF MIT KASKADE
Ein kleiner Hang sorgt für das nötige Gefälle des Bachlaufs. Er ist mit wasserdichter Folie ausgelegt, die durch bedacht platzierte Pflanzen und zwanglos angeordnete Steine und Kiesel verborgen wird. Schnell fließendes Wasser wird reichlich mit Sauerstoff angereichert.

STILLES WASSER

Die spiegelnde Oberfläche stillen, klaren Wassers, das nicht durch Fontänen gekräuselt wird und die Schönheit von Pflanzen und Ornamenten vervielfacht, bildet eine beruhigende Atmosphäre und einen Blickfang für stille Betrachtungen. Das Spiel des Lichts ändert sich mit den Tages- und Jahreszeiten.

Hier hängt ein biologisches Gleichgewicht stark von einer durchdachten Pflanzenzusammenstellung ab, zu der z. B. Sauerstoff erzeugende Unterwasserpflanzen und Schatten spendende Schwimmblattpflanzen wie Seerosen gehören, die kein spritzendes Wasser vertragen.

△ SPIEGLEIN, SPIEGLEIN …
Aufrechte Rohrkolben und Schwertlilien erzeugen klare Spiegelungen, die mit den Rundungen eines großen Krugs kontrastieren. Trittsteine betonen die ruhige Atmosphäre.

DER RICHTIGE PLATZ

Vor dem Ausheben lokalisiert man alle unterirdischen Leitungen. Der optimale Platz bietet eine problemlose Versorgung mit Strom (für Pumpen) und Wasser (zum Nachfüllen). Zudem sollten Teich und umgebende Pflanzen gut zugänglich sein. Optimal ist ein sonniger Platz, an dem sich keine Hitze staut. Leichter Windschutz minimiert die Verdunstung. Frostgefährdete Stellen sowie Gehölze, die den Teich verschatten und Laub eintragen, meide man. Man entscheidet, ob der Teich vom Haus aus zu sehen sein soll oder ob man einen versteckten, ungestörten Ort vorzieht, wovon auch das Tierleben profitiert.

Sehr schattige Plätze vermeiden, da Wasserpflanzen lichthungrig sind.

Auch überhängende Äste meiden, deren Laub in das Wasser fällt.

Ein sonniger, windgeschützter Ort ist optimal. Abseits der Mitte wirken Teiche noch interessanter.

△ DEN RICHTIGEN PLATZ FINDEN
Man beobachtet in Ruhe den Wandel von Sonne und Schatten im Laufe des Tages, bevor man einen Platz festlegt. So vermeidet man eventuell später nicht mehr behebbare Fehler.

SICHERHEIT AN ERSTER STELLE

Eltern sollten sich der Faszination und damit der Gefahr, die Wasser für kleine Kinder birgt, bewusst sein. Sie dürfen nie unbeaufsichtigt in die Nähe eines ungeschützten Gewässers. Einen Teich vorübergehend in einen Sandspielplatz zu verwandeln, ist eine Lösung. Man kann aber auch ein Wasserelement ohne große Wasseroberfläche, z. B. einen Sprudelstein oder einen Wandbrunnen, wählen. Sie eignen sich zudem gut, falls der Garten von nicht so trittsicheren Personen oder Rollstuhlfahrern benutzt wird. Möchte man dennoch einen Teich, dann sollte man erwägen, ein stabiles Drahtgitter direkt unter der Wasseroberfläche einzuziehen. Sicherheit für Tiere, etwa Igel, die zum Trinken kommen, schafft man durch sanft abfallende Ufer und eine flache Ausstiegsrampe, z. B. in Form eines Brettes.

NICHT VERGESSEN!

WASSER + ELEKTRIZITÄT = GEFAHR!

Stromversorgung im Freien mit normaler Netzspannung kann lebensgefährlich sein. Für kleine Elemente eignen sich Niederspannungsgeräte mit Transformator, sofern sie mit wasserdichten Anschlüssen für den Außenbereich betrieben werden. Für größere Pumpen ist möglicherweise Netzstrom nötig. Für solche Installationen immer einen Fachmann hinzuziehen.

SIEHE AUCH: Miniaturteiche, S. 207; Einbau eines Springbrunnens, S. 208–209; Bewegtes Wasser auf kleinem Raum, S. 212–213

ANLEGEN EINES WASSERGARTENS

WÄHREND EINST EINDRUCKSVOLLE Wassergärten wohlhabenden Gartenbesitzern mit reichlich Platz vorbehalten waren, lässt sich ihr Genuss heute durch das vielfältige Angebot von Teichfolien, haltbaren Fertigteichen und erschwinglichen Pumpen auch in bescheidenere Gärten bringen. Mit etwas Geschick können selbst Anfänger einen gelungenen Zufluchtsort für Fauna und Flora schaffen, der über viele Jahre Freude bereitet. Die verschiedenen Materialien und Techniken eignen sich in unterschiedlichem Maße für bestimmte Zwecke. Daher sollte man bei der Planung darauf achten, das für die eigenen Erfordernisse passendste Material auszuwählen.

WUNSCHLISTE AUFSTELLEN

Soll es ein formales oder ein zwangloses Element sein? Mit stillem oder bewegtem Wasser? Welche Rolle spielen Pflanzen? Sollen Wildtiere Lebensraum finden oder Zierfische eingesetzt werden? Wie viel handwerkliches Geschick, welches Budget und wie viel Zeit stehen für das Anlegen und die laufende Pflege zur Verfügung?

Bei der Entscheidung zwischen Fertigteich oder Teichfolie helfen folgende Überlegungen: Fertigteiche gibt es in vielen Formen und Größen, aber Folien sind variabler und speziell für unregelmäßige Formen besser geeignet. Damit Fische bei extremer Hitze oder Kälte überleben können, muss der Teich ausreichend tief sein, 1 m reicht in der Regel aus. Für eine allmähliche Abstufung zwischen Land- und Uferbepflanzung verwendet man besser Folie. Steilere Ränder von Fertigteichen sind manchmal schwer zu verbergen.

AUSWAHL VON ELEMENTEN FÜR DEN WASSERGARTEN

Zahlreiche Faktoren beeinflussen die Wahl des Wassergartens und die geeigneten Konstruktionsmittel. Das Anlegen der meisten Teiche erfordert keine speziellen Fähigkeiten und kann auch von Anfängern durchgeführt werden. Am besten wählt man die einfachste Möglichkeit, um die eigenen Wünsche zu erfüllen. Hat man sich überschätzt, ist ein schlechtes Resultat später ein Dorn im Auge.

	FORMAL	ZWANGLOS	FÜR KLEINE GÄRTEN GEEIGNET	IN DEN BODEN EINGESENKT	ERHÖHT	RECHTWINKLIG	RUND	UNREGELMÄSSIG	STILLES WASSER	BEWEGTES WASSER	PREISWERT	LEICHT ANZULEGEN	ERFORDERT KENNTNISSE	EINFACHE PFLEGE	FÜR KINDER ANPASSUNGSFÄHIG
EINFACHER FOLIENTEICH	•	•	•	•		•	•	•	•		•	•		•	
FOLIENTEICH MIT BACHLAUF	•	•	•	•		•	•	•		•		•			
ERHÖHTES ZIERBECKEN MIT FOLIE	•		•		•	•			•				•	•	
SUMPFBEET		•	•	•				•	•		•	•			
FERTIGTEICH	•	•	•	•		•	•		•		•	•		•	
FERTIGTEICH MIT BACHLAUF	•	•		•		•	•			•	•	•			
ERHÖHTES FERTIGBECKEN	•		•		•	•			•		•	•		•	
BETONBECKEN	•		•	•		•	•		•				•		
MINIATURTEICH	•	•	•		•	•	•		•		•	•			
SPRUDELSTEIN	•		•		•	•	•			•	•	•		•	•
WANDBRUNNEN	•		•		•	•				•			•	•	

◁ **UNENDLICHE VIELFALT**
Die unregelmäßige Form und Tiefe des Folienteichs bietet eine Vielfalt von Pflanzmöglichkeiten. Das flache Kiesufer verdeckt die Folie und bildet einen sicheren Ausstieg und einen Zugang zur Tränke für Tiere.

△ **GESCHICKTE VERKLEIDUNG**
Der Fertigteich verbirgt sich unter einer geschickten Kombination aus festen Materialien, Uferpflanzen in Körben und verschwenderisch überhängender Randbepflanzung.

SIEHE AUCH: Folienkauf, S. 202–203; Auswahl eines Fertigteichs, S. 206–207; Flachwasser- und Sumpfzone, S. 216–217; Uferpflanzen, S. 218–219

EINBAU EINES FERTIGTEICHS

Heute erhält man eine große Auswahl an Fertigteichen aus Glasfaser oder leichtem, stabilem Kunststoff. Der Einbau ist einfach, wenn sorgfältige Vorarbeit geleistet wurde. Selbst ein kleiner Teich kann allerdings unter dem Gewicht des Wassers brechen, falls sich darunter Unebenheiten befinden.

Im Geschäft wirken die Becken größer als im Garten. Deshalb misst man im Garten und beim Kauf aus, welche Größe wirklich gebraucht wird. Ein zu kleiner Teich, vor allem mit überhängender Randbepflanzung, kann unscheinbar wirken. Kanten lassen sich auch mit Platten verbergen.

KONSTRUKTIONSSCHRITTE

Ungeachtet der Größe und Form gelten für das Einbauen von Fertigteichen dieselben Grundtechniken: Das Loch wird etwas größer als die Wanne angelegt, um das Hinterfüllen und Verdichten der Erde zu erleichtern. Der Boden muss völlig eben, steinfrei und so fest wie möglich sein.

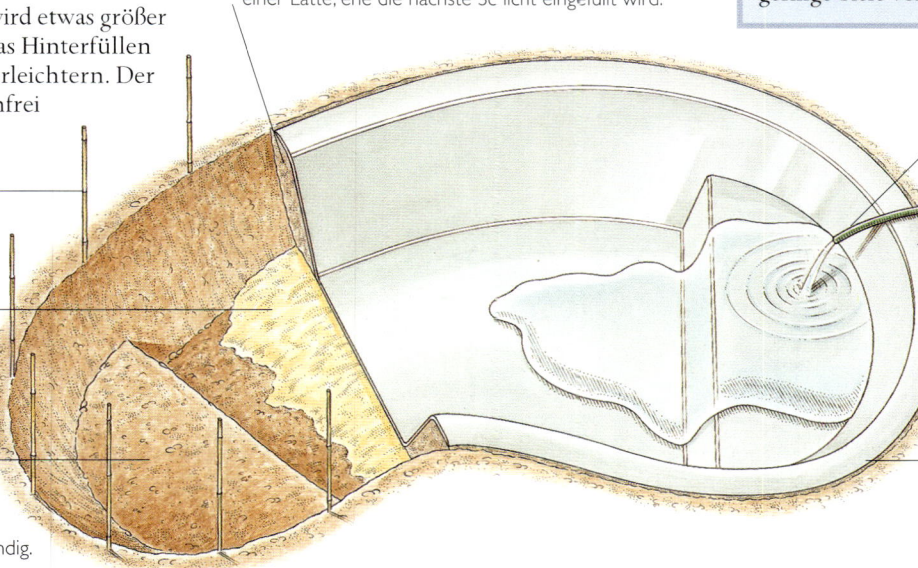

Die Zwischenräume zwischen Becken und Boden mit Sand oder Erde hinterfüllen. Man schaufelt jeweils etwas Material in den Spalt und verdichtet es gut mit einer Latte, ehe die nächste Schicht eingefüllt wird.

Vor dem Ausheben die Umrisse mit Stöcken markieren. Zum Schutz vor Augenverletzungen kleine Blumentöpfe darüber stülpen.

Für festen Halt und um Löcher in der Wanne zu vermeiden, wird als Unterlage Sand, fein gesiebte, steinfreie Erde oder ein Vlies verwendet.

Der Aushub für die Pflanzterrassen muss exakt mit deren Tiefe übereinstimmen. Um die Konturen richtig zu formen, sind wahrscheinlich mehrere Versuche notwendig.

Den Teich beim Hinterfüllen stabilisieren, indem man vorher etwa 10 cm Wasser einlässt und später mehr und mehr Wasser nachfüllt.

Da Wasseroberflächen stets horizontal sind, zeigt sich bei vollständiger Füllung des Beckens, ob der Rand eben ist – dies vorher in jedem Konstruktionsstadium mit der Wasserwaage prüfen.

Der Rand, der verhindert, dass Erde in den Teich fällt, wird mit Pflanzen oder Platten verdeckt. Erde oder Sand beim Unterfüllen des Randes gut verdichten.

ANLEGEN EINES FOLIENTEICHS

Es gibt verschiedene Folien unterschiedlicher Preisklassen und Qualität. Am häufigsten werden Folien auf PVC-Basis angeboten, das aber wegen seiner wenig umweltfreundlichen Herstellung in Verruf geraten ist. Folien aus anderem Material sind in der Regel teurer. Je nach Beanspruchung wählt man eine dünnere oder dickere Folie. Gute Hersteller garantieren UV-, Witterungs- und Temperaturbeständigkeit und geben eine Dichtegarantie bis zu 15 Jahren.

FOLIE NICHT BESCHÄDIGEN

Selbst die zäheste Folie kann Löcher bekommen, deshalb muss der Boden unbedingt frei von Steinen oder anderen scharfen Kanten sein. Man sollte die Folie auf keinen Fall betreten. Wasser sickert durch das kleinste Loch, und es ist fast unmöglich, dieses später zu finden.

Weiche Rundungen lassen sich am einfachsten auskleiden. Der 20°-Winkel der Wände verhindert, dass sich Höhlen bilden. In scharfen Ecken Folie vorsichtig falten.

Vorsichtig auf die Ränder gelegte Ziegel oder Steine fixieren die Folie während des Befüllens. Sie gelegentlich anheben, damit die Folie nachrutschen kann.

Den Teich langsam mit Wasser füllen, damit sein Gewicht die Folie allmählich an die Konturen des Aushubs andrückt.

Die Basis muss flach, fest und steinfrei sein. Man verteilt bei sehr steinigem Boden eine 5 cm dicke Schicht Sand, tritt sie fest und zieht sie mit einem Rechen ab.

Eine Unterlage verlängert die Lebensdauer der Folie. Ein speziell dafür vorgesehenes Teichvlies von der Rolle verwenden, oder man improvisiert mit Isoliermatten oder ausgedienten Synthetikteppichen.

Die gängigen schwarzen Folien sind unauffällig.

Eine sanft abfallende Seite mit einem schmalen Rand eignet sich gut für ein Kiesufer.

Einen 45 cm breiten Folienrand stehen lassen, um ein Auslaufen zu verhindern. Mit Erde oder einem Plattenbelag abdecken.

SIEHE AUCH: Folienkauf, S. 202–203; Auswahl eines Fertigteichs, S. 206–207

FOLIENKAUF

DAS BERECHNEN DER FOLIENLÄNGE, besonders bei unregelmäßigen Formen, mag schwierig erscheinen, ist jedoch ganz einfach. Zuerst misst man die maximale Länge, Breite und Tiefe des Teichs. Für die Folienlänge benötigt man die maximale Länge plus zweimal die maximale Tiefe und für die Folienbreite die maximale Breite plus zweimal die maximale Tiefe. Schließlich addiert man zu Länge und Breite noch je 45 cm für den Rand. Bei runden Teichen nimmt man statt Länge und Breite den Durchmesser. Folie lässt sich leichter verarbeiten, wenn sie vorher eine halbe Stunde in der Sonne liegt. Die Wärme macht sie flexibler. Zum Auskleiden rollt man die Folie wieder ein.

EIN EINFACHER TEICH MIT PFLANZTERRASSEN

Vor dem Ausheben des Teiches wird in der Mitte ein Probeloch gegraben, um den Grundwasserspiegel zu ermitteln. Normalerweise liegt er viel tiefer. Falls eine Folie jedoch unter den Grundwasserspiegel ausgelegt wird oder der Boden stark verdichtet ist, so dass Regenwasser stehen bleibt, wölbt das von unten drückende Wasser die Folie auf. Lässt sich das Problem nicht mit verbesserter Drainage lösen, kann man einen halb erhöhten Teich bauen, dessen Ufer mit dem Aushub aufgeschüttet werden, so dass der Teichboden über dem Grundwasserspiegel liegt.

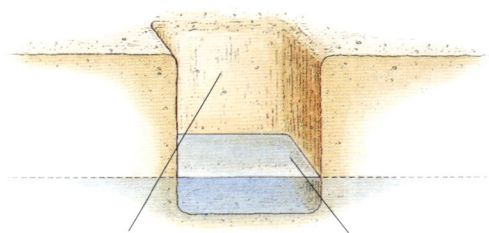

Ein Probeloch hilft, zwischen schlechter Drainage und einem hohen Grundwasserspiegel zu unterscheiden.

Falls sich in dieser Tiefe Wasser sammelt, kann man von hohem Grundwasserspiegel ausgehen.

△ **PROBELOCH GRABEN**
Man gräbt ein 45 cm tiefes Loch und füllt Wasser ein. Läuft es nicht ab, ist der Boden undurchlässig oder der Grundwasserspiegel hoch. Man gräbt 45 cm tiefer. Läuft spontan Wasser ins Loch, ist der Grundwasserstand hoch.

MATERIAL & WERKZEUG

- 10–12 Markierungspflöcke (zum ebenen Ausrichten)
- Vorschlaghammer
- Wasserwaage
- Richtlatte
- Schaufel und Spaten
- Rechen

- Sand oder Schnur (zum Markieren)
- Feiner Sand oder gesiebte Erde (als Unterbau)
- Teichvlies
- Teichfolie
- Glatte, runde oder Backsteine (zum Fixieren der Folie)

MARKIEREN UND AUSHEBEN

1 TEICHRÄNDER AUSGLEICHEN
Mit Sand oder Schnur Umriss markieren und in gleichmäßigen Abständen Markierungspflöcke einschlagen. Wie auf S. 206 gezeigt, mit Hammer, Wasserwaage und Richtlatte alle Pflöcke und angrenzenden Boden auf dieselbe Höhe bringen.

2 TEICHLOCH AUSHEBEN
Falls vorhanden, Grasnarbe 5 cm tief abstechen und für die Umrandung beiseite legen. Gesamten Bereich 25 cm tief mit leicht angeschrägten Wänden ausheben und Boden rechen. Tiefere Zone markieren, dabei mindestens 30 cm breite Uferterrasse lassen.

3 TIEFE ZONE VORBEREITEN
Für die tiefe Zone 40 cm tiefer graben. Alle großen Steine oder anderen scharfkantigen Objekte auf dem Boden zusammenrechen und entfernen. Als zusätzlichen Schutz für die Folie eine 2,5 cm hohe Schicht Sand oder gesiebte Erde ausbringen.

MIT FOLIE AUSKLEIDEN

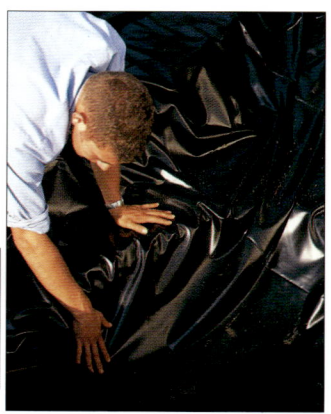

1 TEICHVLIES AUSROLLEN
Alle Steine aus den Seiten des Teiches entfernen und Löcher mit Sand füllen. Teichvlies über dem Teich ausbreiten, dann von der Mitte zum Rand hin fest an die Konturen des Lochs drücken, wobei möglichst wenig Falten entstehen sollen.

2 FOLIE AUSLEGEN
Folienrolle am Teichrand ablegen, und vorsichtig zum Teich hin abrollen. Nicht daran ziehen, da sie sich dadurch dehnt und leichter Löcher bekommt. Einen ausreichend breiten Rand stehen lassen und die Falten gleichmäßig einschlagen.

3 WASSER EINFÜLLEN
Folie vorübergehend mit Steinen fixieren. Langsam Wasser einlaufen lassen. Das Gewicht des Wassers schmiegt die Folie an die Konturen. Lage der Folie bei Bedarf nachbessern, indem man Falten einschlägt und die Steine anhebt, wenn die Folie spannt.

SIEHE AUCH: Sumpfbeete, S. 204–205; Eben ausrichten, S. 206

ECKEN VERLEGEN

In Teichen mit weiten Rundungen ist ein Anpassen der Folie kaum erforderlich. Bei engeren Bögen, speziell im Bereich der Pflanzterrassen, muss man sie jedoch sorgfältig falten. Auch in Ecken wird die Folie gefaltet und überschüssiges Material eingeschlagen. Die Falten legt man möglichst großzügig, um die Folie nicht zu überdehnen. Die Folie muss vor dem Befüllen so gut wie möglich angepasst sein, da das Wassergewicht Änderungen kaum zulässt.

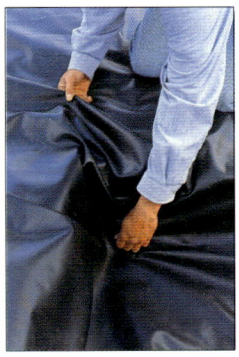

◁ **KURVEN FALTEN**
In Biegungen die Folie in kleinere Falten ziehen. Diese dann oben und unten mit Steinen beschweren, bis sie vom Druck des Wassers gehalten werden. Fältchen und Falten sehen zwar nicht schön aus, werden später aber durch das Wasser flach gedrückt und sind dann kaum mehr sichtbar.

NICHT VERGESSEN!

TEICHFOLIE IST EMPFINDLICH

Folien haben zwar eine lange Lebensdauer, beim Auslegen kann die dünne Membran aber leicht durchstoßen werden. Während der Bauarbeiten darf man auf keinen Fall auf die Folie steigen. Beim Auslegen muss man sie immer vom Rand des Teiches aus anpassen und jeder Versuchung, sie zu betreten, widerstehen.

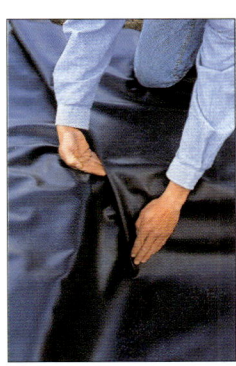

◁ **ECKEN FALTEN**
Man faltet die Folie für eine saubere Ecke diagonal und schiebt überschüssiges Material mit einer Hand unter die Falte, während man sie mit der anderen unten festhält. Die Folie möglichst genau in die Ecke falten und bis zum Einfüllen des Wassers mit Steinen fixieren.

ZUSCHNEIDEN DER FOLIE

Ist der Teich mit Wasser gefüllt, kann man die Steine an den Rändern entfernen und überschüssige Folie abschneiden. Man schneidet nie direkt an der Wasserkante ab, sondern lässt einen 10–15 cm breiten Rand stehen. So wird vermieden, dass Wasser unter die Folie sickert, wenn der Wasserspiegel nach starkem Regen steigt und der Teich überläuft. Die Folie bietet zudem eine gute Grundlage, um feste Werkstoffe darauf festzumörteln.

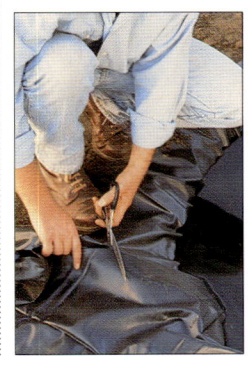

◁ **ZUSCHNEIDEN**
Mit einer scharfen Schere überschüssige Folie bis auf einen 10–15 cm breiten Rand abschneiden. Man sollte sich vorsichtig um den Teich bewegen, um nicht aus Versehen Steine ins Wasser zu stoßen. Falls sie sich später unter Pflanzkörben einklemmen, können sie die Folie verletzen.

DER TEICHRAND

Für Ränder aus festen Belägen oder wenn die Erde unter den Rasensoden absacken könnte, legt man ein Betonfundament. Dazu hebt man unter der überstehenden Folie einen 15–25 cm tiefen Graben aus, legt die Folie hinein, gießt das Fundament, und mörtelt den Kantenbelag fest. Mörtel ist giftig. Gelangt er dennoch in den Teich, muss man diesen leeren und neu füllen.

PRAXIS-TIPPS

• Steine für das Ufer kauft man möglichst bei nahe gelegenen Steinbrüchen. Nicht regionaltypische Arten können unnatürlich wirken.

• Man legt einen großen Stein so ins Wasser, dass Frösche und Igel herausklettern können.

• Gepflasterte Kanten lässt man etwas zum Teich hin überstehen. Der Schatten verbirgt die Folie und schützt sie vor UV-Licht.

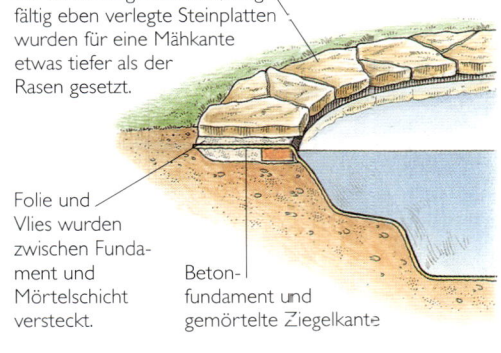

Auf die Folie gemörtelte, sorgfältig eben verlegte Steinplatten wurden für eine Mähkante etwas tiefer als der Rasen gesetzt.

Folie und Vlies wurden zwischen Fundament und Mörtelschicht versteckt.

Betonfundament und gemörtelte Ziegelkante

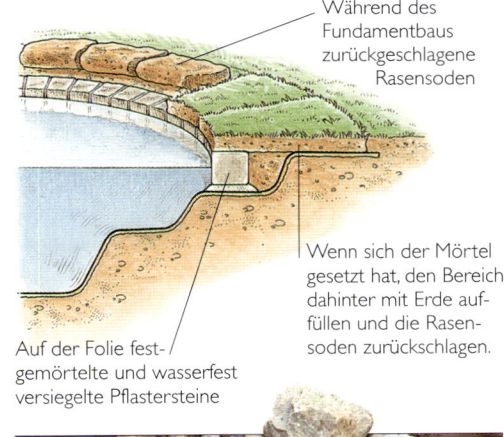

Während des Fundamentbaus zurückgeschlagene Rasensoden

Auf der Folie festgemörtelte und wasserfest versiegelte Pflastersteine

Wenn sich der Mörtel gesetzt hat, den Bereich dahinter mit Erde auffüllen und die Rasensoden zurückschlagen.

FORMALE UND ZWANGLOSE UFER

Es gibt zahlreiche Ufermaterialen, von Grassoden oder Steinen bis zu einer großen Auswahl an Platten. Gras sieht natürlich aus, verschlammt aber durch häufiges Betreten oder watschelnde Wasservögel. Steine bieten eine gute Befestigung mit Nischen, die Kröten und Fröschen Unterschlupf geben. Platten bilden einen ebenen Untergrund für eine Bank, von der aus man den Teich genießen kann.

SCHÖNE ADERUNG ▷
Steine wie Granit sind manchmal mit Quarzadern durchzogen. Richtet man diese möglichst parallel aus, bevor man sie festmörtelt, dann wirken sie besonders natürlich.

GESTEINSSCHICHTEN ▷
Sand- und Kalksteine haben Schichten, die diagonal überlappend am besten wirken. Die Linien der Schichten sollten für ein natürliches Bild an den Seiten der Steine verlaufen, nicht oben.

△ **AM UFER**
Den natürlichsten Effekt erzielt man, wenn man Felsen und Steine ringförmig um den Teich anordnet und dabei zum Wasser hin immer kleinere Steine verwendet. Ein Kiesufer lädt Vögel und kleine Säugetiere zum Trinken ein und bietet Amphibien einen optimalen Zugang zum Wasser.

SIEHE AUCH: Der Rand, S. 207; Bau eines Baches mit Wasserfällen, S. 211

SUMPFBEETE

EIN SUMPFBEET BIETET EINE WEITERE Möglichkeit, die Pflanzen-vielfalt im Garten zu vergrößern. Der typisch üppige Wuchs von Sumpf- und Uferpflanzen bildet den idealen Rahmen für eine Wasserfläche und eine Verbindung zwischen Land und Wasser, die den Teich in die Umgebung einbindet und Lebensraum für Wildtiere schafft. Der Sumpfbereich schließt in der Natur meist nahtlos an Gewässer an, kann im Garten aber auch als eigenständiges Element angelegt werden, etwa weil ein separates Sumpfbeet für Kinder sicherer ist. So oder so stellt es eine einfache, preiswerte und Wasser sparende Möglichkeit dar, einen Standort für Pflanzen zu schaffen, die ständig feuchte Böden brauchen.

SUMPFBEET IM ANSCHLUSS AN DEN TEICH

Die Vielseitigkeit von Folien ist sehr nütz-lich, wenn man verschiedene Pflanzzonen für Tiefwasser-, Flachwasser- und Sumpf-pflanzen anlegen möchte. Der optisch nahtlose Übergang ahmt perfekt ein natür-liches Feuchtgebiet nach und bietet einen Zufluchtsort für Frösche und Kröten, die praktischerweise Schnecken vertilgen.

PFLANZZONEN
Hier zieht sich eine Folie durch drei getrennte Pflanz-zonen, die ein natürliches Feuchtgebiet nachahmen. Wie in der Natur gehen Tief- und Flachwasser-pflanzen zum Ufer hin in eine Sumpfpflanzenzone über, bevor man trockenen Boden erreicht.

> ### BASISWISSEN
>
> #### DOCHTEFFEKT UND WASSERSPIEGEL
> Wenn die Folie über den Teichrand hinaus auch das Sumpfbeet abdichtet, muss man sie zwischen beiden so hoch ziehen, dass das Beet klar vom Teich getrennt ist. Sonst ent-zieht ihm die Sumpfpflanzen über den Boden, der wie ein Docht wirkt, Wasser, und der Teichspiegel sinkt, besonders bei heißem, trockenem oder windigem Wetter, rasch ab.

Pflanzen gedeihen, durch eine Steinkante vom Teich getrennt, im Sumpfbeet mit perforierter Folie, ohne dem Teich durch den Dochteffekt *(siehe links)* Wasser zu entziehen.

Wälle begrenzen eine Flachwasserzone, die bis zu 30 cm hoch mit Boden gefüllt werden kann. Pflanzkörbe verhindern, dass die Pflanzen unerwünscht wuchern oder Erde in das Teich-becken gelangt.

Wasserpflanzen wie Seerosen benötigen zum Gedeihen unbedingt eine Tiefwasserzone, die auch ein gesunder Lebens-raum für Fische ist.

Mit Boden gefüllte Bereiche innerhalb der Folie werden über einen »Docht« aus einer zwischen Steinen eingeklemmten Rasen-sode feucht gehalten. Hier gedeihen Sumpf-pflanzen. Diese Lösung eignet sich nur für kleine Bereiche, sonst entziehen sie dem Teich zu viel Wasser.

SUMPFBEET MIT WASSERVERSORGUNG

Für größere, anspruchsvollere Sumpf-gärten ist ein solches Beet die optimale Lösung. Durch eine eigene Wasserversor-gung besteht nicht die Gefahr, dass es dem Teich Wasser entzieht, und da die Folie nicht der Sonne ausgesetzt ist, muss sie nicht ganz so hohe Qualitätsansprüche erfüllen. Ein größeres Platzangebot ermöglicht gewagtere üppige Pflanzungen.

Das Loch wird mit dem Oberboden des Aushubs gefüllt. Evtl. fügt man verrottetes organisches Material hinzu.

Die Folie ist für eine langsame, gleich-mäßige Drainage am Grund perforiert. Der obere Rand wird durch eine knapp 10 cm hohe Erdschicht verdeckt.

SUMPFBEET-PROFIL
Sumpfbeete müssen mindes-tens 45 cm tief sein, damit sie nicht zu rasch austrocknen. Bei Sonne oder Wind reduziert eine dichte Bepflanzung den Wasserverlust durch Trans-piration der Blätter. Der Boden sollte offen-porig und humusreich sein, damit er zwar durchlässig ist, aber die Feuchtigkeit hält.

> ### NICHT VERGESSEN!
>
> #### NICHT VÖLLIG ABDICHTEN
> Viele Sumpfpflanzen wachsen in der Natur in Niedermooren mit langsam ziehendem, also nicht völlig stagnierendem Grund-wasser. Um diese Bedingungen nach-zuahmen, perforiert man die Folie und ersetzt die versickernde Wassermenge ständig durch Frischwasser.

Eine Kiesschicht verhindert, dass die Löcher in der Wasserleitung und der Folie verstopfen, und unterstützt die Drainage. Die Wasser-leitung ist hinten abgedichtet.

Die perforierte Wasser-leitung ist über eine Schlauchverbindung an einen Gartenschlauch angeschlossen, der zur Regentonne oder einem Wasserhahn führt.

SIEHE AUCH: Ökosystem Teich, S. 214–215; Flachwasser- und Sumpfzone, S. 216–217; Uferpflanzen, S. 218–219

ANLEGEN EINES SUMPFBEETS

Einen teichunabhängigen Moorgarten anzulegen, ist ganz einfach. Man benötigt absolut keine Konstruktionsfertigkeiten, und die erforderlichen Materialien sind günstig und in jedem guten Baustoffhandel erhältlich.

Für ein möglichst natürlich wirkendes Sumpfbeet sollte es an einer tief gelegenen Stelle des Gartens angelegt werden, wo sich auch Regenwasser sammeln könnte. Die Proportionen sollte man der Umgebung anpassen. In einem Garten mit wenig Platz kann ein kleines Moorbeet ohne eigene Wasserversorgung angelegt werden, das nach Bedarf von Hand bewässert wird.

Größere Flächen bieten jedoch meist ein befriedigenderes Bild, da eine vielfältigere Bepflanzung möglich ist. In dem Fall ist ein ins Beet eingebautes Bewässerungssystem dringend zu empfehlen, da der Feuchtigkeitsgehalt ziemlich konstant gehalten werden soll und das Gießen von Hand sehr zeitaufwendig ist.

MATERIAL & WERKZEUG

- Sand oder Schnur (zum Markieren)
- Spaten
- Rechen
- Teichfolie
- Ziegel oder glatte, runde Steine (zum vorübergehenden Fixieren der Folie)
- Grabgabel
- Kies
- Stabile Kunststoffleitung (Ø 2,5 cm)
- Bügelsäge
- Bohrmaschine
- 2 Winkelrohrstücke
- Messer oder Schere
- Kurzes Schlauchstück, Schellen und Schlauchverbindung

ANLEGEN EINES TEICHUNABHÄNGIGEN SUMPFBEETS MIT FOLIE

1 UMRISSE MARKIEREN
Umrisse mit einer Schnur oder Sand markieren. Loch ca. 60 cm tief ausheben, Ränder so abschrägen, dass sie nicht einstürzen. Mutterboden in der Nähe auf einer Kunststofffolie lagern, um ihn später wieder einfüllen zu können. Schwerer Unterboden wird nicht mehr verwendet. Große oder spitze Steine zusammenrechen und entfernen.

2 FOLIE AUSLEGEN
Die Folie über dem Aushub drapieren und sie den Konturen anpassen. Man fixiert sie mit Ziegeln oder Steinen, damit sie beim Begehen nicht verrutscht. Den Boden der Folie in Abständen von 60—100 cm mit einer Grabgabel perforieren. Um Kosten zu sparen, kann man auch kleinere, sich überlappende Kunststofffolien verwenden.

3 KIES EINFÜLLEN
Eine 5 cm hohe Schicht Kies mit einem Rechen ausbreiten, dann ein Stück Rohr in der Länge des Beetbodens abschneiden und in Abständen von 15 cm durchbohren. Ein Ende abdichten und Rohr auf den Kies legen. Mit einem Winkelstück mit einem zweiten, 60 cm langen senkrechten Rohr verbinden. 5 cm hohe Kiesschicht darüber geben.

4 MIT BODEN AUFFÜLLEN
Kiesschicht glatt rechen und Erde einschaufeln, ohne die Kiesschicht zu zerstören. Knapp unter der Oberfläche die überschüssige Folie abschneiden und die Ränder 10 cm tief eingraben. Ein Winkelstück am vertikalen Rohr anbringen, daran mit einer Schelle ein kurzes Schlauchstück befestigen und Schlauch an Wasserversorgung anschließen.

LAUFENDE PFLEGE DES SUMPFBEETS

Man hält das Sumpfbeet feucht, indem man ihm, sobald der Oberboden trocken ist, Frischwasser zuführt – die Oberfläche soll dabei überflutet werden. Bei heißem, sonnigem Wetter kann das wöchentlich erforderlich sein. Man montiert z. B. einen Hahn und einen Schlauch an eine Regentonne und schließt den Schlauch an die Versorgungsleitung des Sumpfbeets an.

Während das Beet einwächst, sollte man es regelmäßig jäten. Später, wenn die Pflanzen sich ausgebreitet haben, hat Unkraut kaum noch eine Chance.

Teichunabhängige Sumpfbeete kann man bei Bedarf mit gewöhnlichem Gartendünger behandeln, da keine Gefahr besteht, dass der Teich überdüngt wird und veralgt.

ZU BEGINN ▷
In so feuchtem, fruchtbarem Boden wachsen junge Pflanzen rasch an und bedecken bis zum Ende der ersten Vegetationsperiode bereits fast das ganze Beet.

SIEHE AUCH: Uferpflanzen, S. 218–219

AUSWAHL EINES FERTIGTEICHS

FERTIGTEICHE KÖNNEN DIE BESTE Lösung für kleine bis mittlere Teiche sein – die größten haben einen Durchmesser von etwa 4 m. Die schnell zu montierenden und leicht zu säubernden Wannen sind in vielen Formen und verschiedenen Materialien erhältlich. Teichwannen aus glasfaserverstärktem Kunststoff sind langlebig, leicht und strapazierfähig. Manche Hersteller geben bis 20 Jahre Garantie. Am einfachsten lassen sich Becken ohne Uferzone montieren. Quadratische oder runde Formen eignen sich zwar gut für formale Teiche, sind aber meist flach. Wer Fische und verschiedene Pflanzen halten möchte, wählt eine Teichwanne mit tieferen Zonen und Pflanzterrassen.

EINBAU EINES FERTIGTEICHS

Das Wichtigste beim Einbau eines Fertigteichs ist, dass man ein Loch mit der exakten Form und Größe der Wanne aushebt. Sie muss darin absolut eben aufliegen, und alle Ränder müssen sich auf gleicher Höhe befinden. Je schlichter die Form, desto leichter der Einbau. Erhöhte Teiche lassen sich sehr einfach mit gleichmäßig geformten Wannen anlegen. Unregelmäßige, vor allem große Modelle müssen gut gestützt werden, dass sie sich in gefülltem Zustand nicht verziehen und brechen. Zumindest die tieferen Zonen, besser das gesamte Becken, muss in den Boden eingesenkt werden und fest aufliegen.

EBEN AUSRICHTEN △
Den ersten Markierungspflock bis zur optimalen Höhe des Teichrandes einschlagen und die anderen Pflöcke mit der Richtlatte und der Wasserwaage daran ausrichten. Höhe der gegenüberliegenden Ränder sowie des gesamten Teichumfangs prüfen und bei Bedarf korrigieren.

MATERIAL & WERKZEUG

- Fertigwanne
- Holzblöcke oder Ziegel (zur vorübergehenden Stützung der Wanne)
- Pflöcke und Schnur
- Maßband
- Spaten
- Markierpflöcke
- Wasserwaage
- Richtlatte
- Feiner Sand oder gesiebte Erde
- Rechen
- Wasserschlauch
- Holzlatte (zum Hinterfüllen)

EINBAU EINES FERTIGTEICHS MIT PFLANZTERRASSEN

1 UMRISS MARKIEREN
Wanne auf Ziegel stellen, eben ausrichten. Um den Rand senkrecht Stöcke in den Boden stecken und Umriss mit einer Schnur markieren. Symmetrische Wannen umgekehrt auf den Boden stellen, um Umriss zu markieren.

2 LOCH AUSHEBEN
Tiefe der Wanne vom oberen Rand bis zur Uferterrasse messen. Loch bis zu dieser Tiefe eben ausheben (siehe oben). Teichwanne vorsichtig in das Loch drücken. Der Abdruck der tieferen Zone markiert den weiteren Aushub.

3 TIEFE ZONE AUSHEBEN
Maß der tiefen Zone messen, indem man es mit einer geraden Latte an mehreren Stellen über dem Bereich abliest. Das Loch 5 cm tiefer graben und 5 cm hoch mit feinem Sand füllen. Glatt rechen und alle Steine entfernen.

4 SAUBER EINPASSEN
Wanne vorsichtig ins Loch drücken. Die tiefe Zone soll gut in der Aussparung sitzen, die Wanne eben sein. Bei Bedarf entfernen und korrigieren. Erst weiterarbeiten, wenn Wanne eben ausgerichtet ist und vollständig aufliegt.

5 WASSER EINFÜLLEN
Wanne zur Stabilisierung 10 cm hoch mit Wasser füllen. Seiten schichtweise mit Sand hinterfüllen, jeweils gut verdichten und weitere 5 cm Wasser einfüllen. Wannenausrichtung in jedem Stadium mit Wasserwaage prüfen.

SIEHE AUCH: Anlegen eines Wassergartens, S. 200–201

DER RAND

Fertigwannen haben zur Verstärkung einen breiten Rand, der verhindert, dass Erde in den Teich fällt. Der glänzende Kunststoff sollte auf irgendeine Art verdeckt werden, da er ein sehr unnatürliches Ufer bildet.

In jedem Fall muss der Beckenrand gut gestützt werden. Für eine einfache Rasenkante reicht es, ihn fest mit Erde zu unterfüllen. Die Soden werden anschließend wieder darüber gelegt und verdecken ihn.

Für alle Arten von Plattenbelägen ist jedoch unbedingt ein Unterbau erforderlich. In den meisten Fällen reicht eine Schicht Kies (siehe unten). Mit einer Schicht feinem Sand zum Füllen der Hohlräume bedeckt, bildet Kies eine feste Grundlage für ein Mörtelbett und Pflastersteine.

Festgemörtelte Platte, die leicht übersteht und Mörtel und Beckenrand verdeckt

Die Kiesschicht reicht bis unter den Beckenrand und bildet eine feste Unterlage.

KANTE MIT PLATTENBELAG △
Man hebt um den Teichrand einen knapp 10 cm tiefen Graben in der Breite der Platten aus. Eine Schicht Kies wird in den Graben gegeben und damit auch der Wannenrand unterfüllt. Die Platten fixiert man auf einem Mörtelbett und achtet darauf, dass kein Mörtel ins Wasser fällt. Die Platten mit Mörtel verfugen.

Grassoden beim Bau zurückschlagen.

Eine Hinterfüllung aus Steinschotter stabilisiert die Steine.

Polsterschicht über einer Lage Kies

△ STEINWÄNDE UND RASENKANTEN
Diese Technik eignet sich für einfache, einheitlich tiefe Teiche mit fast senkrechten Wänden. Auf Grund des zusätzlichen Gewichts empfiehlt sich aber ein extra Unterbau aus Kies und darüber einer Polsterschicht. Flache Steine werden aufeinander gemörtelt und zur Verstärkung mit Steinschotter hinterfüllt und mit kleinen Steinen verkeilt.

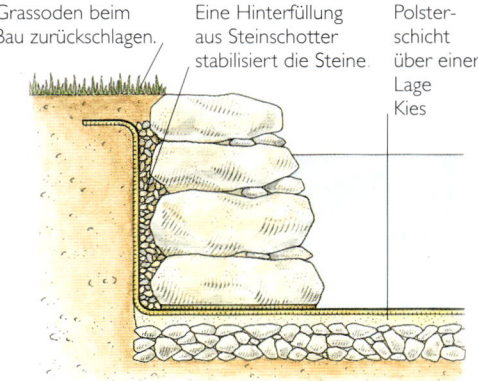

MINIATURTEICHE

Der Charme kleiner Kübelteiche ermöglicht Wassergärten selbst auf kleinster Flächen wie Dachterrassen oder Balkonen. Im Hof oder sogar im Haus oder Wintergarten bilden sie einen auffälligen Blickfang.

Geeignet ist eigentlich jeder wasserdichte Behälter von entsprechender Größe (siehe rechts), und man staunt, wie viele Pflanzen darin Platz haben. Holztröge oder -fässer muss man vor der Verwendung unbedingt abdichten (siehe unten). In jedem Fall sollte man Sauerstoff bildende Pflanzen oder eventuell einen kleinen Springbrunnen mit einbeziehen.

NICHT VERGESSEN!

NICHT ALLE MÖGEN'S HEISS
Miniaturteiche erwärmen sich im Sommer rasch und können im Winter durchfrieren. Beide Extreme sind für Pflanzen und Fische tödlich. Daher die Kübel nicht in der prallen Sonne platzieren, und sie vor dem Winter frostfrei aufstellen oder ausleeren, um sie im Frühjahr neu zu bepflanzen.

◁ ABDICHTEN
Das Fass gründlich reinigen, und die Innenseite komplett mit Dichtmittel bestreichen, um das Holz zu schützen. Neue Fässer sind wasserdicht, ältere kann man eventuell auch mit Folie wasserfest auskleiden.

WOHLGEFORMT △
Glasierte Steinguttöpfe eignen sich gut für Miniteiche. Sie müssen wasserdicht sein, eine mindestens 45–60 cm große Öffnung haben und über 40 cm tief sein. Es ist selbst bei frostresistenten Töpfen riskant, sie den Winter über gefüllt im Freien zu lassen. Besser leert man sie bis zum Frühjahr.

Schmalblättrige Binsen und Riedgräser in Pflanzkörben sorgen für Höhe.

Frei schwimmende Pflanzen und Schwimmblattpflanzen bedecken die Oberfläche.

△ FASSTEICH
Das Fass enthält zwei oder drei Pflanzkörbe. Schmalblättrige Pflanzen verleihen Höhe und brauchen kaum Platz. Verschiedene Tiefen erreicht man mit Ziegelsockeln. In den tiefen Teil kann man eine kleine Seerose setzen.

◁ EINGESENKTER MINIATURTEICH
In einem eingesenkten Kübel sind die Temperaturschwankungen geringer. Ein Ufer aus Kieseln reduziert das Unkraut, hält den Boden für die Landpflanzen kühl und feucht und lässt den kleinen Teich viel größer erscheinen, als er ist.

SIEHE AUCH: Der Teichrand, S. 203; Einbau eines Springbrunnens, S. 208–209; Unterwasserpflanzen, S. 214; Das Pflanzen von Wasserpflanzen, S. 220–221

EINBAU EINES SPRINGBRUNNENS

ALS ES NOCH KEINE ELEKTRIZITÄT gab, war Hydrauliktechnologie auf die Schwerkraft, riesige Becken und komplizierte Pumpsysteme angewiesen. Mit der Erfindung moderner, kleiner Tauchpumpen kann selbst im kleinsten Teich ein Springbrunnen installiert werden. Er bringt nicht nur Plätschern, Bewegung und Glitzern in den Garten, die kühle Feuchtigkeit erfrischt auch die umgebende Luft. Unter entsprechender Berücksichtigung der elektrischen Sicherheit ist der Einbau eines Springbrunnens kinderleicht. In guten Gartencentern und Gartenbaubetrieben erhält man heute hervorragende Springbrunnen-Bausätze, die man selbst montieren kann.

EINFACHE SPRINGBRUNNEN

Der Mechanismus ist einfach. Eine Sprühdüse wird an eine elektrische Pumpe angeschlossen, die Wasser hindurchdrückt, um die Fontäne zu erzeugen. Die Höhe hängt von der Pumpenleistung und einem Druckregler ab. Auch Niederspannungs-Tauchpumpen erzeugen Fontänen bis über 2 m Höhe, mit Netzspannung betriebene Pumpen bis über 7 m Höhe.

PRAXIS-TIPPS

• Ist die Fontäne höchstens halb so breit wie der Teich, spritzt sie nicht über den Rand.

• Je feiner der Strahl, desto mehr Wasser verdunstet. Man verwendet für eine möglichst geringe Verdunstung eine Düse, die eine kompakte Wassersäule erzeugt.

• Verdunstetes Wasser wird durch Leitungswasser ersetzt.

• Nur gelegentlich betriebene Springbrunnen stören das Gleichgewicht naturnaher Teiche.

EINFACHE PUMPENINSTALLATION ▽
Die einfachste Art von Springbrunnen wird mit einer Niederspannungs-Tauchpumpe betrieben. Ein vertikales Auslassrohr verbindet die Sprühdüse mit dem Pumpenauslass.

Die Sprühdüse ist direkt auf den Auslass der Pumpe gesteckt, die auf einem Sockel befestigt ist.

Einige Pflanzen, z. B. Seerosen, vertragen keine Wasserbewegung und sollten daher weit weg von der Fontäne platziert werden.

Eine überstehende Steinplatte verbirgt die Pumpe.

Frei stehende Sprühdüse, die über einen Versorgungsschlauch mit dem Pumpenauslass verbunden ist

◁ ABSEITS AUFGESTELLTE PUMPE
In größeren Teichen sollte die Pumpe nahe am Ufer stehen, um sie bequem reinigen und warten zu können. Die Sprühdüse wird über einen Schlauch am Pumpenauslass versorgt.

Tauchpumpe, die zur Stabilisierung auf einem Sockel befestigt ist. Das Stromkabel ist unter der Steinplatte verborgen.

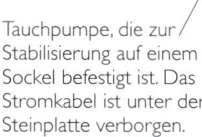

SPRUDELSTEIN ▷
Eine Platz sparende und ungefährliche Methode, fließendes Wasser in den Garten zu bringen, ist ein Sprudelstein. Diesen hier versorgt eine Tauchpumpe in einem versteckten Vorratsgefäß unter dem Mühlstein.

FONTÄNENMUSTER

Das Muster der Fontäne wird durch die Größe und Anordnung der Löcher in der Sprühdüse erzeugt. Die Düsen (*siehe unten*) werden direkt auf das Auslassrohr der Pumpe gesteckt.

Um kompliziertere Muster zu erzeugen, braucht man die entsprechenden Düsenaufsätze und je nach Höhe und Volumen der Fontäne eventuell eine stärkere Pumpe.

◁ EINFACHE FONTÄNE
Die in ihrer Einfachheit elegante Fontäne passt zu schlichten Teichen und findet auch in Miniaturteichen Platz. Je dünner die Versorgungsleitung, desto höher ist die Fontäne.

AUFSATZ FÜR EINZELFONTÄNE

◁ ZWEISTUFIGE FONTÄNE
Zwei konzentrische Lochkreise sorgen für eine breitere, zweistufige Fontäne. Der größere Sprühbereich eignet sich für ausgedehntere Teiche. In kleinen Teichen kann er Pflanzen wie Seerosen stören.

AUFSATZ FÜR ZWEISTUFIGE FONTÄNE

WASSERGLOCKE

△ WASSERGLOCKE
Ein Aufsatz mit flacher Scheibe erzeugt eine Wasserglocke, einen schimmernden, glockenförmigen Wasserfilm, der die Wasseroberfläche trotz des großen Spritzbereichs kaum stört. Wasserglocken wirken auch in Gruppen sehr gut. Wind kann den makellosen Effekt der Glocken behindern.

SIEHE AUCH: Bewegtes Wasser, S. 199; Sicherheit an erster Stelle, S. 199

PUMPEN UND STROMVERSORGUNG

Niederspannungspumpen eignen sich für kleinere Teiche und sind sicher und einfach zu installieren. Für große Teiche ist Netzanschluss erforderlich, und das Gerät muss von einem Elektriker installiert werden.

Pumpen kauft man im Fachhandel oder Gartencenter mit gut sortierter Teichabteilung. Dort wird man auch beraten. Gute Hersteller bieten zudem einen telefonischen oder Internet-Kundendienst an.

Folgende Angaben halte man bereit:
- Soll die Pumpe einen Bachlauf, eine Fontäne, einen Filter oder alles versorgen?
- Wie groß ist das Volumen des Teichs?
- Welche Fontänendüse wird gewünscht?
- Wie hoch soll das Wasser steigen?
- Bei Bachläufen wird zudem der Höhenunterschied, das Fassungsvermögen des Vorratsbeckens *(siehe S. 210)* und die Breite des Bachlaufs benötigt.

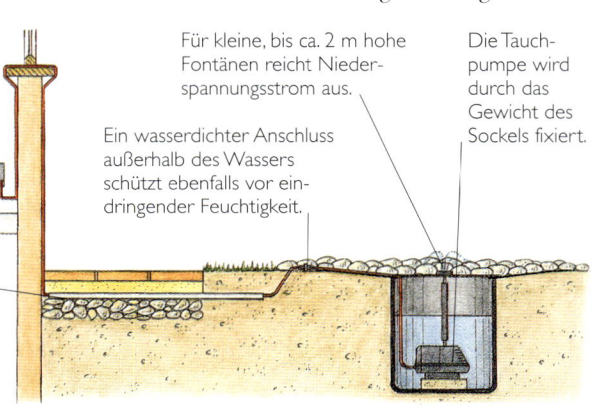

NICHT VERGESSEN!

LASSEN SIE DEN FACHMANN RAN!

Kabel, Stecker und Anschlüsse für Netzstrom müssen vom Elektriker installiert werden. Wichtig ist ein FI-Schalter für die sofortige Stromunterbrechung bei Kurzschluss. Kabel möglichst im Kabelkanal führen. Anschlüsse müssen wasserdicht und alle Teile für den Außenbereich zugelassen sein.

VERWENDEN VON NETZSTROM

Für größere Bachläufe oder höhere Fontänen benötigt man eine mit Netzstrom betriebene Pumpe. Dies erhöht die Kosten, da die Installation von einem Fachmann durchgeführt werden muss.

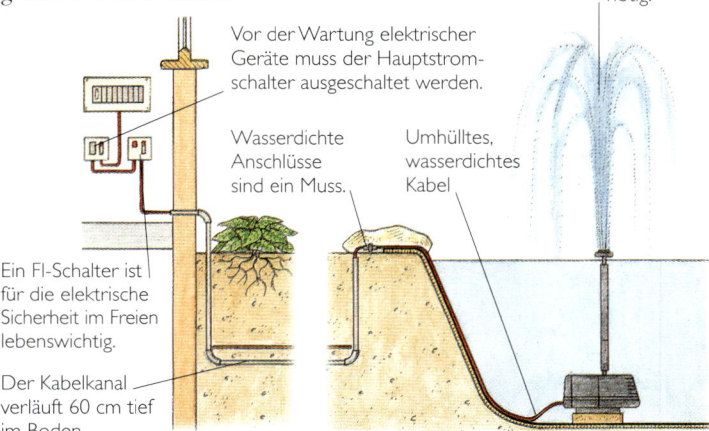

Für Fontänen ab ca. 2 m ist eine netzbetriebene Tauchpumpe nötig.

Ein Transformator regelt die Netzspannung auf Niederspannung herunter und minimiert die Gefahr eines Stromschlags.

Vor der Wartung elektrischer Geräte muss der Hauptstromschalter ausgeschaltet werden.

Wasserdichte Anschlüsse sind ein Muss.

Umhülltes, wasserdichtes Kabel

Ein FI-Schalter ist für die elektrische Sicherheit im Freien lebenswichtig.

Der Kabelkanal verläuft 60 cm tief im Boden.

VERWENDUNG VON NIEDERSPANNUNG

Kleine Anlagen mit bewegtem Wasser wie Sprudelsteine und Wasserfälle können mit Niederspannungspumpen betrieben werden. Dies senkt die Anschaffungs- und laufenden Kosten, besonders wenn die Anlage über ein Solarstrom-Panel mit Energie versorgt wird.

Für kleine, bis ca. 2 m hohe Fontänen reicht Niederspannungsstrom aus.

Die Tauchpumpe wird durch das Gewicht des Sockels fixiert.

Ein wasserdichter Anschluss außerhalb des Wassers schützt ebenfalls vor eindringender Feuchtigkeit.

Ein Kunststoff-Kabelkanal bietet einen dauerhaften Schutz für unter Platten verlegte Kabel.

VERWENDEN VON FILTERN

Filter helfen, das Wasser klar zu halten. Sie werden unter Wasser oder neben dem Teich der Pumpe vorgeschaltet oder angehängt. Es gibt zwei Arten — mechanische und biologische —, die meist zusammen verwendet werden. Mechanische Filter bestehen einfach aus einem Sieb, das meist mit einem schwammartigen Schaumstoff Schwebeteilchen zurückhält. Sie wirken sofort und können nach Bedarf betrieben werden. Biologische Filter verwenden nützliche Bakterien, um stickstoffhaltige Ausscheidungen von Fischen und anderen Organismen abzubauen. Ihre Wirkung tritt nach drei Wochen ein, und sie müssen, einmal eingeschaltet, ununterbrochen arbeiten. Um die Bakterien aktiv zu halten, ist ständig sauerstoffhaltiges Wasser nötig.

BASISWISSEN

FILTERTECHNIK

Generell reicht für Teiche, die nur Pflanzen enthalten, ein mechanischer Filter aus, wenn genügend Sauerstoff vorhanden ist, denn die Pflanzen reduzieren auch den Stickstoffgehalt. Leben im Teich Fische, können deren stickstoffhaltige Ausscheidungen den Algenwuchs fördern, was zu trübem, grünem Wasser führt. Biologische Filter verwenden Ton- oder Glasgranulat, um eine große Oberfläche zur Ansiedlung von Bakterien zu bilden, die die Abfallprodukte abbauen. Fischliebhaber verwenden auch Kohlenstoff und Ionenaustauschharz, um unerwünschte Stoffe abzubauen, die das Algenwachstum anregen. Kristallklares Wasser erreicht man durch einen in das System integrierten UV-Filter. UV-Licht verklumpt die Algen, und so können sie leicht entfernt werden.

Ein Einlassrohr erzeugt einen Sprühstrahl, um den Sauerstoffgehalt im Wasser zu erhöhen.

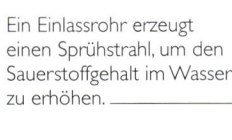

ALLZWECKFILTER ▷
Diese Filterart wird außerhalb des Teichs platziert. Das Einlasssprührohr und die Filterschichten lassen sich bequem reinigen. Bio-Filtermaterial niemals mit gechlortem Wasser reinigen.

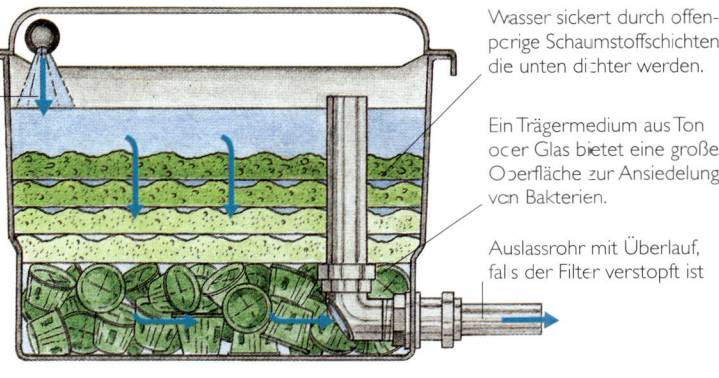

Wasser sickert durch offenporige Schaumstoffschichten, die unten dichter werden.

Ein Trägermedium aus Ton oder Glas bietet eine große Oberfläche zur Ansiedlung von Bakterien.

Auslassrohr mit Überlauf, falls der Filter verstopft ist

SIEHE AUCH: Sicherheit an erster Stelle, S. 199; Bäche und Kanäle, S. 210–211

BÄCHE UND KANÄLE

IN DEN MEISTEN WASSERGÄRTEN ist Platz für einen kleinen Wasserlauf in Verbindung mit dem Teich, sei es als murmelnder Bach, als Wasserfall oder — strenger geformt — als Kanal oder Rinne. Grundsätzlich benötigt man dafür ein Vorratsbecken, eine ausreichend starke Pumpe, um das Wasser durch eine Versorgungsleitung in ein Quell-becken zu pumpen, und eine wasserdichte. wenigstens minimal geneigte Verbindungsstrecke zwischen Quell- und Vorratsbecken, damit das Wasser vollständig wieder dorthin zurückfließt. Falls keine natürliche Neigung vorhanden ist, kann man einen kleinen Hang problemlos mit dem Erdaushub des Teichbeckens bauen.

DIE WICHTIGSTEN ELEMENTE

Bei der Auswahl der Pumpe für einen Bach-lauf lässt man sich im Fachhandel beraten. Dazu sind die folgenden Details wichtig:
■ **Gefälle messen** (Höhenunterschied zwischen Quell- und Vorratsbecken)

sowie die Länge und Breite des Bachs.
■ **Volumen des Vorratsbeckens messen** (maximale Tiefe × Breite × Länge). Die Fördermenge pro Stunde darf das Volumen des Beckens nicht überschreiten.

Ein Überlaufstein wurde mit Mörtel an der Folie fixiert. Fester Mörtel dichtet den Spalt zwischen Folie und Ufer ab.

Das Quellbecken fällt leicht nach hinten ab, um bei Pumpenausfall für Fauna und Flora Wasser zu halten.

Versorgungsleitung in einem Graben neben dem Bach leicht zugänglich mit Erde, Kies oder Steinen abdecken.

Die Pumpe fördert Wasser vom Vorratsbecken zum Quellbecken. Die Schwer-kraft sorgt für den Rücklauf.

Das Bachbett ist mit Vlies und Folie geformt. Locker angeordnete Kiesel be-decken die Folie und schützen sie vor UV-Licht.

Stufen erzeugen Miniwasserfälle. Die Folie wurde dort gefaltet und mit Mörtel zwischen zwei Steinen fixiert.

SEITENANSICHT EINES BACHLAUFS
Ungeachtet des Stils ist ein Bach im Prinzip ein Kanal, der sich durch abfallendes Gelände zieht. Bei abruptem Höhenunterschied entstehen Wasserfälle. Das Vorratsbecken enthält die Pumpe und viel Wasser, das durch die Versorgungs-leitung und das Quellbecken zirkuliert.

AUSKLEIDEN EINES BACHLAUFS

Beim Anlegen von Bachläufen zeigen sich die Vorteile von Folien. Um einen dichten Kanal anzulegen, ob formal oder eher zwanglos, beachte man Folgendes:
■ **Unbedingt Löcher vermeiden:** Folie nie betreten oder über den Boden ziehen.
■ **Teichvlies** als Schutzschicht verwenden.
■ **Einen großzügigen Rand** an den Ufern des Bachlaufs überstehen lassen.
■ **Folie vor direkter Sonne** schützen.
■ **Am Vorratsbecken beginnen** und zum oberen Quellbecken hocharbeiten.

NATÜRLICHE ELEMENTE ▷
Wasser fließt in einem Wasserfall glänzend über einen Überlaufstein in den Vorratsteich. Die Ufer des aus Folie gebauten, wasserdichten Kanals sind kunstvoll mit Felsen verziert. Das Wasser plätschert darin funkelnd über kleinere Steine, die den Boden bedecken.

△ EIN SCHLICHTER WASSERKANAL
Der ein sanftes Plätschern erzeugende, schlichte Kanal ist aus Natursteinplatten gebaut, die auf eine Kunststofffolie gemörtelt wurden. Eine Tauchpumpe pumpt das Wasser durch einen Unterwasserfilter. Filter- und Quellbecken sind unter der waagerechten Steinplatte versteckt.

SIEHE AUCH: Pumpen und Stromversorgung, S. 209; Verwenden von Filtern, S. 209; Bewegtes Wasser auf kleinem Raum, S. 212–213

BAU EINES BACHS MIT WASSERFÄLLEN

Das Schöne an der Konstruktion mit einer Folie ist, dass sich das Prinzip auf formale und zwanglose Wasserläufe mit oder ohne Stufen anwenden lässt.

Kautschuk- oder PVC-Folien sind vor allem für Anfänger am einfachsten zu handhaben. Die flexiblen Werkstoffe lassen sich in unregelmäßig geformten Kanälen durch sorgfältiges Falten und Einschlagen den Konturen anpassen. Bei einem unregelmäßig geformten Bach denke man daran, die Folie so breit zu halten, dass sie auch die breiteste Stelle mit einem großzügigen beidseitigen Rand abdeckt.

Man muss den Bach nicht unbedingt gleichzeitig mit dem Teich anlegen — er kann auch später als Ergänzung zu einem bestehenden Teich hinzugefügt werden, der dann als Vorratsbecken dient. Dies ist eine gute Lösung, wenn man z. B. die Anschaffungskosten auf mehrere Jahre verteilen oder einen vorhandenen Teich bereichern möchte. Mit zunehmender Begeisterung für Wassergärten – die sich meist einstellt – können zudem später noch aufregendere Gestaltungselemente hinzugefügt und die Wasserpflanzenauswahl erweitert werden.

MATERIAL & WERKZEUG

- Bestehender Teich mit Pflanzterrasse
- Große Steine als Überlaufsteine, Fundamentstein und für die Seitenwände, je 20–50 kg schwer
- Schnur und Markierungspflöcke
- Schaufel und Spaten
- Rechen
- Teichfolie und Teichvlies
- Fertigmörtel
- Gießkanne oder Gartenschlauch
- Wasserwaage
- Tauchpumpe und Versorgungsleitung
- Kleinere Steine zum Verdecken der Folie

BAU EINES BACHES MIT FOLIE

1 BACHBETT GRABEN
Bachbett und abfallendes Quellbecken markieren, ausheben und Steine entfernen. Die Folie etwas ausrollen, ein Ende in das Wasserbecken überstehen lassen. Beim Andrücken soll die Folie das ausgehobene Bett ganz bedecken und am Rand überstehen.

2 FUNDAMENTSTEIN LEGEN
Den Fundamentstein auf der Pflanzterrasse des Wasserbeckens aufrecht möglichst dicht gegen die Folie des Bachlaufs stellen. Ist die Unterseite des Steins nicht eben, muss der Teich entleert und der Stein in einem Mörtelbett auf der Terrasse fixiert werden.

3 STEIN FESTMÖRTELN
Mörtel zwischen Fundamentstein und Folie stopfen, dann die Folie nach vorn über den Stein rollen, den Spalt zwischen Folie und Erdwall ebenfalls dicht mit Mörtel füllen. Die beiden Mörtelschichten geben dem Fundamentstein festen Halt.

4 ÜBERLAUFSTEIN PLATZIEREN
Folie soweit zurückrollen, dass der Fundamentstein frei liegt. Überlaufstein leicht vorn überstehend darauf setzen. Verlauf des Wasserfalls mit Wasser aus Schlauch oder Gießkanne prüfen. Stein bei Bedarf zurechtrücken und festmörteln.

5 SEITEN AUFBAUEN
Erste Reihe seitliche Ufersteine fest auf die Folie mörteln und folgende Steinreihen auf diesen auch mit Mörtel fixieren. Damit der Bach nicht überläuft, müssen alle Seitensteine, die den Überlaufstein flankieren, höher als dieser selbst sein.

6 DURCHSICKERN VERHINDERN
Wasserfluss erneut mit Gießkanne oder Schlauch prüfen. Durchsickern verhindern, indem man die Folie in einer Falte bis zum oberen Rand des Überlaufsteins zieht und festmörtelt. Mit einem zweiten Stein einkeilen, diesen ebenfalls festmörteln.

7 BACH FERTIG STELLEN
Folie über dem Bachbett ausrollen. Seitenwände am Bachufer und um das Quellbecken mit großen Steinen aufmauern. Uferhöhe mit einer Wasserwaage prüfen. Am Auslauf des Quellbeckens einen zweiten Überlaufstein einbauen.

8 TAUCHPUMPE EINSETZEN
Tauchpumpe ins Vorratsbecken setzen und Versorgungsleitung entlang einer Seite des Bachlaufs eingraben. Am Eintritt in das Quellbecken mit einem großen, flachen Stein kaschieren. Folie auf dem Grund des Bachbetts mit kleineren Steinen verdecken.

SIEHE AUCH: Folienkauf, S. 202–203

BEWEGTES WASSER AUF KLEINEM RAUM

DAS PRINZIP, EINE RELATIV geringe Menge Wasser auf kleinem Raum zirkulieren zu lassen, ist einfach und auf zahlreiche Elemente anwendbar. Man kann damit Wasser über einen Mühlstein oder einen randvollen Krug plätschern lassen oder einen kräftigeren Strahl erzeugen, z. B. mit einer alten gusseisernen Handpumpe. Sie alle besitzen den Vorteil, dass sie kaum gewartet werden müssen. Da das kreisende Wasser jeweils nur kurz mit Sonnenlicht in Kontakt kommt, ist der Algenwuchs gering. Die Pumpe wird nicht durch Schmutz verstopft, da das Vorratsbecken gut abgedeckt ist. Die Hauptpflege gilt dem regelmäßigen Nachfüllen von verdunstetem Wasser.

EIN WANDBRUNNEN

Für Höfe oder Wintergärten, in denen Platz Mangelware ist, ist ein vertikal angebrachter Wandbrunnen die ideale Lösung. Die Auswahl reicht von klassischen Steinmasken (oder günstigeren Glasfaserimitaten) bis zu Metallskulpturen in hochmodernem Design. Alles, was man braucht, ist eine Mauer, die stabil genug für das Gewicht des Brunnens ist, ein Vorratsbecken (z. B. eine alte Zisterne) und eine Umwälzpumpe. Die Pumpe wird im Vorratsbecken oder daneben installiert. Bei einem Höhenunterschied von 1, 2 m reicht Niederspannung vollkommen aus.

△ REGULIEREN DES WASSERSTRAHLS
Idealerweise sollte das aus dem Rohr fließende Wasser in die Mitte des Wasserbeckens fallen, ohne über die Ränder zu spritzen. Man stellt die Fließgeschwindigkeit mit dem Regler am Pumpenauslass daher entsprechend ein.

INSTALLIEREN EINES MASKENBRUNNENS

1 LÖCHER FÜR DIE WASSERLEITUNGEN BOHREN
Zwei Löcher in einem vertikalen Abstand von weniger als 1,2 m durch die Mauer bohren, am besten Schlagbohrmaschine mit einem Steinbohrer vom selben Durchmesser wie die kupfernen Wasserleitungen verwenden. Der Brunnen wirkt am besten, wenn sich das obere Loch, aus dem das Wasser läuft, knapp unter Augenhöhe befindet.

2 KUPFERROHRE ZUSCHNEIDEN
Zwei Kupferrohre folgender Länge zuschneiden: für das untere die Dicke der Mauer plus 5 cm, für das obere die Dicke der Mauer plus 5 cm plus die Dicke der Maske. Ein Ende der obereren wird zudem abgeschrägt. Leitungen in die entsprechenden Bohrungen einführen, dabei das schräge Ende der oberen Leitung durch den Mund der Maske stecken.

3 LEITUNGEN VERBINDEN
Auf der Mauerrückseite Winkelstücke so an die Kupferleitungen montieren, dass sie zueinander zeigen. Darauf je ein ca. 10 cm langes Kupferrohr stecken und die Steckverbindungen mit speziellem Klebeband abdichten. Die Enden eines Schlauchstücks mit Schellen an den beiden Rohren befestigen.

4 MASKE BEFESTIGEN
Eine feste Mörtelmischung vorbereiten. Zur besseren Haftung Rückseite der Maske befeuchten, dann Mörtel auftragen. Dabei jedoch unbedingt Mundöffnung der Maske aussparen. Mörtel gleichmäßig verteilen, mit etwas Abstand zu den Rändern, damit er beim Anpressen der Maske nicht hervorquillt.

5 PUMPE ANSCHLIESSEN
Maske über das obere Rohr schieben und fest an die Mauer drücken. Mörtelecke abwischen. Mörtel 36 Stunden trocknen lassen. Pumpenauslass mit einem Schlauch an das vordere, noch offene Ende des unteren Kupferrohrs anschließen und Schlauch mit Schellen befestigen. Pumpe ins Wasserbecken stellen.

SIEHE AUCH: Bewegtes Wasser, S. 199; Sicherheit an erster Stelle, S. 199; Pumpen und Stromversorgung, S. 209

SPRUDELSTEINE

Auf Grund der geringen Kosten und der einfachen Konstruktion eignen sich Sprudelsteine gut für Anfänger. Während bei einem echten Sprudelstein das Wasser oben aus einem durchbohrten Findling herausquillt, kommt es hier als kleine Fontäne zwischen großen Kieseln hervor. Es ist eine der einfachsten Arten, bewegtes Wasser in kleine Gärten zu bringen. Für größere Gärten kann der Bereich mit phantasievoller Bepflanzung erweitert werden.

DIE KONSTRUKTION IM GANZEN

Plastiktonne ebenerdig in ein Loch senken, Erde rundherum verdichten und vorbereiteten Bereich mit Folie abdecken. Loch mit einem 5 cm kleineren Durchmesser als Tonne einschneiden. Pumpe einsetzen, Tonne zu zwei Drittel mit Wasser füllen, mit Drahtgitter und Steinen abdecken.

Ein verzinktes Drahtgitter trägt die Steine, bietet etwas Schutz für Kinder oder Tiere und hilft, das Becken frei von Schmutz zu halten, der die Pumpe verstopfen könnte.

STILVOLLER BLICKFANG ▷
Blickfang des pflegeleichten Beets ist eine sprudelnde Quelle. Pflanzen mit klaren Formen wurden durch Geotextil-Vlies gepflanzt, das Unkraut unterdrückt. Dekorative Kiesel bilden eine stilvolle Oberfläche.

Eine Folie fängt Spritzwasser auf und leitet es ins Wasserbecken zurück. Sie muss den gesamten Spritzbereich abdecken und zum Becken hin leicht abfallen.

Unterschiedlich große Steine verdecken die Folie, schützen sie vor UV-Strahlen und stützen das Auslassrohr.

Als Vorratsbecken dient eine wasserdichte Tonne. Sie muss eben und sicher stehen. Hinterfüllen und Füllmaterial verdichten, bevor man Wasser einfüllt.

Die Tauchpumpe, die für den Wasserstrahl sorgt, steht auf einem Sockel, damit sie nicht so leicht durch Schmutzteilchen verstopft.

NICHT VERGESSEN!

STEINE NICHT »WILD« SAMMELN

Meistenorts ist das Einsammeln von rundgeschliffenen Kieseln und Steinen an Stränden und Flussufern verboten und im Hinblick auf die Umwelt inakzeptabel, da es zur Erosion beitragen kann. Kiesel und Findlinge, die sich für Sprudelsteine eignen, findet man im guten Baustoffhandel.

IM JAPANISCHEN STIL

Japanische Gärtner, die Meister des minimalistischen Stils, nutzen natürliche Elemente wie Wasser, Stein und Bambus, die mit lebenden Pflanzen harmonieren. Traditionelle Gärten offenbaren eine Vorliebe für Feinheiten, indem sie stärker auf eine Vielzahl von Grüntönen und strukturelle Kontraste setzen als auf Blütenpracht. Bambus, Gräser, Farne, eventuell eine immergrüne Azalee als jahreszeitlicher Aspekt, verleihen dem Bild einen geschlossenen harmonischen Anblick.

◁ SHISHI ODOSHI
Ein an einem Ende geschlossenes Bambusrohr wird mit einem Drehgelenk befestigt. Das Gewicht des sich füllenden Rohres kippt es regelmäßig, das Wasser entleert sich. Heute ein Zierelement, diente es ursprünglich zum Vergrämen von Wild. Das Rohr schlug auf einen Stein und erzeugte ein Klacken.

Ein Drahtgitter trägt die Steine und hält Schmutz ab. Das Wasser fließt nur an einer Stelle in das Becken, weshalb keine Folie notwendig ist.

KONSTRUKTION EINES TSUKUBAI

Der Tsukubai besteht einfach aus Holz, Bambus und einem Steinbecken mit einer Vertiefung am Rand, über die das Wasser in das Vorratsbecken fließt. Eine Folie zum Auffangen von Spritzwasser ist wahrscheinlich überflüssig.

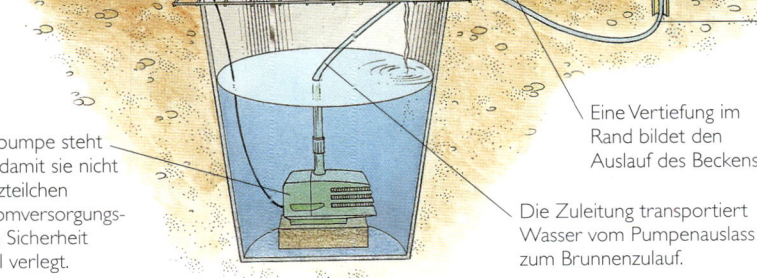

Die Biegung der Versorgungsleitung ist in einem hohlen Holzblock untergebracht. Der vertikale Pfosten und der Ausguss sind in vorgebohrten Löchern im Holzblock verleimt.

Die Zuleitung ist am Austritt aus dem Teich unter Steinen versteckt und bis zum senkrechten Pfahl aus hohlem Bambusrohr im Boden eingegraben.

Eine Vertiefung im Rand bildet den Auslauf des Beckens.

Die Zuleitung transportiert Wasser vom Pumpenauslass zum Brunnenzulauf.

Eine Niederspannungspumpe steht auf einem Steinsockel, damit sie nicht so leicht durch Schmutzteilchen verstopft wird. Das Stromversorgungskabel ist für zusätzliche Sicherheit durch einen Kabelkanal verlegt.

SIEHE AUCH: Gräser und Farne, S. 140–141; Bewegtes Wasser, S. 199; Sicherheit an erster Stelle, S. 199; Einbau eines Springbrunnens, S. 208–209

ÖKOSYSTEM TEICH

DAS ÖKOSYSTEM TEICH, in dem Fische, Molche, Kaulquappen und andere Wasserlebewesen gedeihen, hängt von der Ausgewogenheit verschiedener Pflanzenarten mit unterschiedlichen Funktionen ab. Für eine gute Sauerstoffversorgung muss ein Teich ausreichend Unterwasserpflanzen enthalten. Damit er klar und ohne übermäßigen Algenwuchs bleibt, benötigt er genügend Schwimmblattpflanzen, die mindestens ein Drittel bis die Hälfte der Wasseroberfläche bedecken. Es sind jeweils nur die Sumpf- und Uferpflanzen am Rand, die ausschließlich wegen ihrer Schönheit gewählt werden. In der Natur kennzeichnen sie den Übergang vom Wasser zum Land.

WASSERPFLANZEN

Wasserpflanzen sind alle Pflanzen, die direkt im Wasser oder in mit Wasser gesättigter Erde wachsen können. Der Begriff umfasst Schwimmblattpflanzen, Schwimmpflanzen und Unterwasserpflanzen, jedoch nicht die Uferpflanzen. Die Uferpflanzen werden häufig auch als Pflanzen des Feuchtbereichs bezeichnet.

Es ist wichtig, den Unterschied zwischen echten Wasserpflanzen und feuchtigkeitsliebenden Pflanzen zu kennen. Zahlreiche für Moorgärten oder Ufer empfohlene Pflanzen sind solche, die in feuchten, aber gut durchlässigen Böden gedeihen. Im Gegensatz zu echten Wasserpflanzen sind sie nicht an ständig überstaute Böden angepasst. Damit Pflanzen gut gedeihen, muss man ihre Standortansprüche beachten.

BASISWISSEN

WASSERPFLANZEN UND UFERPFLANZEN

Die Wurzeln echter Wasserpflanzen sind so angepasst, dass sie gelösten Sauerstoff und Nährstoffe aus dem Wasser aufnehmen können. Die Wurzeln von Uferpflanzen, von denen viele auch in gewöhnlicher Gartenerde kultiviert werden, benötigen Zugang zu der zwischen den Bodenteilchen eingelagerten Luft. Ohne diesen Sauerstoff ertrinken sie im Wasser.

SCHWIMMENDE PFLANZEN

Zu unterscheiden sind zwei Kategorien. Schwimmblattpflanzen sind Arten, die in Erde wurzeln müssen (auf schlammigem Teichboden oder in Pflanzkörben) wie Seerosen (Nymphaea), Schwimmpflanzen sind frei schwimmende Arten wie Froschbiss (Hydrocharis morsus-ranae). Schwimmblätter halten Sonnenlicht ab, das Algen benötigen, um zu wachsen und sich zu vermehren. Die Wurzeln, insbesondere die von Schwimmpflanzen, nehmen im Wasser gelöste Nährstoffe auf und entziehen sie so den Algen. Schwimmblätter spenden zudem Schatten und Schutz für Fische, Laich und andere Wassertiere.

△ SCHWIMMENDE HERZEN
Die Heimische Seekanne (Nymphoides peltata) ist eine winterharte, ausdauernde Pflanze mit einer Breite bis zu 60 cm und herzförmigen Schwimmblättern. Sie trägt den ganzen Sommer über gelbe Blüten. Wuchstiefe 15–45 cm.

WEITERE SCHWIMMENDE ARTEN

Feenmoos (Azolla filiculoides): mehrjähriger Schwimmfarn, der Kolonien winziger hellgrüner Blätter bildet, die sich im Herbst rot färben. Gut zur raschen Bedeckung neuer Teiche, kann aber wuchern.

Froschbiss (Hydrocharis morsus-ranae): mehrjährige Schwimmpflanze mit herzförmigen Blättern und im Sommer weißen Blüten.

Teichrose (Nuphar japonica): im Sommer rundliche gelbe Blüten über herzförmigen Schwimmblättern.

Wasseraloe (Stratiotes aloides): frei schwimmende Rosetten halbimmergrüner, spitzer Blätter. Taucht zur Blütezeit aus dem Wasser auf.

Wasserknöterich (Polygonum amphibium): lange, schmale Schwimmblätter und kleine, rosa Blüten.

Wasserschlauch (Utricularia vulgaris): frei schwimmende, blasenartige Blätter fangen Insekten. Trägt im Sommer beutelförmige gelbe Blüten.

△ KLEEFARN
Marsilea quadrifolia ist eine winterharte, kriechende ausdauernde Pflanze mit langen, breitwüchsigen Wurzeln. Die Blätter breiten sich endlos über das Wasser aus und ragen in flacheren Zonen darüber empor. Wuchstiefe 60 cm.

UNTERWASSERPFLANZEN

Unterwasserpflanzen sind quasi die Arbeitspferde für ein funktionierendes Teichökosystem. Sie nutzen zur Produktion von Nahrung die Energie des Sonnenlichts und setzen als Nebenprodukt Sauerstoff frei. Indem sie Fischkot abbauen und Algen die Nahrung entziehen, helfen sie, das Wasser klar zu halten. Die meisten Unterwasserpflanzen wachsen so kräftig, dass sie regelmäßig ausgedünnt werden müssen. Unbeaufsichtigt verstopfen sie bald den Teich und die Pumpe und verdrängen die konkurrenzschwächeren Schwimmblattpflanzen. Wenn letztere absterben, vermehren sich die Algen. Es dauert immer etwas, bis sich ein Gleichgewicht eingestellt hat.

UNTERWASSERPFLANZEN

Hornblatt (Ceratophyllum demersum)	Tausendblatt (Myriophyllum verticillatum)
Kanadische Wasserpest (Elodea canadensis)	Wasserhahnenfuß (Ranunculus aquatilis)
Laichkraut (Potamogeton crispus)	Wasserstern (Callitriche hermaphroditica)

SIEHE AUCH: Uferpflanzen, S. 218–219; Das Pflanzen von Wasserpflanzen, S. 220–221; Teichpflege, S. 222–223; Wassergärten S. 343, 353

SEEROSEN

Seerosen (*Nymphaea*) gibt es fast für jede Teichgröße und -tiefe und für jeden Stil. Neben den hier beschriebenen winterharten Sorten gibt es auch zahlreiche tropische für wärmere Gebiete oder Wintergartenteiche. Ihre exquisiten Blüten schwimmen auf oder thronen über dem Wasser, und ihre Blätter sind hervorragende Schattenspender und sorgen für klares Wasser. Auch Tiere suchen darunter Schutz.

Alle Seerosen benötigen einen sonnigen, geschützten Platz und stehendes oder fast stehendes Wasser. Man pflanzt sie außer Reichweite von Springbrunnen oder dem Zufluss eines Baches. Winterharte Arten überleben auch, wenn der Teich zufriert. Sie treiben jedes Frühjahr neu aus. Im Sommer entfernt man regelmäßig welke Blüten und Blätter. Im Mai oder Juni werden Seerosen geteilt, damit sie sich nicht drängen, sonst blühen sie schlechter.

△ *N.* ALBA
Die kräftige heimische Weiße Seerose eignet sich für große Teiche. Sie trägt dunkelgrüne Blätter von 30 cm Durchmesser und zahlreiche große, halb gefüllte Blüten in Cremeweiß mit goldenen Staubgefäßen. Breite gut 2 m; Tiefe 60—90 cm.

△ *N.* ›AMERICAN STAR‹
Die rundlichen, hellgrünen Blätter sind jung purpurrot mit roter Unterseite. Die sternförmigen, lachsfarbenen Blüten zeigen orangegoldene Staubgefäße. Breite bis 1,5 m; Wassertiefe 30—40 cm.

△ *N.* ›AURORA‹
Die Blüten der zierlichen Seerose sind als Knospe cremefarben, öffnen sich gelb und färben sich später orange mit roten Flecken. Breite ca. 90 cm (in Miniteichen kleiner); Wassertiefe 30—45 cm.

△ *N.* ›ESCARBOUCLE‹
Halb gefüllte Blüten thronen inmitten dunkelgrüner Blätter. Die äußeren, weiß bespitzten Blütenblätter umringen eine zinnoberrote Mitte und ein Kissen goldfarbener Staubgefäße. Breite ca. 1,2—1,5 m; Wassertiefe 30—60 cm.

△ *N.* ›LAYDEKERI FULGENS‹
Sie trägt ihre großen, glänzend burgunderroten Blüten, von Spätfrühling an den ganzen Sommer hindurch, über dunkelgrünen Blättern und eignet sich für jede Teichgröße. Breite 1,5 m; Wassertiefe 30—40 cm.

△ *N. tetragona* ›HELVOLA‹
Die zierlichen, halb gefüllten Blüten dieser Zwergseerose sitzen frei über purpurrot gefleckten, ovalen Blättern. Mit ihrer geringen Größe eignet sie sich für Miniteiche, ist jedoch nicht überall winterhart. Breite 60 cm; Wassertiefe nur 15—25 cm.

△ *N.* ›GONNÈRE‹
Die kugelförmigen gefüllten, duftenden Blüten in makellosem reinem Weiß thronen über erbsengrünen, zu Beginn bronzefarbenen Blättern. Sie eignet sich für jede Teichgröße. Breite bis 1,2 m; Wassertiefe 30—45 cm.

△ *N.* ›JAMES BRYDON‹
Das bronzegrüne Laub hebt die gefüllten, rosaroten Blüten wundervoll hervor. Sie wird sehr gern für Kübel und kleinere oder mittlere Teiche verwendet. Breite 0,9—1,2 m; Wassertiefe 30—45 cm.

△ *N.* ›CHROMATELLA‹
Die zartgelben Blüten zeigen sich zahlreich über olivgrünen Blättern mit hübschen purpurbraunen Flecken. Die zuverlässige Sorte eignet sich für Teiche jeder Größe. Breite 1,5 m; Wassertiefe 30—45 cm.

△ *N.* ›ROSE AREY‹
Sie sollte am besten auf den Teichgrund oder in einen Pflanzkorb gesetzt werden. Ihre halb gefüllten, nach Anis duftenden rosa Blüten thronen über bronzegrünen, zu Beginn purpurroten Blättern. Breite 1,5 m; Wassertiefe 35—60 cm.

△ *N.* ›SUNRISE‹
Sie benötigt für eine reiche Blüte lange warme Sommer und ist nicht überall winterhart. Halb gefüllt, mit langen schlanken, leuchtend gelben Blättern thront sie über reingrünen, anfangs purpurrot geflecktem Laub. Breite 1,5 m, Wassertiefe 35—45 cm.

△ *N.* ›VÉSUVE‹
Diese elegante Seerose trägt lange Zeit ihre leuchtend kirschroten, später dunkleren sternförmigen Blüten vor dem Hintergrund großer, fast kreisrunder, dunkelgrüner Blätter. Breite 1,2 m; Wassertiefe 30—45 cm.

SIEHE AUCH: Das Pflanzen von Wasserpflanzen, S. 220—221; Teichpflege, S. 222—223; Weitere Seerosen, S. 353

FLACHWASSER- UND SUMPFZONE

IN DER NATUR WACHSEN viele Pflanzen in seichtem Wasser im Uferbereich. Viele davon gedeihen sowohl in Wasser als auch in sumpfigem, mit Wasser gesättigtem Boden gleich gut. Diese Pflanzengruppe eignet sich in zwanglosen Teichen hervorragend für einen nahtlosen Übergang zwischen Land und Wasser und bietet Vögeln, Amphibien und Insekten wertvollen Schutz. Flachwasser- und Sumpfpflanzen sind häufig sehr kräftig und neigen zum Wuchern, wenn man sie nicht in Pflanzkörben einschränkt. In Zierbecken können sie als senkrechter Kontrast zu den strengen waagerechten Linien dienen und die starren Konturen angenehm unterbrechen.

PFLANZEN DER FLACHWASSER- UND UFERZONE

Damit Flachwasserpflanzen gedeihen, ist es wichtig, sie in der von ihnen bevorzugten Wassertiefe zu pflanzen. Einige benötigen gerade einmal 2–3 cm Tiefe, andere tolerieren Tiefen bis über 30 cm, und viele können auch in wassergesättigtem Boden gedeihen. Die Ausbreitung dieser Pflanzen wird durch ihre Toleranz bezüglich der Wassertiefe eingeschränkt. Da einige jedoch sehr wuchskräftig sind, können sie dennoch beträchtliche Flächen bedecken. Falls man sie nicht in Pflanzkörbe setzt, muss man sie u. U. regelmäßig ausdünnen und zurückschneiden.

Bei der Anordnung der Pflanzen sollte man gleich starke Arten nebeneinander platzieren. Wuchernde Pflanzen verdrängen rasch weniger kräftige Arten. Große Teiche werden davon nicht gleich überflutet, aber bei kleineren Teichen sollte man besser Pflanzkörbe verwenden. Stark aufrecht wachsende Pflanzen wie *Iris* bilden schöne Kontraste zu flach auf dem Wasser ausgebreiteten Arten wie Seerosen.

PRAXIS-TIPPS

- Pflanzen mit auf dem Wasser ausgebreiteten Blättern wie Fieberklee (*Menyanthes*) sorgen für zusätzlichen Sonnenschutz im Teichufer.

- Ausladende, wuchernde Uferpflanzen werden durch Pflanzkörbe oder separate Pflanzbeete eingeschränkt.

- Wuchernde Arten mit harten, spitzen Wurzeln, die die Teichfolie durchstechen können, z. B. Rohrkolben, setzt man zum Schutz der Auskleidung in Pflanzkörbe.

◁ *ORONTIUM AQUATICUM*
Die winterharte Goldkeule breitet sich durch Rhizome aus und eignet sich gut zur Verdeckung von Teichrändern. Ihre blaugrünen Blätter sind unterseits silberfarben. Von Mai bis Juli ragen Blütenköpfe über das Wasser empor. Höhe 30–45 cm; Breite 60 cm; Wassertiefe 30 cm.

◁ *HOUTTUYNIA CORDATA* ›CHAMÄLEON‹
Eine breitwüchsige Pflanze mit herzförmigen, blassgelb und rot panaschierten Blättern, die im Frühjahr weiß blüht. Sie gedeiht sowohl in Sumpfböden als auch in Wasser und neigt daher zum Wuchern vom Teichrand bis auf das angrenzende Festland. Höhe 15–60 cm; Wassertiefe bis 5 cm.

△ *ACORUS CALAMUS* ›ARGENTEOSTRIATUS‹
Der panaschierte Kalmus besitzt irisähnliche, cremefarben und grün gestreifte Blätter. Seine betont vertikalen Linien bilden einen schönen Kontrast zu Schwimmblattpflanzen. Höhe 75 cm; Wassertiefe 25 cm.

△ *MENYANTHES TRIFOLIATA*
Fieberklee gedeiht in Sumpfböden oder im Wasser. Im Frühjahr trägt er zierliche, weiße Blüten. Die dreiteiligen Blätter lassen Land und Wasser verschmelzen. Höhe 25 cm; Wassertiefe 15–25 cm.

△ *RANUNCULUS LINGUA* ›GRANDIFLORUS‹
Der winterharte Zungen-Hahnenfuß blüht im Juni. Sein sich ausbreitender Wuchs muss durch stabile Pflanzkörbe begrenzt werden. Für stilles und bewegtes Wasser. Höhe bis 1,5 m; Wassertiefe 15–25 cm.

MENTHA AQUATICA △
Die rosa blühende Bachminze wächst im Sumpfboden oder Wasser und eignet sich zur Uferbefestigung naturnaher Teiche, wuchert aber und sollte regelmäßig ausgedünnt werden. Höhe 90 cm; Tiefe 15 cm.

SIEHE AUCH: Das Pflanzen von Wasserpflanzen, S. 220–221; Teichpflege, S. 222–223; Wassergärten, S. 343; 353

△ **LYSICHITON AMERICANUS**
*Im Frühjahr erscheinen noch vor den glänzenden mittel-
bis dunkelgrünen Blättern leuchtend gelbe Hochblätter,
die sich im stillen Wasser spiegeln. Die Amerikanische
Scheinkalla gedeiht in Sumpfböden und Wasser.
Höhe 1,2 m; Breite 75 cm; Wassertiefe bis 5 cm.*

△ **CALTHA PALUSTRIS ›FLORE PLENO‹**
*Die gefüllte Form der heimischen Sumpfdotterblume
trägt im Frühjahr dottergelbe Blüten. Sie gedeiht in
Sumpfböden und sehr seichtem Wasser, verträgt aber
kurze Überflutung bis 25 cm. Höhe/Breite 25 cm;
Wassertiefe bis 5 cm.*

△ **PELTANDRA VIRGINICA**
*Ausdauernd und mit eleganten Blättern dient diese
Verwandte des Aronstabs hervorragend als Ufer-
befestigung für nasse Böden. Im Frühsommer trägt sie
grüne Hochblätter, gefolgt von grünen Beerenähren.
Höhe 90 cm; Wassertiefe bis 20 cm.*

△ **ZANTEDESCHIA AETHIOPICA ›CROWBOROUGH‹**
*Im Wasser ausdauernd, auf dem Land frostempfindlich,
ist die Zimmerkalla mit ihren dunkelgrünen Blättern
und im Sommer makellosen Hochblättern eine elegante
Pflanze für Zierbecken. Höhe 1 m; Breite 60 cm;
Wassertiefe 30 cm.*

FLACHWASSER- UND SUMPFARTEN

Hechtkraut *(Pontederia cordata)*: schmale, herzförmige
Blätter; im Spätsommer blaue Blütenähren; nicht
überall winterhart; Höhe 75 cm; Wassertiefe 15 cm.

Kalmus *(Acorus gramineus ›Pusillus‹)*: dichtwüchsige
Staude mit dunkelgrünen Blättern; ideal für
Miniaturteiche, nicht winterhart; Höhe 10 cm.

Molchschwanz *(Saururus cernuus)*: schmale, herzförmige Blätter; im Sommer bogenförmige, cremeweiße, duftende Blütenähren; Höhe 25 cm;
Wassertiefe 10–15 cm.

Schwaden *(Glyceria maxima var. variegata)*: auffallend
cremefarben und grün gestreifte, lange schmale
Blätter, gelegentlich mit einem Hauch Rosa; im
Sommer grüne Blütenrispen; Höhe 80 cm; Wassertiefe 15 cm.

Schwammblume *(Butomus umbellatus)*: rosarote Blüten
von Juni bis August; binsenartige, olivgrüne Blätter;
volle Sonne; Pflanzung auf Teichboden ist Pflanzkörben vorzuziehen; Höhe 1,2 m; Wassertiefe 5–40 cm.

Zyperngras *(Cyperus longus)*: aufrechte Stängel, am
Ende Büschel schmaler hängender, leuchtend grüner
Blätter; im Spätsommer rotbraune Blütendolden;
Höhe: bis 1,5 m; Wassertiefe 15–30 cm.

SCHWERTLILIEN

Zu den Schwertlilien mit majestätischen
Blüten und aufrechtem Wuchs zählen *Iris
ensata, I. laevigata, I. pseudacorus, I. versicolor,
I. virginica* sowie ihre Hybriden und Sorten.
Alle brauchen feuchte bis nasse Böden, gedeihen aber meist auch bei 5–10 cm Wassertiefe. In voller Sonne blühen sie am besten.

△ **IRIS PSEUDACORUS**
*Die kräftige heimische Sumpfschwertlilie besiedelt Sumpf-
böden und Wasser bis 50 cm Tiefe. Leuchtend gelbe Blüten
wachsen im Sommer aus Büscheln schwertförmiger, blaugrüner Blätter. Mit einer Höhe von 2 m eignet sie sich gut
zur Uferbefestigung großer naturnaher Gartenteiche.*

△ **IRIS LAEVIGATA ›VARIEGATA‹**
*Die Pflanze mit ihren zart purpurblauen Blüten im Juni
und den recht breiten, grün-weiß-panaschierten Blättern,
die die Pracht verlängern, ist eine elegante Art für den
Rand eines Zierteichs. Sie gedeiht in Sumpfböden oder
Wasser. Höhe 80 cm; Wassertiefe bis 10 cm.*

SIEHE AUCH: Das Pflanzen von Wasserpflanzen, S. 220–221; Teichpflege, S. 222–223; Wassergärten, S. 343, 353

UFERPFLANZEN

ES GIBT EINE VIELZAHL von Pflanzen, die gut in feuchten Böden gedeihen. Dazu gehören nicht nur solche, die man in der Natur in gelegentlich überfluteten Fluss- und Bachauen findet, sondern auch viele, die üblicherweise in trockenerem Boden kultiviert werden. In ständig feuchtem und fruchtbarem Substrat entwickeln sie eine in gewöhnlichen Rabatten kaum erreichte Üppigkeit, die selbst der Sommerhitze trotzt. In trockeneren Böden welken sie in voller Sonne rasch, weshalb viele Rabattenpflanzen als Schattenpflanzen gelten. Uferpflanzen spielen zwar für das Funktionieren des Ökosystems Teich keine Rolle, sind aber wertvoll für etliche Tierarten.

PFLANZEN FÜR SUMPFBEETE UND TEICHRÄNDER

Die in Feuchtwiesen und Hochstauden heimischen Pflanzen werden im Handel gelegentlich als Sumpf- oder Wasserpflanzen angeboten. Alle Pflanzen der Uferzone außerhalb des eigentlichen Teiches benötigen aber durchlässiges Substrat und gehen bei ständiger Nässe mit ziemlicher Sicherheit ein.

Diese Pflanzen bilden die Verbindung zwischen Wasser und Land. Zierbecken können von Beeten oder Rabatten mit Uferpflanzen umgeben sein. Ist der Boden humusreich, hält er die Feuchtigkeit gut, und die Pflanzen müssen nur in längeren Trockenperioden gegossen werden. An zwanglosere Folienteiche angeschlossene Feuchtbeete halten sich oft auf natürliche Weise feucht. Der Boden kann in einem eigens angelegten Sumpfbeet auch künstlich feucht gehalten werden (s. S. 204). Da die Arten zum Wuchern neigen, bieten sie sich für üppige Arrangements an.

(s. S. 204)

WEITERE UFERPFLANZEN

Lobelia cardinalis: Staude mit den ganzen Sommer über leuchtend roten Blütentrauben.

Mädesüß (Filipendula ulmaria): buschige, einheimische Pflanze mit hellgrünen, geteilten Blättern und cremefarbenen Blütenständen ab Juni.

Prachtspiere (Astilbe): buschige Staude mit geteilten Blättern und im Sommer fedrigen Blütenständen in Weiß, Rosa, Lila oder Rot.

Straußenfarn (Matteuccia struthiopteris): hohe, leuchtend grüne Farnwedel, die trichterförmig ein Büschel braune, Sporen tragende Wedel umgeben.

△ *TROLLIUS EUROPAEUS* (TROLLBLUME)
Die heimische Feuchtwiesenstaude trägt im Frühjahr glänzende, zitronen- bis mittelgelbe Blüten über rundlichen, tief eingekerbten Blättern. Sie bevorzugt schwere, fruchtbare, ständig feuchte Böden in Sonne oder Halbschatten. Höhe 60 cm; Breite 45 cm.

△ *MIMULUS CARDINALIS* (GAUKLERBLUME)
Eine kriechende Staude mit scharlachroten Blüten über üppigem, hellgrünem Laub. Im Spätsommer kann man durch Zurückschneiden neuen Wuchs fördern. Wächst in feuchtem bis trockenem Boden, in Sonne oder Halbschatten. Nicht ganz winterhart. Höhe/Breite 90 cm.

△ *POLYGONUM BISTORTA* ›SUPERBA‹
Am kräftigen Wiesenknöterich wachsen ab Frühsommer lange haltende kompakte Blütenähren in zartem Rosa. Er verträgt trockenen Boden, kann in feuchtem Boden aber wuchern. Geeignet für Sonne oder Halbschatten. Höhe 90 cm.

◁ *RHEUM PALMATUM* ›ATROSANGUINEUM‹
Ein winterharter, architektonischer Zierrhabarber mit großen, anfangs purpurroten Blättern und ab Frühsommer kirschroa Blütenständen. Liebt tiefgründige, fruchtbare, feuchte Böden in Sonne oder Halbschatten. Höhe 2 m.

◁ *LIGULARIA PRZEWALSKII*
Greiskraut trägt ab Spätsommer dichte, dunkelstielige, gelbe Blütenkerzen über stark gelappten Blättern. Es benötigt ständig feuchten Boden, Sonne und Windschutz. Höhe bis 2 m.

◁ *RODGERSIA PODOPHYLLA*
Die imposanten Blätter des Schaublattes sind jung bronzefarben. Cremeweiße Blüten erscheinen ab Juni. In voller Sonne muss der Boden ständig feucht, im Halbschatten kann er trockener sein. Höhe 1,5 m.

SIEHE AUCH: Farbe, Form und Struktur, S. 128–129; Verschiedene Bodenarten verbessern, S. 142; Sumpfbeete, S. 204–205

FUNKIEN

Funkien (*Hosta*) mit Hunderten von Arten und Sorten tragen Blätter mit märchenhafter Struktur und subtilen Farben. Im Sommer bilden sich Blütenglocken in schlanken Trauben. Funkien mögen tiefgründige, feuchte, fruchtbare Böden. Bis auf die panaschierten sonnenhungrigen Sorten bevorzugen die meisten Halbschatten. Vorsicht, Schnecken lieben ihr üppiges Laub (*siehe S. 298*).

WEITERE FUNKIEN

H. ›Birchwood Parky's Gold‹ hat herzförmige gelbgrüne Blätter, die später kräftig gelb werden.
H. ›Albomarginata‹ hat zugespitzte ovale, dunkelgrüne Blätter mit weißem Rand.
H. lancifolia hat gerippte, glänzend dunkelgrüne, schmal lanzettenförmige Blätter.
H. undulata var. *univittata* hat gedrehte wellige, matt olivgrüne Blätter mit einem cremeweißen Bereich in der Blattmitte.

△ H. ›HADSPEN BLUE‹
Über den Büscheln aus herzförmigen, geaderten, graublauen Blättern ragen im Sommer auf purpurroten Stielen glockenförmige blass graumalvenfarbene Blüten empor. Höhe 25 cm; Breite 60 cm.

△ H. SIEBOLDIANA VAR. ELEGANS
Die großen, herzförmigen, stark gekrausten, graublauen Blätter formen üppige Büschel. Im Sommer bilden sich blass lilagraue Blüten in belaubten Trauben. Höhe 1 m; Breite 1,2 m.

△ H. VENTRICOSA ›AUREOMARGINATA‹
Im Spätsommer bilden sich über den stark gerippten, glänzenden Blättern hohe purpurrote Blütentrauben. Unregelmäßige, cremeweiße Flecken zieren die Ränder des Laubs. Höhe 50 cm; Breite 1 m.

△ H. ›FRANCES WILLIAMS‹
Die blaugrünen, breit gelbgrün umrandeten Blätter sind stark gerippt. Im Frühsommer erscheinen an der buschigen Pflanze elegante Trauben mit grauweißen Blüten. Höhe 60 cm; Breite 1 m.

PRIMELN

Es gibt ca. 400 Primelarten (*Primula*), von denen einige in Feuchtwiesen, an Bachufern und in Mooren beheimatet sind. Sie eignen sich hervorragend zur Uferbepflanzung. Besonders hübsch sehen sie in zwanglosen Gruppen am Teichrand oder Bachufern aus, während z. B. solche mit mehrstufigen Blütenständen auch gut in formale Arrangements passen. Sie sind winterhart und lieben feuchten Boden, der jedoch durchlässig sein muss, da sie in Staunässe nicht gedeihen. Am besten eignen sich tiefgründige, fruchtbare, neutrale bis saure Böden, angereichert mit organischem Material, und obwohl die meisten Arten Halbschatten vorziehen, gedeihen sie auch in voller Sonne, vorausgesetzt, es ist feucht genug. Unter geeigneten Bedingungen säen sich viele selbst aus und bilden langsam große Kolonien.

△ P. BEESIANA
Über den Rosetten langer schmaler, leuchtend grüner Blätter bilden sich im Sommer kräftige Stiele mit quirlständigen, rosaroten Blüten mit gelbem Auge. Die sonst immergrüne Pflanze stirbt in kalten Regionen im Winter ab. Die ruhenden Knospen treiben im Frühjahr neu aus. Höhe 60 cm.

△ P. BULLEYANA
Aus der Mitte der Rosetten von schmalen gesägten, halbimmergrünen Blättern ragen kräftige, lange haltende, mehrstufige Blütenstände empor. Einzelne Blüten sind als Knospen und gerade aufgeblüht purpurrot, färben sich später aber kräftig tieforange. Höhe 60 cm.

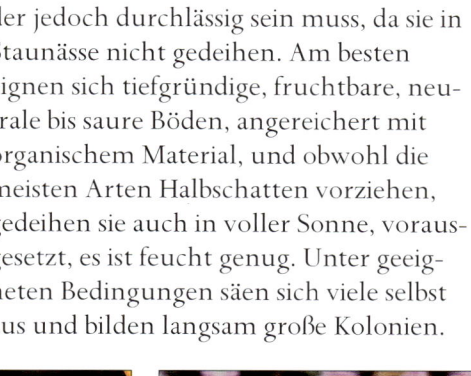

△ P. DENTICULATA VAR. ALBA
Die Kugelprimeln sind robust und säen sich unter geeigneten Bedingungen selbst aus. Die runden Blütenstände mit zierlichen Blüten sind bei dieser Sorte weiß, es gibt aber auch zahlreiche Purpur- und Mauvetöne. Blütezeit ist Frühling bis Sommer; Höhe 45 cm.

△ P. FLORINDAE
Die riesige Schlüsselblume gehört zu den elegantesten Primelarten. Ihre kräftigen, aufrechten Stiele enden in einer Dolde nickender gelber Blütenglocken mit einem mehlig weißen Überzug, die ihren Duft verströmen. Sie blüht im Sommer. Höhe bis 1,2 m.

△ P. JAPONICA ›MILLER'S CRIMSON‹
Aus der grundständigen Blattrosette wachsen von Mai bis Juni kräftige Stiele mit quirlständigen Blüten. Die verschiedenen Blütenfarben der Art reichen von Weiß bis zu dunklem Purpurrot. Bei dieser Sorte sind sie karminrot. Höhe 45 cm.

△ P. PROLIFERA
Die kräftige, Rosetten bildende Art trägt im Frühsommer an aufrechten Stielen quirlständige blass- bis goldgelbe, gelegentlich matt violette Blüten, umhüllt von mehlig weißem Puder. Großflächig gepflanzt sehen sie phantastisch aus und verbreiten einen betörenden Duft. Höhe 60 cm.

SIEHE AUCH: Gute Pflanzen kaufen, S. 146–147; Stauden pflanzen, S. 148; Das Pflanzen von Wasserpflanzen, S. 220–221; Weitere Funkien, S. 322

DAS PFLANZEN VON WASSERPFLANZEN

AB ENDE APRIL, ANFANG MAI bieten Gartencenter und Gärtnereien oft eine große Auswahl von Wasser- und Sumpfpflanzen an, und Teich und Außenluft sind meist warm genug, dass sie gut anwachsen. Für Pflanzkörbe verwendet man spezielle Teicherde, eventuell noch nährstoffarme Gartenerde, aber niemals Mutterboden oder

Ähnliches, da er zu nährstoffreich ist und den Teich überdüngt. Grobmaschige Körbe kleidet man mit Sackleinen aus, damit die Erde nicht ausgeschwemmt wird. Die Korbgröße muss der Pflanze entsprechen. Zu kleine schränken das Wachstum ein, und speziell größere Flachwasser- und Sumpfpflanzen können zu kopflastig und instabil werden.

PFLANZTECHNIKEN

Schwimmpflanzen legt man einfach auf die Wasseroberfläche. Unterwasserpflanzen wirft man bei großen Teichen bündelweise ins Wasser, in kleineren sind sie – ebenso wie Tief- und Flachwasserpflanzen – in Körben leichter zu pflegen. Man setzt die Körbe allein von Hand oder zu zweit mit zwei Stricken ein, indem man diese durch den Korbrand fädelt, sich auf gegenüberliegende Teichseiten stellt und den Korb an den »Strickhenkeln« ins Wasser lässt.

EIN LEBENSRAUM FÜR PFLANZEN

Zu einem naturnahen Teich gehören verschieden tiefe Stufen für die unterschiedlichen Ansprüche von Wasser-, Sumpf- und Uferpflanzen. An den Teich angrenzende Sumpf- oder normale Beete lassen Wasser und Land verschmelzen und verbergen die Teichränder.

△ HYGIENE-MASSNAHMEN
Man spült neue Pflanzen, bevor man sie in den Teich setzt, gründlich mit sauberem Wasser und untersucht sie genau. Geleeartige Schneckeneier werden entfernt und auf Insekten wird geachtet, um keine Schädlinge einzuschleusen, z. B. große Tauchkäfer, die Fische attackieren. Alles abgestorbene und verfaulte Material wird entfernt.

TIEFWASSERPFLANZEN ▷
Den Korb auskleiden und ihn dreiviertel mit Teichsubstrat füllen. Das Pflanzloch gräbt man so tief, dass die Knospen 4 cm unter dem Rand sitzen. So viel Erde hinzufügen, dass die Pflanze genau so tief wie im ursprünglichen Topf steht, die Erde vorsichtig andrücken, ohne Wurzeln zu verletzen, und 1 cm hoch mit Kies abdecken.

◁ UNTERWASSER-PFLANZEN
Korb auskleiden und knapp bis zum Rand mit Teicherde füllen, leicht andrücken. In gleichmäßigen Abständen 5 cm tiefe Löcher machen, Pflanzenbüschel einsetzen, mit den Fingerspitzen andrücken. Boden 1 cm hoch mit Kies bedecken. Ein 20-cm-Korb fasst 5 Pflanzenbündel.

Die wasserdichte Teichfolie verhindert, dass Teichwasser den angrenzenden Boden durchnässt. Somit können die Beete mit normaler Erde und einer vielfältigen Auswahl von Beet- und Rabattenpflanzen gefüllt werden.

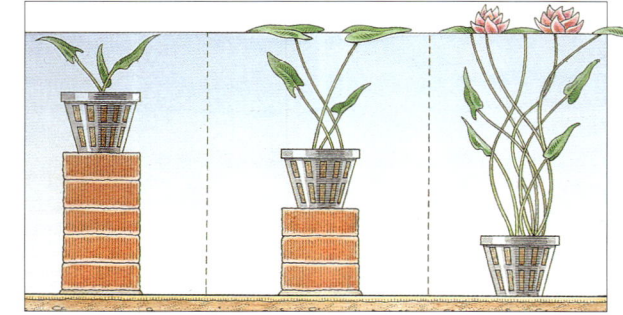

DIE RICHTIGE TIEFE ▷
Mit Ziegelsockeln kann man hervorragend die Höhe anpassen. Lässt man sie für Flachwasserpflanzen permanent stehen, werden bei Tiefwasserpflanzen mit zunehmender Länge der Stiele ein Ziegel nach dem anderen entfernt.

Ziegelsockel sorgen für die richtige Höhe, entweder permanent oder als vorübergehende Maßnahme für junge Tiefwasserpflanzen, die mit zunehmender Größe allmählich auf die endgültige Tiefe gebracht werden.

Außer mit Sockeln kann man die Pflanztiefe auch mit Ziegelbeeten anpassen. Sie werden auf die Folie gemörtelt und mit Teicherde gefüllt. Auf diese Weise sind die Pflanzen zwar abgegrenzt, aber weniger stark eingeschränkt als in Pflanzkörben.

SIEHE AUCH: Sumpfbeete, S. 204–205; Ökosystem Teich, S. 214–215; Flachwasser- und Sumpfzone, S. 216–217; Uferpflanzen, S. 218–219

GESUNDE PFLANZEN

Wasserpflanzen werden in der Regel in Containern angeboten. Gelegentlich erhält man auch preiswertere Pflanzen ohne Wurzelballen. Bei Seerosen lohnt sich häufig der Kauf größerer Pflanzen, die bereits im ersten Jahr blühen. Pflanzen sollen beim Kauf fest, kompakt und sauber sein. Besonders Wurzeln und Rhizome müssen dick und prall sein, um die Pflanze zu ernähren, bis sie gut angewachsen ist und sich selbst versorgen kann. Besonders während des Transports muss man die Pflanzen stets kühl und feucht halten. Zwei Plastiktüten ineinander verringern die Gefahr des Auslaufens.

△ DIE KIESAUFLAGE

Eine abdeckende Kiesschicht dient mehreren Zwecken. Eine 1 cm hohe Schicht verhindert, dass Substrat von der Oberfläche abtreibt und das Wasser verschmutzt oder dass Fische darin wühlen. Eine 2—3 cm hohe Schicht beschwert und stabilisiert kopflastige Flachwasser- und Sumpfpflanzen. Sie nimmt dabei weniger Platz weg als zur Beschwerung auf den Korbboden gelegte Steine. Zudem ist sie dekorativ.

△ IN FEUCHTEN ODER NASSEN BODEN PFLANZEN

Man gräbt ein ausreichend großes Loch für den Wurzelballen in den Teichgrund. Die Pflanze wird ausgetopft und auf gleicher Höhe wie im Topf in das Loch gesetzt. Den Boden um die Wurzeln leicht mit den Fingern andrücken, ohne ihn jedoch zu verdichten oder Vegetationspunkte oder zarte junge Triebe zu verletzen. Die gesamte Fläche gründlich mit Wasser tränken.

Die kompakte Pflanze besitzt zahlreiche junge Blätter. Das Laub glänzt dunkelgrün und weist keine Anzeichen von Krankheiten oder Schädlingen auf.

△ FLACHWASSERPFLANZE IM KORB

In Körben gekaufte Pflanzen, hier eine Sumpfdotterblume, haben bereits ein kompaktes Wurzelsystem, das beim Einpflanzen nicht gestört wird. Der Behälter sollte zumindest für eine Saison groß genug sein, andernfalls topft man vor dem Einsetzen in einen größeren Korb um.

Kleine Bereiche mit wassergesättigtem Boden können mit Sumpfpflanzen bepflanzt werden. Für Uferpflanzen muss die Folie zur Drainage durchlöchert werden.

Uferpflanzen entziehen dem Teich Wasser. Bei ausgedehnten Sumpfbeeten oder großen Pflanzen sollten diese Bereiche vom Teich abgetrennt werden, um hohe Wasserverluste durch den Dochteffekt zu verhindern (s. S. 204).

Pflanzterrassen können in für Flachwasserpflanzen (hier Sumpfdotterblume) geeigneten Tiefen angelegt werden. Sie müssen breit genug sein, um Pflanzkörben stabilen Halt zu geben, wobei die Körbe vom Rand aus gut erreichbar sein sollen, um sie bequem zum Pflegen und Teilen herausheben zu können.

Die festen, prallen Rhizome besitzen zahlreiche Vegetationspunkte. Der neue Austrieb ist gesund und kräftig.

GUTES EXEMPLAR

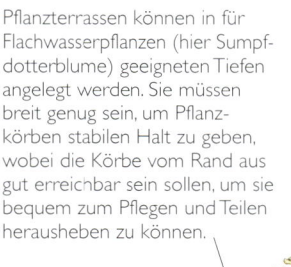

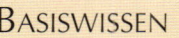

Eine Tiefwasserzone bietet eine geeignete Nische für Schwimmblattpflanzen, z. B. Seerosen. Hier kann man auch Sauerstoff bildende Unterwasserpflanzen einsetzen, damit deren weiche Stiele durch den Auftrieb des Wassers gestützt werden, so dass sie wirkungsvoll arbeiten können.

PFLANZEN OHNE WURZELBALLEN ▷

Pflanzen mit nackter Wurzel sind oft frisch von der Elternpflanze abgeteilt. Gesunde, kräftige Ableger wachsen unter geeigneten Bedingungen schnell und sind günstiger als Topfpflanzen. Wurzeln oder Rhizome sollen prall sein und viele Vegetationspunkte oder austreibende Blätter haben.

Die Stiele sind glasig und schlaff, die Blätter stark verfärbt. Es gibt zu wenig Vegetationspunkte oder austreibende Blätter.

SCHLECHTES EXEMPLAR

SIEHE AUCH: Ökosystem Teich, S. 214—215; Flachwasser- und Sumpfzone, S. 216—217; Uferpflanzen, S. 218—219; Teichpflege, S. 222—223

TEICHPFLEGE

EINE REGELMÄSSIGE TEICHPFLEGE soll den Teich als gesunden Lebensraum mit klarem, sauerstoffreichem Wasser und gut gedeihenden Pflanzen erhalten. Indem man die Pflanzen jeweils im Frühjahr durch Teilung verjüngt, bleiben sie den Sommer über gesund und kräftig. Algen wachsen im Frühjahr als Erstes, das heißt, dass das Teichwasser sich vorübergehend grün verfärbt, bis sich das Ökosystem eingependelt hat. Alle Arbeiten, bei denen man den Teich betreten muss, sollte man auf einmal erledigen, um ihn und seine Bewohner so geringfügig wie möglich zu stören. Abgestorbene Pflanzenteile entfernt man laufend während der Vegetationsperiode.

ROUTINEAUFGABEN

Den Sommer über entfernt man abgestorbene Blätter und verwelkte Blüten, bevor sie zu faulen beginnen und das Wasser verunreinigen. Das Pflanzengleichgewicht erhält man aufrecht, indem man Unterwasser- und Schwimmpflanzen nach Bedarf ausdünnt. Den kräftigen Wuchs von Seerosen und anderen Pflanzen in Körben erhält man aufrecht, indem man sie im Mai oder Juli mit Langzeitdünger für Teichpflanzen aus dem Fachhandel düngt.

△ ALGENTEPPICH ENTFERNEN
Fadenalgen vermehren sich rasch in zu nährstoffreichem Wasser. Da sie dem Teich Sauerstoff entziehen, wickelt man sie auf einen Holzstock. Algen einen Tag neben dem Teich liegen lassen, damit Kleintiere zurück ins Wasser können.

△ SCHWIMMPFLANZEN ENTFERNEN
Wasserlinsendecken (»Entengrütze«) können sich zügellos vermehren. Sie bedecken die Wasseroberfläche und nehmen Unterwasserpflanzen Licht. Überschüssige Schwimmpflanzen werden mit einem Holzstück abgeschöpft.

△ TEICHFAUNA UND -FLORA SCHÜTZEN
Zu üppige Unterwasserpflanzen dünnt man nach Bedarf mit einem Rechen aus. Entfernte Pflanzen bleiben eine Weile am Teichrand liegen, damit darin lebende Insekten und andere Tiere in den Teich zurückgelangen.

△ ABSTERBENDE BLÄTTER ENTFERNEN
Absterbende Pflanzenteile beeinträchtigen die Wasserchemie. Man entfernt welkes Material mit einem scharfen Messer oder speziellen langstieligen Scheren. Stark gelblich verfärbte Pflanzen auf Krankheiten prüfen.

WINTERVORBEREITUNGEN

Zum Saisonende hin nimmt man frostempfindliche Pflanzen aus dem Teich, entfernt ihre abgestorbenen Blätter und gräbt sie bzw. Ableger von ihnen an einem frostfreien Platz in Kübeln mit feuchtem Sand ein. Die Pflanzen werden mit einer perforierten Folie abgedeckt, damit sie Sauerstoff erhalten, ohne auszutrocknen.

Wenn das Wasser im Winter gefriert, sorgt man für Belüftung (*siehe unten*). Sumpf- und Uferpflanzen kann man im Herbst mit einer dicken Mulchschicht aus trockenem Stroh vor Frost schützen.

NICHT VERGESSEN!

EISIGE ZEITEN
Eine Eisschicht schützt Unterwasserpflanzen vor dem Gefrieren, darunter können sich aber auch für Amphibien und Fische giftige Faulgase bilden. Belüftung schaffen spezielle Eisfreihalter oder Aufschmelzen des Eises. Eis auf keinen Fall aufbrechen, da die Druckwellen für Fische tödlich sein können.

△ IM HERBST MIT GITTERNETZ ABDECKEN
Von umstehenden Pflanzen abfallendes Herbstlaub sinkt auf den Teichgrund und bildet bei seinem Abbau schädliche Stoffe. Um Laubeintrag zu vermeiden, spannt man ein feinmaschiges Gitter oder Netz über den Teich. Aufgefangenes Laub regelmäßig abnehmen und kompostieren.

SIEHE AUCH: Ökosystem Teich, S. 214–215

PFLANZEN AUSDÜNNEN UND TEILEN

Wasserpflanzen werden auf unterschiedliche Weise vermehrt. Einige, z. B. Wasserhyazinthen *(Eichhornia crassipes)*, bilden am Wurzelstock oder an Ausläufern Jungpflanzen, die sich lösen und auf den Grund sinken. Sie überwintern dort und treiben im Frühjahr aus. Bei anderen wie Seerosen und *Iris*, muss man Wurzeln, Knollen oder Rhizome von Hand teilen. Haben die Teile genügend Wurzeln und Triebe, gedeihen sie unabhängig von der Elternpflanze.

Die beste Vermehrungszeit für die meisten Pflanzen ist Mai bis Juni, wenn das Wasser sich erwärmt und die Wachstumsphase einsetzt. In zu kaltem Wasser könnten frisch geteilte Pflanzen faulen. Beim Teilen verwendet man stets die jüngsten Pflanzenteile und entfernt ältere. So werden die Pflanzen verjüngt und die erneute Blütenbildung gefördert. Überzählige Pflanzen pflanzt man woanders oder verschenkt sie.

BASISWISSEN

WARUM PFLANZEN TEILEN?

Viele Pflanzen wachsen rasch und werden irgendwann zu groß. In kleinen Teichen kann Teilen schon nach einer Saison nötig sein. Die Blätter beengter Pflanzen, die sonst auf dem Wasser treiben, ragen dann heraus, und die Blütenbildung wird beeinträchtigt. Da man nach der Teilung nur die jungen Pflanzenteile in den Teich zurücksetzt, bleibt die Produktivität stets erhalten.

△ **ABLEGER UND AUSLÄUFER TRENNEN**
Im Frühjahr bricht man kräftige Jungpflanzen entweder sauber von der Elternpflanze ab (hier eine Wasserhyazinthe, Eichhornia crassipes) oder trennt Ausläufer mit einem scharfen Messer ab. Schwimmpflanzen legt man einfach wieder auf das Wasser; sie bilden rasch eigene Wurzeln. Bei Kübelpflanzen werden die Jungpflanzen in neues Substrat getopft und in geeigneter Tiefe in den Teich eingesetzt.

AUSDÜNNEN SAUERSTOFF BILDENDER PFLANZEN

1 FRÜHJAHR UND HERBST
Unterwasserpflanzen werden am Anfang oder Ende der Vegetationsperiode mit einem Rechen ausgedünnt, aber keinesfalls die Teichfolie beschädigt. Pflanzen in Körben nimmt man heraus und schneidet einige Triebe zurück.

2 GENUG UNTERWASSERPFLANZEN BELASSEN
Damit sie genügend Sauerstoff produzieren können, sollte man lieber weniger stark, aber häufiger ausdünnen, dann stellt sich das Gleichgewicht leichter wieder ein. Entfernte Pflanzen etwas am Ufer liegen lassen (s. S. 222).

SEEROSEN DURCH TEILEN VERJÜNGEN

1 RHIZOME TEILEN
Pflanze aus dem Korb nehmen, Erde abspülen und alle geöffneten Blätter und die ältesten, unproduktivsten Teile mit einem Messer entfernen. Nur die jüngsten Abschnitte mit zahlreichen Austrieben wieder verwenden.

2 WIEDER EINPFLANZEN
Große Pflanzen in zwei oder mehr Teile mit je mindestens zwei oder drei Augen trennen. Mit dem Wurzelhals direkt unter der Oberfläche in den Korb zurückpflanzen, mit Kies abdecken und Pflanze wieder in den Teich setzen.

TEILEN ANDERER RHIZOMPFLANZEN

1 ELTERNPFLANZE TEILEN
Pflanze (hier Iris pseudacorus) ausheben und Wurzeln mit Wasser sauber spülen. Mit der Hand oder einem Messer kräftige Rhizome mit jeweils mehreren Trieben und kräftigen jungen Blättern und reichlich Faserwurzeln abtrennen.

2 RHIZOM BESCHNEIDEN
Mit einem scharfen Messer alle Teile ohne neue Austriebe entfernen. Stiele und Blätter auf ca. 10 cm einkürzen, damit die Pflanze keine zu große Angriffsfläche für Wind bildet, solange sie noch nicht wieder fest eingewurzelt ist.

3 WIEDER EINPFLANZEN
Wurzeln so stutzen, dass sie in den Korb passen. Ebenso tief wie vorher pflanzen, dabei Erde um die Wurzeln herum füllen, nicht in ein Pflanzloch drücken. Mit Kies abdecken und Pflanze so im Teich platzieren, dass die Blätter eben noch herausschauen.

SIEHE AUCH: Stauden teilen, S. 163

KRÄUTER IM GARTEN UND IHRE VERWENDUNG

ANLEGEN EINES KRÄUTERGARTENS

KRÄUTER WERDEN SEIT JAHRTAUSENDEN wegen ihrer kulinarischen, kosmetischen und heilenden Eigenschaften geschätzt, viele sind jedoch als Zierpflanzen ebenso beliebt. Obgleich sie mit ihren kleinen blassen Blüten selten prunkvolle Pflanzen sind, haben doch viele hübsches Laub, und die meisten lohnt es, allein wegen ihres Duftes zu kultivieren. In keinem Garten sollten Kräuter fehlen — ob in eine Rabatte gemischt, in Töpfen, ein paar Stufen säumend, oder aufgereiht auf einer Küchenfensterbank. Größere Kräutergärten mit einer Sammlung beliebter Arten kann man geometrisch, mit jeweils in einer Farbe gehaltenen Beeten, oder auch ganz zwanglos anlegen.

KRÄUTERN GEWIDMETE GÄRTEN

Kräutergärten anzulegen muss gar nicht schwierig sein. Tatsächlich sollte man aufwendige, komplizierte Gestaltungen vermeiden. Einen formalen Garten plant man auf Papier und markiert dann den Grundriss mit Kieseln oder einer Schnur. Niederwüchsige und kriechende Kräuter eignen sich gut für formale Beete, während strauchige und immergrüne Arten wie Thymian, Lavendel, Salbei und Gamander das ganze Jahr über interessant sind.

In ungezwungenen Gärten bestimmen die Pflanzen die Gestaltung. Zwanglosigkeit sollte aber nicht zum Chaos verkommen. Hochwüchsige Formen wie Lorbeer schaffen einen Ausgleich zu niederwüchsigen und kriechenden Pflanzen. Es gibt hier weniger Einschränkungen als in formalen Gärten. Daher kann man auch hohe Arten wie Fenchel oder Angelika mit einbeziehen.

◁ FORMALE GESTALTUNG
Selbst der kleinste Raum eignet sich für einfache geometrische Muster aus niedrigen Pflanzen. Sich wiederholende Arten geben Zusammenhalt. Ein großer Topf betont die Mitte.

△ ZWANGLOSER ENTWURF
Kräutergärten müssen nicht formal, aber doch sorgfältig geplant sein. Man stellt geeignete Gruppen zusammen und achtet auf Wiederholungen und Kontraste in Struktur, Form und Farbe.

FARBGESTALTUNG

Neben bunten Blüten haben viele Kräuter hübsch gefärbtes Laub, was in formalen Kräutergärten oder gemischten Rabatten ein Vorzug ist. Eine bewusst begrenzte Farbauswahl verleiht Zusammenhalt und Harmonie und betont die Form und das Muster der Anordnung.

PURPURROT
BASILIKUM
Ocimum basilicum
›Purple Ruffles‹

GOLDGELB
MAJORAN
Origanum vulgare
›Aureum‹

SILBERGRAU
HEILIGENKRAUT
Santolina chamaecyparissus

KRÄUTER MIT BUNTEM LAUB

GOLDGELB
Goldfarbener Oregano (*Origanum vulgare* ›Aureum‹)
Goldfarbener Thymian (*Thymus × citriodorus* ›Aureus‹)
Goldfarbene Zitronenmelisse (*Melissa officinalis* ›Aurea‹)
Goldgefleckter Salbei (*Salvia officinalis* ›Icterina‹)

PURPURROT BIS BRONZEFARBEN
Bergamotteminze (*Mentha × piperita* var. citrata)
Bronzefarbener Fenchel (*Foeniculum vulgare* ›Purpureum‹)
Purpurroter Salbei (*Salvia officinalis* Purpurascens-Gruppe)
Purpurrotes Basilikum (*Ocimum basilicum* var. purpurascens)

SILBERGRAU
Eberraute (*Artemisia abrotanum*)
Heiligenkraut (*Santolina chamaecyparissus*)
Lavendel (viele Arten und Sorten, z. B. *Lavandula* ›Sawyers‹)

SIEHE AUCH: Gartenstile, S. 122–123; Kräuter und ihre Verwendung, S. 226–227

KRÄUTER IN GEMISCHTEN BEETEN UND RABATTEN

Zahlreiche Kräuter eignen sich gut für gemischte oder Staudenrabatten oder einen Küchengarten. Buntlaubige Arten können ein Muster aus Farben und Formen bilden, z. B. purpurroter Salbei (*Salvia officinalis* Purpurascens-Gruppe), blaugraue Raute (*Ruta*) oder goldgefleckte Edelminze (*Mentha × gentilis* ›Variegata‹). Einige haben auch farbenprächtige Blüten, z. B. die purpurroten Ähren von Ysop (*Hyssopus officinalis*) oder leuchtend orangefarbene Ringelblumen (*Calendula officinalis*).

Hohe Kräuter wie Angelika und Rapontikawurzel (*Oenothera biennis*) verleihen dem Bild Höhe. Lorbeer (*Laurus nobilis*) und Zitronenstrauch (*Aloysia triphylla*) können sogar – als Hochstamm erzogen – den Mittelpunkt eines Beetes bilden, in unseren Breiten allerdings nur als Kübelpflanzen.

Das Spiel des Lichts auf den Blättern kann Farbeffekte verstärken. Wenn man beobachtet hat, wie das Licht einfällt, besonders morgens und abends, platziert man Pflanzen wie bronzefarbenen Fenchel (*Foeniculum vulgare* ›Purpureum‹) oder die Indianernessel (*Monarda didyma*) mit ihren blutrot geäderten Blättern entsprechend.

△ **BORRETSCHBLÜTEN**
Mit seinen samtig behaarten, hellblauen Blüten, Knospen und Stielen eignet sich Borretsch (Borago officinalis) gut für Rabatten. Wunderschön sieht es aus, wenn das Sonnenlicht von hinten auf die zarten Blüten fällt.

◁ **GEMISCHTE KRÄUTERRABATTE**
Grüner und bronzefarbener Fenchel verwebt sich mit den anderen Pflanzen und hält das Bild zusammen. Eine goldene Hopfensorte (Humulus lupulus ›Aureus‹) bildet dahinter einen kräftigen Farbtupfer.

KRÄUTER IN KÜBELN

Für Kräuter in Kübeln braucht man überhaupt keinen Garten: eine kleine Ecke im Hof, auf dem Balkon oder der Dachterrasse reicht völlig. Häufig benötigte Kräuter stellt man in einem Erdbeertopf (siehe S. 230), der sich auch für Thymian, Oregano oder Majoran eignet, in Kübeln oder Blumenkästen an leicht zugänglichem Ort auf.

Man kann gezielt das Schöne mit dem Nützlichen verbinden und Sorten mit buntem Laub bevorzugen, denn ihr Geschmack ist häufig ebenso intensiv. Als Blickfang wählt man z. B. einen breitwüchsigen Rosmarin (*Rosmarinus officinalis* ›Prostratus‹), der sich über den Topfrand hinaus ausbreitet und seinen Duft verströmt, sobald jemand daran entlangstreift.

◁ **KÜBELKRÄUTERGARTEN**
Eine Treppe beherbergt eine schlichte Gruppe von Terrakotta-Töpfen mit einem Miniaturkräutergarten aus Salbei, Lorbeer, Rosmarin, Eberraute und Walderdbeeren.

Mit Kübeln kann man unterschiedliche Standortbedingungen für eine Vielzahl von Pflanzen schaffen, z. B. sonnenhungrige, durchlässige Böden liebende Pflanzen von denen trennen, die Schatten und Feuchtigkeit vorziehen. Gute, sich nicht gegenseitig verdrängende Nachbarn sind Kerbel, Schnittlauch, Petersilie, Ysop, Thymian und die dichtwüchsige Oregano-Sorte *Origanum vulgare* ›Compactum‹.

PRAXIS-TIPPS

• Zieht man verschiedene Kräuter in einem Kübel, muss man darauf achten, dass alle dieselben Standortansprüche haben.

• Einer Kübelgruppe verleiht man Höhe, indem man an einem Stangenwigwam goldfarbenen Hopfen oder rankende Kapuzinerkresse emporklimmen lässt.

• Minzen (*Mentha*) neigen zum Wuchern und wachsen besser allein in einem Topf.

SIEHE AUCH: Kübel und Hochbeete, S. 166–183; Pflanzen und Kultivieren von Kräutern, S. 228; Kasten: Nicht vergessen!, S. 231

KRÄUTER UND IHRE VERWENDUNG

KRÄUTER KÖNNEN EINJÄHRIGE SEIN oder Stauden, Sträucher oder sogar Bäume – was sie im Volksmund zu »Kräutern« macht, ist ihre Nützlichkeit. Zahlreiche Kräuter – nämlich die, die fast jedem vertraut sind – sind für die Küche von unschätzbarem Wert, und einige haben eine heilende Wirkung, die sowohl kommerziell als auch für Hausmittel genutzt wird. Andere werden wegen ihres stimulierenden Duftes im Garten oder als Kräuter-Potpourri im Haus geschätzt. Einige Kräuterarten bilden die Basis selbst gemachter Kosmetik- und Schönheitspräparate, und noch andere werden für die verschiedensten Haushaltszwecke verwendet.

DAS KÜCHENKRÄUTERBEET

Frische Kräuter werden in Küchen rund um die Welt verwendet, um unzähligen Gerichten eine unvergleichliche Note zu verleihen. Kräuter geben ansonsten langweiligen Gerichten Geschmack und reduzieren den Salzbedarf im Essen. Bestimmte Kräuter scheinen für bestimmte Nahrungsmittel wie geschaffen zu sein: Rosmarin für Lamm, Basilikum für Tomaten oder Koriander für Curry-Gerichte.

Ist Platz vorhanden, lohnt es sich, ein eigenes Küchenkräuterbeet anzulegen, für eine bequeme Ernte möglichst nahe am Haus, sonst macht man sich oft nicht die Mühe, die Kräuter zu pflücken und zu verwenden. Hat man einen Gemüsegarten, kann man sie auch darin kultivieren.

Bei der Planung des Beetes überlegt man, von welchen Kräutern man viel benötigt. Wenn man z. B. Schnittlauch und Petersilie gern als Garnierung verwendet, sieht man für beide mehr Platz vor. Sie bilden auch eine schöne Beeteinfassung.

Günstig ist ein Hochbeet, wo man sich zum Ernten nicht bücken muss und in dem sich gut die passenden Bedingungen für die Pflanzen schaffen lassen. Oder man

zieht regelmäßig verwendete Kräuter in Kübeln neben der Hintertür.

■ **Der Geschmack ist entscheidend,** aber Kräuter können zusätzlich dekorativ sein. Gold- und silberfarbene sowie panaschierte Sorten fügen Farbe hinzu, und strauchige Arten an Schlüsselpositionen sorgen für Struktur und Form.

■ **Essbare Blüten** sind in herkömmlichen Kräuterbeeten ungewöhnlich. Salate werden mit den Gelb- und Orangetönen von Ringelblumen (Calendula officinalis) und Kapuzinerkresse (Tropaeolum majus) belebt.

◁ **ELEGANTER DILL**
Seine auffällige Form in Rabatten ist nur eine der Attraktionen von Dill – sowohl seine Blätter als auch seine Samen verfeinern Gerichte. Dill ist einjährig, sät sich jedoch an zusagenden Standorten problemlos selbst aus.

KRÄUTERBOUQUET ▷
Ein beim Kochen zu Suppen, Eintöpfen und Schmorgerichten hinzugefügtes Bouquet garni verleiht dem Gericht Würze. Dieser zum Verfeinern von Wildgerichten zusammengestellte Kräuterstrauß besteht aus Rosmarin, Majoran, Zitronenmelisse und Orangenschale.

◁ **ROSIGER SCHNITTLAUCH**
Die schmackhaften Blätter verfeinern nicht nur Salate; am vorderen Rand einer Sommerrabatte gepflanzt, belebt er sie zudem mit seinen leuchtenden kugelförmigen Blütenköpfen.

KRÄUTER FÜR DIE KÜCHE

Selbst ein kleiner, sonniger Platz im Garten reicht aus, um Kräuter für die Küche selbst zu ziehen. Reizvoll sehen auch Arten mit z. B. panaschierten Blättern aus, vor allem, wenn sie in eine Zierpflanzenrabatte gesetzt oder in Kübeln an einen auffälligen Platz gestellt werden.

Basilikum (Ocimum basilicum) *
Dill (Anethum graveolens)
Estragon (Artemisia dracunculus) *
Fenchel (Foeniculum vulgare)
Koriander (Coriandrum sativum)
Liebstöckel (Levisticum officinale), die große, auffällige Pflanze steht gut hinten in einer Rabatte
Lorbeer (Laurus nobilis) *
Minze (Mentha piperita), Pfefferminze ist die klassische Küchenminze, es gibt aber auch zahlreiche andere
Oregano (Origanum vulgare)
Petersilie (Petroselinum crispum), auch die glattblättrige Sorte
Rosmarin (Rosmarinus officinalis) *
Salbei (Salvia officinalis)
Schnittlauch (Allium schoenoprasum) auch Schnittknoblauch (A. tuberosum)
Thymian (Thymus vulgaris) – viele Sorten
Winterbohnenkraut (Satureja montana), auch die feinere nicht winterharte Art (S. hortensis)
Zitronenmelisse (Melissa officinalis)

* = nicht winterhart

SIEHE AUCH: Hochbeete, S. 180–183

AROMATISCHE KRÄUTER

Küchenkräuter besitzen meist einen köstlichen Geruch und Geschmack, manche werden aber alleine wegen ihres Duftes geschätzt. Die Currypflanze *Helichrysum italicum* z. B. wird nicht für Currygerichte verwendet – obgleich man ihre mild würzigen Blätter zu Reis geben kann –, aber ihr pikanter Curryduft bildet an warmen Tagen einen angenehmen Kontrast zu anderen aromatischen Kräutern.

Duftende Pflanzen platziert man an Wegen, Toren, Türen und Gartenbänken, wo jeder, der an ihnen vorbeistreift, ihren köstlichen Hauch genießen kann. Lavendel eignet sich als niedrige Hecke entlang eines Weges, Zitronenmelisse an einem Tor, so dass jeder Eintretende die Blätter zwischen den Fingern zerreiben kann. Wundervolle Entspannung bieten Lavendel, Rosmarin oder Thymian neben einer Hängematte.

■ **Man legt einen Kamillerasen** aus Römischer Kamille (*Chamaemelum nobile* ›Treneague‹) an, die einen niedrigen Wuchs hat und keine Blüten bildet, die man abschneiden müsste (s. S. 88). Sie ist aber nicht so robust wie Gras und eignet sich daher nicht als strapazierfähiger Rasen.

■ **Man entfernt eine Platte** oder ein paar Ziegel von einem Hof und bepflanzt die Stelle mit duftenden Kräutern, die man zwischen den Fingern zerreiben kann.

△ **DUFT LIEGT IN DER LUFT**
Die sehr würzige Minze Mentha requienii *bildet ein flaches Polster. In einem Blumentopf erhöht platziert, lässt sich ihr Duft besser genießen.*

MEDIZIN, KOSMETIKA UND HAUSMITTEL

Kräuter werden seit Tausenden von Jahren wegen ihrer Heilwirkung geschätzt, wobei ihre Vorzüge erst seit kurzem wieder in der westlichen Medizin anerkannt werden. In der pharmazeutischen Industrie setzt man Kräuterderivate häufig ein: Der Hauptwirkstoff eines der weltweit am meisten verwendeten Medikamente – Aspirin – ist Salicylsäure, die aus Weiden (*Salix*) gewonnen wird.

Für Kräuterkundige kann der Kräutergarten ein Fundus für selbst gemachte Heilmittel gegen zahlreiche kleine Gebrechen sein: Minze ist z. B. für ihre antiseptische Wirkung, aber auch als mildes Schmerzmittel bekannt und lindert Magenverstimmungen – man lerne nur die angenehme Wirkung einer Tasse Pfefferminztee nach einer üppigen Mahlzeit schätzen.

Einige Kräuter verwendet man für Kosmetikpräparate. *Aloe vera* wird kommerziell wegen ihrer beruhigenden, entzündungshemmenden Wirkung für Hautprodukte angebaut. Es gibt zahlreiche Präparate, die man selbst herstellen kann: Rosmarin in heißem Wasser aufgebrüht bringt dunkles Haar zum Glänzen.

Zahlreiche aromatische Kräuter werden für Hausmittel verwendet. Estragon hält Motten von Kleiderschränken fern, Minze

NICHT VERGESSEN!

VORSICHT IST BESSER ALS NACHSICHT

Unterschätzen Sie die Wirkung von Kräutern nicht. Fragen Sie qualifizierte Kräuterheilkundige, bevor Sie Kräuterhausmittel ausprobieren. Falls Sie schwanger sind, stillen oder ein schwaches Immunsystem haben, fragen Sie zudem Ihren Arzt, welche Kräuter für Sie geeignet sind.

△ **EIN TROG VOLLER HEILMITTEL**
Falls man keinen Platz für einen Kräutergarten hat, kann man Kräuter auch in Kübeln oder Blumenkästen ziehen. Dieser Trog enthält verschiedene Heilpflanzen.

vertreibt Mäuse, Lavendel wird auch heute noch zu Duftkissen verarbeitet.

■ **Getrockneten Waldmeister** (*Galium odoratum*) zwischen die Wäsche gelegt, verleiht ihr den Duft frischen Heus.

■ **Ein Duft-Potpourri fixiert** man mit zerriebener Schwertlilienwurzel (*Iris florentina*).

■ **Bei Schlaflosigkeit** bringt ein mit getrocknetem Hopfen und Lavendel gefülltes Kissen Entspannung.

▽ **TEE ZUR RUHE**
Fenchel und Zitronenmelisse können als köstliches entspannendes, heißes Getränk aufgebrüht werden.

SIEHE AUCH: Pflanzen in Kies, S. 63; Rasen aus anderen Pflanzen, S. 88

PFLANZEN UND KULTIVIEREN VON KRÄUTERN

EIN GROSSER VORTEIL von Kräutern ist – besonders wenn man sich lieber in seinem Garten entspannt, als Rabatten zu pflegen –, dass viele davon recht pflegeleicht sind. Die am weitesten verbreiteten Kräutergartenpflanzen sind in jedem Fall recht anspruchslos, belohnen den Gärtner aber mit ihrem betörenden Duft und ihrer Üppigkeit. Am besten erkundigt man sich vor dem Pflanzen nach den jeweiligen Standortansprüchen. Bei den richtigen Licht-, Boden- und Wasserverhältnissen sollten sie gut gedeihen. Man kann auch aus der Not eine Tugend machen und sie in einem für andere Pflanzen ungünstigen kiesigen oder schottrigen Bereich pflanzen.

PFLANZEN UND KULTIVIEREN VON KRÄUTERN

Während manche Kräuter feuchte, schattige Plätze und fruchtbare Böden bevorzugen, benötigen zahlreiche andere sehr durchlässige Böden in voller Sonne. Das sind die mediterranen Arten, die meist aus der Macchie mit trockenem mageren Boden stammen. In nährstoffreichem Boden gedeihen solche Kräuter zwar u. U. üppig und saftig, bilden aber weniger Blüten. Bei sehr schwerem, feuchtem Gartenboden sollte man ein Hochbeet mit einer Mischung aus Gartenerde, Kompost und Sand in Erwägung ziehen.

Über die richtigen Wachstumsbedingungen gibt die Pflanze oft bereits selbst Aufschluss: Kräuter mit schmalen silberfarbenen Blättern (z. B. Lavendel) oder zähem, ledrigem Laub gedeihen meist an sonnigen Orten in gut durchlässigem Boden, während solche mit breiteren zarten,

◁ KRÄUTER-MIX
Man macht es sich leicht, indem man Kräuter mit ähnlichen Standort-ansprüchen, wie hier Lavendel und Schnittlauch, zusammensetzt.

△ INDIANERNESSEL
Monarda didyma verträgt Schatten und bildet leuchtende, essbare Blüten, die sich für Salate eignen.

△ LIEBLICHER WALDMEISTER
Der aromatische Waldmeister (Galium odoratum) ist ein Schatten liebender, sommergrüner Bodendecker und eignet sich für medizinische Zwecke und Potpourris.

grünen Blättern (z. B. Minze) Halbschatten vertragen. Einige goldfarbene Sorten, wie z. B. Oregano (*Origanum vulgare* ›Aureum‹), können in voller Sonne verbrennen und sollten zumindest halbschattig stehen.

■ **Einjährige und zweijährige Kräuter** sät man meist direkt im Garten aus. Man bereitet eine Aussaatfläche vor, recht sie feinkörnig, dünnt die Sämlinge nach Bedarf aus und verzögert die Blüte zweijähriger Kräuter (z. B. Schnittlauch) ins zweite Jahr, indem man ständig erntet.

■ **Nicht winterharte Sträucher,** wie Lorbeer oder Myrte sollten am besten in Töpfen kultiviert werden, damit man sie vor dem ersten Frost unterstellen kann.

■ **Mehrjährige Unkräuter** jätet man vor dem Bepflanzen eines Kräuterbeetes.

KRÄUTER FÜR DEN SCHATTEN

Die meisten Kräuter lieben sonnige Plätze, aber es gibt ein paar, die Schatten vertragen oder gar bevorzugen, solange der Boden feucht ist. Man mischt den Boden für diese Kräuter und für andere feuchtigkeitsliebende Arten wie Angelika vor dem Pflanzen mit reichlich gut verrottetem organischen Material *(siehe S. 142–143)*.

Beinwell *
Indianernessel *
Kerbel *
Minze (Die Auswahl ist groß; manche vertragen Schatten besser als andere; die am häufigsten in der Küche verwendete Art, *Mentha piperita*, fühlt sich in lichtem Schatten wohl, solange der Boden schön feucht gehalten wird.)
Römischer Ampfer *
Schnittlauch *
Süßdolde *
Waldmeister
* = bevorzugt lichten Schatten oder etwas Sonne

SIEHE AUCH: Unkrautbekämpfung, S. 144–145; Beete und Rabatten bepflanzen, S. 148–149; Beetpflanzen vermehren, S. 162–163; Hochbeete, S. 180–183

KRÄUTERSTEINGARTEN

Ein leicht abfallender Kieshang im Garten bietet eine äußerst durchlässige Grundlage – optimal geeignet für mediterrane Kräuter, die keine schweren feuchten Böden vertragen. Pflanzen mit silberfarbenem Laub wie Lavendel oder kleinen Blättern wie Thymian vertragen Trockenheit in der Regel gut und gedeihen in einem Kiesbett. Besonders schön wirken kompakte, buschige oder Polster bildende Kräuter.

Den Boden deckt man, bevor man den Schotter aufträgt, mit einem Geotextil-Vlies oder einer Kunststofffolie ab *(siehe S. 145)*, um Unkraut zu unterdrücken. Man kann auch unterschiedlich große Steine sowie ein paar kleinere Felsen verwenden. Kies und Steine reduzieren die Verdunstung, so dass Gießen nur gelegentlich erforderlich ist. Ein solcher Steingarten lässt sich auch in einem Hochbeet anlegen.

EINEN KRÄUTERSTEINGARTEN ANLEGEN

1 PLATZIEREN
Beet jäten, umgraben und groben Sand oder Kies als Drainage hinzufügen. Flachen Hang formen. Große Steine so platzieren, dass Regenwasser zum Hang hin abläuft und dahinter liegende Pflanzen feucht hält. Pflanzen, noch in den Töpfen, anordnen.

2 PFLANZEN
Die größeren Kräuter pflanzt man zuerst, umgibt sie mit grobem Kies und gießt sie gut an. Für die kleineren Pflanzen gräbt man mit einer Pflanzkelle Löcher, topft sie aus und pflanzt sie in der richtigen Tiefe ein. Gut wässern.

3 KIESABDECKUNG
Der abschüssige Bereich wird vor den Pflanzen mit feinerem Kies abgedeckt; er wird mit der Hand oder Kelle sorgfältig um die Pflanzen herum ausgebreitet, ohne diese zu beschädigen. Den Kies bis unter die Blätter der Pflanzen verteilen.

4 DÜRRERESISTENTER GARTEN
Der fertige Steingarten bildet einen attraktiven, pflegeleichten Bereich, der kaum gegossen werden muss. An einem sonnigen Ort verdunsten die ätherischen Öle und verströmen ihren Duft. Die Kies- *oder Schotterauflage reduziert zudem die Verdunstung und unterdrückt Unkraut. Unkraut wird gejätet, sobald es auftaucht. Man kann auch eine geotextile Membran unter dem Kies auslegen und die Kräuter durch Schlitze pflanzen.*

KRÄUTER FÜR RITZEN UND FUGEN

Wenn man einen mit Platten oder Steinen belegten Hof oder Weg hat, kann man in den Fugen Kräuter ansiedeln. Dafür eignen sich aromatische, niederwüchsige Arten, an denen man nicht hängen bleibt und die man betreten kann, wobei sie ihren Duft verströmen, z. B. Thymian, kriechendes Bohnenkraut *(Satureja spicigera)* und Kamille *(Chamaemelum nobile)*. Auch hochwüchsige Arten wie Fenchel samen sich in den Fugen an, sind hier aber ein Hindernis und sollten noch als Sämlinge entfernt werden.

In der Regel werden Kräuter ausgesät. Sind die Fugen jedoch breit genug, kann man auch bewurzelte Stecklinge oder Sämlinge verwenden. Man kratzt ein Loch in die verdichtete Erde, streut etwas Kompost hinein und gießt die Pflanzen zum Schluss gründlich an.

■ **Eine gepflasterte Auffahrt** kann man bepflanzen, platziert die Pflanzen dabei aber außerhalb der Reichweite der Autoräder.

■ **Wird Kamille so verwendet,** nimmt man die blühenden Arten und entfernt bei Bedarf die Blüten. Die für Rasen bevorzugte Sorte ›Trenague‹ blüht nicht und lässt sich daher nicht aus Samen ziehen.

EIN DUFTENDER HOFPLATZ ▷
Kriechende Thymianarten eignen sich gut für Fugen zwischen Pflastersteinen – durch das Betreten werden die Blätter zerquetscht und verströmen ihren Duft. Aber blühender Thymian zieht auch Bienen in Scharen an.

DIREKTSAAT ▷
In Fugen sät man Kräuter am einfachsten aus. Man streut etwas Kompost in die Ritzen zwischen den Steinen und sät die Samen direkt ein. Die Sämlinge feucht halten.

SIEHE AUCH: Beete mit trockenheitsresistenten Pflanzen, S. 132–133; Sträucher vermehren, S. 164–165; Hochbeete, S. 180–183

KRÄUTER IN KÜBELN

Kübel eignen sich für eine Vielzahl von Kräutern und bieten eine attraktive und praktische Lösung, wenn nicht genug Freiland zur Verfügung steht. Geeignete Pflanzgefäße müssen über entsprechende Drainagelöcher und eine möglichst poröse Schicht unter der Erde verfügen. Über die Löcher im Boden legt man Tonscherben mit der Wölbung nach oben, damit sie nicht verstopfen. Die Durchlässigkeit des Bodens erhöht man, indem man die Topferde im Verhältnis 5:1 mit Feinkies oder Grobsand mischt.

Einen großen Trog oder Topf mit Küchenkräutern sollte man so platzieren, dass er von der Küche aus bequem zu erreichen ist. Man kann Kräuter auch in einem Blumenkasten auf dem Fensterbrett der Küche ziehen. Größere Arten wie Rosmarin und Lorbeer sollten jeweils einen eigenen Topf bekommen. Ein Erdbeertopf (siehe unten) bietet die Möglichkeit, mehrere Kräuterarten auf vergleichsweise engem Raum zu ziehen.

■ **Nicht winterharte Kräuter,** wie Basilikum, Estragon (Artemisia dracunculus) oder Zitronenstrauch (Aloysia triphylla), zieht man in Töpfen, damit man sie im Winter an einem geschützten Ort, z.B. in einem hellen Wintergarten, unterbringen kann.

■ **Bei sehr wenig Platz** gedeihen Kräuter auch in einer Hängeampel (siehe S. 177), dann muss aber öfter gegossen werden als bei einem großen Kübel. Geeignet sind weniger durstige Arten (Thymian, Salbei, Oregano).

△ MINIATUR-KRÄUTERGARTEN
Man stellt einen mit Küchenkräutern bepflanzten Erdbeertopf so auf, dass er von der Küche aus bequem zu erreichen ist. Hier wurden neben Walderdbeeren Rosmarin, Bohnenkraut, Oregano, Estragon und Minze verwendet.

PRAXIS-TIPPS

• Am schönsten sehen Kräuter in Kübeln aus, wenn man das Substrat mit Kies, größeren Kiselsteinen oder gar gewaschenen Muscheln bedeckt. Diese Auflage hält die Feuchtigkeit.

• Variiert man bei Töpfen in einer Gruppe deren Höhe, dann wirken sie besser. Leere umgestülpte Töpfe können Sockel bilden.

• Einige strauchige Kräuter wie Myrte oder Zitronenstrauch können als Hochstamm gezogen werden, der dann die Form eines kleinen Baumes mit nacktem Stamm hat.

BEPFLANZEN EINES ERDBEERTOPFES

1 ERDE EINFÜLLEN
Man wählt einen frostbeständigen Erdbeertopf, der mehreren Pflanzen Platz bietet. Man füllt ihn bis zum ersten Pflanzloch mit lehmigem oder erdlosem Substrat und drückt es leicht an.

2 SEITEN PFLANZEN
Die Pflanzen, unten beginnend, in die Öffnungen einsetzen. Nach oben weiterarbeiten, wobei nach jeder Pflanze eine weitere Schicht Boden eingefüllt wird. Wurzelballen jeweils vorsichtig andrücken.

3 OBEN BEPFLANZEN
Den Topf von oben wie gewohnt bepflanzen. Bis 2 cm unter den Rand mit Boden füllen. Gründlich, aber vorsichtig gießen, um den Boden nicht auszuschwemmen. Falls er sich nach dem Gießen gesetzt hat, Boden auffüllen.

Schnittlauch

Rosmarin

Basilikum

◁ DAS ERGEBNIS
Eine Kräuterauswahl gedeiht in einem praktischen, kompakten Topf, den man nach Belieben aufstellen kann. Der Rosmarin wird um einiges größer. Dann kann man Platz machen und den Schnittlauch entfernen.

Zitronenstrauch

Petersilie

Panaschierter Thymian

△ RICHTIG PFLANZEN
Man verwendet Kräuter in kleinen Töpfen. Austopfen und die Wurzelballen leicht schräg durch die Öffnungen einführen.

Panaschierter Salbei

SIEHE AUCH: Kübel und Hochbeete, S. 166–183; Formbäume und Hochstämme, S. 173; Kräuter in Kübeln, S. 225

WINTERVORRAT ANLEGEN

Einige Kräuter kann man zum Überwintern aus der Rabatte nehmen und an einem geschützten Ort, z. B. auf einer hellen Fensterbank, in einem Gewächshaus oder Wintergarten unterbringen. Staudenkräuter wie Minze, die bei Frost oberirdisch absterben würden, können im Herbst ausgegraben und für einen frischen Wintervorrat eingetopft werden. Das gilt auch für Schnittlauch und Schnittknoblauch *(siehe rechts)*; bei den richtigen Licht- und Feuchtigkeitsbedingungen treiben die Zwiebeln erneut aus. Am Ende des Winters sollte man die »getriebenen« Kräuter entsorgen oder ins Freiland auspflanzen und erst wieder im darauf folgenden Jahr ernten, damit sie sich erholen.

■ **Zweige immergrüner Kräuter** wie Salbei, Thymian und Winterbohnenkraut

können auch im Winter geerntet werden. Man erntet jedoch nicht mehr als einzelne Zweige oder Blätter, sonst kann in milden Perioden Neuaustrieb angeregt werden, der bei einem neuen Wintereinbruch abfriert.

■ **Man legt sich einen Vorrat** selbst gezogener Kräuter an, indem man die Kräuter lufttrocknet, in Eiswürfelbehälter einfriert oder für Salate und andere Gerichte in Essig oder Öl einlegt.

NICHT VERGESSEN!

Wuchernde Kräuter wie Minze und Zitronenmelisse werden am besten in Kübeln kultiviert. Möchte man sie dennoch in eine Rabatte einbeziehen, pflanzt man sie in einen in den Boden eingesenkten Topf. Man sollte die Pflanze jedes Frühjahr austopfen und die Erde erneuern. Verjüngt wird durch Teilung und Wiedereinpflanzen der jungen kräftigen Abschnitte.

KRÄUTER FÜR DEN WINTER EINTOPFEN

1 KRÄUTER AUSGRABEN
Im September gräbt man die gewünschten Kräuter samt Wurzeln aus und teilt die Pflanzen in kleine Teilstücke mit Wurzelballen.

2 KASTEN BEPFLANZEN
Eines der Teile wird an ein Ende eines mit Universalerde gefüllten Blumenkastens gepflanzt und vorsichtig angedrückt.

3 EINZELTÖPFE BEPFLANZEN
Man kann geteilte Pflanzen auch in separaten Töpfen ziehen. Wie gewohnt mit Universalerde eintopfen und angießen.

4 KASTEN FERTIG PFLANZEN
Weitere Kräuter mit ausreichend Abstand in den Kasten pflanzen, so dass sie Platz zum Wachsen haben.

5 SCHNITTLAUCH SCHNEIDEN
Bei Schnittlauch werden vor dem Pflanzen die Blätter auf eine Länge von ca. 15 cm zurückgeschnitten.

6 DER FERTIGE KASTEN
Den Kasten stellt man im Haus an einen hellen Platz und gießt ihn gut. Ernten nach Bedarf.

VERMEHREN VON KRÄUTERN

Zahlreiche Kräuter lassen sich leicht durch Teilen oder Ableger vermehren. Diese einfachen Methoden eignen sich gut, wenn man bestimmte Sorten vermehren möchte, die aus Samen keinen sortenreinen Nachwuchs bringen, z. B. panaschierter Thymian.

Strauchige Pflanzen, wie Salbei, Rosmarin, Thymian und Lavendel, die im Alter in der Mitte verholzen und an Wuchsfreudigkeit verlieren, kann man durch Übererden zur Bildung neuer Triebe mit neuen Wurzeln anregen. Man häufelt die Pflanze im Frühjahr mit einer Mischung aus scharfem Sand und Erde an, so dass nur die Triebspitzen zu sehen sind. Nach Regengüssen wird u. U. erneut angehäufelt. Ab August alle bewurzelten Triebe um die Pflanze herum abtrennen, eintopfen oder sie wieder ins Beet pflanzen.

TEILEN VON STRAUCHIGEN UND HORSTARTIG WACHSENDEN KRÄUTERN

1 AUSHEBEN
Im Frühherbst mit einer Gabel tief unter den Wurzelballen der Pflanze (hier Thymian) stechen, ohne die Wurzeln zu beschädigen. Den Ballen lösen, indem man die Gabel vor und zurück bewegt und die Pflanze anhebt.

2 ZURÜCKSCHNEIDEN
Man schneidet an den Teilen, die man erhalten möchte, zu lange Triebe mit einer Gartenschere zurück. Aber immer etwas Laub unverletzt lassen, damit die Pflanze weiter wachsen kann. Ziel ist es, eine kompakte Pflanze zu erzeugen.

3 TEILEN
Die Pflanze teilt man je nach Art mit einem scharfen Messer, einer Schere, einer Handgabel oder von Hand in mehrere Stücke. Verwendet werden nur die jüngeren, gesünderen Abschnitte einschließlich Wurzeln. Die älteren Teile entsorgen.

4 EINPFLANZEN
Die geteilten Abschnitte werden an gewünschter Stelle mit ausreichend Abstand für späteren Zuwachs wieder eingepflanzt. Gut angießen und sie bis zum Einwurzeln feucht halten. Man kann sie auch einzeln in Töpfe pflanzen.

SIEHE AUCH: Beetpflanzen vermehren, S. 162–163; Pflege, Ernte und Konservierung, S. 232–233

PFLEGE, ERNTE UND KONSERVIERUNG

EINER DER VORZÜGE von Kräutern ist, dass man sie zum Gedeihen im Allgemeinen nicht regelmäßig gießen, schneiden, düngen und mulchen muss, sondern dass sie häufig aus Regionen mit geringem Niederschlag und magerem Boden stammen. Bestimmte Routineaufgaben halten sie jedoch schön in Form, sind aber nicht allzu aufwendig. Das Ernten von Kräutern aus dem eigenen Garten ist eher ein Vergnügen als eine lästige Pflicht, wenn man die aromatischen Blätter verarbeitet und frische Zweige zum Kochen oder für Hausmittel pflückt. Man kann ihren Duft und Geschmack konservieren, indem man sie trocknet, einfriert oder in Essig bzw. Öl einlegt.

ROUTINE-PFLEGE UND ERNTE

Die Pflege von Kräutern ist recht einfach und unkompliziert. Zur Routine-Pflege gehört, dass man die Pflanzen im Frühling und Sommer stutzt, um das Wachstum anzuregen, und während der Winterruhe zurückschneidet. Die Pflege richtet sich zum Teil nach der Pflanzengruppe, also ob es sich z. B. um Einjährige, Stauden oder einen Strauch handelt.

■ **Einjährige und zweijährige Kräuter** (z. B. Petersilie und Dill). Nach der Blüte bilden sie Samen und sterben noch im selben Jahr ab. Man kann Samen sammeln und für die nächste Saison aussäen. Frostempfindliche Arten wie Basilikum und Koriander zieht man nach der Anweisung auf der Samenpackung unter Glas vor.

■ **Stauden** (z. B. Indianernessel – *Monarda didyma* – und Minze). Regelmäßiges Ernten von Blättern oder Trieben hilft, die Pflanzen in Form zu halten. Staudenkräuter teilt man *(siehe S. 231)*, wenn ihre Mitte verholzt und unproduktiv wird. Nach Sommerregen trägt man um feuchtigkeitsliebende Pflanzen eine Mulchschicht auf; sie hält die Feuchte und verbessert den Boden.

△ **FRISCH AUS DEM GARTEN**
Kräuter aus dem eigenen Garten sind im Spankorb bis zum Konservieren gut aufgehoben. Die Zweige schneidet man mit einer scharfen Haushalts- oder Gartenschere sauber ab.

■ **Sträucher** (z. B. Lavendel, Rosmarin, Ysop und Salbei). Wie bei Stauden erhält auch hier eine regelmäßige Ernte die Form der Pflanze und regt den Neuaustrieb an. Verwelkte Blüten werden entfernt. Lavendel treibt nicht mehr aus, wenn er zu stark ins alte Holz zurückgeschnitten wird. Man stutzt ihn Mitte Frühling, wobei an jedem Zweig noch grüne Triebe stehen sollen. Bei Thymian genügt es, zur Formerhaltung junge Triebe abzuzupfen.

■ **Man erntet nie zu viele Blätter** auf einmal von einer Pflanze. Von häufig verwendeten Kräutern sollte man mehrere Pflanzen ziehen, von denen abwechselnd gepflückt werden kann.

■ **Zum Pflücken von Raute** trägt man Handschuhe. Die Haut reagiert bei einigen Menschen nach Berührung mit der Pflanze empfindlich auf Sonnenlicht.

BASISWISSEN

KRÄUTER RICHTIG ERNTEN

Kräuter erntet man kurz vor dem Gebrauch. Das gilt auch für immergrüne Kräuter; bei Lorbeer ziehen jedoch manche das kräftigere Aroma der getrockneten Blätter vor.

Zum Konservieren erntet man Kräuter an einem trockenen sonnigen Morgen, wenn der Tau abgetrocknet ist, aber ehe die Sonne einen Teil der Öle verdunstet. Der Ölgehalt ist meist kurz vor der Blüte am höchsten.

Die Samen von Dill, Fenchel oder Koriander werden geerntet, indem Papiertüten locker über die Fruchtstände gestülpt und festgebunden werden, wenn sie zu reifen beginnen. So lassen sich die Samen leichter auffangen.

WÜRZE IN REICHWEITE ▷
Kräuter auf einer hellen Fensterbank sind zum Kochen immer griffbereit. Mit etwas Pflege kann man selbst den Winter hindurch frische Kräuter ernten.

SIEHE AUCH: Pflege von Rabattenpflanzen, S. 154–155; Beetpflanzen vermehren, S. 162–163; Pflege von Kübelpflanzen, S. 178–179; Vermehren von Kräutern, S. 231

TROCKNEN VON KRÄUTERN

Die meisten Kräuter lassen sich einfach lufttrocknen. Weichblättrige Kräuter wie Minze sollte man jedoch besser einfrieren *(siehe Kasten rechts unten)*. Man breitet Zweige, Blätter, Blüten oder Fruchtstände in einer Lage auf einem Gitter aus und trocknet sie an einem warmen, gut belüfteten Ort. Man kann Zweige oder Stiele auch in kleinen Sträußen kopfüber an einem warmen, trockenen – aber nicht zu sonnigen – Platz aufhängen. Der Trockenvorgang soll in 48 Stunden abgeschlossen sein. Färben sich die Blätter schwarz oder schimmeln sie, hat er zu lange gedauert, und man muss die Kräuter wegwerfen.

Man streift die vollständig getrockneten Blätter oder Blüten von den Stielen und wirft die Stiele weg. Die Blätter zerreibt man fein zwischen den Händen und lagert sie in einem luftdichten, dunklen Glas oder Keramikbehälter (in Klarglas bleichen sie aus). Getrocknete Kräuter behalten ihren Geschmack nicht ewig, weshalb man im nächsten Jahr neue konserviert.

◁ **LUFTTROCKNEN**
Kräuter auf einem mit Gitter bespannten Gestell ausbreiten und an einem warmen Ort trocknen. Dies dauert ca. 1–2 Tage. Man kann sie auch in Büscheln aufhängen.

Der Trockenprozess lässt sich steuern und beschleunigen, wenn man die Kräuter bei ca. 50–60 °C in eine Mikrowelle oder einen Backofen gibt. In der Mikrowelle dauert der Vorgang ca. 2–3 Minuten, während sich das Ofentrocknen eigentlich vor allem für langsam trocknende Wurzeln u. Ä. eignet, die dann 2–3 Stunden benötigen. Der Feuchtigkeitsgehalt von Kräutern ist sehr unterschiedlich, so dass man die optimale Trocknungsdauer ausprobieren muss.

KRÄUTER ZUM TROCKNEN

Es folgt nur eine Auswahl der beliebtesten zum Trocknen geeigneten Kräuter. Die meisten sind Küchenkräuter, während einige (z. B. Zitronenmelisse und Indianernessel) für Kräutertees und andere (z. B. Eberraute und Lavendel) beispielsweise für Potpourri verwendet werden.

Anis (*Pimpinella anisum*) S
Bohnenkraut (*Satureja hortensis*) Z
Dill (*Anethum graveolens*) Z S
Eberraute (*Artemisia abrotanum*) Z
Estragon (*Artemisia dracunculus*) Z
Fenchel (*Foeniculum vulgare*) S
Heiligenkraut (*Santolina chamaecyparissus*) Z B
Indianernessel (*Monarda didyma*) Z B
Kerbel (*Anthriscus cerefolium*) Z
Koriander (*Coriandrum sativum*) S
Lavendel (*Lavandula angustifolia*) B
Liebstöckel (*Levisticum officinale*) Z
Lorbeer (*Laurus nobilis*) Z
Marienblatt (*Tanacetum balsamita*) Z
Oregano (*Origanum vulgare*) Z
Ringelblume (*Calendula officinalis*) B
Römische Kamille (*Chamaemelum nobile*) B
Salbei (*Salvia officinalis*) Z
Thymian (*Thymus vulgaris*) Z
Waldmeister (*Galium odoratum*) Z
Winterbohnenkraut (*Satureja montana*) Z
Ysop (*Hyssopus officinalis*) Z
Zitronenmelisse (*Melissa officinalis*) Z
Zitronenstrauch (*Aloysia triphylla*) Z

Zu verwendende Pflanzenteile:
Z = Zweige oder Blätter; B = Blüten; S = Samen

TIPPS ZUM EINFRIEREN

Weichblättrige Kräuter, z. B. Basilikum und Schnittlauch, eignen sich besser zum Einfrieren als zum Trocknen. Kurzfristig kann man ganze Zweige in Gefriertüten packen, für längere Lagerung wird vorher blanchiert: Kräuter hacken, kurz in kochendes, dann sofort in Eiswasser tauchen. Trocken tupfen, in Tüten verpacken und einfrieren.

• **Kräuter als Eiswürfel:** Für Eiswürfel zu Getränken einzelne Borretschblüten oder Minzeblätter in Eiswürfelbehälter legen und mit Wasser einfrieren. Entsprechend für Kräuter zum Kochen: Petersilie oder Schnittlauch hacken, Eiswürfelbehälter halb hoch befüllen und Wasser hinzugeben. Für Garnierungen Würfel in einem Sieb auftauen, zum Kochen einfach mit in den Topf geben.

△ **BLÜTENKÖPFE**
Eben aufgeblühte Blütenköpfe (hier Ringelblumen) pflücken, auf Tablett mit Küchenpapier an warmen, trockenen Platz stellen.

△ **BLÜTENBLÄTTER**
Bei bestimmten Kräutern werden nur die Blütenblätter verwendet. Abzupfen und Blütenmitte wegwerfen. Ringelblumen z. B. für Potpourri verfeinern und Verzieren von Gerichten und Färben verwenden.

ESSIGE UND ÖLE

Eine Möglichkeit, den Geschmack frischer Kräuter zu konservieren, ist, sie in Essig oder Öl einzulegen. Diese Methode eignet sich z. B. gut für Estragon, Oregano, Thymian und Lavendel.

■ **Für Kräuteröl** füllt man einen Glaskrug mit Zweigen oder Blättern frischer Kräuter, gießt ein gutes, geschmacksneutrales Öl, z. B. Sonnenblumenöl, darüber und verschließt ihn. Man stellt ihn für zwei Wochen in die Sonne und schüttelt oder rührt täglich. Das Öl wird passiert, in eine Flasche gefüllt und mit einem neuen Zweig des Krauts gekennzeichnet.

■ **Für Kräuteressig** zerreibt man die Kräuter oder Kräutermischung, gibt sie in einen Glaskrug und füllt ihn randvoll mit leicht erwärmtem Wein- oder Apfelessig. Fortfahren wie beim Kräuteröl *(oben)* und den fertigen Essig im Kühlschrank lagern.

■ **Für süßes Öl,** wie z. B. Lavendelöl, verwendet man stattdessen Mandelöl, das man z. B. im Naturkosthandel erhält.

■ **Basilikumblätter konserviert** man in einem Glas mit leichtem Olivenöl. Man taucht die Blätter vollständig ein, schließt das Glas und stellt es in den Kühlschrank. Das Öl eignet sich für Salate und zum Kochen, die Blätter für Soßen.

▽ **WÜRZIGE FLASCHEN**
Mit Kräutern gewürztes Öl füllt man mit frischen Zweigen in Flaschen, die mit einem Korken verschlossen werden.

SIEHE AUCH: Kräuter und ihre Verwendung, S. 226–227

DER NUTZGARTEN

PLANUNG DES NUTZGARTENS

ZUERST SOLLTE MAN ÜBERLEGEN, wie viel Platz man für Obst und Gemüse abtreten möchte. Es kann sinnvoll sein, alle Nutzpflanzen nach Arten geordnet in einem Bereich anzubauen, da man sie so leichter pflegen und versorgen kann. In den heutigen kleinen Gärten ist es jedoch nicht immer möglich, den traditionellen Küchengarten vom Ziergarten zu trennen. Obst und Gemüse lassen sich aber auch zwischen Blumen in Beeten und Rabatten oder in Kübeln ziehen – vielleicht nicht in den gleichen Mengen, aber dennoch genug für ein paar Mahlzeiten mit dem Lieblingsobst bzw. -gemüse frisch vom Garten, von der Terrasse oder auch von der Fensterbank.

ARGUMENTE FÜR DEN NUTZGARTEN

Zierpflanzen belohnen den Gärtner in gewissem Sinne mit ihrer Schönheit, und man kann selbst bestimmen, wie viel Arbeit man investiert. Der Anbau von Obst und Gemüse verlangt ein gewisses Maß an Arbeit, bringt dafür aber greifbare bzw. essbare Ergebnisse. Der Geschmack selbst gezogener Produkte übertrifft den von gekauftem Obst und Gemüse bei weitem. Man kann Sorten wählen, die von Natur aus besser schmecken; und da nur kurze Zeit zwischen Ernte und Verzehr liegt, haben frische Gartenfrüchte auch einen höheren Enzym- und Vitamingehalt als gekaufte Produkte. Hinzu kommt die Vorfreude, wenn die Pflanzen heranreifen, und die Befriedigung, die der Genuss von Obst und Gemüse aus eigenem Anbau bringt. Und wer möchte, kann die Pflanzen im eigenen Garten biologisch anbauen.

PRAXIS-TIPPS

• Nichts pflanzen, das niemand in der Familie recht mag – das scheint selbstverständlich, wird aber erstaunlich oft getan.

• Gängiges Obst und Gemüse sind im Handel immer günstig. Bei Platzmangel ist es besser, teurere oder seltenere Arten zu kultivieren.

• Bestimmte Arten wie Erbsen und Erdbeeren üben auf Kinder einen großen Reiz aus.

DER TRADITIONELLE GEMÜSEGARTEN

In traditionellen Nutz- und Schrebergärten wird Obst und Gemüse in ordentlichen Reihen auf gut gepflegten Beeten angebaut. Das heißt nicht, dass es hier keine Blumen gibt. Der traditionelle Gärtner schätzt durchaus ihre Eigenschaft, bestäubende Insekten anzulocken. Auch gut gewachsene Nutzpflanzen in ordentlichen Beeten besitzen ihren eigenen Charme. Sie eignen sich für Menschen, die Ruhe und Kraft in einer solchen geordneten und produktiven Umgebung schöpfen. Wenn man sich aber nach prächtigeren Pflanzen sehnt und nur wenig Platz hat, nimmt ein solcher Gemüsegarten zu viel Raum in Anspruch.

DER TRADITIONELLE KÜCHENGARTEN ▷
Wohl geordnete, unkrautfreie Reihen gesunden Gemüses werden von einem purpurfarbenen Band duftender Katzenminze (Nepeta × faassenii) gesäumt, das Bienen und andere Bestäuber anlockt, die für eine gute Ernte sorgen.

SIEHE AUCH: Planung und praktische Tipps, S. 236; Fruchtfolge, S. 237

BAUERNGÄRTEN

In Bauerngärten investierte man nicht Geld, sondern Zeit: jeden Zentimeter füllten aus Samen gezogene Nutzpflanzen und Blumen. Man »vergeudete« kaum Platz für immergrüne oder künstliche Gartenelemente. Ein eingewachsener Bauerngarten muss mit recht viel Aufwand in Stand gehalten werden, sonst vermittelt er nicht ungezwungene Fülle, sondern sieht schlicht unordentlich aus. Er ist das Richtige für Leute, die im Frühling und Sommer gern im Garten werkeln, den Winter aber lieber im Haus verbringen.

DER BAUERNGARTEN ▷
Fedriger Fenchel, gesäumt von Pastinaken und Erdbeeren, wächst zwischen nektarreichem Salbei und Schnittrosen. Eine Strohdecke hält die Wege sauber und bietet Platz zum Trocknen von Schalotten. An Gestellen und Wigwams aus Haselruten ranken Feuerbohnen und Wicken empor.

DER DEKORATIVE OBST- UND GEMÜSEGARTEN

Dieser Obst- und Gemüsegarten bildet eine überschwängliche Mischung aus formaler Schönheit und Produktivität. Die durchdachte Anlage und wirkungsvolle Dauerpflanzen halten das Gartenbild auch nach der Ernte zusammen. Die geometrischen Beete müssen sorgfältig abgegrenzt und die Wege gerade, gut befestigt und attraktiv sein. Gestutzte Lavendel- und Buchseinfassungen und Hochstämmchen, hier Lorbeer und Rosen, bilden Blickfänge.

PARADIESISCHER OBST- UND GEMÜSEGARTEN ▷
Robuste Ziegelwege bieten bequemen Zugang und verleihen dem formalen Rahmen für ordentlich abgegrenzte, intensiv genutzte Beete einen warmen Farbton. Bunte Kapuzinerkresse lockt Schwebfliegen an, deren Larven sich von Blattläusen ernähren und so die krausen Salatköpfe verschonen.

KLEINE RÄUME NUTZEN

Kübelkulturen reichen vom reinen Nutzanbau, wie Paprika in Pflanzsäcken oder sogar Kartoffeln in Abfallsäcken, bis hin zu einem mit Feuerbohnen berankten Dreibein in einem halbierten Fass. Selbst auf kleinstem Raum finden Hängeampeln, Töpfe und Kästen mit Salaten und Balkontomaten Platz, und dazwischen Majoran, Basilikum oder Thymian, um auch die Gewürze zur Hand zu haben.

◁ VOR DEM FENSTER
Salat, Erdbeeren und Tomaten gedeihen bequem in Reichweite und nutzen den kleinen Raum auf optimale Weise.

HÄNGEGARTEN ▷
Üppig herabhängende Tomaten teilen eine Ampel mit Ringelblumen, die ihnen gute Nachbarn sind.

SIEHE AUCH: Pflanzen und Kultivieren von Kräutern, S. 228–231; Fleischige Gemüse, S. 256–257

VORBEREITEN EINES GEMÜSEGARTENS

ES GIBT ZAHLREICHE ZIERPFLANZEN, die schattige, windige, feuchte oder steinige Plätze im Garten wunderbar ertragen, aber Gemüsepflanzen lassen sich nicht mit solchen »minderwertigen« Bedingungen abspeisen. Sie benötigen Sonne, Windschutz und humosen, gut durchlässigen Boden – und verlangen daher u. U. nach dem schönsten Platz im Garten. Will man Gemüse dann nicht in Kübeln oder zwischen Zierpflanzen ziehen, sollte man den Gemüsegarten so hübsch wie möglich gestalten. Eine Anordnung kleiner, mit Blumen und Kräutern eingefasster, unkrautfreier Beete mit sorgfältig gepflegten Nutzpflanzen kann ebenso attraktiv sein wie ein Blumenbeet.

PLANUNG UND PRAKTISCHE TIPPS

Wenn man so viel Gemüse anbauen will, dass man regelmäßig Mahlzeiten davon zubereiten kann, sollte man den Garten lange im Voraus planen und dabei auf praktische Elemente achten. Wenn dann schließlich gesät und gepflanzt wird, kann man sicher sein, dass alles Nötige zur Stelle ist. Ein Windschutz aus Hecken, Zäunen oder pragmatischerem Maschendraht kann als Abgrenzung dienen, an der sich Bohnen und Erbsen emporranken, ohne anderen Pflanzen Licht zu entziehen. Man benötigt einen Wasseranschluss, vorzugsweise im Garten und eventuell an einer Regentonne, sowie Stauraum, und zwar nicht nur für Werkzeuge, sondern auch für all die Dinge – Pflanzstäbe, Folientunnel, Erbsenreiser –, die sich im Nutzgarten so ansammeln. Ein Geräteschuppen sollte keinen guten Pflanzplatz verstellen oder überschatten. Ein Kompostbehälter, besser zwei, sind ein Muss (siehe unten), es sei denn, der Garten ist winzig. In einem großen Garten wünscht man sich vielleicht einen Lagerplatz für Mist oder Mulchmaterial. Auch eine Feuerstelle ist sinnvoll, vorausgesetzt, die kommunalen Bestimmungen erlauben

△ SANFTE BEWÄSSERUNG
Riesel- oder Tröpfelschläuche gehören zu den praktischsten Erfindungen für Gemüsegärten. Sie können nicht nur an ein automatisches Bewässerungssystem angeschlossen werden sondern bewässern die Pflanzen auch sehr sanft, ohne den Wurzelbereich zarter, junger Pflanzen zu stören.

das Verbrennen von Gartenabfällen. Und wenn man sich einmal für Selbstversorgung begeistert, wird über kurz oder lang ein Gewächshaus oder zumindest ein Frühbeet her müssen (siehe S. 240). Dafür sollte man schon mal einen Platz reservieren.

PRAXIS-TIPPS

Im Sommer kann selbst ein kleiner Gemüsegarten täglich viel Zeit zum Gießen beanspruchen, und um Verbrennungen zu vermeiden, muss es abends durchgeführt werden. Wer die Abende lieber anders verbringt, sollte beim Anlegen des Gemüsegartens ein Bewässerungssystem integrieren. Auch Gartencenter bieten in der Regel eine Reihe von Zubehör wie Tröpfelschläuche, Zeitschaltuhren für Wasserhähne und Schläuche mit Halterungen für Kübel an und sollten bei der Zusammenstellung beraten können. Den Schlauch führt man so um Beete und Töpfe, dass möglichst niemand daran hängen bleiben kann.

KOMPOST ANLEGEN

Gemüsekulturen laugen den Boden aus und erzeugen Unmengen an Garten- und Küchenabfällen. Kompostieren ist die optimale Lösung, die die Müll- oder Biomülltonne »erleichtert« und das Pflanzenmaterial wieder dem Boden zuführt, wohin es gehört, und das in einer Form, die die Struktur und Fruchtbarkeit des Bodens Jahr für Jahr verbessert. Es macht Spaß, Kompostbehälter selbst zu bauen (siehe S. 283). Auch Kunststofftonnen eignen sich als »Thermokomposter«. Zur Verrottung muss sich das organische Material aber erwärmen, weshalb die Tonne mindestens ein Volumen von 1–2 m³ haben muss. Man verwendet zuunterst eine ca. 15 cm hohe

Schicht lockerer Zweige, der schrittweise 15 cm hohe Schichten organischen Abfalls folgen. Weiche Materialien werden mit zerkleinerten Zweigen im Verhältnis 1:2 gemischt. Auf jede Schicht kann man 1–2 Schaufeln Mist geben, dessen Stickstoff die Verrottung beschleunigt. Befeuchtet wird der Kompost nur in langen Trockenperioden im Sommer. Im Winter deckt man ihn zu, damit er warm und aktiv bleibt. Kompost reift im Sommer in 2–3 Monaten, im Winter braucht er länger. Krümeligen, gut riechenden Kompost verwendet man als Mulch oder arbeitet ihn in den Boden ein. Die meisten Gemüseabfälle können kompostiert werden. Verholztes Material wird

vorher zerkleinert. Auch die Asche des Gartenfeuers kann zugefügt werden, einjähriges Unkraut nur vor der Samenreife. Nicht in den Kompost gehören: Wurzeln ausdauernder Unkräuter, Fleisch- und Speisereste, Haustierkot oder kranke bzw. von Schädlingen befallene Pflanzenteile.

GRASSCHNITT ▷
Grasschnitt eignet sich gut zur Kompostierung, muss aber in dünnen Schichten oder mit sperrigerem, fasrigem Material vermischt werden, sonst unterbindet er die zur Verrottung nötige Sauerstoffzufuhr und fault.

SIEHE AUCH: Düngen von Nutzpflanzen, S. 238–239

BEETARTEN

Wenn man einen separaten Gemüsegarten anlegen möchte, sollte man den Grundriss der Beete planen. Traditionelle Gemüsegärten mit großen Beeten und Pflanzenreihen in breitem Abstand benötigen viel Platz. Zudem schadet es auch der Bodenstruktur, die sich durch häufiges Begehen zwischen den Reihen verdichtet. Günstiger sind kleine Beete, getrennt durch feste Wege, von denen aus man alle Arbeiten in den Beeten erledigen kann. Vorausgesetzt, man düngt den Boden gut (siehe S. 238–239), kann man die Pflanzen statt in herkömmlichen Reihen auch in dichteren Blöcken anordnen. Auf diese Weise erhöht sich der Ertrag, und Unkraut wird stärker verdrängt. Die Wege können gitterförmig zwischen rechtwinkligen Beeten oder sternförmig diagonal, in Dreiecken oder in einem unterteilten Kreis verlaufen. Sie sollten mindestens 60–75 cm breit sein; seitliches Knien ist ermüdend und verursacht Rückenprobleme.

Kleine Beete eignen sich gut für eine Kultur ohne Umgraben und für erhöhte Beete – Praktiken aus dem biologischen Anbau, die die Fruchtbarkeit und Wasserhaltekraft verbessern, für gute Durchlüftung sorgen und eine hervorragende Bodenstruktur schaffen, die sowohl Nährstoffverluste als auch das Keimen von Unkraut minimiert. Einmal vorbereitet, ist kein weiteres Umgraben erforderlich; gepflanzt wird mit einer Pflanzkelle. Ob man diese oder traditionellere Methoden anwendet – wichtig ist, dass der Boden vor dem Pflanzen oder Säen gründlich vorbereitet (siehe S. 142–143) und gejätet wird. Jungpflanzen mögen weder Konkurrenten noch Störungen im Wurzelbereich beim Jäten. Je länger man das erste Jäten hinauszögern kann, desto besser.

DAS ERHÖHTE BEET

1 DAS BEET VORBEREITEN
Den Beetbereich gräbt man durch spatentiefes Umgraben (siehe S. 143) mit je einer Schicht Kompost auf dem Boden der Gräben um. Man häuft das Beet mit Oberboden aus dem umliegenden Bereich, angereichert mit Kompost, an.

2 IM RICHTIGEN ABSTAND PFLANZEN
Im folgenden Jahr wird eine dicke Mulchschicht aus organischem Material aufgetragen, ohne sie einzuarbeiten. Durch den stark erhöhten Nährstoffgehalt kann man viermal so viele Pflanzen wie gewöhnlich anbauen.

PFLANZFOLIEN

Schwarze Pflanzfolien für Gemüsebeete unterdrücken Unkraut und regulieren die Bodentemperatur. Man kann Samen durch Löcher oder Schlitze in der Folie säen, muss die Sämlinge aber beobachten und u. U. durch die Öffnungen unter der Folie hervorziehen. Praktischer sind Jungpflanzen (z. B. in Pikierplatten gezogen), für die man die Folie kreuzförmig einschneidet. Folie hält Regenwasser ab, darum ist es sinnvoll, vor dem Abdecken einen Tröpfelschlauch (siehe S. 236) zu installieren, um die Bewässerung zu gewährleisten. Schwarze Folie eignet sich auch für den Anbau von Kartoffeln (siehe rechts).

KARTOFFELN LEGEN OHNE UMGRABEN

1 KNOLLEN LEGEN
Man legt Pflanzkartoffeln auf ein vorbereitetes erhöhtes Beet und deckt dann 15–20 cm hoch gut verrotteten Kompost darüber. Da kein Licht einfällt, können Unkrautsamen nicht keimen.

2 FOLIENAUFLAGE
Man deckt das Beet mit Folie ab, fixiert sie in der Erde und schneidet Schlitze für das Kartoffelkraut. Die Folie verhindert das Vergrünen, ein häufiger Effekt bei den dem Licht ausgesetzten Knollen.

FRUCHTFOLGE

Durch die Fruchtfolge kann man Nährstoffe effizient nutzen und die Ausbreitung bodenbürtiger Krankheiten verhindern. Man lasse sich nicht von den in Büchern oft beschriebenen komplizierten 3-, 4- oder gar 5-jährigen Fruchtfolgeplänen abschrecken. Sie wurden für große Gemüsegärten auf dem Land und die ganzjährige Selbstversorgung mit jedem erdenklichen Gemüse konzipiert. Die Fruchtfolge lässt sich jedoch auch bedeutend vereinfachen.

Gemüsearten gehören Gruppen an, wobei in einem bestimmten Beet jedes Jahr ein Gemüse einer anderen Gruppe wachsen sollte. Bestimmte Gruppen sind bessere Nachfolger als andere. Zum einen gibt es die **Hülsenfrüchte** (Leguminosen) wie Erbsen und Bohnen. Sie reichern den Boden mit Stickstoff an, der den Pflanzen der nächsten Gruppe, den **Kohlarten** wie Kohl, Brokkoli, und einigen Wurzelgemüsen, wie Weißen Rüben, gut tut. Ihnen folgen die **Wurzelgemüse** aus der Familie der Doldenblütler wie Möhren und Pastinaken, die magerere Böden bevorzugen und dem Boden die empfohlene zweijährige Ruhephase geben, bevor sich der Fruchtfolgekreis schließt. Man kann dem Kreis ein weiteres Jahr hinzufügen oder eine der genannten Arten durch folgende ersetzen: Zwiebeln; Kürbisse und Zucchini; Mais; Kartoffeln oder Blattsalate. Letztere eignen sich nach Hülsenfrüchten, wenn man Kohl auslassen möchte, da sie ebenfalls stickstoffreichen Boden lieben. Sie können auch zwischen andere Kulturen gepflanzt oder als Beeteinfassungen verwendet werden. Am besten skizziert man den Gemüsegarten jedes Jahr als Denkstütze für das nächste Jahr.

BASISWISSEN

STICKSTOFF SAMMELNDE HÜLSENFRÜCHTE

In den Wurzelknöllchen dieser Pflanzen sowie anderer Leguminosen (z. B. Klee) wandeln symbiontische Bakterien den Luftstickstoff in Nitrat um, der in dieser Form von nachfolgenden Pflanzen verwertet werden kann. Deshalb sollte man Wurzeln von Erbsen und Bohnen immer einarbeiten, anstatt sie zusammen mit den abgeernteten oberirdischen Pflanzenteilen auszureißen.

SIEHE AUCH: Den Boden vorbereiten, S. 142–143; Unkrautbekämpfung, S. 144–145; Zusatzdüngung, S. 239; Mist und Mulch, S. 239

DÜNGEN VON NUTZPFLANZEN

DIE JAHR FÜR JAHR gute Versorgung des Bodens ist der Schlüssel zu produktiven Pflanzen. Unterschiedliche Arten haben einen unterschiedlichen Nährstoffbedarf, weshalb man dem Boden je nach Pflanzenart neben einer allgemeinen Düngung u. U. bestimmte Komponenten hinzufügen muss. Falls man jedoch bei schlechter Bodenstruktur das Gießen vernachlässigt, können Düngergaben nichts bewirken. Damit die Wurzeln Nährstoffe aufnehmen können, muss der Boden locker und feucht sein. Für die meisten Nutzpflanzen in Kübeln reicht jährlich erneuerte lehmige Erde, angereichert mit Langzeitdünger; aber z. B. Tomaten brauchen noch zusätzliche Komponenten.

BESTIMMEN DER BODENART

Man reibt Boden zwischen den Fingern, um festzustellen, ob er leicht oder schwer ist. Hat man nicht das Glück, dass er in etwa dazwischen liegt (der perfekte Lehmboden), muss man die Struktur für eine gute Ernte verbessern. Das Geheimnis ist, die Erde mit »organischem Material« – pflanzlichen oder tierischen Abfällen – anzureichern. Es sorgt dafür, dass schwerer Boden Wasser und Nährstoffe leichter an Pflanzen abgibt, leichter Boden sie länger hält. Man nutze jede Gelegenheit, dem Boden im Nutzgarten organisches Material zuzuführen, egal ob als Mist, Kompost, Laubhumus oder selbst verbrauchte Topferde (falls die Pflanzen gesund waren).

Sandiger Boden fühlt sich körnig an und klebt nicht zusammen.

△ SAND- UND SCHLUFFBÖDEN
Lockere, sandige Böden bestehen aus groben Bodenteilchen, zwischen denen Wasser und darin gelöste Nährstoffe viel zu rasch abfließen (wie an einem Strand bei Ebbe). In Flussdeltas kann auch seidig weicher Schluff aus mittelgroßen Teilchen abgelagert sein, der hilft, Feuchtigkeit zu halten.

Lehmiges Substrat bildet einen mehr oder minder geschmeidigen Klumpen, der sich formen lässt.

TONBÖDEN △
Tonböden sind in feuchtem Zustand kleirig, schwer und kalt und bilden Klumpen; trocken werden sie steinhart. Regenwürmer sind starke Verbündete bei Ton. Sie graben Gänge durch die Klumpen, hinterlassen darin ihre krümeligen Ausscheidungen und lockern so den Ton.

DER pH-WERT DES BODENS

Der pH-Wert ist ein Maß für die chemische Reaktion des Bodens (*s. unten und rechts*). Die meisten Gemüse bevorzugen neutrale bis schwach saure Böden. Kohlgewächse sind eine Ausnahme. Sie bevorzugen alkalische Böden und sind dort auch vor Kohlhernie geschützt. Für andere Nutzpflanzen sollte man alkalische (Kalk-)Böden aber neutralisieren. Am besten fügt man regelmäßig Mist hinzu, der einen niedrigen pH-Wert hat. Möchte man auf saurem Boden Kohl anbauen, sollte man kalken (*siehe rechts*).

KALKEN

Aus Sicherheitsgründen sind dem traditionellen Löschkalk weniger aggressive Kalkmittel wie Kalziumkarbonat vorzuziehen. Eine sanfte Methode, schwach sauren Boden zu neutralisieren, ist eine Mulchschicht aus verbrauchtem Pilzsubstrat, das Kalkkrümel enthält. Man kalkt so früh wie möglich vor dem Pflanzen, mindestens vier Wochen vorher. Man sollte Kalk nicht in Kontakt mit Pflanzen bringen; auch nicht gleichzeitig Mist auftragen, da sie miteinander reagieren und nützlichen Stickstoff als Gas freisetzen.

pH-TEST-SET ▷
Der Säure- oder Basengehalt des Bodens wird anhand der pH-Skala von 1–14 bestimmt. Unter 7 ist sauer, 7 neutral und über 7 alkalisch. Im Handel gibt es einfache Test-Sets, mit denen man den pH-Wert durch Vergleich mit einer Farbskala ermittelt.

Hat sich das Substrat gesetzt, zeigt (bei diesem Test) Gelb- oder Orangefärbung sauren Boden an.

Etwas Boden wird kräftig mit einem chemischen Indikator geschüttelt und soll sich dann setzen.

Eine grüne Lösung weist auf neutralen Boden hin.

Die dunkel olivgrüne Farbe kennzeichnet alkalischen Boden.

◁ BODEN KALKEN
Man kalkt an einem windstillen Tag und trägt dabei Schutzhandschuhe und -brille. Vom Hersteller empfohlene Menge auf der Oberfläche verteilen und mit dem Rechen einarbeiten. Zu viel Kalk kann Nährstoffe binden und das Wachstum beeinträchtigen.

SIEHE AUCH: Verschiedene Bodenarten verbessern, S. 142

MIST UND MULCH

Mist ist ein guter Bodenverbesserer für den Küchengarten. Zwar sind andere Dünger nährstoffreicher (s. Tabelle rechts), doch für die Bodenstruktur wirkt er Wunder. Die traditionelle Methode ist, den Mist jeden Herbst unterzugraben; im Frühling ist es für viele Nutzpflanzen zu spät, da sie gar nicht oder schlecht auf frisch gedüngtem Boden gedeihen. (Kartoffeln sind eine Ausnahme und ein Segen als erste Frucht, falls man ein Gemüsebeet nicht vor Saisonbeginn vorbereiten konnte.) Im Frühling und Frühsommer, wenn der Boden warm und feucht ist, trägt man um die Pflanzen herum Mulch, z. B. aus Gartenkompost, auf, der Unkraut unterdrückt, Feuchtigkeit hält und Schwankungen der Bodentemperatur reduziert. Gehäckseltes Holz oder Rinde lagert man erst zwei Jahre, sonst entzieht es dem Boden Stickstoff. Man mulcht nach gründlichem Wässern, nach dem Auspflanzen oder wenn die Sämlinge mindestens 5 cm groß sind. Die Mulchschicht soll 3–8 cm dick sein und den Wurzelhals aussparen.

Beim erhöhten Beet arbeitet man Mist nur während der ersten tiefgründigen Kultivierung im Herbst ein. In den Folgejahren bringt man ihn im Frühjahr als Mulch auf. Bodenlebewesen arbeiten ihn während der Wachstumsperiode ein. Der Mist muss immer gut verrottet sein, da die Pflanzen sonst verbrennen. Man trägt mindestens 20 Liter (2 Eimer) pro Quadratmeter Boden auf. Die Gefahr der Überdüngung ist vergleichsweise gering.

△ MIST EINARBEITEN
Sowohl Obst- als auch Gemüsepflanzen mögen eine Düngung mit gut verrottetem Mist. Wenn man ihn als Mulch aufträgt, darauf achten, Jungpflanzen nicht zu bedecken und ihn von den Stämmen größerer Pflanzen fern zu halten.

ZUSATZDÜNGUNG

Pflanzen entziehen dem Boden drei Hauptelemente für das Wachstum: Stickstoff (chemisches Symbol N) für die Blätter, Phosphor (P) für Blüte und Frucht und Kalium (K) für die Wurzel. Nur die Leguminosen geben Stickstoff zurück, so dass der Gärtner den Boden mit Nährstoffen anreichern muss. Sie werden nicht pur gegeben, sondern in Verbindungen, die von den Pflanzen leichter aufgenommen werden: Stickstoff als Nitrat, Phosphor als Phosphat und Kalium in Form von Kalisalz. Ein im Frühjahr angewandter Universaldünger (im empfohlenen Maße – zu viel kann den Pflanzen schaden) bietet eine ausgewogene N–P–K–Mischung. Einige Pflanzen benötigen aber größere Mengen eines bestimmten Nährstoffs, so z. B. Tomaten, die zur Fruchtbildung viel Kali brauchen. Man kann Pflanzen bis Frühsommer mit stickstoffreichem Dünger zu einem Wachstumsschub verhelfen; nicht jedoch später, da sonst statt der Frucht die Blätter wachsen. Weitere Elemente werden in geringerem Maße benötigt: Kalzium, Magnesium, Schwefel, und in kleinsten Mengen Eisen, Mangan, Molybdän und Bor, die Spurenelemente. Guter, regelmäßig mit Kompost versetzter Boden enthält in der Regel genug davon. Nährstoffmangel zeigt sich häufig anhand bestimmter Symptome (siehe S. 296–309). Wenn man sie erkennt, kann man Abhilfe schaffen: z. B. mit Knochenspänen bei Eisenmangel.

GRÜNDÜNGUNG

Im Gemüsegarten gibt es unweigerlich gelegentlich Lücken, was jedoch nicht schlimm ist, da der Boden sich erholen kann. Man kann auch die Gelegenheit nutzen, den Boden zu verbessern und gleichzeitig Unkraut fern zu halten. Auf die freie Stelle gibt man entweder Mist, den man mit einer fixierten Folie abdeckt und von den Würmern einarbeiten lässt, oder man führt mit demselben Effekt eine Gründüngung durch. Einjährige wie Senf (rechts) und *Phacelia* werden immer häufiger als Saatgut angeboten und sind leicht zu verwendende Pflanzen zur vorübergehenden Verwendung im Nutzgarten.

NÄHRSTOFFGEHALT IM DÜNGER

Organische Dünger enthalten im Verhältnis zur Masse wenig Nährstoffe, liefern aber Spurenelemente und verbessern Bodenstruktur, Wurzelwachstum, Wasser- und Nährstoffhaltekraft des Bodens. Die Nährstofffreisetzung aus Langzeitdüngern und Konzentraten hängt von Boden-pH, -temperatur und -feuchtigkeit ab.

	% Stickstoff	% Phosphat	% Kali
ORGANISCHE DÜNGER			
ALGENMEHL		0,2	2,5
FISCH-, BLUT-, KNOCHENMEHL	3,5	8	–
GARTENKOMPOST	0,5	0,3	0,8
GUANO MIT URGESTEINSMEHL	3	1	3,2
HOLZASCHE	0,1	0,3	1
HORNSPÄNE	13	–	–
KNOCHENMEHL	3,5	20	–
PILZSUBSTRAT, GEBRAUCHT	0,7	0,3	0,3
RINDERMIST (FRISCH)	0,6	0,1	0,5
ROHKALI	5	8	10
ROHPHOSPHAT	–	26	12
ANORGANISCHER DÜNGER			
AMMONIUMNITRAT	35	–	–
FLORACOTE	7	7	7
KALIUMCHLORID	–	–	60
KALIUMSULFAT	–	–	49
THOMASMEHL	–	42	–

Wenn der Boden austrocknet, hilft alles Düngen nichts, denn dann können die Pflanzen keine Nährstoffe absorbieren. Auch sporadisches Wässern reicht nicht aus. Sobald der Boden austrocknet, muss man ausgiebig und regelmäßig gießen.

△ SENF ALS GRÜNDÜNGER
Samen breitwürfig aussäen. Wenige Wochen später, wenn sie 15–20 cm hoch sind, mit einem Spaten abhacken und welken lassen. Eine Reihe flacher Gräben ausheben, eine Schicht Gründünger hineingeben und mit Erde auffüllen.

SIEHE AUCH: Den Boden vorbereiten, S. 142–143; Mulchen, S. 152; Ein- und Zweijährige säen, S. 163

NUTZPFLANZEN SCHÜTZEN

FALLS MAN DAS GLÜCK HAT, in einer milden Region zu leben, spielt der Schutz der Nutzpflanzen kaum eine Rolle. In kühleren Gegenden hingegen haben Gärtner eine Reihe kluger Techniken entwickelt, um die Wachstumsperiode zu verlängern. Sie reichen vom komplett regulierten Klima eines Gewächshauses bis hin zu improvisierten Anzuchtglocken zum Schutz einzelner Pflanzen. Anzuchtglocken und Vliestücher schützen die Saat zu einem gewissen Grad sowohl vor Vögeln als auch vor Insekten. Sie alle verlängern die Saison, indem sie die Pflanzen vor Widrigkeiten schützen oder den Zustand kalten oder nassen Bodens vor dem Säen verbessern.

ANZUCHTGLOCKEN UND FOLIENTUNNEL

Einfache Bodenabdeckungen können die Saison im Frühjahr und Herbst verlängern. Sie erwärmen den Boden vor dem Säen und schirmen ihn vor zu viel Feuchtigkeit ab, die für die Aussaat ungünstig ist. Sie schützen empfindliche Jungpflanzen in kühleren Regionen und helfen, dass sie gut einwurzeln. Pflanzen, die zum Heranreifen keine direkte Sonneneinstrahlung benötigen (die meisten Blatt- und Wurzelgemüse), kann man in besonders schädlingsgefährdeten Gebieten bis zur Ernte unter Vlies kultivieren. Freie Abdeckungen können auch späte Salatsaaten schützen.

PRAXIS-TIPPS

- Glasglocken sind hübsch, aber teuer. Improvisieren kann man, indem man aus Vlies oder Folie und Bügeln aus stabilem Draht oder ausgesonderten Kunststoffrohren (z. B. Kabelkanälen) einen Anzuchttunnel baut. Die Enden gegen Zugluft abdecken.

- Einwegkunststoffflaschen werden zu einzelnen Anzuchtglocken verwertet. Optimal sind 2-Liter- oder größere Flaschen.

- Kunststoff- und Glasglocken lassen kein Regenwasser durch. Um das Gießen zu erleichtern, kann man einen Tröpfelschlauch entlang der Pflanzen verlegen (siehe S. 236).

◁ **MITWACHSENDE FOLIE**
Die Ziegel werden gelegentlich angehoben, damit die Folie »mitwachsen« kann. Sie schützt zudem vor fliegenden Schädlingen.

BEHELFSGLOCKE ▷
Abgeschnittene Kunststoffflaschen können kleine Jungpflanzen schützen.

◁ **FOLIENTUNNEL**
Für einen Tunnel spannt man einfach eine Folie über Draht- oder Kunststoffbügel, klammert sie fest oder gräbt sie im Boden ein und bindet sie am Ende zu.

KUNSTSTOFFTUNNEL ▷
Der Tunnel aus Wellkunststoff wird mit Metall- oder Kunststoffgestellen fixiert. Die Enden sind zur Lüftung offen, man kann sie aber anfangs mit Glas abdecken.

FRÜHBEETKÄSTEN

Frühbeetkästen ergänzen ein Gewächshaus oder fungieren in kleinen Gärten als Minigewächshaus, besonders wenn sie mit einer Bodenheizung ausgestattet sind. Man kann darin Sämlinge ziehen oder im Gewächshaus sowie auf der Fensterbank gezogene Jungpflanzen abhärten. Jeder Kasten benötigt eine Abdeckung, die zum Lüften entfernt oder hochgehoben wird.

△ **FESTER FRÜHBEETKASTEN**
Dieser fest stehende Frühbeetkasten hat Schiebefenster zur Lüftung. Ihr Hauptnachteil ist, dass sie geöffnet keinen Schutz vor Regen bieten. Kippfenster werden zur Lüftung durch Keile gestützt und halten dennoch den Regen ab.

△ **BEWEGLICHER FRÜHBEETKASTEN**
Der Vorteil beweglicher Kästen ist, dass man sie an einer beliebigen Stelle direkt auf den Boden stellen kann. Sie schützen empfindliche Saaten während des Einwachsens und können später, wenn es wärmer ist, entfernt werden.

SIEHE AUCH: Gartenpflege, S. 274–287

GEWÄCHSHÄUSER

Ein gut gepflegtes Gewächshaus bietet optimalen Schutz. Unbeheizte Gewächshäuser verlängern die Saison bis zu zwei Monate, da man in heller, geschützter Umgebung früher säen kann. Beheizte Gewächshäuser ermöglichen rund ums Jahr das Kultivieren von Gemüse.

Ein Gewächshaus sollte man an einem geschützten Platz, aber nicht im Schatten von Gebäuden oder Bäumen aufstellen. Wichtig ist auch die Wasserversorgung.

In kühleren Regionen mit kurzen Sommern erzielt man bei frostempfindlichen Pflanzen unter Glas eine zuverlässigere Ernte. Auf einem befestigten Boden kann man Pflanzen in Kübeln oder Pflanzsäcken ziehen. Auf diese Weise vermeidet man den größten Nachteil von Erdbeeten, nämlich die Bildung von Bodenkrankheiten und hohen Salzrückständen aus Düngern. Falls Arbeitsbänke für frühe Aussaaten benötigt werden, kann man darauf verschiedenste kleinere Arten in Pflanzgefäßen ziehen. Hohe Pflanzen wie Gurken und Tomaten benötigen nach oben mehr Raum; sie werden am Boden kultiviert.

IM GEWÄCHSHAUS

Eine an Pflanzen angepasste Umgebung fördert auch Schädlinge und Krankheiten, wobei man sie in einem geschlossenen Raum leichter in Schach halten kann.

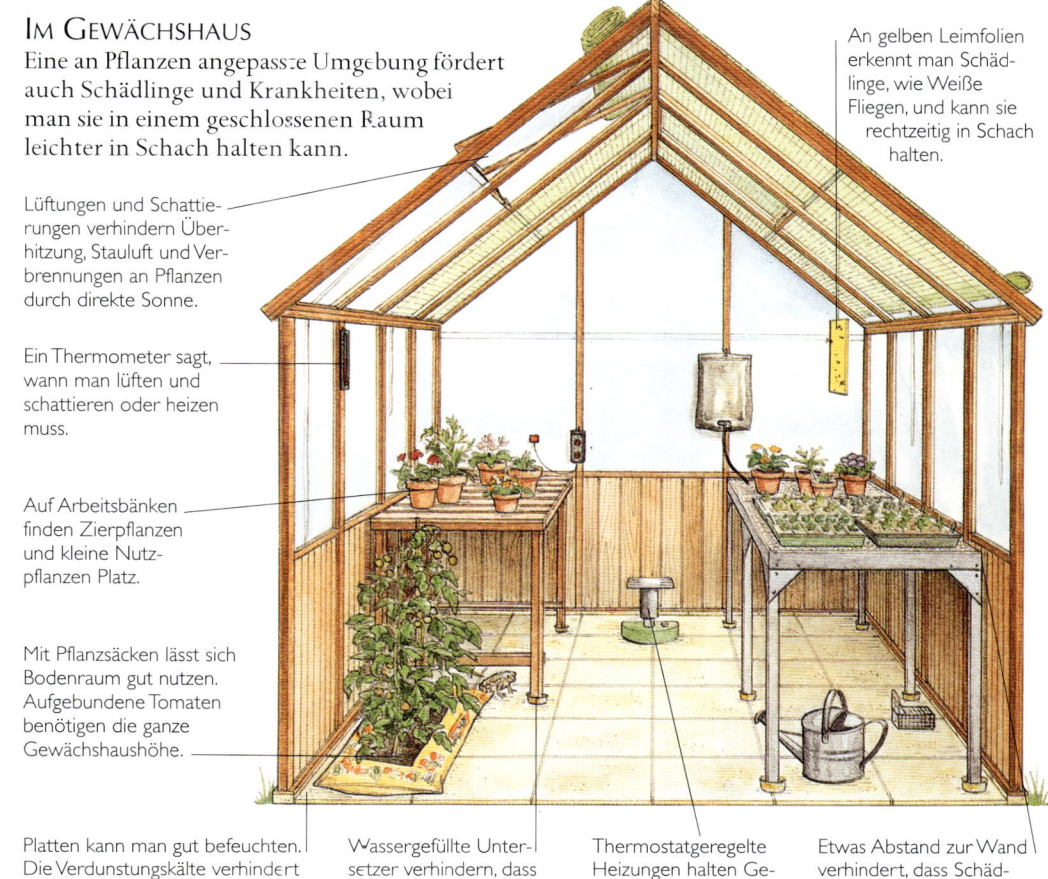

Lüftungen und Schattierungen verhindern Überhitzung, Stauluft und Verbrennungen an Pflanzen durch direkte Sonne.

Ein Thermometer sagt, wann man lüften und schattieren oder heizen muss.

Auf Arbeitsbänken finden Zierpflanzen und kleine Nutzpflanzen Platz.

Mit Pflanzsäcken lässt sich Bodenraum gut nutzen. Aufgebundene Tomaten benötigen die ganze Gewächshaushöhe.

An gelben Leimfolien erkennt man Schädlinge, wie Weiße Fliegen, und kann sie rechtzeitig in Schach halten.

Platten kann man gut befeuchten. Die Verdunstungskälte verhindert eine zu starke Erwärmung.

Wassergefüllte Untersetzer verhindern, dass Schädlinge hochklettern.

Thermostatgeregelte Heizungen halten Gewächshäuser frostfrei.

Etwas Abstand zur Wand verhindert, dass Schädlinge auf Tische gelangen.

SCHUTZ VOR SCHÄDLINGEN

Eine gute Gartenpflege, wie die Fruchtfolge und das Entfernen abgestorbener Pflanzenteile, können viele Probleme im Gemüsegarten verhindern. Man unterschätze aber nicht den Wert mechanischer Hindernisse zwischen Schädlingen und Pflanzen. Für eine optimale Wirkung geht man strategisch vor und beobachtet die Pflanzen, um Schädlinge frühzeitig zu erkennen, bevor sie sich vermehren und größeren Schaden anrichten. Vorsorgemaßnahmen beinhalten die Überlegung, welche Schädlinge eine Kultur am ehesten gefährden (z.B. begünstigen feuchte Sommer bestimmte Arten mehr als trockene), sowie Vorkehrungen in Form von Fallen, Barrieren und Insektenabwehrmitteln (siehe S. 294). Biologische Gärtner verwenden häufig Nachbarpflanzen, die Feinde der Schädlinge anlocken. Diese Schutzmaßnahmen, zusammen mit biologischer Schädlingsbekämpfung, die besonders in Gewächshäusern wirkungsvoll ist, und die Verwendung von resisten-

ten Sorten reduzieren den Einsatz chemischer Mittel um ein Vielfaches. Muss man sie dennoch verwenden, sollte man spät am Abend sprühen oder ein »systemisches« Mittel verwenden, das den Nützlingen nicht schadet.

△ VORSICHTSMASSNAHMEN (MÖHRENFLIEGE)
Ein feines 60–90 cm hohes Netz bildet eine Barriere gegen Möhrenfliegen. Sie halten sich dicht über dem Boden auf; wenn sie auf die Barriere treffen, fliegen sie daran empor, verfehlen die Pflanzen und werden vom Wind fortgetragen.

MÖGLICHE PROBLEME

Mögliche Probleme, mit denen bei Nutzpflanzen zu rechnen ist, findet man auf den Seiten 294–311.

Auberginen: Blattläuse, Raupen
Bohnen: Schnecken, Bohnenfliegen, Wurzelläuse, Schwarze Bohnenläuse, Brennfleckenkrankheit, Wurzelhals- und Wurzelfäule, Fettfleckenkrankheit, Viren
Erbsen: Vögel, Erbsenwickler, Brennfleckenkrankheit, Mäuse, Thrips
Gurken: Viren
Karotten, Möhren: Möhrenfliegen, Blattläuse, Wurzelhals- und Wurzelfäule, Bormangel
Kartoffeln: Erdraupen, Kartoffelzystenälchen, Tausendfüßer, Violetter Wurzeltöter (siehe Wurzelhals- und Wurzelfäule), Kraut- und Knollenfäule, Drahtwürmer, Schorf
Kohlarten: Raupen, Kohlfliegen
Kürbisse, Zucchini: Schnecken, Viren
Lauch: Älchen, Zwiebelfliege, Rost, Zwiebelweißfäule
Mangold: Vögel, Blattflecken durch Bakterien, Mehltau
Paprika: Blattläuse, Raupen
Pastinaken: Sellariefliege (siehe Minierraupen), Wurzelläuse, Möhrenfliegen, Pastinakenkrebs, Bormangel
Rote Bete: Vögel, Erdraupen, Blattläuse, Blattflecken durch Pilze, Bormangel
Salat: Blatt- und Wurzelläuse, Erdraupen, Schnecken, Schnakenlarven, Grauschimmel, Mosaikvirus (siehe Viren), Falscher Mehltau, Bormangel
Tomaten: Viren, Kraut- und Braunfäule, Magnesiummangel, Blütenendfäule, Bormangel
Zuckermais: Mäuse, Schnecken, Vögel
Zwiebel, Schalotten, Knoblauch: Zwiebelfliegen, Bohnenfliegen, Zwiebelfäule, Mehltau

SIEHE AUCH: Aussaat in Gefäße, S. 244–245; Fleischige Gemüse, S. 256–257

SÄEN UND PFLANZEN IM FREILAND

DIE MEISTEN NUTZPFLANZEN, die man im Freiland aus Samen ziehen kann, werden an Ort und Stelle ausgesät. Man streut das Saatgut entweder in Reihen, die später ausgedünnt werden, oder sät große Samen, z. B. Erbsen oder Bohnen, im endgültigen Abstand. Falls nicht alle Samen keimen, kann man, z. B. auf dem Wochenmarkt, Jungpflanzen nachkaufen, wobei die Sortenauswahl möglicherweise gering ist. Aussaaten im Freiland werden meist im Frühjahr nach den letzten Spätfrösten durchgeführt, wenn sich der Boden zudem leicht erwärmt hat. Unter einem Vlies oder einer Folie *(siehe S. 249)* kann man die Aussaat vorverlegen.

KAUFEN VON GEMÜSESAATGUT

Da viele Gemüsearten vor der Blüte geerntet werden, ist es außer bei Erbsen und Bohnen schwierig, Samen zu gewinnen. Eine der wenigen Gartenarbeiten, die sich von einem Sessel aus erledigen lässt, ist das Durchstöbern von Saatgutkatalogen. Bei Samen von anerkannten Quellen, ob Versand oder Fachhandel, geht man auch sicher, dass sie den erforderlichen Standards bezüglich Sauberkeit, Keimfähigkeit und Reinheit entsprechen und zumindest bis zum Verkauf kühl und trocken gelagert wurden (beim Direktkauf immer das Verfallsdatum prüfen, da Samen im Lauf der Zeit und bei zu hoher Lagertemperatur ihre Keimfähigkeit verlieren).

Man vergewissere sich immer anhand der Packungsaufschrift, dass die Samen in der eigenen Region im Freiland ausgesät werden können *(falls nicht, siehe S. 240–241 für andere Möglichkeiten)*, und folge den Anweisungen auf der Packung. Der häufigste Fehler bei nicht keimenden Samen ist, dass sie in noch zu kalten Boden gesät wurden.

DAS SAATGUTANGEBOT

Am billigsten und auch für biologischen Anbau akzeptabel ist unbehandeltes Saatgut. Vorgekeimtes Saatgut keimt schnell, falls man die Aussaatzeit verpasst hat; pillierte Samen sind einfach zu säen; chemisch behandeltes Saatgut ist hilfreich, wenn die Sämlinge zu Schädlingsbefall oder Krankheiten neigen.

Unbehandelte Pastinakensamen, nach der Ernte einfach gesäubert und getrocknet.

Erbsen- und Bohnensamen, hier runzelige Erbsen, kann man aus eigener Ernte sammeln.

Durch Pillieren lässt sich sehr kleines Saatgut wie Weiße Rüben bequem handhaben.

Pillierte Pastinakensamen: Die Tonhülle kann Fungizide und Insektizide enthalten.

Inkrustierte Blumenkohlsamen werden mit einem Fungizid behandelt.

Inkrustierte Möhrensamen: Nach Hautkontakt mit inkrustiertem oder gebeiztem Saatgut die Hände waschen.

Vorgekeimte Möhrensamen werden vorbehandelt, um die Keimung zu beschleunigen.

Inkrustierte Kohlsamen: Die Umhüllung schützt sie vor Pilzkrankheiten.

Rote Bete produziert Samenknäuel, aus denen sich Büschel von Sämlingen bilden.

Gebeiztes Saatgut, hier Erbsen, werden mit pilztötendem Pulver bestäubt.

VORBEREITEN DES GEMÜSEBEETS

Für die Aussaat ist feines, krümeliges, luftdurchlässiges Substrat erforderlich, das Feuchtigkeit halten kann, um die Samen zu quellen und die Hüllen aufzuweichen. Man bereitet den Boden möglichst schon im Herbst so weit wie möglich vor (umgraben, düngen usw.). Die durch wiederholtes Gefrieren und Tauen erzeugte Frostgare hilft, die Schollen weiter zu zerkleinern.

Man lockert den Boden im Frühjahr vor der Aussaat etwas mit einer Gabel und entfernt alle Unkräuter, insbesondere ausdauernde. Klein lassen sie sich leicht samt Wurzeln ausreißen. Ein ausgewogener Dünger wird eingearbeitet, und wenn der Boden gekalkt werden muss *(siehe S. 238)*, sollte das mindestens vier Wochen vor der Aussaat geschehen.

Für die Aussaat soll der Boden weder nass noch staubtrocken sein. Mit dem Rechen bildet man eine lockere krümelige, feinkörnige Oberfläche. Auf diese Weise lassen sich die Samen in gleichmäßiger Tiefe säen, haben guten Bodenkontakt und erhalten so die zum Keimen erforderliche Feuchtigkeit.

PRAXIS-TIPPS

• Man bereitet das Saatbeet mehrere Wochen vor der Aussaat vor und lässt Unkraut darauf keimen. Kurz vor Aussaat wird das Beet flach gehackt, bei trockenem Wetter abgeflammt. Die flache Bearbeitung bringt kaum neue Unkrautsamen nach oben, und die Gemüsesamen haben einen guten Start.

• Wird der Boden mit einem Folientunnel oder Vlies vorgewärmt, ist er durch fehlendes Regenwasser auch trocken. Bei sehr trockenem Substrat muss man die Saat gut angießen *(siehe gegenüber)*.

SIEHE AUCH: Den Boden vorbereiten, S. 142–143; Kalken, S. 238; Nutzpflanzen schützen, S. 240; Aussaat in Gefäße, S. 244

AUSSAAT IN RILLEN

Selbst große Gemüsesamen, die einzeln in Abständen gesät werden, werden in Rillen gelegt, entweder vor Ort oder in einem Aussaatbeet, von wo sie später umgepflanzt werden. Aussaatbeete werden gern für Kohlgewächse verwendet, die ein Jahr zum Wachsen brauchen: Die Jungpflanzen können ziemlich dicht in einem kleinen Beet stehen und werden später, wenn durch die Ernte einer anderen Frucht Platz geschaffen wurde, verpflanzt. Rillensaat funktioniert selbst, wenn man Pflanzen nicht in Reihen, sondern in Blöcken anbauen möchte: Man legt die Reihen einfach dichter zusammen. Auf diese Weise lässt sich leicht zwischen Unkraut und Sämlingen unterscheiden.

Generell gilt: je kleiner die Samen, desto flacher die Rille. Auf den Samenpackungen ist die erforderliche Tiefe angeben. Ist ein Bereich angegeben, z. B. 1–2 cm, gilt das kleinere Maß für schwerere, das größere für leichtere Böden. Die meisten Gemüse werden in schmalen Rillen gesät. Breite Rillen eignen sich für Pflanzen wie Erbsen, wo eine breite, dichte Aussaat nötig ist, für frühe Möhrensorten oder für laufend geerntete Pflanzen. Indem man einige erntet, schafft man Platz für die verbleibenden.

IN BREITEN RILLEN AUSSÄEN

1 RILLEN ZIEHEN *Parallele, 15–25 cm breite Rillen mit Holzpflöcken und einer Schnur markieren. Die Rillen ziehen, indem man eine Ziehhacke mit leichtem Druck in gleichmäßiger Tiefe auf sich zu zieht.*

2 AUSSÄEN *Man setzt große Samen im erforderlichen Abstand oder streut kleines Saatgut auf den Boden der Rille. Nicht zu dicht säen, da die Sämlinge sonst u. U. faulen oder schlecht anwachsen.*

3 BEDECKEN *Die Samen mit Hilfe einer Ziehhacke, eines Rechens oder mit dem Fuß vorsichtig mit Boden bedecken, ohne sie zu verrutschen. Die Aussaat mit einer Gießkanne mit feiner Brause gut angießen.*

4 SCHÜTZEN *Die Samen schützt man ggf. vor Vögeln oder anderen Samenfressern, wie Mäusen, indem man Maschendraht über die Aussaatreihe spannt. Nach dem Keimen entfernen — bevor die Sämlinge hindurchwachsen.*

IN SCHMALEN RILLEN AUSSÄEN (FÜR DIE MEISTEN GEMÜSEARTEN)

1 RILLEN ZIEHEN *Die Reihe markiert man mit Pflöcken und einer Schnur. Mit der Ecke einer Hacke oder mit der Pflanzkelle wird eine dünne gleichmäßige Rille in benötigter Tiefe gezogen.*

2 AUSSÄEN *Man legt die Samen in Abständen oder streut sie gleichmäßig in die Rille. Die Samen mit Boden bedecken, ohne sie zu verschieben, und gründlich angießen.*

FEUCHT ODER TROCKEN?

Bei Aussaat in sehr feuchten Boden streut man vorher Sand oder Vermiculit in die Rillen. Man sät vom Weg aus oder benutzt bei breiten Beeten ein Trittbrett, um nicht den Boden zu verdichten. Trockene Böden wässert man vor dem Säen und drückt die Samen vor dem Abdecken leicht an.

△ **NASSER BODEN** *Man gibt bei schweren, schlecht durchlässigen Böden vor dem Säen eine Schicht Sand in die Rille. Ein Trittbrett benutzen.*

△ **TROCKENER BODEN** *Die Rillen werden vor Aussaat mit Leitungswasser (kein Regenwasser) gewässert. Rillen nach dem Säen mit trockenem Boden füllen.*

AUSDÜNNEN UND UMPFLANZEN

Sämlinge werden ausgedünnt (»verzogen«), damit sie nicht zu dicht stehen — am besten schrittweise. Die Blätter sollen sich nach jedem Ausdünnen gerade nicht mehr berühren. In Saatbeeten gezogene Sämlinge pflanzt man so jung wie möglich um, damit sie rasch wieder anwachsen.

◁ **VERZIEHEN** *Die noch kleinen Sämlinge nach dem Keimen ausdünnen, indem man sie mit den Fingern unten am Stiel herauszieht. So werden die Wurzeln der verbleibenden Pflanzen nicht gestört.*

◁ **AUSGRABEN** *Sämlinge vorsichtig mit viel Erde ausgraben, in eine Plastiktüte stecken (damit sie nicht austrocknen), zum sicheren Transport Aussaatkiste verwenden.*

EINPFLANZEN ▷ *Im nötigen Abstand pflanzen, die untersten Blätter knapp über dem Boden. Zu hoch gepflanzt kann der Stängel u. U. die erntereife Pflanze nicht mehr halten.*

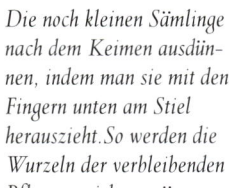

Den Boden um die zarten, jungen Stiele sorgfältig mit den Fingern andrücken.

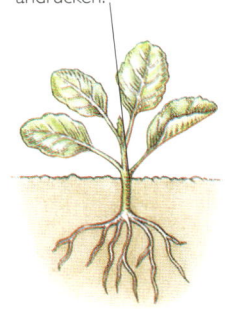

SIEHE AUCH: Schutz vor Schädlingen, S. 241; Gemüsearten, S. 246–257

AUSSAAT IN GEFÄSSEN

WENN DIE AUSSENTEMPERATUREN für die Keimung von Samen zu niedrig sind, müssen sie unter Glas in Töpfen oder Aussaatkisten gezogen werden. Die Anzucht winterharter Pflanzen oder von Arten, die von der Keimung bis zur Reife länger benötigen, als das hiesige Klima gestattet, wie z. B. Zuckermais, kann unter Glas vorangetrieben werden.

Diese Sämlinge werden später ins Freiland gepflanzt, man kann aber auch Arten ganz im Gewächshaus kultivieren, z. B. Paprika. Egal, ob man ein beheiztes Gewächshaus oder einen einfachen Anzuchtkasten hat, die Kultur aus Sämlingen bietet im Vergleich zu den normalerweise angebotenen Jungpflanzen eine viel größere Sortenauswahl.

AUSSAAT UNTER GLAS

Für die Aussaat unter Glas stehen unterschiedliche Gefäße zur Verfügung.

■ Töpfe eignen sich für teures Saatgut, das in kleinen Mengen angeboten wird, für Einzelkornsaaten bei großen Samen und wenn man nur wenige Sämlinge braucht.

■ Aussaatkisten und Saatschalen fassen genug Sämlinge für große Beete und eignen sich gut für Pflanzen, denen Umpflanzen nichts ausmacht.

■ Für Pikierplatten mit getrennten Töpfen ist weniger Substrat als für Töpfe und Kisten nötig. Man sät direkt in die Fächer, oder pikiert darin in Töpfen oder Kisten gekeimte Sämlinge. Sämlinge in Pikierplatten bilden kompakte Wurzelballen, die beim Umpflanzen kaum gestört werden. Falls das Klima während der besten Pflanzzeit ungünstig ist, können sich die Wurzeln darin auch weiter entwickeln. Pillierte Samen kann man einzeln säen; sonst je

zwei bis drei Samen, die später bis auf den kräftigsten Sämling verzogen werden.

Die Saat halte man nach dem Keimen gleichmäßig feucht, aber nicht nass, und stellt sie an einen hellen Platz ohne direkte Sonne, die sie verbrennen könnte.

PRAXIS-TIPPS

• Bei der Aussaat in Gefäßen produziert man meist mehr Sämlinge als nötig. Wenn man eine Tauschgruppe organisiert, können alle Mitglieder ihre Pflanzenvielfalt kostengünstig und mit geringem Aufwand erweitern.

• Nach dem Keimen müssen die meisten Sämlinge bei etwas niedrigerer Temperatur in einer hellen, gut gelüfteten, geschützten Umgebung gehalten werden. Küchenfensterbänke eignen sich zwar zum Keimen, sind aber zum Kultivieren von Sämlingen u. U. zu warm und stickig. Man stellt sie in einen kühleren Raum, z. B. ein freies Gästezimmer.

AUSSAAT IN SAATSCHALEN

1 SAATSCHALE VORBEREITEN
Aussaaterde locker in die Schale häufen. Aufstoßen, um Lufteinschlüsse zu beseitigen. Erde mit einem Holz glatt streichen und so fest andrücken, dass sich die Oberfläche ca. 1 cm unter dem Rand befindet.

2 SAATGUT DÜNN AUSSÄEN
Samen fein und gleichmäßig auf die Erde streuen. Dünn abdecken, indem weitere Erde darüber gesiebt wird. Zum Wässern mit feiner Brause gießen oder Schale in Wanne mit sauberem Wasser stellen, bis Erde glänzt.

3 SAATSCHALE ABDECKEN
Wasser gut abtropfen lassen, Schale mit einer Glasplatte oder Frischhaltefolie bedecken oder in einen Anzuchtkasten stellen. Wichtig ist viel Licht. Nach dem Keimen Abdeckung entfernen. Bei 3–4 Blättern pikieren.

△ BREITWÜRFIGE AUSSAAT IN TÖPFEN
Gut geeignet für kleine Mengen oder ungleichmäßig keimende Samen. Einen Topf mit Standard-Aussaaterde füllen, gut aufstoßen, um Lufteinschlüsse zu beseitigen, und Oberfläche leicht andrücken. Samen gleichmäßig dünn auf die Erde streuen, so hoch wie sie dick sind mit fein gesiebter Aussaaterde bedecken. Topf gießen und beschriften, mit Glas abdecken oder in einen Anzuchtkasten stellen.

△ AUSSAAT GROSSER SAMEN
Große Samen, wie Zucchini, Kürbisse und Gurken am besten einzeln oder zu zweit aufrecht in einen Topf mit 5–9 cm Durchmesser stecken. Nach dem Keimen den schwächeren Sämling entfernen. Topf bis 2,5 cm unter den Rand mit Standard-Aussaaterde füllen. Samen in die Erde drücken und ca. 2 cm dick mit Aussaaterde bedecken. Töpfe gießen und beschriften und in den Anzuchtkasten stellen.

SIEHE AUCH: Düngen von Nutzpflanzen, S. 238–239; Gewächshäuser, S. 241

PIKIEREN (VEREINZELN)

Sobald die Sämlinge erste Blätter entwickelt haben, muss man sie pikieren; bei zu dichtem Wuchs neigen sie zu Pilzbefall und sterben ab *(siehe S. 300)* oder werden langstielig und schwach. Man pikiert möglichst bald. Pflanzen mit stärker verflochtenen Wurzeln nehmen beim Versetzen Schaden.

SÄMLINGE PIKIEREN

1 SÄMLINGE HERAUSHEBEN
Aussaatkiste auf einer harten Oberfläche aufstoßen, um Erde zu lockern. Sämlinge nur an den Keimblättern anfassen; die Stiele sind sehr empfindlich. Sämlinge mit viel Erde an den Wurzeln herausheben.

2 SÄMLINGE UMPFLANZEN
Mit ausreichend Abstand in eine mit Standard-Topferde gefüllte Schale oder Pikierplatte umsetzen. Löcher in die Erde bohren, in jedes einen Sämling setzen und sehr vorsichtig andrücken.

ABHÄRTEN

An warmen geschützten Orten gezogene Gemüsepflanzen muss man langsam abhärten, ehe man sie ins Freiland pflanzen kann, sonst erleiden sie durch den Temperatursturz einen Schock. Man stellt sie am besten in einen Frühbeetkasten, dessen Deckel man über 7–10 Tage hinweg täglich immer weiter öffnet. Bei Frostgefahr schließt man ihn und deckt vorübergehend mit Isoliermaterial ab. Oder man stellt die Pflanzen täglich länger stundenweise an einen geschützten Platz ins Freie.

IN TÖPFEN GEZOGENE PFLANZEN AUSPFLANZEN

Wenn die Wurzeln der Topf fast füllen, können die Sämlinge abgehärtet und im Freiland ausgepflanzt werden. Wenn man die Pflanzen vor dem Auspflanzen gut gießt und abtropfen lässt, sollen sie sich problemlos mit intaktem Wurzelballen austopfen lassen.

◁ **AUSPFLANZEN**
Mit einer Handschaufel gräbt man die Löcher so, dass die Pflanzen etwas tiefer als im Topf stehen. Auf diese Weise trocknet der Wurzelballen nicht aus. Andrücken und gut wässern.

AUSSAAT IN PIKIERPLATTEN

Durch die Aussaat in Pikierplatten erhält man gesunde, kräftige Pflanzen, die leicht anwachsen, da der Wurzelballen beim Auspflanzen kaum gestört wird. Man kann direkt in Pikierplatten säen oder die Sämlinge hineinpikieren. Bei Direktsaat nimmt man zwei bis drei Samen pro Zelle und dünnt nach der Keimung jeweils bis auf den kräftigsten Sämling aus. Man kann auch in Blocksaat aussäen *(siehe unten)*.

ANZUCHT VON SÄMLINGEN IN PIKIERPLATTEN

1 AUSSÄEN
Platten mit Aussaaterde füllen. In jede Zelle ein 5 cm tiefes Loch bohren. Pro Zelle ein oder zwei Samen säen. Anschließend mit gesiebter Erde bedecken, mit Datum und Sortennamen beschriften und mit feiner Brause gießen.

2 AUSPFLANZEN
Mit einem Stöckchen durch das Abzugsloch Pflanzen aus den Töpfen stoßen. Pflanzloch graben. Die Pflanze so in das Loch setzen, dass sich die untersten Blätter knapp über der Oberfläche befinden. Gut gießen.

BLOCKSAAT

Die Technik eignet sich für Lauch, Zwiebel, Weiße Rübe und Rote Bete – bei Wurzelgemüse kann man so schmackhafte »Baby«-Gemüse ziehen. Man füllt eine Pikierplatte mit feuchter Aussaaterde. Drei bis fünf Samen werden pro Zelle gesät, etwas Erde darüber gesiebt, gewässert und beschriftet. Steht die Platte warm und trocken, keimen die Samen in 5–7 Tagen aus.

◁ **AUSPFLANZEN**
Sämlinge nach der Keimung abhärten. Mit zwei richtigen Blättern in geeignetem Abstand auspflanzen.

ERNTE ▷
Nicht ausgedünnte Sämlinge bilden kleine Gemüsebüschel, wie hier Weiße »Baby«-Rüben.

SIEHE AUCH: Nutzpflanzen schützen, S. 240

ERBSEN UND BOHNEN

GEMÜSE DIESER GRUPPE (Hülsenfrüchte oder Leguminosen) werden wegen ihrer Samenhülsen angebaut. Manche werden ganz gegart und verzehrt, bei anderen die Samen gedünstet oder roh gegessen. Die meisten lassen sich gut einfrieren, und bei einigen, z. B. Stangenbohnen, kann man die Samen herauslösen und trocknen. Hülsenfrüchte haben oft auch attraktive Blüten (Feuerbohnen passen gut in Bauerngärten), und mit kletternden Arten kann man nicht nur Bohnenstangen beranken. Leguminosen reichern den Boden mit Stickstoff an. Man arbeitet die abgeernteten Pflanzen in den Boden ein oder kompostiert sie samt Wurzeln. Kohlgewächse sind ideale Folgefrüchte.

GARTENBOHNEN

Stangenbohnen werden von Mitte Mai bis Anfang Juli gesät und von Sommer bis Anfang Herbst geerntet. Von einer 3 m langen Reihe oder einem Quadratmeter erntet man ca. 4 kg Bohnen. Sie können Bohnen ab Mitte Mai im Freiland säen, Jungpflanzen kaufen oder selbst ziehen. Es gibt Buschbohnen und Stangenbohnen, mit fingerdicken bis hin zu sehr dünnen, zarten Schoten. Die Schoten können grün, purpurrot gesprenkelt, rot, violett oder gelb sein. Gelbe Wachsbohnen haben eine wachsartige Struktur und einen zarten Geschmack. Ihre ungewöhnliche Farbe sticht im Garten sofort ins Auge. Purpurfarbene Arten färben sich beim Dünsten grün. Einige Sorten werden besonders wegen ihrer Samen, nicht wegen der Schoten kultiviert. Vorsicht, unreife Bohnen sind giftig, man muss sie immer vor dem Verzehren kochen.
STANDORT UND BODEN: Es sind keine besonderen Vorbereitungen nötig. Man errichtet bei kletternden Arten die Rankhilfen (*siehe*

△ **ANHÄUFELN**
Stangenbohnen werden hoch gepflanzt. Damit sie nicht kopflastig werden, nachdem sich ein paar Blätter gebildet haben, sollte man die Stiele zusätzlich mit etwas Erde stützen. Zu diesem Zweck mit einer Ziehhacke bis zum Blattansatz Substrat anhäufeln. Auf diese Weise können sich die Wurzeln besser verankern.

gegenüber) vor dem Aussäen. Sie wachsen gut in Kübeln in lehmigem Boden, müssen aber regelmäßig und oft gegossen werden.
AUSSAAT UND PFLANZUNG: Erst nach den Eisheiligen ins Freie säen und pflanzen. Man sät die Samen 4 cm tief direkt oder in 8-cm-Töpfen unter Glas, wobei die Sämlinge vor dem Auspflanzen abgehärtet werden müssen. Für eine fortlaufende Ernte wird alle drei Wochen gesät.
■ Die Samen keimen nicht bei niedrigen Temperaturen. In kühlen Jahren den Boden mit einem Folientunnel oder Vlies vorwärmen oder die Sämlinge unter Glas anziehen. In Anzuchtkästen soll die Keimtemperatur 12 °C betragen.
■ Die Samen sollten innerhalb von zwei Wochen keimen. Sinken die Temperaturen, deckt man den Boden oder die Jungpflanzen mit Vlies oder Folie ab.
ABSTAND: Buschbohnen in versetzten Reihen im Abstand von je 25 cm säen oder pflanzen. Stangenbohnen werden über 3 m hoch. Man zieht sie in doppelten Reihen (60 cm Abstand) oder in Kreisen um Wigwams mit 15 cm Abstand.
ROUTINE-PFLEGE: Die Stängel junger Pflanzen zur Unterstützung anhäufeln (*siehe links*). Gut mulchen und den Boden nie ganz austrocknen lassen. Ausgiebig gießen, falls es zur Blüte trocken ist.
ERNTE: Bohnen sind nach 7–13 Wochen reif. Man pflückt regelmäßig die jungen Hülsen. Sind es zu viele, hört man auf zu ernten. Wenn noch alte Hülsen an den Pflanzen hängen, bilden sie keine neuen. Zur Samenernte reißt man die Pflanzen aus, wenn die Bohnen in den Hülsen dick sind, hängt sie trocken und frostfrei an der Wurzel auf, schält die getrockneten Bohnen aus und hebt sie in luftdichten Gläsern auf.

GRÜNE
BOHNEN

VIOLETTE
BOHNEN

GELBE
WACHSBOHNEN

SIEHE AUCH: Fruchtfolge, S. 237; Aussaat in Gefäßen; S. 245; In Töpfen gezogene Pflanzen auspflanzen, S. 245; Hacken, S. 278

FEUERBOHNEN

Feuer- oder Prunkbohnen werden ab Mitte Mai gesät und ab Juli geerntet. Es gibt Feuerbohnen mit einer Höhe von ca. 3 m und niederwüchsige buschige, ca. 40 cm hohe Sorten. Eine Pflanze produziert etwa 1 kg Bohnen. Die hübschen Feuerbohnen haben rosa, rote, weiße oder zweifarbige Blüten. Noch dekorativer wirken sie mit zwischengepflanzten Duftwicken. Bei Bohnen mit einem »Faden« entlang der Hülse muss dieser vor dem Dünsten entfernt werden.

STANDORT UND BODEN: Man errichtet Rankhilfen vor dem Aussäen oder Pflanzen. Feuerbohnen gedeihen am besten in besonders feuchtem Boden. Entlang der Reihe oder um den Wigwam herum hebt man einen etwa spatentiefen Graben aus, und füllt ihn am besten mit viel gut verrottetem Gartenkompost; eine traditionelle Alternative ist zerkleinertes, gut eingeweichtes Zeitungspapier. Feuerbohnen gedeihen gut in Kübeln in lehmiger Erde, müssen aber regelmäßig und ausgiebig gegossen werden.

AUSSAAT UND PFLANZUNG: Wie bei Stangenbohnen, aber 5 cm tief.

ABSTAND: 15 cm beim Säen oder Pflanzen.

ROUTINE-PFLEGE: Die jungen Pflanzen mulchen. Ist es während der Blütenbildung, die lange dauert, trocken, gießt man zweimal wöchentlich ausgiebig. Auf Schwarze Bohnenläuse achten *(siehe S. 306)*.

ERNTE: Meist sind sie 13–17 Wochen nach dem Pflanzen reif. Man erntet die zarten Hülsen, ehe die Samen anschwellen, zum Kochen oder Blanchieren und Einfrieren.

RANKHILFEN

Je nach vorhandenem Platz sind verschiedene Rankhilfen möglich. Bohnen können auch an aufgehängten und im Boden verankerten Schnüren oder Drähten emporklettern. An plastikummanteltem Draht halten sie nicht.

FEUER-
BOHNEN

△ **BOHNENPRUNK**
Ausgewachsene Feuerbohnen verdecken die Rankhilfe vollständig. Für dekorativere Zwecke kann man sie mit Duftwicken zusammenpflanzen.

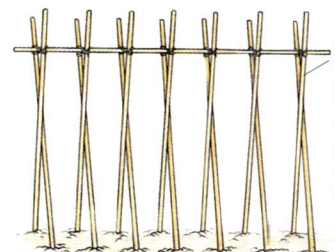

Zwei Reihen 2,5 m langer, gekreuzter Stangen werden oben zusammengebunden und mit einer horizontalen Stange stabilisiert.

2,5 m lange Stangen werden oben zusammengebunden oder mit einer speziellen Halterung aus Kunststoff zusammengehalten.

Ein grobmaschiges Nylonnetz (10 × 10 cm), das auf ein Holzgestell aufgespannt ist.

GEKREUZTE STANGENREIHE   **STANGENWIGWAM**   **NETZRANKHILFE**

ERBSEN

Erbsen sind robuster als Bohnen und in kühlen Regionen leichter aus Samen zu ziehen, vertragen aber heiße Sommer weniger gut. Sie können Palerbsen ab Mitte März, Mark- und Zuckererbsen ab Mitte Mai aussäen und von Spätfrühling bis Sommer ernten. Eine Anzucht unter Glas ist nicht nötig. Die Größe der Pflanzen reicht von 45 cm bis 2 m, und alle profitieren von einer Rankhilfe aus Reisig. Von einer 3 m langen Reihe oder einem Quadratmeter erhält man ca. 5 kg Schoten.

Pal- oder Schalerbsen werden vor der Zubereitung aus den Schoten »gepalt«. Markerbsen schmecken jung, wenn die Schoten noch flach sind. Zuckererbsen mit ihren runden Samen werden halbreif geerntet.

STANDORT UND BODEN: Keine speziellen Vorbereitungen; das Reisig erst nach dem Bilden der ersten Ranken einstecken.

AUSSAAT UND PFLANZUNG: Man sät 3 cm tief im Abstand von 5–8 cm in Blöcken

oder mit 5 cm Abstand in 25 cm breiten Rillen, die 60–90 cm auseinander liegen.

■ Frühe und späte Aussaaten sind weniger anfällig für Erbsenwickler *(siehe S. 306)*.

■ Anfang Frühling die Keimung unter einem Folientunnel oder Vlies beschleunigen. Gut fixiert sollte dies die Samen auch vor Vögeln und Mäusen schützen.

■ Für eine fortlaufende Ernte alle 14 Tage (Hochsommer in warmen Gegenden auslassen) säen, oder man verwendet in einem Arbeitsgang frühe und späte Sorten.

ROUTINE-PFLEGE: Die Saat im Freiland mit einem Netz vor Vögeln schützen. Man entfernt es und steckt Reiser, wenn sich Ranken zeigen *(siehe rechts)*. Mulchen, nachdem sich mehrere Blätter gebildet haben. Ist es während der Blüten- und Fruchtbildung trocken, die Pflanzen ein- bis zweimal wöchentlich ausgiebig gießen.

ERNTE: Man erntet die Schoten je nach Sorte nach 9–15 Wochen zum Verzehr (auch roh) oder zum Einfrieren.

PAL-
ODER
SCHALERBSEN

MARKERBSEN

ERBSENREISER ▷
Wenn die Jungpflanzen Ranken gebildet haben, steckt man außen entlang des Blocks oder der Reihe so aufrecht wie möglich Reisig in den Boden. Die Ranken winden sich um die Zweige und ziehen die Pflanze daran empor.

SIEHE AUCH: Nutzpflanzen schützen, S. 240; In breiten Rillen aussäen, S. 243

KOHLGEMÜSE

DURCH EINE SORGFÄLTIGE WAHL von Sorten, die zu verschiedenen Zeiten reifen oder sich gut lagern lassen, kann man das ganze Jahr über eigenes Gemüse auf den Tisch bringen. Auf den ersten Blick etwas unscheinbar, zeigen krausblättriger Wirsing und farbenprächtiger Grünkohl erst mit glitzerndem Tau benetzt ihre wahre Schönheit.

Die Kohlgemüse benötigen viel Stickstoff. Man pflanzt sie möglichst nach Leguminosen und verwendet einen stickstoffreichen Dünger. Die meisten Kohlarten wachsen langsam und können Mischkulturen mit Salaten bilden oder, falls man alle Kohlgewächse zusammenhalten möchte, mit Weißen Rüben und Radieschen.

BROKKOLI UND SPROSSENBROKKOLI

Wenn man statt des bekannten Brokkoli die robustere, Sprossen bildende Art anbauen will, deren beblätterte Triebspitzen und kleine Rosetten geerntet werden, muss man nach »Sprossenbrokkoli«-Samen fragen. Brokkoli wächst schnell und wird für die Sommerernte im April ausgesät. Der langsam wachsende Sprossenbrokkoli wird überwintert und von Spätwinter bis Frühling verzehrt. Wie bei allen Kohlgewächsen muss der Boden einen pH-Wert von 6 haben; ggf. fügt man Kalk hinzu *(siehe S. 238).* Den Boden vor dem Pflanzen nicht mit Mist anreichern (Kohlgewächse nehmen den Geschmack an), sondern mit Kunstdünger mit hohem Stickstoffgehalt.

AUSSAAT UND PFLANZUNG: Brokkoli verträgt Umpflanzen schlecht. Man sät von Frühling bis Frühsommer in Folge direkt, je 2–3 Samen alle 15 cm in Reihen mit 30 cm Abstand, und dünnt dann je auf den kräftigsten Sämling aus. Sprossenbrokkoli

sät man im Frühjahr ins Aussaatbeet oder in Platten im Frühbeetkasten und pflanzt im Juli mit 60 x 60 cm Abstand aus. Tief setzen und bis zum Anwachsen gut gießen.

ROUTINE-PFLEGE: Man zieht die erste Saat für eine frühe Brokkoli-Ernte unter Vlies, das auch vor Schädlingen schützt. Er darf nicht austrocknen und wird während der Knospenbildung ausgiebig gegossen. Sprossenbrokkoli wird im Winter leicht vom Wind umgedrückt. Deshalb die Stiele anhäufeln und hohe Pflanzen im Herbst aufbinden.

ERNTE: Die ersten und größten Brokkoli-Köpfe können nach 11–12 Wochen geerntet werden. Mit einer Stickstoffdüngergabe erreicht man eine zweite Ernte mit kleineren Seitentrieben. Die Köpfe gründlich waschen, da sich darin gern kleine Tierchen aufhalten. Sprossenbrokkoli pflückt man ab Spätwinter; regelmäßige Ernte fördert die Bildung weiterer Triebe.

SPROSSEN-
BROKKOLI

BROKKOLI

GRÜNKOHL

Grünkohl lässt sich recht einfach kultivieren und bildet zudem eine hübsche Grünpflanze. Es gibt auch blaugrüne, rote und sogar fast schwarze Sorten. Am bekanntesten ist krausblättriger Grünkohl, doch es gibt auch Sorten mit glatteren Blättern. Die Vorbereitungen, Anforderungen und Pflegemaßnahmen sind dieselben wie bei Brokkoli, und Grünkohl eignet sich besser als Weißkohl für neue Küchengärten, in denen der Boden noch nicht so fruchtbar ist. Er ist auch nicht so anfällig für Kohlhernie. Man kann die sehr robusten Pflanzen das ganze Jahr über kultivieren. Man sät im Mai und Juni für eine Ernte im Herbst und Winter.

Grünkohl schmeckt erst nach den ersten Frösten. Allerdings kann man auch die sich im Frühling entwickelnden Blütensprosse ähnlich wie Sprossenbrokkoli ernten.

AUSSAAT UND PFLANZUNG: Für die Herbst- und Winterernte sät man Grünkohl in einem Saatbeet oder Frühbeetkasten aus und pflanzt ihn nach ca. acht Wochen im Sommer mit 75 x 75 cm Abstand aus. Man lässt beim Umpflanzen möglichst viel Erde am Wurzelballen. Pikierplatten eignen sich dabei sehr gut, da hier der Ballen kaum gestört wird. Pflanzen bis zum Einwachsen ausgiebig gießen.

ERNTE: Der winterharte Grünkohl bleibt im Freiland. Nach den ersten Frösten erntet man nach Bedarf zunächst die unteren Blätter und zuletzt das Herz. Breitblättrige Sorten eignen sich am besten für blühende Sprossen im Frühling. Man bricht diese aus, wenn sie ca. 10 cm lang sind.

GRÜNKOHL

SIEHE AUCH: Kalken, S. 238; Nährstoffgehalt im Dünger, S. 239

WEISSKOHL, ROTKOHL UND WIRSING

Die drei Kohlarten sind gegenüber einigen Schädlingen und Krankheiten anfällig *(siehe S. 306–308)*, weshalb eine gesunde Ernte umso befriedigender ist. Weißkohl, Rotkohl und Wirsing beanspruchen viel Platz im Gemüsegarten, so dass sich der Anbau hauptsächlich für Leute mit großen Gärten und großen Familien lohnt. Bei weniger Platz kann man es mit Spitzkohl, einer schlankeren Abart des Weißkohls, versuchen. Frühkohlsorten kann man nicht lange lagern, deshalb baut man nicht zu viel davon an. Gewöhnlichen Weißkohl gibt es überall so günstig zu kaufen, dass es in der Regel kaum lohnt, ihn zu kultivieren, eher schon Rotkohl oder Wirsing. Man erntet möglichst nicht vor Mitte Oktober, jedoch vor den ersten Frösten. Kohl lässt sich an einem kühlen Ort einlagern, Weißkohl auch zu Sauerkraut verarbeiten.

STANDORT UND BODEN: Kohl benötigt die gleichen Bodenbedingungen und Vorbereitungen wie Brokkoli *(siehe gegenüber)*.

◁ **KRAGEN ANLEGEN**
Die Kohlfliege legt ihre Eier um die Basis der Stiele. Ein spezieller Kohlkragen, der flach auf den Boden um den Stiel jedes Sämlings gelegt wird, verhindert dies.

AUSSAAT UND PFLANZUNG: Man sät frühe Sorten ab März in Pikierplatten im Frühbeetkasten oder spätere Sorten im April in ein Saatbeet und pflanzt die Sämlinge 5–6 Wochen später etwas tiefer mit 40 x 40 cm Abstand. Ende Juni ist der späteste Termin zum Auspflanzen. Zum Schutz vor Kohlfliegen kann man Jungpflanzen mit Vlies abdecken oder ihnen einen Kohlkragen *(siehe oben)* verpassen. Bei Trockenheit und bis zum Anwachsen ausgiebig gießen.

ROUTINE-PFLEGE: Gut auf mögliche Schädlinge und Krankheiten achten, damit man rechtzeitig eingreifen kann.

ROTKOHL

WIRSING

WEISSE RÜBEN

Weiße Rüben wachsen im Halbschatten und können daher zwischen Blattgemüse gepflanzt werden. Sommersorten, einschließlich der japanischen Sorten, werden im Frühjahr gesät und sind nach sechs Wochen reif. Langsamere Sorten werden für die Ernte im Herbst und Winter im Sommer gesät. Sommersorten ab April alle drei Wochen in Reihen mit 25 cm Abstand säen und verzieht auf 10 cm. Sie sind etwas kälteempfindlicher als Wintersorten, weshalb frühe Aussaaten in einem kalten Frühjahr von einem Vlies profitieren. Dies schützt zugleich vor Kohlerdflöhen. Man erntet, wenn die Wurzeln die Größe einer Pflaume haben. Für Herbst- und Winterernte im Juli und August in Reihen mit 30 cm Abstand säen und auf 15 cm verziehen. Die Rüben können nach Bedarf geerntet werden. Im November sollte man alle verbliebenen Pflanzen einlagern. Man kann sie auch über Winter stehen lassen. Die Wurzeln werden zwar ungenießbar, aber die Spitzen schmecken im Frühjahr als Frühgemüse.

WEISSE RÜBEN

ROT-SCHALIGE SORTE

RADIESCHEN

Radieschen sind das am leichtesten zu ziehende Gemüse. Sie wachsen in nur 3–4 Wochen und sind kaum lange genug im Boden, dass Krankheiten oder Schädlinge auftreten können. Man sollte sie aber vor Kohlfliegen schützen. Ein Vlies tut gute Dienste. Man kann es notfalls bis zur Ernte belassen – eine gute Maßnahme gegen Sämlinge fressende Kohlerdflöhe. Gesät wird im Frühjahr, sobald der Boden aufgetaut ist, und dann alle zwei Wochen. Man sät 1 cm tief in Reihen mit 15 cm Abstand oder zwischen langsamer wachsenden Kulturen und verzieht auf 2–3 cm. Bei Trockenheit einmal wöchentlich gießen.

RADIESCHEN

SIEHE AUCH: In schmalen Rillen aussäen, S. 243; Ausdünnen und umpflanzen, S. 243; Aussaat in Pikierplatten, S. 245

ZWIEBEL- UND WURZELGEMÜSE

BEIDE GEDEIHEN AM BESTEN in lockerem, gut durchlässigem Boden. Steinige Böden sind eigentlich ungeeignet, da sich die Wurzeln an Steinen gabeln und Zwiebeln verformen, aber zur Not kann man Lauchzwiebeln und runde Möhrensorten verwenden. Viele Zwiebel- oder Wurzelgemüse sehen attraktiv aus. Das fein zerteilte Laub der Möhren bildet eine reizende Beeteinfassung. Blaugrüner Lauch gemischt mit rot geadertem Mangold (siehe S. 255) ergibt eine phantastische Kombination, die sich in jeder Rabatte sehen lassen kann, ein paar blühende Porreepflanzen stechen so manchen Zierlauch aus. Die hochwüchsigen Zwiebeln kann man hübsch mit roten Salaten mischen.

ZWIEBELN

Normale Zwiebeln kann man auch kaufen, doch es lohnt sich, besondere Sorten und Schalotten anzubauen. Die Anzucht aus Steckzwiebeln (kleinen Zwiebeln) ist viel einfacher als aus Samen. Gut ausgereift und getrocknet lassen sie sich gut lagern.

BODEN: Vor dem Pflanzen darf nicht mit Mist gedüngt werden. Stattdessen verwendet man ausgewogenen Kunstdünger.

PFLANZEN: Man pflanzt Steckzwiebeln im April je nach gewünschter Größe mit 10–15 cm Abstand in Furchen mit 15–30 cm Abstand, wobei die Spitzen gerade aus dem Boden schauen sollen. Damit Schalotten-Steckzwiebeln ein Nest von Brutzwiebeln um die Mutterzwiebel herum bilden können, benötigen sie einen Abstand von 20 x 20 cm.

ROUTINE-PFLEGE: Vor allem die Jungpflanzen immer unkrautfrei halten. Nur in trockenen Perioden gießen. Auf Zwiebelfliegen und Fäule (siehe S. 306–307) achten.

ERNTE: Man erntet bei trockenem Wetter im August. Die Zwiebeln müssen zum Lagern ganz trockene Schalen haben, da

ROTE ZWIEBEL

SCHALOTTE

Große oder dickstielige Zwiebeln faulen leicht, daher zuerst verwenden.

◁ TROCKNEN
Wenn die Zwiebeln aus Platzmangel oder bei schlechtem Wetter nicht im Freien getrocknet werden können, legt man sie in höchstens zwei Lagen in Lattenkisten und stellt sie trocken und luftig auf.

sie sonst faulen oder austreiben. Nach der Ernte werden sie daher 10–14 Tage an einem trockenen Ort ausgelegt (siehe oben). Danach werden die Blätter zusammengeflochten oder abgeschnitten und die Zwiebeln in Netzen oder Lattenkisten gelagert.

WINTERHECKEN- UND LAUCHZWIEBELN

Lauchzwiebeln reifen in nur ca. acht Wochen und eignen sich zur Mischkultur mit langsamer wachsenden jungen Pflanzen, einschließlich Küchenzwiebeln. Wenn man sie in Intervallen von April bis Juli sät, kann man von Juni bis zum Herbst laufend ernten. Im Frühling oder Sommer sät man Winterheckenzwiebeln. Sie sind nicht vor Herbst groß, aber immergrün und winterhart, und man kann ihre Blätter den Winter über ernten. Beide Arten Lauchzwiebeln sät man direkt in Reihen mit 10 cm Abstand oder in 8 cm breiten Furchen mit 15 cm

Abstand, Winterheckenzwiebeln in Reihen mit 30 cm Abstand gesät. Später verzieht man sie auf einen Abstand von 25 cm. Beide benötigen die gleichen Bedingungen und Pflegemaßnahmen wie Zwiebeln.

LAUCHZWIEBELN

KNOBLAUCH

Die Anzucht aus in der Gemüseabteilung erhältlichen Knollen ist ein großer Spaß für Kinder, für die Küche sollte man aber speziell behandelte, virusfreie Knollen aus dem Fachhandel beziehen. Bedingungen und Pflegemaßnahmen gleichen denen von Zwiebeln, und sie sind gegenüber denselben Krankheiten und Schädlingen anfällig. Man steckt die Zehen im April. Sie werden mit 20 x 20 cm Abstand in doppelter Tiefe ihrer Größe gesteckt. Für den frischen Verzehr kann man sie ab Juli ernten. Zum Lagern lässt man die Knollen anschwellen und bis zum Saisonende reifen. Geerntet wird, wenn die Blätter welken, und getrocknet wie die Zwiebeln.

KNOBLAUCH

◁ LAGERN
Wie Zwiebeln trocknen, die Blätter lose zusammenbinden oder flechten, und kühl und trocken aufhängen.

△ KNOBLAUCH IN PIKIERPLATTEN
Für eine möglichst lange Reifephase steckt man Knoblauch im Herbst. Ist der Boden zu kalt und schwer, kann man die Zehen einzeln in Pikierplatten im Frühbeetkasten anziehen. Nach dem Austreiben im Frühjahr auspflanzen.

SIEHE AUCH: Kalken, S. 238; Nährstoffgehalt im Dünger, S. 239; Zusatzdüngung, S. 239

LAUCH, PORREE

Man sät ab April in einen Frühbeetkasten, ein Aussaatbeet, oder es werden Jungpflanzen gekauft. Die Jungpflanzen werden in jedem Fall umgepflanzt und tiefer gesetzt, damit sich weiße Schäfte bilden. Im Frühsommer pflanzt man sie aus. Erntebeginn ist Anfang Herbst, und man kann sie bis ins Frühjahr stehen lassen. Im Gegensatz zu Zwiebeln mag Lauch es, wenn der Boden im Herbst zuvor mit Mist angereichert wird. Vor dem Pflanzen arbeitet man einen stickstoffreichen Dünger ein.

AUSSAAT UND PFLANZUNG: Gesät wird zwischen März und Mai (1 cm tief), und ausgepflanzt werden die 20 cm großen Jungpflanzen mit 10–25 cm Abstand.

ROUTINE-PFLEGE: Bis zum Anwachsen gut feucht und unkrautfrei halten. Lauch muss nur in sehr langen Trockenperioden gegossen werden.

△ VERPFLANZEN
Für lange weiße Schäfte muss Lauch 15–20 cm tief mit 10–15 cm Abstand gepflanzt werden. Sehr lange Blätter stutzen und mit Wasser vorsichtig Erde um die Stiele spülen.

LAUCH

△ AUSPFLANZEN AUS PIKIERPLATTEN
Die Anzucht von Lauch in Pikierplatten mit bis zu vier Samen pro Zelle ist einfach und praktisch. Ab drei Blättern pro Sämling werden die Zellen im Ganzen ausgepflanzt. Überzählige Pflanzen ausziehen.

PASTINAKEN

Sobald der Boden auch nur etwas steinig ist, eignen sich am besten gedrungenere Pastinakensorten. Hauptproblem ist der Pastinakenkrebs *(siehe S. 309)*. Besser geeignet sind resistente Sorten. Man kalkt sehr sauren Boden *(siehe S. 238)*. Wegen der langen Wachstumsphase sät man sie im März oder April im Freiland aus, um sie ab Oktober zu ernten. Bis der Boden tief gefriert, kann man sie länger stehen lassen und nach Bedarf ernten. Frost verbessert den Geschmack.

AUSSAAT UND PFLANZUNG: Pastinakensamen sind nur kurz keimfähig. Man verwendet immer frisches Saatgut. Die sehr langsame Keimung lässt sich beschleunigen, indem man den Boden mit Vlies oder Folientunneln vorwärmt. Man sät 2 cm tief in Reihen mit 30 cm Abstand und dünnt die Sämlinge auf 10–15 cm Abstand aus.

ROUTINE-PFLEGE: Besonders die Sämlinge unkrautfrei halten und bei Trockenheit regelmäßig gießen. Der Boden darf nicht austrocknen, sonst können sich bei erneutem Gießen die Wurzeln spalten. Auf Wurzelläuse *(siehe S. 309)* achten.

PASTINAKE

ROTE BETE

Rote Rüben kann man nach 7–8 Wochen als »Baby«-Rüben ernten, aber auch größer werden lassen. Die Wurzeln macht Frost ungenießbar, aber die Blätter schmecken als Wintergemüse. Rote Bete benötigt die gleichen Bedingungen, Bodenvorbereitung und Pflege wie Karotten. Gedüngt wird vor der Aussaat und einmal während des Wachstums mit stickstoffreichen Dünger.

AUSSAAT UND PFLANZUNG: Für die frühe Aussaat sollte man Sorten verwenden, die nicht schießen. Gesät werden die Samenknäuel von meist 2–3 Stück, sobald sich der Boden auf 7 °C erwärmt hat, einzeln mit 8–10 cm Abstand gelegt. Mit dem Ausdünnen der Tuffs auf eine Pflanze sollte man warten, bis die »Baby«-Pflanzen erntereif sind. Die Samen 30 Minuten in warmem Wasser einweichen, bevor sie 2 cm tief in Reihen mit 30 cm Abstand gesät werden.

△ ERNTEN VON ROTER BETE
Die Wurzeln vorsichtig an den Stielen herausziehen. Die Flachwurzler sollten sich leicht ernten lassen. Die Blätter durch Drehen entfernen und die Wurzeln samt Stielen kochen, da sie über jede Wunde Farbe verlieren.

MÖHREN, KAROTTEN

Einige Möhrensorten schmecken ganz jung am besten. Andere entwickeln ihren Geschmack erst mit zunehmender Größe, weshalb eine Mischung ideal ist. Sie reifen in zwei bzw. drei Monaten heran. In Intervallen ausgesät, kann man laufend für Nachschub sorgen. Frühere Sorten lassen sich blanchiert gut einfrieren. Geerntet werden die letzten Karotten vor dem Frost. In feuchtem Sand eingeschlagen, lassen sie sich in einem kühlen Raum lagern.

AUSSAAT UND PFLANZUNG: Eine feine Krume rechen und alle Steine entfernen. Ab März werden frühe Sorten ins Freiland, für die Hauptfrucht von Ende Mai bis Ende Juni in 1–2 cm tiefen Rillen mit 15 cm Abstand gesät. Man sät möglichst dünn, da beim Ausdünnen ein Duft freigesetzt wird, der Möhrenfliegen anlockt. Frühe Sorten dünnt man auf einen Abstand von 8 cm aus, die Hauptfrucht auf mindestens 4 cm.

ROUTINE-PFLEGE: Unkrautfrei halten und bei Dürre wöchentlich gießen. Vorsichtsmaßnahmen gegen Möhrenfliegen *(siehe S. 309)* treffen und auf Blatt- und Wurzelläuse achten.

KAROTTEN ›FAVOURITE‹

SIEHE AUCH: In schmalen Rillen aussäen, S. 243; Ausdünnen und Umpflanzen, S. 243; Aussaat in Pikierplatten, S. 245

KARTOFFELN, KÜRBISSE UND MAIS

WENN MAN KLEINE BEETE verwenden, kann man sich einfach einem ganzen Block einer der hier beschriebenen Arten widmen. Kürbisse benötigen so viel Sonne wie möglich. Während Kartoffeln keine sehr attraktiven Pflanzen sind, sehen raschelnde, heranreifende Maispflanzen wunderschön aus. Kürbispflanzen sind attraktiv genug, um zwischen Zierpflanzen kultiviert zu werden, aber ihr wuchernder Wuchs und unersättlicher Durst macht sie nicht gerade zu guten Nachbarn. Man kann sie ranken lassen, sofern man die Früchte extra stützt, und auch über eine sonnige Böschung ausgebreitet bilden sie einen spektakulären Anblick.

KARTOFFELN

Es gibt zwar Kartoffelkrankheiten, die eine Ernte vernichten können (siehe S. 309), in der Regel zählen Kartoffeln aber zu den befriedigendsten Gemüsearten. Ist der Platz begrenzt, sollte man bedenken, dass selbst Bio-Kartoffeln recht günstig sind. Man konzentriere sich auf frühe oder besondere Sorten. Bei viel Platz sind mittelspäte Sorten praktische Lückenfüller, und die Kultur und Ernte verbessern den Boden, da er vorher umgegraben, mit Mist gedüngt und er später bei der Ernte gelockert wird. Kartoffeln lieben lockeren, humosen, frisch mit Mist angereicherten Boden. Bei flachgründigem Oberboden kann man ohne Umgraben kultivieren (siehe S. 237) oder eine kleine Menge Frühkartoffeln in einem Kübel oder Plastiksack ziehen.

AUSSAAT UND PFLANZUNG: Für ertragreiche gesunde Pflanzen lässt man ab Februar Saatknollen aus dem Fachhandel (nicht aus dem Keller) ca. sechs Wochen vorkeimen und pflanzt sie, wenn keine extreme Frostgefahr mehr besteht. In einem kalten

FRÜHKARTOFFEL
›CONCORDE‹

MITTELSPÄTE
KARTOFFEL
›NAVAN‹

Unter kühlen hellen Bedingungen bilden sich dicke grüne Triebe.

△ **SAATKNOLLEN VORKEIMEN**
Man setzt Saatkartoffeln zum Vorkeimen nebeneinander in eine Schachtel (ideal sind Eierkartons), so dass die meisten Augen nach oben zeigen. An einen hellen, gut gelüfteten, frostfreien Ort stellt man sie, bis die Triebe etwa 2 cm lang sind. Dies dauert in der Regel ca. sechs Wochen.

Frühjahr wird der Boden vorgewärmt und nach dem Pflanzen mit Vlies abgedeckt. In einen Kübel oder Düngersack passen drei Kartoffelstauden. Die Knollen in den halb mit Erde gefüllten Behälter legen und mit weiterem Substrat auffüllen.

ROUTINE-PFLEGE: Frühen Austrieb deckt man bei Frostgefahr mit Vlies ab. Wenn die Blätter gut wachsen, mit stickstoffreichem Dünger düngen und anhäufeln (siehe rechts). Bei Trockenheit gießt man Frühkartoffeln alle 10–12 Tage gründlich. Spätere Sorten nur einmal, aber sehr ausgiebig, wenn die Knollen mindestens murmelgroß sind. Bei Anzeichen von Knollenbraunfäule rasch reagieren (siehe S. 309). Stagniert das Wachstum, wird eine Pflanze ausgegraben, und auf Wurzelschädlinge oder -krankheiten untersucht (siehe S. 308–311).

ERNTE: Frühkartoffeln kann man ab der Blüte ernten. Spätere Sorten sollten ab August reif sein, können aber bis Mitte Herbst stehen bleiben und nach Bedarf geerntet werden. Die verbliebenen Knollen dann einlagern (siehe rechts).

◁ **KARTOFFELN LEGEN**
Eine 10–15 cm tiefe Furche graben, die Kartoffeln mit den Trieben nach oben in die Rille stecken und sie sorgfältig mit Erde bedecken. Bei Frühkartoffeln beträgt der Abstand 30 x 60 cm, bei mittelfrühen und späten Sorten 40 x 75 cm.

△ **ANHÄUFELN**
Sind die Pflanzen ca. 25 cm hoch (oder bei Frostgefahr), werden sie mit einer Ziehhacke angehäufelt. Die Knollen wachsen dann nicht zu dicht an der Oberfläche, wo sie sich durch Lichteinfall grün färben und giftig werden.

△ **ERNTEN**
Das welkende Kraut im Oktober mit einem scharfen Messer 5 cm über dem Boden abschneiden. Die Knollen noch zwei Wochen in der Erde lassen, bevor sie geerntet werden.

△ **AUSGRABEN**
Kartoffeln mit einer Gabel von der Seite herausheben und die Knollen ein paar Stunden abtrocknen lassen. Knollen lagern an dunklen Orten, beschädigte sofort verwenden.

SIEHE AUCH: Kartoffeln legen ohne Umgraben, S. 237; Zusatzdüngung, S. 239

KÜRBISSE UND ZUCCHINI

Die Kürbisse, zu denen auch die Zucchini gehört, stellen alle gleiche Ansprüche: einen warmen geschützten und humosen, gut durchlässigen Boden, der Feuchtigkeit gut hält. Zucchini, die auch essbare Blüten haben, werden ca. acht Wochen nach dem Pflanzen geerntet. Ebenso wie der ›Ufo‹-Kürbis haben sie eine dünne Schale und müssen wenige Tage nach der Blüte geerntet und verzehrt werden. Andere Gemüsekürbisse wie z. B. Butternut lassen sich lagern, sofern sie gut ausgereift sind (manche Arten benötigen bis zu 5 Monate). Die meisten Sorten sind breitwüchsig und können an Rankhilfen emporklimmen. Zucchini wachsen buschig.

AUSSAAT UND PFLANZUNG: Die Samen werden aufrecht *(siehe S. 244)* 2,5 cm tief direkt ins Freie in die Erde gesteckt (nach den Eisheiligen) *(siehe S. 244)* oder unter Glas bei 15–18 °C in 8-cm-Töpfe. Buschige Sorten pflanzt man mit 90 x 90 cm Abstand und breitwüchsige Arten mit 1,2–2 m.

ROUTINE-PFLEGE: Man schützt Sämlinge in kühlen Regionen unter Vlies oder Folie. Nach dem Auspflanzen mulchen. Gießen bei Bedarf, aber nicht über die Blüten oder Früchte. Ab Mitte Juli alle zwei Wochen mit einem Tomatendünger düngen und auf Schäden durch Schnecken achten.

ZUCCHINI-BLÜTE

GRÜNE ZUCCHINI

GELBE ZUCCHINI

RIESENKÜRBIS

BUTTERNUT

SQUASH ›UFO‹

PRAXIS-TIPPS

• Stücke von Erbsen- oder Bohnennetzen eignen sich als »Hängematten« für die Früchte, wenn die Pflanzen emporranken.

• Zum Lagern von Kürbissen wird ihre Schale gehärtet. Trocknung an der Sonne zehn Tage oder bei 30 °C vier Tage.

△ **ERNTEN VON ZUCCHINI**
Zucchini schmecken am besten, wenn sie jung, saftig und nicht länger als ca. 10 cm sind. Vorsicht, nicht die Früchte quetschen. Man schneidet sie mit einem scharfen Messer mitsamt einem ca. 1 cm langen Stück Stiel ab. Regelmäßiges Ernten fördert die Fruchtbildung.

ZUCKERMAIS

In Regionen mit langen, warmen Sommern lässt sich Zuckermais von der Aussaat bis zur Ernte im Freien kultivieren. Sonst muss man ihn unter Glas anziehen und auf einen langen, warmen Sommer hoffen, damit alle Kolben (ein bis zwei pro Pflanze) reifen. Im Gewächshaus gedeiht er nicht. Er wird nicht in Reihen gepflanzt, sondern im Blockverband, damit sich die Blüten besser bestäuben. Mit einer Zwischenpflanzung aus schnell wachsenden Salaten lässt sich der Platz optimal nutzen.

AUSSAAT UND PFLANZUNG: In kühlen Regionen im April unter Glas bei 15 °C in 2,5 cm Tiefe in Pikierplatten aussäen. Darauf achten, dass nicht die Mäuse die Samen holen. Abgehärtete oder gekaufte Jungpflanzen pflanzt man ab einer Bodentemperatur von 13 °C ohne Frostgefahr in

Blöcken von mindestens 9 Pflanzen mit 30 x 30 cm Abstand aus, um eine gute Bestäubung zu gewährleisten. Abgedeckt werden sie mit Vlies, das ab 5 Blättern pro Pflanze entfernt werden kann. In warmen Regionen sät man Anfang Mai direkt im Verband mit 8 x 8 cm Abstand und verzieht später. Die Samen vor Vögeln schützen.

ROUTINE-PFLEGE: Mais wird wie Gartenbohnen durch bis zu 15 cm hohes Anhäufeln *(siehe S. 246)* gestützt. Bei Trockenheit zur Blüte oder beim Heranreifen der Körner wöchentlich ausgiebig wässern.

△ **REIFETEST**
Färben sich die Haare braun, drückt man ein Korn ein. Läuft milchige Flüssigkeit heraus, ist der Kolben reif. Unreif ist sie wässrig, überreif teigig.

ZUCKERMAIS

SIEHE AUCH: Kalken, S. 238; Nutzpflanzen schützen, S. 240–241

SALATE UND BLATTGEMÜSE

AUSREICHEND FEUCHTIGKEIT IST der Schlüssel zu knackigem, saftigem Salat und Blattgemüse. Alle Salate gedeihen in stark humosem, feuchtigkeitshaltendem Boden. Sie eignen sich gut für erhöhte Beete, können aber fast überall kultiviert werden: in Reihen zwischen anderen Kulturen, in Töpfen, als Einfassung oder in Beeten.

Durch die Aussaat verschiedener Arten zu verschiedenen Zeiten kann man rund ums Jahr Salat auf den Tisch bringen. Zum Kochen wird als Ersatz für Spinat trotz des anderen Geschmacks gern Mangold kultiviert. Er ist einfacher zu ziehen, sehr dekorativ und kann über einen längeren Zeitraum hinweg geerntet werden.

SALAT

Salate gedeihen viel besser, wenn die Nächte kühl und frisch sind. In warmen Regionen und bei hochsommerlichen Temperaturen schießen sie leicht (blühen und bilden Samen), und die Blätter werden bitter. Es gibt für diese Bedingungen wärmeresistente Sorten, und auch ein halbschattiger Platz kann helfen. Salate bilden eine kompakte Kugel (Kopfsalate) oder lose Blätter (Schnitt- bzw. Pflücksalate). Kopfsalate werden ganz geerntet, bei Pflücksalaten schneidet man die Blätter ab, woraufhin neue austreiben *(siehe unten)*. Wenn Bindesalat, Eissalat oder Kopfsalat keine Köpfe bilden, verwendet man Schnitt- oder Pflücksalate. Salat darf nie in Beete gepflanzt werden, die im Jahr zuvor mit Mist gedüngt wurden, da darin die Wurzelhälse faulen.

AUSSAAT UND PFLANZUNG: Man sät verschiedene geeignete Sorten von Anfang März bis August alle 2–3 Wochen aus, im Herbst winterharte Sorten zur Frühjahrsernte, die z. B. mit einem Tunnel abgedeckt werden. Über 25 °C keimt Salat schlecht, deshalb sät man abends. Die Aussaat erfolgt direkt, in Pikierplatten oder dichten Reihen. Größere ausgedünnte Pflanzen verwendet man bereits in der Küche. Die Pflanzen bei feuchtem Boden ab fünf Blättern so versetzen, dass sich der Blattansatz knapp über dem Boden befindet. Kleinere Sorten pflanzt man mit 15 x 15 cm Abstand, größere mit 30 x 30 cm. Pflücksalate werden in breiten Bändern dünn gesät. Jungpflanzen bei Hitze schattieren bis zum Einwurzeln.

ROUTINE-PFLEGE: Schlecht wachsenden Pflanzen stickstoffreichen Dünger oder organische Flüssigdünger geben. Bei Trockenheit gut gießen; besonders Kopfsalat 7–10 Tage vor der Reife. Bei Hitze kann man mit einem Vlies schattieren. Herbst- und Frühwintersorten mit einem Tunnel schützen. Man achte auf Schnecken oder andere Schädlinge. Bei feuchtem Wetter kann man auf dem Boden aufliegende Blätter abschneiden, damit sich Fäule nicht so leicht ausbreitet.

ERNTE: Schnitt- oder Pflücksalat erntet man ab der siebten Woche nach Aussaat, kurz vor dem Verzehr, da er rasch welkt. Kopfsalat braucht 10–11 Wochen, Binde- und Eissalat 11–12 Wochen. Alle drei halten einige Tage im Salatfach des Kühlschranks.

△ SCHNITTSALAT ERNTEN
Salate, die keine Köpfe bilden, kann man als Schnitt- bzw. Pflücksalate ziehen. Man schneidet sie ab einer Größe von 10–15 cm dicht über den untersten Blättern in ca. 3 cm Höhe ab. Die Pflanzen treiben rasch neu aus, und man kann sie erneut ernten.

PFLÜCKSALAT
›LOLLO ROSSO‹

KOPFSALAT ›ALL THE YEAR ROUND‹

›LITTLE GEM‹

BINDESALAT
›ENGLISH COS‹

SIEHE AUCH: Beetarten, S. 237; Mist und Mulch, S. 239

RADICCHIO UND ENDIVIEN

Zichoriensalate stellen in etwa dieselben Anforderungen wie Salate *(siehe gegenüber)* und reifen in 8–12 Wochen. Man kann die Blätter pflücken oder den ganzen Kopf abschneiden. Je älter die Blätter sind, desto bitterer schmecken sie, insbesondere bei warmem Wetter. Spätere Sorten sind in der Regel milder als Sommersorten, deren Geschmack sich jedoch wie bei Salat durch einen halbschattigen Platz oder mit einem Vlies schattiert verbessern lässt. Bei kühleren Temperaturen wird Radicchio knackiger und erhält eine intensivere Farbe. Damit die inneren Blätter von Endivien ausbleichen und einen milden Geschmack

erhalten, kann man zehn Tage vor der Ernte eine Untertasse auf die Pflanzen legen oder die Köpfe zusammenbinden. Die Blätter müssen dazu trocken sein.

AUSSAAT UND PFLANZUNG: Sommersorten Mitte Mai säen und späte Sorten bis Mitte Juni direkt (mit späterem Ausdünnen) oder in Pikierplatten, und die Kultur nach drei bis vier Wochen ausoflanzen. Je nach Sorte nach allen Seiten 25–35 cm Abstand halten.

ROUTINE-PFLEGE: Den Boden besonders bei Trockenheit gut feucht halten. Beide Arten sind kaum anfällig für Krankheiten oder Schädlinge, außer u. U. für Schnecken.

RADICCHIO ›CESARE‹

ENDIVIENSALAT (GEBLEICHT)

ANDERE BLATTSALATE UND SPINAT

Kleinblättrige Sorten lassen sich leicht aus Samen ziehen. Einige schmecken intensiv, andere sind milder. Wenn Spinat zum Schießen neigt oder leicht von Krankheiten oder Schädlingen befallen wird, verwendet man einfach die noch jungen Blätter. Für eine ganzjährige Ernte probiert man Blattsalate mit unterschiedlichen Aussaat- und Erntezeiten. Wintersorten sind oft am würzigsten und können gekauften Salat aufpeppen. Blattsalate gedeihen im humosen Boden eines gepflegten Gemüsegartens, können aber fast überall, selbst in Kübeln, gezogen werden. In lockeren Böden und bei warmem Wetter neigen sie zum Schießen. Bei jeder Sorte der Anleitung auf der Packung folgen. Regelmäßig gießen und, wenn

nötig, einen stickstoffreichen Dünger verabreichen. Die Blätter kann man zum Teil schon nach drei Wochen ernten. Solange man sie pflückt, wachsen immer wieder neue nach. Blätter mit Anzeichen von

Blattfleckenkrankheit entfernt man und schützt die Pflanzen ggf. vor Vögeln. Falls Rauke von Erdflöhen befallen wird, sät man möglichst weit entfernt weitere Samen aus.

SPINAT

FELDSALAT

RAUKE

MANGOLD

Mangold wird in der Küche wie Spinat verwendet, verträgt aber höhere Temperaturen, schießt weniger leicht und ist einfacher zu kultivieren. Rotstielige Sorten des Stielmangold eignen sich auch gut für Rabatten. Die Stiele der weiß gerippten Sorte müssen länger als die Blätter garen; man kann sie als eigenes Gemüse zubereiten.

AUSSAAT UND PFLANZUNG: Ausgesät wird im April, für Winterernte im Juli. Die Aussaat erfolgt direkt in Reihen mit 40 cm Abstand bei Blatt- und 45 cm bei Rippenmangold. Man dünnt früh auf einen

Abstand von 30 cm aus oder sät in Pikierplatten und pflanzt die Pflanzen mit 30 x 30 cm Abstand aus.

ROUTINE-PFLEGE: Nach dem Pflanzen mulchen. Den Boden gut feucht halten, und bei Bedarf stickstoffreichen Dünger geben. Alle Blätter mit Anzeichen von Blattfleckenkrankheit entfernen. Im Winter fressen u. U. Vögel, die nichts anderes finden, Mangold.

ERNTE: Die Ernte beginnt nach 8–12 Wochen und setzt sich über Monate fort, solange regelmäßig gepflückt wird.

BLATT-MANGOLD

STIEL-MANGOLD

SIEHE AUCH: In schmalen Rillen aussäen, S. 243; Ausdünnen und Umpflanzen, S. 243

FLEISCHIGE GEMÜSE

IN WARMEN REGIONEN mit langen Sommern gedeihen diese wärmebedürftigen Gemüsearten im Freien. In kühlen Gegenden tragen aber nur manche Tomatensorten im Freiland Früchte, für Paprika und Auberginen empfiehlt sich ein Gewächshaus. Doch gleich, ob unter Glas oder auf einer sonnigen geschützten Terrasse, sie alle wachsen gut in Kübeln. Ideal sind Pflanzsäcke, in denen die Pflanzen jedes Jahr in frischem keimfreien Substrat wachsen. Waren die Pflanzen gesund, kann man das verbrauchte Substrat auf den Komposthaufen geben oder sogar Zierpflanzen damit mulchen – keine Nutzpflanzen, und vor allem nicht Kartoffeln, die für die gleichen Krankheiten anfällig sind.

CHILIS UND PAPRIKA

Kleine Chili-Stauden sehen reizend in Kübeln auf einer Terrasse aus. In kühlen Regionen kann man sie unter Glas bis zur Fruchtbildung anziehen, im Sommer ins Freie stellen und zum Herbst hin wieder an einen geschützten Ort bringen. Paprika ist dafür zu unhandlich, und die Stiele brechen leicht. Am besten gedeiht er unter Glas oder Folie bei 21 °C, wobei u. U. bis zum Sommer geheizt werden muss.

AUSSAAT UND PFLANZUNG: Falls für Jungpflanzen kein zur Pflanzzeit ausreichend warmer Platz vorhanden ist, wartet man mit dem Kauf bis Ende Frühling, oder man sät selbst bei 18–21 °C 2 cm tief in Saatschalen aus. Man pikiert die 5 cm großen Sämlinge einzeln in 8-cm-Töpfe. Wenn sich Blüten bilden, pflanzt man sie einzeln in 22-cm-Töpfe oder paarweise in Pflanzsäcke.

ROUTINE-PFLEGE: Die Pflanzen können erst nach den letzten Frösten ins Freie. Ab einer Höhe von 60 cm aufbinden. Man gießt regelmäßig und erhält die Luftfeuchtigkeit durch Sprühnebel oder Sprengen. Alle zwei Wochen düngen mit einem ausgewogenen Dünger und auf Spinnmilben und Mehltau achten. Falls die Früchte im Herbst nicht mehr reifen, zieht man die Pflanzen samt Wurzeln heraus und hängt sie kopfüber an einem warmen Ort auf, damit die Schoten nachreifen.

JALAPEÑO CHILIS

PEPERONI

PAPRIKA

GURKEN

Freilandgurken sind viel unproblematischer und weniger anfällig für Krankheiten und Schädlinge als Gewächshaussorten. Moderne Sorten sind nicht bitter. Einige haben raue oder borstige Schalen, die man vor dem Verzehr abschälen sollte. Pro Pflanze kann man von August bis Oktober mit ca. 15 Früchten rechnen.

AUSSAAT UND PFLEGE: Im April oder Mai legt man 2–3 Samen bei 20 °C hochkant in 8-cm-Töpfe *(siehe S. 244)* und lässt später die kräftigste Pflanze stehen. Im Juni werden sie paarweise in Säcke oder einzeln mit 45 cm Abstand auf einen gut mit Mist angereicherten Erdhügel gepflanzt, um Fäule zu verhindern; bevorzugt unter einem Vlies.

ROUTINE-PFLEGE: Für einen buschigen Wuchs kneift man bei sechs Blättern die Spitzen aus. Man hält die Früchte mit Strohmulch oder Folien sauber. Kletternde Sorten sollten an Stangen oder Schnüren hochranken. Regelmäßig gießen, u. U. mit Rieselschlauch. Zeigen sich Früchte, düngt man regelmäßig mit Tomatendünger.

AUBERGINEN

In kühlen Regionen muss ein Gewächshaus, in dem man Auberginen zieht, u. U. beheizt werden, besonders für Jungpflanzen. Unter 20 °C stockt das Wachstum; die optimale Temperatur liegt bei 25–30 °C.

AUSSAAT UND PFLANZUNG: Man sät im Februar oder März 1–2 cm tief in Aussaatkisten bei 18–21 °C. Die 5 cm großen Sämlinge in 8-cm-Töpfe pikieren. Wenn sich die ersten Blüten bilden, pflanzt man sie in Dreiergruppen in Pflanzsäcke. Die Spitzen bei einer Pflanzenhöhe von ca. 40 cm auskneifen.

ROUTINE-PFLEGE: Wie bei Paprika *(siehe oben)*, allerdings sollte man Tomaten- statt Universaldünger verwenden. Damit sich große Auberginen entwickeln, lässt man jede Pflanze nur 4–6 Früchte entwickeln. Regelmäßige Kontrolle auf Mehltau und in Gewächshäusern häufige Schädlinge ist wichtig.

AUBERGINE

△ **AUBERGINEN ERNTEN**
Auberginen sind reif, wenn die ganze Frucht gefärbt und die Haut straff ist und glänzt. Wenn sie ihren Glanz verliert oder schrumpelig wird, nimmt das Fleisch einen bitteren Geschmack an. Man erntet sie mit mindestens 3 cm Stiel.

SIEHE AUCH: Aussaat unter Glas, S. 244

TOMATEN

Tomaten gibt es in verschiedenen Größen, Formen und Farben, wobei jedoch bei der Sortenwahl ihre Robustheit und ihr Wuchs ausschlaggebender ist. Buschtomaten tragen sich meist selbst, aber eine weitaus größere Sortenauswahl findet man unter den breitwüchsigen Tomaten, die der Einfachheit halber einstämmig aufgebunden werden. Bei beiden Wuchsformen gibt es Sorten, die man ab einer bestimmten Größe in kühlen Regionen ungeschützt im Freien kultivieren kann, wobei sich der Ertrag unter Glas praktisch verdoppeln lässt, nämlich von 2 auf 4 kg pro Pflanze.

STANDORT UND BODEN: Den Boden im Freiland mit organischem Material und ausgewogenem Dünger anreichern, da Tomaten empfindlich auf Nährstoffmangel reagieren. Man verwendet unter Glas Pflanzsäcke oder 25-cm-Töpfe.

AUSSAAT UND PFLANZUNG: Jungpflanzen werden überall im Handel angeboten. Wer ein Gewächshaus hat, kann sie früh kaufen oder Sämlinge selbst ziehen. Man sät 2 cm tief in Saatschalen oder Pikierplatten. Die Aussaat erfolgt ab Februar bei 15–18 °C unter Glas. Man pikiert die Sämlinge ab zwei bis drei Keimblättern in 8-cm-Töpfe. Freilandsorten härtet man acht Wochen nach der Aussaat ab und pflanzt sie ab der Blütenbildung, aber auf jeden Fall nach den Eisheiligen ins Freiland aus. Ein Vlies in den ersten ein oder zwei Wochen verbessert den Start. Gewächshaustomaten werden zu dritt in Pflanzsäcke oder einzeln in Töpfe gepflanzt. Im Freien beträgt der Abstand bei aufgebundenen Sorten 45 x 45 cm, bei niederwüchsigen Sorten 30 x 30 cm und bei Buschtomaten 60 x 60 cm.

ROUTINE-PFLEGE: Man mulcht Pflanzen im Freiland, wenn der Boden sich erwärmt hat. Weiße Folie unter Buschtomaten hält die unteren Früchte sauber und reflektiert zudem die Sonne, was die Reifung fördert. Die Pflanzen dürfen nie austrocknen, sonst entstehen Probleme, z. B. zähe Schalen und ungleichmäßig reifende oder sich spaltende Früchte *(siehe S. 304)*. Bei Hitze können pro Pflanzsack täglich 20 l Wasser notwendig sein. Wenn sich der erste winzige Fruchtstand entwickelt hat, gibt man wöchentlich Tomatendünger mit hohem Kalianteil oder organischen Flüssigdünger. Zum Aufbinden eignen sich Well- oder Pflanzstäbe bzw. an Gewächshausträgern festgebundene Schnüre. Man lässt nur einen Haupttrieb stehen *(siehe unten)*. Weiße Fliegen *(siehe S. 299)* kann man mit Ringelblumen ablenken.

NORMALE TOMATE

EIERTOMATE

KIRSCHTOMATEN

GELBE TOMATE

GESTREIFTE TOMATE

AUFBINDEN VON TOMATEN

1 AUSGEIZEN (TRIEBE AUSBRECHEN)
Den Haupttrieb locker in regelmäßigen Abständen an einem Stab oder einer Schnur festbinden. Alle beblätterten Seitentriebe aus den Blattachseln ausbrechen, damit sie den Früchten keine Kraft entziehen.

2 SPITZEN ABKNEIFEN
Im Spätsommer, wenn sich 4–6 Fruchtstände (vier in kühlen, sechs in milden Regionen) gebildet haben, kneift man die Spitzen heraus, damit sich keine weiteren Früchte entwickeln, die nicht mehr reifen. Weiterhin ausgeizen.

PRAXIS-TIPPS

• Bei begrenztem Platz kann man buschige und hängende Sorten in 25-cm-Töpfen oder sogar Ampeln *(siehe S. 177)* kultivieren. Die robusteren Kirschtomaten-Sorten erbringen eine bescheidene, aber gut ausgereifte Ernte und entwickeln nur selten Blütenendfäule.

• In kühlen Regionen reifen meist die letzten Früchte nicht ganz: Man legt grüne Tomaten zum Reifen auf ein sonniges Fensterbrett. Eine reife Banane beschleunigt den Vorgang. Man kann sie auch für Chutney, eine scharf gewürzte Fruchtpaste, verwenden.

△ **REIFE FÖRDERN**
In kühlen Regionen reifen die letzten Tomaten besser, wenn man die Pflanzen auf sauberes Stroh legt und mit einem Tunnel warm hält. Die Wurzeln bleiben im Boden, um die Pflanze weiterhin zu versorgen.

SIEHE AUCH: Aussaat großer Samen, S. 244; Aussaat in Pikierplatten, S. 245

OBSTANBAU

EIGENE OBSTGEHÖLZE ANZUBAUEN ist äußerst befriedigend. Hinzu kommt, dass die meisten mit attraktiven Frühjahrsblüten und heranreifenden Früchten zur Erntezeit ebenso hübsch wie nützlich sind. In einem großen Garten kann man dem Obstanbau einen eigenen Bereich widmen, und ist er klein, nimmt man Obstpflanzen zugleich als Zierpflanzen, z. B. Walderdbeeren für eine Einfassung oder Weinreben zum Beranken einer Pergola. Das Hauptproblem bei dekorativen Früchten ist, dass sie vor Vögeln geschützt werden müssen. Naturfreunde sind gegen fast unsichtbare Netze, da Vögel sich darin verfangen, aber gröbere Netze sind kein schöner Anblick.

ANLEGEN EINES OBSTGARTENS

Bei den hier beschriebenen Obstarten handelt es sich um dauerhafte Pflanzen – Bäume, Sträucher und Stauden –, die über viele Jahre an ihrem Platz bleiben. Wenn man dem Obst viel Platz widmen kann, ist eine Fülle von Früchten für Familie und Gäste sicher. Als Beerenobst kann man z. B. Gruppen von Schwarzen Johannisbeeren (siehe S. 269), Reihen aus Himbeeren (siehe S. 270) und Beete voller Erdbeeren (siehe S. 272) pflanzen. Zusammen gruppiert lässt sich Beerenobst bequemer düngen, gießen und vor Wind oder Schädlingen schützen (z. B. durch Netze). In einem großen Garten ist vielleicht auch Platz für ein paar Obstbäume: entweder unterschiedliche Früchte oder Sorten, die zu verschiedenen Zeiten reif sind, damit sich die Ernte gut über die Saison verteilt. Man beachte jedoch bei Obstbäumen, dass sich zahlreiche Sorten nicht selbst bestäuben können und daher, um Früchte ansetzen zu können, einen zweiten Baum ihrer Art in der Nähe benötigen – zwar nicht unbedingt von derselben Sorte, aber mit der gleichen Blütezeit. Falls der Platz für Hochstammbäume begrenzt ist, gibt es auch noch andere Möglichkeiten (siehe unten).

PRAXIS-TIPPS

• Ein zweiter Baum für die Bestäubung muss weder die gleiche Größe noch Form haben. Es kann auch eine Zwergform oder ein Platz sparender Schnur- oder Spalierbaum sein.

• Vielleicht steht im Garten des Nachbarn ein zweiter Baum einer geeigneten Sorte.

• Zahlreiche Zierapfelsorten bestäuben Kulturäpfel. In der Baumschule fragen.

• Es gibt veredelte Bäume, bei denen man zwei Sorten auf einen Stamm gepfropft hat.

STANDORT UND KLIMA

Während Gärtner in kühler Regionen vielleicht die in warmen Ländern um die Vielfalt an Zierpflanzen und Gemüsearten beneiden, die diese problemlos kultivieren, kann man sich mit der Tatsache trösten, dass einige der köstlichsten Baum- und Beerenobstarten nur in Regionen mit kalten Wintern und nicht zu langen heißen Sommern gedeihen. Jede Obstbaumart braucht sogar eine bestimmte Stundenzahl unterhalb einer bestimmten Temperatur, um Früchte bilden zu können. Gärtner in kühlen Regionen brauchen sich darum nicht zu kümmern, sondern können sich darauf konzentrieren, den sonnigsten, geschütztesten Platz zu wählen, um eine bestmögliche Ernte zu erzielen oder gar mit hier zu Lande heikleren Arten, wie Pfirsichen und Trauben, zu experimentieren, bei denen selbst eine kleine Ernte sehr befriedigend ist.

SCHÖN NÜTZLICH ▷
Die ausgereiften Spalierbirnen teilen einen Bereich des Gartens ab und bilden einen wunderschönen Hintergrund für eine Staudenrabatte.

△ GEMEINSAM SICHER
Zusammen in einem Beet kultivierte Erdbeeren lassen sich bequem pflegen, düngen und gießen und können einfach mit beweglichen Tunneln geschützt werden.

△ PERFEKTE PFIRSICHE
Wie begehrenswert Südfrüchte wie Pfirsiche und Nektarinen auch sind, muss man sich dennoch nach den Einschränkungen des hiesigen Klimas richten. Obwohl sie einen kalten Winter benötigen, lässt dennoch nur viel Wärme und Sonnenlicht die Früchte süß und saftig heranreifen.

SIEHE AUCH: Nutzpflanzen schützen, S. 240; Stachelbeeren, Johannisbeeren, Heidelbeeren, S. 268–269; Himbeeren und Brombeeren, S. 270–271; Erdbeeren, S. 272

OBST AUF KLEINEM RAUM

Auch wenn man keine üppigen Ernten erzielt, kann man mit sorgfältiger Planung und Phantasie Obst selbst in kleinen Gärten anbauen. Zahlreiche Obstbäume sind z.B. mit Sicherheit zu mehreren Jahreszeiten attraktiv genug, um sie statt einer Zierform als Solitärbaum auf einem Rasen stehen zu haben. Man muss jedoch auf die notwendigen Voraussetzungen für eine Bestäubung achten (*siehe gegenüber:* Anlegen eines Obstgartens). Zum Beranken von Mauern, Bögen und Pergolen kann man statt einer gewöhnlichen Kletterpflanze einen Wein oder vielleicht ein Beerenobst wie Brombeeren in Betracht ziehen.

Bei sehr begrenztem Raum kann man zahlreiche Obstarten in Kübeln kultivieren. Stadtgärten sind vielleicht klein, aber dafür oft gut geschützt, und ein Pfirsich-Buschbäumchen sollte Ihnen viele saftige Früchte bescheren. Sowohl Wald- als auch Gartenerdbeeren (*siehe S. 272*) sind klassische Kübelpflanzen. Als dauerhaftes pflegeleichteres Kübelobst eignen sich Heidelbeeren (*siehe S. 269*). Die Sträucher sehen mit ihren Früchten prächtig aus und nehmen eine wunderschöne Herbstfärbung an.

Man wählt stets Pflanzgefäße mit mindestens 30 cm Durchmesser und verwendet lehmige Erde. Den Topf stellt man an einen sonnigen Platz und gießt und düngt gewissenhaft.

WALDERDBEEREN △
Walderdbeeren eignen sich gut für Töpfe auf Terrassen. Sie tragen den ganzen Sommer kleine, süße Früchte. Lehmige Erde verwenden, gut feucht halten und regelmäßig düngen. Pflanzen und Boden alle zwei Jahren austauschen.

GRÖSSE UND FORM VON OBSTBÄUMEN

Selbst erfahrene Gärtner überlassen die Pflege junger Obstbäume gern dem Fachmann. Baumschulen verfügen über die Mittel und Erfahrung, um Obstbäume auf Unterlagen zu veredeln, die ihre endgültige Größe bestimmen, und junge Bäume so zu erziehen, dass die Wartezeit zwischen dem Kauf des Baums und der ersten Ernte so kurz wie möglich ist – ganz davon zu schweigen, dass der Käufer die heikle Aufgabe umgeht, den jungen Baum richtig zu beschneiden. All dies ist den meisten Gärtnern der höhere Preis eines älteren, aber gut erzogenen Jungbaums wert.

Obstbäume werden auf verschiedenste Unterlagen gepfropft, die ihre Größe beeinflussen. Bei einigen, wie etwa dem Pflaumenunterleger ›Pixy‹ (engl. für Elfe) ist das Ziel noch zu erraten. Bei Apfelunterlagen wie ›M9‹ oder ›M27‹ muss man sich für die richtige Auswahl beraten lassen. Man überlegt, wie viel Platz zur Verfügung steht. Hoch- und Halbstämme entwickeln recht große Kronen auf langen nackten Stämmen. Niederstämme wachsen auf einem kurzen Stamm. Die Niederstammform und ihre Abwandlung, die Pyramide, haben den Vorteil, dass sie sich für viele Obstarten eignen sowie Pflege und Ernte vereinfachen.

Flach an einer Mauer, an Zäunen oder einem Gerüst erzogene Bäume sind von großem Reiz. Sie beanspruchen weniger Platz, sind nützlich und attraktiv – eine Spalierreihe kann zum Beispiel als schöne Abgrenzung eines Gartenteils dienen. In guten Baumschulen erhält man vorerzogene Fächer-, Spalier- und Schnurbäume von Äpfeln, Birnen, Kirschen, Pflaumen und Pfirsichen. Bei erzogenen Formen muss dem Schnitt und Aufbinden mehr Zeit gewidmet werden als bei anderen Gehölzen. Man überlegt vorher, wie viel Zeit man für die Bäume erübrigen kann.

Eine breitwüchsige Krone auf einem nackten, 80–100 cm hohen Stamm

NIEDERSTAMM

Eine buschige Krone auf einem 1–1,2 m hohen Stamm mit einer Gesamthöhe bis ca. 5 m; für größere Gärten geeignet

HALBSTAMM

Eine sehr ertragreiche Form, ideal für Mauern; muss von einem Spalier gestützt werden

FÄCHER

Ideal zum Ziehen mehrerer Sorten auf engem Raum; sehr ertragreich

SCHNURBAUM (KORDON)

SPALIER

Ein Schnurbaum, der statt im 45°-Winkel im rechten Winkel erzogen wird.

WAAGERECHTER SCHNURBAUM

1,5–2 m hohe Form; produktiv, leicht zu erziehen und zu pflegen

PYRAMIDE

ZWERGPYRAMIDE

OBSTBAUMFORMEN

Viele Obstbäume lassen sich verschieden erziehen. Die Formen wurden passend zu den Fruchtbildungsgewohnheiten und für Gärten unterschiedlicher Größe entwickelt. Jeder Obstbaum muss beschnitten werden. Zu diesem Zweck benötigt man Kenntnisse über Fruchtbildung und Wuchs des Baums, um nicht die Teile abzuschneiden, die die nächste Ernte tragen.

SIEHE AUCH: Kübel und Hochbeete, S. 166–183; Der Obstbaumschnitt, S. 262–263; Äpfel und Birnen, S. 264–265; Steinobst, S. 266–267

PFLANZEN VON OBSTBÄUMEN

MAN BEREITET DEN STANDORT mindestens zwei Monate vor dem Pflanzen von Obstbäumen vor. Alles Unkraut wird entfernt und der Boden mit viel organischem Material angereichert. Halterungen wie waagerechte Spanndrähte (siehe S. 109) für Him- und Brombeeren oder Spalierbäume bringt man vor dem Pflanzen an. Dann sucht man eine Baumschule mit guten Pflanzen, die garantiert krankheitsresistent sind. Bei Beerenobst wird vor dem Pflanzen ein ausgewogener Dünger in den Boden eingearbeitet. Regelmäßiges Mulchen ist bei allen Obstarten ein Muss. Es ist sinnvoll, eine zuverlässige Quelle für Kompost ausfindig zu machen.

PFLANZENKAUF

Obstpflanzen bleiben viele Jahre an ihrem Platz. Man lasse sich daher keine Ladenhüter verkaufen, sondern wende sich am besten an eine spezielle Obstbaumschule. Die Vielzahl der angebotenen Sorten ist so erstaunlich, dass sich für Unkenntnis niemand schämen muss. Man sollte daher keine Hemmungen haben, sich gründlich beraten zu lassen.

◁ **CONTAINERWARE**
Auf ein gut entwickeltes Wurzelsystem achten. Die Wurzeln dürfen den Ballen aber nicht umwickeln. Pflanzen in zu engen Behältern wachsen meist schlecht an.

Kräftige Krone mit schön angeordneten Seitentrieben

Gesundes, gut entwickeltes Wurzelsystem stützt einen robusten geraden Stamm mit kräftigen Seitentrieben.

OHNE BALLEN▷
Es soll ein ausgeglichenes Verhältnis zwischen Haupt- und Faserwurzeln bestehen. Man meidet Pflanzen mit vertrockneten Wurzeln.

PFLANZEN EINES OBSTBAUMS

Containerware kann jederzeit gepflanzt werden, sofern der Boden nicht trocken, wassergesättigt oder gefroren ist. Bäume ohne Ballen pflanzt man im November oder März. Man tränkt die Wurzeln vor dem Pflanzen gut. Bei schlechten Bedingungen den Baum einschlagen (siehe S. 194) und ihn feucht halten, bis gepflanzt werden kann. Pyramiden erhalten einen dauerhaften Baumpfahl in der endgültigen Höhe des Baums. Nieder- und Hochstämme benötigen einen, besser zwei Pfähle auf den gegenüberliegenden Seiten des Wurzelballens, die eben bis unter die niedrigsten Äste reichen. Man zieht sie heraus, wenn der Baum eingewurzelt ist. Bei Rasen entfernt man auf der Baumscheibe das Gras, damit es keine Nährstoffe entzieht.

PFLANZEN EINES OBSTBAUMS OHNE BALLEN

Den Pflock 45 cm in den Boden des Lochs treiben, damit er später insgesamt 60 cm tief steht.

1 PFLANZLOCH GRABEN
Pflanzloch ein Drittel größer als der Wurzelballen ausheben. Für eine Pyramide 10 cm neben der Lochmitte einen Pfahl mindestens 60 cm tief in den Boden treiben, für Hoch- oder Niederstämme zwei Pfähle.

2 LOCHBODEN ANHÄUFELN
Auf dem Lochboden etwas Erde anhäufeln, Baum mitten ins Loch stellen und die Tiefe mit einem über das Loch gelegten Stock prüfen. Die Bodenoberfläche sollte mit dem Erdring am Baumstamm abschließen.

3 PFLANZEN UND ANTRETEN
Lochtiefe bei Bedarf anpassen. Wurzeln gleichmäßig auf dem angehäufelten Hügel ausbreiten. Schichtweise Erde einfüllen und jeweils vorsichtig antreten, um den Baum gut zu verankern und Lufteinschlüsse zu vermeiden.

4 ANBINDEN
Baumband mit Abstandshalter oben am Pfahl und dann am Stamm anbringen. Der Abstandshalter verhindert, dass der Stamm am Pfosten scheuert (siehe Detail). Stamm u. U. mit Maschendraht vor Wildverbiss schützen.

SIEHE AUCH: Baumpfähle, S. 193; Verbissschutz, S. 195; Äpfel und Birnen, S. 264–265; Steinobst, S. 266–267

PFLANZEN ERZOGENER OBSTBÄUME

Vor dem Pflanzen junger Schnur-, Fächer- und Spalierbäume befestigt man waagerechte Drähte 10–15 cm vor einer Wand oder einem Zaun mit Spannbolzen zwischen 2,2 m hohen Betonpfosten oder mit Latten und Ösen. Man bringt als diagonale Stütze Stäbe schräg an den Drähten (*siehe rechts*) an, und bindet nach dem Pflanzen den Hauptstamm eines Schnurbaums oder Seitenäste von Fächern daran fest. Die Veredelungsstelle nicht mit Erde bedecken. Es wird mit 25 cm Abstand zu Mauer oder Zaun gepflanzt, und die Schnurbäume werden schräg eingesetzt.

△ STÜTZEN VON SCHNURBÄUMEN
Schnurbäume lassen sich an einer frei stehenden Stütze aus stabilen Pfosten und Drähten oder an 10–15 cm von einer Mauer oder einem Zaun entfernten Drähten (für gute Luftzirkulation) erziehen. Man spannt drei Drähte mit 60 cm Abstand, den untersten 75 cm über dem Boden.

△ STÜTZSTAB
Einen stützenden Stab in einem 45°-Winkel mit kunststoffbeschichtetem Draht an den horizontalen Drähten festbinden.

△ SCHRÄG ANBINDEN
Stämme von Schnurbäumen und Äste von Fächern locker mit weicher Schnur so anbinden, dass kein Draht an der Rinde scheuert.

PFLANZEN VON OBSTSTRÄUCHERN

Rote und Schwarze Johannisbeeren und Stachelbeeren pflanzt man wie Baumobst, aber ohne Stützpfahl. Beste Pflanzzeit ist der Herbst, bei geeigneten Boden- und Witterungsbedingungen aber auch im zeitigen Frühjahr. Man sollte als krankheitsfrei zertifizierte Pflanzen kaufen.

Beim Pflanzen der Sträucher nicht die Knospen verletzen. Schwarze Johannisbeeren werden kräftig zurückgeschnitten (*siehe S. 269*). Bei Roten Johannis- und Stachelbeeren schneidet man im Februar dicht über dem Boden entspringende Äste bündig ab, damit ein ca. 10 cm hoher Stamm bleibt. Andere Äste werden über nach außen weisenden Knospen auf die Hälfte gekürzt.

STRAUCHOBST PFLANZEN

1 PFLANZLOCH AUSHEBEN
Ein ausreichend großes Loch für die ausgebreiteten Wurzeln des Strauchs ausheben. Die Tiefe mit einem über das Loch gelegten Stock prüfen. Die Bodenoberfläche soll mit dem Erdring am Stamm abschließen.

2 PFLANZLOCH FÜLLEN UND ANTRETEN
Das Loch mit Erde füllen, die schichtweise vorsichtig angetreten wird, um Lufteinschlüsse um die Wurzeln zu verhindern. Die Oberfläche mit einem Rechen ebnen. Im Frühjahr mit gut verrottetem Mist mulchen.

PFLANZEN VON HIMBEEREN UND BROMBEEREN

Him- und Brombeeren benötigen eine dauerhafte Stütze. Die einfachste, platzsparendste Methode ist ein zwischen Pfosten gespannter Draht. Für Himbeeren spannt man Drähte in 75 cm, 1 m und 1,6 m Höhe. Man kann auch vier oder fünf Drähte verwenden. Für Brombeeren treibt man zwei 2,5 m lange Pfosten 60 cm tief in den Boden, und spannt horizontal vier Drähte mit je 30 cm Abstand, den untersten 90 cm über dem Boden. Brombeeren pflanzt man möglichst im März oder April wie Himbeeren, starkwüchsige Sorten mit 4–5 m, weniger wuchsfreudige mit 2,5 m Abstand. Die Ruten nach der Pflanzung auf 25 cm zurückschneiden.

HIMBEEREN PFLANZEN

1 RUTEN PFLANZEN
Im Herbst oder zeitigen Frühjahr 5–10 cm tiefen Graben in gut mit Mist angereichertem Boden ausheben. Ruten alle 40–45 cm in Reihen mit 2 m Abstand pflanzen, Wurzeln gleichmäßig ausbreiten und Graben zuwerfen.

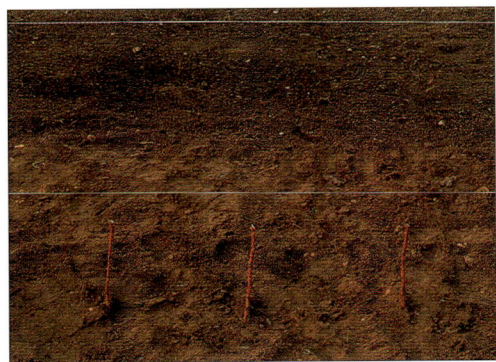

2 RUTEN ZURÜCKSCHNEIDEN
Erde um die Ruten vorsichtig andrücken, so dass sie aufrecht stehen bleiben. Ruten in 25 cm Höhe über einer kräftigen Knospe abschneiden. Boden vorsichtig glatt rechen. Im Frühjahr mit gut verrottetem Mist mulchen.

SIEHE AUCH: Stachelbeeren, Johannisbeeren und Heidelbeeren, S. 268–269; Himbeeren und Brombeeren, S. 270–271

DER OBSTBAUMSCHNITT

MIT DEM OBSTBAUMSCHNITT sollen drei Ziele erreicht werden: Beeinflussung der Wuchsrichtung von Trieben, um die gewünschte Kronenform zu erzielen oder zu erhalten; Erhalt eines ausgewogenen Verhältnisses zwischen Fruchtholz und Leitholz; Gesunderhaltung durch Entfernen abgestorbenen, kranken oder verletzten Holzes sowie sich kreuzender Äste, die aneinander reiben und die Rinde verletzen, und zu dicht stehender Zweige, die dem Kroneninneren Licht und Luft nehmen. Jeder gesetzte Schnitt sollte mindestens eines der Ziele erfüllen. Den Baumschnitt nimmt man im Herbst oder zeitigen Frühjahr, bei Kirsche und Pflaume nach der Ernte vor.

ANATOMIE VON OBSTBÄUMEN

Beim Beschneiden und Erziehen von Obst-bäumen werden unterschiedliche Holz-arten zurückgeschnitten – alte und junge Zweige, Leitäste und Fruchtholz. Da der Obstbaumschnitt die Wuchsrichtung be-einflussen und ein ausgeglichenes Verhältnis zwischen Leit- und Fruchtholz bewirken soll, muss man zwischen fruchtbildenden Blütenknospen und wuchsbildenden Blattknospen unterscheiden können. Der Neuzuwachs entwickelt sich nur aus den schmaleren, flacheren Blattknospen und nur in Knospenrichtung. Wichtig ist auch zu wissen, wo ein Schnitt gesetzt werden muss, um die Bildung von Blütenknospen zu fördern, und wie die Pflanze auf die Stärke des Rückschnitts reagiert. Ein schwacher oder mittelstarker Rückschnitt der Triebspitzen von Leitästen regt die Blütenknospenbildung am selben Trieb an.

DIE RICHTIGEN BEZEICHNUNGEN
Die verschiedenen Teile des Obstbaums haben spezielle Namen, und die Rückschnitttechnik ist einfacher zu ver-stehen, wenn man ein paar der Grund-begriffe kennt.

Leitäste sind die 3–4 Hauptäste eines Obst-baums. Darf auch der Stamm hochwachsen, heißt er Haupttrieb.

VEREDELUNGS-STELLE ▷
Der Wulst am Stammfuß, wo die fruchttragende Kultursorte auf die Unter-lage gepfropft wurde.

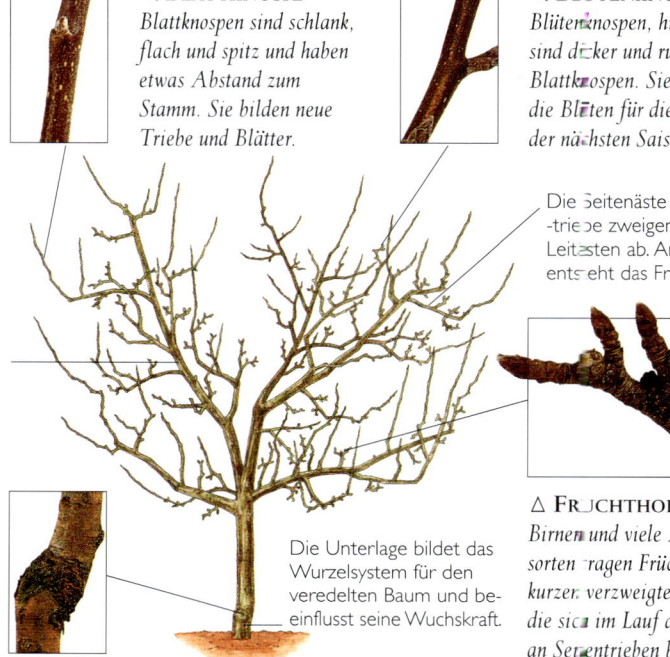

◁ **BLATTKNOSPE**
Blattknospen sind schlank, flach und spitz und haben etwas Abstand zum Stamm. Sie bilden neue Triebe und Blätter.

◁ **BLÜTENKNOSPE**
Blütenknospen, hier Apfel, sind dicker und runder als Blattknospen. Sie bilden die Blüten für die Früchte der nächsten Saison.

Die Seitenäste oder -triebe zweigen von den Leitästen ab. An ihnen entsteht das Fruchtholz.

Die Unterlage bildet das Wurzelsystem für den veredelten Baum und be-einflusst seine Wuchskraft.

△ **FRUCHTHOLZ**
Birnen und viele Apfel-sorten tragen Früchte an kurzen, verzweigten Trieben, die sich im Lauf der Jahre an Seitentrieben bilden.

RÜCKSCHNITT SCHWACHWÜCHSIGER BÄUME

Je stärker man schwachwüchsige Bäume zurückschneidet, desto üppiger ist der Neuzuwachs. Kräftige neue Triebe, die die Krone ausfüllen oder einen kaum noch fruchtenden Trieb ersetzen, erzielt man durch starken Rückschnitt. In den Folge-jahren werden die Triebe schwächer ge-schnitten, damit sie Blütenknospen bilden.

SCHNITTANSATZ ▷
Man setzt die Gartenschere von der gegenüberliegenden Seite der Knospe mit der schmaleren Klinge zur Knospe hin an. Den Schnitt 5 mm über der Knospe leicht schräg setzen, so dass er von ihr weg abfällt.

ZURÜCKSCHNEIDEN SCHWACHER TRIEBE
Durch leichten Rückschnitt bilden schwache Triebe Blütenknospen, werden aber nicht viel länger. Ein mittelstarker Rückschnitt fördert Blatt- und Blütenknospen. Mit starkem Rückschnitt erzielt man kräftigen Wuchs auf Kosten von Blütenknospen.

> ### NICHT VERGESSEN!
>
> #### GLEICHGEWICHT SCHAFFEN
> Um Größe und Form eines Obstbaums zu er-halten, muss man schwache Triebe stark und kräftige Triebe schwach zurückschneiden. Die Stärke des Rückschnitts hängt davon ab, ob ein Baum mehr kräftigen Neuzuwachs be-nötigt oder Fruchtbildung gefördert werden soll, bzw. wo neue Triebe alte ersetzen sollen.

Ein Rückschnitt der Spitze um 3–5 cm bewirkt einen nur schwachen Neuzu-wachs und die Bildung dicker Blütenknospen.

Ein Rückschnitt um ca. 10 cm fördert sowohl den Wuchs als auch die Entwicklung von Blütenknospen.

Der starke Rück-schnitt hat den Austrieb zweier Blattknospen be-wirkt. Es wurden keine Blütenknos-pen, aber zwei kräftige Triebe gebildet, die altes Holz ersetzen können.

SCHWACHER SCHNITT

MÄSSIGER SCHNITT

STARKER SCHNITT

SIEHE AUCH: Äpfel und Birnen, Schnitt, S. 264–265

RÜCKSCHNITT STARKWÜCHSIGER BÄUME

Mit starkem Rückschnitt kann man bei jungen Bäumen den Zuwachs fördern, bei älteren Bäumen einen Ersatztrieb für einen unproduktiven oder kranken Ast, der entfernt wurde.

Nach einem starken Rückschnitt muss das Wurzelsystem eines Baums weniger Knospen versorgen, die dadurch stärker gefördert werden und neue, kräftige Triebe bilden. Umgekehrt wird durch einen schwachen oder gar keinen Rückschnitt jede Knospe weniger versorgt, und der Neuzuwachs ist eingeschränkt. Bei einem zu schwachen Schnitt besteht die Gefahr, dass sich zu viele kleine Früchte entwickeln, die den Baum erschöpfen, so dass sich kein Neuzuwachs für weitere Ernten bildet. Das Zauberwort heißt hier Gleichgewicht.

ZURÜCKSCHNEIDEN KRÄFTIGER TRIEBE

Ein schwacher Rückschnitt wuchskräftiger Triebe (also das Ausschneiden der Triebspitzen) oder gar kein Schnitt erzielt schwachen Neuzuwachs und mehrere Blütenknospen. Mäßiger Schnitt fördert die Verzweigung, es bilden sich aber weniger Blütenknospen. Durch starken Schnitt fördert man den kräftigen Wuchs noch zusätzlich auf Kosten von Blütenknospen.

Ein mittelstarker Rückschnitt hat die Bildung von mehreren kräftigen Trieben und einigen Blütenknospen am alten Holz bewirkt.

Durch den starken Rückschnitt haben sich drei lange, kräftige Triebe entwickelt. Sie können alte Äste ersetzen, tragen aber keine Blütenknospen.

Durch leichtes Zurückschneiden, bei dem nur die Triebspitze entfernt wurde, haben sich ein einzelner Verlängerungstrieb und mehrere Blütenknospen am alten Holz gebildet.

SCHWACHER SCHNITT   **MÄSSIGER SCHNITT**   **STARKER SCHNITT**

SCHNITT ZUR FRUCHTHOLZFÖRDERUNG

Dieser Schnitt wird nur an Birnen oder kurztriebigen Apfelsorten durchgeführt, nicht an anderem Baumobst oder bei an den Triebenden tragenden Apfelbäumen (dazu in der Baumschule fragen). Bei dieser Technik kürzt man Seitenäste, damit sie sich verzweigen. Diese Zweige werden wiederum gekürzt, um die Bildung von Fruchtholz anzuregen. Leitäste kürzt man, um die Bildung von Seitenästen zu fördern. Stehen die Kurztriebe nach mehreren Jahren zu dicht, lichtet man das Fruchtholz, indem man die ältesten, am stärksten verzweigten Triebe entfernt.

FRUCHTHOLZBILDUNG FÖRDERN

Das Fördern von kurzem, dicht am Ast stehendem Fruchtholz mindert die Gefahr, dass Zweige unter dem Gewicht der Früchte brechen.

1 SEITENÄSTE ZURÜCKSCHNEIDEN
Rückschnitt der Seitenäste regt die Bildung von Kurztrieben nahe am Ansatz an; mit einem schrägen Schnitt längere auf 5–6, schwache auf 2–3 Knospen zurücknehmen.

2 LEITÄSTE ZURÜCKSCHNEIDEN
Man kürzt bei Leitästen den einjährigen Wuchs um ein Viertel bis ein Drittel oberhalb einer Knospe ein. Sind die Triebe sehr kräftig, werden nur die Spitzen ausgeschnitten.

SOMMERSCHNITT, AUSLICHTUNGSSCHNITT

Pflaumen- und Kirschbäume werden im Sommer zurückgeschnitten, da Winterschnitt sie für die Bleiglanzkrankheit anfällig macht (siehe S. 296). Dabei folgt man keinem System wie beim Schneiden von Kurztrieben bei Äpfeln und Birnen, sondern lichtet die Krone einfach nach Bedarf aus, damit die Früchte viel Sonnenlicht zum Reifen erhalten. Auch bei allen Obstbäumen an Spalieren und bei Schnurbäumen, einschließlich Äpfeln und Birnen, muss im Sommer ein Auslichtungsschnitt durchgeführt werden. Indem man die neuen belaubten Langtriebe, besonders die von der Wand oder dem Gestell abstehenden, zurückschneidet, bewahrt man die Form des Baums, konzentriert seine Energie und das verfügbare Sonnenlicht auf das Reifen der bereits vorhandenen Früchte und regt die Bildung von Blütenknospen für das nächste Jahr an. Alle neuen Triebe von 15–25 cm Länge werden auf 5 cm gekürzt, da das untere Drittel verholzt. Die Triebe entwickeln sich im Juni, und da der Neuzuwachs früherer Rückschnitte auch gekürzt wird (auf 2 cm), kann sich der Schnitt über zwei bis drei Wochen oder länger hinziehen.

Lässt man Seitenäste unkontrolliert wachsen, verderben sie die Form und nehmen heranreifenden Früchten Licht.

△ **VORHER**
Am Spalier bilden sich neue Seitenäste, die vom Ansatz her verholzen. Kürzt man sie nicht, geht die erzogene Form verloren.

△ **NACHHER**
Die Form ist wieder hergestellt, die reifenden Früchte erhalten mehr Sonne. Auch Sommerschnitte regen die Blütenknospenbildung an.

SIEHE AUCH: Steinobst, S. 266–267; Stachelbeeren, Johannisbeeren und Heidelbeeren, S. 268–269

ÄPFEL UND BIRNEN

DIE BESTE PFLANZZEIT für Äpfel und Birnen ist während der Ruhephase. Äpfel können im Herbst oder zeitigen Frühjahr gepflanzt werden. Die im März gepflanzten Bäume müssen u. U. im ersten Sommer gegossen werden, bis sie angewachsen sind. Birnen pflanzt man am besten im Herbst, wenn der Boden noch warm ist. Sie treiben im Frühjahr oft sehr früh aus, und durch Herbstpflanzung können sie vor dem Neuaustrieb gut einwurzeln. Vor allem in den ersten Jahren muss in trockenen Sommern zusätzlich gegossen werden. Eine Mulchschicht aus verrottetem Mist oder Kompost verringert Feuchtigkeitsverluste und die Gefahr eines Spurenelementmangels.

BIRNEN

Birnen gedeihen in ähnlichen Bedingungen wie Äpfel, benötigen aber für eine ertragreiche Ernte gleichmäßigere Wärme. Man kann sie zu Schnurbäumen, an Spalieren und frei stehend erziehen. Zwergpyramiden (die kompakteste Form) auf der Pfropfunterlage ›Quitte C‹ pflanzt man mit 1,2 m Abstand, solche auf ›Quitte A‹ mit 1,5 m.

Ausgewachsene Birnbäume können sehr dekorativ sein. Auch als Zierbäume mit nur geringem Rückschnitt bringen sie eine angemessene Ernte. Für eine üppige Ernte empfiehlt sich jedoch die Pyramide, eine Niederstammvariante, die durch regelmäßigen Schnitt in Form gehalten wird. Zur Erziehung einer Zwergpyramide verwendet man einen zweijährigen Baum mit breitständigen Ästen. Im ersten Sommer wird der Neuzuwachs aller Leitäste auf 5–6 Blätter und Seitenäste auf drei Blätter gekürzt. Im Herbst schneidet man dann den neuen Trieb am Hauptstamm auf 25 cm zurück. Dieser Schnitt wird immer über einer Knospe auf der gegenüberliegenden Seite zum vorjährigen Schnitt gesetzt. Hat der Baum die gewünschte Höhe, kürzt man den Haupttrieb im Mai auf eine neue Knospe ein.

Man mulcht Birnbäume jährlich zu Beginn des Frühjahrs und düngt sie wie Äpfel. Für eine ausreichende Stickstoffversorgung gibt man bis zu 35 g Ammoniumnitrat pro Quadratmeter. Den Fruchtansatz im Juli nach dem natürlichen Obstfall bei schweren Sorten auf eine Birne pro Büschel ausdünnen und bei leichten Sorten auf zwei Birnen. Es gibt frühe, mittelfrühe und späte Birnensorten. Lässt man späte Birnensorten zu lange am Baum, werden sie innen braun. Früchte sind reif, wenn sie sich mit etwas Anheben und Drehen leicht abnehmen lassen. Frühe Sorten pflückt man kurz vor der Reife, spätere Sorten voll ausgereift.

Birnen sind anfällig für den Gemeinen Frostspanner (siehe Raupen, S. 298), Feuerbrand (siehe S. 300), Schorf und Fruchtfäule (siehe S. 304).

NICHT VERGESSEN!

EINE GUTE ERNTE GEWÄHRLEISTEN
Für eine erfolgreiche Bestäubung benötigt man eine, manchmal zwei andere Sorten. Man erkundigt sich vor dem Kauf in der Baumschule. Birnen blühen im April oder Mai, wobei frühe Blüten Frostschäden erleiden können. Man pflanzt sie daher am wärmsten, geschütztesten Platz im Garten.

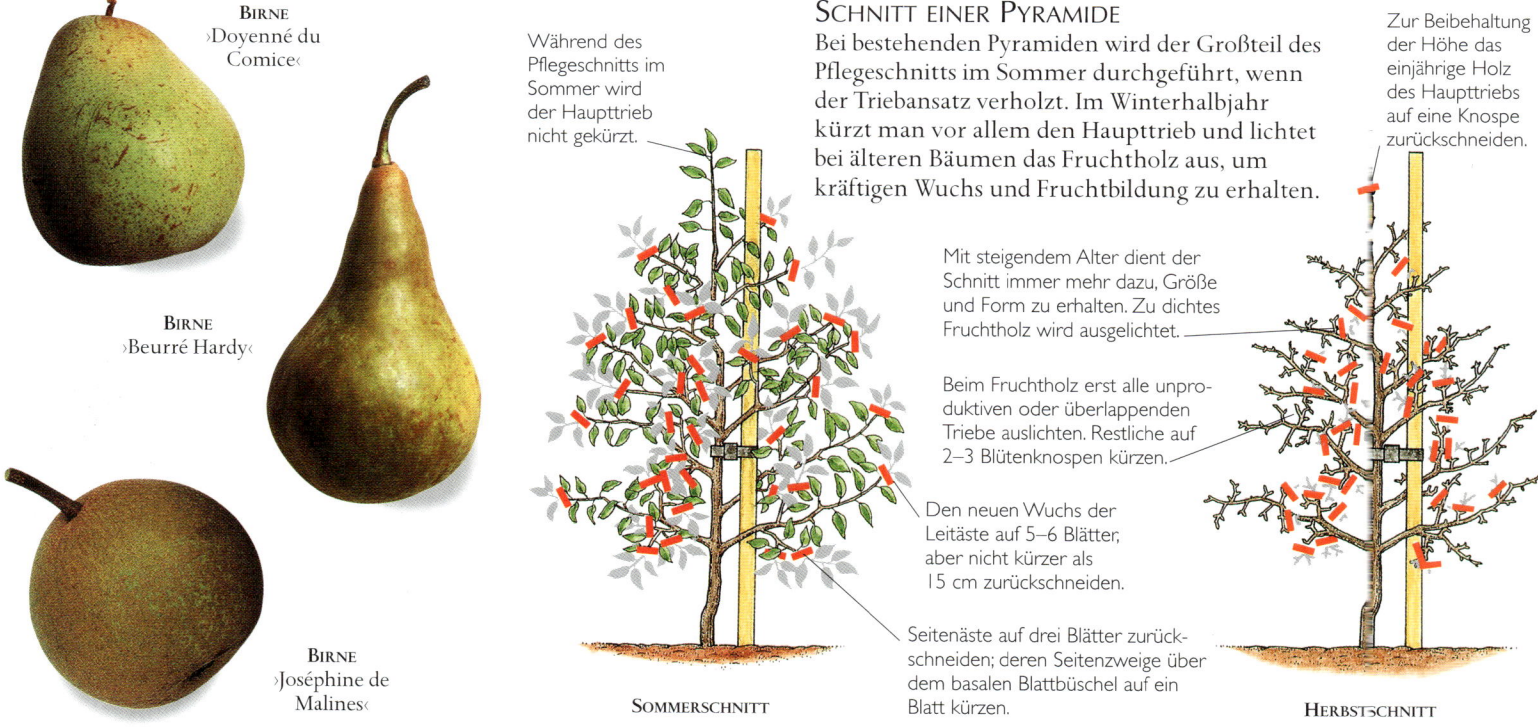

BIRNE
›Doyenné du Comice‹

BIRNE
›Beurré Hardy‹

BIRNE
›Joséphine de Malines‹

SCHNITT EINER PYRAMIDE
Bei bestehenden Pyramiden wird der Großteil des Pflegeschnitts im Sommer durchgeführt, wenn der Triebansatz verholzt. Im Winterhalbjahr kürzt man vor allem den Haupttrieb und lichtet bei älteren Bäumen das Fruchtholz aus, um kräftigen Wuchs und Fruchtbildung zu erhalten.

Während des Pflegeschnitts im Sommer wird der Haupttrieb nicht gekürzt.

Zur Beibehaltung der Höhe das einjährige Holz des Haupttriebs auf eine Knospe zurückschneiden.

Mit steigendem Alter dient der Schnitt immer mehr dazu, Größe und Form zu erhalten. Zu dichtes Fruchtholz wird ausgelichtet.

Beim Fruchtholz erst alle unproduktiven oder überlappenden Triebe auslichten. Restliche auf 2–3 Blütenknospen kürzen.

Den neuen Wuchs der Leitäste auf 5–6 Blätter, aber nicht kürzer als 15 cm zurückschneiden.

Seitenäste auf drei Blätter zurückschneiden; deren Seitenzweige über dem basalen Blattbüschel auf ein Blatt kürzen.

SOMMERSCHNITT

HERBSTSCHNITT

SIEHE AUCH: Größe und Form von Obstbäumen, S. 259; Pflanzen von Obstbäumen, S. 260

ÄPFEL

Äpfel gedeihen in den meisten einigermaßen humosen, gut lockeren Böden. Sie benötigen einen sonnigen, geschützten Platz und einen geeigneten zweiten Baum zur Bestäubung, um eine gleichmäßige Ernte zu gewährleisten (siehe Praxis-Tipps, S. 258). Beim Kauf sollte man nach passenden Nachbarn fragen. Die zahlreichen Apfelsorten können eine Erntephase von Juli bis November abdecken; einige lassen sich bis April lagern. Sind die Sommer kühl und kurz, wählt man frühe Sorten, bei Spätfrostgefahr verwendet man spät blühende Sorten. Die Auswahl der Unterlage hängt von der gewünschten Baumhöhe und dem Boden ab. Es gibt viele Sorten, wobei sich in den meisten Fällen ›M9‹ für schwachwüchsige Bäume, ›M26‹ für etwas größere und

›MM106‹ für mittelgroße Bäume eignet. Bei schlechtem Boden hilft eine kräftigere Unterlage; man fragt bei der Baumschule. Äpfel lassen sich zu verschiedensten Formen erziehen. Ein Halbstamm bildet einen wunderschönen Zierbaum und ist auch bei nur leichtem Pflegeschnitt (z. B. entfernen kranker oder abgestorbener Zweige) recht ertragreich. Für eine üppige Ernte sind Niederstämme mit ihrer kompakten Form jedoch unschlagbar. Man pflanzt Apfelsorten auf schwachwüchsiger Unterlage mit 2 m Abstand und auf ›MM106‹ 3,5–5,5 m weit. Gemulcht wird jährlich im März. Sind die Bäume alt genug für die Blütenbildung, verabreicht man jährlich im Frühling 105–140 g/m² eines ausgewogenen Düngers. Schwacher Wuchs kann durch Ammonium-

nitrat (35 g/m²) gefördert werden. Aus jedem Fruchtbüschel entfernt man im Juni die mittlere Frucht und im Juli alle bis auf einen Apfel pro Büschel. Äpfel sind anfällig für Apfelwicklerraupen (siehe Raupen, S. 298), Spinnmilben (siehe S. 301), Schorf (siehe S. 304), Fruchtfäule (siehe S. 304), Krebs (siehe S. 300) und Mehltau (siehe S. 297).

SPEISEAPFEL ›GEORGE CAVE‹ | **KOCHAPFEL** ›BRAMLEY‹

SCHNITT VON APFELNIEDERSTÄMMEN

Ziel ist es, eine offene Krone mit acht bis zehn Leitästen zu bilden, die sich gleichmäßig von einem 80–100 cm hohen Stamm aus ausbreiten. Man beginnt bei einem zweijährigen Baum mit 3–4 kräftigen, gut angeordneten Leitästen. Ist die Grundform erreicht, unterscheidet man beim Schnitt Sorten, die an Kurztrieben fruchten, und solche, die an Triebenden Früchte bilden. Man schneidet stets über einer Knospe, die in die Richtung des gewünschten Neuaustriebs zeigt.

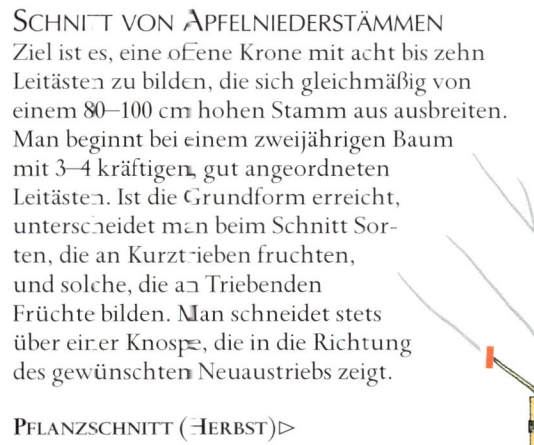

PFLANZSCHNITT (HERBST)▷
Hauptstamm direkt über drei bis vier Leitästen abschneiden, diese um zwei Drittel kürzen: horizontale Triebe über nach oben zeigender, aufrechte Triebe über nach außen zeigender Knospe.

8–10 kräftige Leitäste bilden das Kronengerüst.

3–4 kräftige Leitäste bilden das Gerüst für den zu erziehenden Baum.

△ **2. HERBST**
Als Grundgerüst gewählte Leitäste um die Hälfte kürzen, alle anderen auf 4–5 Knospen. Ungünstig stehende, sich kreuzende oder in zu engem Winkel zum Stamm stehende Triebe entfernen.

Die Stärke des Rückschnitts richtet sich nach der Wuchsfreudigkeit.

△ **3. HERBST, FRUCHT AN KURZTRIEBEN**
Bei Leitästen das einjährige Holz um ein Viertel kürzen; kräftige Seitenäste auf 4–6 Knospen, schwache auf 2–3 Knospen kürzen. Ungünstig stehende Triebe vollständig herausschneiden.

An den Triebspitzen tragende Sorten bilden an den Leitastenden Früchte, und werden daher nicht gestutzt; ungünstig stehende Äste entfernen.

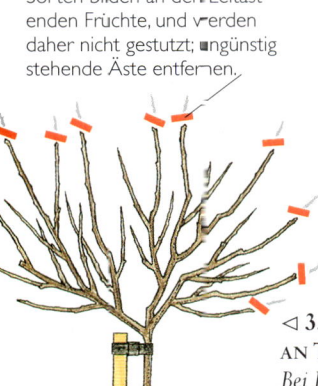

◁ **3. HERBST, FRUCHT AN TRIEBSPITZEN**
Bei Leitästen das einjährige Holz um ein Viertel kürzen. Die Seitenäste nur kürzen, wenn sie ungünstig stehen.

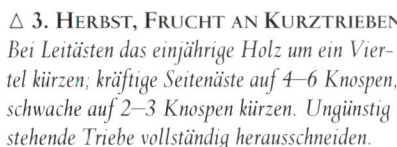

◁ **ÄLTERER BAUM, FRUCHT AN KURZTRIEBEN**
Schwache Leitastaustriebe um die Hälfte, kräftige höchstens ein Viertel kürzen. Andere neue Triebe auf 4–6 Knospen kürzen. Alte, zu stark verzweigte Kurztriebe auslichten.

◁ **FRUCHT AN TRIEBSPITZEN**
Bei älteren Bäumen ältestes Fruchtholz auf jungen Trieb oder ruhende Knospe zurückschneiden. Leitastspitzen kürzen.

SIEHE AUCH: Der Obstbaumschnitt, S. 262–263

STEINOBST

PFLAUMEN, KIRSCHEN UND PFIRSICHE werden auf Grund ihres einzelnen Samenkerns als Steinobst bezeichnet. Sie bilden keine Kurztriebe und müssen daher für die Fruchtbildung auf andere Weise geschnitten werden. Sofern sie nicht zu einer besonderen Form erzogen wurden (meist zu einem Fächer, der sich gut für ihren Wuchs und ihre Frucht-

bildung eignet), genügt es bei älteren Bäumen, wenn man einfach mit etwas Bedacht alte unproduktive Zweige nach Bedarf ausschneidet. Mit Ausnahme verletzter oder kranker Äste, die sofort entfernt werden sollten, wird Steinobst im Frühjahr oder Sommer, nicht im Herbst zurückgeschnitten.

PFLAUMEN

Pflaumen, Renekloden und Mirabellen lieben mäßig humosen, gut durchlässigen Boden und einen sonnigen, geschützten Standort. Sie blühen ab März. Man sollte in kühlen Regionen Mirabellen und alte, robuste Zwetschgensorten pflanzen, in milden Regionen oder an einer sonnigen, geschützten Mauer Pflaumen zum Essen. Zahlreiche Pflaumen sind selbstbefruchtend. Man kann sie als Niederstäm-

me, Pyramiden oder Fächer erziehen. Der recht kompakte Niederstamm muss, einmal erzogen, kaum beschnitten werden. Die Unterlage ›Pixy‹ (wuchshemmend) oder ›St. Julien A‹ bildet kleine bis mittelgroße Bäume. Mit 4 m Abstand pflanzt man sie im Spätherbst, da sie früh austreibt. Jährlich im März mulchen und wenn die Bäume einmal Blüten bilden, je einen ausgewogenen und einen stickstoff-

reichen Dünger verabreichen. Im Sommer dünnt man nach dem natürlichen Obstfall die restlichen Früchte auf einen Abstand von 7–10 cm aus, damit sie größer werden und keine Äste unter dem Gewicht brechen. Pflaumen sind anfällig für Gemeinen Frostspanner (siehe S. 298), Krebs (siehe Raupen S. 298) und Fruchtfäule (siehe S. 304) und werden gern von Vögeln genascht.

PFLAUME ›Marjorie's Seedling‹

PFLAUME ›Coe's Golden Drop‹

PFLAUME ›Victoria‹

MIRABELLE ›Merryweather‹

RENEKLODE ›Cambridge Gage‹

△ FRUCHTTRAGENDE PFLAUME
Pflaumenarten tragen ihre Früchte nicht an Kurztrieben, sondern an der Basis des einjährigen Holzes sowie am älteren Holz, was beim Schneiden beachtet werden muss.

SCHNITT VON PFLAUMENNIEDERSTÄMMEN

Der Stamm sollte eine Höhe von mindestens 80 cm haben. Am älteren Baum schneidet man schwache, abgestorbene, verletzte, sich kreuzende oder unproduktive Äste auf den Ansatz oder einen Ersatztrieb zurück.

Seitenäste um die Hälfte über einer Knospe kürzen, deren Austrieb zu einer symmetrischen, offenen Krone beiträgt.

Um die offene, symmetrische Krone zu erhalten, zu wuchskräftige neue Triebe und alle, die zur Mitte hin wachsen oder aneinander reiben, entfernen.

Bei breitwüchsigen Sorten wie ›Victoria‹ den Schnitt über einer nach oben zeigenden Knospe ansetzen. Horizontale Äste hängen unter dem Gewicht der Früchte herab und können brechen.

Aufrechte Leitäste auf eine nach außen zeigende Knospe, horizontale auf eine nach oben zeigende zurückschneiden.

◁ 1. FRÜHJAHR
Drei bis vier gut angeordnete Leitäste um zwei Drittel kürzen, den Hauptstamm auf den obersten Leitast, ca. 1 m über dem Boden, die unteren Leitäste auf zwei Knospen. Nachfolgende Triebe im Sommer auf zwei Blätter stutzen.

◁ 2. FRÜHJAHR
An jedem Leitast 2–3 kräftige Seitenäste auf die Hälfte kürzen. Schwache, ungünstig oder in zu engem Winkel stehende Äste ganz entfernen, ebenso die unteren, im vorhergehenden Jahr gestutzten Äste oder neue Triebe am Stamm.

◁ 3. JAHR
Man schneidet sie erst im Frühling oder Frühsommer, und zwar bei schwachen oder horizontal stehenden Leitästen ein Viertel des diesjährigen Holzes über einer Knospe, die in eine erwünschte Richtung zeigt.

SIEHE AUCH: Pflanzen von Obstbäumen, S. 260–261; Der Obstbaumschnitt, S. 262–263

KIRSCHEN

Sauerkirschen tragen selbst in kühlen Regionen Früchte zum Einkochen. In milden Regionen oder an einem sonnigen, geschützten Ort kann man auch Süßkirschen kultivieren, die aber bei Vögeln sehr beliebt sind. Kirschen bevorzugen einen mäßig humosen, gut durchlässigen Boden und einen geschützten Standort. Sauerkirschen tolerieren Halbschatten. Die meisten von ihnen sind selbstbefruchtend, Süßkirschen in der Regel nicht. Süßkirschen gibt es erst seit wenigen Jahren auf schwachwüchsiger Unterlage. Wenn man nur für einen Baum Platz hat, achte man auf Pollenspender in der Nachbarschaft. Sauerkirschen lassen sich auch gut als Niederstamm ziehen.

Süßkirschen tragen an der Basis einjähriger Triebe und am älteren Holz. Sauerkirschen bilden am einjährigen Holz Früchte, weshalb beim Rückschnitt jedes Jahr ein Teil des Fruchtholzes entfernt wird, um für einjährige Triebe Platz zu schaffen. Man mulcht Anfang Frühling und düngt Sauerkirschen zusätzlich mit Ammoniumnitrat (35 g/m^2). Bei Trockenheit gut gießen. Ein Ausdünnen der Früchte ist selten erforderlich. Kirschen sind anfällig für den Gemeinen Frostspanner *(siehe Raupen S. 298)*, Krebs *(siehe S. 300)* und Fruchtfäule *(siehe S. 304)* und werden gern von Vögeln genascht.

SÜSS-KIRSCHEN

SAUERKIRSCHEN

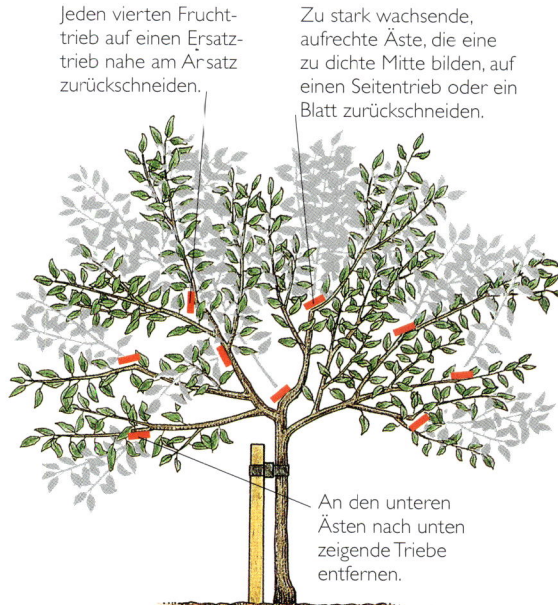

Jeden vierten Fruchttrieb auf einen Ersatztrieb nahe am Ansatz zurückschneiden.

Zu stark wachsende, aufrechte Äste, die eine zu dichte Mitte bilden, auf einen Seitentrieb oder ein Blatt zurückschneiden.

An den unteren Ästen nach unten zeigende Triebe entfernen.

SCHNITT EINES SAUERKIRSCHNIEDERSTAMMS
Erziehungsschnitt erfolgt im Frühling wie bei Pflaumen. Sauerkirschen tragen am einjährigen Holz. Nach erfolgter Erziehung wird der Schnitt nach der Ernte durchgeführt. Bei älteren Bäumen im Frühjahr 1–2 Äste zurückschneiden, um Neuaustrieb anzuregen.

PFIRSICHE UND NEKTARINEN

Pfirsiche und Nektarinen reifen bei kühlen Sommern nur an einem günstigen Platz. Man kann auch ein Buschbäumchen in einem Kübel ziehen und im Winter ins Haus bringen. Hat man eine geeignete Mauer, ist die einfachste Möglichkeit ein vorerzogener Fächer, den man im November pflanzt. Er hat beim Kauf zwei Leitäste in einem Winkel von 40°. Jeder benötigt zwei gut verteilte Triebe im oberen und einen im unteren Teil. Beim Weiterwachsen bindet man sie an Stöcke, die an Drähten befestigt sind, um die »Rippen« zu formen. Weitere erzieht man, indem man die Leitäste im März um ein Drittel

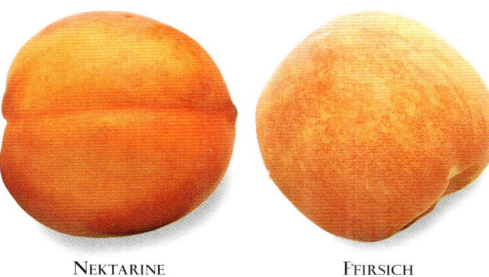

NEKTARINE   **PFIRSICH**

kürzt, damit Seitenäste austreiben, die im Sommer festgebunden werden. Unerwünschte Triebe auf ein Blatt auskneifen. Bei erzogenen Fächern dünnt man Seiten- und Fruchttriebe aus, damit sie möglichst viel Sonne erhalten. Man lässt unter den Blüten einen Seitentrieb stehen und kürzt den Rest auf ein Blatt. Ist der Seitentrieb 45 cm lang, kneift man die Spitze aus. Nach der Ernte alle Fruchttriebe bis auf diesen Ersatzseitentrieb zurückschneiden und ihn festbinden. Pfirsiche sind anfällig für die Kräuselkrankheit *(siehe S. 29)*, Wurzelgallenälchen *(siehe S. 309)* und Krebs *(siehe S. 300)*.

FRÜCHTE AUSDÜNNEN ▷
Wenn die Früchte walnussgroß sind und ein Teil davon abgefallen ist, dünnt man auf einen Abstand von 15–20 cm aus. Zum Schutz vor Vögeln kann man sie mit einem Netz abdecken.

TRIEBE AUSDÜNNEN

1 VOR DEM AUSDÜNNEN
Lässt man alle dicht stehenden Triebe am Ast, überfüllen sie den Fächer, bilden zu viele kleine Früchte und halten das zum Reifen benötigte Sonnenlicht ab.

2 NACH DEM AUSDÜNNEN
Überschüssige Seitentriebe kneift man am Ansatz aus, so dass die verbleibenden Triebe 10–15 cm Abstand haben. Man entfernt vor allem die zur Wand zeigenden Triebe.

SIEHE AUCH: Stützen von Schnurbäumen, S. 261

STACHELBEEREN, JOHANNISBEEREN UND HEIDELBEEREN

HIERBEI HANDELT ES SICH um Früchte für kühle Regionen, die in warmen Ländern nicht gedeihen. Sie alle vertragen Halbschatten. Es ist sinnvoll, Stachelbeeren und Johannisbeeren zusammen zu kultivieren. Auf diese Weise kann man sie einfacher jedes Frühjahr mit gut verrottetem Mist versorgen und die Knospen und Früchte mit Netzen vor Vögeln schützen. Heidelbeeren haben andere Ansprüche. Besaß der Boden des Nutzgartens den erforderlichen Säuregehalt für diese Pflanzen, hat man ihn wohl sicherlich für andere Kulturen gekalkt, was Heidelbeeren nicht vertragen. Man kultiviert die attraktiven Sträucher dann mit im Moorbeet oder im Kübel.

STACHELBEEREN

Stachelbeeren benötigen kühle Sommer oder Halbschatten und einen windgeschützten Platz, da die jungen Triebe recht schwach sind. Einige Zeit vor dem Pflanzen sollte gut verrotteter Mist eingearbeitet werden, und man kauft als krankheitsfrei zertifizierte Pflanzen. Pflanzung im Herbst mit 1,2–1,5 m Abstand. Die Hauptstämme werden im Februar um die Hälfte gekürzt, und tief liegende Triebe entfernt. Im nächsten Winter werden neue Triebe über einer nach außen zeigenden Knospe auf die Hälfte, nach innen oder unten zeigende Triebe auf eine Knospe zurückgeschnitten. Einmal erzogen, muss man Stachelbeeren nicht regelmäßig schneiden, sollte nur bei sehr breiten Sträuchern die untersten Äste entfernen, bei älteren 1–2 sehr alte Äste ausschneiden (siehe unten). Jedes Frühjahr sollte mit gut verrottetem Mist gemulcht und mit einem ausgewogenen Dünger und 35 g Kaliumsulfat pro Busch gedüngt werden. Man entfernt Blätter mit Anzeichen von Mehltau oder Blattfleckenkrankheit sowie Raupen (u. U. Blattwespenlarven, siehe S. 298). Selbst wenn letztere überhand nehmen und alle Blätter fressen, sollte man dennoch Früchte ernten können.

WEISSE STACHELBEEREN

ROTE STACHELBEEREN

◁ STACHELBEERE ZURÜCK-SCHNEIDEN
Im Spätwinter die ältesten Äste und zur Mitte wachsenden Triebe auslichten, um eine lockere, offene Mitte zu erhalten. Die verbleibenden Triebe sollten gleichmäßig verteilt sein und je nach Sorte nach oben oder außen zeigen.

Zweijähriges Holz trägt Früchte und ist glatt und graubraun.

Der diesjährige Zuwachs hat eine blass gelbgrüne Rinde. Blütenknospen bilden sich erst im zweiten Jahr.

Tief liegende Triebe entfernen und einen kurzen Stamm bilden, damit keine Früchte den Boden berühren und schmutzig werden.

Dreijähriges, dunkler braun gefärbtes Holz mit Fruchttrieben. Der Ertrag nimmt am älteren Holz ab.

◁ FRUCHTTRIEBE
Fruchtholz an Stachelbeeren braucht zur Entwicklung drei Jahre. Im ersten Jahr wächst ein Trieb, im zweiten trägt er Früchte und im dritten verdunkelt sich das Holz und beginnt, selbst neue Seitentriebe zu bilden, die im darauf folgenden Jahr Früchte tragen.

ROTE JOHANNISBEEREN

Rote Johannisbeeren sind von Wuchs und Fruchtbildung den Stachelbeeren ähnlich, bilden aber eher aufrechte Büsche. Da die Früchte zum Reifen mehr Sonne benötigen, muss man sie jedes Jahr etwas auslichten. Man sollte vor dem Pflanzen reichlich gut verrotteten Mist in den Boden einarbeiten. Im Herbst oder Winter kauft man in einer guten Baumschule die Jungpflanzen. Bei Roten Johannisbeeren gibt es kein Zertifikat, das virusfreie Pflanzen garantiert. Der Pflanzabstand beträgt 1,2–1,5 m.

Man sollte die jungen Büsche in den beiden folgenden Jahren wie Stachelbeeren (siehe oben) formen. Ältere Pflanzen werden nach der Ernte, im Herbst oder im Frühling zu-

ROTE JOHANNISBEEREN

rückgeschnitten. Dabei werden die Spitzen aller Leitäste über einer Knospe und alle Seitentriebe auf eine Knospe über dem Ansatz gestutzt. Man mulcht jedes Frühjahr mit gut verrottetem Mist und düngt mit ausgewogenem Dünger und 35 g Kaliumsulfat pro Busch. Man gießt bei Bedarf während des Fruchtansatzes, nicht aber während der Reife, sonst platzt die Haut. Raupen (siehe S. 298), oft der Gemeine Frostspanner, entfernen und alle Blätter mit Anzeichen von Blattfleckenkrankheit oder Mehltau.

SIEHE AUCH: Kalken, S. 238

SCHWARZE JOHANNISBEEREN

Obwohl sie mit Roten Johannisbeeren verwandt sind, unterscheiden sie sich hinsichtlich Wuchs und Fruchtbildung. Während Rote Johannisbeeren einen Busch mit Hauptstamm bilden können, formt die schwarze Art direkt ab dem Boden ein Dickicht aus Trieben. Es muss jährlich ausgelichtet werden, damit die Früchte genügend Licht erhalten. Schwarze Johannisbeeren tragen am einjährigen Holz, weshalb die ältesten Äste ausgeschnitten werden. Im zweiten Jahr nach dem Pflanzen erntet man das erste Mal, anfangs etwas weniger, später aber ca. 5 kg pro Pflanze.

SCHWARZE
JOHANNISBEEREN

Reichlich gut verrotteter Mist sollte vor dem Pflanzen in den Boden eingearbeitet werden. Man kauft die Pflanzen in einer Baumschule, die virusfreie Kultur garantiert. Schwarze Johannisbeeren werden tiefer als bei der Anzucht mit 1,5–2 m

Abstand im Herbst oder zeitigem Frühjahr gepflanzt. Man schneidet alle Äste ca. 10 cm über dem Boden über einer Knospe ab. Das klingt brutal, verbessert aber den Wuchs. In den beiden folgenden Jahren entfernt man nur schwache oder nach unten zeigende Triebe. Ab dem dritten Jahr schneidet man die Büsche wie unten beschrieben zurück. Man mulcht, düngt und gießt wie bei Roten Johannisbeeren. Das einzige größere Problem sind in der Regel die Raupen des Gemeinen Frostspanners (siehe S. 298) und der eher seltenen Johannisbeergallmilbe (siehe S. 302).

SCHWARZE JOHANNISBEERE ZURÜCKSCHNEIDEN ▷
Nachdem der Busch angewachsen ist, werden jeden Winter einige Hauptäste ganz entfernt und einige Seitenäste bis zum Hauptast zurückgeschnitten. Man schneidet hauptsächlich altes Holz, den Boden berührende und nach innen wachsende Zweige aus, die eine zu dichte Mitte bilden.

MITTE AUSDÜNNEN ▷
Mit der Baumschere schneidet man ein Drittel oder ein Viertel der Äste ganz weg, und zwar die ältesten bzw. unproduktivsten Äste (mit den wenigsten neuen Seitentrieben).

◁ ZU TIEFE ÄSTE
Man schneidet alle dicht über dem Boden stehenden Äste aus. Durch das Gewicht der Früchte berühren sie den Boden. Die Früchte werden schmutzig oder fallen Mäusen zum Opfer.

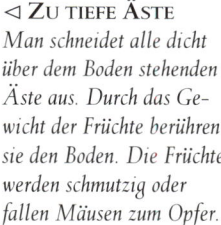

HEIDELBEEREN, BLAUBEEREN

Heidelbeeren gedeihen nur in saurem feuchten, vorzugsweise torfigen, Boden. Während die Wildform niederwüchsig ist, sind die attraktivsten Heidelbeeren die hochwüchsigen Sorten, die wohlgeformte, mittelgroße Sträucher bilden. Bei geeigneten Bodenverhältnissen bilden sie zusammen mit Rhododendren und Heide ein schönes Bild, wobei sich ohne Netze wohl die Vögel die Beeren holen. Falls der Gartenboden nicht sauer genug ist, kann man die passenden Bedingungen in einem großen Kübel mit Moorbeeterde schaffen. Regelmäßig gießen, damit der Boden nie austrocknet (das Wasser muss kalkfrei sein; optimal ist Regenwasser). In Kübeln kann man die Frucht auch besser mit Netzen vor Vögeln schützen. Man mulcht jedes Frühjahr mit gut verrottetem Mist, oder man arbeitet in Kübeln etwas

Knochenmehl in das Substrat ein. Heidelbeeren müssen nicht regelmäßig beschnitten werden, vertragen jedoch einen Schnitt im Herbst oder zeitigem Frühjahr, wenn sie zu groß oder zu dicht werden. Unter geeigneten Bedingungen sind sie normalerweise krankheitsfrei. Hauptproblem ist durch Kalk verursachte Chlorose (siehe S. 296).

HEIDELBEEREN

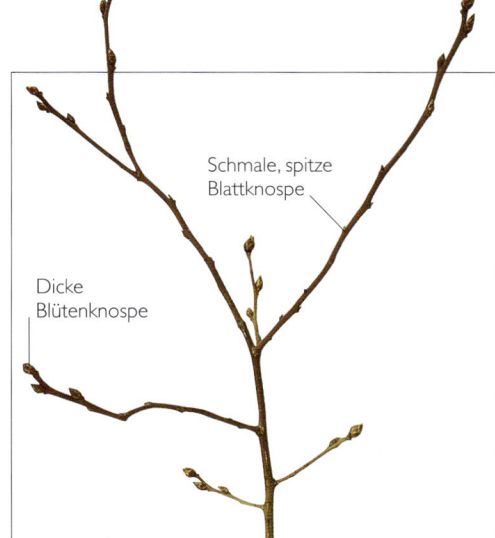

Schmale, spitze
Blattknospe

Dicke
Blütenknospe

◁ BLAUBEEREN-ERNTE
Blaubeeren haben eine lange Erntesaison. Man muss sie zwar wiederholt pflücken, dafür gibt es aber nicht wie bei einigen anderen Früchten eine Schwemme.

△ BESCHNEIDEN
Ältere Büsche profitieren von einem durchdachten Rückschnitt im Herbst. An vielen dicken Blütenknospen erkennt man die produktivsten Äste.

SIEHE AUCH: Kübel und Hochbeete, S. 166–183

HIMBEEREN UND BROMBEEREN

HIMBEEREN, BROMBEEREN UND ihre Kreuzungen gedeihen am besten in gemäßigtem Klima mit nicht zu heißen Sommern und hoher Niederschlagsrate. Sie sind für Viruskrankheiten anfällig, deshalb sollte man nur als krankheitsfrei zertifizierte Pflanzen kaufen und sie nicht dort anpflanzen, wo bereits Beerenobst gestanden hat.

Der Boden sollte schwach sauer sein. Über einem pH-Wert von 7 können sich die Blätter an den Rändern und zwischen den Adern chlorotisch verfärben *(siehe S. 296)*. Man besprüht sie dann mit flüssigem Algendünger oder behandelt sie mit Eisen- und Manganchelat. Zum Zurückschneiden und Erziehen Handschuhe tragen.

HIMBEEREN

Himbeeren bilden lange, schlanke Triebe (Ruten), die man für eine gute Fruchtbildung nach der ersten Ernte bis zum Boden zurückschneidet. Sie müssen an einem sonnigen, geschützten Ort an einem Gerüst aufgebunden werden, damit die Früchte reifen. Auch vor Vögeln brauchen sie Schutz. Bei Sorten, die im Sommer Früchte tragen, wachsen die Ruten im ersten Jahr und tragen im zweiten Jahr im Hochsommer. Sie werden dann herausgeschnitten, und die jungen diesjährigen Ruten an ihrer Stelle aufgebunden *(siehe unten)*. Spätere Sorten wachsen und tragen ab August desselben Jahres, wonach man sie am Grund abschneidet. Man lässt Sommerhimbeeren nicht im ersten Jahr Früchte ansetzen (eventuelle Blüten auskneifen). Späte Sorten tragen bereits im ersten Jahr nach dem Pflanzen gut. Gerüste

HIMBEEREN

sollte man vor dem Pflanzen *(siehe S. 261)* errichten, und man bereitet einen mindestens 90 cm breiten Streifen für jede Reihe vor, indem man reichlich gut verrotteten Mist oder Kompost einarbeitet. Himbeeren benötigen fruchtbaren feuchten, aber gut durchlässigen Boden. Man mulcht jährlich im Frühjahr, am besten mit gut verrottetem Mist oder Laub (Ruten freilassen) und düngt zu beiden Seiten der Reihe mindestens 60 cm breit mit einem ausgewogenen Dünger (100–140 g/m²). Der Boden sollte gut feucht und unkrautfrei sein. Um die Pflanzen im Zaum zu halten, entfernt man alle über 25 cm von der Hauptreihe entfernten Ruten. Nach der Ernte schneidet man alte Ruten ab und bindet neue auf. Auf Himbeerkäfer, Grauschimmel und Viren *(alle drei: siehe S. 305)* achten.

△ **HIMBEERGERÜST**
Man errichtet wie oben ein Gerüst aus Pfosten und Drähten (siehe S. 261). Himbeeren kann man auch einfach zwischen Pfosten und einer Nylonschnur halten (siehe oben, Draufsicht). Mit der Schnur 45 cm bzw. 1,2 m über dem Boden eine Schlinge um zwei 2 m lange Pfosten bilden und jede Schlinge in regelmäßigen Abständen mit weiteren Schnüren zusammenhalten, damit die Ruten nicht umfallen.

△ **ERSTE SAISON NACH DEM PFLANZEN**
Im Frühjahr treiben unten um die zuerst einstielige Pflanze herum neue Ruten aus. Man verteilt sie gleichmäßig und bindet sie aufrecht an die Stütze. Im Juli schneidet man die alte Rute direkt über dem Boden ab.

IM SOMMER TRAGENDE HIMBEEREN SCHNEIDEN UND ERZIEHEN

1 NACH DER ERNTE
Man schneidet alle zweijährigen, verholzten Ruten gleich nach der Ernte über dem Boden ab. Neue grüne Ruten, die noch keine Früchte getragen haben, bleiben stehen.

2 AUFBINDEN
Man bindet die neuen Ruten in gleichmäßigen Abständen von 10 cm am Draht fest. Hier wurde eine durchgehende Schnur verwendet, man kann sie aber auch einzeln befestigen. Eine Schlaufe in Form einer Acht ist gut geeignet, damit die Ruten nicht am Draht scheuern.

3 SPITZE SCHNEIDEN
Man biegt im Herbst die Spitzen von Ruten, die über den oberen Draht hinausragen, nach unten, und bindet sie fest, damit sie nicht im Wind peitschen. Vor Austrieb im Frühjahr schneidet man alle Ruten ca. 15 cm über dem oberen Draht über einer gesunden Knospe ab.

SIEHE AUCH: Pflanzen von Himbeeren und Brombeeren, S. 261

BROMBEEREN

Brombeeren und ihre Hybriden, wie Loganbeeren, Boysenbeeren und Tay-beeren tragen im Spätsommer an langen, schlanken einjährigen Trieben (Ruten). Stachellose Sorten sind weniger wuchs-kräftig als solche mit Stacheln, dafür aber einfacher bzw. bequemer zu erziehen und zu ernten. Sie stellen die gleichen An-forderungen wie Himbeeren hinsichtlich Bodenvorbereitung und Pflege. Man stützt sie mit im Abstand von 30 cm gespannten Drähten (siehe S. 261).

Die beste Pflanzzeit ist zwischen März und April. Einige Sorten sind gegenüber Frostschäden empfindlicher als andere und können in sehr kalten Regionen ein-gehen. Man lässt sich besser von einer Baumschule beraten. Es gibt verschiedene Erziehungsmethoden, deren Ziel jedoch immer ist, die in diesem Jahr tragenden Ruten von den sich neu entwickelnden Ruten zu trennen, die im nächsten Jahr tragen. Die Früchte müssen u. U. während des Heranreifens vor Vögeln geschützt werden. Nach der Ernte schneidet man die abgetragenen Ruten über dem Boden ab und bindet die neu hinzugekommenen Triebe auf. Auch schwache oder verletzte Ruten werden an der Basis abgeschnitten. Im März schneidet man alle Triebspitzen ab, die Anzeichen von Frostschäden auf-weisen. Die Früchte sollten regelmäßig geerntet werden.

Brombeeren und ihre Hybriden sind anfällig für Himbeerkäfer, Grauschimmel und Viren (alle drei: siehe S. 305).

GARTENBROMBEEREN

TAYBEEREN

LOGANBEEREN

10–15 cm über dem Boden abschneiden.

△ SCHNITT IM 1. FRÜHLING NACH DEM PFLANZEN
Brombeeren werden wie Himbeeren normalerweise mit einem einzelnen Trieb (Rute) gekauft und von März bis April gepflanzt. Sobald sich um die Basis der ursprüng-lichen Pflanze neue, kräftige Triebe zeigen, kann die alte Rute zurückgeschnitten werden.

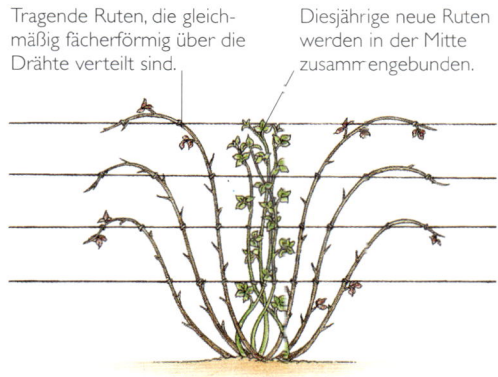

Tragende Ruten, die gleich-mäßig fächerförmig über die Drähte verteilt sind.

Diesjährige neue Ruten werden in der Mitte zusammengebunden.

△ ERZIEHUNG ZU EINEM FÄCHER
Die Methode eignet sich gut für schwachwüchsigere Sorten und solche mit steiferen Ruten. Tragende Ruten werden fächerförmig festgebunden, neue Ruten in der Mitte zusammengebunden. Sind die abgetragenen Ruten abge-schnitten, spreizt man die neue Rute und bindet sie fest.

Umeinander geschlun-gene fruchttragende Ruten, an horizontalen Drähten befestigt.

Neue Ruten, die in der Mitte und bei zunehmender Länge entlang der oberen Drähte festgebunden werden.

△ ERZIEHUNG ENTLANG DER DRÄHTE
Die Methode eignet sich gut für wuchsfreudige Sorten mit vielen biegsamen Ruten. Die tragenden Ruten werden locker umeinander gedreht und entlang der unteren Drähte festgebunden. Wenn die abgetragenen Ruten abgeschnitten sind, wiederholt man den Vorgang mit den neuen Ruten.

△ NEUE TRIEBE AUFBINDEN
Man bindet die Rute gut mit einer weichen Schnur fest, wobei eine Schlaufe in Form einer Acht gelegt wird (am einfachsten bei stachellosen Sorten wie ›Oregon Thornless‹). Die Ruten sollten gleichmäßig über das Gerüst verteilt sein, damit jede Licht bekommt und die Luft gut zirkulieren kann.

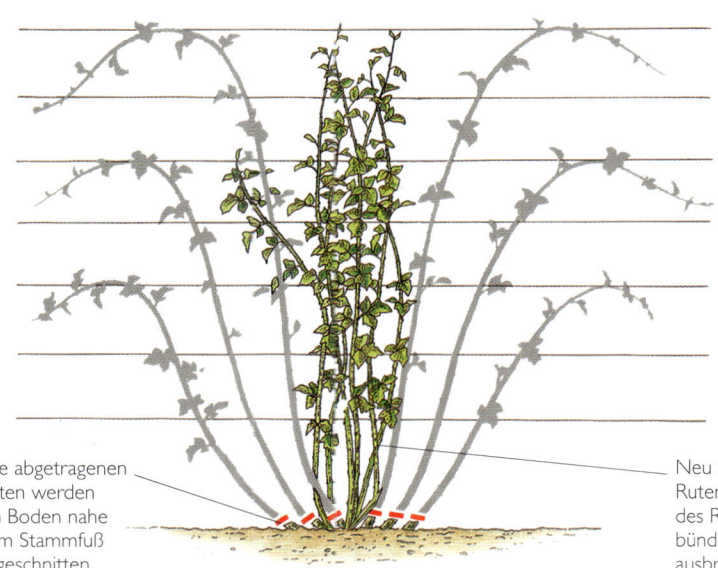

Alle abgetragenen Ruten werden am Boden nahe dem Stammfuß abgeschnitten.

Neu zugewachsene Ruten kann man während des Rückschnitts vorsichtig bündeln und anschließend ausbreiten.

◁ RÜCKSCHNITT NACH DER ERNTE
Die Pflanzen werden jährlich gleich nach der Ernte be-schnitten. Hier sind neue Ruten in der Mitte zusam-mengebunden, um sie von den alten zu trennen. Man schneidet alle abgetragenen Ruten ganz ab. Neue Triebe bindet man an die Spann-drähte, wachsende Triebenden später nach Bedarf erneut.

SIEHE AUCH: Rankhilfen für Kletterpflanzen, S. 108-109; Pflanzen von Himbeeren und Brombeeren, S. 261

ANDERE OBSTARTEN

ERDBEEREN SIND EIN ÄUSSERST BELIEBTER Sommergenuss, wenn auch für eine gesunde, üppige Ernte ein bestimmtes Maß an Aufmerksamkeit und Pflege erforderlich ist. Wer nicht ganz so viel Zeit für seinen Küchengarten aufwenden möchte, kann auch ein paar Pflanzen in Kübeln ziehen, was sehr reizvoll aussieht. Hübsch sind auch Walderdbeeren am vorderen Rand einer Rabatte. Rhabarber ist ebenfalls eine attraktive Staude, muss aber regelmäßig mit Mist gedüngt werden und eignet sich daher vielleicht nicht so gut an einer auffälligen Stelle. Weinreben pflanzt man als attraktive Kletterpflanze auch gern in kühleren Regionen, selbst wenn man dort keine üppige Ernte erwarten kann.

ERDBEEREN

Es gibt zwei Arten von Erdbeeren: die großen Gartenerdbeeren, die man im Frühsommer zwei bis drei Wochen lang erntet (wenige Sorten tragen im Herbst erneut), und Monatserdbeeren, die Gartenform der Walderdbeeren, die über einen langen Zeitraum kleine, intensiv schmeckende Früchte tragen. Letztere verwendet man auch als reizvolle Beeteinfassung, die reicher tragenden Sorten sollten aber zur besseren Pflege und Versorgung in einem Erdbeerbeet oder Kübel kultiviert werden. Man kauft im August oder September als virusfrei zertifizierte Pflanzen. Sie liefern mindestens die folgenden vier Jahre reiche Ernte. Man pflanzt sie an einen warmen sonnigen Platz in fruchtbaren, möglichst schwach sauren feuchten, aber gut durchlässigen Boden mit reichlich Mist. Erdbeeren pflanzt man 45 cm weit in leicht erhöhten Reihen mit 75 cm Abstand. In sandigen oder kalkigen Boden arbeitet man vor dem Pflanzen ausgewogenen Dünger ein.

Sie sollten unkrautfrei und gut feucht gehalten werden. Bei Spätfrösten zur Blütezeit deckt man mit einem Vlies ab, das man tagsüber zur Bestäubung entfernt. Man schützt die Früchte vor Vögeln sowie vor Bodenkontakt, damit sie nicht faulen oder von Schnecken gefressen werden. Die Ausläufer mit den Jungpflanzen werden entfernt, da sie der Pflanze Kraft entziehen. Aus den Ausläufern lassen sich jedoch gut neue Pflanzen ziehen (siehe rechts), eine einfache und praktische Lösung, um ertragreiche wohlschmeckende Sorten fortzuführen.

Man erntet die reifen Früchte jeden zweiten Tag samt Stiel. Nach der Ernte entfernt man überzählige Ausläufer, Unkraut, Stroh und alte Blätter und düngt mit einem ausgewogenen Dünger.

GARTENERDBEEREN, FRÜHE SORTE

WALD-ERDBEEREN

△ **FOLIE**
Eine Folie mit kreuzweisen Schlitzen, durch die man die Pflanzen setzt, reduziert Unkraut, hält den Boden feucht und wärmt ihn für eine frühere Ernte. Zudem bleiben die Früchte sauber.

△ **AUSLÄUFER ENTFERNEN**
Ausläufer werden vorsichtig dicht an der Mutterpflanze abgekniffen. Sie entziehen sonst der Pflanze Kraft, die sie zum Reifen der Früchte benötigt, und schmälern somit den Ertrag.

△ **FRÜCHTE SAUBER HALTEN**
Traditionell werden Erdbeeren mit einer dicken Schicht Stroh unterlegt, um die Blüten und Früchte sauber zu halten. Man kann auch spezielle Erdbeermatten benutzen.

ERDBEERPFLANZEN SELBST VERMEHREN

1 VIRUSFREIE MUTTERPFLANZEN VERWENDEN
Jedes Jahr 1–2 virusfreie Mutterpflanzen zur Vermehrung pflanzen. Alle Blüten entfernen. Ausläufer gleichmäßig um die Pflanze ausbreiten und im Boden einwurzeln lassen oder in eingegrabenen Töpfen feststecken.

2 EINGEWURZELTE AUSLÄUFER ABTRENNEN
Sobald eingewurzelte Ausläufer neu austreiben, von der Mutterpflanze trennen und (u. U. samt Topf) vorsichtig aus dem Boden nehmen. In gut vorbereiteten Boden oder größere Töpfe umpflanzen, um später auszupflanzen.

SIEHE AUCH: Fruchtfolge, S. 237; Düngen von Nutzpflanzen, S. 238–239

RHABARBER

RHABARBER

Rhabarber ist eine problemlose, sehr robuste, ausdauernde Staude, die unter geeigneten Bedingungen bis zu zwanzig Jahre geerntet werden kann. Die in gemäßigten Regionen beheimatete Pflanze gedeiht bei hohen Temperaturen nicht. Rhabarber wächst auf vielen Böden gut, vorausgesetzt sie sind fruchtbar und gut durchlässig. Man pflanzt im Herbst oder Frühjahr ruhende Pflanzen, die aus einem Wurzelstock mit Knospen bestehen.

Man arbeitet vor dem Pflanzen reichlich gut verrotteten Mist oder Gartenkompost in den Boden ein. Die Wurzelstöcke setzt man mit 75–90 cm Abstand. Jährlich im Herbst oder zeitigen Frühling trägt man eine dicke Mulchschicht auf und düngt die Jungpflanzen mit 45–55 g stickstoffreichem Dünger pro Pflanze, die ausgereiften Pflanzen später mit 110 g. Man entfernt alle blühenden Stiele und teilt zu große Pflanzen (siehe oben rechts). Man kann die Pflanze treiben, um bereits drei Wochen

trockenem Stroh abdeckt und einen 45 cm tiefen Eimer über die Triebe stülpt. Auf Anzeichen von Wurzelfäule (siehe S. 304) und Hallimasch (siehe S. 300) achten.

RHABARBERSTAUDEN TEILEN

1 WURZELSTOCK AUSGRABEN
Nachdem im Herbst die Blätter abgestorben sind, Wurzelstock ausgraben oder freilegen. Mit dem Spaten trennen, ohne die Knospen zu verletzen. Jeder Teil muss mindestens eine gesunde Knospe haben.

2 EINPFLANZEN
Verrotteten Mist in den Boden einarbeiten. Die Abschnitte mit 75–90 cm Abstand so pflanzen, dass sich die Knospen knapp über dem Boden befinden. Anschließend Boden vorsichtig festtreten, mit dem Rechen ebnen und angießen.

◁ **RHABARBER ERNTEN**
Erntezeit ist Frühjahr und Frühsommer. Man zieht den Stiel unter leichtem Drehen aufwärts-seitwärts heraus. Im ersten Jahr gar nicht oder nur wenig ernten, damit die Pflanze Kraft sammeln kann. Später erntet man bis zum Johannistag (24.6.) reichlich, muss dann aber aufhören.

WEINREBEN

Während in Weingegenden Reben an frei stehenden Gerüsten wachsen, wo die Luft gut zirkulieren kann, unterstützt in kühleren Regionen eine sonnige Wand, an der in 30 cm Abstand Drähte gespannt sind, die Reifung. Man kauft Ende Herbst oder Anfang Winter eine junge Rebe (meist ein zwei- oder dreijähriger aufrechter Weinstock), die man wie andere Kletterpflanzen an einer Mauer pflanzt (siehe S. 110). Wenn die Pflanze die Höhe des obersten Drahts erreicht hat, wird sie durch Schneiden auf dieser Höhe gehalten. Ziel ist, jedes Jahr

horizontale Seitentriebe zu entwickeln, die an die Drähte gebunden werden. Nach der Ernte schneidet man sie bis auf den Hauptstamm zurück (siehe unten), der immer knotiger wird. Man gießt, wenn der Boden trocken ist, reduziert dies aber während des Heranreifens der Früchte. Ab dem Austreiben alle 2–3 Wochen wird mit Tomatendünger gedüngt, bis die Früchte zu reifen beginnen. Der Rückschnitt erfolgt im Sommer (siehe unten). Die Trauben sind wie Erdbeeren anfällig für Mehltau (siehe S. 296) und Grauschimmel (siehe S. 305).

WEISSE MUSKATELLERTRAUBEN

Hauptstamm im Februar waagerecht anbinden, bei Knospenaustrieb im Frühling wieder aufrecht.

SOMMERSCHNITT ▷
Nachdem alle Seitentriebe festgebunden wurden, schränkt man deren kräftigen Wuchs ein, um die Kraft auf wenige, ausgesuchte Trauben zu konzentrieren. Seitentriebe ohne Trauben kürzt man auf 5–6 Blätter, solche mit Früchten auf zwei Blätter über der letzten Traube. Dicht stehende Trauben dünnt man auf 30 cm Abstand aus. Nebentriebe auf ein Blatt kürzen.

WINTERSCHNITT ▷
Im Februar alle Leitäste auf eine Knospe kürzen, wenn diese kräftig aussieht, sonst auf zwei. Wo der Hauptstock sehr knotig und überfüllt ist, sägt man die ältesten Teile ab. Den Hauptstamm schneidet man direkt unter dem obersten Draht über einer Knospe ab. Man löst ihn vom Draht, und biegt ihn in die Waagerechte, um weiter unten eine gleichmäßige Triebbildung anzuregen.

SIEHE AUCH: Rankhilfen für Kletterpflanzen, S. 108–109; Den Boden vorbereiten, S. 142–143; Vorbereiten eines Gemüsegartens, S. 236–237

GARTENPFLEGE

DAS BESTE AUS DEM GARTEN MACHEN

WENN DER GARTEN SCHÖN eingewachsen ist, braucht man zu seiner Pflege einige Werkzeuge und anderes Zubehör, sowie einen Ort, an dem man alles aufbewahren kann. Ein Geräteschuppen ist die nahe liegende Lösung, sofern man Platz hat, es gibt aber auch andere Möglichkeiten. Schuppen und Lagerbereiche lassen sich auf attraktive Weise in den Garten integrieren. Bei der Gartenpflege fallen viele Abfälle an, die man auf unterschiedliche Weise in Material zum Düngen und Mulchen verarbeiten kann. Möchte man Pflanzen selbst vermehren oder empfindliche Pflanzen ziehen, braucht man für sie Schutz in Form eines Frühbeetkastens oder Gewächshauses.

WERKZEUG AUFBEWAHREN

Man wird sich bald verschiedenste Gartenwerkzeuge unterschiedlicher Größe zulegen. Steht in dem Garten bereits ein Gartenhaus, wird man es zweifellos zur Aufbewahrung nutzen. Hat man keins, sollte man vor dem Kauf verschiedene Punkte abwägen.

In kleinen Gärten ist u. U. kein Platz für einen Geräteschuppen, und es ist daher zu überlegen, ob man das Werkzeug in der Garage, im Haus oder Wintergarten oder in einer Art witterungsbeständiger Kiste im Freien lagern kann. Wichtig ist, dass man bei Bedarf einfach und bequem Zugriff zum Werkzeug hat. Bei Gartenhäusern gibt es verschiedene Formen und Größen. Die Wahl richtet sich großteils danach, ob man nur Platz für kleineres Werkzeug oder auch für große Gegenstände wie Rasenmäher und Fahrräder benötigt.

EIN ORDENTLICHER GERÄTESCHUPPEN ▷
Werkzeug und Zubehör sind in einem ordentlichen Geräteschuppen nicht nur leichter zu finden, sondern auch sicherer. Größere Werkzeuge mit Griff kann man wie hier an Nägeln oder Haken aufhängen, kleinere in Regalen oder beschrifteten Kästen oder Schubladen aufbewahren.

△ **SCHÖN INTEGRIERT**
Ein Schuppen muss nicht rein funktionell sein, sondern kann auch selbst ein Zierelement bilden, das sich in den Stil des umgebenden Gartens einfügt. Man kann später Kletterpflanzen daran emporklimmen lassen, die die Konturen abrunden und mit den Jahreszeiten ihre Farbe verändern. Der Zugang sollte jedoch immer frei bleiben, um bequem an die Geräte zu gelangen und sie herausholen zu können.

◁ **SICHER AUFGEHÄNGT**
An einer Metallhalterung an der Innenwand des Schuppens kann man Werkzeug besonders ordentlich und sicher aufhängen. Es ist gefährlich, Rechen und Gabeln, eventuell mit Drähten oder Schnüren verworren, herumliegen zu lassen.

SIEHE AUCH: Stauraum für Geräte, S. 276—277; Geräte und Zubehör, S. 278—281

ABFALL KOMPOSTIEREN

In einem Garten fällt viel Abfall in Form von Gras- und Heckenschnitt, Zweigen oder Herbstlaub an. Es ist sinnvoll, dieses organische Material auf einem Komposthaufen oder in einem Komposter zusammen mit geeigneten Küchenabfällen zu nährstoffreichem fruchtbaren Gartenkompost werden zu lassen, mit dem man dann den Boden verbessern kann. Um die Pflanzen ausgebreiteter Laubmulch eignet sich auch gut als Nährstofflieferant und Bodenverbesserer. Organische Abfälle müssen vor der Verwendung gut verrotten,

und obwohl das Kompostieren je nach Jahreszeit und Material etwas dauern kann, lohnt sich der Aufwand meist auf jeden Fall. Hat man genug Platz, ist es sinnvoll, 2–3 Komposthaufen anzulegen, wobei man einen nach dem Verrotten verwendet und die anderen auffüllt. So hat man immer Kompost zur Verfügung.

SELBST ANGELEGTER KOMPOST ▷
Kompostbehälter werden zwar fertig angeboten, aber man kann Komposthaufen auch mit einem gerade zur Verfügung stehenden, geeigneten Material zusammenhalten, wie z. B. alten Zaunteilen, Holzpfählen oder Maschendraht.

PFLANZEN SCHÜTZEN

In warmen Regionen müssen sich Gärtner wenig Sorgen um Frostschutz für ihre Pflanzen machen, während dies in kühleren Gegenden ein ziemliches Problem darstellen kann, wenn man empfindliche oder exotische Arten ziehen oder selber Jungpflanzen vermehren möchte. Es gibt zahlreiche winterharte Pflanzen, die tiefen Temperaturen trotzen und keinerlei Schutz benötigen. Nicht winterharte Pflanzen müssen aber zumindest zeitweise unter Glas kultiviert werden.

Den einfachsten Schutz unter Glas bietet ein Frühbeetkasten, der sich für eine kleinere Anzahl von Pflanzen eignet. Wenn man größere Mengen schützen muss oder Pflanzen zur Schau ziehen möchte, braucht man ein Gewächshaus. Manche kann man zudem beheizen, wie es für die Kultur spezieller Arten notwendig ist.

◁ HARMONIE
Das einfache hölzerne Gewächshaus fügt sich in seine Umgebung ein und bildet neben seiner eigentlichen Aufgabe, junge und empfindliche Pflanzen zu schützen, selbst ein dekoratives Element.

▽ EXOTEN ZIEHEN
Ein Gewächshaus ist der beste Platz für eine Sammlung exotischer Pflanzen mit speziellen Wachstumsbedingungen (hier eine Sammlung Fleisch fressender Pflanzen mit einigen Schlauchpflanzen), insbesondere, wenn ein Teil davon oder alle frostempfindlich sind.

EIN REIZVOLLER ANBLICK ▷
Ein Teil des Gewächshauses kann für eine spektakuläre Schau von Blütenpflanzen verwendet werden, die zum Gedeihen frostfreie, regengeschützte oder andere spezielle Bedingungen benötigen.

SIEHE AUCH: Kompost anlegen, S. 236; Gewächshäuser, S. 241; Gartenkompost, S. 282–283; Frühbeetkästen und Gewächshäuser, S. 284–287

STAURAUM FÜR GERÄTE

WAS MAN BRAUCHT, ist ein Platz, entweder im Garten, im Haus oder in der Garage, an dem man all die für die Pflege des Gartens erforderlichen Geräte und Zubehörteile aufbewahren kann. Ob dies eine kleine Ecke in der Garage oder ein großer, maßgefertigter Schuppen ist, hängt von dem Budget und dem vorhandenen Platz ab.

Der Aufbewahrungsort sollte in jedem Fall wasserdicht und vom Garten aus leicht zugänglich sein, möglichst auch mit dem Stil des Gartens harmonieren. Kleine Dinge lassen sich in Truhenbänken aufbewahren, und unschön hervorstechende Schuppen kann man mit einem Anstrich oder Kletterpflanzen besser einbinden.

RAUM FÜR WERKZEUG

Für viele kleine Gärten oder Höfe wäre ein Geräteschuppen ungeeignet. Hier reicht eine einfache Werkzeugkiste oder ein Regal im Haus, im Wintergarten oder in der Garage. Ist dort kein geeigneter Platz vorhanden, kann man eine wasserdichte Kiste im Freien aufstellen.

Einige Truhenbänke für Drinnen oder Draußen verfügen über ausreichend große Fächer unter dem Sitz, um Werkzeuge und Zubehör darin zu verbergen. Man

stellt die Bank an einem bequem zugänglichen Platz auf. Unter dem hochklappbaren Sitz verbirgt sich viel Raum für Schaufeln, Gabeln, Schuhe, Handschuhe, Töpfe, Saatschalen und anderes. Nach getaner Arbeit schließt man den Deckel und macht es sich auf der Bank bequem.

◁ **TRUHENBANK**
Die Kieferbank verbindet Praktisches mit Stil. Man kann sie in einer zum Garten passenden Farbe streichen.

GERÄTESCHUPPENTYPEN

Einige Geräteschuppen haben ein Satteldach, andere ein Pultdach und aus Beton gebaute Gartenhäuser mitunter ein Flachdach. Soll entlang einer Seite ein Arbeitstisch aufgestellt werden, eignet sich ein Satteldach gut, da es in der Mitte über eine größere Stehhöhe verfügt.

Gartenhäuser können aus Glasfaser, rostfreiem Metall, Beton oder Holz bestehen. Nicht das haltbarste, aber das attraktivste Material ist Holz. Zedernholz hält lange, ist jedoch teuer; Nadelholz ist günstiger, sollte aber unbedingt druckimprägniert sein. Auf eine dicke Dachpappe achten.

■ **Die Dachkanten** sollten an den Seiten und Enden mindestens 5 cm überstehen.

■ **Holzverkleidungen** sollten so dicht sein, dass zwischen den Planken kein Licht ins Innere des Schuppens fällt.

■ **Dachrinnen** müssen zusätzlich gekauft und angebracht werden.

EINEN FERTIGSCHUPPEN KAUFEN ▷
Man vergleicht verschiedene fertige Geräteschuppen, bevor man sich entscheidet. Wichtig ist, dass der Schuppen die richtige Größe hat, sich für den Zweck eignet und aus gutem, sauber verarbeitetem Holz besteht.

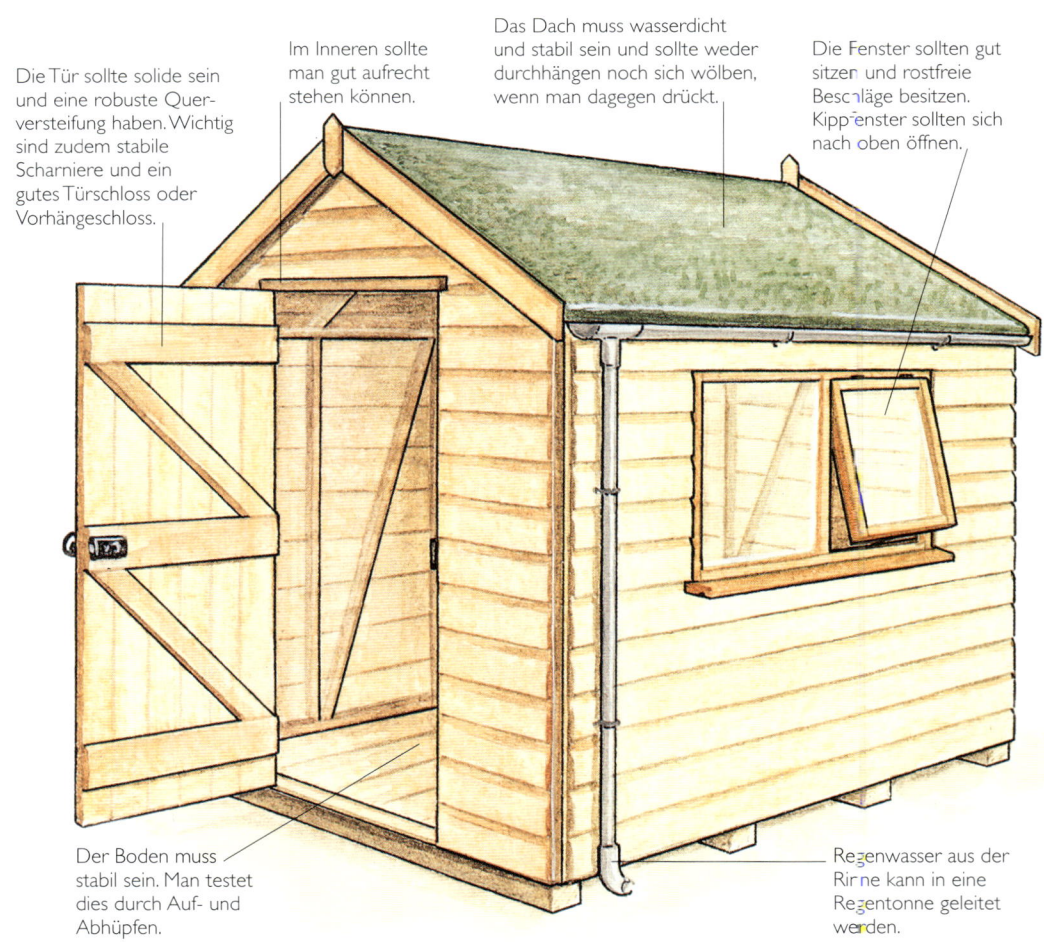

Die Tür sollte solide sein und eine robuste Querversteifung haben. Wichtig sind zudem stabile Scharniere und ein gutes Türschloss oder Vorhängeschloss.

Im Inneren sollte man gut aufrecht stehen können.

Das Dach muss wasserdicht und stabil sein und sollte weder durchhängen noch sich wölben, wenn man dagegen drückt.

Die Fenster sollten gut sitzen und rostfreie Beschläge besitzen. Kippfenster sollten sich nach oben öffnen.

Der Boden muss stabil sein. Man testet dies durch Auf- und Abhüpfen.

Regenwasser aus der Rinne kann in eine Regentonne geleitet werden.

SIEHE AUCH: Werkzeug aufbewahren, S. 274; Geräte und Zubehör, S. 278–281

DER RICHTIGE ORT FÜR EINEN GERÄTESCHUPPEN

In einem großen Garten bietet sich wahrscheinlich der Luxus, mehrere Plätze für den Geräteschuppen zur Auswahl zu haben, und es findet sich ein passender Ort, an dem er nicht stört. Da sich Rasenmäher, Schubkarren oder andere große Geräte so bequem wie möglich aus dem Schuppen holen lassen sollen, eignet sich ein Weg oder eine andere feste Oberfläche vor der Tür besser als Gras. Idealerweise sollten sich Türen und Fenster ganz öffnen lassen.

In kleinen Gärten beschränken sich die Möglichkeiten häufig auf einen Platz am Haus oder am Ende des Gartens. Ist der Geräteschuppen zu auffällig, kann man ihn mit Kletterpflanzen beranken oder in einer Farbe streichen, die besser mit dem allgemeinen Gartenbild harmoniert.

EINEN SCHUPPEN IN DEN GARTEN INTEGRIEREN ▷
Es gibt verschiedene Tricks, damit ein Schuppen möglichst wenig auffällt. In einem kleinen Garten, wo er leicht hätte stören können, fügt er sich mit einem Farbanstrich und klug eingesetzten Kletterpflanzen gut in die Umgebung ein.

Der Schuppen wurde mit einer Mischung aus Holzschutz und Farbemulsion gestrichen und mit Kletterpflanzen berankt.

Blumen in anderen Teilen des Gartens spiegeln die Farbe des Schuppens wider und helfen so, ihn in das Bild einzufügen.

Der Geräteschuppen sollte immer bequem zugänglich sein. Ein Weg verhindert, dass der Rasen zu stark ausgetreten wird.

Sträucher und Kübel auf der Terrasse am Haus lenken den Blick vom Geräteschuppen ab.

NICHT VERGESSEN!

Große Schuppen und Gewächshäuser sollte man auf einem Betonfundament errichten. Man hebt entsprechend dem Grundriss des Gebäudes einen 25 cm tiefen Graben aus, füllt 15 cm hoch Schotter und 10 cm hoch Beton ein. Kleinere Schuppen stellt man auf einem nässeschützenden Material oder auf druckimprägnierten Holzbalken auf.

VERWENDUNG DES GERÄTESCHUPPENS

Viele Leute bewahren im Schuppen alles vom Gartengerät bis zu Fahrrädern und Spielsachen für draußen auf. Dann muss man den verfügbaren Platz so effizient wie möglich nutzen. In Regalen, Kisten und an Haken lassen sich Dinge viel einfacher und ordentlicher aufbewahren. Man hebt häufig verwendete Geräte, z.B. Gartenscheren, griffbereit im vorderen Bereich des Schuppens auf und wenig benutzte oder sperrige Sachen weiter hinten.

Wer in dem Schuppen arbeiten möchte, z.B. um darin Pflanzen zu vermehren oder zu schreinern, benötigt entlang einer Seite einen Arbeitstisch. Bei einem Schuppen mit Pultdach und Fenster an der höheren Seite könnte man den Tisch unter das Fenster stellen und Werkzeug an der niedrigeren Seite aufbewahren. Auch unter dem Tisch ist Platz, sofern die Gegenstände nicht hervorstehen und man in der Bewegung eingeschränkt wird.

Man spart viel Zeit, Geld und Mühe, wenn der Schuppen gut gepflegt ist. Man überprüft ihn regelmäßig auf Undichtigkeit, die dazu führen kann, dass Metallwerkzeuge rosten, und behandelt einen Holzschuppen bei Bedarf mit Holzschutzmittel.

PRAXIS-TIPPS

• Schädlingsbekämpfungsmittel und Kunstdünger werden gut verschlossen außerhalb der Reichweite von Kindern aufbewahrt.

• Einen Holzschuppen kleidet man mit wasserdichter Baupappe (aus dem Baustoffhandel) aus, um das Eindringen von Feuchtigkeit zu verhindern.

• Man installiert elektrisches Licht im Schuppen, falls man regelmäßig in den Abendstunden darin arbeiten möchte.

• Die Geräte nachts mit einem Tür- oder Vorhängeschloss vor Langfingern sichern.

SIEHE AUCH: Betonieren, S. 60–61; Werkzeug aufbewahren, S. 274; Geräte und Zubehör, S. 278–281

GERÄTE UND ZUBEHÖR

VIELE DER ROUTINEAUFGABEN im Garten gehen mit dem richtigen Werkzeug oder Zubehör leichter von der Hand. Für kleine Gärten reicht u. U. eine Grundausstattung mit Gabel, Spaten, Hacke, Gartenschere und Gießkanne, aber für größere Flächen braucht man wohl auch Hecken- und

Baumschere, Rechen, Gartenschlauch, Schubkarre und Zubehör wie Handschuhe, Stäbe und Bindematerial. Möchte man selbst Pflanzen heranziehen, sind verschiedene Töpfe, Saatschalen und Etiketten nützlich. Man sollte beim Werkzeug auf Qualität achten und es gut pflegen.

HACKEN

Sie eignen sich hervorragend zum Jäten und Belüften des Bodens, und mit manchen kann man auch Saatrillen ziehen. Die Holländer- oder Häufelhacke ist so konstruiert, dass man die Klinge im Boden schieben und ziehen kann. Andere Hackenarten sind nur zum Ziehen vorgesehen. Der Stiel sollte so lang sein, dass man in fast aufrechter, rückenschonender Haltung arbeiten kann.

SPATEN UND GABELN

Beide werden für grundlegende Arbeiten benötigt. Gabeln eignen sich zum Ausgraben von Wurzelgemüse und Verarbeiten von Mist und Kompost; Spaten benötigt man zum Umgraben und Ausheben von Pflanzlöchern, Handgeräte bei engen Zwischenräumen.

◁ **ZUGHACKE**
Man zieht die Hacke zu sich hin, um Rillen mit flachem Boden zu bilden oder Erde um Pflanzen anzuhäufeln. Mit der Ecke kann man V-förmige Rillen ziehen. Die Hacke eignet sich auch zum Jäten.

DREIECKIGE HACKE ▽
Mit den flachen Kanten kann man zwischen eng stehenden Pflanzen jäten und mit dem spitzen Ende V-förmige Saatrillen ziehen.

◁ **HOLLÄNDERHACKE**
Sie eignet sich gut zum Jäten zwischen Pflanzen, da sie Oberflächenunkräuter abschneidet, ohne die Wurzeln anderer Pflanzen zu beschädigen.

▽ **DOPPELHACKE**
Diese Hackenart hat zwei meißelförmige Klingen. Sie wird verwendet, um kleine Flächen harten Bodens zu lockern.

HANDHACKE ▷
Die Hacke mit dem kurzen Stiel wird kniend bei engen Zwischenräumen oder sehr dicht stehenden Pflanzen verwendet.

△ **SPATEN**
Der Kunststoffgriff und die Trittkante oben am Spatenblatt vereinfachen die Arbeit. Das beschichtete Blatt lässt sich leicht säubern.

△ **GRABGABEL**
Die Zinken und der Gabelhals sind zur Verbesserung der Stabilität aus einem Stück gefertigt. Der Holzstiel steckt in einem langen Schaft am Hals. Der Griff ist aus Kunststoff.

SCHMALES BLATT

BREITES BLATT

HANDGABEL, GRABGABEL △
Mit Handgabeln gräbt man kleine Pflanzen aus und lockert beim Jäten den Boden. Auch beim Pflanzen in schwerem Boden eignet sich eine Gabel besser, da sie ihn nicht zusätzlich verdichtet.

PFLANZKELLE, PFLANZSCHAUFEL △
Schaufeln mit breitem Blatt verwendet man, um Löcher für kleine Pflanzen oder Zwiebeln zu graben und für Arbeiten in Kübeln oder Hochbeeten. Schmale Blätter eignen sich für enge Zwischenräume, etwa in Steingärten.

GRIFFARTEN ▷
Griffe haben unterschiedliche Formen. Y-förmige Griffe sind schwächer, da sie durch Spalten des Schafts geformt werden, können jedoch für größere Hände bequemer sein.

D-FÖRMIGER GRIFF   **Y-FÖRMIGER GRIFF**

SIEHE AUCH: Den Boden vorbereiten, S. 142–143; Aussaat in Rillen, S. 243; Werkzeug aufbewahren, S. 274; Werkzeugpflege, S. 281; Gartenunkräuter, S. 288–289

RECHEN, HARKEN

Mit dem gewöhnlichen Rechen, auch Harke genannt, lockert man die Bodenoberfläche vor dem Pflanzen. Laub- oder Fächerbesen werden verwendet, um Blätter und andere lose Materialien vom Rasen zu entfernen und den Rasen im Herbst zu lüften.

GARTENRECHEN ▷
Dieser Rechen mit aus einem Stück gefertigtem Kopf und kurzen breiten, gerundeten Zinken eignet sich gut für Routine-Arbeiten, wie Vorbereiten der Bodenkrume, Abziehen des Bodens und allgemeine Aufräumarbeiten.

◁ FÄCHERBESEN, LAUBBESEN
Am leichten Kopf sitzen lange biegsame, abgerundete Drahtzinken, mit denen man sehr gut Blätter, Moos und anderes loses Material vom Rasen entfernen kann. Kräftiges Harken verbessert zudem die Lüftung des Rasens.

FLACHZINKIGER LAUBRECHEN ▽
Mit seinem leichten Kopf und den langen flachen Zinken aus Kunststoff oder Metall, die junge Grastriebe nicht verletzen, eignet sich diese Harke zum Entfernen von Laub und anderem losen Material vom Rasen.

SCHNEIDWERKZEUGE

Messer sind unerlässlich, um Stecklinge zu schneiden, bestimmte Gemüse zu ernten, Schnüre durchzutrennen und leichte Rückschnitte auszuführen. Für starke Rückschnitte ist eine Baumschere oder Säge erforderlich, eine Heckenschere zum Schneiden von Hecken und Sträuchern.

Beim Schneiden sollte man stets das für den Zweck geeignetste Werkzeug verwenden, und die Klingen sollten so sauber und so scharf wie möglich sein. Man wischt sie nach jedem Gebrauch mit einem öligen Tuch oder Drahtwolle ab, um Pflanzensäfte zu entfernen. Klingen danach leicht ölen. Man zieht ab und zu die Schraube an Scheren fest, um wieder einen sauberen Schnitt zu erzeugen.

Zum Schärfen von Schnittwerkzeugen baut man sehr stumpfe oder beschädigte Klingen aus und schleift oder ersetzt sie.

GARTENSCHERE ▷
Mit ihr schneidet man Äste bis zu 1 cm Dicke sowie weiche Triebe jeder Stärke. Eine Feder spreizt die Griffe und somit die Klingen auseinander.

△ BÜGELSÄGE
Mit ihr lassen sich dicke Äste schnell abschneiden, sie ist aber zur Verwendung auf engem Raum zu groß.

GARTENMESSER △
Ein Allzweckmesser ist für die meisten Schneidearbeiten (bis auf starke Rückschnitte) erforderlich.

◁ BAUMSCHERE, ASTSCHERE
Mit dieser langstieligen Schere kann man hohe oder für die Gartenschere zu dicke Äste abschneiden.

GARTENSÄGE

REBENSÄGE

△ BAUMSÄGEN
Sägen mit kurzem schmalem Blatt wie diese eignen sich gut zum Ausschneiden schwieriger Stellen. Das Sägeblatt kann gerade oder gebogen sein.

◁ STANGENSCHERE
Damit lassen sich bis zu 2,5 cm dicke Äste abschneiden, die sich normalerweise außer Reichweite befinden. Der Haken wird am zu schneidenden Ast eingehängt.

◁ HECKENSCHERE
Sie besitzt zwei spiegelgleiche gerade Klingen, von denen eine eine Kerbe hat, um dicke Äste während des Schnitts zu halten.

SIEHE AUCH: Der richtige Rasenmäher, S. 82–83; Vertikutieren, S. 85; Wie wird geschnitten?, S. 156; Werkzeug aufbewahren, S. 274; Werkzeugpflege, S. 281

BEWÄSSERUNGSGERÄTE

Vielen Pflanzen reicht der natürliche Niederschlag aus, während neu gesetzte Pflanzen besonders in trockenen Gebieten gegossen werden müssen, bis sie angewachsen sind. Pflanzen in Töpfen oder Kübeln oder solche unter Glas müssen regelmäßig mit Wasser versorgt werden.

Die einfachste Methode ist die Verwendung einer Kunststoff- oder Metallgießkanne, in der Regel mit einer Brause am Ende des Gießrohrs. Man füllt die Kanne aus einer Regentonne oder am Wasserhahn. Für große Gärten benötigt man einen Gartenschlauch, wofür praktischerweise außen am Haus ein Wasserhahn angebracht sein sollte. Gartenschläuche auf Schlauchtrommeln oder -wagen lassen sich besser handhaben als lose Schläuche.

Mit Spritzgeräten kann man Pflanzen benebeln oder Pestizide und Flüssigdünger ausbringen. Regner und Rasensprenger eignen sich zum Bewässern von Rasen oder großen Rabatten.

SCHLAUCHTROMMEL ▷
Trommeln mit Griff oder Schlauchwagen auf Rädern lassen sich leicht bewegen. Der Schlauch sollte lang genug sein, um alle Pflanzen im Garten zu erreichen.

△ **SCHLAUCHAUFSATZ**
Mit einem regulierbaren Schlauchaufsatz am Ende des Schlauchs kann man eine große Anzahl von Pflanzen bewässern. Der Wasserstrahl lässt sich strahl- oder brausenförmig einstellen.

RÜCKENSPRITZE ▷
Man verwendet zum Benebeln großer Pflanzenflächen eine gut am Rücken anliegende Rückenspritze. Der Strahl wird durch die Pumpwirkung des Hebels erzeugt.

▽ **GEWÄCHSHAUSKANNE**
Mit dem langen Ausguss kann man auch die hinteren Pflanzen auf einem Tisch erreichen. Die Feinheit des Strahls lässt sich durch Drehen der Brause bestimmen.

KUNSTSTOFFKANNE ▷
Plastikkannen sind leichter als die traditionellen Metallkannen, aber meist genauso stabil. Man wählt eine, die gut in der Hand liegt.

REGENTONNE ▷
Um Regenwasser von einem Dach zu sammeln, stellt man eine Regentonne an einem geeigneten Ort auf. Die Tonne sollte mit einem Deckel versehen sein, der Schmutz abhält. Man muss sie u. U. auf Ziegel stellen, damit eine Gießkanne unter den Hahn passt.

SCHUBKARREN

Manchmal müssen große oder schwere Pflanzen, Erde, Kompost oder andere Materialien von einem Ort zum anderen transportiert werden. Die rückenschonendste Methode ist die Verwendung einer Schubkarre, wobei Metall haltbarer ist.

Die üblichen hartgummibereiften Schubkarren sind auf lockerem oder unebenem Boden instabiler als solche mit kugelförmigem Rad, dessen Luftfüllung als Stoßdämpfer dient, und die sich für schwere Arbeiten eignen. Überladen sollte man die Schubkarre nicht, und das Gewicht so verteilen, dass sie vorne schwerer ist.

△ **SCHUBKARRE MIT KUGELREIFEN**
Auf unebenen Böden oder bei schweren Lasten lässt sich eine Schubkarre mit ballförmigen oder aufblasbaren Reifen viel leichter schieben. Diese hier besitzt eine Kunststoffwanne, die zwar leicht ist, aber brechen kann.

△ **GEWÖHNLICHE SCHUBKARRE**
Die Karre besitzt einen Hartgummireifen und eine flache Wanne, die nach vorne tiefer wird, um dort mehr Gewicht aufzunehmen. Das verzinkte Metall ist teurer als Kunststoff, hält aber in der Regel lange, bis sich der erste Rost bildet.

SIEHE AUCH: Wässern, S. 84 und S. 152; Werkzeug aufbewahren, S. 274

WEITERES NÜTZLICHES ZUBEHÖR

Welches andere Zubehör man benötigt, hängt davon ab, wie man den Garten nutzt. Wenn man ein Gewächshaus hat, in dem man Pflanzen ziehen möchte, benötigt man Töpfe, Untersetzer, Saatschalen, Pikierplatten und Etiketten. Im Freiland machen Pflanzstäbe, Bänder, Tragetücher, Handschuhe und Siebe das Leben einfacher. Zum Säen und Pflanzen sind Pflanzholz (stiftförmiges Werkzeug zum Pflanzlöcher machen) und Spatel (schmale Spachtel zum Ausgraben von Sämlingen) praktisch.

TÖPFE UND PFLANZSCHALEN ▷

Pflanzbehälter gibt es in etlichen Formen und Größen. Große Ziertöpfe sind für Einzelpflanzen ideal und können an verschiedenen Orten im Garten aufgestellt werden. Kleinere Töpfe und Schalen eignen sich gut für Stecklinge und Jungpflanzen. Ton ist im Gegensatz zu Kunststoff porös, weshalb das Substrat darin rascher austrocknet.

◁ AUSSAATKISTEN UND PIKIERPLATTEN (MULTITÖPFE)

Pikierplatten eignen sich für Einzelsaater und Stecklinge. Man füllt zuvor die Einzeltöpfchen mit Erde. Die Sämlinge oder Jungpflanzen lassen sich auspflanzen, ohne den Wurzelballen stark zu stören.

STAUDENHALTER ▷

Manche Stauden müssen durch Gestelle gestützt werden. Für horstartige Pflanzen eignen sich am besten Ringstützen, für hohe Pflanzen Gelenkstützen.

RINGSTÜTZE

GELENKSTÜTZEN

Bambusstab

Rosenstütze

Grüner Bambusstab

Gespaltener Stab

SPANKORE

△ DRAHTSIEB

Mit einem Gartensieb sieht man vor dem Säen oder Pflanzen Steine und anderes grobes Material aus der Erde. Drahtgitter halten länger als Gitter aus Kunststoff.

△ HANDSCHUHE

Baumwoll- oder Lederhandschuhe schützen die Hände vor Stacheln und Schmutz. Einige sind für besseren Griff und Schutz an den Handflächen mit Vinyl verstärkt.

TRANSPORTMITTEL ▷

In Körben trägt man z. B. gepflückte Früchte. Mit Kunststofffolien und -säcken kann man gut leichten, aber sperrigen Abfall transportieren. Taschen sollten stabile Griffe haben.

TRAGETUCH UND -TASCHE

WERKZEUGPFLEGE

• Nach Gebrauch sofort von Erde, Grasschnitt oder anderem Schmutz säubern.

• Danach alle Metallteile mit einem öligen Tuch abwischen, damit sie nicht rosten.

• Werkzeug sollte an einem trockenen Ort, z. B. in einem Schuppen, aufbewahrt werden, nie im Regen stehenlassen.

• Man baut die Klingen von Schneidwerkzeugen regelmäßig aus und schleift sie.

• Während der Wintermonate nicht benötigtes Werkzeug sollte vor dem Wegräumen im Herbst besonders gut eingeölt werden.

ETIKETTEN △

Es gibt eine Vielzahl verschiedener Pflanzetiketten. Sie sollten haltbar, witterungsbeständig und so groß sein, dass alle wichtigen Informationen darauf Platz haben.

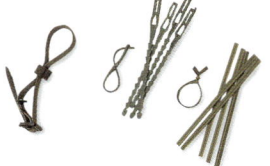

BINDEMATERIAL △

Man bindet Pflanzen mit Kunststoffanbindern an die Stütze. Das Band soll den Ast dabei nicht einengen.

PFLANZSTÄBE ▷

Hochstammrosen benötigen eine stabile Stütze. Bambusstäbe oder gespaltene Holzstöcke stützen andere Stängel.

SIEHE AUCH: Rankhilfen für Kletterpflanzen, S. 108–109; Rabattenpflanzen stützen, S. 154; Aussaat in Gefäßen, S. 162; Werkzeug aufbewahren, S. 274

GARTENKOMPOST

DAS HERSTELLEN VON EIGENEM Gartenkompost ist eine ausgezeichnete Möglichkeit, Garten- und Küchenabfälle zu verwerten und den Boden wieder mit dem organischen Material zu bereichern. Es sorgt für eine bessere Durchlüftung und erhöht die Feuchtigkeits- und Nährstoff-haltekraft. Man muss jedoch etwas Geduld mitbringen, da die Kompostierung ein recht langsamer Prozess ist. Würmer beschleunigen die Zersetzung und erzeugen ein noch besseres Endprodukt. Abgefallenes Laub kann man auch separat zu Laubkompost verrotten lassen.

DER KOMPOSTHAUFEN

Für einen gut verrottenden Komposthaufen mischt man »feuchte« Materialien, z. B. Grasschnitt oder Staudenabfälle, und »trockene« Materialien wie Rinde oder Stroh. Gemüseabfälle gehören auf den Kompost, aber kein Fleisch oder gekochte Nahrungsmittel (locken Ratten an), ausdauernde Unkräuter oder unzerkleinerte Äste. Man fügt auch Mist hinzu, aber keinen Hunde- oder Katzenkot. Die für den bakteriellen Abbau günstige hohe Temperatur entwickelt sich erst ab einer Größe von ca. 1 m³. Kompost wird je nach Wetter in 9–12 Wochen reif; Umsetzen kann den Prozess beschleunigen. Die fertige, gut verrottete Komposterde erkennt man an der dunklen Farbe, der krümeligen Struktur und dem Waldbodengeruch.

◁ KOMPOST-SCHICHTEN
Man startet mit einer dicken Zweigschicht und baut den Haufen in 10–15 cm hohen Schichten auf. Auf jede Schicht etwas Mist geben.

KOMPOSTWÜRMER

Regenwürmer bauen organisches Material durch ihr Verdauungssystem rasch ab. Man kann sie in einen neuen Komposthaufen einsetzen oder in einem eigens dafür konstruierten Behälter verwenden. Die Würmer arbeiten sich im Haufen nach oben, was man bei einem speziellen Kompostkasten nutzen kann, indem man jeweils die untere fertige Kompostschicht entfernt. Die Würmer ernähren sich von den meisten in Küche und Garten anfallenden pflanzlichen Abfällen, sofern man den Kasten nicht überlädt. Sie bevorzugen warme Temperaturen; man deckt den Kompost daher im Winter zu.

PRAXIS-TIPPS

• Man legt den Wurmkompost an einem sonnigen, geschützten Ort an. Die optimale Temperatur für die Würmer liegt bei 20–24 °C.
• Die verschiedenen organischen Abfälle müssen gemischt werden.
• Man sollte immer nur wenige Zentimeter neuen Abfall auf einmal hinzugeben.
• Die Würmer müssen erst eine Schicht zersetzen, bevor man die nächste hinzufügt.
• Auf jede neue Schicht gibt man eine kleine Menge Mist oder teilweise verrotteten Kompost. Mist kann rein hinzugefügt werden.

LAUBKOMPOST

Blätter werden anstatt von Bakterien von Pilzen zersetzt, und man sollte sie daher am besten auf einem eigenen Haufen kompostieren. Die nach gut einem Jahr verrottete Lauberde lohnt das Warten. Man kann damit mulchen (bereits auch mit halb verrottetem Laub) oder den Boden verbessern, sie eignet sich aber auch gut als Aussaat- oder Topferde.

Man nimmt ein kaum genutztes Eck im Garten, das viel Licht abbekommt und wo der Haufen ungestört verrotten kann. Ein einfaches Behältnis aus Maschendraht und Pfosten (siehe unten) wird dafür gebaut. Man füllt es mit Herbstlaub, möglichst von verschiedenen Arten, und stampft jede Schicht fest. Den Kompost sollte man in warmen trockenen Perioden leicht gießen.

2 FERTIG BESPANNEN
Man klammert die beiden Schnittenden des Maschendrahts gut am letzten Pfosten fest. Am besten trägt man Handschuhe, damit man sich nicht an den scharfen Kanten verletzt.

1 MASCHENDRAHT BEFESTIGEN
Man treibt vier Holzpfähle 30 cm in den Boden und bespannt sie mit Maschendraht. Baut man den Käfig an einem Zaun oder einer Mauer, klammert man zuerst an zwei Pfosten den Draht fest. Sonst werden zunächst die Pfosten in den Boden getrieben.

3 DER FERTIGE BEHÄLTER
Der Laubkäfig sollte quadratisch, relativ niedrig und nicht zu breit sein, damit man bequem die Mitte erreichen kann. Man muss die Blätter nach dem Einfüllen mit den Füßen, einem Rechen oder einem anderen geeigneten Werkzeug feststampfen.

SIEHE AUCH: Mulchen, S. 152; Kompost anlegen, S. 236; Abfall kompostieren, S. 275

BAUEN EINES KOMPOSTBEHÄLTERS

Man kann Kompost als frei stehenden Haufen (»Miete«) anlegen, in einem Behälter wird er jedoch ordentlich zusammen- und durchweg feucht gehalten. Passende Behälter kann man zu Hause aus verschiedenen vorhandenen Materialien, wie Pfosten und Maschendraht, Ziegeln, Holz oder Kunststofffässern, preiswert selber bauen, wobei Ziegel nur für fest stehende Haufen verwendet werden sollten. Ein hölzerner Kompostkasten mit herausnehmbarer Vorderseite *(siehe rechts und unten)* erleichtert das Entnehmen des fertigen Komposts sehr. Ist genug Platz vorhanden, sollte man einen zweiten Kasten in Erwägung ziehen, der verwendet wird, wenn der erste voll ist.

MATERIAL & WERKZEUG

- 4 Eckpfosten, 100 x 5 x 10 cm
- 19 Holzbretter für die Seiten, Länge 1 m
- Stabile Nägel
- Holzstab als Abstandshalter, Breite 1 cm
- 4 Leisten, Länge 75 cm
- 2 kleine Holzstücke
- 5 Bretter für Vorderseite, Länge 75 cm
- Holzschutz
- Kräftige Nylonschnur

GEBRAUCHSFERTIGER KOMPOSTBEHÄLTER

EINEN KOMPOSTBEHÄLTER BAUEN

1 ERSTE SEITE ZUSAMMENNAGELN
Zwei Eckpfosten werden parallel mit 75 cm Abstand auf den Boden gelegt. Das erste Seitenbrett wird 8 cm vom unteren Ende der Eckpfosten entfernt gut festgenagelt. Vier Nägel werden pro Brett verwendet.

2 SEITEN FERTIG STELLEN
Fünf weitere Latten werden mit Hilfe des Abstandhalters mit je 1 cm Abstand an den Eckpfosten festgenagelt. Die Latten müssen zum Eckpfosten im rechten Winkel stehen. Man baut ebenso die zweite Seite.

3 RÜCKSEITE FERTIGEN
Die Seiten stellt man mit 75 cm Abstand parallel zueinander und senkrecht auf. Man stabilisiert sie vorübergehend mit zwei über die Eckpfosten genagelten Leisten. Sechs Bretter kommen an die Rückseite.

4 VORDERSEITE VORBEREITEN
Die stabilisierenden Leisten entfernen und prüfen, ob die Eckpfosten weiterhin senkrecht stehen. An der Vorderseite das letzte lange Brett 8 cm über dem Boden an den Eckpfosten festnageln.

5 LEISTEN ANBRINGEN
Je zwei Leisten werden so an die zueinander zeigenden Seiten der vorderen Eckpfosten genagelt, dass man die 75-cm-Bretter leicht dazwischen schieben kann. Dann ein Holzstück unten zwischen die Leisten nageln.

6 VORDERE BRETTER EINSCHIEBEN
Probieren, ob sich alle Bretter der Vorderseite zwischen die Leisten schieben lassen, und sie gegebenenfalls auf die richtige Länge kürzen.

7 BEHÄLTER STREICHEN
Der gesamte Kompostbehälter einschließlich aller Schnittkanten und der vorderen Bretter wird mit Holzschutzmittel gestrichen. Das Mittel vollständig trocknen lassen.

8 BEHÄLTER FERTIG STELLEN
Nun alle vorderen Bretter einschieben. Zum Schluss wird oben eine kräftige Schnur um die vorderen Eckpfosten gespannt, damit die Seiten beim Füllen des Kastens nicht auseinander gedrückt werden.

SIEHE AUCH: Abfall kompostieren, S. 275

FRÜHBEETKÄSTEN UND GEWÄCHSHÄUSER

WO IM WINTER FROST herrscht, überleben nur winterharte Pflanzen im Freien. Empfindlichere Pflanzen lassen sich dort nur kultivieren, wenn man sie in der kalten Jahreszeit schützt. Zu diesem Zweck eignet sich eine Kultur unter Glas, also im Frühbeetkasten oder Gewächshaus.

Für Pflanzen, die z. B. in tropischen Ländern beheimatet sind, muss das Gewächshaus beheizt werden, um eine bestimmte Mindesttemperatur aufrechtzuerhalten. Frühbeetkästen und Gewächshäuser eignen sich zudem gut, um Stecklinge, Sämlinge und Jungpflanzen zu ziehen.

VERWENDEN VON FRÜHBEETKÄSTEN

Frühbeetkästen kann man im Laufe des Jahres zu verschiedensten Zwecken nutzen. Im Frühjahr eignen sie sich gut zum Abhärten von im Gewächshaus vorgezogenen Pflanzen, und im Winter schützen sie im Herbst gesäte, winterharte Einjährige. Der Rahmen besteht aus Holz oder Metall, für die abdeckenden Fenster und gelegentlich auch für die Seiten wird Glas oder durchsichtiger Kunststoff verwendet. Die Fenster sollten für einen bequemen Zugang zum Aufklappen, Schieben oder Abheben sein.

PRAXIS-TIPPS

• Ein zweckmäßiger Frühbeetkasten sollte mindestens 120 x 50 cm groß sein, bei genügend Platz gerne größer.

• Um den Rahmen vorübergehend z. B. für hohe Gemüsesämlinge zu erhöhen, stellt man ihn auf Ziegel.

◁ **LEICHTER BILLIGER FRÜHBEETKASTEN**
Die Fenster aus klarem Kunststoff lassen sich zur Seite schieben, damit die Pflanzen tagsüber bei höheren Temperaturen mehr Licht und Luft erhalten. Der Aluminiumrahmen macht ihn relativ haltbar.

◁ **HOLZRAHMEN**
Traditionelle Holzkästen halten die Wärme gut. Man bedeckt den Boden vor dem Bepflanzen mit einer dicken Schicht Drainagematerial, z. B. Tonscherben oder Schotter. Darauf gibt man eine 15 cm dicke Schicht gute Gartenerde oder Kompost. Man kann auch Pflanzen in Töpfen oder Kisten hineinstellen.

△ **SCHIEBEFENSTER**
Plötzliche Windstöße können Fenstern, die man zum Lüften zur Seite schiebt, nicht so viel anhaben wie Kippfenstern, dafür sind die Pflanzen aber dem Regen ausgesetzt.

△ **KIPPFENSTER**
An manchen Tagen kann man sie aufspreizen, einem Windstoß halten geöffnete Kippfenster jedoch kaum stand. Zum Abhärten entfernt man die Fenster schließlich ganz.

ARGUMENTE FÜR EIN GEWÄCHSHAUS

Falls man den nötigen Platz und die Mittel hat, sollte man nicht zögern, in ein Gewächshaus zu investieren. Man kann darin bei jedem Wetter verschiedene Gartenarbeiten erledigen und das Pflanzensortiment erheblich erweitern. Mit einem unbeheizten Gewächshaus lässt sich die Wachstumssaison verlängern. In einem beheizten Gewächshaus kann man sogar frostempfindliche Arten ziehen und geeignete Bedingungen zur Anzucht von Jungpflanzen schaffen. Nicht zuletzt kann es ein dekoratives Gartenelement bilden.

◁ **PFLANZEN SELBST VERMEHREN**
Die Verwendung des Gewächshauses zum Vermehren von Pflanzen aus dem Garten, oder um neue Pflanzen aus Samen zu ziehen, spart nicht nur auf lange Sicht Geld, sondern macht auch sehr viel Spaß und ist äußerst befriedigend.

SIEHE AUCH: Nutzpflanzen schützen, S. 240–241; Pflanzen schützen, S. 275

GEWÄCHSHAUSTYPEN

Gewächshäuser werden in verschiedensten Formen und Größen angeboten, vom herkömmlichen Gewächshaus mit Sattel- oder Pultdach bis hin zu speziellen Formen für bestimmte Pflanzen, wie Alpinenhäuser, oder dekorativen Formen, wie Kuppeln oder achteckige Pavillons. Man überlegt bei der Wahl des Gewächshauses, welchem Zweck es dienen soll.

■ Ein traditionelles Gewächshaus mit Satteldach *(siehe unten rechts)* oder Holländerfenstern eignet sich am besten für funktionelle Zwecke, wie die Anzucht von Rabattenpflanzen oder die Vermehrung. Bei Gewächshäusern mit Holländerfenstern fallen die Seiten schräg ab und nutzen so die Sonneneinstrahlung optimal.

■ Für tropische oder subtropische Pflanzen bildet ein apart geformtes Gewächshaus, in dem das Tischbeet eventuell in der Mitte steht, einen hervorragenden Blickfang.

■ Wandgewächshäuser *(siehe unten)* halten die Wärme gut und können am Haus als Wintergartenersatz verwendet werden.

△ **METALLRAHMEN**
Rahmen aus Aluminiumlegierungen sind leicht, aber sehr stabil, und brauchen kaum Pflege

△ **HOLZRAHMEN**
Für ein traditionelleres Gewächshaus ist haltbares, pflegeleichtes Hartholz, z. B. Zeder, eine gute Wahl.

AUSWAHLKRITERIEN

Es gibt so viele verschiedene Gewächshäuser, dass es ratsam ist, sich ein genaues Bild zu machen, was man haben möchte, bevor man eines kauft. Wichtige Kriterien sind Stabilität, Zugänglichkeit, Höhe und Lüftung. Das Gewächshaus sollte eine solide Basis und stabile Struktur haben, um starkem Wind standzuhalten, und eine mindestens 60 cm breite Tür besitzen. Man achtet auf eine Traufhöhe von mindestens 1,4 m. Die Dachlüftung ist oft unzulänglich: die gesamte Lüftungsfläche soll ein Sechstel der Bodenfläche betragen.

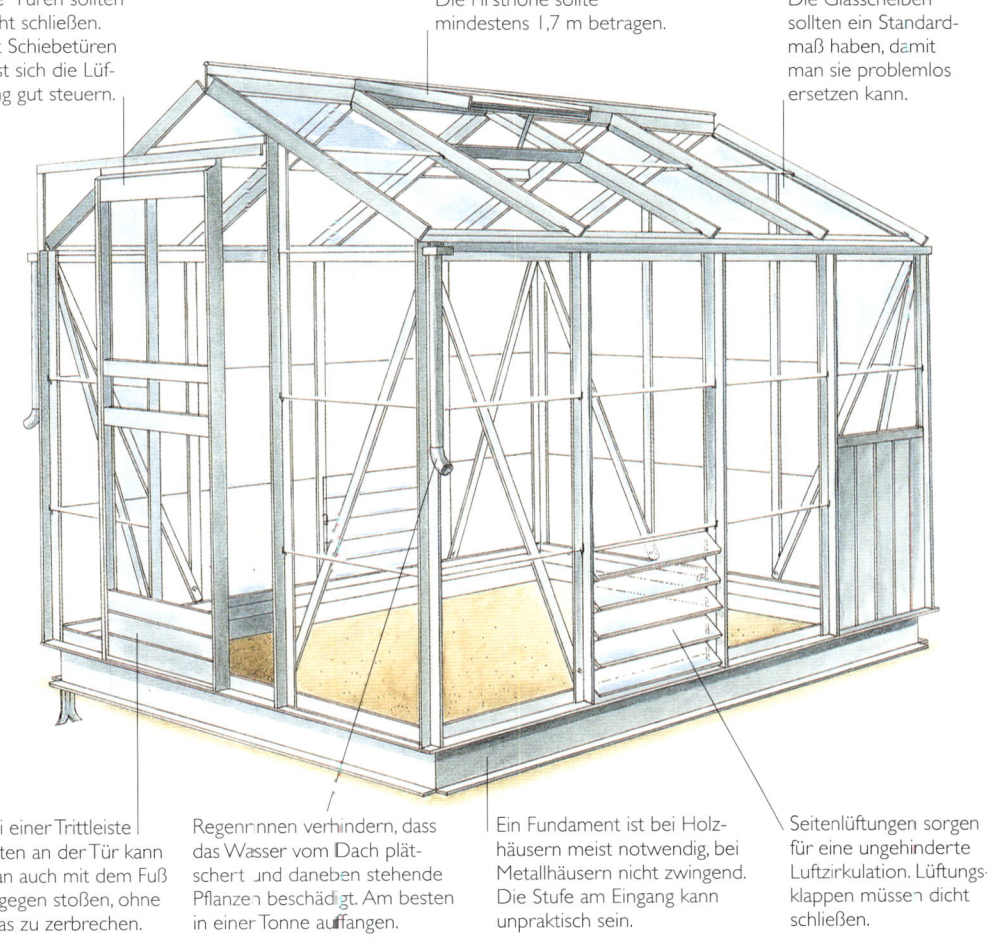

Die Türen sollten dicht schließen. Mit Schiebetüren lässt sich die Lüftung gut steuern.

Die Firsthöhe sollte mindestens 1,7 m betragen.

Die Glasscheiben sollten ein Standardmaß haben, damit man sie problemlos ersetzen kann.

Bei einer Trittleiste unten an der Tür kann man auch mit dem Fuß dagegen stoßen, ohne Glas zu zerbrechen.

Regenrinnen verhindern, dass das Wasser vom Dach plätschert und daneben stehende Pflanzen beschädigt. Am besten in einer Tonne auffangen.

Ein Fundament ist bei Holzhäusern meist notwendig, bei Metallhäusern nicht zwingend. Die Stufe am Eingang kann unpraktisch sein.

Seitenlüftungen sorgen für eine ungehinderte Luftzirkulation. Lüftungsklappen müssen dicht schließen.

◁ **WANDGEWÄCHSHAUS MIT PULTDACH**
Bei begrenztem Platz oder wenn man ein vorwiegend dekoratives Schauhaus bevorzugt, ist ein Wandgewächshaus ideal. Einige ähneln Wintergärten und können entsprechend verwendet werden. Da es am Haus angebaut ist, kann man es einfach und günstig mit Wasser und Strom versorgen, und die Hauswand kann Wärme speichern und als zusätzliche Isolierung dienen.

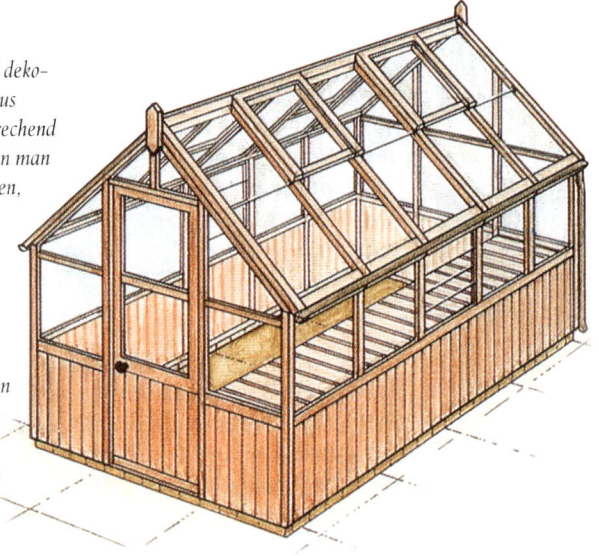

TRADITIONELLES GEWÄCHSHAUS ▷
Das frei stehende Gewächshaus mit seinen senkrechten Seiten und dem Satteldach bietet reichlich Platz für Pflanzen, und man kann darin bequem stehen. Diese Gewächshausform eignet sich gut zum Ziehen von Rabattenpflanzen und Sämlingen, wobei die Fläche bei relativ geringen Kosten gut genutzt wird.

SIEHE AUCH: Gewächshäuser, S. 241; Pflanzen schützen, S. 275

EIN GEWÄCHSHAUS AUFSTELLEN

Man wähle mit Bedacht den geeigneten Ort für ein frei stehendes Gewächshaus. Es sollte an einem offenen Platz stehen, wo es viel Licht erhält, aber vor starken Böen geschützt ist. Bei Bedarf kann man einen Windschutz auch noch später errichten. Die Ausrichtung des Hauses hängt vom Verwendungszweck ab. Wird es mehr für Sommerblüher verwendet, sollte die Längsachse in Nord-Süd-Richtung verlaufen. Zur Anzucht von Jungpflanzen im Frühjahr oder zum Überwintern empfindlicher Pflanzen bietet eine Ost-West-Ausrichtung die besten Lichtverhältnisse.

Für das Gewächshaus sollte wie für einen Geräteschuppen vorher ein festes Ziegel- oder Betonfundament errichtet werden (*siehe S. 277*).

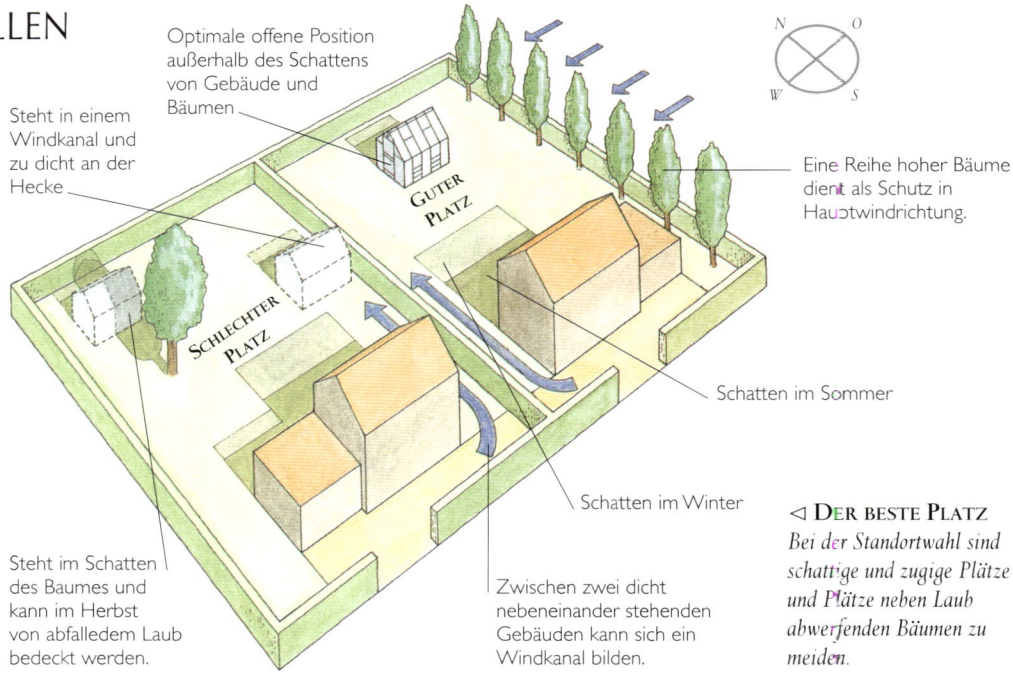

Optimale offene Position außerhalb des Schattens von Gebäude und Bäumen

Steht in einem Windkanal und zu dicht an der Hecke

GUTER PLATZ

SCHLECHTER PLATZ

Eine Reihe hoher Bäume dient als Schutz in Hauptwindrichtung.

Schatten im Sommer

Schatten im Winter

Steht im Schatten des Baumes und kann im Herbst von abfallendem Laub bedeckt werden.

Zwischen zwei dicht nebeneinander stehenden Gebäuden kann sich ein Windkanal bilden.

◁ DER BESTE PLATZ
Bei der Standortwahl sind schattige und zugige Plätze und Plätze neben Laub abwerfenden Bäumen zu meiden.

KONTROLLIERTE STANDORTBEDINGUNGEN

Das Gewächshaus bildet eine Insel im Garten – den Ort, an dem man die Wachstumsbedingungen steuern kann. Man muss die Pflanzen nicht nach dem vorherrschenden Klima wählen, sondern kann das Klima den Pflanzen anpassen.

Es ist jedoch wichtig, ausgeglichene Bedingungen zu schaffen. Eine Isolierung soll Wärme halten; die Lüftung Überhitzung, aber auch Zugluft verhindern.

Manche Pflanzen benötigen hohe Luftfeuchtigkeit, die man mit Luftbefeuchtern oder durch Anfeuchten der Wege mit Gießkanne oder Schlauch schafft. Zum Beheizen wählt man ein wirksames, zuverlässiges sparsames Heizgerät. Im Sommer ist Schattierung wichtig (*siehe gegenüber*), damit die Pflanzen nicht verbrennen. Bei schlechten Lichtverhältnissen kann Zusatzbeleuchtung erforderlich sein (*siehe unten*).

PFLANZENLAMPE ▷
Möglichst direkt über den Pflanzen angebracht, bietet sie eine zusätzliche Belichtung, um den Wuchs bei schlechten Lichtverhältnissen zu verbessern.

△ FROSTALARM
Bei empfindlichen Pflanzen ist ein Frostalarm eine hilfreiche Sicherheit bei Strom- oder Heizungsausfall. Eine Klingel warnt bei zu tiefen Temperaturen.

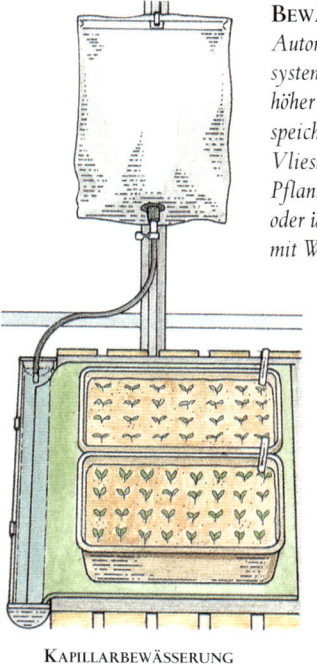

KAPILLARBEWÄSSERUNG

BEWÄSSERUNGSSYSTEME
Automatische Bewässerungssysteme verfügen über einen höher gelegenen Wasserspeicher, der Pflanzen über Vliesmatten unter den Pflanzen (Kapillarwirkung) oder über Tröpfelschläuche mit Wasser versorgt.

RIESELBEWÄSSERUNG

SIEHE AUCH: Betonieren, S. 60–61; Pflanzen schützen, S. 275; Der richtige Ort für einen Geräteschuppen, S. 277; Gewächshaustypen, S. 285

DEN RAUM NUTZEN

Wenn man im Gewächshaus arbeitet, wird man bald feststellen, wie wichtig eine gute Organisation darin ist. Die verschiedenen Elemente müssen alle richtig platziert und gut zugänglich sein. Man benötigt Stellagen (Arbeitstische), unter die man auch Schatten liebende Pflanzen stellen kann. Um den verfügbaren Raum auszuschöpfen, sollten eventuell zusätzlich Borde oder Haken für Hängeampeln vorhanden sein.

◁ **FESTE TISCHE**
Gewächshäuser werden häufig mit fest eingebauten Stellagen geliefert. Man installiert sie gleich bei der Errichtung des Hauses.

◁ **BEWEGLICHE TISCHE**
Frei stehende Tische sind beweglich und bieten daher größere Flexibilität bei der Nutzung des Gewächshauses.

◁ **LATTENTISCHE**
Holzlatten ermöglichen eine stärkere Luftzirkulation um die Pflanzen, eignen sich aber nicht für ein Kapillar-Bewässerungssystem.

WOHL GEORDNET ▷
Man kann im Gewächshaus besser arbeiten, wenn alle Elemente durchdacht und sauber angeordnet sind. Die geschickte Planung dieses Wandgewächshauses nutzt den begrenzten Raum optimal aus.

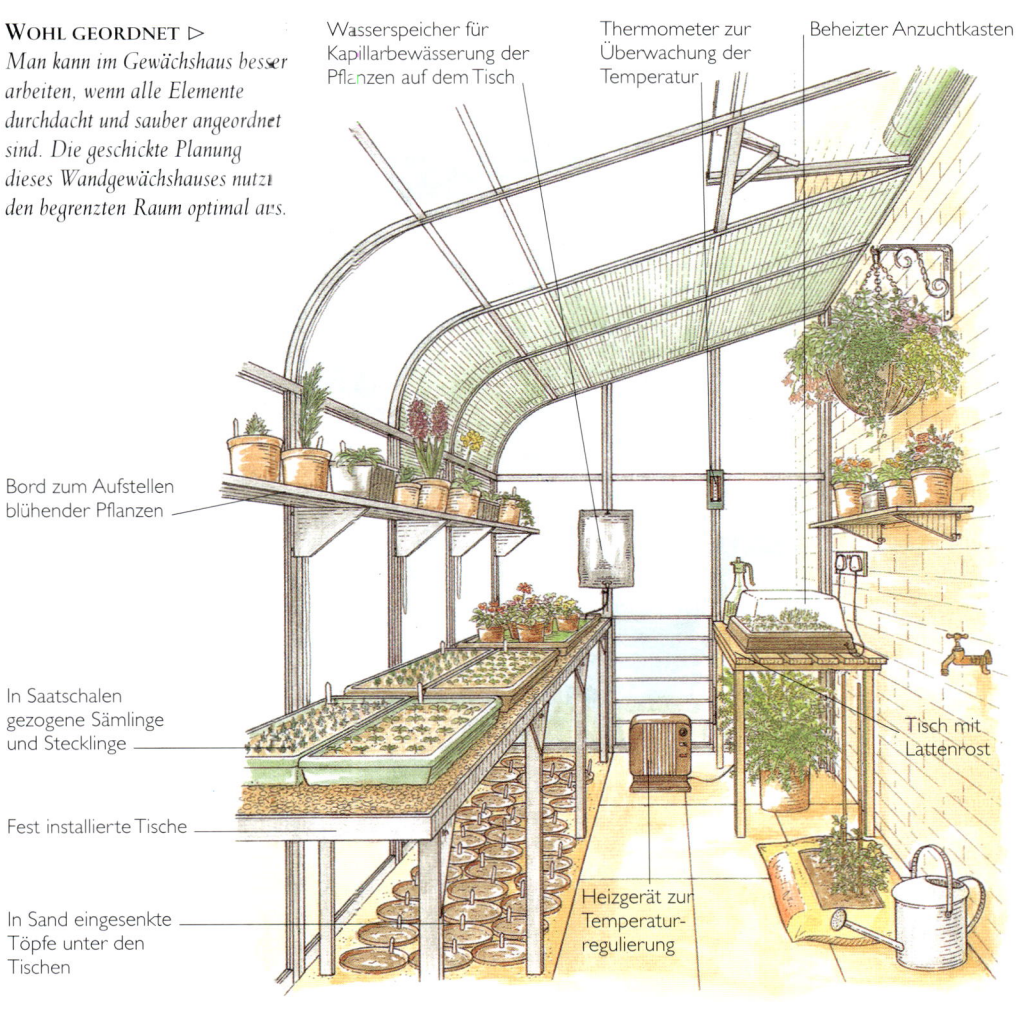

Wasserspeicher für Kapillarbewässerung der Pflanzen auf dem Tisch

Thermometer zur Überwachung der Temperatur

Beheizter Anzuchtkasten

Bord zum Aufstellen blühender Pflanzen

In Saatschalen gezogene Sämlinge und Stecklinge

Fest installierte Tische

In Sand eingesenkte Töpfe unter den Tischen

Heizgerät zur Temperaturregulierung

Tisch mit Lattenrost

SCHATTIERUNG UND LÜFTUNG

Im Sommer, wenn die Sonne brennt, benötigt das Gewächshaus eine Schattierung in Form von Rollos, Schattierfarbe oder Kunststoffgewebe. Zu starke Schattierung schränkt den Pflanzenwuchs ein. Schattierungen werden im Spätsommer entfernt.

Selbst im Winter ist eine gute Lüftung wichtig. Aufklappbare Dachlüftungen sollten sich bis zu 45° öffnen lassen, um einen größtmöglichen Luftaustausch zu erzielen, aber gleichzeitig Windstöße abzuhalten. Lüftungen sollten zudem versetzt angeordnet sein, damit die Luft nicht einfach hindurchströmt. Lamellen sorgen dicht über dem Boden für Luftaustausch. Man sollte zumindest einen Teil der Lüftungsklappen im Dach oder der seitlichen Lamellen mit einer Lüftungsautomatik ausstatten.

△ **SCHATTIERFARBE**
Schattierfarbe wird zu Beginn des Sommers von außen aufgetragen, wenn die Sonne zu sehr brennt. Sie verhindert, dass die Temperatur zu stark ansteigt, ohne das Licht zu sehr zu blockieren.

△ **KUNSTSTOFFNETZ**
Man schneidet es nach Bedarf zu und schattiert damit die Gewächshausfenster.

△ **AUTOMATIK**
Sie öffnet automatisch die Lüftungsklappe, wenn die Temperatur zu hoch wird.

△ **LÜFTUNGSKLAPPEN**
Die normalerweise im Dach eingebauten Klappen sollten sich sicher und weit öffnen.

△ **ROLLOS**
Mit wetterfesten Rollos kann man das Gewächshaus nach Bedarf schattieren.

△ **LAMELLEN**
Sie liegen seitlich über dem Boden und verbessern die interne Luftzirkulation.

SIEHE AUCH: Beetpflanzen vermehren, S. 162–163; Pflanzen schützen, S. 275; Gewächshaustypen, S. 285

UNKRAUTBEKÄMPFUNG UND PFLANZENKRANKHEITEN

GARTENUNKRÄUTER

DEN MEISTEN GARTENLIEBHABERN ist Unkraut jäten eher ein Gräuel. Dennoch kommt man nicht umhin, sich mit dem Problem »Unkraut« zu beschäftigen, wenn man Kulturpflanzen ziehen möchte. Es gibt viele Möglichkeiten, Unkrautwachstum zu bekämpfen oder einzudämmen. Zunächst unterscheiden wir zwischen einjährigen und ausdauernden Unkräutern. Die Einjährigen sind Opportunisten, die jeden Freiraum in der Beetanlage nutzen. Entfernt man sie aber, bevor sie sich aussamen, sind sie nicht von Dauer. Ausdauernde Unkräuter dagegen verbleiben im Boden und verweben ihr ausgedehnteres Wurzelsystem mit den Wurzeln der Zierpflanzen.

DEFINITION VON UNKRAUT

Ein Unkraut ist »eine Pflanze am unerwünschten Ort«. Früher war die Unterscheidung zwischen Unkraut und Gartenpflanze einfach. Unkraut war alles, was wild wuchs. Heute schätzt man aber vielerorts auch einheimische Wildkräuter als Gartenpflanzen. Deshalb ist für einige Gartenliebhaber der Begriff »Unkraut« auf solche Pflanzen beschränkt, die sich aggressiv ausbreiten. Dann können auch Zierpflanzen zum Unkraut werden – ein Kriechender Günsel etwa, der sich, als Bodendecker eingesetzt, rigoros ausbreitet, oder ein Schmetterlingsstrauch (*Buddleja*), dessen Sämlinge überall auftauchen.

ARGUMENTE FÜRS JÄTEN

Selbst eine naturnahe Wildblumenwiese bedarf der richtigen Pflege, um das Auftreten dominanter Wiesenunkräuter zu verhindern. Unkraut wächst oft so rasch, dass es den Wettstreit mit Kulturpflanzen um Mineralien, Wasser, Licht und Luft gewinnt. Von Unkräutern überwucherte Pflanzen bleiben kleiner und kümmern; sie blühen oder fruchten schlecht und sind anfälliger für Schädlinge und Krankheiten, für die einige Unkräuter Zwischenwirte sind. Deshalb ist das Jäten vor jeder Pflanzung – selbst wenn dabei Unkrautsamen im Boden verbleiben – ebenso wichtig wie späteres laufendes Jäten.

△ *ALCHEMILLA MOLLIS*
Frauenmantel ist ein Beispiel für eine hübsche Zierpflanze, die sich über Sämlinge rasch unerwünscht »wie ein Unkraut« ausbreiten kann.

◁ **TRADITIONELLE RABATTE**
Unkraut stört in einer sorgfältig angelegten Rabatte. Dichte Bepflanzung lässt ihm aber wenig Platz zum Keimen.

△ **ERWÜNSCHTE WILDKRÄUTER**
Bei magerem Boden und zwei- bis dreimaliger Mahd pro Jahr gedeihen im Naturgarten Wildblumen auf der Wiese.

SIEHE AUCH: Rasenflächen mit zusätzlichem Reiz, S. 75; Unkraut, S. 87; Blumenwiesen, S. 89

NÜTZLICHE UNKRÄUTER

In dem Maße, wie Wiesen und Hecken aus der Agrarlandschaft verschwinden, fällt dem Gartenliebhaber zunehmend die Aufgabe zu, zu Gunsten der einheimischen Tier- und Pflanzenwelt einige weniger intensiv bearbeitete Zonen in seinen Garten zu integrieren. So sollte man Efeu zum Beispiel erlauben, buschig zu wachsen und Früchte zu tragen. Als flache Wandbegrünung liefert er Vogelfutter und Nistplätze. Einjährige Ackerwildkräuter sehen nicht nur sehr attraktiv aus, sondern sind auch aus Naturschutzsicht unbedingt zu fördern. Man kann sie leicht an übermäßiger Selbstaussaat hindern. Viele Insekten sind auf einheimische Arten als Futterpflanzen angewiesen. Man lässt deshalb ruhig einen Flecken mit »Unkräutern« an einer abgelegenen Stelle des Gartens stehen. Dies mag sogar Gartenschädlinge wie gefräßige Raupen von ihren Kulturpflanzen ablenken.

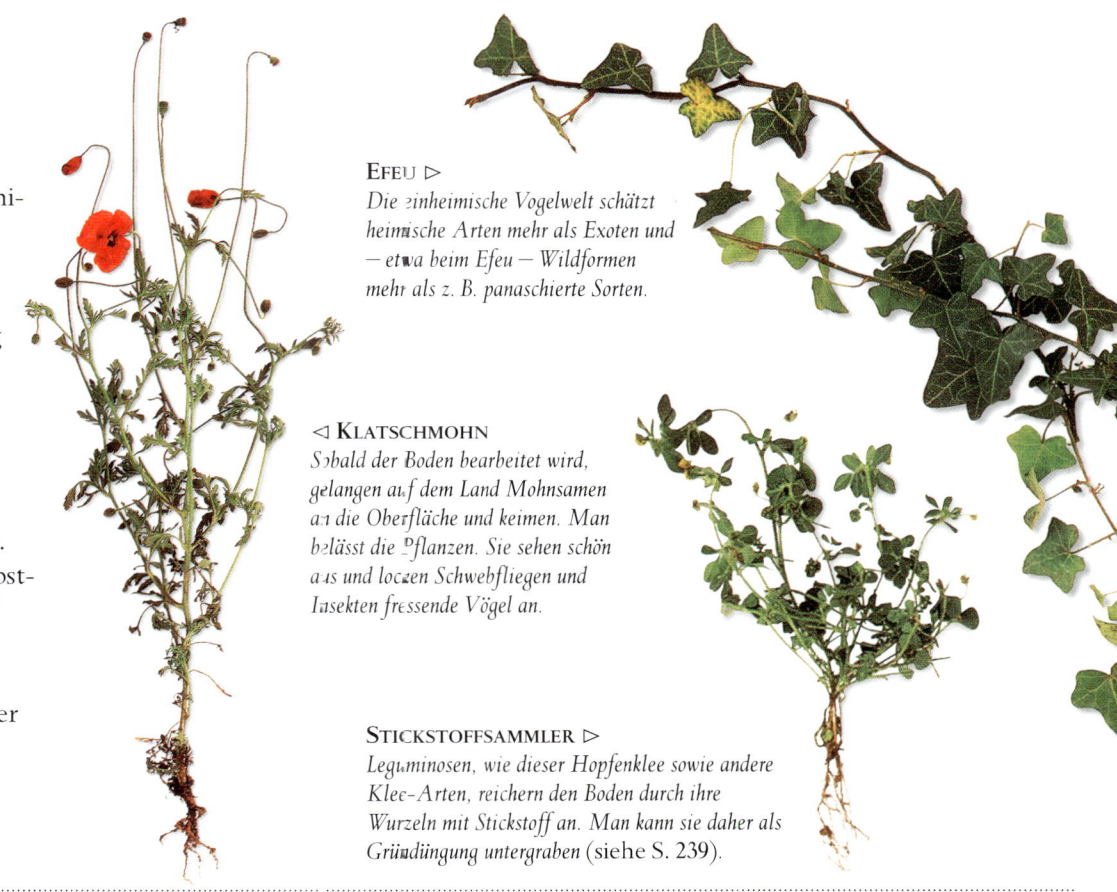

EFEU ▷
Die einheimische Vogelwelt schätzt heimische Arten mehr als Exoten und — etwa beim Efeu — Wildformen mehr als z. B. panaschierte Sorten.

◁ KLATSCHMOHN
Sobald der Boden bearbeitet wird, gelangen auf dem Land Mohnsamen an die Oberfläche und keimen. Man belässt die Pflanzen. Sie sehen schön aus und locken Schwebfliegen und Insekten fressende Vögel an.

STICKSTOFFSAMMLER ▷
Leguminosen, wie dieser Hopfenklee sowie andere Klee-Arten, reichern den Boden durch ihre Wurzeln mit Stickstoff an. Man kann sie daher als Gründüngung untergraben (siehe S. 239).

VORBEUGENDE MASSNAHMEN GEGEN UNKRAUT

Einer der Schlüsselfaktoren gegen Unkrautwuchs ist gründliches Jäten vor jeder Pflanzung. Später auflaufendes Unkraut lässt sich dann bequem von Hand entfernen, und der Einsatz von Herbiziden wird gar nicht erst notwendig.

»Bio-Gärtner« setzen vor allem auf vorbeugende Maßnahmen. Dabei ist Lichtentzug das Grundprinzip der meisten vorbeugender Methoden; ohne Licht kann Unkraut einfach nicht wachsen. Man verhindert den Lichteinfall durch Mulchen mit organischen Materialien in dicker Schicht, durch Aufbringen einer hohen Kiesdecke oder mit undurchsichtigen Folien. Folien verhindern zusätzlich, dass weitere Samen in den Boden gelangen.

Enges Bepflanzen, besonders mit Bodendeckern, sorgt ebenso für Beschattung des Bodens. Schnell wachsende Bodendecker sind daher für neue Gärten ideal, insbesondere bei Problemflächen. Man muss aber dafür sorgen, dass die Bodendecker nicht selbst zum »Unkraut« werden. Kriechende Pflanzen wie *Vinca minor*, das Kleine Immergrün, können sich nämlich u. U. selbst zum Problem auswachsen. In gemischter Pflanzung sind horstartig wachsende Pflanzen besser zu handhaben; dicht gepflanzt kann man sie leicht herausnehmen und teilen. Stauden sind eine gute Ergänzung in Beeten mit Frühlingszwiebelblumen, weil ihr austreibendes Laub die Lücken im Beet abdeckt, wenn die Zwiebelblumen ihre Blätter einziehen.

DIE RICHTIGE AUSRÜSTUNG

Der Einsatz von Herbiziden erfordert einiges an Gerät *(siehe S. 290)*, zum Jäten reicht eine gute, stabile Handgabel, die sich nicht verbiegt. Wenn man den Boden lockert, bevor man die Unkrautpflanzen herauszieht, verbleiben weniger Wurzeln im Boden. Es gibt auch spezielle Unkrautstecher für Rasen und Pflasterritzen, ein altes Küchenmesser kann aber genauso wirkungsvoll sein. Folien sind heute im Fachhandel überall erhältlich.

△ SCHLICHT UND PRAKTISCH
Eine hochwertige Handgabel leistet jahrelang gute Dienste. Sehr stabil sind solche mit separatem Handgriff; Holz liegt angenehm in der Hand.

MIT FOLIE AUSDUNKELN▷
Die als geotextile Membran oder Vlies bezeichnete Folie erhält man als Rollenware in verschiedenen Breiten.

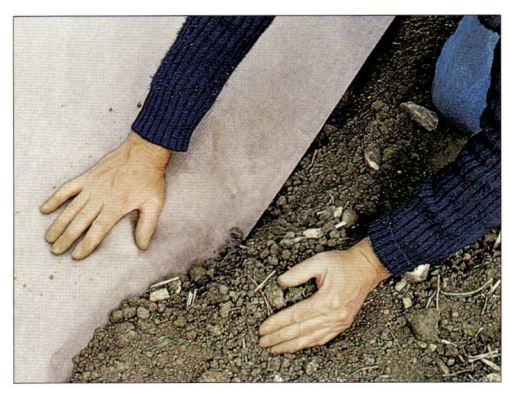

SIEHE AUCH: Bodendecker, S. 75 und S. 88; Bodenvorbereitung, S. 78

UNKRAUTBEKÄMPFUNG

WIE MAN UNKRAUT BEKÄMPFT, hängt davon ab, ob man chemische Unkrautvernichtungsmittel im Hausgarten für vertretbar hält oder nicht. Häufig kann man den Herbizideinsatz nur durch stundenlanges Jäten von Hand vermeiden, aber es gibt Alternativen, wenn man bereit ist, Kompromisse einzugehen. Ohne Zweifel sparen Herbizide Zeit und Arbeit. Manchmal scheinen sie den einzig praktikablen Weg zu bieten, stark vernachlässigte Flächen in den Griff zu bekommen. Jede effektive Bekämpfungsmaßnahme muss sich nach der Art des Unkrauts, einjährig oder ausdauernd, richten. Deshalb lohnt es sich, die Unkräuter kennen zu lernen.

HERBIZIDE

Auf dem Markt sind eine ganze Reihe von geeigneten Herbiziden erhältlich. Sie funktionieren unterschiedlich, verhindern aber nicht die Samenkeimung. Man überlege zuerst, wofür man sie einsetzen will, und wähle danach das geeignete Produkt aus. Professioneller Rat beim Kauf lohnt sich also.

Kontaktherbizide vernichten bei Kontakt jegliches pflanzliche Material. Ein Einsatzbereich sind Wege und Pflasterritzen. Einjährige Unkräuter gehen vollständig ein. Mehrjährige sterben oberirdisch ab, treiben aber später meist wieder aus. Kontaktherbizide beeinflussen den Boden nicht.

Systemische Herbizide, über Blätter und Triebe versprüht oder mittels eines speziellen Applikators aufgetragen, werden von der Pflanze aufgenommen, gelangen in die Wurzel und töten die Pflanze ab. Systemherbizide wirken bei ein- und mehrjährigen Pflanzen; manchmal muss die Behandlung bei letzteren aber wiederholt werden. Diese Unkrautvernichtungsmittel schaden benachbarten Pflanzen nicht, solange diese nicht benetzt werden. Sie hinterlassen auch keine schädlichen Rückstände im Boden.

Bodenherbizide werden über die Wurzel aufgenommen, steigen in der Pflanze hoch und töten sie ab. Man verwendet sie für Problemflächen. Sie bleiben im Boden viele Monate wirksam, daher kann man erst nach einer vom Hersteller angegebenen Wartezeit pflanzen.

Selektive Herbizide töten nur zweikeimblättrige Pflanzen ab, aber keine Gräser. Man verwendet sie für Rasenflächen.

HERBIZIDE ANWENDEN

Bei der Anwendung richtet man sich nach der Größe der Fläche. In einem kleinen Garten und besonders für isolierte Unkrautbestände in Beeten, Rasen oder an Wegen sind Applikatoren oder kleine, gebrauchsfertige Sprühdosen ideal. Bei größeren Flächen muss man in der Regel, es sei denn, man verwendet ein bodenwirksames Granulat, die Chemikalien selbst verdünnen, und Sicherheit ist hier oberstes Gebot. Eine Gießkanne mit feiner Brause oder einem Tröpfelstab eignet sich nur für Kies, Auffahrten, offenen Boden oder Rasen, weil Menge und Richtung des Ausflusses schwer zu steuern sind. Eine Rückenspritze mit Spritzrohr lohnt sich vor allem in größeren Anlagen. Mit ihr lassen sich Herbizide dosiert und zielgerichtet ausbringen. Und punktgenaue Ausbringung ist besonders wichtig, wenn man Unkräuter zwischen Kulturpflanzen bekämpft. Jeder unkontrollierte Herbizid-Nebel kann diese Pflanzen beschädigen und abtöten. Besser ist es, gefährdete Pflanzen dabei mit Plastiktüten aus dem Supermarkt oder Mülleimerbeuteln abzuschirmen. Zum Abnehmen der Plastikbeutel trage man Handschuhe, entsorge sie sicher und wasche sich anschließend die Hände.

SICHERHEITSMASSNAHMEN

Herbizide sind ätzend und giftig. Wenn man sie schon einsetzt, muss man besondere Sorgfalt walten lassen.

■ Man sollte die Gebrauchsanleitung bereits vor dem Kauf vollständig durchlesen, um das richtige Mittel zu wählen.

■ Immer an die Herstellerangaben halten, besonders beim Verdünnungsverhältnis.

■ Für Herbizide nimmt man separate Gerätschaften, nach Gebrauch gut spülen.

■ Hinterher stets die Hände waschen.

■ Unbenutzte Reste werden fachgerecht entsorgt. Gegebenenfalls die Angaben zur Entsorgung bereits vor dem Kauf beachten. Verdünnte und unverdünnte Herbizide gehören niemals in die Kanalisation – Überreste gehören zum Sondermüll. Die Gemeindeverwaltung nennt gern Sammelstellen.

■ Man bewahrt Herbizide stets in Originalbehältern und außerhalb der Reichweite von Kindern und Haustieren auf, am besten in einem verschlossenen Schrank. Klebt man Klarsichtfolie über die Etiketten, bleiben sie intakt und lesbar.

△ SICHERER UMGANG MIT CHEMIKALIEN
Ein kühler, dunkler Schrank schützt Chemikalien, verhindert das Verschimmeln und Verblassen der Etiketten und sollte zum Schutz ihrer Kinder verschlossen werden. Ihn ab und zu aufräumen und überalterte Bestände entsorgen.

NICHT VERGESSEN!

BEI WIND NIEMALS GIFT SPRÜHEN

Man versprüht Herbizide an windstillen Tagen, damit kein abdriftender Nebel auf Kulturpflanzen, Nutzinsekten oder gar auf ihre Kleidung oder ins Gesicht geweht wird und Schaden anrichtet. Vor dem Mischen und Sprühen bitte die Erste-Hilfe-Anweisungen bei Hautkontakt mit dem Präparat lesen, damit man auf den Ernstfall vorbereitet ist.

SIEHE AUCH: Unkraut, S. 87; Praxis-Tipps, S. 277

ALTERNATIVEN ZUR »CHEMISCHEN KEULE«

Einjährige Unkräuter lassen sich leichter ohne »chemische Keule« bekämpfen als ausdauernde. Man kann sie untergraben, von Hand bzw. per Hacke entfernen oder abdecken bzw. abflämmen. Einjährige wachsen, blühen, fruchten und vergehen innerhalb eines Jahres. Obwohl sie nicht ausdauern, sind ihre Samen allgegenwärtig. Sie kommen mit dem Wind oder eingeschleppt durch Vögel und andere Tiere. Sie wachsen schnell und bringen u. U. mehr als eine Generation pro Vegetationsperiode hervor. In milden Wintern überleben Herbstkeimer wie Vogelmiere.

Einjährige Unkräuter treten besonders auf Land wie Gemüsebeeten auf, wo durch regelmäßige Bodenbearbeitung immer wieder Samen nach oben gebracht werden. Man kann sie einfach untergraben oder -fräsen, jedenfalls solange sie noch nicht aussamen (dann sollte man sie herausreißen und vernichten) Eine eingewachsene Pflanzung hält man durch Hacken und Ausreißen mit der Hand unkrautfrei. Schwieriger ist es bei Jungpflanzen oder Sämlingen, denn die einjährigen Unkräuter wachsen schneller und überdecken sie.

Anstatt die Reihen mit den Jungpflanzen ständig zu jäten, decken manche Gärtner den Boden mit Folie ab, um Unkräuter auszudunkeln, und setzen die Pflanzen in Löcher. Das funktioniert gut, solange man für Bewässerung sorgt. Denn die Folien verhindern, dass Regen in den Boden gelangt. Andererseits halten sie aber die Feuchtigkeit im Boden. Deshalb sorge man dafür, dass der Boden feucht ist, bevor man sie auslegt. Zieht man einjährige Blumen aus Samen, ist es nicht einfach, sie von Unkrautsämlingen zu unterscheiden.

Leichter wird das, wenn man nicht breitwürfig, sondern in Reihen sät. Auf Terrassen, Wegen und Kies, wo das Jäten von Hand mühsam wird, leistet ein kleiner Garten-Flammenwerfer wertvolle Dienste. Er darf allerdings nie eingesetzt werden, wenn unter dem festen Bodenbelag Folie oder geotextiles Vlies liegt.

NICHT VERGESSEN!

UNKRAUT VOR DEM AUSSAMEN JÄTEN

Wenn man keine Zeit oder Lust zum vollständigen Jäten hat, sollte man zur Unkrautbekämpfung wenigstens die Triebspitzen mit den Blüten entfernen, ehe sie Früchte ansetzen, aussamen und sich vermehren. Das wiederholte Entspitzen schwächt auch ausdauernde Unkräuter beträchtlich. Mit dieser Methode kann man sich auf lange Sicht viel Arbeit ersparen.

▽ EINJÄHRIGES RISPENGRAS
Poa annua

◁ GEWÖHNLICHES GREISENKRAUT
Senecio vulgaris

▽ VIELSTÄNGELIGES SCHAUMKRAUT
Cardamine hirsuta

▽ VOGELMIERE
Stellaria media

EINJÄHRIGE UNKRÄUTER

Sofern der Boden weder zu nass noch zu trocken ist, kann man die meisten Einjährigen leicht samt Wurzel aus dem Boden ziehen. In Freiräumen zwischen den Kulturpflanzen bringt man sie mit der Hacke nach oben und lässt sie vertrocknen. So lange sie noch keine Samen angesetzt haben, braucht man sie auch nicht aufzulesen — vor allem bei trockenem Wetter und sofern sie nicht optisch stören. Ist es feucht, sammelt man sie besser ein, damit sich darauf keine Krankheiten oder Schädlinge entwickeln.

HIRTENTÄSCHEL ▷
Capsella bursa-pastoris

WEISSER GÄNSEFUSS ▷
Chenopodium album

SIEHE AUCH: Unkraut, S. 87; Aussaat in Rillen, S. 243; Dauerunkräuter, S. 292–293

DAUERUNKRÄUTER

EINIGE AUSDAUERNDE UNKRÄUTER sind verwilderte, aus anderen Erdteilen eingeführte Gartenpflanzen, so zum Beispiel der Japanische Staudenknöterich. Meist handelt es sich aber um heimische Acker- und Waldkräuter, denen der gute Boden und die relativ geringe Konkurrenz eines Gartens zusagen. Wenn man bereit ist, Zeit zu investieren, und der Boden vor der Bepflanzung unkrautfrei ist, können viele Dauerunkräuter durch regelmäßiges Jäten von Hand stark zurückgedrängt werden, so dass sie nicht wirklich zur Plage werden. Einige besonders hartnäckige Staudenunkräuter stellen allerdings ein ernstes Problem dar.

DAUERUNKRÄUTER BEKÄMPFEN

Wenn man ein Grundstück erbt oder in Kultur nehmen möchte, das vollständig von ausdauernden Unkräutern überwuchert ist, benötigt man Zeit und gute Planung. Nahezu unmöglich ist es, das Unkraut von Hand zu entfernen, wenn es eng zwischen Pflanzen wächst, die man erhalten will. In dieser Situation mag man den Einsatz eines Systemherbizids wie Glyphosphat in Erwägung ziehen. Bei Unkräutern mit ausgedehntem Wurzelsystem ist oft mehrfache Behandlung erforderlich. Die beste Zeit liegt meist im Hochsommer, wenn das Unkraut stark wächst; aber man überprüft das anhand der Gebrauchsanweisung. Man lässt dem Herbizid ausreichend Zeit zum Einwirken; wenn man die absterbenden Unkräuter zu früh wegräumt, haben die Wirkstoffe vielleicht noch nicht die Wurzelspitzen erreicht. Falls bereits mehr Unkraut im Beet wächst als Zierpflanzen, ist es günstiger, diese auszugraben und dann die gesamte Fläche zu behandeln, besonders, wenn Gehölze wie Brombeeren und

△ SCHARBOCKSKRAUT
Ranunculus ficaria

▽ QUECKE
Agropyron repens

ACKERSCHACHTELHALM ▷
Equisetum arvense

◁ ZAUNWINDE
Calystegia sepium

◁ BRENNNESSEL
Urtica dioica

△ ACKERWINDE
Convolvulus arvensis

◁ GIERSCH
Aegopodium podagraria

SIEHE AUCH: Unkraut, S. 87; Gartenunkräuter, S. 288–289; Unkrautbekämpfung, S. 290–291

Baumsämlinge überhand genommen haben. Für diese verwendet man besser ein Bodenherbizid wie Ammoniumsulfamat. Die Wurzeln der Zierpflanzen wäscht man vor dem Zurückpflanzen gründlich, damit keine Unkrautwurzeln zurückgelangen.

Eine mit Dauerunkräutern überwucherte Fläche ohne Herbizideinsatz zu säubern, ist anstrengend und zeitraubend. Jedes Wurzelstück muss mit der Gabel ausgegraben werden. Fräsen würden die Wurzeln weiter zerteilen und so unzählige Unkrautableger bilden. Eine Alternative, bei der man allerdings ein Jahr bis zur ersten Nutzung warten muss, besteht darin, den Boden vollständig mit lichtdichtem Material (schwarze Folie, Teppichreste oder Karton) abzudecken und mit Steinen zu beschweren. Auch an den Grundstücks-

grenzen müssen u. U. etwa 45 cm tief Kunststoffbarrieren im Boden versenkt werden, wenn Unkraut von dort kommt. Problemunkräuter wie Ackerschachtelhalm kann man langfristig auch durch das Anlegen von Rasen bekämpfen, den man dann jedoch über Jahre kurz halten muss.

BASISWISSEN

KEIN HERBIZIDEINSATZ IM WINTER

Viele Dauerunkräuter sind immergrün. Obwohl es zunächst nahe liegend erscheint, Herbizide gegen sie in den ruhigen Wintermonaten einzusetzen, wird diese Behandlung nicht anschlagen. Denn trotz ihrer Belaubung befinden sich die Pflanzen in einem Ruhestadium. So werden Systemherbizide nicht innerhalb der Pflanze transportiert und können folglich nicht wirken.

△ SPITZBLÄTTRIGER KNÖTERICH
Reynoutria japonica

AMPFER ▷
Rumex spec.

◁ LÖWENZAHN
Taraxacum officinale

BROMBEERE ▷
Rubus fruticosus

◁ GEMEINES WEIDENRÖSCHEN
Epilobium spec.

△ ACKER-KRATZDISTEL
Cirsium arvense

SIEHE AUCH: Rasenschäden, S. 87; Gartenunkräuter, S. 288–289; Unkrautbekämpfung, S. 290–291

SCHÄDLINGE UND KRANKHEITEN

»VORBEUGEN IST BESSER ALS HEILEN!« Diese Regel gilt auch bei Pflanzenschädlingen und -krankheiten. Richtiges Gärtnern lässt starke, gesunde Pflanzen wachsen, die weniger anfällig sind. Bereits beim Kauf sollte man auf Symptome wie Fraßspuren, Pilzbefall oder alte, nicht verheilte Rindenschäden achten. So vermeidet man spätere Probleme. Gepflanzt wird mit Sorgfalt, und vor allem regelmäßig gegossen, um rasches Anwachsen und kräftiges Wachstum zu fördern. Der Boden wird gut gedüngt und unkrautfrei gehalten. So sichert man den Pflanzen genügend Wasser und Nährstoffe und somit ausreichende Gesundheit.

INTEGRIERTER PFLANZENSCHUTZ

Beim integrierten Pflanzenschutz greifen die Gärtner nicht blindlings zur »chemischen Keule«, sondern versuchen zunächst alle anderen denkbaren Tricks: Sie wählen resistente Sorten, halten Schädlinge von den Pflanzen ab oder locken sie von ihnen weg, entfernen vorbeugend kranke Triebe, stellen befallene Flächen quasi »unter Quarantäne«, waschen gebrauchte Gerätschaften und Stiefel ab und akzeptieren letztlich, dass es nicht lohnt, manche Pflanzen zu ziehen, die alljährlich große Probleme bereiten. Eine treffende Diagnose ist das A und O: Dasselbe Symptom kann auf einen Schädling, auf eine Krankheit oder aber auch nur auf eine leicht zu behebende Störung hinweisen, wie z. B. Mineralienmangel im Boden. Die richtige Diagnose spart Zeit und Ärger und rettet vor allem den Pflanzen das Leben.

> ### NICHT VERGESSEN!
>
> #### EINGRIFFE SIND NICHT IMMER NÖTIG
>
> Man prüft vor dem Griff zum Insektenspray, ob die Pflanzen ernsthaft bedroht sind. Wie wir Menschen überstehen auch gesunde Pflanzen kleinere Störungen ohne Hilfe – und zu häufiger Gebrauch der »chemischen Keule« führt bei den Organismen, die wir bekämpfen, zu Bildungen von Resistenzen.

FALLEN, BARRIEREN UND SCHUTZMITTEL

»Bio-Gärtner« haben viele Methoden entwickelt, um Schädlinge von den Pflanzen fern zu halten. So kann man z. B. abgestorbenes Material um die Pflanzen herum entfernen, damit keine Verstecke für Schädlinge und Krankheitskeime entstehen, und gleichzeitig Material für den Komposthaufen gewinnen; stachelige Zweige halten größere Tiere von Saatbeeten fern; aus Reisig entsteht ein Unterschlupf für Igel. Im Küchengarten halten Barrieren Vögel, Rehe, Kaninchen und sogar Möhrenfliegen fern *(siehe S. 241)*. Schädlinge lassen sich u. U. auch durch unangenehm riechende Beipflanzen wie Raute, Katzenminze oder Knoblauch abschrecken. Leimringe stoppen Schädlinge, die an Bäumen und Töpfen emporklimmen. Wassergefüllte Untersetzer unter den Tischbeinen im Gewächshaus helfen gegen Asseln und Ameisen. Rund um die Uhr lauern Fallen auf Schnecken *(siehe S. 298)*. Andere Fallen helfen zu bestimmten Jahreszeiten, das erste Auftreten spezieller Schädlinge festzustellen. So kann man den Gegner schnell und effektiv bekämpfen.

◁ **OHRWURMFALLE**
Ohrwürmer befressen manchmal Zierpflanzen, vertilgen aber auch Blattläuse. Man fängt sie in einem umgekehrten, strohgefüllten Blumentopf, um sie an einem erwünschten Ort wieder freizulassen.

WESPENFALLE ▷
Sollten Wespen zu sehr Ihr reifes Obst benagen, schützt eine solche Bierfalle die Ernte. Die Abdeckung aus Papier hat eine wespengroße Öffnung.

BIOLOGISCHE BEKÄMPFUNG

Bei dieser immer noch eher exotischen Art der Bekämpfung bestellt man sich über den Fachhandel natürliche Feinde bestimmter Schädlinge und erhält per Post winzige Organismen, die auf Pflanzen oder Boden ausgebracht werden. Sie übertragen Krankheiten auf die Schädlinge oder sind Räuber bzw. Parasiten, die ihren Wirt nur in einer bestimmten Phase ihrer Entwicklung benötigen und ihn dann töten. Dass diese Art der biologischen Kriegsführung im Garten nicht häufiger verbreitet ist, liegt daran, dass die meisten Nützlinge Hochsommer- oder Treibhauswärme benötigen und im Winter absterben.

Der Schlüssel zum Erfolg beruht bei der biologischen Schädlingsbekämpfung auf der Auswahl des richtigen Nützlings, sofern einer existiert, sowie der Befolgung der Gebrauchsanleitungen. Schließlich handelt es sich um Lebewesen, die weder unpassende Behandlung noch falschen Einsatz oder ungeeignete Umweltbedingungen vertragen. Zudem sind sie im Vergleich zu chemischen Mitteln recht teuer. Bei einem Fehlschlag hat man also nicht nur Zeit und Arbeit verschwendet, sondern auch Geld.

SIEHE AUCH: Schutz vor Schädlingen, S. 241

NATÜRLICHE FEINDE

Ohne Blattläuse gäbe es keine Marienkäfer, die sie fressen. Ohne Schnecken kämen Drosseln nicht in Gärten, um sie aufzumeißeln und zu verspeisen. Ohne Raupen gäbe es keine Schmetterlinge. Ein Garten, der penibel unkraut- und schädlingsfrei gehalten würde, verlöre schnell seine Anziehungskraft für die Tierwelt, die dem Gärtner Freude und Unterstützung bringt. Blüten würden nicht bestäubt und Pflanzen wären ohne eine schützende Armada von Schädlingsvertilgern hilflos allen Problemen ausgeliefert. Farbenprächtige Blüten ziehen Bienen, Schmetterlinge sowie, wichtig für die Schädlingsbekämpfung, Florfliegen und Schwebfliegenlarven an. Brennnesseln in einer Gartenecke sind eine Alternative für Lebewesen, die sonst über Nutzpflanzen herfallen. Laufkäfer, Igel und Lurche, die Schädlinge fressen, oder Regenwürmer, die Gartenabfälle recyceln, verdienen unseren besonderen Schutz.

KREUZSPINNE   **SCHWEBFLIEGE**   **HUNDERTFÜSSER**

△ **GARTENHELFER**
Spinnen und andere größere schnelle Tiere leben meist räuberisch und vertilgen Schädlinge. Tausendfüßer (siehe S. 311), nicht zu verwechseln mit dem nützlichen Hundertfüßer, sind eine Ausnahme. Die Schwebfliege sieht zwar zum Selbstschutz wie eine Wespe aus, kann aber nicht stechen.

△ **MARIENKÄFERLARVE**
Die Larven des hübschen Käfers mögen für manchen unschön aussehen, erweisen sich aber als fleißigere Gartenhelfer als die erwachsenen Tiere, da sie unermüdlich Blattläuse vertilgen.

CHEMISCHE SCHÄDLINGSBEKÄMPFUNG

Markennamen und Zubereitungsformen der Gartenchemikalien ändern sich zu häufig, als dass sie im Folgenden namentlich aufgeführt werden könnten. Stattdessen werden Wirkstoffnamen genannt, nach denen man auf dem Etikett schauen sollte. Wenn erhältlich, sollte man aber immer ein ganz spezifisches Mittel gegen den Schädling vorziehen, um Nutzinsekten zu schonen. Manche

WIRKUNGSWEISE DER CHEMIKALIEN
Insektizide wirken nach Kontakt oder Aufnahme eines vergifteten Köders direkt auf den Schädling oder indirekt dadurch, dass die Pflanze für den Schädling giftig wird. Bei Fungiziden ist es ähnlich; sie wirken bei Kontakt, indem sie das Pilzwachstum auf der Oberfläche stoppen, oder systemisch, indem sie von der Pflanze aufgenommen werden und die Pilzinfektion von innen heraus bekämpfen.

Substanzen, die über den Boden wirken, sollten den Wurzelbereich gut durchtränken.

Im Boden lebende Schädlinge werden von systemischen Insektiziden, die über die Blätter gesprüht werden, nicht erfasst.

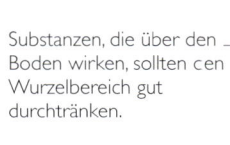

Fungizide sind besser als andere, und zwar sowohl bei bestimmten Erkrankungen als auch bei bestimmten Zierpflanzen. Beachten sollte man deshalb immer genau die Gebrauchsanleitungen. Bei Gemüse und Obst angewandte Stoffe sollten unbedingt für diesen Zweck zugelassen sein, und die vorgeschriebene Wartezeit bis zur Ernte muss immer eingehalten werden.

Systeminsektizide, die die Pflanze für Schädlinge giftig werden lassen, setzt man ein, wenn eingerollte Blätter und verkrüppelte Triebe die Übeltäter vor direktem Besprühen schützen.

Kontaktmittel wirken auf Schädlinge und Krankheitserreger (Pilze und Bakterien) an Blättern und Trieben.

Da die Schädlinge sich häufig auf der Blattunterseite konzentrieren, muss man auch dort spritzen.

Pulverförmige Substanzen kann man auf Blättern einsetzen. Sie sind auch in Saatreihen üblich.

Zur Bekämpfung von Schnecken, Ameisen und Nagetieren nutzt man Giftköder, die Vögel und Haustiere nicht anziehen, weil sie unnatürlich gefärbt sind.

SICHERHEIT UND PFLANZENSCHUTZMITTEL

Zum richtigen Umgang mit Chemikalien gehört unabdingbar ein hohes Sicherheitsbewusstsein. Das Pflanzenschutzgesetz verpflichtet zur strengen Befolgung der Herstelleranweisungen. Wichtige Regeln ergeben sich schon mit gesundem Menschenverstand *(siehe S. 290 und oben)*. Hat man generelle Bedenken gegenüber chemischen Substanzen, greift man zu den natürlicheren Substanzen, die auch von »Bio-Gärtnern« eingesetzt werden, wie Schmierseife zur Blattlausbekämpfung, oder zu den aus Pflanzen gewonnenen Pyrethrum- und Derris-Präparaten.

△ **SICHERHEIT GEHT VOR**
Gummihandschuhe ermöglichen durchdringendes Sprühen. Durch Einsatz in der Dämmerung vermeidet man Schäden an Nutzinsekten. Man spritzt niemals Wasserpflanzen, das zerstört das ökologische Gleichgewicht des Teiches.

SIEHE AUCH: Sicherheitsmaßnahmen, S. 290

VERFÄRBTES UND KRANKES LAUB

KRANKHEITEN UND NÄHRSTOFFMANGEL rufen regelmäßig Blattveränderungen hervor. Leichte Pilzerkrankungen schaden nur solchen Pflanzen, die sowieso nicht richtig gedeihen – weil sie unter unzureichenden Bedingungen wachsen, nicht gepflegt wurden oder ein anderes Leiden haben. Hier ist eine intensivere Pflege und Behandlung der schwächenden Störung, Krankheit bzw. der Schädlinge notwendig. Viele Blattprobleme lassen sich am besten lösen, wenn man frühzeitig befallene Blätter entfernt. Kranke und infizierte Pflanzenteile nicht auf den Kompost werfen, sondern vernichten – also ins Feuer oder in die Haus- bzw. Biomülltonne werfen.

VERFÄRBTES UND DEFORMIERTES LAUB

BLATTFLECKEN DURCH BAKTERIEN

Schwarze oder braune Blattflecken, kreisförmig oder eckig, ohne typische dunkle Pilzflecken (siehe unten), häufig umgeben von gelbem Hof, sind Bakterieninfektionen.
■ Behandlung ist schwierig. Alle befallenen Blätter verbrennen. Nicht von oben gießen, Spritzwasser fördert Ausbreitung. Absterbende Pflanzen samt Wurzel verbrennen. Behandlung des Bodens ist wirkungslos.

BLATTFLECKEN DURCH PILZE

Graue oder braune Kreise, die allmählich zusammenfließen und manchmal von erhabenen, dunklen Flecken bedeckt sind, deuten oft auf Pilzinfektionen hin, die sich von abgestorbenen Blättern oder totem Material auf die ganze Pflanze ausbreiten.
■ Bei leichtem Befall möglichst früh befallene Teile entfernen, bei schwerem ein geeignetes Fungizid anwenden. Gebrauchsanleitung lesen und sich beraten lassen.

BLEIGLANZ

Pflaumen- und Kirschbäume sind für diese Krankheit besonders anfällig. Der Pilz dringt bei kaltem, feuchtem Wetter über offene Wunden ein. Diese Baumarten daher nur im Sommer schneiden, damit Wunden bis zur Sporenreifung wieder verschlossen sind. Bleiglanz verleiht Blättern silbrigen Schimmer, befallene Zweige verfärben sich innen braun. Unheilbare Krankheit. Nur kräftige Bäume können Befall überleben.
■ Befallene Triebe bis ins gesunde Holz zurückschneiden, Geräte desinfizieren und zweiten Schnitt 15 cm tiefer vornehmen: Dieses Vorgehen hilft manchmal, aber nicht immer. Baumschnitt verbrennen. Resistente Pflaumenveredelungen pflanzen.

BRANDFLECKEN

Trockene Hitze, Frost oder Sprühen mit Kontakt-Herbizid kann Blättern ein brandfleckiges, verdörrtes Aussehen verleihen.
■ Verbrennungen sind nicht behebbar; Pflanze bis in den gesunden Teil zurückschneiden, künftig besser aufpassen. Symptome bei normalem Wetter können auf Kaliummangel deuten; Klärung bringt Bodenanalyse (siehe S. 238, Feuerbrand, S. 300).

CHLOROSE (GELBSUCHT)

Mineralstoffmangel, besonders von Bor und Magnesium, führt zu gelbgrünen Blättern, doch bei eigentlich gut gepflegten Pflanzen sind sie eher ein Zeichen für Stickstoff-, Phosphat- oder Eisenmangel. Letzterer tritt besonders bei Säure liebenden Pflanzen auf alkalischen Böden auf (»Kalkchlorose«).
■ Zur Klärung sollte man eine Bodenuntersuchung durchführen. Bei Verdacht auf Kalkchlorose Eisenpräparate geben.

GALLMILBEN

Die mikroskopisch kleinen Tiere scheiden Stoffe aus, die die Pflanze veranlassen, verdickt oder abnorm zu wachsen. Je nach Pflanzenart verschieden, findet man erhabene, verfärbte oder pelzige Flecken auf den Blättern. Blasig aufgetriebene Stellen und gekräuselte Blattränder sowie angeschwollene, verdrehte Knospen sind weitere Symptome. Man findet sie hauptsächlich bei Gehölzen. Und gewöhnlich schaden sie der Pflanze auch bei starkem Befall nicht. An niedrigeren Pflanzen kann man bei nur schwachem Befall die betroffenen Blätter abpflücken.

KRÄUSELKRANKHEIT

Pappeln, Pfirsiche und seltener andere Prunus-Arten, können an dieser Pilzerkran-

△ BLATTFLECKEN DURCH PILZE

△ STERNRUSSTAU BEI ROSE

Das Blattgewebe zwischen den Rostflecken bleibt zunächst grün.

◁ ROST AN EINEM ROSENBLATT

△ GURKENMOSAIKVIRUS AN EINEM KÜRBISBLATT

Mehlig weißer Belag auf der Blattoberseite

△ ECHTER MEHLTAU

SIEHE AUCH: Thrips, S. 299; Fettfleckenkrankheit, S. 306; Weißer Rost, S. 307

kung leiden. Dabei werden die Blätter verdreht, runzelig treiben blasenartig auf und kräuseln sich. Sie fallen ab, ihnen folgen wieder gesunde Blätter. Die Krankheit schadet großen gesunden Bäumen wenig, obwohl es sie verunstaltet (es hilft, regelmäßig zu wässern, wenn das neue Laub austreibt). Tragende Bäume, die alljährlich erkranken, werden aber geschwächt.
■ Fungizide auf Kupferbasis, im Herbst vor dem Laubfall und wiederholt während des Winters eingesetzt, sollten den Pilz vernichten. Abdecken der Bäume von Dezember bis Frühjahr mit Polyethylenfolie (nur bei Spalierbäumen machbar) verhindert Neubefall mit Sporen.

MAGNESIUMMANGEL
Symptom ist eine gelbe Verfärbung zwischen den Blattadern. Man führt dem Boden Bittersalz zu oder sprüht schnell wirksame Produkte auf das Blatt.

MEHLTAU (ECHTER UND FALSCHER)
Beide Arten von Mehltau zeigen sich als Pilzbefall auf der Blattoberfläche, oft begleitet von Vergilbung und Verkümmern der Triebspitzen. Echter Mehltau sieht mehlartig aus, Falscher Mehltau bildet, meist auf der Blattunterseite, einen gräulichen oder blassrosa Belag.
■ Alle befallenen Blätter vernichten. Trockenes Wetter begünstigt Echten Mehltau. Pflanzen daher regelmäßig gießen, aber nicht von oben. Schwüle und mangelnder Luftaustausch fördern Falschen Mehltau; deshalb dafür sorgen, dass Pflanzen frei stehen und nicht von Unkraut und totem Material bedeckt sind. Notfalls ein für die Pflanze geeignetes Fungizid verwenden.

MINIERRAUPEN UND -KÄFER
Larven verschiedener Insekten fressen Blätter an. Sie erzeugen meist weiße oder beige geschlängelte Linien oder Flecken. Larven der Selleriefliege (auch an Petersilie) rufen bitteren Geschmack hervor.
■ Gehölzen wie Flieder macht der Befall wenig aus. Liguster- oder Buchenhecken einfach schneiden, bei Stauden und Gemüse befallene Blätter entfernen. Bei ganz starkem Befall helfen Produkte auf Malathion- oder Dimethoat-Basis meist gut.

ROSTPILZE
Schwüle fördert das Auftreten dieser Pilzinfektionen, die sich als orange bis braune Pusteln, Streifen oder Flecken zeigen.
■ Man entfernt befallene Blätter und verbessert die Luftzirkulation zwischen und in Staudenbüschen, indem man totes Material entfernt. Die Pflanzen erholen sich meist: falls nicht, hilft ein passendes Fungizid. Man sollte nicht übermäßig mit stark stickstoffhaltigem Dünger wie Geflügelmist düngen. Malven und Weidenröschen sind notorische Rostträger. In Gebieten mit starkem Rostbefall pflanzt man sie weder an, noch duldet man sie als Unkraut.

SPINNMILBEN
Blassgrüne Blätter mit feiner blasser Sprenkelung sind erste Anzeichen. Später verfärben sie sich gelblich weiß, und das Gespinst der Milben wird sichtbar. Durch eine Lupe betrachtet sind sie im Sommer gelblich grün mit zwei dunklen Punkten hinter dem Kopf. Ihre runden Eier sind meist nicht weit entfernt. Im Herbst und Winter erscheinen die Milben rot.
■ Verschiedene Insektizide, aber auch Schmierseife, helfen, wenn man sie intensiv und wiederholt anwendet. Es gibt auch natürliche Feinde (per Versand) gegen Spinnmilben, die aber ebenfalls durch Insektizide getötet werden. Man kann also nicht beides gleichzeitig einsetzen. Im Gewächshaus vorbeugend gut lüften und Pflanzen mit Wasser benebeln

STERNRUSSTAU AN ROSEN
Purpurschwarze Punkte oder Flecken auf meist chlorotischen Rosenblättern sind Symptome dieser Pilzekrankheit an Rosen.

■ Befallene Blätter, besser ganze infizierte Triebe, entfernen und verbrennen. Es sind auch verschiedene Präparate für schwere oder hartnäckige Fälle auf dem Markt: Meist ist eine mehrfache Behandlung erforderlich. Wird der Sternrußtau zum Dauerproblem, sollte man Rosensorten mit hoher Resistenz anpflanzen.

VIRUSINFEKTIONEN
Streifen, Flecken, Sprenkel und Marmorierung an Blättern sind häufige Zeichen für Virusinfektionen, die Kümmer- und Misswuchs bei Pflanzen sowie gestreifte Blütenblätter (siehe S. 303) verursachen. Das Gurkenmosaikvirus ist eines der häufigsten, das Blattflecken hervorruft; es befällt viele Pflanzen, auch diverse Kürbisse.
■ Viren kann man nicht bekämpfen. Sie breiten sich durch Gartenarbeit, über Fraßinsekten, Bodennematoden und sogar Unkräuter rapide aus. Rasche Eindämmung ist entscheidend. Befallene Pflanzen und umgebende Unkräuter vollständig vernichten, Hände und Geräte danach gründlich waschen. Nicht die gleiche Pflanzenart an denselben Ort pflanzen. Möglichst als virusfrei zertifizierte Pflanzen kaufen, u. U. Blattläuse, die Viren übertragen, und Unkräuter als Virenträger bekämpfen.

ZWERGZIKADEN
Diese Saftsauger verursachen grobe, blasse Blattsprenkelung, die die Pflanze allmählich schwächt, da sie Chlorophyll verliert. Man findet sie häufig auf Salbei, Minze, Phlox, Heidelbeere, Pflaume, Rose, Ulme und Buche; bei Störungen springen sie auf und fliegen davon. Bei schwerem Befall helfen meist Präparate gegen Blattläuse.

△ KRÄUSELKRANKHEIT

△ ROTE SPINNMILBE

△ MAGNESIUMMANGEL

△ VIRUSINFEKTION

△ BLATTLÄUSE

SIEHE AUCH: Blattläuse, S. 299; Blattsauger, S. 299; Welke, S. 301

BLATTFRESSENDE UND -BEFALLENDE SCHÄDLINGE

LÖCHER IN BLÄTTERN entstehen meistens durch Schädlingsbefall. Wenn man beim Untersuchen der Pflanze besonders unter die Blätter schaut, wird man dort oft den oder die Übeltäter entdecken. Manchmal sind die Tiere selbst sogar auffälliger als die Blattschäden, insbesondere, wenn Insekten klebrige Substanzen (»Honigtau«) oder Gespinste produzieren. Sind keine Tiere zu sehen, betrachtet man die Löcher genauer. Ein brauner Rand toten Gewebes um das Loch herum bedeutet wahrscheinlich, dass ein kranker Teil des Blattes weggebrochen ist – besonders wenn es zudem gepunktet oder gesprenkelt ist. Die Ursache für diesen »Schrotschusseffekt« sind oft Krankheiten (siehe S. 296).

BLÄTTER MIT LÖCHERN

BLATTSCHNEIDERBIENEN
Beinahe kreisrunde Löcher am Rande von Rosen-, Glyzinen- und Elfenblumenblättern sind das Werk von Blattschneiderbienen – geschätzten Blütenbestäubern. Da es sich nur um eine einzelne Biene handelt, die hier Nestmaterial zurechtschneidet, lässt man sie unbehelligt.

BLATTWESPENLARVEN
Anders als Schmetterlingsraupen haben diese Afterraupen mehr als fünf Paar Afterfüße. Sie können Pflanzen vollständig entlauben. Akelei, Geißbart, Salomonsiegel sowie Stachel- und Johannisbeeren sind gefährdet. Man sammelt von Hand ab oder verwendet notfalls ein geeignetes Insektizid. Pflanzliche Derris- und Pyrethrum-Präparate eignen sich für Obst am besten.

ERDFLÖHE
Die kleinen, glänzenden Blattkäfer sind schwarzgelb gestreift, metallisch blau oder gelblich braun. Sie nagen an der Blattoberfläche, ihre Fraßlöcher gehen nicht immer bis unten durch. Das verbleibende dünne Gewebe verfärbt sich braun und verhärtet. Jungpflanzen können dabei absterben. Man verwendet Derris-Präparate.

KANINCHEN
Blätter, junge Triebe und Rinde schmecken Kaninchen sehr. Die fortlaufende Entlaubung von Stauden und Gemüsepflanzen kann zum Problem werden.
■ Man spannt einen Maschendrahtzaun mit einer Höhe von 1,2 m und einer Maschenweite bis 2,5 cm, der mindestens 30 cm in den Grund reicht. Einzelbäume kann auch ein Verbissschutz schützen. Kaninchenzäune für Einzelbeete sind aufwendig und wirken störend, daher am besten das gesamte Grundstück oder wenigstens den Gemüsegarten einzäunen.

RAUPEN
Tag- und Nachtfalterlarven haben immer drei Thoraxbeinpaare und zwei bis fünf Paar Afterfüße. Einige fressen Blätter an (siehe S. 297), andere leben im Boden (siehe S. 310), aber die meisten leben und fressen auf Blättern, einige innerhalb eines Gespinstes.
■ Bei leichtem Befall sammelt man Insekten und Gespinste von Hand ab (bei haarigen Raupen schützen Handschuhe vor Hautausschlag). Bei Gehölzen schneidet man befallene Triebe heraus. In ganz schweren Fällen spritzt man Pyrethrum. Als biologische Maßnahme empfiehlt sich der Einsatz von *Bacillus thuringiensis*. Leimringe um Obstbaumstämme verhindern im Herbst, dass die ungeflügelten Weibchen der Frostspanner zur Eiablage an ihnen hochklettern. (*Weitere Raupen siehe S. 306.*)

SCHNECKEN
Bei feuchter Witterung sind es vor allem Nackt- und Gehäuseschnecken, die nachts Blattschäden hervorrufen.
■ Es gibt neuerdings ein unbedenklicheres Schneckenkorn, doch viele Gärtner verwenden es weiterhin ungern. Schneckenfallen, z. B. Pampelmusenschalen-Hälften oder eine in den Boden eingesenkte Schale Bier bzw. Milch, funktionieren hervorragend. Nacktschnecken kriechen kaum über trockene, körnige Oberflächen: Kies, Kiefernadeln oder Kleie, um Pflanzen ausgebreitet, schützen vor Befall. Bei Kübeln verwendet man Kupferstreifen. Gehäuseschnecken kann man im Lichtkegel einer Taschenlampe sammeln; bei Nacktschnecken ist das wohl illusorisch. Für Nacktschnecken, die im Boden leben, gibt es eine biologische Methode (*siehe S. 309*).

SEEROSENBLATTKÄFER
Der Käfer und seine Larven fressen dunkle Streifen in Seerosenblätter. Sekundär können Pilzkrankheiten auftreten. Die Käfer fressen auch die Blüten. Da man an Teichen nie Chemikalien einsetzt, muss man stark befallene Blätter entfernen bzw. einzelne Tiere von Hand absammeln oder mit hartem Wasserstrahl abspülen.

△ SCHÄDEN DURCH
FROSTSPANNER-LARVEN

◁ SCHÄDEN DURCH
NACKTSCHNECKEN

Viele winzige Löcher wurden in die Blattoberfläche gefressen.

◁ SCHÄDEN
DURCH ERDFLÖHE

SIEHE AUCH: Kohlgemüse, S. 248–249; Apfelwickler, S. 304; Tauben, S. 307

SCHÄDLINGE AN ODER AUF BLÄTTERN

BLATTLÄUSE

Grüne oder schwarze Blattläuse *(siehe auch Blüten, S. 302)* befallen viele Pflanzen. Sie verursachen Welke und Krüppelwuchs der Triebspitzen, wo sie sich zum Saftsaugen gern ansammeln. Dabei verbreiten sie auch Pflanzenviren.

■ Bei leichtem Befall reicht bereits ein kräftiger Wasserstrahl, um die Tierchen abzuspülen. Gegen Blattläuse gibt es viele Mittel; zum einen stehen natürliche Fressfeinde (Marienkäfer, Florfliegen) zur Verfügung; dann gibt es Mittel wie Pirimicarb, die nützliche Insekten verschonen. Biologische Insektizide sind Derris und Pyrethrum (beide wirken unspezifisch, also auch gegen Nützlinge) und Schmierseife. Eine größere Pflanzenvielfalt erhöht die Zahl der natürlichen Feinde. Manchmal ist auch der Einsatz von abwehrendem Vlies sinnvoll *(siehe S. 240)*. Überwinternde Eier an Obstbäumen bekämpft man mit Karbolineum.

BLATTFLÖHE, BLATTSAUGER

Diese Saft saugenden Insekten verursachen Krüppelwuchs der Triebspitzen. Ihr Jugendstadium erscheint von der Seite aus flach gedrückt. Die erwachsenen Tiere erinnern an geflügelte Blattläuse. Sie befallen Apfel-, Birn-, Buchs- und Lorbeerbäume.

■ Man beschneidet ausgewachsene Bäume; bei jungen Exemplaren würde das das Wachstum behindern. Apfelbäume schützt man vorbeugend durch Karbolineum-Behandlung im Winter; bei eingetretenem Befall notfalls ein Pestizid spritzen.

DICKMAULRÜSSLER

Dickmaulrüssler fressen charakteristische Kerben in Blattränder (»Buchtenfraß«). Die Käfer entdeckt man nachts im Schein der Taschenlampe; die Fraßschäden sind recht harmlos, doch die Larven verursachen enorme Wurzelschäden und befallen besonders Kübelpflanzen *(siehe S. 310)*.

■ Man sammelt alle Dickmaulrüssler ab und sorgt dafür, dass keine mit neu gekauften Pflanzen eingeschleppt werden. Klebebänder am Kübelrand halten Käfer vom Hineinklettern ab. Gegen die bodenbewohnenden Larven gibt es biologische und chemische Mittel

LILIENHÄHNCHEN

Diese auffälligen hellroten Käfer fressen an Lilien und Kaiserkronen. Auch ihre orangeroten Larven, die von einer schwarzen Kotschicht bedeckt sind, leben von den Pflanzen. Man sammelt beide ab und vernichtet sie. Auch Sprays, die Bifenthrin enthalten, sind wirksam.

SCHILDLÄUSE

Diese schwach gewölbten Tiere befallen Blätter und Stängel *(siehe S. 301)*. Geschützt durch einen grälich weißen oder bräunlichen Wachspanzer, der den Einsatz von Sprühmitteln erschwert, saugen sie Saft.

■ Man kann sie an glatten Blättern und Stängeln leicht mit stumpfen Gegenständen abreiben. Bei einigen Pflanzen ist das aber schwierig. Bei frisch geschlüpften Nymphen (von Juni bis Juli bei Gartenpflanzen und das ganze Jahr über bei Gewächshauspflanzen) hat man auch

beim Sprühen einige Aussicht auf Erfolg. Häufig muss die Behandlung mehrmals wiederholt werden. Geeignet sind malathionhaltige Mittel. Bei Zimmerpflanzen verwendet man besser Schmierseife. Die Unterseiten der Blätter nicht vergessen. Überwinternde Schildläuse an Obstbäumen bekämpft man mit Karbolineum.

THRIPS (BLASENFÜSSE)

Silbrig scheinende Blätter sind die ersten Zeichen für den Befall mit Thripsen. Aber bei näherem Hinsehen sieht man auch die Insekten: 2 mm lang, häufig mit schwarzem Körper, einige mit weißen Flecken, die ihnen ein gebändertes Aussehen verleihen. Ihre meist zusammengelegten Flügel zeigen behaarte Kanten. Im Jugendstadium sind sie cremegelb.

■ Man sollte sie bekämpfen, weil sie Viren verbreiten. Es gibt viele geeignete Mittel: Hier ist Beratung wichtig. Pyrethrum ist das passende biologische Mittel.

WEISSE FLIEGE

Diese saugenden, weißflügeligen Insekten fliegen bei jeder Störung auf. Die Nymphen (Jugendstadium) sind flach und schildförmig; sie sondern Honigtau ab, ein klebriges Sekret, das oft zum Befall mit Schwärzepilzen *(Apiosporium)* führt.

■ Ringelblumen als Beipflanzen wirken aus ungeklärten Gründen abwehrend. Im Gewächshaus gelbe Leimfolien aufhängen. Wenn daran Weiße Fliegen kleben bleiben, mit der Schlupfwespe *Encarsia* biologisch bekämpfen.

Typischer Randfraß (»Buchtenfraß«) von ausgewachsenen Dickmaulrüsslern.

△ DICKMAULRÜSSLER

△ RINGELSPINNER

Hähnchen sehen zwar schön aus, schaden aber der Pflanze.

LILIEN- ▷ HÄHNCHEN

△ SCHILDLÄUSE

△ SCHWARZE BOHNENBLATTLAUS

SIEHE AUCH: Zwergzikaden, S. 297; Kohlmottenschildlaus, S. 307

KRANKE ODER BEFALLENE STÄNGEL

PFLANZENSTÄNGEL BESITZEN EIN GEFÄSSSYSTEM, um Wasser und Nährstoffe in der Pflanze zu verteilen. Stängelschäden oder -blockaden führen deshalb meist ober- oder unterhalb zu weiteren Problemen. Zudem bilden Stängel, vor allem verholzende, das Stützskelett der Pflanze. Stammschäden ziehen folglich auch Stabilitätsprobleme nach sich. Bei Bäumen entsteht dann ein großes Sicherheitsrisiko. Deshalb dürfen Bäume und Spaliergehölze nie so fest angebunden sein, dass offene Wunden entstehen, die Haupteintrittspforten für Krankheiten sind. Treten bei großen Bäumen, besonders direkt an Gebäuden, ernste Probleme auf, zieht man einen Baumspezialisten hinzu.

KRANKHEITEN

Hauptursache bei Gehölzen ist falsche Schnitttechnik; das Absterben stehen gelassener Stümpfe wandert ins gesunde Holz weiter. Absterben, das an den Spitzen, der Basis oder in der Mitte beginnt, kann auch auf schlechtem Wurzelwachstum infolge Wassermangels oder unsachgemäßer Pflanzung beruhen – oder ein Hinweis für Pilzbefall wie Welke, Bleiglanz oder Anthraknose sein, besonders bei dunklen, eingesunkenen Stellen auf der Stammoberfläche.
■ Abgestorbene Äste komplett herausschneiden und vernichten. Pflanzenpflege verbessern.

FEUERBRAND
Befallene Zweige sehen aus wie angesengt. Ernste Erkrankung, die meist zur Blütezeit bei Äpfeln, Birnen, *Cotoneaster* und verwandten Gehölzen auftritt. Triebe entwickeln eingesunkene dunkle, meist nässende Flecken. Schneidet man bis zur inneren Rinde, sieht man eine rostrote Verfärbung.
■ Befallene Teile bis ins gesunde Holz abschneiden; Geräte desinfizieren, dann nochmals 15 cm tiefer schneiden und Gerät erneut reinigen. Kleine oder schwer befallene Pflanzen besser entfernen.

HALLIMASCH
Jedes Gehölz, das langsam ohne ersichtlichen Grund eingeht, auf Hallimasch überprüfen. Dieser Pilz verbreitet sich über den Boden und ist nur schwer zu entfernen. Stammbasis oder Wurzeln infizierter Pflanzen zeigen cremeweißen Belag zwischen Rinde und Holz, der muffig nach Pilz riecht. Schwarze verzweigte, wurzelartige Strukturen reichen in den Boden; honigfarbene Hutpilze erscheinen auf dem Erdreich oder dem Holz.
■ Befallene Pflanzen samt Wurzelwerk ausgraben und vernichten. In einer Baumschule vor Ort erkundige man sich nach einem resistenten Ersatz. Doch nur wenige Pflanzen bleiben von dem Pilz verschont.

KREBS
Es gibt eine ganz Reihe von Krebserkrankungen bei Pflanzen. Besonders ernst ist er bei Obstbäumen. Er führt zu erhabener oder eingesenkter, rauer, manchmal rissiger und nässender Rinde; oder der Zweig schwillt an. Oft gelangt Krebs über Wunden hinein. Ist der Trieb ringsum befallen, stirbt alles oberhalb ab. Je niedriger am Stamm er sitzt, desto fataler ist Krebs also.
■ Infizierte Äste entfernt man; im Winter bei Apfel-, Birn- und sommergrünen Zierbäumen, im Sommer bei Steinobstbäumen (insbesondere Pflaume und Kirsche) sowie Koniferen. Man schneidet bis ins gesunde Holz und verbessert die Standortbedingungen. Behandlung mit Mitteln gegen Schorf und Mehltau schützt Apfelbäume etwas vor Krebs. Steinobst lässt sich durch Mittel auf Kupferbasis vorbeugend behandeln. Bei dicken Zweigen oder Stämmen schneidet man befallene Stellen rechtzeitig bis ins gesunde Holz heraus, mache sich aber zuvor Gedanken zur Stabilität. Die Schnittstelle muss mit einem geeigneten Wundverschluss versehen werden. Es gibt auch krebsresistente Obstsorten.

△ KREBS

△ HALLIMASCH

△ ROTPUSTELKRANKHEIT

△ ABSTERBEN

△ UMFALLKRANKHEIT BEI SÄMLINGEN

SIEHE AUCH: Bleiglanz, S. 296; Brennfleckenkrankheit, S. 306; Wurzelhals- und Wurzelfäule, S. 309

SCHÄDLINGE AN STÄNGELN

ROTPUSTELKRANKHEIT

Dieser Pilz besiedelt eigentlich totes Holz, greift aber auf gesundes Holz über. Chemische Behandlung ist nicht möglich. Deshalb rechtzeitig Holz mit den typischen roten Pusteln (siehe Abbildung) großzügig bis ins gesunde Holz zurückschneiden und alles übrige tote oder absterbende Holz stets schnell entfernen, damit es nicht von dem Pilz befallen wird.

SCHWARZBEINIGKEIT BEI STECKLINGEN

Stecklinge, die verfaulen, anstatt Wurzeln zu schlagen, sind meist Opfer schlechter oder unhygienischer Bedingungen. Deshalb wie bei Umfallkrankheit (unten) vorbeugen und u. U. Bewurzelungspulver mit Fungizid benutzen.

UMFALLKRANKHEIT

Sämlinge, die umfallen und schwarz werden (siehe unten), sind Opfer der Umfallkrankheit. Diese Pilzerkrankung breitet sich rasch, meist infolge schlechter Anzuchtmethoden, in Saatbeeten und Töpfen aus. Zu feuchte Erde, dichter Stand, unsauberes Gerät oder Wasser sowie mangelnde Luftzirkulation begünstigen die Krankheit.
■ Bei der Anzucht möglichst neue bzw. gründlich gereinigte Töpfe und Gerätschaften, Leitungs- statt Regenwasser und sterile Anzucht- statt Gartenerde verwenden. Dünn aussäen, rechtzeitig vereinzeln, für optimale Lichtverhältnisse und Belüftung sorgen. Erde kann man vor der Aussaat mit Fungizid auf Kupferbasis behandeln.

WELKE

Welkende Blätter und später absterbende Stängel werden durch einen Pilz verursacht, der das Gefäßsystem der Pflanze blockiert. Man kann Welke nicht bekämpfen. Sie befällt oft nur Teile der Pflanze, wodurch sie sich von Trockenschäden unterscheidet. Die Pflanze erholt sich auch durch Gießen nicht. Besonders betroffen sind Clematis und Pfingstrosen.
■ Befallene Triebe bis zum Boden oder darunter abschneiden; Pflanze treibt dann wieder aus. Falls nicht, samt Wurzel ausgraben und mit betroffenem Erdreich vernichten. Neue Pflanze an andere Stelle setzen.

Weiße Schaumansammlungen an Stängeln – oft auch an Blüten – sind Puppenwiegen von Schaumzikaden, kleinen gelbgrünen Insekten, die an Pflanzen saugen. Obwohl meist kaum zu erkennen, können die Tierchen sehr zahlreich auftreten und zur Plage werden; wer will sammelt sie ab oder entfernt befallene Zweige komplett.

OBSTBAUMSPINNMILBE, ROTE SPINNE

Anders als die Spinnmilbe der Treibhäuser lebt diese auf Apfel- und Pflaumenbäumen und legt so massenhaft ihre überwinternden Eier in Spalten unterseits von Zweigen, dass die Rinde wie rot gefärbt aussieht. Die Obstbaumspinnmilbe muss nur bei Massenbefall, wenn bereits im Sommer unterseits mit vielen Spinnmilben besetzte Blätter fallen, mit chemischen Mitteln wie Bifenthrin bekämpft werden.

SCHILDLÄUSE

Obwohl die Schildläuse meist an Blättern sitzen (siehe S. 299), häufen manche sich auch an Stängeln an und saugen, von ihrem Schutzschild geschützt, Pflanzensaft. Kommaschildläuse sind bei Gartenpflanzen am häufigsten. Die muschelförmigen graubraunen, gewölbten Läuse bedecken die Triebe besonders von Apfel- und Zierapfelbaum, Heide, Cotoneaster, Säckelblume

und Buchsbaum. Bei schwerem Befall verlieren die Pflanzen an Lebenskraft.
■ Eine Behandlung mit Karbolineum im Winter schützt vorbeugend Gehölze. Bei befallenen Pflanzen hilft eine Behandlung mit Malathion im Frühsommer.

WILD

Gefräßige Rehe und Hirsche machen vor keiner Pflanze Halt, und Böcke fegen noch dazu ihr Geweih an Baumstämmen.
■ Wild lässt sich kaum lange durch dafür vorgesehene Vertreibungsmittel fern halten. Man verwendet sie deshalb nur bei Jungpflanzen. Zeitweiliger Schutz reicht meist aus, bis die Pflanzen größer sind. Man schaue sich vor Ort um, welche Arten nicht betroffen sind, und pflanzt diese. Nur eine komplette Zaunanlage mit 2 m Höhe schützt sicher vor Wild.

WOLLLÄUSE, SCHMIERLÄUSE

Gewächshauspflanzen, besonders Kakteen und Sukkulenten, werden von diesen weichen, grau- oder rosaweißen Insekten befallen. Sie verbergen sich in Blattachseln und anderen Nischen unter weißem flaumigem Wachs und scheiden Honigtau aus.
■ Biologische Schädlingsbekämpfung ist nur zur wärmsten Jahreszeit möglich. Sonst muss man auf die »chemische Keule« oder Schmierseife zurückgreifen.

△ WOLLLÄUSE

△ KOMMASCHILDLAUS

△ KUCKUCKSSPEICHEL

WILDVERBISS ▷

Wild lässt sich sogar von den Stacheln einer Rose nicht abschrecken.

SIEHE AUCH: Spinnmilben, S. 297

KRANKE ODER BEFALLENE BLÜTEN

SCHÄDEN AN BLÜTEN nehmen dem Gärtner vielleicht einen Genuss, auf den er ein ganzes Jahr gewartet hat; sie können aber ebenso ein Gemüse im Frühstadium zerstören. Schäden treten an offenen Blüten und an Knospen auf. In diesem Entwicklungsstadium sind Pflanzen am empfindlichsten, besonders wenn sie früh blühen und noch Spätfrostgefahr besteht. Frühblüher muss man deshalb mit Bedacht platzieren und schützen. Blütenmangel kann auf Blüten- oder Knospenschäden, mangelnde Pflege oder Konkurrenz mit Unkräutern zurückgehen. Dünger mit hohem Kaliumkarbonat-Anteil fördern die Bildung von Blüten.

SCHÄDEN AN BLÜTEN UND KNOSPEN

BLATTLÄUSE

Blattläuse befallen die Blüten von Rosen, Lupinen, Dahlien, Geißblatt, Begonien, Seerosen, Chrysanthemen und Cinerarien. Zur Bekämpfung *siehe S. 299*. Ein Wasserstrahl spült Blattläuse von Seerosenblüten, da sich der Einsatz von Chemikalien bei Teichen ausschließt.

BLINDWANZEN, WEICHWANZEN

Diese langbeinigen, grünen Insekten können dafür verantwortlich sein, dass sich Blüten ungleichmäßig öffnen und Blätter an den Triebspitzen winzige Löcher aufweisen. Sie geben beim Saugakt giftigen Speichel an die Pflanze ab und schädigen so das Gewebe. Fuchsien, Chrysanthemen und Dahlien, ferner einige Ziersträucher wie Schmetterlingsstrauch, Hortensie, Forsythie und Bartblume werden befallen. Geeignete Insektizide sind erhältlich.

BLÜTENWELKE

Blütenbüschel an *Malus*- und *Prunus*-Arten, sowohl Obst- als auch Ziersorten, und hin und wieder auch an Felsenbirne welken, bleiben aber erhalten. Der verursachende Pilz befällt so auch benachbarte Blätter. Nadelstichartige Pusteln erscheinen, und Triebe können absterben. Spritzen mit kupferhaltigem Fungizid vor der Blüte beugen vor; wenn es zu spät ist, kann man nur befallene Blüten herausschneiden und vernichten, um die Infektion zu begrenzen.

DURCHWACHSUNG UND VERBÄNDERUNG

Eine seltsam geformte, überfüllte Blüte auf einer völlig gesunden Pflanze mag eine dieser Ursachen haben und ist wohl auf eine frühe Schädigung der Knospe zurückzuführen. Bei Verbänderung werden Stängel und auch Blätter entstellt. Bei Durchwachsung entstehen Knospen innerhalb von Knospen; so kommt es zu einer doppelten oder dreifachen Blüte. Beide Erscheinungen sind harmlose, zufällige Naturwunder. Treten sie jedoch gehäuft auf, kann ein Virus die Ursache sein; dann sollte man die Pflanze vernichten.

FROST- UND KÄLTESCHÄDEN

Während Frost Blütenblätter erschlaffen lässt, verursacht beißender Wind Trockenheitsschäden. Besonders anfällig sind Pflanzen nach Frostnächten, wenn morgens Sonnenschein einsetzt. Man platziert Frühblüher deshalb sorgfältig. Ein Schutzvlies kann helfen. Maschendrahtzäune und Hecken sind als Windschutz wirksamer als feste Mauern. *(Siehe auch Brandflecken, S. 296.)*

GRAUSCHIMMEL

An Blütenblättern ruft diese durch den Pilz *Botrytis* verursachte Krankheit weiße oder gelbbraune Flecken hervor, die ohne den sonst typischen gräulich weißen pelzigen Belag *(siehe S. 305)* allmählich die Blüten vernichten. Die Sporen verbreiten sich bei Regen oder Sprühnebel rasch und überleben in Böden und totem Pflanzenmaterial.
■ Befallene Triebe rasch entfernen und vernichten. Dazu deutlich bis in gesunde Partien hineinschneiden. Ebenso halte man die Pflanzstelle von losem, totem Material frei. In schweren Fällen helfen Fungizide.

JOHANNISBEERGALLMILBE

Sie befällt Schwarze Johannisbeere, wo sie in Blättern und Blütenknospen lebt und

△ BLATTLÄUSE AN ROSE

△ RAPSGLANZKÄFER

△ GRAUSCHIMMEL

Fleckenartige, mitunter dunkel gesäumte Verfärbung der Blütenblätter

△ FROSTSCHADEN

SIEHE AUCH: Spinnmilben, S. 297; Kuckucksspeichel, S. 301; Welke, S. 301

Letztere blasig auftreibt. Im Winter entfernt man jede vergrößerte Knospe (zum Test kann man sie mit dem Nagel öffnen; es befinden sich viele mikroskopisch kleine weiße Tierchen drin). Bei schwerem und andauerndem Befall ersetze man die Pflanzen durch resistente Sorten.

MANGELNDER BLÜTENANSATZ

Wenn aus den Knospen zwar gesunde Blätter, aber keine Blüten hervorgehen oder nur trockene Blüten, die keine oder nur spärliche Blütenblätter haben, benötigen die Pflanzen in der Regel mehr Pflege; vielleicht fehlen Nährstoffe oder Wasser, besonders bei dichtem Stand, oder ihr Laub wurde im Jahr zuvor zu früh nach der Blüte zurückgeschnitten, so dass zu wenige Reservestoffe gebildet wurden. Solche »Blindtriebe« kennt man auch von Rosen: Ein völlig normal erscheinender Trieb bildet einfach keine Blüten.
■ Zu dicht stehende Zwiebelpflanzen teilen und in frische Erde setzen oder einen Blattdünger verabreichen. In Trockenzeiten wässern. Man lässt Laub bis zu Ende absterben und schneidet es nicht vorher. Wenn man blütenlose Rosentriebe bis auf ein Blatt in der Triebmitte zurückschneidet, sollte sich ein neuer Blütenseitentrieb entwickeln.

MÜTZENBILDUNG BEI ROSEN

Rosenknospen schwellen an und scheinen sich zu öffnen, aber dann verdörren und verkümmern sie. Meist sind nur wenige Knospen betroffen. Ursache ist Regen, gefolgt von Sonnenschein. Die Wassertropfen

△ OHRWURMFRASS

wirken wie Brennlinsen. Sonnenlicht verbrennt dann die äußeren Blütenblätter und verhindert die Blütenentfaltung.
■ Behandlung oder Vorbeugung ist nicht möglich, aber man sollte nicht bei starkem Sonnenschein von oben wässern. Die betroffenen Blüten werden entfernt, um die Ausbreitung von Schimmel oder absterbende Zweige zu verhindern. Wenn alle Blüten eines Triebes befallen sind, schneidet man bis auf ein gesundes Blatt zurück, um neues Triebwachstum zu fördern.

OHRWÜRMER

Unregelmäßige Löcher in Blütenblättern, besonders bei Clematis, Dahlien und Chrysanthemen, sind meist das Werk von Ohrwürmern (Ohrenkneifern). Da sie ihr Werk aber nachts betreiben, muss man schon eine Taschenlampe benutzen, um die Übeltäter zu überführen.
■ In der Regel lassen sich Ohrwürmer leicht fangen, da sie gemütliche, warme Plätze als Versteck sehr schätzen. Die Tiere klettern so an einem Zweig hoch, um sich in einem umgekehrt aufgehängten, mit Stroh gefüllten Blumentopf zu verstecken. Da Ohrwürmer auch gute Blattlausvertilger sind, sollte man sie z. B. an befallenen Obstbäumen wieder freilassen.

RAPSGLANZKÄFER

Diese kleinen glänzenden, grünlich schwarzen Käfer kommen oft von nahe gelegenen Rapsfeldern in Gärten, um an Blüten zu fressen. Da sie keine Schäden verursachen, duldet man sie. Gelangen sie jedoch mit Schnittblumen ins Haus, werden sie lästig. Deshalb belässt man diese einige Stunden im Schuppen oder Garage, bis die Käfer sie verlassen haben.

RHODODENDRON-KNOSPENBRAND

Rhododendren (einschließlich Azaleen) neigen ohnehin zu trockenen Knospen (siehe rechts oben), aber bei dieser Infektion sind die Knospen zudem mit einem feinen schwarzen Pilzbelag überzogen. Er wird durch die Rhododendronzikade übertragen und ist nicht leicht zu behandeln; man entfernt die betroffenen Knospen.

VERTROCKNENDE UND ABFALLENDE KNOSPEN

Wenn gebildete Knospen vor dem Öffnen abfallen oder welk und spröde werden, handelt es sich in der Regel um das Ergebnis von Trockenheit während der Phase der Blütenknospenbildung. Dies kann auch bereits im letzten Sommer gewesen sein. Besonders anfällig sind Kübelpflanzen. Deshalb wässert man Pflanzen in Trockenperioden. Mulchen mindert die Gefahr zu trockenen Bodens zusätzlich.

VIRUSINFEKTIONEN

Viren bewirken bei Blüten eine typische Fleckung oder Streifung der Blütenblätter, blass getönt bei kräftigen Farben und intensiv gefärbt bei blassen Tönen. Das eigentlich ganz hübsche Phänomen sollte nicht über die Gefahr der Ausbreitung des schädlichen Virus hinwegtäuschen. Heilung ist nicht möglich; deshalb sollte die Pflanze vernichtet werden.

VÖGEL

Obwohl es schon lästig genug ist, wenn sie Früchte fressen oder beschädigen, können sie noch mehr Schaden anrichten, wenn sie über die Blüten herfallen. Sperlinge fressen Primeln und Krokusse; Dompfaffe können alle Blütenknospen eines Obstbaums verzehren. Auch die Blüten der Forsythien fallen ihnen manchmal zum Opfer, weil zu dieser Zeit Futter knapp ist.
■ Beerensträucher und Spalierobst kann man relativ einfach durch Netze schützen. Wo das unmöglich ist oder den Anblick von Zierblüten verdirbt, kann man sich mit der klassischen Vogelscheuche, besser Metallstreifen oder hellen Bändern, behelfen, die im Wind rascheln und flattern.

▽ VERTROCKNETE NARZISSENKNOSPEN

△ KNOSPENBRAND BEI RHODODENDRON

SIEHE AUCH: Brandflecken, S. 296; Gallmilben, S. 296; Blattflöhe, S. 299; Schossen, S. 307

KRANKE ODER BEFALLENE FRÜCHTE

GEHEN ANGESETZTE UND HERANREIFENDE Früchte verloren, verliert manche Nutzpflanze den Zweck ihres Daseins. Man sollte sorgsam nach der wirklichen Ursache des Problems suchen: Fäulnis dringt oft nur ein, weil durch Frost oder Schorf die Fruchthaut beschädigt wurde. Und Ohrwürmer werden oft fälschlich für Löcher in Früchten, in denen sie sich aufhalten, verantwortlich gemacht, obwohl diese von Wespen herrühren. Viele Schädlinge lockt der hohe Zuckergehalt der reifenden Früchte an. Fallen und Köder sind häufig sehr effektiv. Tomaten bringen ihre speziellen Probleme mit; unter Glas fallen sie auch oft Schädlingen anheim, die vom Gewächshausklima angezogen werden.

OBSTBÄUME

APFELWICKLER

Die Raupen dieses Nachtfalters sind die bekannten Obstmaden. Typisch sind die Kotreste am Blütenansatz des Apfels. Im Inneren verursachen sie, vom Kerngehäuse ausgehend, beträchtliche Schäden.
■ Eingreifen muss man, bevor sich die Raupen in den Apfel fressen; mit Hilfe einer Pheromonfalle kann man feststellen, wann die (erwachsenen) Falter auftreten und Eier legen. In den vom Hersteller empfohlenen Zeitabschnitten setzt man ein Insektizid ein. Bei einzeln stehenden Bäumen reicht manchmal bereits die Pheromonfalle, um den Schaden in erträglichem Rahmen zu halten.

BIRNENGALLMÜCKE

Schwarz werdende, angesetzte Früchtchen deuten darauf hin, dass die weißlich orangefarbenen Larven dieser kleinen Gallmücke im Inneren aktiv sind. Die Fruchtansätze fallen später ab.
■ Im weißen Knospenstadium (direkt bevor die Blüten sich öffnen) kann man spritzen. Alternativ kann man befallene Fruchtansätze einsammeln, bevor sich die Larven im Boden verpuppen. Im Folgejahr wird es dann weniger Milben geben.

△ FRUCHTFÄULE

GEPLATZTE FRÜCHTE

Spaltrisse in Kernobst verwachsen normalerweise wieder und können deshalb geduldet werden, weichhäutige Früchte wie Pflaumen, Weintrauben und Tomaten verderben jedoch. Ursache ist unregelmäßige Wässerung: Reichliche Wasserzufuhr nach starker Trockenheit lässt die Früchte platzen. Daher Obstbäume gleichmäßig feucht halten. Durch Mulchen übermäßiges Austrocknen verhindern.

MONILIA-FRUCHTFÄULE

Diese Pilzkrankheit ruft charakteristische Schimmelringe auf faulem Fruchtfleisch (siehe unten) hervor. Befallene Früchte sofort entfernen. Wenn sie bereits mumifiziert am Baum hängen, samt Zweig entfernen. Vogel- und Wespenfraß schafft die Eintrittspforten für den Pilz, deshalb sollte man Schäden durch diese Tiere abwehren.

Die Raupen dringen tief ins Herz des Apfels.

△ APFELWICKLER-RAUPE

Auf Birnen zeigt sich Schorf nur als kleine Punkte, nicht großflächig.

△ BIRNENSCHORF

SCHORF

Äpfel, Zieräpfel und Birnen (siehe unten) können Schorfflecken aufweisen, die u. U. die Frucht deformieren und aufreißen. Dann können Fäulnispilze eindringen. Auch die Blätter zeigen graubraune Flecken. Stets befallene Blätter und Triebe entfernen, um den Pilz an der Überwinterung zu hindern. Mit Fungizid behandeln; besser resistente Sorten pflanzen.

STIPPIGKEIT

Diese Apfelkrankheit verursacht braune Flecken auf Haut und Fruchtfleisch und verdirbt den Geschmack. Ursache ist Kalziummangel wegen schlechter Versorgung des Bodens oder wegen mangelnder Aufnahme bei trockenem Boden. (Bei Birnen ruft Bor-Mangel vergleichbare Symptome hervor, siehe S. 308.)
■ Vorbeugend mulchen und regelmäßig wässern. Rechtzeitig bei heranreifenden Äpfeln angewandt, hilft eine Spritzung mit Kalziumnitrat. Da diese jedoch bei einigen Sorten Schäden verursacht, die Anleitung genau beachten.

WESPEN

Wespen nagen an reifem Obst. Ihre Fraßlöcher sind Angriffspforten für Sekundärschädlinge wie Fäulnispilze und Ohrwurm.
■ Bei einer kleinen Anzahl von Früchten – z. B. an einer Pfirsich-Palmette – hüllt man jede einzelne in Mullsäckchen. Fallen aus Marmeladengläsern, mit Bier oder Zuckerwasser gefüllt, sind ebenfalls hilfreich. Hierzu wespengroße Öffnungen in die Deckel bohren und Gläser in die Zweige hängen (siehe S. 294). Ehe man Wespennestern zu Leibe rückt, sollte man bei der kommunalen Naturschutzbehörde Rat holen.

SIEHE AUCH: Bleiglanz, S. 296; Krebs, S. 300; Vögel, S. 303

BEERENOBST

AMERIKANISCHER STACHELBEERMEHLTAU

Die Infektion zeigt sich an weißlich grauen Belägen und, in schweren Fällen, an abgestorbenen Trieben. Infizierte Früchte werden beim Kochen braun, können aber verzehrt werden. Dichter Stand und mastige Triebe begünstigen den Befall, deshalb gut auslichten und auf treibende Stickstoffdünger verzichten. Es gibt Sorten mit guter Resistenz. Befallene Äste herausschneiden und Strauch mit Fungizid behandeln.

GRAUSCHIMMEL AN ERDBEEREN

Diese Pilzinfektion mit filzigen grauen Belägen und faulenden Früchten (siehe unten) wird durch Nässe gefördert. Die im Boden präsenten Erreger dringen durch Wunden ein. Erdbeeren daher sauber und trocken, z. B. auf Stroh, anbauen und regelmäßig tote Blätter entfernen. Wichtig: Nicht von oben wässern. Vorbeugend kann zur Blütezeit Fungizid gespritzt werden. Befallene Früchte sofort vernichten.

HIMBEERKÄFER

Vertrocknende Fruchtteile bei Himbeeren, Brombeeren u. Ä. sind das Werk der Käferlarven. Mit Derris sprühen, wenn die Made schlüpft; Zeitpunkt hängt von Obstart ab.

Weitere Probleme bei Beerenobst: Blattwespenlarven, siehe S. 298; Johannisbeergallmilbe, siehe S. 302.

Fressende Maden verursachen trockene Stellen um den Stiel.

△ SCHÄDEN DURCH
HIMBEERKÄFER

△ ERDBEER-GRAUSCHIMMEL

TOMATEN, PAPRIKA, ZUCCHINI UND GURKEN

BLÜTENENDFÄULE

Tomaten und Paprika können von dieser Störung betroffen sein; zunächst entsteht an der Blütenansatzstelle ein brauner Fleck, der einsinkt und zu faulen beginnt. Der Grund für dieses Phänomen ist keine Krankheit, sondern zu trockener Boden im Bereich der Wurzeln, der die Pflanzen daran hindert, ausreichend Kalzium aufzunehmen.

■ Regelmäßiges Wässern rettet zumindest die übrigen Früchte (die befallenen kompostieren). Besonders anfällig sind Pflanzen in kleinen Kübeln, weil in diesen der Boden leichter austrocknet. Kleinfruchtige Kirschtomaten sind dagegen weniger gefährdet.

KRAUT- UND BRAUNFÄULE BEI TOMATEN

Braune Flecken auf den Blättern, die schließlich vertrocknen und sich einrollen, sind die ersten Anzeichen für einen Befall mit dieser Pilzinfektion. Dann verdunkeln sich die Stängel. Die Früchte verfärben sich braun, verhärten (siehe unten links) und faulen schließlich.

■ Die betroffenen Pflanzen komplett herausreißen und auch nahe Kartoffelreihen überprüfen; dort verursacht derselbe Pilz die Kraut- und Knollenfäule (siehe S. 308). Mehrere Fungizide können bei beiden angewandt werden. Für »Bio-Gärtner« sind u. U. Mittel auf Kupferbasis akzeptabel.

UNGLEICHMÄSSIGES REIFEN BEI TOMATEN

Reifungsstörungen an Tomaten sind teilweise auf Veranlagung zurückzuführen. Dabei bildet sich bei manchen Sorten um

den Stiel eine mehr oder weniger runde Zone, die grün bleibt und ledrig wird.

■ Pflanzen sollten vor zu viel Sonne geschützt werden (nicht zu viel Laub entfernen), im Gewächshaus für gute Luftzirkulation sorgen und die Pflanzen ausreichend mit Kalium und Phosphat versorgen. Auch sonstige ungleichmäßige Reifung bekämpft man ähnlich, da schlechte Pflege die Ursache ist.

VIRUSINFEKTIONEN

Tomaten, Paprika, Gurken und Zucchini sind alle vier anfällig für Viren (siehe auch S. 297 und 303), insbesondere für Mosaikviren. Symptome sind Blattflecken und eingerolltes, verunstaltetes oder verkümmertes Laub.

■ Heilung ist nicht möglich. Infizierte Pflanzen müssen sofort vernichtet werden, alle anderen am Ende der Vegetationsperiode. Viele Sorten besitzen Virusresistenzen, z. B. die Tomate ›Estrella‹ und die rote Paprika ›Bell Boy‹. Man bekämpft Blattläuse und andere Saftsauger, die die Viren verbreiten. Einige Viren werden auch bei Pflegemaßnahmen übertragen.

Weitere Probleme von Tomaten, Paprika, Zucchini und Gurken sind: Grauschimmel (besonders bei Zucchini), siehe links, und platzende Früchte bei Tomaten, siehe gegenüberliegende Seite.

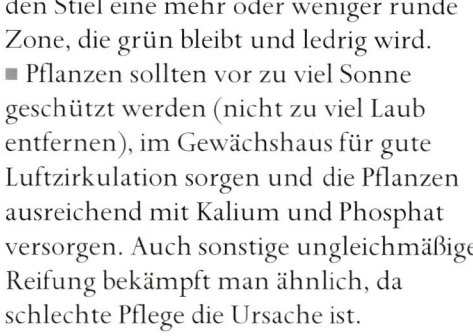

Befallene Stellen verhärten.

Die reifende Tomate wird ledrig.

△ KRAUT- UND BRAUNFÄULE BEI TOMATEN

△ BLÜTENENDFÄULE

SIEHE AUCH: Nutzpflanzen schützen, S. 240; Gewächshäuser, S. 241

KRANKES ODER BEFALLENES GEMÜSE

SELBST WER INSEKTIZIDE und Fungizide bei Zierpflanzen einsetzt, wird vielleicht zweimal überlegen, dies auch bei Gemüse zu tun. Viele hegen Befürchtungen, dass Rückstände in den zum Verzehr bestimmten Pflanzen verbleiben. Fallen, Barrieren, Köder, biologische Schädlingsbekämpfung durch natürliche Feinde, resistente Sorten, Hygiene, Fruchtwechsel und Förderung von Nützlingen gehören zum Arsenal des biologischen Gartenbaus. Man sollte nicht vergessen, dass die »chemische Keule« nützliche Insekten ebenso trifft – die ja zur Schädlingsbekämpfung und Bestäubung gebraucht werden. Anwendungen am Abend mindern diese Gefahr.

HÜLSENFRÜCHTE

BOHNENFLIEGE

Die weißen Maden dieser Fliege fressen Bohnensämlinge; abgefressene Blätter und Stängel und verzweigte Triebe mit zerstörter Spitze weisen darauf hin. Die Entwicklung überlebender Pflanzen verzögert sich.
■ Aussaat in Töpfe oder Schalen verhindert den Befall. Mit Auspflanzen warten, bis Böden warm und nicht zu nass sind. Mist im Herbst, nicht im Frühjahr ausbringen; frisch zieht er die Fliege an.

BRENNFLECKENKRANKHEIT BEI BOHNEN

Diese Pilzerkrankung bei Bohnen ruft lange, eingesunkene, braune Flecken an den Trieben hervor. Die Blattadern röten sich, gefolgt von Blattdürre. Rötlich braune Punkte und bei feuchtem Wetter auch rosa Schleim befallen die Hülsen. Befallene Pflanzen entfernen und vernichten; resistente Sorten sind vorhanden.

BRENNFLECKENKRANKHEIT BEI ERBSEN

Ein Pilz verursacht braune oder gelbliche, oft eingesunkene Flecken an Blättern, Stängeln und Hülsen von Erbsen, die mit feinen, dunklen Fruchtkörpern bedeckt sind. Die Pilze überdauern im Boden. Nach der Ernte erkrankte Pflanzen mit Stumpf und Stiel entfernen und Erbsen in Zukunft an anderer Stelle pflanzen.

ERBSENWICKLER

Erbsenwickler legen ihre Eier an die Erbsenblüten. Die Raupen, weiß mit braunem Kopf, leben in den Hülsen und fressen die Samen. Sorten, die sehr früh oder sehr spät blühen, sind nicht betroffen. Man kann auch eine Woche lang die Blüten bespritzen, um frisch geschlüpfte Larven zu vernichten.

FETTFLECKENKRANKHEIT

Bakteriell bedingte Blattfleckenkrankheit (*siehe auch S. 296*), erkennbar an kleinen, braunen Blattflecken mit gelbem Hof. Auch die gesamten Blätter vergilben rasch. Auf den Hülsen entwickeln sich glasige, rundliche Flecken (»Fettflecke«).
■ Befallene Blätter entfernen und niemals von oben gießen. Befallene Pflanzen nach dem Abernten vernichten; die Sorten ›Forum‹ und ›Red Rum‹ sind recht resistent.

SCHWARZE BOHNENBLATTLAUS

Schwerer Befall mindert den Ertrag bei Dicken Bohnen. Im Frühstadium hilft Abstreifen und Spritzen mit »natürlichen« Insektiziden. In schweren Fällen ein bienenungefährliches härteres Insektizid spritzen.

Weitere Probleme von Hülsenfrüchten: Thripse (silbrige Erbsenhülsen – in schweren Fällen spritzen), S. 299; Rost (dunkelbraune Pusteln unter Bohnenblättern), S. 297

◁ SCHADBILD DER BOHNENFLIEGE

Madenfraß an der Spitze des Bohnenkeimlings

△ BRENNFLECKEN

BLATTGEMÜSE

BORMANGEL

Bormangel verursacht bei Kohl-Arten verdrehte Blätter und hohle Stängel. Bekämpfung *siehe S. 308.*

KLEINE KOHLFLIEGE

Alle Kohl-Arten sowie verwandte Wurzelgemüse und Blumen wie Levkojen und Goldlack leiden unter Wurzelbefall durch die Maden dieser Fliegen. Nur starke, große Pflanzen überleben die Attacke.
■ Beim Umpflanzen deshalb mit einem Insektizidpulver behandeln oder mit einem Vlies schützen oder Manschetten um sie setzen (*siehe S. 249*).

KOHLEULEN- UND KOHLWEISSLINGRAUPEN

Kohleule und Kohlweißling legen ihre Eier an alle möglichen Kohl-Arten, wo die Raupen große Schäden hervorrufen. Pyrethrumpräparate oder der Nützling *Bacillus thuringiensis* (per Versand) sind

ZWIEBELGEMÜSE

PORREEROST

Die leuchtend orangefarbenen Pusteln auf Porree sind Rostflecken (*siehe S. 297*), die meist nur die äußeren Blätter befallen. Die inneren können noch verzehrt werden.
■ Man vernichte befallene Pflanzen und alle Abfälle nach der Ernte. Im nächsten Jahr an eine andere Stelle und nicht nach Leguminosen setzen, die den Boden mit Stickstoff anreichern; resistente Sorten wählen, mit weitem Abstand pflanzen, stickstoffreiche Dünger sparsam einsetzen.

ZWIEBELFÄULE

Bei Zwiebeln kennt man eine ganze Reihe von Pilzerkrankungen, die wachsende

SIEHE AUCH: Virusinfektionen, S. 297 und S. 305; Vögel, S. 303; Wurzelhals- und Wurzelfäule, S. 309; Wurzelläuse, S. 309

ökologisch sinnvolle Alternativen zu chemischen Mitteln. Man kann auch mit einem Vlies schützen.

KOHLMOTTENSCHILDLAUS

Die weißen, geflügelten Insekten häufen sich unter den Blättern und fliegen bei Störung auf. Auch ihre flachen ovalen, schuppenförmigen Nymphen *(siehe Abbildung rechts)* befinden sich dort. Die Blätter werden durch Exkrete (»Honigtau«) klebrig, und das begünstigt Schwärzepilze.
■ Leichten Befall tolerieren, bei Blattschäden mit Schmierseife oder einem chemischen Präparat behandeln. Meist sind wiederholte Behandlungen in wöchentlichen Abständen erforderlich.

MEHLIGE KOHLBLATTLAUS

Die weißlich grauen Blattläuse sitzen massenhaft unter den Blättern, die oben, bzw. an den Triebspitzen, gelbe Flecken bekommen, die dann verkrüppeln. Bekämpfung mit Schmierseife im Frühstadium; bei starkem Befall, insbesondere an Jungpflanzen, greife man zu chemischen Mitteln, die für nützliche Insekten ungefährlich sind.

MOLYBDÄNMANGEL

Gelb gefleckte Blätter und verkümmernde Jungpflanzen weisen auf einen Molybdänmangel hin. Molybdän kann in verschiedenen Zubereitungen verabreicht werden. Bei sauren Böden hilft eine Kalkung.

SCHOSSEN

Vorzeitiges Blühen und Fruchten, im Volksmund oft noch fälschlich als »Schießen« bezeichnet, ist eine Reaktion der Pflanzen auf ein kaltes feuchtes Frühjahr oder einen trockenen Sommer. Da es wetterabhängig ist, lässt es sich nicht vorhersagen und kaum vermeiden. Frühe Sorten sind eher betroffen. Lockerblättrige Salate widerstehen besser als Kopfsalate. Mangold ist seltener betroffen als Spinat.

TAUBEN

Im Winter können Tauben aus Futternot Kohlarten bis zur Mittelrippe abfressen. Vogelnetze sind die beste Lösung. Vogelscheuchen helfen wenig.

WEISSER ROST

Diese Pilzerkrankung verursacht weiße Pusteln, meist auf den Unterseiten von Kohlblättern, und oberseits gelbliche Einsenkungen. Die Pusteln stehen oft in Kreisen. Hohe Luftfeuchte begünstigt die unheilbare Erkrankung. Befallene Blätter entfernen; schwer befallene Pflanzen komplett entsorgen. Es gibt resistente Sorten.

Weitere Schädlinge und Krankheiten von Blattgemüsen sind: Kohlhernie, S. 308, Erdflöhe S. 298.

△ DIVERSE KOHLRAUPEN

Raupe des Großen Kohlweißlings

Gelblich braune, später grüne Kohleulenraupe

Raupe des Kleinen Kohlweißlings

△ KOHLMOTTENSCHILD-LAUSNYMPHEN

△ MEHLIGE KOHLBLATTLAUS

---

oder lagernde Zwiebeln befallen. Der Echte Mehltau *(siehe S. 297)* kann behandelt werden, während die Zwiebelweißfäule *(siehe rechts)* unheilbar ist.
■ Befallene Pflanzen müssen samt Boden vernichtet werden. Dann muss mindestens acht Jahre lang auf Zwiebelanbau auf derselben Fläche verzichtet werden. Zwiebelhalsfäule tritt zum Ende der Saison auf, wenn die Blätter absterben. Der Erreger gelangt über Saatgut oder Steckzwiebeln aus fragwürdiger Quelle in den Garten. Zu stickstoffreiche Düngung fördert die Erkrankung. Vorbeugend kann man beim Setzen Carbendazim-Pulver verwenden. Am besten resistente Sorten anbauen.

ZWIEBELFLIEGE

Die Maden der Zwiebelfliege, nahe Verwandte der Bohnenfliege, fressen an den Sämlingswurzeln von Zwiebeln, Porree, Schalotten und Knoblauch; diese brechen zusammen. Eine zweite Generation im Spätsommer befällt die Zwiebeln.
■ Gesteckte Zwiebeln widerstehen besser als gesäte. Behandlung nicht möglich. Befallene Pflanzen werden samt Boden vernichtet. Schutz vor den Eier legenden Weibchen bietet ein Vlies.

Weitere Schädlinge an Zwiebelgemüse sind u. a. Älchen, S. 309, und Bohnenfliege, siehe gegenüberliegende Seite.

△ ZWIEBELHALSFÄULE

△ WEISSFÄULE

△ ZWIEBELÄLCHEN

SIEHE AUCH: Kalken, S. 238; Zwiebeln trocknen, S. 250

KRANKE ODER BEFALLENE WURZELN

STÖRUNGEN IM BEREICH der Wurzeln sind schwerwiegend und sollten schnell erkannt werden. Sind auch manche unheilbar, kann man doch noch versuchen, die Nachbarpflanzen zu retten. Wurzelschäden werden meist erst dann erkannt, wenn sie sich auf die oberirdischen Teile auswirken, was die Gefahr der Fehldiagnose birgt. Meist hilft hier nur, die Pflanze auszugraben, die Erde abzuschütteln und einfach nachzusehen. Das wirft die Pflanze im Wuchs zurück oder schädigt sie vollständig. Wurzelgemüse kann man überhaupt nicht wieder einpflanzen. Allerdings muss man diese Bauernopfer bringen, um den Rest der Ernte zu retten.

KRANKHEITEN UND STÖRUNGEN IM WURZELBEREICH

BORMANGEL

Wurzelgemüse wird bei Bormangel (siehe auch S. 306) rau und rissig, und im Querschnitt erscheinen die Wurzeln durch braune Geweberinge braunherzig (Karotten färben sich grau). Radieschen verfärben sich nicht, sondern werden holzig.
■ Man verabreicht Borax vor dem Säen oder Pflanzen; für Gemüse auf trockenen, leichten oder gekalkten Böden empfiehlt sich das alljährlich. Organische Substanzen neutralisieren alkalische Böden.

KARTOFFELSCHORF

Ein Pilz in leichten, leicht austrocknenden Sandböden ist für diese erhabenen, rauen Stellen auf der Kartoffelschale verantwortlich, die die Essbarkeit nicht beeinträchtigen. Böden, die gekalkt oder als Rasen genutzt wurden, sind besonders betroffen.
■ Man arbeitet viel organisches Material ein und wässert regelmäßig. Verschiedene Sorten sind resistent.

KOHLHERNIE

Kohl-Arten und Kohlrüben werden leicht von diesem bodenlebenden Pilz befallen. Die Wurzel verdickt sich; die Pflanze wächst schlecht. Auch Levkojen und Goldlack werden befallen. Der Pilz lässt sich schwer ausrotten und breitet sich über Schuhe, Gerät und Räder schnell aus. Saure, staunasse Böden sind besonders gefährdet.
■ Befallene Pflanzen herausreißen und vernichten, ehe sie aufreißen und Sporen austreten. Schuhe und Gerät desinfizieren. Bevor man Kohl wieder auf infiziertem Boden anbaut, sollte dieser gekalkt und drainiert werden. Man setzt nur starke Jungpflanzen oder zieht diese selbst heran. Deren Wurzeln werden vor dem Setzen in ein geeignetes Fungizid getaucht. Bei den meisten Kohlgemüsen gibt es resistente Sorten. Wichtig ist regelmäßiger Fruchtwechsel.

KRAUT- UND KNOLLENFÄULE

Diese Pilzerkrankung bei Kartoffeln wird vom gleichen Erreger hervorgerufen wie die Kraut- und Braunfäule bei Tomaten siehe S. 305). Feuchtes, warmes Wetter begünstigt sie; spritzendes Regenwasser fördert die Ausbreitung. Die Blätter bekommen braune Stellen mit filzigem, weißem Belag an den Rändern und gehen ein; sind die Stängel befallen, bricht die Pflanze zusammen. Die Infektion greift auch auf die Knollen über. Diese entwickeln dann eingesunkene, dunkle Flecken mit verfärbtem Fleisch, die sich später in eine schleimige Masse auflösen.
■ Man spritzt bei den ersten Anzeichen bzw. bei entsprechendem Wetter mit kupferhaltigen Mitteln wie Bordelaiser Brühe. Wer nicht spritzen mag, sollte befallenes Kraut sofort entfernen und die Knollen ein paar Wochen später ernten. Anhäufeln schützt die Knollen. Viele Sorten besitzen eine gewisse Resistenz.

PASTINAKENKREBS

Orangebraune bis schwarze, raue Stellen in den obersten Abschnitten von Pastinakenwurzeln beruhen auf einer unheilbaren Pilzinfektion.
■ Man sät spät und mit engem Reihenabstand. Die Wurzeln bleiben auf diese Weise klein; alternative Maßnahmen sind guter Wasserabzug und Kalkung bei sauren Böden. Man sollte beim Hacken keine Feinwurzeln verletzen, über die der

△ KOHLHERNIE

△ KARTOFFELSCHORF

△ WURZELFÄULE

UNREGELMÄSSIGES GIESSEN ▷

Die verkümmerten und faulenden Wurzeln dieser Erbsenpflanze vermögen sie nicht zu ernähren.

Bei Trockenheit wenig gegossene Möhren platzen nach starkem Regen auf.

SIEHE AUCH: Kalken, S. 238; Schädlinge und Lästlinge im Boden, S. 310–311

Pilz eindringen kann. Einige Sorten besitzen eine gute Resistenz gegen die Krankheit.

UNREGELMÄSSIGES GIESSEN

Unregelmäßiges Gießen verursacht bei Wurzelgemüsen Wachstumsstörungen, die zu Rissen führen, welche wiederum Eintrittspforten für Infektionen sind. Regelmäßig wässern und grobes organisches Material in leichte Böden einarbeiten, um die Wasserrückhaltekraft zu verbessern. Mulchen hilft ebenfalls.

WURZELHALS- UND WURZELFÄULE

Die Wurzelhälse vieler Pflanzen sind von einer Vielzahl von Pilzinfektionen, auch der Welke (siehe S. 301), bedroht. Befallene Pflanzen werden schwarz und kollabieren; die Wurzeln faulen. Zu den schlimmsten gehört die Krautfäule bei Kartoffel (siehe gegenüber) und Tomate (siehe S. 305). Sind Sämlinge betroffen, spricht man von Umfallkrankheit (siehe S. 300). Die Blütenstände des Rharbarbers verfaulen häufig, wenn sie absterben, und infizieren die restliche Pflanze. Pastinake und Karotte sind anfällig für den Violetten Wurzeltöter. Er überzieht die Wurzel mit seinem violetten Pilzgeflecht und lässt sie faulen. *Didymella* ruft die Tomatenstängelfäule (manchmal auch bei Auberginen) hervor: Schwarzbraune, eingesunkene Partien und weiße Wurzeln, die über dem Boden aus dem Stamm hervortreten, sind typisch; ältere Blätter vergilben meist, und die Früchte verfaulen.
■ Man vernichtet infizierte Stängel sofort, indem man die Stellen an der Basis herausschneidet und auch den Boden ringsum austauscht. Schwer befallene Pflanzen sind verloren; um den Pilz auszumerzen, muss man sie samt Erdreich vernichten. Im nächsten Jahr baut man an der Stelle etwas anderes an. Man entfernt alles abgestorbene Material im Bereich der Stängelbasis. Gebrauchte Erde z. B. aus Blumenkästen sollte nicht wieder verwendet werden; daher auch in Treibhäusern regelmäßig das Erdreich ersetzen. Die Blütenstände des Rharbarbers werden vor der Blüte entfernt. Frischer Mist macht Salate fäulnisanfällig. Man kauft u. U. mit Fungiziden behandeltes Saatgut.

SCHÄDLINGE IM WURZELBEREICH

KARTOFFELÄLCHEN

Diese zu den Fadenwürmern zählenden Schädlinge infizieren Kartoffelwurzeln und blockieren die Wasser- und Nährstoffaufnahme. Zuerst werden nur wenige Kartoffelpflanzen gelb und sterben, aber bald greift der Befall um sich. Man sieht an den Wurzeln kleine weiße oder gelbe Zysten, in denen die Eier abgelegt wurden.
■ Da unheilbar, müssen Pflanzen und Erdreich vernichtet werden. Es gibt zahlreiche resistente Sorten. Fruchtwechsel ist erforderlich, nützt aber nichts bei schwer befallenem Boden – dort muss man acht Jahre lang auf den Anbau von Kartoffeln oder Tomaten verzichten.

MÖHRENFLIEGE

Die schlanken, cremeweißen Maden dieser Fliege befallen die Wurzeln von Möhre, Pastinake, Sellerie und Petersilie.
■ Möchte man keine chemischen Mittel anwenden, versucht man, die Weibchen an der Eiablage zu hindern: Man umgeht zwei Eiablageperioden, wenn man spät sät oder früh erntet. Schützendes Vlies hilft. Eine 60 cm hohe Umrandung (siehe S. 241) reicht aus, denn die Weibchen fliegen niedrig. Kein verletztes Möhrengrün auf dem Beet liegen lassen, denn der Geruch zieht die Fliegen an. Einige Möhrensorten sind resistent.

NACKTSCHNECKEN

Bodenschnecken fressen Wurzeln, besonders bei Kartoffeln.
■ Fallen helfen gegen Bodenschnecken weniger (siehe S. 298), aber es gibt einen

natürlichen Feind, den man mit dem Gießwasser verabreichen kann. Durch Umgraben gelangen die Eier – karamellfarbene Kügelchen – an die Oberfläche, wo sie vertrocknen. Man kann sie leicht mit den Kügelchen mancher Langzeitdünger verwechseln, die bei Topfpflanzen verwendet werden. Schneckeneier lassen sich jedoch zwischen den Fingern zerdrücken.

WURZELGALLENÄLCHEN

Diese mikroskopisch kleinen Fadenwürmer verhindern Wasser- und Nährstoffaufnahme. Die Pflanzen erschlaffen und verblassen. Besonders Treibhäuser sind betroffen, aber auch auf Sandböden trifft man sie an. Sie verursachen Schwellungen an den Wurzeln, die man nicht mit den Knöllchen von Leguminosen verwechseln sollte, in denen Stickstoff fixiert wird.
■ Eine wirksame chemische Bekämpfung ist nicht bekannt. So kann man nur befallene Pflanzen samt Erdreich vernichten.

WURZELLÄUSE

Schlecht wachsende, welkende Pflanzen können an den Wurzeln mit cremefarbenen oder bläulich grünen, Saft saugenden Läusen besetzt sein. Auf verschiedenen Pflanzenarten finden sich unterschiedliche Wurzelläuse.
■ Man kann sie mit verschiedenen Insektiziden bekämpfen, z. B. dem blattlausspezifischen Pirimicarb, das auf die richtige Sprühstärke verdünnt und auf den Boden gegossen wird. Fruchtwechsel beugt vor. Salatpflanzen sind besonders anfällig, aber es gibt auch resistente Sorten.

MÖHREN-
FLIEGE ▷

Aus oberirdisch abgelegten Eiern schlüpfen Maden, die sich in die Möhre fressen.

Nach Schneckenfraß dringen oft Sekundärschädlinge in die Fraßlöcher ein.

△ SCHNECKENFRASS

△ WURZELLÄUSE

SIEHE AUCH: Kalken, S. 238; Schädlinge und Lästlinge im Boden, S. 310–311

SCHÄDLINGE UND LÄSTLINGE IM BODEN

LÄSTLINGE IM BODEN sind Tiere, die uns beunruhigen, aber wie Ameisen und Asseln eher stören als tatsächlich Wurzeln fressen. Im Hausgarten beugt ein regelmäßiger Fruchtwechsel echten Schädlingen und Krankheiten vor; das gilt sowohl für die auf Seite 308–309 beschriebenen Probleme als auch für die auf dieser Seite vorgestellten.

Bodenbewohnende Schädlinge sind nur schwer zu eliminieren, weil sie von Flächen, die ihnen nicht mehr zusagen, ganz heimlich verschwinden und andere besiedeln. Bei vielen Bodenschädlingen handelt es sich um Larven; man kann sie wirksam bekämpfen, wenn man die Weibchen an der Eiablage hindert.

SICHTBARE SCHÄDLINGE UND LÄSTLINGE IM BODEN

AMEISEN

Ameisen bekämpft man nur, wenn sie wirklich zur Plage werden. Sie fressen keine Pflanzen, aber sie graben zwischen den Wurzeln, wenn sie ihre Nester bauen; dieses Graben kann Pflanzen, besonders junge, im Wuchs beeinträchtigen. Ameisen schützen auch Blattlauskolonien auf Grund des von ihnen geschätzten Honigtaus vor natürlichen Fressfeinden.

■ Es hat keinen Sinn, Einzeltiere zu beseitigen; wenn schon, muss man das Nest ausrotten. Ameisenmittel, als Pulver oder Giftköder, sind auf dem Markt reichlich erhältlich. Pyrethrum ist ein pflanzliches Mittel, wirkt aber auch auf Nützlinge.

ASSELN

Asseln schaden keiner Pflanze; allenfalls wird das Wurzelwachstum von Sämlingen in engen Beeten oder Kleingärten durch die Wühltätigkeit der kleinen Tiere beeinträchtigt.

■ Wenn Asseln in Gewächshäusern zum Problem werden, sollte man gründlich aufräumen und absterbendes und totes Pflanzenmaterial, das ihnen als Versteck dient, entfernen. Wassergefüllte Unter-

tassen, die man unter die Beine von Stellagen und Arbeitstischen stellt, verhindern, dass die Tiere dort hinaufklettern.

DICKMAULRÜSSLERLARVEN

Erwachsene, leicht erkennbare Dickmaulrüssler *(siehe S. 299)* knabbern am Laub – im Vergleich zu ihren gefräßigen Larven im Boden sind sie jedoch völlig harmlos.

■ Am ehesten wird man dieser Plagegeister ansichtig, wenn man eine Kübelpflanze aus dem Behälter nimmt und den Wurzelballen ansieht. Wer eine der fetten, weißen Larven findet, sollte sie sofort vernichten und die Wurzel gut durchspülen. Man untersucht auch alle anderen Pflanzen, die aus dieser Kaufquelle stammen. (Die Perlen von Langzeitdüngern werden manchmal mit den Larven verwechselt. Man kann sie aber nicht zwischen den Fingern zerquetschen.) Sind die Rüsselkäfer einmal im Garten etabliert, wird man sie schwer wieder los. Im Freiland zerstören sie nicht gezielt einzelne Pflanzen, aber in Kübeln bleibt ihnen nichts anderes übrig. Bei jeder verkümmernden Kübelpflanze sollte man einmal gründlich

in die Erde schauen. Biologische Schädlingsbekämpfung mit Fadenwürmern ist nur bei Kübeln und auf Kleinflächen mit warmen leichten, aber feuchten Böden möglich. Auch alle Rüsselkäfer werden vernichtet – jedes Weibchen kann viele hundert Eier legen.

DRAHTWÜRMER

Diese Schnellkäferlarven sind besonders häufig, wo Wiesenflächen zu Acker umgebrochen wurden. Gewöhnlich bleibt das Problem sogar noch einige Jahre, nachdem das Land unter Kultur gebracht wurde, bestehen. Drahtwürmer fressen Wurzeln jeder Art, aber am meisten schädigen sie Sämlinge, deren Stängel sie unterirdisch zerfressen, und Wurzelgemüse, die sie durchtunneln. Die orangebraunen Tiere *(siehe unten)* besitzen drei stummelige Beinpaare am Thorax.

■ Wer Drahtwürmer im Garten hat, sollte einige Jahre weder Kartoffeln noch Möhren anbauen. Sollte das nicht machbar sein, verwendet man am besten frühe Sorten und erntet beizeiten; so hält sich der Schaden in Grenzen. Sämlinge kann man durch das sehr giftige Lindan-Pulver schützen.

ENGERLINGE

Engerlinge drehen sich C-förmig ein, wenn sie frei liegen. Daran erkennt man sie *(siehe gegenüberliegende Seite, unten)*. Als Larven verschiedener Käferarten, z. B. des Maikäfers, tragen sie drei Beinpaare am Vorderkörper. Sie fressen Wurzeln und sind Ursache für plötzliches Welken. In vielen Gegenden sind Engerlinge kaum ein Problem, in anderen nehmen sie wieder zu.

■ In Blumenbeeten kann man, wenn man

Die orangegelben Drahtwürmer bewegen sich langsam. Sie sind Käferlarven.

Eulenlarven sind erdfarben getarnt.

◁ DRAHTWÜRMER △ EULENRAUPEN

△ RÜSSELKÄFERLARVEN

SIEHE AUCH: Kranke oder befallene Wurzeln, S. 308–309

das Problem schnell erkennt, bei geringem Befall alle ausheben und zerquetschen. Aber starke Populationen, die unbemerkt unter Rasen leben, verursachen dort ausgedehnte gelbe Flecken. Spätestens wenn Saatkrähen, Elstern oder Rabenkrähen im Rasen nach ihnen suchen, weiß man Bescheid. Chemische oder biologische Mittel für den Hobbygärtner stehen nicht zur Verfügung, um Rasenschädlinge zu bekämpfen. Aber gute Pflege macht den Rasen widerstandsfähiger.

ERDRAUPEN

Erdraupen verursachen ähnliche Schäden wie Drahtwürmer *(siehe links)*. Allerdings handelt es sich hier nicht um Käferlarven, sondern um die Larven von Nachtfaltern (Eulenfaltern). Sie fressen im Bodenbereich an ausgekeimten Sämlingen oder Wurzelgemüse. Nachts kommen sie auch nach oben und nagen an Blättern.
■ Häufig treten sie nur einzeln auf. Dann gräbt man sie aus und zertritt sie. Vorbeugend kann man Pflanzlöcher und -reihen mit einem Insektizid behandeln, ähnlich wie bei Drahtwürmern. Das hilft aber nur gegen junge Larven, ältere Stadien sind resistent.

SCHNAKENLARVEN

Diese Rasenschädlinge, auch Wiesenwurm genannt, rufen gelbbraune Stellen hervor, wo sie sich im Untergrund durch die Grasrhizome gefressen haben. Diese Larven der Wiesenschnake schlüpfen aus Eiern, die im Spätsommer gelegt werden. Sie werden bis 4,5 cm lang und besitzen keinen deutlichen Kopf.

Engerlinge in der typischen eingerollten Form

△ ENGERLINGE

■ Man bekämpft sie wie Engerlinge *(siehe links)*. Bedeckt man den Rasen über Nacht mit einer schwarzen Polyethylenfolie, kommen sie hervor, und man kann sie am nächsten Morgen einsammeln. Dasselbe gilt nach starkem Regen oder einer kräftigen Wässerung.

TAUSENDFÜSSER

Tausendfüßer bevorzugen sich zersetzendes Material, beschädigen aber manchmal Sämlinge und, besonders lästig, Erdbeerfrüchte. Tausendfüßer tragen pro Segment zwei Beinpaare. Nicht verwechseln mit den nützlichen Hunderfüßern *(siehe S. 295)*, die räuberisch leben und nur ein Beinpaar pro Segment besitzen.
■ Eine Strohdecke um Erdbeerpflanzen hilft. In Kartoffeln richten sie selbst keinen Schaden an. Sie leben dort in Löchern, die Schnecken gefressen haben und die man stattdessen bekämpfen sollte. Sämlingsreihen kann man mit Lindan einpudern.

WÜHLMÄUSE

Weit verbreitete Nagetierart, die auch Erdratte, Moll- oder Schermaus genannt wird. Die fast rein vegetarisch lebenden Wühlmäuse fressen Blumenzwiebeln, Wurzeln von jungen Obstbäumen und Gartenstauden, Kartoffeln und Wurzelgemüse; zudem gefährden sie durch ihre unzähligen Gänge die Stabilität junger Bäume. Typische »Wühlmausbisse« hinterlassen auf der Pflanze schräge Riefen. Wühlmaushügel sind flacher als Maulwurfshügel, die Gänge hochoval und eher gerade, beim Maulwurf rund bzw. queroval und in Zickzack verlaufend.
■ Zum Schutz von Zwiebeln und Wurzeln setzt man diese in Drahtkörbchen (Plastik wird durchgebissen); sanfte Abschreckung erzielt man durch Pflanzung von Kreuzblättriger Wolfsmilch *(Euphorbia lathyris)*, Kaiserkrone, Hundszunge und Steinklee, deren Gerüche die Nager nicht mögen. Auch sollen bestimmte Geräusche sie vertreiben, z. B. Schläge gegen ein in den Boden gerammtes Eisenrohr. Wer zudem eine gut »mausende« Katze besitzt, kann sicher sein, dass diese das Problem auf natürliche Weise in den Griff bekommt.

SCHÄDLINGE AN ZWIEBELN

ÄLCHEN

Einige Älchen fressen an Wurzeln *(siehe S. 309)*, aber manche auch an den Zwiebeln von Narzissen und Speisezwiebeln und verursachen so Wachstumsstörungen. Im Querschnitt erkennt man braune Ringe.
■ Der Befall ist nicht heilbar. Man kauft Zwiebelgewächse nur bei zuverlässigen Fachhändlern. Zwiebelälchen verhindert man durch Fruchtwechsel. Narzissenälchen wird man schwer wieder los. Sie können verwilderte Bestände völlig ruinieren, aber es gibt keine Alternative zum Vernichten aller befallenen Knollen.

GROSSE NARZISSENFLIEGE

Die Larven dieser Bremsenverwandten fressen das Innere von Narzissen- und *Hippeastrum*-Knollen *(siehe unten)*.
■ Eine chemische Bekämpfung ist nicht möglich, man kann aber wertvolle Frühlingsblüher durch Anhäufeln von Erde nach der Blüte bis über die Knollen oder Verwendung eines Vlieses schützen, um die Eiablage am Zwiebelhals zu verhindern. Die Pflanze muss bis zum Mittsommer geschützt werden. Im Schatten oder an windigen Stellen sind Pflanzen weniger gefährdet.

MÄUSE UND ANDERE NAGETIERE

Krokusknollen zählen wie ungekeimte Erbsen-, Bohnen- und Maissamen zu den Lieblingsspeisen von Mäusen. Meist werden jedoch die jungen Triebspitzen von Krokussen und Gemüsen angenagt.
■ Neben der tradionellen Mausefalle gibt es inzwischen auch Lebendfallen, aber Mäuse müssen weit genug entfernt ausgesetzt werden: Sie finden über mehr als einen Kilometer Entfernung den Weg zurück. Man drückt nach dem Setzen von Krokussen das Erdreich gut an, damit die Mäuse sie nicht finden. Auch feinmaschiger Draht als Abdeckung kann helfen.

Die Larven der Narzissenfliege fressen das Zwiebelherz und töten sie damit ab.

△ GROSSE NARZISSENFLIEGE

SIEHE AUCH: Kranke oder befallene Wurzeln, S. 308–309

TEIL 3

Pflanzen im Jahreskreis

GANZJÄHRIG INTERESSANTE PFLANZEN 1

STRUKTUR GEBENDE PFLANZEN

SASA VEITCHII

✳✳✳ ↕ 1–2 m ↔ unbegrenzt

Dieser winterharte Bambus besitzt aufrechte Triebe mit weiß berandeten Blättern. Er eignet sich gut für sehr schattige Standorte, sollte aber mit Kübel eingepflanzt werden, sonst wuchert er zu sehr.

SAMBUCUS NIGRA ›GUINCHO PURPLE‹

✳✳✳ ↔ 6 m

Dieser dunkelblättrige Schwarze Holunder – ein schnellwüchsiger Laubstrauch – verleiht naturnahen Gärten zusätzlich Struktur. Den rosa Schirmrispen folgen glänzende schwarze Früchte.

BETULA PENDULA ›TRISTIS‹

✳✳✳ ↕ 25 m ↔ 10 m

Die elegante Trauerbirke mit ungewöhnlicher, sich schälender Rinde und darunter leuchtend weißem Stamm hat im Frühjahr gelbbraune Kätzchen und später im Jahr attraktives Herbstlaub.

BERBERIS THUNBERGII ›RED PILLAR‹

✳✳✳ ↔ 1,5 m

Diese Berberitze mit violettrotem Laub gibt eine attraktive Hecke ab. Im Lauf der Jahre wird der Wuchs offener. Um schöne Herbsttöne zu erhalten, setzt man sie am besten an sonnige Standorte.

COTINUS COGGYGRIA ›NOTCUTT'S VARIETY‹

✳✳✳ ↔ 5 m

Der Perückenstrauch ist ein Laub abwerfender Strauch mit violettrosa Blütenständen, deren federartige Struktur ihm den Namen gab. Die violettroten Blätter bilden einen interessanten Farbkontrast.

CRYPTOMERIA JAPONICA

✳✳✳ ↕ bis 25 m ↔ bis 6 m

Die Sicheltanne wächst zu einem hohen konischen Baum heran, der wegen seiner roten Rinde und der Zapfen geschätzt wird. Er muss nur wenig geschnitten werden, um seine Form zu behalten.

PHORMIUM ›BRONZE BABY‹

✳✳ ↔ 60–80 cm

Neuseeländer Flachs mit immergrünen schwertförmigen Blättern bietet sich besonders für küstennahe Gärten und große Kübel an. ›Bronze Baby‹ ist eine Zwergform mit bronzeroten Blättern.

FATSIA JAPONICA
✳✳ ↕↔ 1,5–4 m

In Kübeln in Innenhöfen oder Stadtgärten kommt die immergrüne Zimmeraralie gut zur Geltung; große glänzende Blätter und die im Herbst erscheinenden Blüten akzentuieren jede dunkle Ecke.

ACER NEGUNDO ›FLAMINGO‹
✳✳✳ ↕ 15 m ↔ 10 m

Dem schnellwüchsigen Eschenahorn wächst im Frühling großes, buntes Laub, das im Herbst abfällt. Er mag sonnige Standorte; bei regelmäßigem Rückschnitt bleibt er relativ klein.

AUCUBA JAPONICA ›CROTONIFOLIA‹
✳✳✳ ↕↔ 3 m

Die Aukube, einen robusten immergrünen Strauch mit roten Beeren, kann man an Problemstandorte wie schattige Stellen, Gebiete mit hoher Luftverschmutzung oder küstennahe Gärten pflanzen.

PRUNUS × SUBHIRTELLA ›PENDULA RUBRA‹
✳✳✳ ↕↔ 8 m

Diese hübsche Hängezierkirsche hat schlanke, hängende Äste, an denen im Frühling dunkelrosa Blüten erscheinen. Das Laub, das erst später erscheint, färbt sich im Herbst vor dem Abfallen gelb.

MALUS × ROBUSTA ›RED SENTINEL‹
✳✳✳ ↕↔ 7 m

Eine recht beliebte Zierapfelart, sowohl auf Grund der duftenden Blüten als auch der im Herbst lange haltenden Äpfel, die dunkelrot glänzen. Ideal zur Einzelstellung in kleinen Gärten.

WEITERE ZIERÄPFEL

MALUS BACCATA VAR. *MANDSCHURICA*
Rundlicher Baum; duftende Blüten im Frühling

M. FLORIBUNDA
Zuverlässiger Zierapfel; rosa Blüten im Frühling

M. HUPEHENSIS
Wuchsfreudig; duftende, weiße Blüten im Frühling

M. ›JOHN DOWNIE‹
Essbare Holzäpfel im Herbst; weiße Blüten im Frühling

M. × MOERLANDSII ›PROFUSION‹
Purpurrosa Blüten im Frühling

M. TORINGO ›PROFESSOR SPRENGER‹
Weiße Blüten im Frühling

M. TORINGO VAR. *SARGENTII*
Lange haltbare, dunkelrote Herbstfrüchte

M. × ZUMI ›GOLDEN HORNET‹
Große, rosa überhauchte, weiße Blüten im Mai

GANZJÄHRIG INTERESSANTE PFLANZEN 2

STRUKTUR GEBENDE PFLANZEN (FORTSETZUNG)

LIGUSTRUM OBTUSIFOLIUM

✴✴✴ ↕ 3 m ↔ 4 m

Dieser japanische Liguster lässt sich als Hecke oder
wuchernder Strauch ziehen. Den teilweise unangenehm riechenden Blüten folgen im Herbst
schwarze Beeren. Gut für Kalkböden.

YUCCA GLORIOSA

✴✴ ↕↔ 2 m

Mit ihren schwertförmigen immergrünen Blättern
eignet sich die Palmlilie hervorragend als Solitär-
pflanze für große Kübel an sehr sonnigen Standorten. Die Blüten erscheinen ab Spätsommer.

SKIMMIA JAPONICA ›BRONZE KNIGHT‹

✴✴✴ ↕↔ bis 6 m

Dieser immergrüne Strauch mit ganzjährig
glänzendem Laub und dunkelroten Knospen
im Winter bevorzugt Schatten, gedeiht aber
fast überall und braucht kaum Pflege.

COTONEASTER FRIGIDUS ›CORNUBIA‹

✴✴✴ ↕↔ 6 m

Diese wuchsfreudige halbimmergrüne Felsenmispel
bildet eine Strauchhecke mit weißer Blüte, später
einer Fülle roter Beeren. Einige Blätter färben sich
im Winter bronzerot. Verträgt kräftigen Schnitt.

TAXUS BACCATA ›REPENS AUREA‹

✴✴✴ ↕↔ 1–1,5 m

Eiben gedeihen selbst bei trockenen Böden und
hoher Luftverschmutzung. ›Repens Aurea‹, als
attraktive Hecken- oder Einzelpflanze, hat
goldgelb berandete Nadeln.

ACER PALMATUM VAR. *DISSECTUM*
DISSECTUM-ATROPURPUREUM-GRUPPE

✴✴✴ ↕ 2 m ↔ 3 m

Dieser schlitzblättrige Ahorn ist ein kleiner Strauch
mit purpurroten, fein zerteilten Blättern, die sich
vor dem Abfallen im Herbst goldgelb verfärben.

PYRACANTHA ›MOHAVE‹
✻✻ ↕ 4 m ↔ 5 m
Feuerdorn, wuchsfreudig und pflegeleicht mit
leuchtend roten, lange haltbaren Beeren, eignet
sich als Beetpflanze. zur Einzelstellung und als
Hecke. Es gibt auch winterharte Sorten.

SORBUS SARGENTIANA
✻✻✻ ↕↔ 10 m
Mit weißen Schirmrispen und gefiederten Blättern
bereichert diese Eberesche jeden kleineren Garten.
Sie bevorzugt feuchte, aber gut durchlässige Böden
und gedeiht auch bei starker Luftverschmutzung.

CRATAEGUS LACINIATA
✻✻✻ ↕↔ 6 m
Weißdorn wächst auch in windexponierten und
küstennahen Lagen. Er bringt im Mai Schirmrispen
mit weißen Blüten hervor, denen runde, orangerote Beeren folgen. Schön zur Einzelstellung.

ILEX AQUIFOLIUM ›PYRAMIDALIS
AUREOMARGINATA‹
✻✻✻ ↕ 6 m ↔ 5 m
Diese Stechpalme, ein Strauch oder kleiner Baum
mit golden berandeten Blättern und im Herbst
einer Fülle roter Beeren, sollte in der Sonne stehen.

PYRUS SALICIFOLIA ›PENDULA‹
✻✻✻ ↕ 5 m ↔ 4 m
Mit schlanken graugrünen Blättern und anmutig
hängenden Zweigen erinnert diese Birne an eine
kleine Weide. Schöner Zierbaum für Einzelstellung
auf einem Rasen; erträgt auch Luftverschmutzung.

WEITERE STECHPALMEN

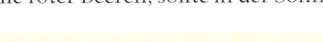

I. AQUIFOLIUM
Die einheimische Stechpalme; im atlantischen Klima-
bereich auch als Heckenpflanze geeignet

I. AQUIFOLIUM ›FEROX ARGENTEA‹
Schwach wachsender, sehr stacheliger Strauch;
cremeweiß berandete Blätter

I. AQUIFOLIUM ›MADAME BRIOT‹
Hoher Strauch (guter Windschutz!); dunkelgrüne
Blätter mit goldgelbem Rand; leuchtend rote Beeren
vom Herbst bis zum Winter

I. CORNUTA ›BURFORDII‹
Rundlicher Strauch; zahlreiche rote Beeren im Herbst

I. CRENATA ›CONVEXA‹
Dichter, breiter Strauch; schwarze Beeren im Herbst

I. × MESERVEAE ›BLUE PRINCESS‹
Kreuzung aus *I. aquifolium* und *I. rugosa*; dunkelblaugrüne
Blätter

SEMIARUNDINARIA FASTUOSA
✻✻✻ ↕ bis 7 m ↔ 2 m
Hoher, aufrecht wachsender Bambus, der Beete
höher wirken lässt, aber auch als Solitär sehr schön
wirkt. Besonders seine jungen Bambusrohre zeigen
violettbraune Streifen. Kann stark wuchern.

CORDYLINE AUSTRALIS ›VARIEGATA‹
✻ ↕ 3–10 m ↔ 1–4 m
Die Keulenlilie ist eine schöne Pflanze mit langen
spitzen, cremeweiß gestreiften Blättern. Kommt in
Innenhöfen und Wintergärten besonders schön
zur Geltung. Muss frostfrei überwintern.

DAUERBLÜHER

SONNIGE LAGEN	SONNE ODER SCHATTEN

CERASTIUM TOMENTOSUM
✳ ✳ ✳ ↕ 5–8 cm ↔ unbegrenzt
Die Polster des Filzigen Hornkrauts eignen sich gut
für trockene, sonnige Standorte – etwa Gartenmauern und Steingärten – sowie als Bodendecker.
Ab Mai erscheinen zahlreiche Blüten.

ANTHEMIS ›GRALLAGH GOLD‹
✳ ✳ ✳ ↕↔ 60–90 cm
Färberkamille blüht den ganzen Sommer, z. B.
in einer gemischten Rabatte, und hält auch als
Schnittblume lange. Starker Rückschnitt nach
der Blüte sorgt für kräftigen Wuchs im Folgejahr.

CAMPANULA CARPATICA
›BRESSINGHAM WHITE‹
✳ ✳ ✳ ↕ bis 15 cm ↔ bis 60 cm
Die niedrige, sich ausbreitene Karpatenglocken-
blume trägt von Sommer bis Herbst große Blüten.
Ideal für sonnige Standorte, z. B. Steingärten.

AJUGA REPTANS ›BRAUNHERZ‹
✳ ✳ ✳ ↕ 15 cm ↔ 60–90 cm
Der immergrüne Kriechende Günsel eignet sich
als bunter Bodendecker für schattige Ecken. Er gedeiht in den meisten Böden, solange diese feucht
sind. Blüten erscheinen von Frühling bis Sommer.

ALCHEMILLA MOLLIS
✳ ✳ ✳ ↕ 60 cm ↔ 75 cm
Frauenmantel ist nicht nur ein guter Bodendecker,
sondern auch eine attraktive Schnittblume. Nützliche Pflanze für Schattenzonen, die sich auch selbst
aussät und den ganzen Sommer lang blüht.

VINCA MINOR ›VARIEGATA‹
✳ ✳ ✳ ↕ 10–20 cm ↔ unbegrenzt
Diese cremeweiß panaschierte Sorte des Kleinen
Immergrüns blüht am besten in der Sonne (von
April bis Herbst). Guter Bodendecker; Rückschnitt
im März, damit es sich nicht zu sehr ausbreitet.

POLYGONUM AMPLEXICAULE ›FIRETAIL‹
✿ ✿ ✿ ↕↔ bis 1,2 m

Da Knöterich feuchte Standorte mag, ist er optimal für Sumpfbeete oder Teichränder. Die Blüten erscheinen von Sommer bis Frühherbst an langen Stielen, die sich über dichte Blattbüschel erheben.

PHYGELIUS × RECTUS ›MOONRAKER‹
✿ ✿ ↕↔ bis 1,5 m

Diese nicht winterharte immergrüne Kapfuchsie kann in unserem Klima als Rabattenstaude gezogen werden. Sie blüht mit großen Blüten an langen Rispen vom Sommer bis zum Herbst.

TIARELLA WHERRYI
✿ ✿ ✿ ↕ bis 20 cm ↔ bis 15 cm

Die Schaumblüte gedeiht am besten an schattig-feuchten Standorten. Ihre Blütentrauben sprießen im Frühling. Schwachwüchsige Art, die einen hübschen Bodendecker unter Gehölzen abgibt.

GERANIUM MACRORRHIZUM
›BEVAN'S VARIETY‹
✿ ✿ ✿ ↕ 50 cm ↔ 60 cm

Mit kleinen Blüten und duftendem Laub bietet sich dieser Storchschnabel als Bodendecker für Schattenlagen, Gehölzecken und naturnahe Gärten an.

SYMPHYTUM CAUCASICUM ›GOLDSMITH‹
✿ ✿ ✿ ↕↔ 60 cm

Dieser Beinwell mit panaschiertem Laub eignet sich gut für Schatten, auch unter Hecken. Rote Knospen öffnen sich im Frühling zu hellblauen, cremeweißen oder rosafarbenen nickenden Blüten.

NEPETA ›SIX HILLS GIANT‹
✿ ✿ ✿ ↕ bis 90 cm ↔ 60 cm

Die wuchsfreudige Katzenminze, deren Duft auf Katzen unwiderstehlich wirkt, bringt den ganzen Sommer eine Fülle von Blüten hervor, die besonders in gemischten Rabatten zur Geltung kommen.

WEITERE STORCHSCHNABEL

G. ›ANN FOLKARD‹
Magentarote Blüten von Juli bis zum Herbst

G. HIMALAYENSE
Blaue Blütenfülle im Juni, schwächer bis zum Herbst

G. NODOSUM
Nützlicher Bodendecker in trockenen Schattenbereichen; rosaviolette Blüten von Mai bis zum Herbst

G. × OXONIANUM ›WARGRAVE PINK‹
Wuchsfreudig; lachsrosa Blüten von Frühling bis Herbst

G. PRATENSE ›KASHMIR WHITE‹
Große, rosa geäderte weiße Blüten den ganzen Sommer

G. PSILOSTEMON
Leuchtend magentarote Blüten den ganzen Sommer

G. SANGUINEUM ›ALBUM‹
Schneeweiße Blüten während des ganzen Sommers

G. SANGUINEUM VAR. STRIATUM
Kompakter Wuchs; rosa Blütenfülle im ganzen Sommer

EUPHORBIA PALUSTRIS
✿ ✿ ✿ ↕↔ 90 cm

Sumpfwolfsmilch, eine robuste Staude mit schmalen, im Herbst orangegelben Blättern, mag sonnige Bereiche mit feuchtem Boden, etwa Uferzonen. Bei Rückschnitt im Frühjahr kompakterer Wuchs.

LAMIUM ORVALA
✿ ✿ ✿ ↕ bis 60 cm ↔ 30 cm

Die gezackten Blätter dieser dicht buschigen Taubnessel bilden einen grünen Hintergrund für die Blüten, die von Mai bis Sommer erscheinen. Eignet sich auch als Bodendecker.

BLATTSCHMUCK FÜR JEDE JAHRESZEIT 1

KLETTERPFLANZEN

BEETE UND RABATTEN

HUMULUS LUPULUS ›AUREUS‹
✳✳✳ ↕↔ 6 m
Diese wuchsfreudige Schlingpflanze ist eine gold-
blättrige Form des beim Brauen verwendeten
Hopfens. Die großen Blätter entwickeln an sonnigen Standorten eine besonders schöne Färbung.

HEDERA HELIX ›ANNE MARIE‹
✳✳ ↕↔ 1,2 m
Dieser selbst klimmende Efeu hat graugrüne,
cremeweiß berandete Blätter. Er ist nicht völlig
winterhart; für rauere Lagen stehen jedoch
andere panaschierte Efeu-Sorten zur Verfügung.

ACTINIDIA KOLOMIKTA
✳✳✳ ↕↔ 5 m oder mehr
Der Strahlengriffel, nahe verwandt mit der Kiwi, ist
eine Laub abwerfende Schlingpflanze mit duftenden
weißen Blüten im Juni. Das erst violett überhauchte Laub wird später oberseits weiß und rosa.

PHYLLITIS SCOLOPENDRIUM ›CRISPA‹
✳✳✳ ↕ 45–70 cm ↔ 60 cm
Der immergrüne Hirschzungenfarn braucht zum
Wachsen Feuchtigkeit und Schatten, z. B. in einer
Gehölzecke. Die langen gekräuselten Wedel wirken
in gemischten Rabatten besonders eindrucksvoll.

WEITERE FARNE

BORSTIGER SCHILDFARN (*POLYSTICHUM SETIFERUM*
DIVISILOBUM-GRUPPE)
Dreifach gefiederte, leuchtend grüne Wedel; benötigt
durchlässige Böden

BRAUNER STREIFENFARN (*ASPLENIUM TRICHOMANES*)
Schlanke, immergrüne Wedel, schwarze Mittelrippe,
rundliche Fiederblättchen; anmutig, aber robust

FRAUENHAARFARN (*ADIANTUM PEDATUM*)
Sommergrün; fischgrätartige Wedel, drahtige Mittelrippe

GOLDSCHUPPENFARN (*DRYOPTERIS AFFINIS*)
Leuchtend grüne, tief geteilte, halbimmergrüne Wedel;
trichterförmiger Wuchs; auch für alkalische Böden

TÜPFELFARN (*POLYPODIUM CAMBRICUM*)
Bis zum Spätwinter frische, grüne Wedel

WIMPERFARN (*WOODSIA POLYSTICHOIDES*)
Tief geteilte, hellgrüne Wedel; bildet kleine Büschel;
ideal für Mauern oder Felsspalten; spätfrostgefährdet.

ELAEAGNUS × EBBINGEI ›GILT EDGE‹
✳✳✳ ↕↔ 4 m
Diese rundliche oder breitwüchsige immergrüne
Ölweide mit panaschiertem Blatt gedeiht gut an
windexponierter Stelle. Bevorzugt sonnige Standorte und verträgt auch relativ trockene Böden.

ARTEMISIA ARBORESCENS ›POWIS CASTLE‹
✳✳ ↕ 60 cm ↔ 90 cm
In jedem Beet bildet das fedrige Blattwerk dieses
Zwergstrauchs einen schönen Kontrast. Man kann
im Herbst Stecklinge für den Fall schneiden, dass
der Beifuß den Winter nicht überstehen sollte.

RHEUM PALMATUM ›BOWLES' CRIMSON‹
✳✳✳ ↕ bis 2,5 m ↔ bis 1,8 m
Der Zierrhabarber hat große, eindrucksvolle
Blätter und dunkelrote Blüten im Frühsommer.
Da er tiefe, feuchte Böden benötigt gedeiht er am
besten in der Nähe von Wasser oder Gehölzecken.

CYNARA CARDUNCULUS
✳✳✳ ↕ 1,5 m ↔ 1,2 m

Die Cardone ist eine hohe elegante, distelähnliche
Staude, die in einer gemischten Rabatte besonders
imposant wirkt. Die herbstlichen violetten Blütenköpfe geben gute Schnitt- und Trockenblumen ab.

ATRIPLEX HORTENSIS VAR. *RUBRA*
✳ ↕ 1,2 m ↔ 30 cm

Die spinatverwandte Gartenmelde, eine Einjährige,
hat violettrotes Blattwerk und dunkelrote Blüten.
Sehr kontrastreich in sommerlichen Rabatten,
besonders zu Silbertönen.

FOENICULUM VULGARE ›PURPUREUM‹
✳✳✳ ↕ 1,8 m ↔ 45 cm

Die fein zerteilten, nach Anis duftenden Blätter
dieser Fenchel-Sorte sind bronzeviolett. Im Sommer
erscheinen flache gelbe Blütendolden. Benötigt
sonnige Standorte mit durchlässigem Boden.

MELISSA OFFICINALIS ›AUREA‹
✳✳✳ ↕ 60–120 cm ↔ 30–45 cm

Die gelb gesprenkelten Blätter der Melisse duften
beim Zerreiben nach Zitronen. Sie übersteht auch
kurze Trockenperioden und sollte im Juni zurückgeschnitten werden, damit sich neue Triebe bilden.

STACHYS BYZANTINA ›SILVER CARPET‹
✳✳✳ ↕ 45 cm ↔ 60 cm

Diese Wollziest-Sorte mit rosettenartig angeordneten, dicken runzligen silbergrauen Blättern, die für
Mehltau anfällig sein können, blüht nicht. Benötigt sonnige Standorte, auch gut als Bodendecker.

BLATTSCHMUCK FÜR JEDE JAHRESZEIT 2

BRACHYGLOTTIS ›SUNSHINE‹
✳ ✳ ✳ ↕ 1,5 m ↔ 2 m

Dieser buschige immergrüne Strauch (früher zu
Senecio gestellt) hat Blätter mit gewelltem Rand
und weißem Flaum sowie leuchtend gelbe Korbblüten. Er eignet sich gut für küstennahe Gärten.

HOSTA ›GOLDEN TIARA‹
✳ ✳ ✳ ↕ 30 cm ↔ 50 cm

Funkien sind an feucht-schattige Standorte wie Gehölzecken oder Sumpfgärten angepasst, müssen
aber vor Schneckenfraß geschützt werden. Diese
Sorte trägt im Sommer dunkelviolette Blütenähren.

WEITERE FUNKIEN

H. ›BLUE ANGEL‹
Blaugraue, 40 cm lange Blätter; weiße Blüte

H. CRISPULA
Dunkelgrüne Blätter mit unregelmäßigem weißen Rand

H. FORTUNEI VAR. *AUREOMARGINATA*
Auffällig geäderte Blätter mit gelbem Rand

H. ›FRANCEE‹
Sehr runzlige, blaugrüne Blätter mit weißem Rand

H. ›GOLD STANDARD‹
Gelbgrüne Blätter; lavendelblaue Blüten im Sommer

H. PLANTAGINEA GRANDIFLORA
Gewellte Blätter; duftende Blüten im August

H. ›SUM AND SUBSTANCE‹
Gelbgrüne Blätter; sonnige bis halbschattige Standorte

H. VENUSTA
Dunkelgrüne Blätter; violette Blüten im Sommer und
Herbst

GUNNERA MANICATA
✳ ✳ ✳ ↕ 2,5 m ↔ 3–4 m

Diese große Staude wird vor allem wegen der
riesigen Blätter gezogen (bis zu 2 m Durchmesser).
Das Mammutblatt benötigt viel Platz und feuchte
Böden, z. B. an Ufern. Winterschutz empfohlen.

BALLOTA PSEUDODICTAMNUS
✳ ✳ ✳ ↕ 45 cm ↔ 60 cm

Dieser Gottvergess, ein immergrüner Zwergstrauch
mit gelblich grünen Blättern, gedeiht auf sehr trockenen Böden. Guter Bodendecker für Rabatten.
Buschiger Wuchs durch Rückschnitt im Frühjahr.

ORIGANUM VULGARE ›AUREUM‹
✳ ✳ ✳ ↕ 30–90 cm ↔ bis 30 cm

Oregano mit aromatischen gelben Blättern. Die
rosafarbenen Blütenstände erscheinen im Spätsommer an den buschigen niedrigen Pflanzen. Gut
als dekorative Ergänzung von Kräutergärten.

CAREX ELATA ›AUREA‹
✳ ✳ ✳ ↕ bis 70 cm ↔ 45 cm

Diese sommergrüne Segge bildet große Horste und
wird wegen der prächtigen gelben Blätter geschätzt.
Sie benötigt einen sonnigen oder halbschattigen,
unbedingt feuchten bis nassen Standort.

PACHYSANDRA PROCUMBENS
✳ ✳ ✳ ↕ 20 cm ↔ unbegrenzt

Das Dickmännchen ist eine halbimmergrüne
Staude mit üppigem attraktivem Laub, die sich
bestens als Bodendecker im Schatten eignet. Jährlich zurückschneiden, sonst wuchert es zu sehr.

KÜBELPFLANZEN

SALVIA OFFICINALIS ›TRICOLOR‹
✳ ✳ ✳ ↕ bis 80 cm ↔ 1 m
Eine Salbei-Sorte mit fliederblauen Blüten im Juli und graugrünen aromatischen Blättern, die creme- und rosafarben bis violett gemustert sind. Die Färbung entwickelt sich eher an sonnigen Standorten.

OSMUNDA REGALIS
✳ ✳ ✳ ↕ 2 m ↔ 4 m
Der sommergrüne Königsfarn braucht ständig feuchte Böden. Seine leuchtend grünen, bis zu 1 m langen Wedel werden im Sommer von Blättern mit troddelartigen braunen Sporangien begleitet.

LYSIMACHIA NUMMULARIA ›AUREA‹
✳ ✳ ✳ ↕ bis 5 cm ↔ unbegrenzt
Goldblättriges Pfennigkraut ist eine wuchsfreudige, immergrüne Pflanze mit gelben Blättern, die einen schmucken Teppich bilden. Im Sommer kommen leuchtend gelbe, becherförmige Blüten.

SEMPERVIVUM TECTORUM
✳ ✳ ✳ ↕ 15 cm ↔ 50 cm
Die an der Spitze bestachelten Blätter der Hauswurz bilden immergrüne Rosetten, die nach der Blüte der violettroten Blüten absterben und durch Tochterrosetten ersetzt werden. Gut für Tröge.

HELICHRYSUM PETIOLARE ›LIMELIGHT‹
✳ ↕ bis 50 cm ↔ 2 m oder mehr
Die leuchtend lindgrünen Blätter der Strohblume bilden einen schönen Hintergrund für kräftige Farben wie Violett oder Dunkelblau. Hervorragend für Blumenampeln oder Kübel geeignet.

HEDERA HELIX ›SPETCHLEY‹
✳ ✳ ✳ ↕↔ 15 cm
Dieser sehr kompakte Efeu hat sehr kleine dunkelgrüne Blätter und kommt als Zimmerpflanze oder im Kübel gut zur Geltung, gibt aber auch einen dekorativen immergrünen Bodendecker ab.

AEONIUM ›ZWARTKOP‹
❀ ↕↔ bis 2 m
Schöne Sukkulente mit endständigen Rosetten aus fleischigen Blättern, in deren Mitte im Mai gelbe Blüten erscheinen. Am besten im Topf kultivieren und im Haus bei über 10 °C überwintern.

SENECIO BICOLOR ›SILVER DUST‹
✳ ✳ ↕↔ 30 cm
Die immergrüne Zinerarie zeichnet sich durch zerteilte weißfilzige Blätter aus. Wenn sie den Winter übersteht, bringt sie im zweiten Jahr gelbe Blüten hervor. Gut für warme, sonnige Standorte.

WINTER BIS MÄRZ 1

MAUERN

BEETE UND RABATTEN

JASMINUM NUDIFLORUM
✳ ✳ ✳ ↕↔ 3 m

Winterjasmin öffnet den gesamten Winter über bei mildem Wetter an nackten Zweigen seine gelben Blüten. Problemlos an einer Mauer (auch in Nordlage) kultivierbar. Rückschnitt nach der Blüte.

CLEMATIS ARMANDII
✳ ✳ ↕ 3–5 m ↔ 2–3 m

Wuchsfreudige immergrüne Kletterpflanze mit glänzend grünen Blättern und schönen Blüten im Frühling. Nur für mildes Klima und geschützten Platz, z. B. vor Südmauer. Schnittgruppe 1 *(siehe S. 114)*.

GARRYA ELLIPTICA
✳ ✳ ↕↔ 4 m

Dieser immergrüne, nur in milden Lagen winterharte Strauch kommt im Winter gut zur Geltung, wenn die langen graugrünen Kätzchen erscheinen. Eignet sich gut als Bepflanzung vor einer Mauer.

ERANTHIS HYEMALIS
✳ ✳ ✳ ↕ 5–8 cm ↔ 5 cm

Da der Winterling feuchte Waldstandorte bevorzugt, darf der Boden auch im Sommer nie ganz austrocknen. Unter Laubbäumen bildet er nach einigen Jahren ab Februar einen Blütenteppich aus.

SALIX ACUTIFOLIA ›BLUE STREAK‹
✳ ✳ ✳ ↕ 10 m ↔ 12 m

Diese schlanke überhängende Weide pflanzt man wegen der blauschwarzen, bereiften Wintertriebe. Alle drei Jahre stark zurückschneiden, damit sie die Farbe und den kompakten Wuchs behält.

LONICERA × PURPUSII ›WINTER BEAUTY‹
✳ ✳ ✳ ↕ 2 m ↔ 2,5 m

Das winterblühende Geißblatt – ein Laub abwerfender bzw. halbimmergrüner Strauch – hat intensiv duftende, weiße Blüten mit gelben Staubbeuteln, die je nach Wetter von Februar bis April erscheinen.

CORNUS MAS
✳ ✳ ✳ ↕↔ 5 m

Die Kornelkirsche ist ein Laub abwerfender Strauch bzw. Kleinbaum mit violettrotem Herbstlaub, dessen Blüten ab Februar an kahlen Zweigen erscheinen. Sie wächst an vielen Standorten gut.

WEITERE HARTRIEGEL

C. ALBA ›AUREA‹
Dunkelrote Triebe (im Winter); gelbe Blätter

C. ALBA ›ELEGANTISSIMA‹
Rote Triebe (im Winter); graugrüne Blätter mit ungleichmäßigen weißen Rändern

C. ALBA ›SPAETHII‹
Rote Triebe (im Winter); gelb berandete Blätter

C. ›ASCONA‹
Violette Triebe (im Winter); farbenprächtiges Herbstlaub

C. MAS ›AUREA‹
Gelbe Blüten im Spätwinter; Blätter im Austrieb gelb

C. MAS ›VARIEGATA‹
Kompakter Strauch; gelbe Blütenfülle im Februar, gefolgt von roten Früchten; weiß berandete Blätter

C. STOLONIFERA ›FLAVIRAMEA‹
Wuchsfreudiger Strauch; gelbgrüne Triebe (im Winter); weiße Blüten im Mai; rotes Herbstlaub

BERGENIA × SCHMIDTII
✳✳✳ ↕ 30 cm ↔ 50 cm

Eine wuchsfreudige Staude mit Rosetten aus
ledrigen Blättern und rosa Blüten ab März. Sie ist
ein schöner Bodendecker für feuchte Böden im
Halbschatten, jedoch anfällig für Schneckenfraß.

CYCLAMEN COUM
✳✳✳ ↕ 5–8 cm ↔ 10 cm

Das Alpenveilchen gedeiht im Halbschatten auf
durchlässigen Böden. Die weißen Blüten mit dem
dunkelkarminroten Schlund erscheinen ab März
über herzförmigen, silber gefleckten Blättern.

VIBURNUM × BODNANTENSE ›DAWN‹
✳✳✳ ↕ 3 m ↔ 2 m

Der Winterschneeball bringt je nach Wetter von
November bis März an kahlen Zweigen duftende
dunkelrosa Blüten hervor, die zu zartem Rosaweiß
verblassen. Blätter im Austrieb bronzefarben.

SARCOCOCCA HOOKERIANA VAR. DIGYNA
✳✳✳ ↕ 1,5 m ↔ 2 m

Die Fleischbeere ist ein pflegeleichter Strauch mit
im Austrieb rosavioletten Trieben und ab Februar,
selten bereits davor, duftenden rosa überhauchten,
weißen Blüten, denen schwarze Beeren folgen.

MAHONIA AQUIFOLIUM
✳✳✳ ↕ 1 m ↔ 1,5 m

Die Mahonie ist ein robuster, vielseitiger Strauch,
der fast überall gedeiht. Man pflanzt sie vor allem
wegen ihrer stachligen glänzenden, immergrüner
Blätter, die sich im Winter violettrot verfärben.

WINTER BIS MÄRZ 2

CORNUS SANGUINEA ›WINTER BEAUTY‹
✳✳✳ ↕ 3 m ↔ 2,5 m
Der Blutrote Hartriegel – ein Strauch von aufrechtem Wuchs – bildet leuchtend rote junge Triebe,
die Gärten im Winter Farbe verleihen, besonders,
wenn man ihn im Frühling stark zurückschneidet.

GALANTHUS NIVALIS ›ATKINSII‹
✳✳✳ ↕ 20 cm ↔ 8 cm
Dieses Schneeglöckchen bringt von Februar bis
März nickende weiße Blüten hervor. Geeignet
zum Verwildern unter Bäumen und Sträuchern,
in gemischten Rabatten sowie in Rasenflächen.

ERICA CARNEA ›SPRINGWOOD WHITE‹
✳✳✳ ↕ 20–25 cm ↔ bis 55 cm
Die Schneeheide ist ein flacher ausgebreiteter
Strauch mit duftenden immergrünen, nadel-
artigen Blättern und weißen Blütenglocken ab
Februar. Sehr wuchsfreudig und zuverlässig.

HAMAMELIS × INTERMEDIA ›JELENA‹
✳✳✳ ↕↔ 4 m
Die Zaubernuss trägt von Januar bis März spinnen-
förmige Blüten an kahlen Zweigen. Die großen
Blätter färben sich im Herbst, ehe sie abfallen,
orange und rot. Gedeiht auch auf Kalkböden.

HELLEBORUS LIVIDUS
✳✳✳ ↕ bis 1,2 m ↔ 90 cm
Diese Christrose kommt am besten in Gruppen zur
Geltung und braucht leicht schattige nährstoff-
reiche Standorte. Ungewöhnliche apfelgrüne Blüten erscheinen ab März zwischen ledrigen Blättern.

CHIMONANTHUS PRAECOX ›GRANDIFLORUS‹
✳✳✳ ↕ 4 m ↔ 3 m
Die Winterblüte ist ein schwach wachsender,
breitwüchsiger Strauch mit duftenden Blüten ab
Februar noch vor den Blättern. Benötigt sehr
sonnige Standorte mit nährstoffreichem Boden.

PIERIS JAPONICA ›FIRECREST‹
✳✳ ↕ 4 m ↔ 2 m
Die dunkelgrünen, im Austrieb leuchtend roten
Blätter dieses immergrünen Strauchs sollten vor
Frost geschützt werden. Ab März stehen die Blüten
der Lavendelheide in Rispen an den Triebspitzen.

KÜBELPFLANZEN

NARCISSUS ›GRAND SOLEIL D'OR‹
✳ ✳ ↕ 45 cm ↔ 10 cm

Frühe Narzisse, ihre Blüten stehen in Büscheln, mit goldgelben Blütenblättern und oranger Nebenkrone. Für ein Arrangement im Haus Zwiebeln im September setzen. Wirkt gut in großen Gruppen.

BRASSICA OLERACEA
✳ ✳ ✳ ↕↔ bis 45 cm

Zierkohl eignet sich sowohl zur Bepflanzung von Kübeln wie auch gemischten Rabatten. Die runden, lockeren Kohlköpfe in zahlreichen Farben werden als Einjährige aus Samen gezogen.

VIOLA FAMA-SERIE
✳ ✳ ✳ ↕ 16–23 cm ↔ 23–30 cm

Diese Stiefmütterchen blühen bei mildem Wetter auch im Winter. Sie sind in vielen Farben erhältlich und eignen sich auch als Beetpflanze. Entfernen welker Blüten regt neue Blütenbildung an.

CAMELLIA ›FRANCIE L‹
✳ ✳ ✳ ↕ 5 m ↔ 6 m

Diese robuste Kamelie mit frostempfindlichen Knospen gedeiht im Kübel oder in milder Lage vor einer Wand. Die großen halb gefüllten lachsrosa Blüten entwickeln sich von Februar bis Frühling.

IRIS RETICULATA ›J. S. DIJT‹
✳ ✳ ✳ ↕ 10–15 cm ↔ 8 cm

Im Gegensatz zu vielen Schwertlilien hat diese Sorte eine lange Blütezeit; die duftenden Blüten erscheinen von Februar bis März zwischen schmalen Blättern. Benötigt durchlässige sandige Böden.

PRIMULA JOKER-SERIE
✳ ↕ 8–10 cm ↔ 20 cm

Diese farbenfrohen Primeln blühen im Frühjahr mit blauen, roten, rosa, gelben oder zweifarbigen Blütenblättern. Während der Blütezeit regelmäßig düngen. Eignet sich auch als Saison-Zimmerpflanze.

APRIL 1

CHAENOMELES × SUPERBA ›NICOLINE‹
✳✳✳ ↕ 1,5 m ↔ 2 m

Diese Zierquitte bringt im März eine Fülle leuchtend roter Blüten an dornigen Zweigen hervor. Den Strauch am besten an einer Mauer am Spalier erziehen. Blüht an sonnigen Standorten üppiger.

MAGNOLIA × SOULANGEANA ›LENNEI ALBA‹
✳✳✳ ↕↔ 6 m

Die Tulpenmagnolie erfreut von März bis Mai durch ihre üppige Pracht aus kelchförmigen duftenden Blüten. Sie gedeiht auch in schweren Lehmböden und eignet sich zur Einzelstellung.

CAMELLIA JAPONICA ›COQUETTII‹
✳✳✳ ↕ 9 m ↔ 8 m

Diese schwach wachsende Kamelie trägt im Frühling eine Fülle dunkelroter Blüten an nach unten gebogenen Zweigen. Als Ergänzung in Rabatten bzw. Gehölzecken, in rauerer Lage im Kübel.

CLEMATIS ALPINA ›FRANCES RIVIS‹
✳✳✳ ↕ 2–3 m ↔ 1,5 m

Diese zarte, frühlingsblühende Clematis entwickelt im August hübsche weiß behaarte Früchte. Sie bevorzugt sonnige, geschützte Standorte mit durchlässigem Boden. Schnittgruppe 1 *(siehe S.114)*.

WEITERE CLEMATIS

C. ALPINA ›PINK FLAMINGO‹
Zahlreiche halb gefüllte zartrosa Blüten vom Frühling bis zum Frühsommer. Schnittgruppe 1 *(siehe S. 114)*

C. ARMANDII ›APPLE BLOSSOM‹
Rosa überhauchte, weiße Blüten. Schnittgruppe 1

C. MACROPETALA ›MARKHAM'S PINK‹
Halb gefüllte rosa Blüten vom Frühling bis zum Frühsommer, denen silberne Fruchtstände folgen. Schnittgruppe 1

C. MONTANA FORMA GRANDIFLORA
Sehr wuchsfreudige Sorte; ideal zum Beranken großer Mauern; eine Fülle großer weißer Blüten im Frühling. Schnittgruppe 1

C. MONTANA ›ELIZABETH‹
Duftende zartrosa Blüten ab Frühling. Schnittgruppe 1

C. MONTANA ›TETRAROSE‹
Satinartige rosa Blüten ab Frühling. Schnittgruppe 1

MUSCARI ARMENIACUM ›BLUE SPIKE‹
✳✳✳ ↕ 20 cm ↔ 5 cm

Die Traubenhyazinthe ist eine wuchsfreudige Zwiebelpflanze, die sich stark ausbreiten kann. Dichte blaue Blütentrauben erscheinen im Frühling zwischen fleischigen Blättern.

CHIONODOXA FORBESII ›PINK GIANT‹
✳✳✳ ↕ 10–20 cm ↔ 3 cm

Die sternförmigen, rosa Blüten des Schneeglanz erscheinen im Vorfrühling zwischen Büscheln aufrechter Blätter. Unter Laubgehölzen wird diese »schneckenfeste« Zwiebelpflanze rasch verwildern.

CROCUS TOMMASINIANUS
✳✳✳ ↕ 8–10 cm ↔ 2,5 cm

Dieser Botanische Krokus bringt von Spätwinter bis Frühling kleine Blüten hervor. Sät sich unter geeigneten Bedingungen selbst aus; sonst in großen Gruppen unter Bäumen oder vorn ins Beet setzen.

SALIX HELVETICA
✳ ✳ ✳ ↕ 60 cm ↔ 40 cm

Die Schweizer Weide ist ein anmutiger Strauch mit schlanken graugrünen Blättern. Im März öffnen sich kleine goldgelbe Knospen zu silbergrauen Kätzchen. Verträgt keine mageren Kalkböden.

WEITERE WEIDEN

SALIX BABYLONICA ›TORTUOSA‹ (KORKENZIEHERWEIDE)
Schnellwüchsig; gelbgrüne Kätzchen im Frühling; die gedrehten Triebe sehen im Winter interessant aus.

S. CAPREA ›PENDULA‹ (HÄNGE-KÄTZCHENWEIDE)
Gut für Kleingärten; gelbe Kätzchen ab März

S. DAPHNOIDES (REIFWEIDE)
Seidige graue Kätzchen ab März; violette Jungtriebe

S. ELAEAGNOS
Schlanke grüne Kätzchen ab April; Triebe rötlich gelb

S. EXIGUA
Gut auf Sandböden; graugelbe Kätzchen im Frühling

S. GRACILISTYLA ›MELANOSTACHYS‹
Buschig; schwarze Kätzchen mit roten Staubbeuteln

S. HASTATA ›WEHRHAHNII‹ (SPIESSWEIDE)
Nur 1 m hoher Strauch; silbergraue Kätzchen ab Mai

S. PURPUREA ›GRACILIS‹ (PURPURWEIDE)
Bis 1 m hoch; silbergrüne Kätzchen im Frühling

CHOISYA ›AZTEC PEARL‹
✳ ✳ ✳ ↕↔ 2.5 m

Die hier zu Lande wenig bekannten Orangenblumen sind immergrüne kompakte Sträucher mit sternförmigen Blüten. Geeignet für Strauchbeete. Manchmal Nachblüte im Herbst.

OSMANTHUS × BURKWOODII
✳ ✳ ✳ ↕↔ 3 m

Die Duftblüte, ein dichter rundlicher, immergrüner Strauch, kann auch als Hecke eingesetzt werden. Die weißen Röhrenblüten duften intensiv und erscheinen von April bis Mai.

KERRIA JAPONICA ›PLENIFLORA‹
✳ ✳ ✳ ↕↔ 3 m

Dieser wuchsfreudige Ranunkelstrauch trägt von März bis Mai gefüllte gelbe Blüten. Die langen grünen Triebe benötigen gegebenenfalls eine Stütze. Pflegeleichte Pflanze, auch für Gehölzecken.

FRITILLARIA MELEAGRIS
✳ ✳ ✳ ↕ bis 30 cm ↔ 5–8 cm

Die weiß, rosa und violett karierten Blütenglocken der Schachbrettblume erscheinen von Frühling bis Frühsommer. Die Zwiebelpflanze kommt gut in Gruppen zur Geltung. Geeignet zum Verwildern.

APRIL 2

| BEETE IN SONNEN- ODER HALBSCHATTENLAGE (FORTSETZUNG) | BEETE IN SCHATTENLAGE |

FORSYTHIA × INTERMEDIA ›ARNOLD GIANT‹
✳ ✳ ✳ ↕ ↔ 1,5 m
Forsythien werden wegen ihrer intensiv gelben Blüten gezogen, die von März bis April vor dem Laubaustrieb erscheinen. Wie alle Forsythien ist auch diese Sorte als Hecke geeignet.

ERYSIMUM × ALLIONII
✳ ✳ ✳ ↕ 50–60 cm ↔ bis 30 cm
Der Schöterich mit seinen orangefarbenen duftenden Blüten ist eine ideale Berandung für sonnige Beete. Sie sprießen erst im Frühjahr des zweiten Jahres.

DORONICUM ORIENTALE ›FRÜHLINGSPRACHT‹
✳ ✳ ✳ ↕ bis 40 cm ↔ 90 cm
Diese Gemswurz setzt mit ihren doppelt gefüllten gelben Blüten leuchtende Farbakzente an jeden Beetrand. Die gut zum Schnitt geeigneten Blüten erscheinen ab April auf schlanken Stängeln.

TULIPA ›KEES NELIS‹
✳ ✳ ✳ ↕ 25–40 cm ↔ 15 cm
Die Einzelblüten dieser im April blühenden Tulpe sind hellrot, mit helleren orangegelben Rändern. ›Kees Nelis‹ macht sich nicht nur gruppenweise in Beeten, sondern auch in der Vase gut.

WEITERE TULPEN

T. ›ANCILLA‹
Zartrosa, innen an der Basis rote Blüten im April

T. *CLUSIANA* VAR. *CHRYSANTHA*
Zu mehreren stehende gelbe Blüten ab März

T. ›KEIZERSKROON‹
Gelb berandete, rote, gescheckt wirkende Blüten im April

T. *LINIFOLIA*
Schlanke Form, becherförmige, rote Blüten ab März

T. ›PRINCESS IRENE‹
Zweifarbig orange- und purpurfarbene Blüten im April

T. *TARDA*
Gelbe Blüten mit weißer Spitze, zu mehreren im April

T. *TURKESTANICA*
Bis zu zwölf weiße Blüten mit gelbem Schlund ab März

T. ›ZAMPA‹
Gelbe, an der Basis bronzefarbene oder grüne Blüten im April; Blätter mit bläulich kastanienbrauner Zeichnung

ANEMONE BLANDA ›WHITE SPLENDOUR‹
✳ ✳ ✳ ↕ ↔ 15 cm
Im Frühjahr bringen die Knollen der Strahlenanemone gelappte Blätter und große, offene, weiße, unterseits rosa überhauchte Blüten hervor. Sie breiten sich aus und bilden rasch große Büschel.

EPIMEDIUM × VERSICOLOR ›SULPHUREUM‹
✳ ✳ ✳ ↕ 30 cm ↔ 1 m
Die Elfenblume ist eine Staude auch für trockene Böden mit herzförmigen immergrünen Blättern. Von April bis Mai treibt sie dunkelgelbe gespornte Blüten. Auch als Bodendecker geeignet.

ERYTHRONIUM DENS-CANIS
✳✳✳ ↕ 10–15 cm ↔ 10 cm

Im Frühjahr treibt Hundszahn weiße, rosa oder fliederfarbene Blüten. Diese Zwiebelstaude macht sich gut unter Laubbäumen oder in Steingärten. Ausgegrabene Zwiebeln leicht feucht lagern.

BRUNNERA MACROPHYLLA ›DAWSON'S WHITE‹
✳✳✳ ↕ 45 cm ↔ 50 cm

Kaukasusvergissmeinnicht wird als Bodendecker mit hellblauen vergissmeinnichtähnlichen Blüten für schattige Standorte und Gehölzecken geschätzt. Diese Sorte hat weiß gesäumte Blätter.

RIBES SANGUINEUM ›BROCKLEBANKII‹
✳✳✳ ↕↔ 1,2 m

Diese Blutjohannisbeere, eine gelbblättrige Sorte des bekannten Zierstrauchs, treibt im Frühjahr blassrosa röhrenförmige Blüten. Im Sommer kann das Laub etwas verblassen.

PULMONARIA SACCHARATA
✳✳✳ ↕ 30 cm ↔ 60 cm

Dieses Lungenkraut bringt von April bis Mai rot-violette bis violette Blüten über weiß gefleckten Blättern hervor. Es ist ein idealer Bodendecker für schattige Stellen und zieht viele Bienen an.

SCILLA SIBERICA
✳✳✳ ↕ 10–20 cm ↔ 5 cm

Blausternchen sind wegen ihrer dunkelblauen Blütenglocken beliebt. Ideal stehen sie unter Bäumen und Sträuchern oder verwildernd in einem Rasen. Nach dem Verblühen nicht mehr gießen.

PRIMULA VULGARIS SSP. *SIBTHORPII*
✳✳✳ ↕ 20 cm ↔ 35 cm

Die Blüten dieser Kissenprimel können rosa, pink, purpurn, rot oder weiß ausfallen, ihre Mitte ist aber stets gelb. Sie sieht als Einfassung, aber auch unter Bäumen oder Sträuchern gut aus.

OMPHALODES CAPPADOCICA ›CHERRY INGRAM‹
✳✳✳ ↕ bis 25 cm ↔ bis 40 cm

Gedenkemein besitzt auf Grund der dunkelblauen Blüten viel Ähnlichkeit mit Vergissmeinnicht. Die Staude wächst unter Gehölzen oder als Bodendecker in schattigen Beeten.

HYACINTHOIDES HISPANICA
✳✳✳ ↕ 40 cm ↔ 10 cm

Dieses Hasenglöckchen ist eine kräftige Zwiebelpflanze für Gehölzecken und den Unterwuchs großer Sträucher. Im Frühling bringt es blaue Blütenglocken und riemenförmige Blätter hervor.

APRIL 3

MOORBEET

KÜBELPFLANZEN

RHODODENDRON ›BEETHOVEN‹
✻✻✻ ↕↔ 1,3 m

Eine immergrüne, frühjahrsblühende Zwerg-
azalee, ideal für halbschattige Standorte. Rosa
Blütenblätter, innen mit dunklerer Zeichnung.
Blüten anfällig für Spätfröste.

ARABIS CAUCASICA ›VARIEGATA‹
✻✻✻ ↕ 15 cm ↔ 50 cm

Die duftenden Blüten dieser Gänsekresse erscheinen im Frühling zu grünem, blassgelb gesäum-
tem Laub. Auch geeignet für Steingärten oder als
Bodendecker; benötigt stets gut durchlässige Erde.

RHODODENDRON ›IROHAYAMA‹
✻✻✻ ↕↔ 60 cm

Kompakte immergrüne, kleinblättrige Zwergazalee mit kleinen Trauben fliederfarben beran-
deter Blüten im Frühjahr. Liebt sonnige Standorte
und wirkt auch gut in großen Gruppen.

RHODODENDRON ›CÉCILE‹
✻✻✻ ↕↔ 2,2 m

In April und Mai bringt diese kräftige sommergrüne Azalee aus der Knap-Hill-Gruppe Schirm-
trauben mit großen trompetenförmigen lachsrosa
Blüten hervor. Ein Strauch, der viel Platz benötigt.

BELLIS PERENNIS TASSO-SERIE
✻✻✻ ↕↔ 5–20 cm

Gartenform des Gänseblümchens mit doppelt gefüllten roten, weißen oder rosa Blüten mit gekräuselten Blättern. Tausendschön finden sich oft in
Frühjahrsbeeten, wachsen aber auch gut im Kübel.

WEITERE AZALEEN

R. ›HINO MAYO‹
Dichte immergrüne Zwergazalee mit rosa Blüten

R. LUTEUM
Große sommergrüne Azalee, duftende gelbe Blüte

R. ›MAY DAY‹
Niedrig wachsende Immergrüne, scharlachrote Blüten

R. ›MRS. G. W. LEAK‹
Ein guter großer Strauch für Lehmböden; rosa Blüten

R. ›NARCISSIFLORA‹ (GANDAVENSE-GRUPPE)
Gelbe duftende Blüten; bronzefarbenes Herbstlaub

R. ›STRAWBERRY ICE‹ (KNAP-HILL-GRUPPE)
Mittelgroße Azalee; blassrosa Blüten; liebt volle Sonne

R. ›SUSAN‹
Wüchsig, aber kompakt; fliederfarbene Blüten, später
weiß verblassend; immisionstolerant

R. YAKUSHIMANUM
Mittelgroße Immergrüne mit rosa Blüten im Mai

NARCISSUS ›EMPRESS OF IRELAND‹
✻✻✻ ↕ 40 cm ↔ 12 cm

›Empress of Ireland‹ zählt zu den größten Oster-
glocken. Ihre cremeweißen Blüten erscheinen
einzeln auf langen Stielen im April. Die Sorte wirkt
auch sehr schön als Ergänzung in Strauchbeeten.

HYACINTHUS ORIENTALIS ›BLUE JACKET‹
✻✻✻ ↕ 20–30 cm ↔ 8 cm

Hyazinthen bringen im Frühjahr Farbe in den
Garten und sind obendrein pflegeleicht – egal, ob
im Kübel oder Beet. ›Blue Jacket‹ besitzt duftende,
Blüten in leuchtendem Marineblau bis Blauviolett.

WASSERGÄRTEN

PRIMULA PULVERULENTA ›BARTLEY‹
❀ ❀ ❀ ↕ bis 1 m ↔ 60 cm
Bis zum Juni erfreut diese hohe Primel mit röhrenförmigen Blüten in Perlmuttrosa mit roter Mitte.
Sie bevorzugt ganzjährig feuchte Stellen im Schatten, am besten in Sumpfgärten oder Ufernähe.

PRIMULA PROLIFERA
❀ ❀ ❀ ↕↔ 60 cm
Im Frühjahr erscheinen die cremeweißen bis gold-
gelben Blüten dieser Primel mit grundständiger
Blattrosette. Sie gedeiht in Sumpfgärten oder
Gehölzecken, sofern der Boden dauernd feucht ist.

HOUTTUYNIA CORDATA ›CHAMELEON‹
❀ ❀ ❀ ↕ bis 15–30 cm oder höher ↔ unbegrenzt
Diese Sorte mit panaschierten Blättern – blassgelb,
rot und grün gescheckt – wächst in Feuchtbeeten
oder Uferbereichen. Sie kann von Schneckenfraß
heimgesucht werden. Nicht überall winterhart.

CALTHA PALUSTRIS
❀ ❀ ❀ ↕ 10–40 cm ↔ 45 cm
Die heimischen Sumpfdotterblumen wachsen am
besten im Uferbereich, u. U. auch in einer Rabatte,
wenn man gut gießt. Die großen leuchtend gelben
Blüten erscheinen ab März.

LYSICHITON CAMTSCHATCENSIS
❀ ❀ ❀ ↕↔ 75 cm
Weiße Scheincallas sind Uferstauden mit glän-
zenden Blättern und leuchtend weißem spitzen
Hochblatt *(Spatha)*; die Blüten erscheinen ab
April und riechen süßlich nach Moschus.

MAI BIS JUNI 1

CALLISTEMON VIMINALIS ›ROSE OPAL‹
❋ ↕ 1,5–2 m ↔ 1,5–4 m
Zylinderputzer heißt dieser Strauch, weil die Blüten
an Bürsten erinnnern, mit denen man früher Glas-
zylinder von Gaslampen reinigte. Bei uns andere,
winterharte Arten oder als Kübelpflanze ziehen.

ABUTILON VITIFOLIUM VAR. *ALBUM*
❋ ❋ ↕ 5 m ↔ 2,5 m
Raschwüchsiger sommergrüner Strauch, braucht
sonnige geschützte Lage und gut drainierten Boden.
Die ansehnlichen weißen Blüten der Schönmalve
erscheinen ab Juni. Bei uns meist nicht winterhart.

FREMONTODENDRON ›PACIFIC SUNSET‹
❋ ❋ ↕↔ 2 m
Immergrüner Strauch mit gelben Blüten, die sich
ab Juni lange halten. Der Flanellstrauch erträgt
vor einer sonnigen Mauer zeitweise –15 °C.
Achtung: Triebe und Laub u. U. hautreizend.

WISTERIA SINENSIS ›ALBA‹
❋ ❋ ❋ ↕ 9 m und höher
Glyzinen oder Blauregen sind kräftige Kletterpflanzen, die gern an Pergolen oder Bäumen em-
porschlingen. Von Mai bis Juni hängen die duftenden weißen Blüten in langen Trauben herab.

SOLANUM CRISPUM ›GLASNEVIN‹
❋ ❋ ↕ 6 m
Eifrige Kletterpflanze mit hübschen blauvioletten
Blüten von Juni bis Herbst, aus denen sich gelblich
weiße Beeren entwickeln. Bei uns meist nicht
winterhart, daher im Kübel oder einjährig ziehen.

JASMINUM HUMILE
❋ ❋ ↕ 2,5 m, manchmal bis 4 m ↔ 3 m
Buschiger Strauch mit zarten gelben, allerdings
nicht immer duftenden Blüten ab Mai und hellgrünem Laub. Verblühter Jasmin wird im Herbst
zurückgeschnitten. Bei uns meist nicht winterhart.

ROSA ›MME GRÉGOIRE STAECHELIN‹
❋ ❋ ❋ ↕ bis 6 m ↔ 4 m
Kräftige, überhängende Kletterrose mit dichtem,
dunkelgrünem Laub und im Juni dicht gefüllten,
rot überhauchten rosa Blüten, aus denen sich
große runde, rote Hagebutten entwickeln.

WEITERE ROSEN

R. ›DIREKTOR BENSCHOP‹ (SYN. ›CITY OF YORK‹)
Kletterrose mir glänzend hellgrünem Laub; große
Gruppen duftender cremeweißer Blüten ausschließlich
im Juni

R. ›GRANDIFLORA‹
(SYN. *R. PIMPINELLIFOLIA* VAR. *ALTAICA*)
Kräftige, aufrechte Rose; ungefüllte schalenförmige,
hellgelbe duftende Blüten mit goldbraunen Staubgefäßen im Juni

R. ›MAIGOLD‹
Kräftige Kletterrose mit steifen, überhängenden
Trieben; orangebronzene, stark duftende Blüten ab
Mai, geringe Nachblüte im Herbst

R. XANTHINA ›CANARY BIRD‹
Überhängende Strauchrose; angenehm duftende,
ungefüllte gelbe Blüten ab Mai, gelegentlich leichte
Nachblüte

ODER HALBSCHATTENLAGE

CLEMATIS ›WILLIAM KENNETT‹
✳✳✳ ↕ 2–3 m ↔ 1 m
Ab Mai trägt diese Laub abwerfende Kletterpflanze am vorjährigen Holz große ungefüllte, blass lavendelblaue Blüten mit dunkelroten Staubgefäßen; Schnittgruppe 2 *(siehe S. 114)*.

LATHYRUS GRANDIFLORUS
✳✳✳ ↕ 1,5 m
Diese ausdauernde, aber nicht verholzende Platterbse kann sich mit einer Rankhilfe an Wänden oder an einem Strauch emporranken. Ab Mai erscheinen Schmetterlingsblüten in Pink und Rot.

LONICERA JAPONICA ›HALLIANA‹
✳✳✳ ↕ 10 m
Japanisches Geißblatt ist eine anmutig rankende, wüchsige Kletterpflanze, die von Mai bis August duftende, zunächst reinweiße, später dunkelgelbe Blüten trägt, die zu schwarzblauen Beeren werden.

AKEBIA QUINATA
✳✳✳ ↕ 10 m
Diese äußerst wüchsige Kletterpflanze hat hübsches, im Winter purpurn überlaufenes Laub und purpurbraune Blüten, die im Frühjahr erscheinen und nach Vanille duften.

HYDRANGEA ANOMALA SSP. *PETIOLARIS*
✳✳✳ ↕ 15 m
Die Kletterhortensie erklimmt Wände mit Haftwurzeln. Blüten ab Juni; gelbe Herbstfärbung. Die Pflanze braucht Zeit, um sich zu entwickeln, und Schutz vor kaltem, austrocknendem Wind.

MAI BIS JUNI 2

WARM-TROCKENE BEETE UND RABATTEN

HELIANTHEMUM ›FIRE DRAGON‹
✳ ✳ ✳ ↕ 20–30 cm ↔ 30 cm

Pflegeleichter sonnenhungriger Zwergstrauch, ideal für Steingärten oder Hochbeete. Die leuchtend roten Blüten dieses Sonnenröschens blühen recht lange, nämlich von Mai bis August.

LOBULARIA MARITIMA ›LITTLE DORRIT‹
✳ ✳ ✳ ↕ bis 10 cm ↔ 20–30 cm

Mit dem einjährigen Duftsteinrich kann man gut Lücken in Beeten füllen; sie wachsen fast überall gut, sogar in Pflasterritzen. ›Little Dorrit‹ ist eine weißblütige Sorte. Bei Aussat ab März Blüte ab Mai.

CYTISUS ›PORLOCK‹
✳ ✳ ↕ ↔ 3 m

Dieser Ginster ist ein wüchsiger halbimmergrüner Strauch mit intensiv duftenden Blüten ab Mai. Gedeiht nicht auf sehr kalkreichen Böden. Für raueres Klima gibt es winterharte *Cytisus*-Arten und -Sorten.

CISTUS ✕ *CYPRIUS*
✳ ✳ ↕ ↔ 1 m

Ein Zistrosenstrauch mit vielen weißen Blüten ab Juni, die nur einen Tag halten. Meist nicht winterhart sowie ungeeignet für sehr kalkreichen Boden; wächst aber gut in Kübeln.

IRIS ›SILVERADO‹
✳ ✳ ↕ bis 1 m

Die großen, anmutig gekräuselten Blüten dieser hochwüchsigen Bartiris glänzen mattsilberblau und erscheinen ab Mai über den schwertförmigen Blättern. Passt gut in gemischte Rabatten.

ARMERIA MARITIMA ›VINDICTIVE‹
✳ ✳ ✳ ↕ bis 20 cm ↔ bis 30 cm

Diese Gemeine-Grasnelken-Sorte bringt von Mai bis August einen üppigen Flor rosaroter Blüten hervor. Die Horste wachsen gut an sonnigen trockenen, offenen Standorten, z. B. im Steingarten.

LINUM NARBONENSE
✳ ✳ ✳ (Beetrand) ↕ 30–60 cm ↔ 45 cm

Die schalenförmigen Blüten dieser Mittelmeerstaude öffnen sich fortlaufend bis Mitte Juli. Lein liebt volle Sonne und ist eine ideale Steingartenpflanze.

WEITERE IRIS

I. BUCHARICA
Juno-Iris; schnellwüchsige Zwiebeliris, die von April bis Mai bis zu sechs goldgelbe bis weiße Blüten hervorbringt

I. ›EARLY LIGHT‹
Große duftende Bartiris; von April bis Mai zitronengelb überhauchte, gelbe oder cremefarbene Blüten

I. FOETIDISSIMA
Düster purpurne bis rehbraune Blüten im Juni; im Herbst gefolgt von attraktiven orangefarbenen Samen

I. GRAMINEA (PFLAUMENIRIS)
Sattviolette, nach Pflaume duftende Blüten über hellgrünen Blättern von Mai bis Juni

I. INNOMINATA
Bartlose Iris aus dem Westen der USA; ab Juni Blüten in Hellgelb bis Creme oder Purpurn bis Blassblau

I. PALLIDA ›VARIEGATA‹ (BLEICHE SCHWERTLILIE)
Große, zartblaue duftende Blüten von Mai bis Juni; Blätter graugrün, cremefarben panaschiert

BEETE UND RABATTEN IN SONNEN- ODER HALBSCHATTENLAGE

CEANOTHUS ›CONCHA‹
✵✵ ↕↔ 3 m

Immergrüner Strauch mit einer Fülle dunkelblauer Blüten im Mai. Die Sorte ›Gloire de Versailles‹ ist etwas winterhart. An einer Wand aufgebundene Säckelblumen erreichen doppelte Größe.

ERYSIMUM ›JOHN CODRINGTON‹
✵✵✵ ↕ 25 cm ↔ 30 cm

Mit seinen Blüten bringt dieser Schöterich, eine immergrüne Staude, ab Mai Farbe in jedes Beet in voller Sonne. Er wächst auch gut vor einer Wand; nach der Blüte sollte er getrimmt werden.

DIANTHUS ›PIKE'S PINK‹
✵✵✵ ↕ 15 cm ↔ 20 cm

Eine Gebirgsnelke, die sich in Steingärten, gut drainierten Hochbeeten oder am Rabattenrand gut macht. Die gefüllten, blassrosa Blüten erscheinen ab Juni und duften nach Gewürznelken.

POTENTILLA ›WILLIAM ROLLISON‹
✵✵✵ ↕ bis 45 cm ↔ 60 cm

Die Blüten von Fingerkraut sind dauerhafte Farbgeber in jedem Garten. Diese Sorte blüht von Juni bis August und bewährt sich als Staude besonders gegen Ende der Saison in gemischten Rabatten.

EXOCHORDA GIRALDII VAR. WILSONII
✵✵✵ ↕↔ 3 m

Die Radspiere ist ein Strauch, der gut drainierten Boden braucht, ansonsten aber anspruchslos ist. Junges Laub ist zunächst rosagrün, später blassgrün. Im Mai erscheint eine Fülle weißer Blüten.

ROSA ›CHARLES DE MILLS‹
✵✵✵ ↕↔ 1,2 m oder höher

Dichte überhängende, schwach bewehrte Gallica-Rose mit dunkelgrünem Laub. Ab Juni öffnen sich die Knospen des Strauchs zu schwach duftenden, dicht gefüllten, leuchtend purpurroten Blüten.

›VOSSII‹
✵✵✵ ↕↔ 8 m

Obwohl seine hängenden Blütenstände eine Pracht sind, sollte Goldregen in keinem Garten stehen, wo Kinder spielen, da alle Baumteile sehr giftig sind.

WEITERE STRAUCHROSEN

R. ›BLANC DOUBLE DE COUBERT‹
Dichter, mittelgroßer Strauch; von Juni bis Herbst halb gefüllte, duftende weiße Blüten mit gelben Staubgefäßen

R. ›BUFF BEAUTY‹
Rundlicher Strauch; ab Mai erscheinen große Büschel schwach duftender, dicht gefüllter Blüten in Apricot

R. ›CONSTANCE SPRY‹
Üppig wuchernd, an Stützen auch kletternd; dicht gefüllte hellrosa, nach Myrrhe duftende Blüten ab Juni

R. GLAUCA
Wüchsiger Strauch; aus ungefüllten rosaroten Blüten mit goldenen Staubgefäßen bilden sich rote Hagebutten

R. ›GRAHAM THOMAS‹
Strauchrose mit herabhängenden Zweigen; dicht gefüllte duftende, goldgelbe Blüten blühen von Juni bis Herbst.

R. ›WILLIAM LOBB‹
Überhängende, bewehrte Zweige u. U. abstützen; gefüllte, duftende Blüten in Violett bis Lavendel ab Juni

MAI BIS JUNI 3

WEIGELA ›LOOYMANSII AUREA‹
✳ ✳ ✳ ↕↔ 1,5 m

Langsam wachsender, ausgebreiteter sommer-grüner Strauch, ideal für Halbschatten. Die Blüten der Weigelie erscheinen von Mai bis Juni. Beim Rückschnitt nicht in das alte Holz schneiden.

CENTAUREA CYANUS
✳ ✳ ✳ ↕ 20–80 cm ↔ 15 cm

Die dunkelblauen Blüten der Kornblume öffnen sich von Mai bis Juli und ziehen Bienen und Falter an. Diese aufrechte Einjährige gedeiht auf gut wasserdurchlässigem Boden in voller Sonne.

THALICTRUM AQUILEGIIFOLIUM
✳ ✳ ✳ ↕ bis 1 m ↔ 45 cm

Am besten macht sich diese Wiesenraute mit flau-migen rosa Blüten ab Juni wohl in einer Wild-wiese. Darauf achten, dass die noch ruhende Staude im Frühjahr nicht beschädigt wird.

COREOPSIS GRANDIFLORA ›SUNRAY‹
✳ ✳ ✳ ↕ 50–75 cm ↔ 45 cm

Jede sonnige Rabatte wird durch die gefüllten dunkelgelben, langstieligen Blüten dieses Mäd-chenauges bereichert. Die Einjährige ist auch eine gute Bienenweide und wunderbare Schnittblume.

SALVIA × NEMOROSA ›BLAUHÜGEL‹
✳ ✳ ✳ ↕ 50 cm ↔ 45 cm

Buschige Staude mit runzeligen Blättern mit gewelltem Rand. Die blauen Blütenähren dieses Ziersalbeis, die jedes Beet leuchten lassen, stehen auf langen Stängeln und erscheinen ab Juni.

PAEONIA LACTIFLORA
›DUCHESSE DE NEMOURS‹
✳ ✳ ✳ ↕↔ 70–80 cm

Staudenpfingstrose mit großen duftenden Blüten, die ab Juni blühen. Die Blüten sollten aufgebunden werden. Pfingstrosen möglichst nicht umpflanzen.

CAMASSIA LEICHTLINII
✳ ✳ ✳ ↕ 60–130 cm ↔ 10 cm

Prärielilien sind Zwiebelpflanzen, die gut in Wild-wiesen passen. Ab Mai erscheinen sternförmige cremeweiße Blüten, die sich beim Verblühen zu-sammendrehen. Verträgt keinen staunassen Boden.

SYRINGA VULGARIS ›MRS. EDWARD HARDING‹
✳ ✳ ✳ ↕↔ 7 m

Von Mai bis Juni trägt dieser Fliederstrauch große Rispen mit gefüllten, typisch duftenden, purpur-roten Blüten. Flieder braucht Sonne; er eignet sich für Strauchrabatten und benötigt kaum Schnitt.

DELPHINIUM BELLADONNA-GRUPPE ›BLUE BEES‹
✿✿✿ ↕ 1,7 m ↔ bis 75 cm

Mit seinen blauen Blüten von Juni bis August gehört Rittersporn in jeden Bauerngarten; in windigen Lagen müssen seine drahtigen Stängel gestützt
werden. Im Herbst Rückschnitt bis zum Boden.

ROSA ›JUST JOEY‹
✿✿✿ ↕ 75 cm ↔ 70 cm

Großblumige, mittelgroße Teehybride, mit
offenem verzweigtem Wuchs. Die Blüten sind
groß, locker, gefüllt, orange getönt und am Rand
gewellt; sie erscheinen von Juni bis Herbst.

WEITERE BEETROSEN

R. ›LAVAGLUT‹ (SYN. *R.* ›INTRIGUE‹)
Buschig wachsende Floribundarose mit Gruppen
dunkelroter, dicht gefüllter Blüten von Juni bis Herbst

R. ›PRINCESSE DE MONACO‹
Wüchsige Teehybride, duftende weiße, rosa berandete
Blüten von Juni bis Herbst.

R. ›REMEMBER ME‹
Teehybride mit glänzendem Laub; kupferfarbene Blüten
in breiten Büscheln erscheinen von Juni bis Herbst

R. ›SUPER STAR‹
Teehybride mit angenehm duftenden, dicht gefüllten
zinnoberroten Blüten von Juni bis Herbst

R. ›THE QUEEN ELIZABETH‹
Kräftige Floribundarose mit großen langstieligen, dicht
gefüllten, reinrosa Blüten von Juni bis Herbst

R. ›VALENCIA‹
Teehybride; große, dicht gefüllte, bernsteingelbe Blüten
mit süßlichem Duft von Juni bis Herbst

PHILADELPHUS ›VIRGINAL‹
✿✿✿ ↕ 3 m oder höher ↔ 2,5 m

Der Sommerjasmin oder Pfeifenstrauch trägt von
Juni bis Mitte Juli stark duftende Blüten. Er eignet
sich für Strauchrabatten oder Gehölzecken und
durch seinen dichten Wuchs auch als Sichtschutz.

DEUTZIA GRACILIS
✿✿✿ ↕↔ 1 m

Der buschige Maiblumenstrauch mit hellgrünem
Laub lässt sich in Einzelstellung oder im Strauch-
beet ziehen. Gedeiht am besten an sonnigen Plät-
zen; zahlreiche duftende Blüten von Mai bis Juni.

ANCHUSA AZUREA ›LODDON ROYALIST‹
✿✿✿ ↕ 90 cm ↔ unbegrenzt

Ab Juni öffnen sich die sattdunkelblauen Blüten
der Ochsenzunge. Die gedrungene Staude muss
nicht aufgebunden werden, Verblühtes sollte aber
ausgeputzt werden, um die Nachblüte zu fördern.

MAI BIS JUNI 4

| BEETE IN SONNEN- ODER HALBSCHATTENLAGE (FORTSETZUNG) | SCHATTENLAGE |

SALIX ARGUTA
✳✳✳ ↕↔ 2,5 m

Die unzähligen zarten weißen Blüten sind der Grund, warum dieser buschige überhängende Strauch Brautspiere genannt wird. Sie bevorzugt sonnige Standorte. Rückschnitt nach der Blüte.

ALLIUM ›PURPLE SENSATION‹
✳✳✳ ↕ 1 m ↔ 7 cm

Mit seinem prächtigen kugeligen Blütenstand, der aus vielen roten sternförmigen Einzelblüten besteht, zieht dieser Zierlauch alle Blicke auf sich. Blüte ab Juni. Gut für sonnige Rabatten.

LUZULA NIVEA
✳✳✳ ↕ bis 60 cm ↔ 45 cm

Diese Hainsimse, ein grasartiges immergrünes Binsengewächs, eignet sich hervorragend als Bodendecker für schattige, feuchte Ecken. Ab Juni erscheinen bräunlichweiße Blütenstände.

GLADIOLUS CALLIANTHUS
✳ ↕ 70–100 cm ↔ 5 cm

Im Sommer erscheinen die stark duftenden Blüten dieser bei uns nur einjährig zu ziehenden Staude an anmutig überhängenden Ähren. Am schönsten in Gruppenpflanzung. Als Schnittblume geeignet.

TROLLIUS PUMILUS
✳✳✳ ↕ bis 30 cm ↔ bis 20 cm

Staude mit hübschen, glänzenden grundständigen Blättern und schalenförmigen, gelben Blüten, die ab Mai blühen. Trollblumen wachsen am besten in schwerem, feuchtem Boden, z. B. in Sumpfgärten.

NIGELLA DAMASCENA ›PERSIAN JEWELS‹
✳✳✳ ↕ bis 40 cm ↔ bis 23 cm

Die einjährige Jungfer im Grünen trägt hübsche Blüten im Sommer und Samenkapseln, die für Trockenblumensträuße verwendet werden können. Sie macht sich gut an Beeträndern.

KOLKWITZIA AMABILIS ›PINK CLOUD‹
✳✳✳ ↕ 3 m ↔ 4 m

Diese Kolkwitzie produziert ab Mai massenhaft glockenförmige, rosa Blüten, die im Schlund gelb überhaucht sind. Ein sommergrüner Strauch, der gut in sonnige Rabatten passt.

MYOSOTIS SYLVATICA ›VICTORIA ROSE‹
✳✳✳ ↕ bis 25 cm ↔ bis 15 cm

Die großen hellrosa Blüten der kräftigen aufrecht wachsenden Sorte des Waldvergissmeinnichts öffnen sich vom Frühjahr bis Juni. Diese Zweijährige muss vor Schneckenfraß geschützt werden.

SMILACINA RACEMOSA
✳ ✳ ✳ ↕ bis 90 cm ↔ 60 cm

Wie der deutsche Name verrät, sind Schatten-
blumen gute Stauden für schattige oder Gehölzecken. Cremeweiße, mitunter grün überlaufene
Blütenstände von April bis Mai; gelbes Herbstlaub.

DICENTRA SPECTABILIS
✳ ✳ ✳ ↕ bis 1,2 m ↔ 45 cm

Das Tränende Herz mit seinen bezeichnenden
Hängeblüten ab Mai ist eine ideale Staude
für Gehölzecken, die bei ausreichender Bodenfeuchte auch etwas Sonne verträgt.

DIGITALIS PURPUREA EXCELSIOR-GRUPPE
✳ ✳ ✳ ↕ 1–2 m ↔ 60 cm

Roter Fingerhut mit Blütenähren in Cremegelb,
Weiß, Purpur oder Pink, die sich hervorragend
zum Schnitt eignen. Jedes Jahr neu aussäen.
Fingerhut ist in allen Teilen der Pflanze sehr giftig.

CONVALLARIA MAJALIS
✳ ✳ ✳ ↕ 23 cm ↔ 30 cm

Das Maiglöckchen ist eine Staude mit überhängenden Trauben glockenförmiger, intensiv duftender
weißer Blüten ab Mai. Gut als Bodendecker für
feuchte, schattige Ecken. Achtung, sehr giftig.

POLEMONIUM CAERULEUM
✳ ✳ ✳ ↕ 30–90 cm ↔ 30 cm

Die Jakobsleiter treibt im Juni Blüten. Die Staude
wächst auch gut in Wiesen und bevorzugt feuchte,
aber gut wasserdurchlässige Böden. Ausputzen der
welken Blüten fördert die Nachblüte.

POLYGONATUM × HYBRIDUM
✳ ✳ ✳ ↕ bis 1,5 m ↔ 30 cm

Salomonssiegel ist eine ideale Staude für feuchte
Böden im Schatten oder Halbschatten. Ab Mai
baumeln die grünlich weißen Blüten anmutig von
den Stängeln herab; später folgen schwarze Beeren.

AQUILEGIA ›MAGPIE‹
✳ ✳ ✳ ↕ 60 cm ↔ 45 cm

Akelei ist eine Staude mit zerteiltem Laub, diese
Sorte hat dunkelpurpurne und weiße Blüten
ab Mai. Sie wächst gut in lichtem Schatten, bei
ausreichender Bodenfeuchte auch in der Sonne.

MAI BIS JUNI 5

KÜBELPFLANZEN

PETUNIA ›PURPLE WAVE‹
✿ ↕ 45 cm ↔ 30–90 cm
Die Blüten dieser Petunie prangen in Magenta,
werden aber vom Regen verdorben und sollten
geschützt aufgestellt werden. Kriechender Wuchs,
daher gute Ampelblume, auch als Bodendecker.

WEITERE PETUNIEN

P. CARPET-SERIE
Kriechende Petunie; trompetenförmige weiße, rote,
gelbe, rosa, orange- oder purpurfarbene Blüten

P. DADDY-SERIE
Große, dicht geäderte Blüten in Pastellrosa, Altrosa,
Purpur oder Lavendelblau

P. MIRAGE-SERIE
Regenfeste Blüten in Weiß oder Blau-, Rosa-, Purpur-
bzw. Rottönen, teilweise gestreift oder gebändert

P. SUPERCASCADE-SERIE
Sehr große Blüten in Weiß, Blau, Rosa und Rot; lange
Blühdauer

P. SURFINIA-SERIE
Große weiße, rosa, rote, blaue, magenta- oder lavendelfarbene Blüten; wüchsig und regenfest; gut für Ampeln

P. ›ULTRA‹-SERIE
Regenfeste, große Blüten mit Sternmuster in Weiß und
Blau-, Rosa- und Rottönen

LOBELIA ERINUS ›COLOUR CASCADE‹
✿ ↕ 10–23 cm ↔ 10–15 cm
Diese Lobelie ist eine rankende pflegeleichte
Pflanze, die sich gut in Blumenkästen und Ampeln
macht. Die lange haltenden Blumen strahlen im
Sommer in Rot, Purpur, Blau, Rosa und Weiß.

NEMESIA STRUMOSA ›KLM‹
✿ ↕ 18–30 cm ↔ 10–16 cm
Einjährige mit zweilippigen Blüten in Blau und
Weiß mit gelbem Schlund, die sowohl im Beet wie
im Kübel hübsch aussieht. Der Elfenspiegel eignet
sich auch gut als Schnittblume.

IMPATIENS WALLERIANA SUPER-ELFIN-SERIE
❀ ↕ bis 25 cm ↔ bis 60 cm
Fleißige Lieschen gehören traditionell in sommer-
liche Blumenkästen; die einjährigen Sorten dieser
Serie haben zahlreiche Farben – Purpur, Orange,
Pink, Rot, Weiß sowie Pastelltöne.

MATTHIOLA INCANA CINDERELLA-SERIE
✿ ✿ ✿ ↕ 20–25 cm ↔ bis 25 cm
Levkojen sind gute Rabattenpflanzen für Frühjahr und Sommer, deren dicht gefüllte Blüten in
Rot, Blau, Rosa, Purpur und Weiß zu haben sind
und sich auch gut in der Vase machen.

DIANTHUS IDEAL-SERIE ›CHERRY PICOTEE‹
✿ ✿ ✿ ↕ 20–35 cm ↔ 23 cm
Diese meist als Ein- oder Zweijährige gezogene
Gartennelke trägt ab Juni leuchtend kirschrote
Blüten, die weiß gefranst sind. Ausputzen der
verwelkten Blüten fördert die Nachblüte.

WASSERGÄRTEN

APONOGETON DISTACHYOS

✻ ✻ ↔ 1,2 m

Die duftenden Blüten der Wasserähre ragen von Sommer bis Herbst hoch über die Schwimmblätter. Man sollte sie im Container auf den Teichgrund stellen und mäßig feucht im Keller überwintern.

DARMERA PELTATA

✻ ✻ ✻ ↕ bis 2 m ↔ 1 m oder breiter

Im Mai bildet das Schildblatt große schirmartige Blütenstände; die großen runden Blätter treiben erst danach aus. Staude für Schatten oder Halbschatten und feuchte bis sumpfige Böden.

HYDROCHARIS MORSUS-RANAE

✻ ✻ ✻ ↔ unbegrenzt

Mit den nierenförmigen, teilweise submersen Schwimmblättern erinnert der Froschbiss an eine kleine Seerose. Ab Juni öffnen sich dreiteilige weiße Blüten. Bevorzugt voll besonntes Flachwasser.

CALLA PALUSTRIS

✻ ✻ ✻ ↕ 25 cm ↔ 60 cm

Sumpfkallas sind ideal, um Uferkonturen eines Teiches aufzulockern. Sie tragen glänzende grüne Blätter und ansehnliche weiße Hochblätter. Im Herbst erscheinen giftige rote Beeren.

RANUNCULUS LINGUA ›GRANDIFLORUS‹

✻ ✻ ✻ ↕ 1,5 m ↔ unbegrenzt

Der wüchsige Zungenhahnenfuß blüht ab Juni mit großen, typischen goldgelben Hahnenfußblüten. Sehr gut für Teichuferzonen, sollte aber in Pflanzkorb gesetzt werden, sonst wuchert er zu sehr.

ORONTIUM AQUATICUM

✻ ✻ ✻ ↕ 30–45 cm ↔ 60–75 cm

Die Goldkeule gedeiht in tiefgründiger feuchter Erde am Teichrand, möglichst in sonniger Lage, wo sie sich gut ausbreiten kann. Ab Mai ragen gelbe bleistiftdünne Blütenkolben aus dem Wasser.

VERONICA BECCABUNGA

✻ ✻ ✻ ↕ 10 cm ↔ unbegrenzt

Die Bachbunge, eine immergrüne Wasserpflanze mit fleischigen Blättern und kriechenden fleischigen Stängeln, sollte in voller Sonne auf feuchtem Grund oder im flachen Wasser gezogen werden.

ZANTEDESCHIA ELLIOTTIANA

❀ ↕ 60–90 cm ↔ 20 cm

Die Goldene Calla trägt gelbe trichterförmige Blüten ab Juni und große weiß gefleckte Blätter. Sie wächst am besten in voller Sonne im Flachwasser. Muss ab +5 °C ins Haus.

JULI 1

MAUERN IN SONNENLAGE

PASSIFLORA CAERULEA ›CONSTANCE ELLIOT‹
✿✿ ↕ 10 m oder höher
Diese Passionsblume ist eine raschwüchsige
Schlingpflanze mit dunkelgrünem Laub und
weißen duftenden Blüten von Sommer bis Herbst.
Nur für warme geschützte Lagen.

RHODOCHITON ATROSANGUINEUS
❀ ↕ bis 3 m oder höher
Dünnstämmige Kletterpflanze mit hübschen
Blüten im Sommer und herzförmigen Blättern,
wächst in unserem Klima als Einjährige.
Gut für einen Bogen oder eine Pergola.

TROPAEOLUM SPECIOSUM
✿✿ ↕ bis 3 m oder höher
Bei uns meist nicht winterharte kletternde Kapuzinerkresse mit hellroten Blüten von Sommer bis
Herbst, gefolgt von schwarzen Früchten. Wurzeln
und Stängelbasis sollten schattig gehalten werden.

IPOMOEA PURPUREA
❀ ↕ 2–3 m
Prunkwinden sind schlingende Kletterpflanzen mit
großen violettblauen, weißen oder magentaroten
Trichterblüten im Sommer. Sie werden als Einjährige gepflanzt und sollten windgeschützt stehen.

THUNBERGIA ALATA
❀ ↕ bis 2,5 m
Die Schwarzäugige Susanne hat ihren Namen
wegen der dunklen Mitte ihrer gelben Blüten. Die
bei uns als Einjährige gezogene Kletterpflanze
blüht reichlich von Sommer bis Herbst.

TRACHELOSPERMUM JASMINOIDES
✿✿ ↕ 9 m
Sternjasmin ist eine verholzte, immergrüne Kletterpflanze mit im Herbst bronzerotem Laub und
im Sommer weißen duftenden Blüten. Nicht
winterhart, aber gut im Kübel zu ziehen.

LATHYRUS ODORATUS ›BIJOU‹
✿✿✿ ↔ bis 45 cm
Duftwicken sind buschig wachsende, einjährige
Rankpflanzen. Die Blüten in vielen Farben
verströmen im Sommer zarten Duft, auch in der
Vase. Der Schnitt regt zudem die Nachblüte an.

ECCREMOCARPUS SCABER ANCEL-HYBRIDEN
✿✿ ↕ 3–5 m
Schönranken sind rasch wachsende, immergrüne
Rankpflanzen mit langlebigen, schiefen Blüten
in Rot, Rosa, Orange und Gelb. Bei uns wird diese
Staude als Einjährige gezogen.

MAUERN IN HALBSCHATTENLAGE

WARM-TROCKENE BEETE

ROSA ›SEAGULL‹
✼✼✼ ↕ bis 6 m ↔ 4 m

Wuchsfreudige Ramblerrose, die im Sommer
massenhaft weiße Blüten mit gelben Staubblättern
an überhängenden Zweigen bildet. Lässt sich gut
an Zäunen, Bäumen oder einer Pergola ziehen.

CLEMATIS ›HAGLEY HYBRID‹
✼✼✼ ↕ 2 m ↔ 1 m

Wüchsige Kletterpflanze, die im Sommer an diesjährigen Trieben recht große Blüten in Pink oder
Mauve hervorbringt. In voller Sonne verblassen
ihre Blüten. Schnittgruppe 3 *(siehe S. 114)*.

WEITERE CLEMATIS

C. ›DOCTOR RUPPEL‹
Große rosa Blüten. Schnittgruppe 2

C. ›JACKMANNII‹
Dunkelviolette Blüten ab Juli. Schnittgruppe 3

C. ›NELLY MOSER‹
Weiße, rosa gestreifte Blüten. Schnittgruppe 3

C. ›NIOBE‹
Dunkelrote Blüten. Schnittgruppe 2

C. ›ROUGE CARDINAL‹
Samtig karminrote Blüten im Juli; bevorzugt volle
Sonne. Schnittgruppe 3

C. ›ROYALTY‹
Mauve-purpurfarbene Blüten ab Juli, zunächst halb
gefüllt, später einfach. Schnittgruppe 2

C. ›STAR OF INDIA‹
Violettblaue Blüten im Juli. Schnittgruppe 2

(Schnittgruppen siehe S. 114)

FALLOPIA BALDSCHUANICA
✼✼✼ ↕ 12 m

Dieser sommergrüne Schlingknöterich wird als
äußerst raschwüchsiger grüner Sichtschutz
geschätzt. Von Sommer bis Herbst bedecken rosaweiße Blütenrispen die Pflanze.

JASMINUM OFFICINALE
›ARGENTEOVARIEGATUM‹
✼✼ ↕ 12 m

Wüchsige Kletterpflanze mit intensiv duftenden,
weißen Blüten, die den Sommer über bis September
blühen. Jasmin ist bei uns meist nicht winterhart.

LAVANDULA ANGUSTIFOLIA ›LODDON PINK‹
✼✼✼ ↕ 45 cm ↔ 60 cm

Kompakter, buschiger Echter Lavendel mit dichten
Ähren duftender zartrosa Blüten, die getrocknet
für Wäschesäckchen genommen werden. Für hiesige Verhältnisse ist ›Hidcote Pink‹ die bessere Sorte.

THYMUS SERPYLLUM ›ANNIE HALL‹
✼✼✼ ↕ 25 cm ↔ 45 cm

Quendel ist ein duftendes, flach wachsendes, u. U.
herabhängendes immergrünes Küchenkraut, das
auch in Mauerritzen oder zwischen Pflastersteinen
wächst. Die Blüten erscheinen im Sommer.

JOVIBARBA HIRTA
✼✼✼ ↕ 15 cm ↔ bis 30 cm

Diese Fransenhauswurz, eine Sukkulente mit rot
überhauchten Blattrosetten und blass gelblich
braunen Blüten, ist pflegeleicht und wächst hervorragend in Steingärten, in Trögen oder auf Mauern.

JULI 2

WARM-TROCKENE BEETE (FORTSETZUNG)

DICTAMNUS ALBUS
✳✳✳ ↕ 40–90 cm ↔ 60 cm

Diptam trägt derbe Blätter mit Zitronenduft und ab Juni langstielige Blütenstände. Gute Staude für trockene sonnige, wasserdurchlässige Beete. Heißt auch »Brennender Busch«, da sie hautreizend ist.

ACANTHUS HIRSUTUS
✳✳✳ ↕ 15–35 cm ↔ 30 cm

Hervorragende Struktur gebende Staude mit Ähren blassgelber oder grünlich weißer Blüten von Mai bis Juli und distelähnlichen Blättern. Verblühter Akanthus wird bis zur Erde zurückgeschnitten.

CLARKIA PULCHELLA ›DOUBLE MIXED‹
✳✳✳ ↕ 30 cm ↔ 20 cm

Als Einjährige blüht die Kreuzblume den Sommer über in Weiß, Lila oder Dunkelrosa. Eignet sich auch gut zum Schnitt. Sie wächst auf den meisten gut durchlässigen Böden in der Sonne.

LAVATERA ›BREDON SPRINGS‹
✳✳✳ ↕↔ 2 m

Buschmalven bilden hübsche langlebige, mauve überhauchte rosa Blüten und setzen so dauerhafte Farbakzente im Garten. In Gegenden mit strengem Frost vor eine sonnenbeschienene Mauer setzen.

OSTEOSPERMUM ›WHIRLIGIG PINK‹
✳ ↕↔ 60 cm

Kapmargeriten werden wegen der hübschen Korbblüten, deren Randstrahlen an der Spitze zusammengedrückt sind, von Mai bis Herbst gezogen. Im Haus überwintern oder als Einjährige ziehen.

PHLOMIS ITALICA
✳✳ ↕ 30 cm ↔ 60 cm

Immergrüner Zwergstrauch, der im Mai lilarosa Lippenblüten über wolligem, grauem Laub trägt. Brandkraut braucht unbedingt volle Sonne. Am besten als Gruppe. Auch winterharte Arten.

BEETE UND RABATTEN IN SONNEN- ODER HALBSCHATTENLAGE

LIMONIUM PLATYPHYLLUM
✳✳✳ ↕ 60 cm oder höher ↔ 45 cm

Auf den verzweigten, drahtigen Stängeln des Meerlavendels sprießen ab Mitte Juli Blüten. Die Staude wächst gut in Küstennähe und auf mageren Sand- oder Steinböden. Gut geeignet für Kiesbeete.

VERBENA BONARIENSIS
✳✳ ↕ bis 2 m ↔ 45 cm

Von Juli bis zum Herbst sind die hohen schlanken, verzweigten Stängel dieser Staude von duftenden violetten Blütenständen gekrönt. Auf trockenen basischen Böden säen sich Verbenen selbst aus.

INDIGOFERA POTANINII
✳✳✳ ↕ 2 m ↔ 2,5 m

Der Indigostrauch ist ein breitwüchsiger Busch mit kleinen rosa Schmetterlingsblüten von Juli bis September und graugrünen Fiederblättern. Er wächst auf feuchten, aber gut wasserdurchlässigen Böden.

GENISTA TINCTORIA
✳✳✳ ↕ 60–90 cm ↔ 1 m

Färberginster ist ein aufrechter sommergrüner Strauch mit goldgelben Blütentrauben; blüht vom Frühjahr bis zum Sommer und sollte auf lockerem, gut wasserdurchlässigem Boden wachsen.

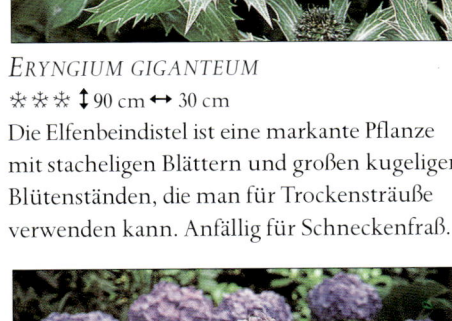

ERYNGIUM GIGANTEUM
✳✳✳ ↕ 90 cm ↔ 30 cm

Die Elfenbeindistel ist eine markante Pflanze mit stacheligen Blättern und großen kugeligen Blütenständen, die man für Trockensträuße verwenden kann. Anfällig für Schneckenfraß.

POTENTILLA FRUTICOSA ›GOLDFINGER‹
✳✳✳ ↕ 1 m ↔ 1,5 m

Der Fingerstrauch ist ein kompakter buschiger, sommergrüner Strauch, dessen große, gelbe Blüten über lange Zeit, nämlich von Mai bis Juli, gebildet werden. Vielseitig und pflegeleicht.

VERBASCUM CHAIXII ›ALBUM‹
✳✳✳ ↕ 90 cm ↔ 45 cm

Hohe weiße Blütenähren ab Juli sind typisch für diese Königskerze. Gute Staude für den Hintergrund einer Rabatte. Ideal sind magere trockene Böden, auch Kies, sonst ist u. U. Aufbinden nötig.

HYDRANGEA MACROPHYLLA ›BLUE BONNET‹
✳✳✳ ↕ 2 m ↔ 2,5 m

Diese Hortensie ist ein sommergrüner Strauch mit großen kugeligen Blütenständen, die abhängig vom pH-Wert des Bodens blau oder rosa sind: Je saurer der Boden, desto intensiver blau sind die Blüten.

JULI 3

PENSTEMON DIGITALIS ›HUSKER RED‹
✳ ✳ ✳ ↕ 50–75 cm ↔ 30 cm
Das im Austrieb kastanienrote Laub des Bartfadens kontrastiert mit den weißen, rosa überhauchten Blüten von Juni bis August. Rückschnitt im Frühjahr sorgt für buschigen Wuchs der Staude.

SCABIOSA ›BUTTERFLY BLUE‹
✳ ✳ ✳ ↕↔ 40 cm
Skabiosen oder Witwenblumen ziehen Falter und Bienen an und passen gut in Bauerngärten. Von Juli bis August öffnen sich die lavendelblauen Blütenköpfchen, die auch gut in der Vase aussehen.

GYPSOPHILA ELEGANS ›ROSEA‹
✳ ✳ ✳ ↕ bis 60 cm ↔ 30 cm
Schleierkrautsorte mit zarten sternförmigen, blassrosa Blütchen im Sommer. Diese Einjährige sieht hervorragend in einer gemischten Rabatte aus und ist zudem ein Schnittblumenklassiker.

LOBELIA SPECIOSA ›FAN SCARLET‹
✳ ✳ ✳ ↕ 50–60 cm ↔ bis 23 cm
Jedes Sommerbeet wird durch die lebhaft scharlachroten Blütentrauben dieser Lobelie zu einer Farbenpracht; diese Staude blüht von Sommer bis Herbst und bevorzugt feuchte Böden.

BUDDLEJA DAVIDII ›HARLEQUIN‹
✳ ✳ ✳ ↕ 3 m ↔ 5 m
Der sommergrüne raschwüchsige Schmetterlingsstrauch mit lang anhaltender Blüte von Sommer bis Herbst zieht eine Vielzahl von Faltern an. Die abgebildete Sorte hat panaschiertes Laub.

ALCEA ROSEA
✳ ✳ ✳ ↕ 1,5–2,5 m ↔ bis 60 cm
Stockrosen oder -malven sind aufrechte Stauden mit Blüten in hohen, schlanken Ähren, die u. U. abgestützt werden müssen. Sie blühen von Juni bis Juli und sind typische Bauerngartenblumen.

ROSA ›ABRAHAM DARBY‹
✳ ✳ ✳ ↕↔ 1,5 m
Wüchsige buschig wachsende Strauchrose mit dunkelgrünem Laub und großen duftenden Blüten in Apricot; Blüte von Sommer bis Herbst. Gut in gemischter Rabatte oder mit anderen Strauchrosen.

WEITERE ROSEN

R. ›DUBLIN BAY‹
Duftende Kletterrose, die auch als Strauch geschnitten werden kann; rote Blüten von Sommer bis Herbst
R. ›MARGARET MERRIL‹
Floribunda-Rose, duftende blassrosa bis weiße Blüten
R. × ODORATA ›MUTABILIS‹
Strauchrose, auch als Kletterrose zu ziehen; im Sommer duftende rosa Blüten an rötlich purpurnen Stängeln
R. ›ROSERAIE DE L'HAŸ‹
Wüchsige dichte Strauchrose; intensiv duftende große Blüten in Purpurrot von Sommer bis Herbst
R. ›DUFTZAUBER '84‹
Teehybride mit duftenden tiefkarminroten, gefüllten Blüten von Sommer bis Herbst
R. ›SILVER JUBILEE‹
Teehybride mit duftender rosaroter, gefüllter Blüte
R. ›WARM WISHES‹
Duftende Blüten in Apricot den ganzen Sommer über

ASTRANTIA MAJOR ›HADSPEN BLOOD‹
✳✳✳ ↕ 30–90 cm ↔ 45 cm

Diese Sorte der Sterndolde, einer sommerblühenden Staude, trägt rubinrote Blüten auf hohen Stängeln. Man kann die Blütenköpfchen trocknen und für Trockenblumengestecke verwenden.

PHLOX PANICULATA ›STARFIRE‹
✳✳✳ ↕ 90 cm ↔ 60–100 cm

Von Sommer bis Herbst bringt diese auffällige Staude dunkelrote bis rote Blüten hervor. An sehr sonnigen Standorten braucht Phlox regelmäßige Wasser- und Düngergaben.

ALSTROEMERIA AUREA
✳✳ ↕ 1 m ↔ 45 cm

Sommerblühende Inkalilien breiten sich, wenn ungestört, rasch und wirkungsvoll aus; auch gute Kübel- und haltbare Schnittblume. Bevorzugt wird feuchter Boden; Winterschutz erforderlich.

TROPAEOLUM MAJUS ›EMPRESS OF INDIA‹
✳ ↕ bis 30 cm ↔ bis 45 cm

Kleinwüchsige, aber sehr ausdauernd von Sommer bis Herbst blühende Kapuzinerkresse, die viele samtartige Blüten bildet. Blüten und Blätter der Einjährigen sind essbar, z. B. im Salat.

MONARDA ›PRÄRIENACHT‹
✳✳✳ ↕ 90 cm ↔ 45 cm

Indianernesseln sind wohlriechende Stauden für Sommerbeete; ihre langstieligen, langlebigen, farbenfrohen Blüten ziehen viele Bienen an. Bei unzureichendem Gießen anfällig für Mehltau.

COSMOS SULPHUREUS LADYBIRD-SERIE
✿ ↕ 30–40 cm ↔ 20 cm

Diese Kosmee ist eine zuverlässige Beet- oder Kübelpflanze mit Blüten im Sommer. Welkende Blüten regelmäßig ausputzen, um Nachblüte zu fördern, einige jedoch zum Aussamen stehen lassen.

JULI 4

BEETE IN SONNEN- ODER HALBSCHATTENLAGE (FORTSETZUNG)	SCHATTENLAGE

HEMEROCALLIS ›STAFFORD‹
✳ ✳ ✳ ↕ 70 cm ↔ 30 cm
Diese im Juli blühende schöne Taglilie mit sternförmigen Blüten in Scharlachrot (statt des
üblichen Gelbs) wirkt effektvoll in gemischten
Rabatten. Für wasserdurchlässigen Boden.

OENOTHERA PERENNIS
✳ ✳ ✳ ↕↔ 20 cm oder mehr
Staudige Nachtkerzenart mit grundständiger
Blattrosette und trichterförmigen gelben Blüten,
die sich nachts schließen. Sehr robuste Pflanze,
die auch steinige Böden verträgt.

NICOTIANA ›HAVANA APPLE BLOSSOM‹
✳ ↕ 30–35 cm ↔ 30–40 cm
Ziertabakpflanzen sind ideale Einjährige für ein
Sommerbeet, deren Blüten sich auch im Schatten
öffnen. Eine recht kompakte Sorte, die am besten
im Beetvordergrund platziert wird.

BAPTISIA AUSTRALIS
✳ ✳ ✳ ↕ 1,5 m ↔ 60 cm
Ein trockener sonniger Platz ist für die Färber-
hülse optimal. Die aufrechte Staude bringt ab Juni
dunkelblaue, mitunter weiß gefleckte Schmetterlingsblüten hervor, denen große Schoten folgen.

FILIPENDULA PALMATA ›RUBRA‹
✳ ✳ ✳ ↕ 1,2 m ↔ 60 cm
Im Juli erscheinen die federigen rosaroten Blütenstände des Mädesüß, die über dicht stehenden
fiederteiligen Blättern herausragen. Bevorzugt
feuchte Standorte, ideal für eine Gehölzecke.

LYCHNIS CHALCEDONICA
✳ ✳ ✳ ↕ 0,9–1,2 m ↔ 30 cm
Die Brennende Liebe mit scharlachroten sternförmi-
gen Blüten braucht fruchtbaren feuchten Boden.
Regelmäßig ausputzen, um Nachblüte zu fördern.
Sollte abgestützt werden; sät sich selbst aus.

VERONICA SPICATA SSP. *INCANA*
✳ ✳ ✳ ↕↔ 30 cm
Bei dieser Polster bildenden Staude stehen Ähren
mit violettblauen, sternförmigen Blüten über
silbrig-filzigem Laub. Ähriger Ehrenpreis passt gut
in Steingärten oder sonnige Rabatten.

LIGULARIA STENOCEPHALA ›THE ROCKET‹
✳ ✳ ✳ ↕ 1,8 m ↔ 1 m
Von Juni bis Juli blüht diese Hochstaude, auf deren
langen Stängeln dichte Trauben gelber Blüten
sitzen. Kreuzkraut gedeiht auf feuchten Böden,
z. B. in Sumpfbeeten oder schattigen Ecken.

KÜBELPFLANZEN

**CIMICIFUGA RACEMOSA
ATROPURPUREA-GRUPPE**
✻✻✻ ↕ 1–1,2 m ↔ 60 cm
Septembersilberkerzen sind Stauden mit flaschen-
bürstenartigen Blütenständen bis zum Herbst. Am
besten an feuchten windgeschützten Standorten.

HEUCHERA ›LEUCHTKÄFER‹
✻✻✻ ↕ 75 cm ↔ 30 cm
Purpurglöckchen sind ausgezeichnete Blattstauden
mit dunkelgrünem Laub. Ab Juni lockere rote
Blütenstände, deren Duft viele Bienen anlockt.
Gut als Bodendecker oder in gemischten Rabatten.

ARGYRANTHEMUM GRACILE ›CHELSEA GIRL‹
✻ ↕ ↔ 60 cm
Strauchmargeriten sind Dauerblüher und geben
exzellente Kübelpflanzen ab, auch als Hochstämmchen (»Margeritenbäumchen«). Sie
müssen frostfrei überwintert werden.

DIASCIA ›SALMON SUPREME‹
✻✻ ↕ 15 cm ↔ bis 50 cm
Zuverlässige Kübelstaude mit langlebigen Blüten
in blassem Apricot von Sommer bis Herbst. Ideal
ist ein sonniges Plätzchen; Nachblüte durch regelmäßiges Düngen und Ausputzen anregen.

LANTANA CAMARA ›RADIATION‹
❀ ↕ ↔ 1–2 m
Mit ihren attraktiven langlebigen, mehrfarbigen
Blütenständen von Mai bis Oktober sind Wandel-
röschen beliebte Kübelstauden. Diese Sorte blüht
orange und rot. Unbedingt frostfrei überwintern.

BIDENS FERULIFOLIA ›GOLDEN GODDESS‹
✻✻ ↕ bis 30 cm ↔ unbegrenzt
Der rankende Wuchs des Zweizahns prädestiniert
ihn für Blumenampeln, aus denen seine Zweige
herabhängen können. Die gelben Korbblüten
dieser Staude werden von Juli bis Herbst gebildet.

LILIUM ›STAR GAZER‹
✻✻✻ ↕ 1–1,5 m ↔ 30 cm
Eine wüchsige zuverlässige, »sonnenhungrige«
Lilie, die im Kübel, aber auch in der Vase gut
aussieht. Große sternförmige, allerdings duftlose,
rote, weiß gesäumte Blüten erscheinen im Juli.

JULI 5

KÜBELPFLANZEN (FORTSETZUNG)

FELICIA AMELLOIDES ›READ'S WHITE‹
❀ ↕↔ 30–60 cm

Kapastern zieht man wegen ihrer langlebigen Korbblüten von Sommer bis Herbst. Diese weiß blühende Sorte wächst buschiger, wenn man die Triebspitzen regelmäßig abknipst. Verträgt keinen Frost.

VERBENA × HYBRIDA ›NOVALIS‹
❀ ↕ bis 25 cm ↔ 30–50 cm

Buschige Gartenverbene, deren rosarote, dunkelblaue oder rote Blüten von Sommer bis Herbst blühen. Braucht Sonne; gut für Kübel oder als Randbepflanzung. Am besten als Einjährige ziehen.

FUCHSIA ›PRESIDENT MARGARET SLATER‹
❀ ↕ 30–45 cm ↔ 45–75 cm

Diese hübsche Fuchsienhybride blüht von Sommer
bis Herbst; hängender Strauch, hervorragend für
Ampeln. Feucht halten; keine direkte Sonne;
frostfrei überwintern, z. B. im Wintergarten.

BEGONIA NON-STOP-SERIE
❀ ↕↔ 30 cm

Diese Knollenbegonie mit gefüllten Blüten ist in
vielen hellen Farben erhältlich, daher ideal für farbige Sommerbeete. Sie braucht es hell, verträgt aber
keine volle Sonne. Knollen frostfrei überwintern.

PLATYCODON GRANDIFLORUS
❀❀❀ ↕ bis 60 cm ↔ 30 cm

Ab Mitte Juli öffnen sich die aufgetriebenen, in
Gruppen sitzenden Knospen der Ballonglocken-
blume zu blauen Blütenglocken. Gute Schnittblume, geeignet für Kübel oder Beetvordergrund.

AGAPANTHUS ›BLUE GIANT‹
❀❀❀ ↕ 1,2 m ↔ 60 cm

Schmucklilien sind Stauden mit markanten, auch
zum Schnitt geeigneten Blütenständen. Ab Juli
ragen die Dolden aus einem Büschel riemen-
förmiger Blätter. Im Winter mit Mulch schützen.

DIMORPHOTHECA PLUVIALIS
❀ ↕ bis 40 cm ↔ 15–30 cm

Kapkörbchen sind sommerblühende Einjährige mit
weißen, unterseits blauvioletten Blüten mit brauner Mitte. Braucht volle Sonne; Blüte schließt sich
bei bedecktem Himmel. Regelmäßig ausputzen.

HELIOTROPIUM ARBORESCENS ›MARINE‹
❀ ↕ bis 45 cm ↔ 30–45 cm

Heliotrop ist ein kurzlebiger Stauch, den man
wegen der süß duftenden, flach gewölbten Blütenstände pflanzt. Diese kompakte Sorte ist ideal für
Kübel und Sommerbeete. Frostfrei überwintern.

WASSERGÄRTEN

NUPHAR LUTEA
✳ ✳ ✳ ↔ 2 m
Die heimische Gelbe Teichrose oder Mummel ist
eine Schwimmblattpflanze mit gelben fast kugeligen Blüten im Sommer über den ausgebreiteten
derben Blättern. Geruch unangenehm.

NYMPHAEA ›JAMES BRYDON‹
✳ ✳ ✳ ↔ 0,9–1,2 m
Ovale bronzegrüne Blätter bilden den Rahmen für
die leuchtend rosarote Einzelblüte dieser Seerose.
Für sonnige Standorte in stillem Tiefwasser, während der Wachstumperiode Spezialdünger geben.

WEITERE SEEROSEN

NYMPHAEA ›BLUE BEAUTY‹
Sternförmige, duftende, blaue Blüten im Sommer; Blätter
mit gewelltem Rand; tropische Art für Gewächshäuser

N. ›CAROLINIANA NIVEA‹
Sternförmige, duftende, elfenbeinweiße Blüten mit
gelben Staubblättern; blassgrüne Blätter; winterhart

N. ›FROEBELI‹
Becher-, später sternförmige weinrote Blüten; Staub-
blätter orangegelb; blassgrüne Blätter; winterhart

N. ›GLADSTONEANA‹
Sternförmige, weiße Blüten im Sommer; rundliche
dunkelgrüne Blätter mit gewelltem Rand; winterhart

N. ODORATA ›SULPHUREA GRANDIFLORA‹
Sehr große sternförmige, leuchtend gelbe Blüten;
purpurn gefleckte dunkelgrüne Blätter; winterhart

N. PYGMAEA ›HELVOLA‹
Schwach duftende, lebhaft-gelbe Blüten; stark gefleckte,
purpurn gezeichnete Blätter; nicht überall winterhart

RODGERSIA PINNATA ›SUPERBA‹
✳ ✳ ✳ ↕ bis 1,2 m ↔ 75 cm
Eine ideale Staude für gewässernahe Gehölzecken
oder Sumpfgärten. Ihr glänzendes, dunkelgrünes
Laub ist im Austrieb purpurbronzefarben. Von Juli
bis August erscheinen hellrosa Blüten

BUTOMUS UMBELLATUS
✳ ✳ ✳ ↕ bis 1,5 m ↔ 45 cm
Die Schwammblume, eine hübsche Staude, trägt
ab Mai duftende rosa Blütendolden. Sie wächst in
der vollen Sonne in der Flachwasser- oder Sumpfzone. Junge Blätter sind bronze- bis purpurfarben.

SAGITTARIA LATIFOLIA
✳ ✳ ✳ ↕ 45–90 cm ↔ 90 cm
Pfeilkraut ist ideal für die Flachwasserzone eines
naturnahen Teichs. Im Sommer erscheinen die
dreiteiligen weißen Blüten; im August kann man
übermäßigen Wuchs eindämmen.

MIMULUS LUTEUS
✳ ✳ ✳ ↕ 30 cm ↔ bis 60 cm
Die Gauklerblume ist eine kräftige breitwüchsige,
gelb blühende Staude, die sich oft selbst aussät.
Ideal passt sie in Feucht- und Sumpfbeete, wächst
aber auch in bis zu 7 cm tiefem Wasser.

GLYCERIA MAXIMA ›VARIEGATA‹
✳ ✳ ✳ ↕ 80 cm ↔ unbegrenzt
Diese Sorte des Wasserschwadens, eines wüchsigen
Wassergrases, hat weiß bzw. cremefarben panaschierte Blätter. Er breitet sich in bis zu 15 cm
tiefem Wasser aus und eignet sich für große Teiche.

AUGUST BIS SEPTEMBER 1

MAGNOLIA GRANDIFLORA ›GOLIATH‹
✳✳ ↕ 6–18 m ↔ bis 15 m
Immergrüne Magnolie mit sehr großen Blüten ab August und breitem, leicht gekräuseltem Laub. Baum in mildesten Lagen vor einer Südwand ziehen. Anderswo andere Magnolienarten wählen.

CAMPSIS × TAGLIABUANA ›MADAME GALEN‹
✳✳ ↕ 10 m oder höher
Kräftiger Kletterstrauch mit lachsfarbenen trompetenförmigen Blüten von August bis Herbst, am besten im Weinbauklima. Die Trompetenblume braucht u. U. zwei bis drei Jahre zum Eingewöhnen.

LAPAGERIA ROSEA VAR. *ALBIFLORA*
✳✳ ↕ 5 m
Ein immergrüner Schlingstrauch mit trompetenförmigen Blüten, der vom Sommer bis Spätherbst blüht. *Lapageria* erfriert bei unter -5 °C und gedeiht daher bei uns leider nur im Gewächshaus.

CLEMATIS ›PAUL FARGES‹
✳✳✳ ↕ 7–9 m ↔ 3 m
Diese Clematis ist eine sommergrüne Rankpflanze, die von Juli bis Herbst am diesjährigen Holz eine Fülle kleiner weißer, sternförmiger Blüten hervorbringt. Schnittgruppe 3 *(siehe S. 114)*.

WEITERE CLEMATIS

C. ›ALBA LUXURIANS‹
Kleine weiße Blüten ab Juli. Schnittgruppe 3
C. ›BILL MACKENZIE‹
Zahlreiche gelbe glockige Blüten ab Juli. Schnittgruppe 3
C. ›ETOILE VIOLETTE‹
Kleine, nickende violette Blüten bis November. Schnittgruppe 3
C. ›PERLE D'AZUR‹
Azurblaue Blüten ab Juli. Schnittgruppe 3
C. ›POLISH SPIRIT‹
Blauviolette Blüten ab Juli. Schnittgruppe 3
C. REHDERIANA
Duftende gelbe Blüten bis November. Schnittgruppe 3
C. VITICELLA ›PURPUREA PLENA ELEGANS‹
Purpurmauvefarbene Blüten bis November. Schnittgruppe 3
(Schnittgruppen siehe S. 114)

CELASTRUS ORBICULATUS
✳✳✳ ↕ 12 m
Sommergrüner zweihäusiger Schlingstrauch für eine Mauer oder Pergola bzw. einen Zaun oder Baum. Wer männliche und weibliche Baumwürger setzt, erhält auch dekorative Früchte für die Vase.

BERBERIDOPSIS CORALLINA
✳✳ ↕ 5 m
Immergrüner, schwach windender Kletterstrauch, der von Sommer bis Frühherbst rote glockenförmige Blüten trägt. Der Korallenstrauch ist bei uns in den meisten Lagen nicht winterhart.

WARM-TROCKENE BEETE UND RABATTEN

ECHINOPS RITRO

✳✳✳ ↕ bis 60 cm ↔ 45 cm

Kugeldisteln sind pflegeleichte Stauden, die in fast jedem Boden wachsen. Im August erscheinen stahlblaue Kugelblüten, die sowohl für die Vase als auch für Trockensträuße geeignet sind.

PEROVSKIA ›BLUE SPIRE‹

✳✳✳ ↕ 1,2 m ↔ 1 m

Hohe grauweiße Stängel tragen zahlreiche Rispen lavendelblauer Lippenblüten von August bis September. Idealer Halbstrauch für gemischte Rabatte. Im Frühjahr kräftig zurückschneiden.

CROCOSMIA ›BRESSINGHAM BLAZE‹

✳✳ ↕ 75–90 cm ↔ 8 cm

Die knallorangeroten Trichterblüten dieser Montbretien setzen im August Farbakzente in Rabatten oder in der Vase. Im Winter durch Mulch schützen bzw. winterhärtere Sorte wählen.

EPILOBIUM CANUM ›DUBLIN‹

✳✳✳ ↕ bis 25 cm ↔ bis 30 cm

Halbstrauch mit leuchtend roten langlebigen Röhrenblüten, die ihm den Namen »Kolibritrompete« verliehen. Ein wunderschöner Spätblüher der Saison. Winterschutz empfehlenswert.

SEDUM SPECTABILE ›ICEBERG‹

✳✳✳ ↔ bis 60 cm

Fetthenne ist eine sukkulente Staude, diese Sorte hat weiße Blüten in flachen Scheindolden im September. Lockt viele Insekten an. Gut für Beetränder und Steingärten; auch im lichten Schatten.

TAMARIX RAMOSISSIMA ›PINK CASCADE‹

✳✳✳ ↕↔ 5 m

Tamarisken sind elegante Sträucher mit überhängenden fedrig beblätterten Zweigen und rosa Blüten von August bis September. Besonders geeignet auch für seewindexponierte Lagen.

AUGUST BIS SEPTEMBER 2

WARM-TROCKENE BEETE	BEETE UND RABATTEN IN SONNEN- ODER HALBSCHATTENLAGE

GAILLARDIA PULCHELLA ›RED PLUME‹
✿ ✿ ✿ ↕↔ 30 cm
Die Kokardenblume ist eine lange blühende aufrechte Einjährige, die von Sommer bis Herbst gefüllte Blüten hervorbringt. Gut als Schnittblume geeignet. Regelmäßiges Ausputzen ist wichtig.

GAURA LINDHEIMERI
✿ ✿ ✿ ↕ bis 1,5 m ↔ 90 cm
Diese Prachtkerze ist eine anmutige, buschig wachsende Staude mit schlanken Stängeln und sternförmigen Blüten, die von Mai bis September blühen. Sehr trockene Böden sagen ihr nicht zu.

CARYOPTERIS × CLANDONENSIS
›WORCESTER GOLD‹
✿ ✿ ✿ ↕ 1 m ↔ 1,5 m
Diese Bartblume ist ein sommergrüner Strauch mit gelbgrünen Blättern und duftenden lavendelblauen Blüten ab August. Gut vor einer sonnigen Mauer.

ECHINACEA PURPUREA
✿ ✿ ✿ ↕ bis 1,5 m ↔ 45 cm
Roter Sonnenhut mit kegelförmigem Blütenboden und blassrosa Blütenstrahlen ist eine Staude, die ab Mai blüht. Gut geeignet als Pflanze für gemischte oder krautige Rabatten.

GALTONIA VIRIDIFLORA
✿ ✿ ↕ bis 1 m ↔ 10 cm
Diese Zwiebelstaude hat lanzettliche graugrüne Blätter und bildet im August Trauben mit nickenden grünweißen Trichterblüten. Am besten wächst sie in sonnigen Rabatten. Nicht überall winterhart.

TRADESCANTIA × ANDERSONIANA
›KARMINGLUT‹
✿ ✿ ✿ ↕↔ 40–60 cm
Von Sommer bis Herbst erscheinen die karminroten Blüten dieser Dreimasterblume zwischen den Blattbüscheln. Rückschnitt nach der Blüte.

RUDBECKIA HIRTA ›BECKY MIXED‹
✿ ✿ ✿ ↕ bis 25 cm ↔ 30–45 cm
Kleinwüchsige Einjährige, die von Sommer bis September blüht und in sommerliche Rabatten passt. Die orangegelben Korbblüten des Rauen Sonnenhuts sind auch dankbare Schnittblumen.

CERATOSTIGMA WILLMOTTIANUM
✿ ✿ ✿ ↕ 1 m ↔ 1,5 m
Dieser breite sommergrüne Strauch trägt ab August blaulila Blüten und im Herbst buntes Laub. Guter Bodendecker in gemischten Rabatten. Für sonnige geschützte Lagen, Winterschutz ratsam.

LEYCESTERIA FORMOSA

✳✳✳ ↕↔ 2 m

Dichter, sommergrüner Strauch mit bambusartigen Jungtrieben. Von Sommer bis September erscheinen lila Blüten, gefolgt von schwarzvioletten Beeren. Radikaler Rückschnitt im Frühjahr.

ASTER AMELLUS ›VEILCHENKÖNIGIN‹

✳✳✳ ↕ 30–60 cm ↔ 45 cm

Bergastern findet man für fast jeden Standort; diese purpurviolette Sorte bevorzugt durchlässige Böden und offene sonnige Lagen. Im Spätherbst nach der Blüte wird zurückgeschnitten und gemulcht.

WEITERE ASTERN

A. × FRIKARTII ›MÖNCH‹
Langlebige lavendelblaue Blüten mit orangegelber Mitte ab August; gedeiht auch bei hoher Luftverschmutzung

A. LATERIFLORUS ›HORIZONTALIS‹
Ausladende Zweige; rosa überlaufene weiße Blüten mit dunkelrosa Mitte von Juli bis Oktober

A. ›LITTLE CARLOW‹
Blauviolette Blüten mit gelber Mitte im September in lockeren Rispen; gute Schnitt- und Trockenblume.

A. NOVAE-ANGLIAE ›ANDENKEN AN ALMA PÖTSCHKE‹
Wüchsige Raublattaster; in Büscheln wachsende, lachsrosa Blüten mit gelber Mitte ab August

A. NOVI-BELGII ›CARNIVAL‹
Glattblattaster; leuchtend rosa Blüten mit gelber Mitte

A. NOVI-BELGII ›LITTLE PINK BEAUTY‹
Glattblattaster; halb gefüllte pastellrosa Blüten ab August

A. NOVI-BELGII ›MARIE BALLARD‹
Glattblattaster; gefüllte blassblaue Blüten ab August

HELIANTHUS DECAPETALUS
›TRIOMPHE DE GAND‹

✳✳✳ ↕ bis 2 m ↔ 1,2 m

Diese Staudensonnenblume besitzt große Blütenköpfe. Sie braucht viel Sonne, und ihre Stängel sollten abgestützt werden, damit sie nicht brechen

HEBE ›PURPLE QUEEN‹

✳ ↕↔ 1,5 m

Sehr vielseitige immergrüne Strauchveronikasorte mit großen, im August erscheinenden Blüten und dunkelgrünem Laub. Der Halbstrauch eignet sich gut für Kübel; frostfrei überwintern.

ANEMONE × HYBRIDA ›SEPTEMBER CHARM‹

✳✳✳ ↕ 60–90 cm ↔ 40 cm

Von Juli bis August trägt diese Herbstanemone rosa Blüten auf verzweigten Stielen. Die aufrechte Staude gedeiht auf fruchtbarem feuchtem Boden, der im Frühjahr und November gemulcht wird.

AUGUST BIS SEPTEMBER 3

BEETE UND RABATTEN IN SONNEN- ODER HALBSCHATTENLAGE (FORTSETZUNG)

NERINE BOWDENII ›MARK FENWICK‹
✳ ✳ ✳ ↕ 45 cm ↔ 8 cm
Zwiebelstaude mit rosa Blütenbüscheln. Die Guernseylilie kann bei gutem Schutz überwintern; sonst im März an sonniger Stelle in durchlässige Erde setzen. Während des Zuwachses eifrig gießen.

PHYSALIS ALKEKENGI
✳ ✳ ✳ ↕ 60–75 cm ↔ 90 cm oder breiter
Kräftige breitwüchsige Staude mit Blütenglocken ab Juli. Lampionblumen werden wegen des roten Blütenkelches gezogen, der die Früchte umhüllt und in Trockensträußen verwendet wird.

HELENIUM ›BUTTERPAT‹
✳ ✳ ✳ ↕ 90 cm ↔ 60 cm
Diese Sonnenbrautsorte hat gelbe Blüten mit gelbbrauner Mitte, die ab Juli erscheinen. Die aufrechte Staude bringt Farbe in ein Blumenbeet, ist zudem gute Bienenweide und hübsche Schnittblume.

SOLIDAGO ›GOLDENMOSA‹
✳ ✳ ✳ ↕ bis 75 cm ↔ 45 cm
Goldrute heißt so wegen ihrer hohen leuchtend gelben Blüten, die von August bis in den Herbst blühen. Buschige Staude für naturnahe Gärten, die reichlich Bienen und Tagfalter anzieht.

ACONITUM CARMICHAELII ›ARENDSII‹
✳ ✳ ✳ ↕ bis 1,2 m ↔ 30 cm
Eisenhut ist eine schöne aufrechte Staude, die im Herbst reichlich blaue Blüten trägt; auch gut zum Schnitt. Er passt ideal in gemischte Rabatten oder Gehölzecken, muss u. U. aber abgestützt werden.

ANGELICA GIGAS
✳ ✳ ✳ ↕ 1–2 m ↔ 1,2 m
Riesenengelwurz ist eine kurzlebige Staude mit auffälligen großen, langstieligen Blütendolden, die von August bis September erscheinen. Er gedeiht am besten im Schatten oder Halbschatten.

PHYSOSTEGIA VIRGINIANA ›VIVID‹
✳ ✳ ✳ ↕ 30–60 cm ↔ 30 cm
Gelenkblumen heißen so, weil man die in Scheinähren stehenden rosa Blüten einzeln verbiegen kann und sie in der neuen Haltung verharren. Die ab Juli blühende Staude ist eine gute Schnittblume.

HIBISCUS SYRIACUS ›DIANA‹
✳ ✳ ✳ ↕ 3 m ↔ 2 m
Roseneibisch ist ein schöner, sommergrüner Strauch mit besonders großen Blüten bis 12 cm Durchmesser, die von August bis Oktober blühen. Je heißer der Sommer, desto üppiger der Flor.

BEETE IN SCHATTENLAGE

KÜBELPFLANZEN

LIRIOPE MUSCARI
✲✲✲ ↕ 30 cm ↔ 45 cm
Immergrüne, im Herbst blühende Knollenstaude mit langen, spitzen Blättern. Aus hellvioletten Blüten reifen schwarze Beeren heran. Ein guter Bodendecker, der auch trockene Böden verträgt.

WEITERE DUFTBLATTPELARGONIEN

P. ›AROMA‹
Kleine wohlduftende graugrüne Blätter, weiße Blüte

P. ›ATOMIC SNOWFLAKE‹
Große, gelb panaschierte Blätter mit Zitronenduft

P. ›ATTAR OF ROSES‹
Blätter mit Rosenduft, im Sommer Blüte in Mauve

P. ›CLORINDA‹
Dreilappige Blätter mit Zedernduft, rosarote Blüte

P. CRISPUM ›VARIEGATUM‹ (ZITRONENPELARGONIE)
Cremefarben gesäumte, nach Zitrone duftende Blätter; im Sommer Blüte in blassem Mauve

P. ›FAIR ELLEN‹
Tief gelappte würzige Blätter, Blüte in Rosa mit Purpur

P. ›FILICIFOLIUM‹
Farnartige Blätter mit Balsamduft, Blüte in Blassmauve

P × FRAGRANS
Graugrüne Blätter mit Kiefernduft, weiße Sommerblüte

P. ›LADY PLYMOUTH‹
Silbrig gesäumte Blätter mit Eukalyptusduft, lavendelblaue Blüte mit dunkelrosa Zeichnung im Sommer

P. ›MABEL GREY‹
Blätter mit intensivem Zitronenduft, Blüte blassviolett

P. ›OLD SPICE‹
Nach Gewürznelken duftende Blätter, weiße Blüte

P. ›PRINCE OF ORANGE‹
Kleine Blätter mit Apfelsinenduft, Blüte in Mauve

P. ›ROYAL OAK‹
Würzig duftende Blätter, die wie Eichenlaub geformt sind; mauvefarbene Blüte im Sommer

P. TOMENTOSUM (PFEFFERMINZPELARGONIE)
Blätter mit Minzgeruch, weiße Blüte, hängender Wuchs

FUCHSIA MAGELLANICA
✲✲ ↕ bis 3 m ↔ 2–3 m
Die Scharlachfuchsie, ein aufrechter Strauch, bildet den ganzen Sommer über hängende, rote und purpurfarbene Blüten. Friert im Winter meist bis zum Boden zurück, treibt aber neu aus.

GENTIANA ASCLEPIADEA
✲✲✲ ↕ 60–90 cm ↔ 45 cm
Schwalbwurzenzian wirkt am besten zusammen mit Schatten liebenden Farnen und Gräsern. Eine buschige Staude mit trompetenförmigen blauen Blüten von Mitte Juli bis Ende August.

CEANOTHUS ›PERLE ROSE‹
✲✲✲ ↕↔ 1,5 m
Rosa blühende Sorte des normalerweise blau blühenden Strauches. Die buschige sommergrüne Säckelblume blüht von Juli bis Herbst. Ideal vor einer sonnigen Mauer. Jährlich zurückschneiden.

HYDRANGEA PANICULATA ›UNIQUE‹
✲✲✲ ↕ 3–7 m ↔ 2,5 m
Wüchsiger Strauch mit großen weißen, spitzkegeligen Blütenrispen ab August, die für Trockensträuße genutzt werden. Rispenhortensien eignen sich zur Einzelstellung oder für frei wachsende Hecken.

PELARGONIUM ›GRAVEOLENS‹
✲ ↕ 45–60 cm ↕ 20–40 cm
Die Blätter der Rosenpelargonie, einer wüchsigen Duftblattpelargonie, duften stark nach Zitronen; im Sommer blüht sie blassmauve.

OKTOBER BIS WINTER 1

MAUERN

BEETE UND RABATTEN

COTONEASTER HORIZONTALIS
✻✻✻ ↕ 1 m ↔ 1,5 m

Steifer Strauch, der flach an sonnigen Wänden
emporwächst. Bienen besuchen die winzigen
Blüten dieser Zwergmispel, Vögel fressen im
Herbst die Beeren. Vor dem Fall wird das Laub rot.

CLEMATIS TANGUTICA
✻✻✻ ↕ 5–6 m ↔ 2–3 m

Rankende Kletterpflanze mit gelben Blütenglocken von Juni bis Oktober. Die flauschigen Balg-
früchte wirken zwischen den grauen Stängeln im
Winter sehr dekorativ. Schnittgruppe 3 (s. S. 114).

PARTHENOCISSUS QUINQUEFOLIA
✻✻✻ ↕ bis 10 m oder höher

Wilder Wein wirkt am besten an schlichten
Mauern, an denen er ohne Hilfe emporklimmt. Im
Herbst leuchtend rotes Laub. Achtung: Die wüchsi-
gen Triebe können u. U. Regenrinnen verstopfen.

VIBURNUM OPULUS ›XANTHOCARPUM‹
✻✻✻ ↕ 5 m ↔ 4 m

Der Gemeine Schneeball ist ein Laub abwerfender
Strauch mit weißen Blütenständen im Sommer,
denen bei dieser Sorte gelbe Beeren folgen. Rotes
Herbstlaub. Benötigt viel Platz zum Wachsen.

CALLICARPA DICHOTOMA
✻✻✻ ↕ ↔ 1,2 m

Schönfrucht ist ein Laub abwerfender dichter
Strauch mit rosa Blüten im Sommer und ungewöhnlichen violetten Beeren. Da Vögel diese ver-
schmähen, stehen sie bis weit in den Winter hinein.

GAULTHERIA PROCUMBENS
✻✻✻ ↕ 15 cm ↔ bis 1 m oder mehr

Diese Scheinbeere ist ein kriechender immergrüner
Zwergstrauch mit derbem Laub, das sich bei Kälte
allmählich rot färbt. Rosaweißen Blüten folgen rote
Beeren. Guter Bodendecker; nur für saure Böden.

RUBUS COCKBURNIANUS
✻✻✻ ↕ ↔ 2,5 m

Die Tangutische Himbeere ist ein Laub abwerfender
Zierstrauch. Ruten rot, weiß bereift; Blüten purpurn; Früchte ungenießbar. Kräftiger Rückschnitt
im Frühjahr fördert schön gefärbte Jungtriebe.

COLCHICUM ›WATERLILY‹
✻✻✻ ↕ 12 cm ↔ 10 cm

Besonders schön sieht diese gefüllte Herbstzeitlose
mit rosafliederfarbenen Blüten aus, wenn man die
Knollen gruppenweise unter Laubbäume pflanzt.
Gute Kübelpflanze. Stark giftig, u. U. hautreizend.

IRIS UNGUICULARIS ›MARY BARNARD‹
✳✳✳ ↕ 30 cm

Staude mit duftenden, fast stängellosen Blüten,
die sich in milden Lagen an geschützten, sonnigen
Stellen ab Dezember öffnen. Horstartiger Wuchs,
immergrün; anfällig für Schneckenfraß.

CHRYSANTHEMUM ›SALMON FAIRIE‹
✳✳✳ ↕ 30–60 cm ↔ bis 60 cm

Mit ihren 4 cm breiten lachsrosa Pomponblüten
ist diese hübsche Chrysantheme ideal für die Vase.
Wohl ausgewogenes Düngen mit Flüssigdünger
einmal pro Woche gibt ihr bestes Aussehen.

WEITERE CHRYSANTHEMEN

CHRYSANTHEMUM ›BRONZE FAIRY‹
Niedrige (bis 60 cm hohe) Sorte, pomponförmige
Blüten im Herbst in sattem Bronzeton

C. ›GEORGE GRIFFITHS‹
Dunkelrote Blüten mit zurückgebogenen Blütenblättern im Herbst

C. ›MADELEINE‹
Rosa Blüten mit zurückgebogenen Blütenblättern an
verzweigten Stängeln im Herbst

C. ›PENNINE ALFIE‹
Blüten in Hellbronze im Herbst; verzweigt; alle
›Pennine‹-Chrysanthemen sind gute Gartenblumen

C. ›SALMON MARGARET‹
Blütenbüschel in Blassapricot und Pink mit umgebo-
genen Petalen (im Herbst)

C. ›YVONNE ARNAUD‹
Rötlich purpurne Blüten (bis 14 cm Durchmesser) mit
zurückgebogenen Blütenblättern im Herbst

FOTHERGILLA GARDENII
✳✳✳ ↕↔ 1 m

Dichter buschiger Strauch mit duftenden weißen
Blütenähren im März. Federbuschsträucher sind
ideal, um lebhafte Farben in herbstliche Gärten zu
bringen. Nicht geeignet für alkalische Böden.

RUSCUS ACULEATUS
✳✳✳ ↕ 75 cm ↔ 1 m

Mäusedorn ist ein immergrüner Halbstrauch für
mildere Lagen. Guter Bodendecker, insbesondere
auf schattigem trockenem Boden. Weibliche
Pflanzen tragen von Herbst bis Winter rote Beeren.

CORNUS ›EDDIE'S WHITE WONDER‹
✳✳✳ ↕ 6 m ↔ 5 m

Kleiner breitwüchsiger, sommergrüner Baum mit
Herbstlaub in Rot, Purpur und Orange sowie von
hellen Hochblättern umgebenen Blüten. Ganzjährig hübsche Hartriegelhybride für sonnige Lagen.

OKTOBER BIS WINTER 2

BEETE UND RABATTEN (FORTSETZUNG)

BERGENIA ›BALLAWLEY‹
✳ ✳ ✳ ↕ 60 cm ↔ 45–60 cm

Bergenien sind gute bunte Bodendecker für den
Winter, wenn sich ihr Laub bronzepurpurn färbt.
Von April bis Mai trägt die Rhizomstaude karmin-
rote Blüten. Ein geschützter Standort ist ratsam.

SYMPHORICARPOS × *DOORENBOSII* ›WHITE HEDGE‹
✳ ✳ ✳ ↕ 1,5 m ↔ unbegrenzt

Ein praktischer sommergrüner Strauch, der fast
überall wächst. Schneebeeren (»Knallerbsen«) vertragen auch hohe Luftverschmutzung, deshalb
gut für Stadtgärten, u. a. als frei wachsende Hecke.

MAHONIA × *MEDIA* ›BUCKLAND‹
✳ ✳ ✳ ↕ bis 5 m ↔ bis 4 m

Immergrüner Strauch für etwas mildere Lagen mit
stacheligem Blattwerk und duftenden, hellgelben
Blütentrauben, die von Januar bis März erscheinen.
Mahonien ergeben eine gute Begrenzung.

CROCUS SPECIOSUS ›OXONIAN‹
✳ ✳ ✳ ↕ 10–15 cm ↔ 5 cm

Die Zwiebeln dieses Herbstblühers, dessen Blüten
mauveviolett mit dunkelvioletter Basis sind, sollte
man im August in Gruppen pflanzen. Für sonnige
Standorte und durchlässige, eher magere Böden.

ROSEN FÜR HAGEBUTTEN

R. ›FRAU DAGMAR HARTOPP‹
(SYN. ›FRU DAGMAR HASTRUP‹)
Niedrige Strauchrose; große ungefüllte rosa Blüten im
Sommer, große tomatenrote Hagebutten im Herbst

R. MOYESII
Hoher Strauch; dunkelrosa bis scharlachrote Blüten im
Sommer, flaschenförmige orange Hagebutten im Herbst

R. PIMPINELLIFOLIA
Niedriger stacheliger Strauch; einfache weiße Blüten im
Frühsommer, Hagebutten in Mahagoni bis Schwarz

R. ROXBURGHII
Steif wachsender Strauch; bestachelte grüne Hagebutten

R. ›SCHARLACHGLUT‹
Strauchrose, auch als Kletterrose zu ziehen, mit roten
Blüten und orangeroten runden Hagebutten

R. ›SCHNEEZWERG‹
Dichte Strauchrose; halb gefüllte schneeweiße Blüten ab
Sommer; orangefarbene Hagebutten im Herbst

ROSA RUGOSA
✳ ✳ ✳ ↕ ↔ 1–2,5 m

Dicke, rot glänzende Hagebutten bis in den Winter
hinein sind neben den purpurroten Blüten und
dem runzeligen Laub ein Grund, Kartoffelrosen zu
ziehen. Dicht bestachelt, daher schützende Hecke.

MOORBEET

EUONYMUS OXYPHYLLA

✳ ✳ ✳ ↕ 2,5 m oder höher ↔ 2,5 m

Seine leuchtend rotviolette Herbstfärbung lässt diesen Laub abwerfenden Spindelstrauch im Herbst optisch ins Auge fallen. Er macht sich gut in Einzelstellung oder in Strauchrabatten.

DISANTHUS CERCIDIFOLIUS

✳ ✳ ✳ ↕↔ 3 m

Doppelblüte ist ein Laub abwerfender Strauch mit attraktivem Blattwerk das sich im Herbst gleichzeitig gelb, orange, rot und purpurn verfärbt. Für Einzelstellung. Jungwuchs spätfrostanfällig.

WEITERE SPINDELSTRÄUCHER

E. ALATA (FLÜGELSPINDELSTRAUCH)
Dunkelgrünes Laub, leuchtend rote Herbstfärbung; rötlich purpurne Früchte ab Herbst; Triebe korkig geflügelt

E. BUNGEANA
Blassgrünes Laub, Herbstfärbung gelb und rosa; gelbweiße Früchte im Winter

E. EUROPAEA ›RED CASCADE‹ (PFAFFENHÜTCHEN)
Konisch wachsende Sorte des einheimischen Strauchs; rote Herbstfärbung; rote vierlappige Früchte

E. FORTUNEI ›EMERALD 'N' GOLD‹ (KLETTER-/KRIECHSPINDEL)
Niederliegend bzw. mit Haftwurzeln an Bäumen oder Mauern kletternd; immergrün; hellgrünes, breit hellgelb gesäumtes Laub, im Winter rosa überhauchtes Laub

E. FORTUNEI ›SILVER QUEEN‹ (KLETTER-/KRIECHSPINDEL)
Wie vorige, aber wüchsiger; Laub grün mit weißem Rand

E. VERRUCOSA (WARZENSPINDELSTRAUCH)
Rundlicher Strauch; Herbstfärbung gelb oder rot; tief vierlappige, gelb überhauchte rote Früchte ab Herbst

VACCINIUM ANGUSTIFOLIUM
VAR. *LAEVIFOLIUM*

✳ ✳ ✳ ↕↔ 10–60 cm

Breitwüchsiger, Laub abwerfender Halbstrauch mit weißen Blüten ab April und buntem Herbstlaub. Heidelbeere mit essbaren schwarzblauen Beeren.

CALLUNA VULGARIS ›ANNEMARIE‹

✳ ✳ ✳ ↕ 50 cm ↔ 60 cm

Von Juli bis November erscheinen auch für die Vase geeignete rosa Blütenähren. Alle Sorten von Besenheide (oder Heidekraut) sind gute Bodendecker; Schnitt im Frühjahr fördert die Blüte im Folgejahr.

TEIL 4

DER GARTEN-KALENDER

UMGANG MIT DIESEM ABSCHNITT

Auch pflegeleichte Gärten erfordern im Laufe des Jahres einige Aufmerksamkeit, damit sie sich von ihrer besten Seite zeigen und die Pflanzen gesund wachsen. Anstehende Gartenarbeiten bieten immer einen willkommenen Anlass, in den Garten zu gehen und sich daran zu erfreuen.

Das Arbeiten mitten zwischen den Pflanzen bringt sie uns näher. Schon bald wird man sich an besonders dekorativem Laub, an einer Blüte, am Vogelgesang oder an herrlichem Duft erfreuen. Ob man nun Unkraut jätet oder einen Baum pflanzt, stets sollte Zeit für eine Pause sein, damit man sich an den Früchten der Arbeit erfreuen und jahreszeitliche Veränderungen im Garten beobachten kann.

WAS IST WANN ZU ERLEDIGEN?

Um einen schnellen Überblick zu vermitteln, was im Garten wann zu tun ist, greift dieses Kapitel Arbeiten aus den vorherigen Abschnitten des Buches auf. Saisonunabhängige Gartenprojekte folgen auf der nächsten Seite. Die nach Monaten geordneten Listen, die sich daran anschließen, sollen als Gedächtnisstütze für die Arbeiten dienen, die während eines Jahres im Garten anfallen. Das Register der Monate (s. rechts) hilft, bestimmte Monate und die dazugehörige Arbeit zu finden.

KLETTERER IM ZAUM HALTEN

■ **Wenn Kletterpflanzen über** den vorgesehenen Platz hinauswachsen, führt man im Frühjahr einen Formschnitt aus.

■ **Überlange Triebe** mit der Gartenschere direkt oberhalb eines nach oben oder unten weisenden Auges schneiden.

■ **Die Triebe innerhalb der gewünschten Form** auf ungleichmäßige Länge stutzen, das wirkt natürlicher.

Efeu zurückschneiden

ANWENDUNG DER MONATSLISTEN

Die Monate entsprechen phänologischen Jahreszeiten, wobei z. B. März, April und Mai den Frühling repräsentieren. Es gibt auch einen Abschnitt mit Arbeiten, die unabhängig von den Jahreszeiten zu erledigen sind, wie das Reinigen von Gartengeräten (»Allgemeine Pflege«).

■ Innerhalb des Monats sind die Arbeiten in Spalten untergliedert, die verschiedene Gartenbereiche betreffen, z. B. »Kräuter« oder »Beete und Rabatten«, um daran zu erinnern, welche Gartenteile eventuell besonderer Aufmerksamkeit bedürfen.

■ Für die ruhigeren Monate, etwa im Winter, werden u. U. keine Arbeiten für bestimmte Gartenbereiche angegeben, wenn dann dort keine anfallen.

■ Die Arbeiten sind den Monaten zugeteilt, in denen sie am besten zu erledigen sind. Manche Handgriffe sind nicht nur zu einer Jahreszeit durchzuführen und erscheinen mehrmals.

■ Die wichtigsten Arbeiten sind jeweils zu Beginn jeder Spalte angegeben. Dazu gehören Tätigkeiten, die zu Problemen führen, wenn sie zu dieser Zeit nicht erledigt werden, z. B. Bewässerung eines neuen Rasens, oder Arbeiten, die, wie Stecklinge schneiden, nur zu einer bestimmten Zeit möglich sind.

■ Man beachte, dass diese Listen nur als Leitfaden dienen sollen und nicht als Regeln, an die man sich strikt klammern muss. Wer etwa im Weinbauklima wohnt, kann manche Aufgaben früher beginnen und später beenden; z. B. im Hochgebirge muss man diese u. U. verschieben. Jeder Garten ist einzigartig: Die Lage (geschützt oder exponiert) und der Boden (nass, trocken, schwer oder leicht) beeinflussen das Wachstum der Pflanzen und den Zeitpunkt, zu dem die Arbeiten am besten erledigt werden.

ZUSÄTZLICHE INFORMATIONEN

■ Verweise helfen, von der Zusammenfassung der erforderlichen Arbeiten zu den ausführlichen Informationen im jeweiligen Kapitel des Buches zu gelangen.

■ Darüber hinaus sind in Kästen zusätzliche Informationen (siehe Beispiel links), Ideen oder entsprechende Pflanzen angegeben.

SAISONUNABHÄNGIGE GARTENPROJEKTE

Neben Arbeiten, die von einer Jahreszeit oder von den Pflanzen im Garten abhängig sind, gibt es andere, die zur dauerhaften Gartengestaltung beitragen *(s. unten)* und jederzeit durchgeführt werden können, solange der Boden nicht durchweicht oder gefroren ist. Manche sind nötig, damit der Garten ordentlich aussieht und seinen Zweck erfüllt, z. B. Wege verlegen oder einen Geräteschuppen errichten. Viele kann man aber je nach Lust und Laune ausführen, um den Garten individuell zu gestalten.

Projekte, die Baumaßnahmen oder große Veränderungen im Garten betreffen, kosten mehr Mühe als Routinearbeiten, können aber eine tolle Wirkung entfalten und sich daher lohnen. Vorher zahlt es sich aus, etwas Zeit in die Planung zu investieren, z. B. zu überlegen, wie das neue Element in den Garten integriert werden soll, ob Material und Werkzeug vorhanden sind, wie es mit Lieferzeiten aussieht, wie viel Zeit das Projekt benötigt, ob man Hilfe braucht oder ob Pflanzen im Vorfeld vorbereitet werden müssen.

TERRASSEN UND WEGE

■ **Terrassen kann man anlegen** *(siehe S. 56–59),* um eine Verbindung zwischen Haus und Garten oder einen Sitzplatz im Freien zu schaffen.

■ **Beton oder Kies wird verwendet,** um Wege oder Einfahrten zu befestigen *(siehe S. 60–63).* Für ein weicheres Aussehen fügt man bepflanzte Räume mit niedrigen Kräutern, Gräsern oder Steingartengewächsen hinzu *(siehe S. 63 und 72).*

■ **Holzplattformen und -fliesen** kann man anbringen, um einen Hof, Sitzplatz oder Verbindungsweg zu erhalten *(siehe S. 64–65).* Naturfarbenes Holz verschmilzt mit dem Garten, ein leuchtender Anstrich wirkt modern und originell.

■ **Um Wege anzulegen** oder zu erneuern, verwendet man feste Beläge wie Ziegel oder Natursteinplatten oder z. B. Rindenmulch *(siehe S. 66–67).*

■ **Mit Hilfe von Stufen** lassen sich interessante Blickfänge oder Verbindungen zwischen verschiedenen Gartenebenen schaffen *(siehe S. 68–69).*

■ **Mit einer Lichtanlage** *(siehe S. 70–71)* kann man sich auch im Dunkeln im Garten aufhalten und die verborgene Schönheit seiner Lieblingspflanzen unterstreichen.

■ **Ein Innenhof gewinnt deutlich,** wenn man Kübelpflanzen, einen Miniaturteich, einen Grill oder Gartenmöbel aufstellt *(siehe S. 72–73).*

GERIPPTE BETONPLATTEN

MAUERN, HECKEN UND RANKGERÜSTE

■ **Zäune,** wie z. B. Fertigelement- *(siehe S. 94)* oder Lattenzäune *(siehe S. 95)* aus Holz dienen dazu, den Garten einzufrieden und zu unterteilen. Er sollte mit naturfarbenem Holzschutz behandelt oder in leuchtenden Farben gestrichen werden.

■ **Spaliere** dienen Pflanzen als Stütze *(siehe S. 95),* so dass diese Mauern und Gebäude bewachsen oder verschiedene Gartenbereiche abtrennen.

■ **Ein Bogen** wirkt oft als Blickfang über einem Durchgang. Man kann sie aus Bausätzen *(s. S. 99)* errichten oder komplett selbst bauen.

■ **An einer Pergola** können Kletterpflanzen emporwachsen. Zudem bietet sie einen Platz im Schatten. Man kann sie aus Fertigteilen zusammensetzen *(siehe S. 110)* oder alternativ aus schlichtem Holz oder rustikalen Pfosten selber bauen bzw. bauen lassen.

BEETE UND RABATTEN

■ **Ein Kiesbeet** schafft ideale Wachstumsbedingungen, z. B. für Steingartenpflanzen, und stellt zugleich ein dekoratives Element im Garten dar *(siehe S. 132).* Man kann es auch mit Küchenkräutern bepflanzen *(siehe S. 229).*

■ **Neue Rabatten legt man an,** um mehr Platz für Beetpflanzen zu gewinnen *(siehe S. 145).*

KÜBEL UND HOCHBEETE

■ **Halterungen für Blumenkästen,** an der Wand befestigt, sorgen für zusätzliche Farbe oder Begrünung am Fenster *(siehe S. 166).*

■ **Selbst gebaute Blumenkästen oder Pflanzbehälter** sind echte Unikate und sparen zudem einiges an Geld *(siehe S. 175).*

■ **Hochbeete** kann man z. B. aus Ziegelsteinen oder Eisenbahnschwellen anlegen *(siehe S. 181).* Hier zieht man Pflanzen mit besonderen Standortansprüchen, etwa Moorbeetpflanzen wie Azaleen und Heide, oder z. B. Steingartenpflanzen, die klein und dadurch besser zu sehen sind.

■ **Verzierte Gefäße** erhält man durch Anstreichen oder Bekleben *(siehe S. 169–170).* Terrakotta- und Steintöpfe wirken mit einer künstlichen Patina alt und verwittert *(siehe S. 171).*

WASSERGÄRTEN

■ **Einen Teich** kann man mit einem Fertigbecken aus Kunststoff *(siehe S. 201 und 206)* oder einer Folie anlegen *(siehe S. 201–203).* Er wird im Garten zum Blickfang, lockt Tiere an und erweitert die Palette möglicher Pflanzen. Bei ausreichender Größe kann man sogar Fische halten.

■ **Fließendes Wasser** als Gartenelement lässt sich als Fontäne in einem Becken oder Teich *(siehe S. 208–209),* als Bachlauf *(siehe S. 210–211),* an einer Wand oder als Bodenelement *(siehe S. 212–213)* integrieren. Einzigartige Effekte erzielt man, wenn man z. B. aus einem alten Spülstein oder einer Blechgießkanne einen Brunnen konstruiert.

MINIATURTEICH IM FASS

■ **Einen Sumpfgarten** *(siehe S. 204–205)* kann man als besonderes Beet oder zur Ergänzung eines vorhandenen Wassergartens anlegen.

■ **Miniaturteiche** lassen sich aus vorbehandelten Halbfässern oder Kübeln gestalten *(siehe S. 207).*

DER KRÄUTERGARTEN

■ **Kräutergärten** lassen sich als dekoratives Element in einem formalen oder zwanglosen Stil anlegen *(siehe S. 224)* – oder als simples Kräuterbeet neben der Hintertür, das die Küche mit schmackhaften Gewächsen beliefert *(siehe S. 226).*

DER NUTZGARTEN

■ **Ein Gemüsebeet planen,** ein Quartier für Beerenobst oder einen Kübel mit Tomaten; Informationen sammeln über Aussaat- und Erntezeiten, Ertrag und Bodenansprüche *(siehe S. 234–237).* Einen Monat vor Aussaat oder Pflanzung sollten Grenzen abgesteckt und das Beet vorbereitet sein.

INFRASTRUKTUR

■ **Einen Geräteschuppen errichten** *(siehe S. 276–277)* oder ein Gewächshaus *(siehe S. 286).* Wer empfindliche Pflanzen in kühlem Klima kultivieren oder Pflanzen vermehren möchte, wird ein Gewächshaus für unverzichtbar halten.

■ **Behälter für Kompost,** Herbstlaub oder Rasenschnitt *(siehe S. 282–283)* können sehr nützlich sein. Hier lässt sich aus Gartenabfall Komposterde gewinnen; auf diese Weise reichert man den Gartenboden an und spart zudem Geld.

MÄRZ

RASEN	MAUERN/HECKEN/RANKGERÜSTE

WICHTIGE ARBEITEN

■ **Laubreste vom Rasen entfernen,** falls diese Arbeit vor Wintereinbruch nicht mehr abgeschlossen wurde.

■ **Moos bekämpfen,** falls notwendig *(siehe S. 87).*

■ **Pflanzen aus Samen vorziehen,** wenn man einen Rasen anlegen will, der nicht aus Gras besteht *(siehe S. 88 und 162).*

AUSSAAT UND PFLANZUNG

■ **Für eine neue Rasenfläche legt man Rollrasen aus** *(siehe S. 77 und 80–81),* sobald die Witterung dies zulässt, damit das Gras genügend Zeit hat, vor dem Sommer einzuwurzeln. Gut bewässern.

■ **Den Boden und den Standort** für die Aussaat von Rasengras im Frühjahr vorbereiten.

■ **Aus Teilung gewonnene Kräuter** pflanzen *(siehe S. 231),* wenn man einen Rasen z. B. aus Thymian anlegen will *(siehe S. 88).*

REGELMÄSSIGE PFLEGE

■ **Rasenkanten** sollten mit einem Halbmond-Kantenstecher gesäubert werden *(siehe S. 83).*

■ **Bei Rasen, die nicht aus Gras bestehen,** entfernt man abgestorbene oder unschön in die Höhe gewachsene Triebe *(siehe S. 88).*

WICHTIGE ARBEITEN

■ **Kletter- und Ramblerrosen** ohne Ballen sollte man an Mauern, Zäune oder Bäume pflanzen, ehe sie austreiben *(siehe S. 110).*

■ **Clematis** der Gruppe 2 und 3 zurückschneiden *(siehe S. 114).*

PFLANZUNG

■ **Sträucher an Mauern,** Zäunen oder an Bäumen pflanzen *(siehe S. 110).* Die Triebe in gewünschter Form erziehen *(siehe S. 113).*

■ **Clematis an Mauern,** Zäunen oder Bäumen einsetzen; die Triebe in gewünschter Form festbinden *(siehe S. 111).*

■ **Hecken pflanzen** *(siehe S. 120).*

REGELMÄSSIGE PFLEGE

■ **Wichtig ist Düngen und Mulchen von Kletterpflanzen** und Sträuchern, die an Mauern wachsen. Allzweckdünger entsprechend der Herstellerangabe verwenden. Kletterrosen brauchen viele Nährstoffe und gedeihen bei speziellem Rosendünger besser.

Immergrüne Hecken düngen und mulchen, um sie auf den Verjüngungsschnitt im April vorzubereiten *(siehe S. 121).*

SCHNITT UND ERZIEHUNG

■ **Vorhandene Kletterpflanzen und Sträucher,** die an diesjährigen Trieben blühen, müssen zurückgeschnitten werden *(siehe S. 112–113).* Dazu zählen z. B. die Kletterpflanzen Trompetenblume *(Campsis)* und Nachtschatten *(Solanum crispum)* sowie die Sträucher Schönmalve *(Abutilon),* Forsythie, Buschmalve *(Lavatera), Perovskia* und der Spierstrauch *Spiraea japonica.*

■ **Bei immergrünen Kletterpflanzen** wenn nötig, einen Verjüngungsschnitt durchführen, bevor sie austreiben *(siehe S. 115).*

■ **Hecken aus Pflanzen** wie *Fuchsia magellanica* und *Lonicera nitida* schneiden *(siehe Tabelle auf S. 117 und S. 121).*

KLETTERER IM ZAUM HALTEN

■ **Wenn Kletterpflanzen am Haus** in Regenrinnen, an Fensterrahmen oder unter Dachziegel wachsen, können sie große Schäden verursachen.

■ **Wenn Kletterpflanzen über** den vorgesehenen Platz hinauswachsen, führt man im Frühjahr einen Formschnitt aus.

■ **Überlange Triebe** mit der Gartenschere direkt oberhalb eines nach oben oder unten weisenden Auges schneiden.

■ **Die Triebe** innerhalb der gewünschten Form auf ungleichmäßige Länge stutzen, das wirkt natürlicher.

Efeu zurückschneiden

BEETE UND RABATTEN

WICHTIGE ARBEITEN

■ **Pfingstrosen teilen,** bevor sie austreiben. Man verwendet ein Messer, um die weichen, fleischigen Wurzeln in Stücke mit je 2–3 Augen zu teilen, und beschädigt sie dabei nicht. Die Schnittflächen u. U. mit einem Fungizid bestreuen und die geteilten Pflanzen wieder so einsetzen, dass die Augen sich knapp unter der Erdoberfläche befinden. *(Stehe auch S. 135)*

■ **Sommergrüne Gräser** und Bambusarten bis zum Boden zurückschneiden, bevor sie austreiben, aber erst, wenn kein strenger Frost mehr zu erwarten ist.

■ **Neu eingesetzte Pflanzen** regelmäßig gießen, falls das Wetter trocken ist *(siehe S. 152)*, jedoch nicht bei Frost.

■ **Vorhandene sommergrüne Sträucher,** die am diesjährigen Holz Blüten bilden, werden zurückgeschnitten *(siehe S. 158)*.

■ **Den Schnitt** von Beetrosen, inklusive moderner Beetrosen, China-, Bourbon- und Portlandrosen, abschließen *(siehe S. 161)*.

PFLANZUNG

■ **Winterharte Stauden** *(siehe S. 148)*, sommerblühende Zwiebelpflanzen *(siehe S. 149)*, Gräser *(siehe S. 140)* und Sträucher – außer Containerpflanzen – einsetzen *(siehe S. 150)*, falls kein Frost herrscht. Nur gute, gesunde Pflanzen kaufen *(siehe S. 146–147)*, damit die besten Ergebnisse erzielt werden. Man führt bei den Sträuchern nach dem Einpflanzen einen Pflanzschnitt durch *(siehe S. 151)* und gibt ihnen, falls nötig, eine Stütze *(siehe S. 150)*.

■ **Rosen ohne Ballen pflanzen** *(siehe S. 151)*, wenn kein Frost herrscht. Nur gute und gesunde Pflanzen kaufen *(siehe S. 147)* für das beste Ergebnis. Bei den Rosen nach dem Einpflanzen einen Pflanzschnitt durchführen *(siehe S. 151)*.

■ **Man bereitet leichten Sandboden** für Pflanzen vor, falls er nicht noch gefroren ist, indem man gut zersetztes organisches Material mit dem Rechen einarbeitet *(siehe S. 142)*.

REGELMÄSSIGE PFLEGE

■ **Pflanzen in Kiesbeeten düngen,** die im Vorjahr schlecht gediehen sind *(siehe S. 133)*.

■ **Den Kies von Kiesbeeten erneuern,** falls nötig, und abgestorbene oder beschädigte Pflanzenteile entfernen *(siehe S. 133)*.

■ **Die Blüten früh blühender Pflanzen** wie Kamelien *(siehe S. 158)*, Zwiebelgewächse oder Steingartenpflanzen **entfernen,** sobald sie verblüht sind. Man lässt die Blätter der Zwiebelpflanzen jedoch natürlich einziehen.

■ **Die Rosen** nach dem Schnitt mit Rosendünger düngen und mulchen.

Man mulcht Beete und Rabatten, falls es nicht im Herbst geschehen ist *(siehe S. 152–153)*.

■ **Langzeitdünger wird ausgebracht,** bevor die Pflanzen kräftig wachsen *(siehe S. 153)*.

SCHNITT UND ERZIEHUNG

■ **Bei Laub abwerfenden Sträuchern werden** Form- *(siehe S. 157)* und Verjüngungsschnitte *(siehe S. 159)* durchgeführt.

■ **Hortensien-Hybriden und Sträucher** mit rohrartigen Stängeln, die im Sommer blühen – z. B. *Leycesteria formosa* und *Kerria japonica* –, schneidet man zurück *(siehe S. 159)*.

■ **Hartriegel** (*Cornus*), den man wegen farbiger Jungtriebe, und z. B. Perückenstrauch (*Cotinus*), den man wegen leuchtenden jungen Laubs zieht, zurückschneiden *(siehe S. 159)*.

VERMEHRUNG

■ **Samen von winterharten** Einjährigen ins Freiland aussäen *(siehe S. 149 und 163)*.

■ **Samen von empfindlichen** Einjährigen und Stauden unter Glas säen *(siehe S. 162)*.

■ **Stauden teilen** *(siehe S. 163)*.

■ **Weichholzstecklinge** von Sträuchern machen *(siehe S. 165)*.

■ **Absenker** von Sträuchern machen *(siehe S. 165)*.

KÜBELPFLANZEN/HOCHBEETE

WICHTIGE ARBEITEN

■ **Kübelpflanzen** nach Bedarf gießen. Regelmäßig kontrollieren *(siehe S. 178)*, auch wenn es geregnet hat.

■ **Pflanzen wie Buntnessel** (*Coleus*), Chrysanthemen und Fuchsien in Kübeln sollten abgeknipst werden *(siehe S. 173 und 381)*.

PFLANZUNG

■ **Sträucher; Busch- oder Zwergrosen;** winterharte Stauden, Ein- und Zweijährige; sommerblühende Zwiebelgewächse und im Frühjahr blühende Steingartenpflanzen werden in Kübel gepflanzt.

■ **Wuchernde und starkwüchsige** Pflanzen in Hochbeeten zurückschneiden.

REGELMÄSSIGE PFLEGE

■ **Dünger ausbringen** oder man erneuert die Erde bestehender Hochbeete und bringt Mulch auf *(siehe S. 183)*. Kümmernde oder kranke Pflanzen austauschen.

■ **Dauerhaft eingesetzte** Kletterpflanzen, Zwiebelgewächse und Steingartenpflanzen in Kübeln werden umgetopft oder nachgedüngt, außer bei frühlingsblühenden Arten. Die Wurzel zurückschneiden, falls nötig *(siehe S. 179)*.

PRIMEL

MÄRZ

ZIERBÄUME	WASSERGARTEN	KRÄUTER

WICHTIGE ARBEITEN
■ **Bei Stockausschlags- und Kopfbäumen** den Rückschnitt abschließen (*siehe S. 197*).

PFLANZUNG
■ **Den Boden vorbereiten** (*siehe S. 192 und S. 142–143*), damit man im April Bäume ohne Ballen, Containerware oder immergrüne Bäume mit Ballen einsetzen kann.

■ **Bäume ohne Ballen** von Laub abwerfenden Arten einpflanzen. Beim Setzen ins Pflanzloch sorgt man dafür, dass zwischen den Wurzeln keine Lufträume entstehen, indem der Stamm leicht nach oben und unten bewegt wird.

REGELMÄSSIGE PFLEGE
■ **Bäumen in Kübeln** eine Nachdüngung verabreichen oder sie umtopfen, bevor sie austreiben. Zur Nachdüngung entfernt man vorsichtig eine 5 cm hohe Lage von der alten Erde und ersetzt sie mit neuem Substrat, das Langzeitdünger enthält. Ausgiebig gießen und eine Deckschicht aus Kies oder Rindenmulch aufbringen.

FORMBAUM

■ **Immer nach Wurzelschösslingen** und Wasserreisern Ausschau halten, die aus Stamm oder Wurzeln austreiben, und sie entfernen, bevor sie zu groß werden und den Baum schädigen (*siehe S. 197*).

REGELMÄSSIGE PFLEGE
■ **Unterwasserpflanzen ausdünnen**, um sie für die Vegetationsperiode vorzubereiten, indem alte Triebe entfernt werden (*siehe S. 223*).

TAUCHPUMPEN REINIGEN

■ **Wozu muss eine Pumpe gereinigt werden?** Alle Pumpen besitzen Filter, die verhindern sollen, dass die Schwebeteilchen aus dem Teichwasser in die Pumpe eindringen können. Wenn der Filter verschlammt, wird der Wasserdurchfluss behindert, wodurch die Pumpe überlastet wird und kaputt geht.

■ **Wann muss eine Pumpe gereinigt werden?** Es hängt von dem Typ ab: Man befolgt einfach die Anweisungen des Herstellers – manche Pumpen müssen im Sommer einmal wöchentlich gesäubert werden. Es ist daher ratsam, sich für Pumpen zu entscheiden, die nur einmal im Jahr eine Reinigung benötigen.

■ **Wie reinigt man eine Pumpe?** Die Pumpe unbedingt immer zuerst vom Stromnetz trennen. Die Pumpe dann aus dem Wasser holen, und den Filter oder das Sieb abnehmen. Wieder verwendbare Filter werden mit klarem Wasser abgewaschen und Einwegfilter ausgetauscht.

WICHTIGE ARBEITEN
■ **Der Boden für schattentolerante Kräuter,** die im Frühling eingepflanzt werden, sollte vorbereitet werden (*siehe S. 228*).

REGELMÄSSIGE PFLEGE
■ **Wuchernde Kräuter,** die in eingesenkten Töpfen wachsen (*siehe S. 231*), nimmt man heraus und setzt sie mit frischer Erde, Gartenkompost oder einer Mischung aus beidem wieder ein.

■ **Staudenkräuter** bis zum Boden zurückschneiden, soweit es nicht im Herbst geschehen ist.

■ **Mehrjährige Kräuter umtopfen,** oder man erneuert die obere Schicht des Bodens. Dazu ersetzt man eine 2,5–5 cm dicke Schicht durch neuen Boden. Ausgiebig gießen und mit Kies abdecken.

SCHNITT UND ERZIEHUNG
■ **Zur Anregung buschigen Wachstums** neuer Triebe sollte man strauchartige Kräuter kräftig zurückschneiden.

VERMEHRUNG
■ **Die Aussaat von winterharten einjährigen Kräutern** wie Kerbel und von Staudenkräutern wie Liebstöckel und Pimpinelle im Freiland beginnt (*siehe S. 149 und 163*).

■ **Die Samen empfindlicher** einjähriger Kräuter wie Basilikum kann man im Haus aussäen (*siehe S. 162*).

■ **Überalterte strauchartige Kräuter** werden jetzt verjüngt, indem man Ableger durch Anhäufeln gewinnt (*siehe S. 231*).

■ **Große strauchartige Kräuter** oder buschige Staudenkräuter teilen (*siehe S. 231*), falls man das nicht bereits im Frühherbst getan hat.

OBST- UND GEMÜSEGARTEN

WICHTIGE ARBEITEN

- **Neu gepflanzte Gemüse-** und Obstpflanzen gießen, falls nötig (*siehe S. 236*).

- **Gründüngung**, die im Herbst ausgesät wurde, untergraben (*siehe S. 239*).

- **Vorkeimende** Kartoffel-Saatknollen zur Pflanzung vorbereiten (*siehe S. 252*).

- **Frühkartoffeln pflanzen** (*siehe S. 252*).

- **Ballenlose Obstbäume** und Beerenobststräucher pflanzen (*siehe S. 260–261*).

- **Neu gepflanztes** oder ausgesätes Obst und Gemüse unter Glas, Vlies oder Folie vor Frost schützen; Erdbeeren auch durch mehrere Lagen Zeitungspapier.

AUSSAAT UND PFLANZUNG

- **Bestimmte Gemüsearten werden** in Aussaatgefäßen unter Glas ausgesät (*siehe S. 244*): z. B. Auberginen,
Kohl-Frühsorten (*siehe S. 248*) im Frühbeet
Lauch (*siehe S. 251*) im Frühbeet
Paprika (*siehe S. 256*) und
Radieschen (*s. S. 249*) unter Folie
Salat (*siehe S. 254*) im Frühbeet
Tomaten (*siehe S. 257*) auf einer warmen Fensterbank oder im Gewächshaus

Winterhartes Gemüse im Freien aussäen (*siehe S. 242*), in kalten Regionen unter Folie: z. B. Salat (*siehe S. 254*)
Karotten-Frühsorten (*siehe S. 251*)

AUSSAAT IN SAATSCHALEN

Lauchzwiebeln (*siehe S. 250*)
Pastinaken (*siehe S. 251*)
winterharte (Pal-)Erbsen, unter einem Netz, um die Pflänzchen vor Vögeln und Mäusen zu schützen
Zwiebeln (*siehe S. 250*)

- **Gründüngungspflanzen aussäen** (*siehe rechts*), um zeitweilig freien Boden während der Vegetationsperiode zu bedecken (*siehe S. 239*).

- **Das Gemüse im Freien** vor Frösten schützen, falls nötig mit Glas- oder Kunststoffhauben und Folien (*siehe S. 240*).

- **Rhabarber pflanzen** (*siehe S. 273*).

REGELMÄSSIGE PFLEGE

- **Die Gemüsebeete düngen** (*siehe S. 239*), darüber rechen und das Unkraut zur Vorbereitung für die Pflanzung oder für die Aussaat jäten.

- **Die Erde** in kühleren Regionen durch Glasabdeckungen oder Vlies erwärmen, um den Boden für die Aussaat vorzubereiten.

- **Die Obstbäume,** Beerensträucher, Erdbeerpflanzen und Rhabarber düngen (*siehe S. 264–273*).

- **Rankhilfen** für Erbsen und Stangenbohnen aufstellen (*siehe S. 247*).

SCHNITT UND ERZIEHUNG

- **Junge Pflaumenbäume** (*siehe S. 266*) **und Sauerkirschbäume zurückschneiden** (*siehe S. 269*), wenn die Knospen sich geöffnet haben.

- **Die Strauchspitzen** von Himbeeren und Brombeeren vor dem Austrieb zurückschneiden (*siehe S. 270*).

- **Den Haupttrieb der Weinreben** wieder hochbinden, sobald die Knospen erscheinen (*siehe S. 273*).

ERNTE

- **Wintergemüse ernten wie**
Lauch (*siehe S. 251*)
Grünkohl (Sprossen) (*siehe S. 248*)
Feldsalat (*siehe S. 255*)

GRÜNDÜNGUNGSPFLANZEN

Diese werden an freien Stellen ausgesät, um den Boden vor dem Austrocknen zu bewahren und ihn mit Nährstoffen zu versorgen. Man wählt für Frühjahr und Sommer schnell wachsende Arten aus, die untergegraben werden, ehe sie zu blühen beginnen, und für den Winter frostharte Arten, die in der kalten Jahreszeit die Beete bedecken.

FRÜHJAHRS- UND SOMMERAUSSAAT
Bienenfreund (*Phacelia*)
Borretsch
Inkarnatklee
Lupine
Raps
Weißer Senf

HERBSTAUSSAAT
Ackerbohne
Beinwell
Lupine
Winterroggen
Winterwicke

APRIL

RASEN

MAUERN/HECKEN/RANKGERÜSTE

WICHTIGE ARBEITEN

■ **Neuen Rasen** *(siehe S. 84)* bei Trockenheit regelmäßig bewässern, damit er gut angeht.

■ **Grassamen** für neuen Rasen *(siehe S. 77 und 79)* auf vorbereiteten feuchten Boden säen, damit er genügend Zeit hat, vor dem Sommer anzuwachsen. Gut feucht halten.

DIE RÄNDER DER SAATFLÄCHE SCHABLONENARTIG ABDECKEN, UM SCHON BEI DER AUSSAAT EXAKTE RASENKANTEN ZU BEKOMMEN.

AUSSAAT UND PFLANZUNG

■ **Boden und Standort** *(siehe S. 78)* für Sämlinge vorbereiten, die im Mai eingepflanzt werden, wenn man einen Rasen aus anderen Pflanzen als Gras anlegen will.

REGELMÄSSIGE PFLEGE

■ **Mit dem Mähen** eines bestehenden Rasens beginnen, sobald das Wetter es erlaubt, und in geeigneten Abständen je nach Rasentyp *(siehe S. 82)*; maximale Mähhöhe einstellen *(siehe S. 88)*.

■ **Die Rasenkanten schneiden** *(siehe S. 83)*.

■ **Schadstellen im Rasen ausbessern** *(siehe S. 86)* und nachsäen bzw. Rollrasen verlegen, falls nötig.

LEBENDER TEPPICH

Wenn die Rasenflächen nicht häufig betreten werden, kann man sie dekorativer gestalten, indem man verschiedene niederwüchsige Pflanzen einsetzt, um einen Teppich kontrastierender Strukturen und Farben zu bilden.

■ **Man legt eine Fläche** mit einem einfachen Muster an: Ein schachbrettartiges Gitter ist leicht zu pflanzen und sehr wirkungsvoll. Man kann auch Streifen oder Wirbel ausprobieren, aber man vermeidet zu komplizierte Muster – es würde übertrieben aussehen. Dann setzt man kleine Pflanzen ein, um einen Rasen zu erhalten, der nicht aus Gras ist *(siehe S. 88)*.

■ **Eine gute Wahl sind kriechende** Minze- oder Thymianarten. Man sollte sich vergewissern, dass man Pflanzen ausgewählt hat, die etwa gleich schnell wachsen, um ein ausgewogenes Aussehen zu erreichen.

■ **Man kann Steinplatten oder Holzfliesen** im Schachbrettmuster abwechselnd mit Quadraten aus Römischer Kamille, Kräutern oder sogar einer Wiesenmischung verwenden, damit beim Betreten des »Rasens« die Pflanzen geschont werden.

PFLANZUNG

■ **Sträucher und Kletterpflanzen** an Mauern, Zäune und Bäume setzen *(siehe S. 110–111)*. Triebe in Wunschrichtung erziehen *(S. 113)*. Hecken pflanzen *(S. 120)*.

SCHNITT UND ERZIEHUNG

■ **Immergrüne Gehölze** *(siehe S. 112–113)* zurückschneiden, wenn es frostfrei ist.

■ **Immergrüne Kletterpflanzen** und Hecken verjüngen, falls nötig *(siehe S. 121)*, hinterher düngen und mulchen.

■ **Immergrüne Blütenhecken** aus *Garrya elliptica*, Lavendel und Feuerdorn stutzen *(siehe Tabelle S. 117 und 121)*.

KLETTERPFLANZEN VERMEHREN

■ **Die Triebe vieler Kletterpflanzen** bewurzeln sich rasch, wenn sie Gelegenheit bekommen, und bilden neue Pflanzen. Efeu hat sogar Luftwurzeln.

■ **Die beste Zeit,** Kletterpflanzen zu vermehren, ist April oder Herbst.

■ **Langen, bodennahen Trieb** wählen und zu Boden biegen (Absenker). Wo er den Boden berührt, schräg einschneiden, um Wurzelbildung anzuregen. Absenker in einer 15 cm tiefen Mulde befestigen, Erde auffüllen. Gießen, bis neue Triebe erscheinen (ca. 1 Jahr). Bewurzelten Ableger abtrennen und eintopfen.

EIN ABSENKER BEI EINER KLETTERHORTENSIE

| BEETE UND RABATTEN | KÜBELPFLANZEN/HOCHBEETE |

WICHTIGE ARBEITEN

■ **Neu gepflanzte** Gewächse bei Trockenheit regelmäßig gießen *(siehe S. 152)*.

■ **Den Formschnitt** *(siehe S. 157)* und den Verjüngungsschnitt *(siehe S. 159)* bei Laub abwerfenden Sträuchern beenden, bevor sie austreiben.

■ **Den Schnitt** bei Hortensien-Hybriden beenden *(siehe S. 159)*.

PFLANZUNG

■ **Stauden** *(siehe S. 148)*, sommerblühende Zwiebelpflanzen *(siehe S. 149)*, Gräser *(S. 140)*, immergrüne sowie Container-Sträucher *(siehe S. 150)* pflanzen. Nur gute, gesunde Pflanzen kaufen *(siehe S. 146–147)*, für optimale Ergebnisse. Man nimmt an Sträuchern nach dem Einpflanzen einen Pflanzschnitt vor *(siehe S. 151)* und bindet sie an *(siehe S. 150)*.

REGELMÄSSIGE PFLEGE

■ **Pflanzen im Kiesbeet düngen,** wenn sie im Vorjahr nicht gut gediehen sind *(siehe S. 133)*.

■ **Den Kies** von Kiesbeeten erneuern, falls nötig, und abgestorbene oder beschädigte Pflanzenteile entfernen *(siehe S. 133)*.

■ **Horstartig wachsende Stauden** ausdünnen, solange sie klein sind, dann bringen sie größere, schönere Blüten hervor.

■ **Verblühtes von früh blühenden** Pflanzen wie Kamelien, Zwiebelgewächsen und Steingartenpflanzen sofort entfernen, Blätter von Zwiebelgewächsen jedoch von allein einziehen lassen.

■ **Beete und Rabatten mulchen,** falls es nicht im Herbst geschehen ist *(siehe S. 152–153)*.

■ **Langzeitdünger ausbringen,** bevor die Pflanzen kräftig wachsen *(siehe S. 153)*.

■ **Stauden und Einjährige,** die im ausgewachsenen Zustand umfallen könnten, werden abgestützt *(siehe S. 154)*.

SCHNITT UND ERZIEHUNG

■ **Sommerblühende Sträucher** mit rohrartigen Trieben, wie *Leycesteria formosa* und *Kerria japonica*, sollte man zurückschneiden *(s. S. 159)*.

CAMELLIA JAPONICA ›ALEXANDER HUNTER‹

■ **Lavendelbüsche schneiden,** damit sie nicht sparrig und kahl werden *(siehe S. 155)*.

VERMEHRUNG

■ **Jetzt Samen winterharter** Einjähriger im Freien aussäen *(siehe S. 149 und 163)*.

■ **Staudenmohn** *(Papaver orientale)* **teilen,** wenn die Pflanzen groß genug sind *(siehe S. 135 und 163)*.

■ **Weichholzstecklinge** von Sträuchern schneiden *(siehe S. 155)*.

■ **Absenker** von Sträuchern machen *(siehe S. 165)*.

WICHTIGE ARBEITEN

■ **Pflanzen wie Buntnessel,** Fuchsien und Chrysanthemen, die in Kübeln wachsen, werden abgeknipst *(siehe S. 173 und 381)*.

■ **Die Kübelpflanzen gießen,** wenn nötig – sie regelmäßig kontrollieren *(siehe S. 178)*, auch wenn es geregnet hat.

PFLANZUNG

■ **Kübel** *(siehe S. 176)* mit Kletterpflanzen, Sträuchern, Beet- oder Zwergrosen, Stauden, Ein- und Zweijährigen, sommerblühenden Zwiebelpflanzen und Sukkulenten bepflanzen.

REGELMÄSSIGE PFLEGE

■ **Verblühtes** regelmäßig entfernen *(siehe S. 178)* und altes, krankes oder unschönes Laub abschneiden.

■ **Dauerhaft in Kübel** gepflanzte Gehölze und Steingartenpflanzen umtopfen, sofern sie nicht im Frühling blühen, oder eine Nachdüngung verabreichen. Falls nötig, die Wurzeln zurückschneiden *(siehe S. 179)*.

■ **Die Erde** bestehender Hochbeete düngen oder erneuern und eine Mulchschicht ausbringen *(siehe S. 183)*. Kümmernde oder kranke Pflanzen austauschen.

■ **Hochbeete regelmäßig jäten.**

■ **Zwiebelgewächse aus Kübeln** werden weggeworfen oder ins Freiland gepflanzt.

SCHNITT UND ERZIEHUNG

■ **Vorhandene Formschnittpflanzen** regelmäßig schneiden, um sie in Form zu halten *(siehe S. 178)*.

■ **Gehölze** in Hochbeeten zurückschneiden, wenn keine Frostgefahr mehr besteht *(siehe S. 156–161)*.

■ **Lavendelbüsche stutzen,** damit sie nicht sparrig und kahl werden *(siehe S. 155)*.

APRIL

ZIERBÄUME	WASSERGARTEN	KRÄUTER

PFLANZUNG

■ **Für Containerware oder immergrüne** Bäume mit oder ohne Wurzelballen, die im Mai eingepflanzt werden, muss der Boden vorbereitet werden (*siehe S. 192 und S. 142–143*).

■ **Immergüne Bäume** mit Wurzelballen jetzt einsetzen (*siehe S. 195*).

REGELMÄSSIGE PFLEGE

■ **Wenn man Kunstdünger verwendet,** ist jetzt der richtige Zeitpunkt, um vorhandene Bäume mit einem Flüssigdünger oder Granulat zu versorgen (*siehe S. 197*).

■ **Das Bindematerial** und die Stützpfähle **kontrollieren** (*siehe S. 193*) und sie entfernen oder lockern, wenn nötig, so dass keine Baumrinde wundgerieben oder beschädigt wird.

BASTARDZYPRESSE (× *CUPRESSOCYPARIS LEYLANDII*) **MIT WURZELBALLEN**

■ **Kontrollieren, ob Wildverbissschutz** für die Baumstämme noch an seinem Platz ist.

■ **Ausschau halten nach Wurzelschösslingen** und Wasserreisern, die aus dem Stamm oder den Wurzeln wachsen, und sie entfernen, bevor sie zu groß werden und dem Baum schaden (*siehe S. 197*).

WICHTIGE ARBEITEN

■ **Übermäßig gewachsene Pflanzen** außer Seerosen werden kurz nach Austrieb geteilt, um sie zu verjüngen (*siehe S. 223*). Sie können dadurch gleichzeitig vermehrt werden.

AUS TEILUNG HERVORGEGANGENE EXEMPLARE EINES KALMUS (*ACORUS GRAMINEUS*)

PFLANZUNG

■ **Alle Pflanzen** für den Wassergarten pflanzen (*siehe S. 220–221*).

REGELMÄSSIGE PFLEGE

■ **Unterwasserpflanzen,** die zur Sauerstoffanreicherung dienen, bereitet man für die neue Vegetationsperiode vor, indem man die alten Triebe entfernt (*siehe S. 223*).

WICHTIGE ARBEITEN

■ **Aussaat ein- und zweijähriger Kräuter** wie Borretsch und Kümmel ins Freiland (*siehe S. 149 und 163*) an ihrem endgültigen Standort.

PFLANZUNG

■ **Kräuter, die für den Winter** eingetopft wurden, sollte man auspflanzen oder wegwerfen (*siehe S. 231*).

■ **Vorgezogene Stauden-** oder strauchartige Kräuter in Beete, Pflasterritzen, Kübel und Ampeln einsetzen (*siehe S. 228–231*).

■ **Bewurzelte Stecklinge** oder kleine Pflanzen in Pflasterritzen pflanzen (*siehe S. 229*).

■ **Durch Teilung gewonnene** Stücke von Kräutern pflanzen (*siehe S. 231*), wenn man einen Rasen anlegen will, der nicht aus Gras besteht.

REGELMÄSSIGE PFLEGE

■ **Wuchernde Kräuter,** die in versenkten Töpfen gepflanzt wurden (*siehe S. 231*), werden herausgeholt, geteilt und in frischem Boden, Kompost oder einer Mischung aus beidem wieder eingepflanzt.

VERMEHRUNG

■ **Überalterte strauchartige Kräuter werden verjüngt,** indem man Ableger durch Anhäufeln gewinnt (*siehe S. 231*).

OBST- UND GEMÜSEGARTEN

NEUE KRÄUTER AUS ALTEN

Es gibt mehrere recht einfache Möglichkeiten, wie man seine eigenen Kräuter
ziehen kann *(siehe unten)*. Alle Ein- und
Zweijährigen sowie Stauden aus warmen
Ländern, die bei uns nicht winterhart
sind, muss man aus Samen ziehen.

TEILUNG
Estragon, Fenchel, Liebstöckel, Meer-
rettich, Minze, Oregano, Sauerampfer,
Schnittlauch, Thymian, Zitronenmelisse

ABLEGER DURCH ANHÄUFELN
Beifuß, Bohnenkraut, Heiligenkraut,
Lavendel, Rosmarin, Salbei, Thymian

STECKLINGE
Minze, Oregano, Rosmarin, Salbei,
Thymian, Ysop, Zitronenmelisse

PANASCHIERTER GARTENSALBEI
(*SALVIA OFFICINALIS* ›TRICOLOR‹)

AUSSAAT
Basilikum, Borretsch, Dill, Engelwurz,
Kerbel, Koriander, Kümmel, Majoran,
Petersilie, Ysop.

WICHTIGE ARBEITEN
- **Neu gepflanztes Gemüse** und Obst, falls
nötig, gießen *(siehe Kasten S. 236)*.

- **Saatknollen von Frühkartoffeln**
pflanzen *(siehe S. 252)*.

AUSSAAT UND PFLANZUNG
- **Gründüngungspflanzen aussäen**,
um die zeitweiligen Lücken während der
Vegetationszeit zu schließen *(siehe S. 239)*.

- **Steckzwiebeln** von Zwiebel und
Frühlingszwiebel stecken *(siehe S. 250)*.

- **Gemüsearten in Saatgefäßen im Haus
aussäen** *(siehe S. 244)*:
z. B. Feuerbohnen *(siehe S. 247)*
Gartenbohnen *(siehe S. 246)*
Gurken *(siehe S. 256)*
Kürbisse *(siehe S. 253)*
Zucchini *(siehe S. 253)*

- **Winterharte Gemüsearten im Freiland
aussäen** *(siehe S. 242)*, in kalten Gegenden
unter Glasabdeckung:
Brokkoli *(siehe S. 248)*
Erbsen, unter Netz, um Vögel und Mäuse
abzuwehren *(siehe S. 247)*
Frühlingszwiebel *(siehe S. 250)*
Karotten *(siehe S. 251)*
Kopfkohl *(siehe S. 249)*
Lauch *(siehe S. 251)*
Mangold *(siehe S. 255)*
Pastinak *(siehe S. 251)*
Radieschen *(siehe S. 249)*
Rettich *(siehe S. 249)*
Rote Bete *(siehe S. 251)*
Salat *(siehe S. 254)*
Spinat *(siehe S. 255)*
Weiße Rüben *(siehe S. 249)*

- **»Zehen«** oder vorgezogene Pflanzen von
Knoblauch einpflanzen *(siehe S. 250)*.

- **Rhabarber pflanzen** *(siehe S. 273)*.

REGELMÄSSIGE PFLEGE
- **Die Gemüsebeete düngen** *(siehe S. 239)*,
glatt rechen und Unkraut jäten, um den
Boden für Aussaat oder Pflanzung
vorzubereiten.

- **Die Gründüngungs**pflanzen
untergraben, die im vergangenen Herbst
oder im März ausgesät wurden *(siehe S. 239)*.

- **In kühleren Regionen** den Boden
durch Glasabdeckung *(siehe S. 240)* oder mit
Vlies erwärmen, um ihn für die Aussaat
vorzubereiten.

- **Gemüse- und Obstpflanzen mulchen,**
wenn der Boden warm und feucht ist
(siehe S. 239).

- **Kletterhilfen** *(siehe S. 247)* für Erbsen und
Stangenbohnen errichten. Junge Erbsen-
pflanzen stützt man mit Hilfe kräftiger,
beim Schnitt angefallener Reiser, indem
man diese um die Pflänzchen herum in die
Erde steckt *(siehe S. 246)*.

- **Beerensträucher düngen**
(siehe S. 268–269).

- **Das Bindematerial** und die Baumpfähle
(siehe S. 193) bei Obstbäumen kontrollieren
und es entfernen oder lockern, falls nötig,
damit die Baumrinde nicht wund gerieben
und beschädigt wird.

SCHNITT UND ERZIEHUNG
- **Die Seitenzweige bei Birnbäumen**
ausdünnen *(siehe S. 267)*.

- **Brombeeren** und ihre Hybriden nach der
Pflanzung zurückschneiden *(siehe S. 271)*.

ERNTE
- **Gemüse ernten:**
Feldsalat *(siehe S. 255)*
Lauch *(siehe S. 251)*

- **Obst ernten:**
vorgetriebenen Rhabarber *(siehe S. 273)*.

MAI

| RASEN | MAUERN/HECKEN/RANKGERÜSTE | BEETE UND RABATTEN |

WICHTIGE ARBEITEN

■ **Neu angelegten Rasen** (siehe S. 84) bei trockenem Wetter regelmäßig bewässern, damit er gut anwächst.

AUSSAAT UND PFLANZUNG

■ **Die Sämlinge auspflanzen,** wenn man einen Rasen anlegen will, der nicht aus Gras besteht (siehe S. 88).

REGELMÄSSIGE PFLEGE

■ **Mit der Mahd** von neuem Gras beginnen, wenn es 10 cm hoch ist (siehe S. 79, 80 und 82); die maximale Mähhöhe nehmen.

■ **Vorhandenen Rasen** in entsprechenden Abständen je nach Rasentyp mähen (siehe S. 82) und die Rasenkanten säubern (siehe S. 83).

■ **Falls erforderlich, auf dem Rasen** Rasendünger ausbringen (siehe S. 84), bei Rasen, der nicht aus Gras besteht, Universaldünger verwenden (siehe S. 88).

WICHTIGE ARBEITEN

■ **Auf Schädlinge** und Krankheiten achten, um rasch eingreifen zu können (siehe S. 111).

PFLANZUNG

■ **Sträucher oder Kletterpflanzen** an Mauern, Zäune oder Bäume pflanzen (siehe S. 110–111) und die Triebe in der gewünschten Form, z.B. als Fächer, erziehen (siehe S. 113).

■ **Hecken pflanzen** (siehe S. 120).

REGELMÄSSIGE PFLEGE

■ **Verblühtes** regelmäßig ausputzen.

SCHNITT UND ERZIEHUNG

■ **Wachsende Kletterpflanzen** (siehe S. 108–109) und Rosen (siehe S. 115) am Rankgerüst anbinden. Alte Befestigungen prüfen.

■ **Zu dicht gewachsene** Clematis der Gruppe 1 (siehe S. 114) auslichten.

■ **Die Hecken** aus Pflanzen wie Buchs, *Forsythia × intermedia* und Bastardzypresse schneiden (s. Tabelle S. 117 und S. 120).

■ **Neu** gepflanzte Weißdorn- und Ligustersträucher in Form schneiden (siehe S. 120).

BLATTLAUSBEKÄMPFUNG

MARIENKÄFER-LARVE

■ **Man zerdrückt Blattläuse,** indem man die Finger am befallenen Trieb entlangreibt.

■ **Mit einem Strahl** aus dem Gartenschlauch abspülen, oder man besprüht sie mit Schmierseifenlauge.

■ **Man verwendet nur** Pestizide, die unschädlich für Blattlausjäger wie die Larven des Marienkäfers sind.

WICHTIGE ARBEITEN

■ **Die Pflanzung** von sommerblühenden Zwiebelpflanzen (siehe S. 149), Container- und immergrünen Sträuchern (siehe S. 150) und Gräsern abschließen (siehe S. 140). Nur gesunde Pflanzen kaufen (siehe S. 146–147). Bei Sträuchern den Pflanzschnitt durchführen (siehe S. 151) und sie anbinden (siehe S. 150).

■ **Das Mulchen** von Beeten bei feuchtem Boden abschließen, falls nicht im Herbst geschehen (siehe S. 152–153); u. U. zuvor gießen.

■ **Neue und vorhandene** Pflanzen gießen, wenn nötig (siehe S. 152).

■ **Stauden und Zweijährige,** die im ausgewachsenen Zustand umknicken könnten, werden gestützt, ehe sie so groß sind, dass es ihr Aussehen beeinträchtigt (siehe S. 154).

STÜTZEN MIT STÄBEN UND SCHNUR

■ **Den Schnitt** bei frühjahrsblühenden Sträuchern mit rohrartigen Trieben wie *Leycesteria formosa* und *Kerria japonica* abschließen (siehe S. 159).

■ **Den Auslichtungsvorgang** bei horstartigen Stauden beendet man, während sie noch klein sind, damit sie später größere und schönere Blüten hervorbringen (siehe S. 154).

■ **Einjährige**, die von Hoch- bis Spätsommer blühen, im Freiland aussäen *(siehe S. 149 und 163).*

PFLANZUNG

■ **Stauden pflanzen** *(siehe S. 148).* Nur gute, gesunde Pflanzen kaufen *(siehe S. 146),* um beste Ergebnisse zu erzielen.

■ **Setzlinge** von winterharten Ein- und Zweijährigen mit kräftigen Wurzelballen auspflanzen, die über Versand oder im Handel erhältlich sind, damit der Garten sich früh in ein Blütenmeer verwandelt.

REGELMÄSSIGE PFLEGE

■ **Den Kies** von Kiesbeeten erneuern, falls nötig, und alle abgestorbenen oder beschädigten Pflanzenteile entfernen *(siehe S. 133).*

■ **Verblühtes sollte bei Zwiebelpflanzen,** Stauden *(siehe S. 155),* Steingartengewächsen und blühenden Sträuchern wie Rhododendron *(siehe S. 158)* regelmäßig ausgeputzt werden. Die Blätter der Zwiebelpflanzen lässt man jedoch von allein einziehen.

■ **Die Tulpen herausholen,** sobald ihre Blätter gelb und verwelkt sind; die Zwiebeln lagert man im Sommer an einem warmen und trockenen Platz in einer Papiertüte (nicht Plastik!) oder wirft sie weg.

■ **Pflanzen in Kiesbeeten düngen,** die im Vorjahr nicht gut gediehen sind *(siehe S. 133).*

■ **Pflanzen,** die einen Wachstumsschub brauchen, zusätzlich mit Dünger versorgen *(siehe S. 153).*

■ **Die Spitzen Blüten bildender** Seitentriebe bei Stauden abknipsen, die solche ausbilden, z. B. bei Dahlie, Chrysantheme und Herbstaster, um die Blütenzahl zu erhöhen *(siehe S. 154).*

SCHNITT UND ERZIEHUNG

■ **Vorhandene** Laub abwerfende Sträucher, die am vorjährigen Holz blühen, zurückschneiden *(siehe S. 158).*

■ **Immergrüne Sträucher,** sowohl neu gepflanzte als auch alte, zurückschneiden *(siehe S. 158),* wenn keine Fröste mehr drohen.

RÜCKSCHNITT BEI HEILIGENKRAUT *(SANTOLINA)*

VERMEHRUNG

■ **Vorgezogene Sämlinge** von frostempfindlichen Einjährigen ins Freiland auspflanzen, wenn keine Fröste mehr drohen.

■ **Die Samen Zweijähriger** in Reihen an einer freien Stelle oder in einem Saatbeet aussäen *(siehe S. 149).*

■ **Weichholzstecklinge** von Sträuchern und Stauden und Grünholzstecklinge von Sträuchern schneiden *(siehe S. 165 und 381).*

■ **Absenker** von Sträuchern machen *(siehe S. 165).*

WICHTIGE ARBEITEN

■ **Die Kübelpflanzen gießen,** falls nötig — sie regelmäßig kontrollieren, auch wenn es geregnet hat *(siehe S. 178).*

■ **Das Umtopfen** oder Nachdüngen bei dauerhaft eingepflanzten Gehölzen und Steingartenpflanzen in Kübeln abschließen, sofern es sich nicht um frühlingsblühende Arten handelt. Die Wurzeln einkürzen, falls nötig *(siehe S. 179).*

■ **Das Düngen** oder den Austausch von Erde bei bestehenden Hochbeeten abschließen und eine Mulchschicht ausbringen *(siehe S. 183).* Man ersetzt kümmernde oder kranke Pflanzen durch neue.

■ **Pflanzen wie Buntnessel,** Fuchsien und Margeriten, die in Kübeln wachsen, werden abgeknipst *(siehe S. 173 und Kasten S. 381).*

■ **Den Rückschnitt** bei Gehölzen in Hochbeeten abschließen, wenn die Frostgefahr vorüber ist *(siehe S. 196).*

PFLANZUNG

■ **Kletterpflanzen, Sträucher,** Beet- oder Zwergrosen, Stauden, Ein- und Zweijährige sowie Kakteen und andere Sukkulenten werden in Kübel gepflanzt *(siehe S. 176).*

REGELMÄSSIGE PFLEGE

■ **Pflanzen** regelmäßig ausputzen und sie in Form halten, indem man verwelkte, kranke oder alte Blätter entfernt *(siehe S. 178).*

■ **Hochbeete regelmäßig jäten.**

■ **Stauden in Hochbeeten** werden herausgehoben und geteilt. Junge gesunde Teile wieder einpflanzen, alte kranke wegwerfen.

■ **In Kübeln gewachsene Zwiebelpflanzen** nimmt man heraus oder wirft sie weg.

SCHNITT UND ERZIEHUNG

■ **Vorhandene Formschnittpflanzen** regelmäßig schneiden, um sie in Form zu halten *(siehe S. 178).*

MAI

ZIERBÄUME	WASSERGARTEN	KRÄUTER

WICHTIGE ARBEITEN

■ **Falls nötig, gießen,** vor allem Bäume, die in den letzten 2–3 Jahren gepflanzt wurden. Besser mehrere Kannen Wasser pro Mal, als häufig mit wenig Wasser gießen *(siehe S. 197).*

PFLANZUNG

■ **Container- sowie immergrüne** Gehölze mit oder ohne Wurzelballen pflanzen.

REGELMÄSSIGE PFLEGE

■ **Empfindliche Arten** wie Zitrusbäume, die sich in Kübeln befinden *(siehe S. 195),* werden aus ihrem Winterquartier in den Garten gebracht, wo sie den Sommer verbringen.

■ **Baumscheiben** mit organischem Material wie Rindenmulch mulchen *(siehe S. 197).*

JAPANISCHE BLÜTENKIRSCHE
PRUNUS SERRULATA ›KANZAN‹

■ **Bindematerial** und Baumpfähle kontrollieren und es u. U. entfernen oder lockern, damit keine Rinde beschädigt wird.

■ **Den Verbissschutz** an Baumstämmen kontrollieren *(siehe S. 195).*

■ **Auf Wurzelschösslinge** und Wasserreiser achten, die aus dem Stamm oder den Wurzeln austreiben; man entfernt diese, bevor sie zu groß werden und den Baum schädigen *(siehe S. 197).*

WICHTIGE ARBEITEN

■ **Zu dicht wachsende Pflanzen,** auch Seerosen, teilen, kurz nachdem sie anfangen zu treiben, um sie zu verjüngen *(siehe S. 223).* Ausgewachsene Pflanzen können dabei auch zur Vermehrung geteilt werden.

TEILUNG VON KALMUS *(ACORUS CALAMUS)*

PFLANZUNG

■ **Alle Gewächse für** den Wassergarten einpflanzen *(siehe S. 220–221).*

REGELMÄSSIGE PFLEGE

■ **Unterwasserpflanzen,** die zur Sauerstoffanreicherung dienen, bereitet man auf die neue Vegetationsperiode vor, indem man alte Triebe entfernt *(siehe S. 223).*

■ **Seerosen** und anderen in Gefäßen gezogenen Pflanzen bei Bedarf eine Düngergabe verabreichen *(siehe S. 222).*

■ **Wuchernde oder sparrige** Uferpflanzen zurückschneiden oder auslichten (durch Teilung, *siehe S. 223).*

■ **Vernachlässigte Teiche oder Zierbecken,** falls nötig, reinigen. Dazu einen Großteil des Wassers entleeren; die Pflanzen in Körben, die Unterwasserpflanzen und die Fische herausholen und in Wasserbehälter umsetzen. Schlamm ausschöpfen, Teichfolie reinigen und eventuell notwendige Reparaturen ausführen. Anschließend wieder bepflanzen, Teich füllen und Fische einsetzen.

WICHTIGE ARBEITEN

■ **Die Aussaat** winterharter einjähriger Kräuter im Freiland abschließen *(siehe S. 149 und 163).*

■ **Empfindliche einjährige** Kräuter im Freiland aussäen *(siehe S. 149 und 163).*

■ **Lavendel zurückschneiden** *(siehe S. 232),* wenn kein Frost mehr droht.

PFLANZUNG

■ **Den Boden** *(siehe S. 228 und S. 142–143)* für die Pflanzung von Schattenkräutern im Sommer vorbereiten.

■ **Containerware** von Stauden- oder strauchartigen Kräutern in Beete, Pflasterritzen, Kübel und Ampeln pflanzen *(siehe S. 228–231).*

■ **Bewurzelte Stecklinge oder** kleine Pflanzen in Pflasterritzen pflanzen *(siehe S. 229).*

■ **Durch Teilung gewonnene** Stücke von Kräutern *(siehe S. 231)* für einen Rasen, der nicht aus Gras besteht, pflanzen.

REGELMÄSSIGE PFLEGE

■ **Empfindliche Kübelkräuter** werden aus dem Winterquartier in den Garten gebracht *(siehe S. 195),* wo sie den Sommer verbringen.

■ **Kräuter** in Kübeln gießen.

VERMEHRUNG

■ **Überalterte strauchartige Kräuter verjüngt man,** indem man Ableger durch Anhäufeln gewinnt *(siehe S. 231).*

■ **Vorgezogene Sämlinge** frostempfindlicher einjähriger Kräuter ins Freiland auspflanzen, wenn kein Frost mehr droht.

■ **Zweijährige Kräuter** wie Engelwurz und Kümmel werden in Reihen an einer freien Stelle oder im Saatbeet ausgesät *(siehe S. 149).*

OBST- UND GEMÜSEGARTEN

WICHTIGE ARBEITEN

■ **Neu** gepflanzte Gemüse- und Obstpflanzen gießen, falls nötig (*siehe Kasten S. 236*).

■ **Karotten** vor der Möhrenfliege schützen, indem man eine Barriere um diesen Platz baut (*siehe S. 241*), bevor die erste Fliegengeneration beginnt, Eier zu legen.

■ **Die Saatknollen** von mittelspäten Kartoffelsorten pflanzen (*siehe S. 252*).

■ **Das Auspflanzen** von vorgezogenem Knoblauch abschließen (*siehe S. 250*).

■ **Die Kartoffelpflanzen** früher Sorten anhäufeln, damit die Knollen nicht grün werden (*siehe S. 252*).

AUSSAAT UND PFLANZUNG

■ **Gründüngungspflanzen aussäen,** um während der Vegetationsperiode zeitweilig freie Bodenflächen zu füllen (*siehe S. 239*).

■ **Vorgezogene Gemüse**pflanzen einpflanzen. Falls nötig, sie mit Glasabdeckung oder Vlies schützen (*siehe S. 240*).

■ **Gemüsearten im Freiland aussäen:**
Brokkoli (*siehe S. 248*)
Chicoree und Endivie (*siehe S. 255*)
Erbsen, unter einem Netz, um sie vor Vögeln und Mäusen zu schützen (*siehe S. 247*)
Feuerbohnen (*siehe S. 247*)
Frühlingszwiebel (*siehe S. 250*)
Gartenbohnen (*siehe S. 246*)
Grünkohl (*siehe S. 248*)
Gurken (*siehe S. 256*)
Karotten (*siehe S. 251*)
Kopfkohl für frischen Gebrauch (*siehe S. 249*)
Kürbis (*siehe S. 253*)
Mais (*siehe S. 253*)
Mangold (*siehe S. 255*)
Lauch (*siehe S. 251*)
Radieschen (*siehe S. 249*)
Rote Bete (*siehe S. 251*)
Salat (*siehe S. 254*)
Spinat (*siehe S. 255*)
Zucchini (*siehe S. 253*)

Nach den letzten Spätfrösten (»Eisheiligen«) Jungpflanzen auspflanzen wie:
Auberginen (*siehe S. 256*)
Brokkoli (*siehe S. 248*)
Feuerbohnen (*siehe S. 247*)
Gurken (*siehe S. 256*)
Lauch (*siehe S. 251*)
Paprika (*siehe S. 256*)
Rhabarber (*siehe S. 273*)
Stangenbohnen (*siehe S. 246*)
Tomaten (*siehe S. 257*)

REGELMÄSSIGE PFLEGE

■ **Gemüsebeete düngen** (*siehe S. 239*), rechen und sie unkrautfrei halten als Vorbereitung für Aussaat oder Pflanzung.

■ **Gründüngungspflanzen,** die im vergangenen Herbst oder im zeitigen Frühjahr ausgesät wurden, untergraben (*siehe S. 239*).

■ **Die Gemüse- und** Obstbeete mulchen, solange sie warm und feucht sind (*siehe S. 239*).

■ **Beerenobst düngen** (*siehe S. 268–269*).

■ **Blüten** von spät gepflanzten Erdbeerpflanzen entfernen (*siehe S. 272*).

GEWÄCHSHAUS SCHATTIEREN

■ **Im Gewächshaus** kann es im Sommer so heiß werden, dass Pflanzen welken oder verbrennen.

■ **Sobald das Wetter wärmer wird,** sollte man das Gewächshaus beschatten.

■ **Zum Schattieren eignen sich** Rollos, Farbe oder Kunststoffnetz (*siehe S. 287*).

■ **Schattierfarbe** ist billig, muss aber im Spätsommer wieder entfernt werden, wenn die Lichtintensität abnimmt.

SCHNITT UND ERZIEHUNG

■ **Den Neuaustrieb des Hauptstamms bei Birnbäumen** zurückschneiden (*siehe S. 264*).

■ **Ältere Sauerkirschen schneiden**, um neue Fruchttriebe anzuregen (*s. S. 267*).

■ **Die Fruchttriebe** von Brom- (*siehe S. 271*) und Himbeeren (*siehe S. 270*) festbinden.

ERNTE

■ **Winter- und Frühgemüse ernten** wie:
Feldsalat (*siehe S. 255*)
Frühlingszwiebel (*siehe S. 250*)
Kohl-Frühsorten (*siehe S. 248*)
Radieschen (*siehe S. 249*)
Salat (*siehe S. 254*)
Weiße Rüben (»Mairübchen«) (*siehe S. 249*)

■ **Obstarten ernten:**
Rhabarber (*siehe S. 273*)

KLEBRIGE FALLEN

■ **Welche Insekten fängt man mit Gelbtafeln?** Weiße Fliege, Thrips, Trauermücken

■ **Wie funktionieren sie?** Die leuchtend gelbe Farbe lockt die Insekten an und sie bleiben an dem nicht austrocknenden Leim kleben.

ANBRINGEN EINER GELBTAFEL

JUNI

RASEN	MAUERN/HECKEN/RANKGERÜSTE	BEETE UND RABATTEN

WICHTIGE ARBEITEN

■ **Neu angelegte Rasenflächen** *(siehe S. 84)* bei trockenem Wetter regelmäßig bewässern, so dass sie gut angehen.

REGELMÄSSIGE PFLEGE

■ **Den Rasen** in entsprechenden Abständen je nach Rasentyp mähen *(siehe S. 82)*; die Mähhöhe kann jetzt herabgesetzt werden. Die Rasenkanten säubern *(siehe S. 83)*.

■ **Bei Bedarf Rasendünger** ausbringen, falls es nicht bereits im Mai geschehen ist *(siehe S. 84)*.

■ **Auf Unkraut achten** und es bei Bedarf bekämpfen *(siehe S. 87)*.

■ **Naturnahe Wiesen mähen,** wenn die Blüten fürs nächste Jahr Samen angesetzt haben.

WICHTIGE ARBEITEN

■ **Ausschau halten nach Schädlingen** und Krankheiten und sie bekämpfen *(siehe S. 111)*.

■ **Kletterpflanzen** und an vorjährigen Trieben blühende Sträucher sofort nach der Blüte zurückschneiden *(siehe S. 112–113)*.

■ **Falls nötig,** vor allem kürzlich eingesetzte oder Jungpflanzen gießen.

■ **Ramblerrosen** gleich nach der Blüte zurückschneiden *(siehe S. 115)*.

REGELMÄSSIGE PFLEGE

■ **Verblühtes regelmäßig** ausputzen, aber nicht, wenn man Samen ernten will.

SCHNITT UND ERZIEHUNG

■ **Kletterpflanzen** *(siehe S. 108–109)* und Rosen anbinden, alte Befestigungen prüfen. Tote und kranke Triebe herausschneiden.

ANBINDEN EINER CLEMATIS

■ **Clematis** der Gruppe 1 u. U. auslichten, der Gruppe 3 zurückschneiden *(siehe S. 114)*.

■ **Hecken** aus Pflanzen wie *Berberis × stenophylla* schneiden *(s. Tabelle S. 117 und S. 121)*.

WICHTIGE ARBEITEN

■ **Neue und alte** Pflanzen gießen, wenn es nötig ist *(siehe S. 152)*.

■ **Pflanzen, die einen** Wachstumsschub benötigen, zusätzlich düngen *(siehe S. 153)*.

■ **Die Aussaat** von Einjährigen *(siehe S. 149 und 163)* im Freiland abschließen

■ **Das Abknipsen der Triebspitzen** bei Stauden, die blühende Seitentriebe bilden, abschließen *(siehe S. 154)*.

■ **Stauden und Zweijährige,** die im ausgewachsenen Zustand umknicken könnten, werden abgestützt, ehe sie so groß sind, dass es ihr Aussehen beeinträchtigt *(siehe S. 154)*.

PFLANZUNG

■ **Herbstblühende** Zwiebelgewächse einsetzen *(siehe S. 149)*. Nur gute und gesunde Zwiebeln kaufen *(siehe S. 146)*.

■ **Pflanzen mit Wurzelballen** über Versand oder im Handel erhältlich) von Ein- und Zweijährigen einsetzen, um den Garten in ein Blütenmeer zu verwandeln.

REGELMÄSSIGE PFLEGE

■ **Die Tulpenzwiebeln** aus dem Boden nehmen, wenn die Blätter verwelkt sind. Warm und trocken lagern oder wegwerfen.

■ **Zwiebelpflanzen, Stauden** *(siehe S. 155)*, Ein- und Zweijährige, Steingartenpflanzen, Rosen und Blütensträucher wie Rhododendron *(siehe S. 158)* ausputzen, sobald die Blüten welken. Die Blätter von Zwiebelgewächsen jedoch lässt man von allein einziehen.

SCHNITT UND ERZIEHUNG

■ **Laub abwerfende,** am vorjährigen Holz blühende Sträucher schneiden *(siehe S. 158)*.

VERMEHRUNG

■ **Einjährige** in Reihen auf einer freien Fläche oder im Saatbeet aussäen *(siehe S. 149)*.

KÜBELPFLANZEN/HOCHBEETE

■ **Die Samen** früh blühender Stauden einsammeln, sobald diese ausgereift sind *(siehe S. 155)* und sie sofort aussäen *(siehe S. 162)*.

■ **Stauden, die im Frühling** blühen, teilen, *(siehe S. 163)*, sobald die Blüte vorbei ist.

■ **Weichholzstecklinge** von Sträuchern *(siehe S. 165)* und Stauden sowie Grünstecklinge von Sträuchern schneiden.

STECKLINGE VON STAUDEN

■ **Wann schneidet man Stecklinge?**
Sobald die Pflanze geeignete Triebe bildet.

■ **Welche Triebe sind geeignet?**
Kräftige, gesunde diesjährige Triebe wählt man, die dicht mit Blättern besetzt, noch weich und biegsam sind.

FEUCHTHALTEN VON STECKLINGEN

■ **Wie schneidet man Stecklinge?**
Man sucht sich die 8–13 cm lange Spitze eines Triebes aus und schneidet sie direkt unterhalb eines Blattknotens ab.

■ **Wie bereitet man Stecklinge vor?**
Alle Blätter bis auf die 2–3 obersten entfernen; keine Stümpfe lassen. Triebspitze entfernen. Stecklinge in Töpfe mit Erde stecken und wie Weichholzstecklinge von Gehölzen *(siehe S. 165)* behandeln.

WICHTIGE ARBEITEN

■ **Kübelpflanzen** regelmäßig gießen und sie täglich kontrollieren *(siehe S. 178)*.

■ **Hochbeete** bei Bedarf gießen. *(siehe S. 183)*.

■ **Pflanzen wie Buntnessel,** Fuchsien und Margeriten, die in Kübeln wachsen, abknipsen *(siehe S. 173 und Kasten unten)*.

ABKNIPSEN

■ **Wozu dient es?** Um strauchige Pflanzen als Hochstamm (ein Hauptstamm, runde, baumähnliche Krone) zu erziehen oder damit Pflanzen buschig wachsen.

■ **Wann wird abgeknipst?** Ab dem Zeitpunkt, an dem die Pflanze austreibt, bis zwei Monate, bevor sie blühen soll; oder, wenn man die Pflanze wegen des Laubes zieht, bis Ende der Vegetationsperiode.

■ **Wie wird abgeknipst?** Man nimmt den Zeigefinger und Daumen, um wiederholt weiche neue Triebspitzen auszubrechen.

■ **Welche Formen kann man bilden?** Hochstamm, Kugel, Kegel, Säule, Fächer oder mehrere Kugeln übereinander.

■ **Wann blüht die Pflanze?** Alle Blüten öffnen sich gleichzeitig 6–8 Wochen nach dem letzten Abknipsen.

PFLANZUNG

■ **Kübel mit winterharten** Laub abwerfenden Kletterpflanzen, Beet- oder Zwergrosen, Stauden, Ein- und Zweijährigen, sommerblühenden Steingartenpflanzen und Kakteen und anderen Sukkulenten bestücken.

REGELMÄSSIGE PFLEGE

■ **Kübelpflanzen regelmäßig** alle 6–8 Wochen nach Bepflanzung düngen *(siehe S. 178)*, falls man nicht Langzeitdünger verwendet. Düngestäbchen oder Flüssigdünger sind am bequemsten anzuwenden.

■ **Regelmäßig Verwelktes auszuputzen** und welke, kranke und unschöne Blätter entfernen *(siehe S. 178)*.

■ **Die Hochbeete unkrautfrei halten.**

■ **Früh blühende Zwiebeln** herausnehmen, wenn sie eingezogen sind, um sie zu lagern. Säubern, in Saatschalen trocknen und in Papiertüten (kein Plastik) aufheben.

SCHNITT UND ERZIEHUNG

■ **Bestehende Formschnittpflanzen** regelmäßig schneiden *(siehe S. 178)*.

■ **Wachsende Kletterpflanzen** an Rankhilfen festbinden *(siehe S. 108–109)*. Hochwüchsige Einjährige und Stauden in Kübeln stützt man, ehe sie kopflastig werden und umfallen; ideal sind Schnüre, die um einige Stäbe geschlungen werden. Wenn die Pflanze wächst, verdeckt sie die Stützen.

TROMPETENZUNGE (*SALPIGLOSSIS*) MIT STÜTZSTÄBEN

JUNI

ZIERBÄUME	WASSERGARTEN	KRÄUTER

WICHTIGE ARBEITEN

■ **Falls nötig, gießen,** vor allem Bäume, die in den letzten 2–3 Jahren gepflanzt wurden. Besser mehrere Kannen Wasser pro Mal, als häufig mit wenig Wasser gießen *(siehe S. 197).*

VERZINKTE STAHLGIESSKANNE

REGELMÄSSIGE PFLEGE

■ **Nach Wurzelschösslingen** und Wasserreisern Ausschau halten, die sich aus dem Stamm oder den Wurzeln bilden, und sie entfernen, bevor sie so groß werden, dass sie den Baum schädigen *(siehe S. 197).*

SCHNITT UND ERZIEHUNG

■ **Laub abwerfende Bäume schneiden,** die im Frühling blühen, sofern erforderlich *(siehe S. 196).*

WICHTIGE ARBEITEN

■ **Zu dicht wachsende Pflanzen** kurz nach dem Austreiben teilen, um sie zu verjüngen *(siehe S. 223).* Ausgewachsene Pflanzen können dabei auch geteilt werden.

■ **Regelmäßig Algenteppiche** und Wasserlinsen entfernen *(siehe S. 222).*

■ **Schwimmblatt-** und Unterwasserpflanzen regelmäßig auslichten *(siehe S. 222).*

PFLANZUNG

■ **Alle Pflanzen** für den Wassergarten pflanzen *(siehe S. 220-221).*

REGELMÄSSIGE PFLEGE

■ **Regelmäßig alle welken Blüten** und Blätter entfernen, um die abbauenden Mikroorganismen zu entlasten *(siehe S. 222).*

GESUNDES GLEICHGEWICHT IM TEICH

■ **Welke Blüten** und Blätter sofort entfernen, bevor sie verrotten, und für ein saures Milieu im Wasser sorgen.

■ **Man kontrolliert Algenwachstum** und entfernt während des Sommers regelmäßig diesen erstickenden Teppich.

■ **Fällt der Wasserstand** bei Hitze, können Fische und Pflanzen unter Sauerstoffmangel leiden. Den Wasserstand mit einem tröpfelnden Schlauch aufrecht halten.

■ **Wenn Pflanzen** über die Hälfte des Teiches bedecken, lichtet man sie aus, damit genug Licht ins Wasser kommt.

■ **Die Pumpe so oft** reinigen, wie vom Hersteller empfohlen: Mit verstopftem Filter kann die Pumpe nicht effektiv arbeiten.

■ **Fische nicht übermäßig füttern.** Nicht gefressenes Futter düngt den Teich und fördert unerwünschte Algenbildung.

WICHTIGE ARBEITEN

■ **Kübelkräuter gießen und düngen.**

■ **Die Aussaat** von einjährigen Kräutern im Freien abschneiden *(siehe S. 149 und 163).*

PLANZUNG

■ **Containerware** in Beete, Pflasterritzen oder Kübel pflanzen *(siehe S. 228–231).*

■ **Bewurzelte Stecklinge** oder kleine Pflanzen in Pflasterritzen setzen *(siehe S. 229).*

REGELMÄSSIGE PFLEGE

■ **Kräuter** laufend beernten und ausputzen.

■ **Schatten liebende** Kräuter nach Regen oder gründlichem Gießen mit reichlich organischem Material mulchen.

VERMEHRUNG

■ **Von häufig benutzten** Kräutern wie Basilikum oder Petersilie *(siehe S. 243)* alle 2–4 Wochen Folgesaaten im Freiland aussäen.

■ **Zweijährige Kräuter** in Reihen an freie Stellen oder ins Saatbeet säen *(siehe S. 149).*

ERNTE

■ **Zweige und Blüten** zum Trocknen, Einfrieren oder für Tee abpflücken *(siehe S. 233).*

MINZE

OBST- UND GEMÜSEGARTEN

WICHTIGE ARBEITEN

■ **Nutzpflanzen im Freien** bei Bedarf, Kübel- oder Gewächshauskulturen regelmäßig gießen, damit sich die Pflanzen gut und gleichmäßig entwickeln (*siehe S. 236*).

■ **Den Boden** im Gewächshaus sprengen und bei warmem Wetter stärker lüften, um Spinnmilbenbefall und Überhitzung vorzubeugen (*siehe S. 296*).

■ **Das Mulchen** bei Obst und Gemüse abschließen; den Boden vorher u. U. wässern.

MULCHSCHICHT AUS GUT VERROTTETEM MIST

■ **Gemüsepflanzen in Kübeln,** Pflanzsäcken und im Gewächshaus, einschließlich Tomaten (*siehe S. 257*), regelmäßig Dünger nach ihren Bedürfnissen verabreichen.

■ **Kartoffelpflanzen anhäufeln,** damit die Knollen nicht grün werden (*siehe S. 252*).

■ **Bei Apfel, Pflaume** (*siehe S. 265*) und Pfirsich (*siehe S. 267*) den Fruchtbehang ausdünnen.

■ **Bei Weinreben** regelmäßig den Sommerschnitt (*siehe S. 273*) für einen offenen Wuchs durchführen und sie aufbinden.

AUSSAAT UND PFLANZUNG

■ **Gründüngungspflanzen aussäen,** um während der Vegetationszeit die zeitweilig freien Stellen zu füllen (*siehe S. 239*).

■ **Von Sommergemüsearten** in regelmäßigen Abständen Folgesaaten im Freiland aussäen, damit man lange Zeit ernten kann; sät man auch Wintergemüse an:

z. B. Brokkoli (*siehe S. 248*)
Chicoree und Endivie (*siehe S. 255*)
Erbsen, unter einem Netz, um sie vor Vögeln und Mäusen zu schützen (*siehe S. 247*)
Feuerbohnen (*siehe S. 247*)
Frühlingszwiebel (*siehe S. 250*)
Gartenbohnen (*siehe S. 246*)
Karotten, mittelfrühe bis späte Sorten (*siehe S. 251*)
Kürbis (*siehe S. 253*)
Mangold (*siehe S. 255*)
Radieschen (*siehe S. 249*)
Rote Bete (*siehe S. 251*)
Salat (*siehe S. 254*)
Zucchini (*siehe S. 253*)

■ **Vorgezogenes Gemüse und empfindliche Gemüsearten auspflanzen:**
z. B. Auberginen (*siehe S. 256*)
Brokkoli (*siehe S. 248*)
Grünkohl (*siehe S. 248*)
Gurke (*siehe S. 256*)
Lauch (*siehe S. 251*)
Mais (*siehe S. 253*)
Paprika (*siehe S. 256*)
Salat (*siehe S. 255*)
Tomaten (*siehe S. 257*).

REGELMÄSSIGE PFLEGE

■ **Gemüse und Obst mulchen,** wenn der Boden warm und feucht ist (*siehe S. 239*).

■ **Den Komposthaufen** bei Trockenheit wässern, damit er besser verrotten kann.

■ **Die Gründüngungspflanzen** untergraben, bevor sie blühen (*siehe S. 239*).

■ **Dem Gemüse,** wenn es einen Wachstumsschub braucht, stickstoffreichen Dünger verabreichen (*siehe S. 239*).

■ **Bei Tomaten regelmäßig** die Seitentriebe entfernen (»Geiztriebe«) (*siehe S. 252*), um Fruchtansatz am Haupttrieb zu stärken und leichter ernten zu können, Aufbinden.

■ **Die Blüten** von neu gesetzen Himbeersträuchern auskneifen, die sonst im ersten Sommer Früchte tragen würden, um den Pflanzen Zeit und Kraft zu geben, richtig anzuwachsen (*siehe S. 270*).

■ **Über Erdbeeren** ein Netz legen, um die reifenden Früchte vor Tieren zu schützen (*siehe S. 272*). Überschüssige Ausläufer entfernt man. Die Früchte mit Stroh unterlegen, damit sie sauber bleiben.

SCHNITT UND ERZIEHUNG

■ **Bei am Spalier** erzogenen Steinobst einen Sommerschnitt (*siehe S. 263*) durchführen.

■ **An neu gepflanzten** Pfirsichbäumen wird ein Pflanzschnitt durchgeführt (*siehe S. 264*).

■ **An vorhandenen** Pflaumen- und Süßkirschenbäumen (*siehe S. 266*) bei warmem trockenem Wetter den Sommerschnitt durchführen.

■ **Himbeeren am Gestell** aufbinden und schwache Triebe entfernen (*siehe S. 270*).

■ **Brombeeren und verwandte Arten** am Gestell aufbinden (*siehe S. 271*).

VERMEHRUNG

■ **Ausläufer von ausgesuchten** Erdbeerpflanzen bewurzeln lassen (*siehe S. 272*).

ERNTE

■ **Gemüsearten ernten wie:**
Erbsen (*siehe S. 247*)
Frühkartoffeln (*siehe S. 252*)
Frühlingszwiebel (*siehe S. 250*)
Karotten, Frühsorten (*siehe S. 251*)
Mangold (*siehe S. 255*)
Radieschen (*siehe S. 249*)
Rote Bete (*siehe S. 251*)
Salat (*siehe S. 254*)
Weiße Rüben (»Mairübchen«) (*siehe S. 249*)

■ **Frühe Obstarten ernten wie:**
Erdbeeren (*siehe S. 272*)
Rhabarber (*siehe S. 273*)
Rote Johannisbeeren (*siehe S. 268*)
Schwarze Johannisbeeren (*siehe S. 269*)
Stachelbeeren vom ausgedünnten Fruchtansatz, zum Kochen, Backen oder Einkochen (*siehe S. 268*)

JULI

RASEN	MAUERN/HECKEN/RANKGERÜSTE	BEETE UND RABATTEN

WICHTIGE ARBEITEN

■ **Neu angelegten Rasen** bei Trockenheit regelmäßig sprengen *(siehe S. 84)*, so dass er gut gedeiht.

AUSSAAT UND PFLANZUNG

■ **Zwiebelblumen in den Rasen pflanzen,** die im nächsten Herbst blühen *(siehe S. 89)*, sowie sie erhältlich sind – Zwiebeln, die frisch eingepflanzt werden, gedeihen viel besser.

REGELMÄSSIGE PFLEGE

■ **Den Rasen** in entsprechenden Abständen je nach Rasentyp mähen *(siehe S. 82)*; die Mähhöhe kann jetzt herabgesetzt werden; die Rasenkanten säubern.

■ **Bereiche mit frühlingsblühenden Zwiebeln** erstmals mähen, wenn das Laub vergilbt ist. Maximale Mähhöhe wählen.

MEHRJÄHRIGE UNKRÄUTER
MIT DER GANZEN WURZEL HERAUSZIEHEN

■ **Nach Unkräutern** Ausschau halten und sie nicht überhand nehmen lassen *(siehe S. 87)*.

WICHTIGE ARBEITEN

■ **Falls nötig, vor allem kürzlich** gepflanzte und junge Gewächse gießen.

■ **Auf Schädlinge** und Krankheiten wie Blattläuse und Schwarzfleckenkrankheit achten und sie bei Bedarf bekämpfen *(siehe S. 111)*.

■ **Kletterpflanzen** und Sträucher, die am vorjährigen Holz blühen, sofort nach der Blüte zurückschneiden *(siehe S. 112–113)*.

■ **Spaliergehölze wie *Prunus*-Arten** *(siehe S. 112)* und Zierquitte *(siehe S. 113)* zurückschneiden.

■ **Ramblerrosen** gleich nach der Blüte zurückschneiden *(siehe S. 115)*.

REGELMÄSSIGE PFLEGE

■ **Verblühtes regelmäßig ausputzen,** um die Blühdauer zu verlängern; jedoch nicht, wenn man später die Samen sammeln will.

■ **Rambler- und andere Kletterrosen** am besten mit einem Spezialdünger für Rosen düngen.

SCHNITT UND ERZIEHUNG

■ **Wachsende Kletterpflanzen** *(siehe S. 108–109)* und Rosen *(siehe S. 115)* am Rankgerüst anbinden und die alte Befestigung kontrollieren. Abgestorbene oder kranke Triebe herausschneiden.

■ **Formhecken, wenn sie aus Pflanzen** wie Berberitze, Hainbuche und Eibe bestehen, jetzt schneiden *(siehe Tabelle, S. 117 und 121)*.

WICHTIGE ARBEITEN

■ **Neue und alte** Pflanzen, wenn es nötig ist, gießen *(siehe S. 152)*.

■ **Alle Tulpen** aus dem Boden nehmen, wenn ihre Blätter gelb und welk sind; man lagert sie über den Sommer an einem warmen trockenen Ort oder wirft sie weg.

■ **Das Pflanzen** von herbstblühenden Zwiebelgewächsen abschließen *(siehe S. 149)*. Nur gute und gesunde Zwiebeln kaufen *(siehe S. 146)*, damit man mit dem Ergebnis zufrieden sein kann.

FLORIBUNDA-ROSE ›CHEERIO‹

■ **Rosen düngen und mulchen;** ein Spezialdünger für Rosen ist am besten.

■ **Das Schneiden** von Grünstecklingen aus Sträuchern abschließen *(siehe S. 165)*.

REGELMÄSSIGE PFLEGE

■ **Zwiebelpflanzen, Stauden** *(siehe S. 155)*, Ein- und Zweijährige, Steingartenpflanzen, Rosen und blühende Sträucher ausputzen, sobald die Blüten welken. Die Blätter von Zwiebelgewächsen lässt man jedoch von allein einziehen.

SCHNITT UND ERZIEHUNG

■ **Laub abwerfende Sträucher,** die am vorjährigen Holz blühen, schneiden *(siehe S. 158)*.

KÜBELPFLANZEN/HOCHBEETE

VERMEHRUNG

■ **Zweijährige in Reihen** auf einer freien Fläche oder im Saatbeet aussäen *(siehe S. 149)*.

■ **Die Samen früh blühender** Stauden *(siehe S. 155)* sowie Ein- und Zweijähriger sammelt man, sobald diese ausgereift sind. Man sät die Samen der Stauden sofort aus *(siehe S. 162)* und lagert die Samen der Ein- und Zweijährigen für eine Aussaat im Herbst oder nächsten Frühjahr *(siehe S. 162–163)*.

■ **Stauden, die im Frühsommer** blühen *(siehe S. 163)*, teilen, nachdem die Blüten verwelkt sind.

■ **Halbreife Stecklinge** von Sträuchern schneiden *(siehe S. 164)*.

■ **Weichholzstecklinge** von Stauden schneiden *(siehe S. 165 und 381)*.

GIESSTIPPS

■ **Am besten** in den frühen Morgenstunden oder am Abend gießen, um den Wasserverlust durch Verdunstung so gering wie möglich zu halten.

■ **Ausgiebig gießen** oder gar nicht. Man wässert lieber einen Teil des Gartens gründlich, als dem ganzen Garten eine kurze Dusche zu verabreichen, wodurch die Wurzeln an die Oberfläche wachsen und verbrennen können.

■ **Sollten die Pflanzen tagsüber** Wasser benötigen, vermeidet man es, die Blätter dabei zu benetzen, da diese unter der heißen Mittagssonne verbrennen würden. Stattdessen direkt auf den Boden gießen.

■ **Eine dicke Mulchschicht** ausbringen, um den Boden feucht zu halten, aber man vergewissert sich, dass der Boden vorher gut feucht ist.

■ **Wenn Wasserknappheit herrscht,** gießt man bevorzugt neu gepflanzte Gewächse und Kübelpflanzen.

WICHTIGE ARBEITEN

■ **Kübelpflanzen** regelmäßig gießen und sie täglich kontrollieren *(siehe S. 178)*.

■ **Hochbeete,** falls nötig, gießen *(siehe S. 183)*.

■ **Pflanzen wie Buntnessel,** die in Kübeln wachsen, sollte man abknipsen *(siehe S. 173 und Kasten S. 381)*.

PFLANZUNG

■ **Kübel** *(siehe S. 176)* mit winterharten sommergrünen Kletterpflanzen, Stauden, Einjährigen, im Herbst blühenden Zwiebelgewächsen sowie Steingartenpflanzen bestücken.

REGELMÄSSIGE PFLEGE

■ **Verblühtes regelmäßig** ausputzen *(siehe S. 178)* und die Pflanzen in Form halten, indem man altes, krankes oder unschönes Laub abschneidet.

■ **Hochbeete** regelmäßig düngen.

■ **Kübelpflanzen** alle 6–8 Wochen ab der Pflanzung düngen *(siehe S. 178)*, falls man keinen Langzeitdünger verwendet hat. Düngestäbchen oder Flüssigdünger sind am bequemsten anzuwenden.

■ **Die im Frühling** blühenden Zwiebeln aus dem Boden herausnehmen, wenn sie die Blätter eingezogen haben, um sie im Sommer zu lagern. Zwiebeln werden gesäubert, auf einer Saatschale zum Trocknen ausgebreitet und später in einer Papiertüte (kein Plastik) aufbewahrt.

SCHNITT UND ERZIEHUNG

■ **Vorhandene** Formschnitt-Pflanzen regelmäßig schneiden *(siehe S. 178)*.

■ **Wachsende Kletterpflanzen** an Rankgerüsten aufbinden *(siehe S. 108–109)*.

RETTUNG AUSGETROCKNETER TOPFPFLANZEN

■ **Das Gefäß** in eine große Schale oder einen Eimer mit Wasser stellen, damit sich die Erde wieder vollsaugen kann.

■ **Wenn die Substratoberfläche nass ist,** holt man den Topf aus dem Wasser heraus und stellt ihn an einen schattigen Platz, bis die Pflanzen sich wieder erholen.

EINE AUSGETROCKNETE BLUMENAMPEL WIRD WIEDER BEFEUCHTET

■ **Man entfernt alle vertrockneten** Blüten oder Blätter, bevor man den Topf wieder an seinen ursprünglichen Standort stellt.

JULI

ZIERBÄUME	WASSERGARTEN	KRÄUTER

WICHTIGE ARBEITEN

■ **Zierkirschen, Pfirsich-, Pflaumen-** und Aprikosenbäume (alle Gattung *Prunus*) zurückschneiden, falls nötig *(siehe S. 196)*, um die Gefahr von Bleiglanz und anderen Krankheiten gering zu halten.

■ **Falls nötig, gießen,** vor allem Bäume, die in den letzten 2–3 Jahren gepflanzt wurden. Mehrere Kannen Wasser pro Mal bekommen den Bäumen besser als häufiges Gießen mit wenig Wasser *(siehe S. 197)*.

REGELMÄSSIGE PFLEGE

■ **Ausschau nach Wurzelschösslingen** und Wasserreisern halten, die aus dem Baumstamm oder den Wurzeln wachsen, und sie entfernen, bevor sie so groß werden, dass sie den Baum schädigen *(siehe S. 197)*.

ERNTE

■ **Essbare Früchte pflücken,** wenn sie reif sind *(siehe S. 197)*.

WICHTIGE ARBEITEN

■ **Regelmäßig welke Blüten** und Blätter entfernen, um die abbauenden Mikroorganismen zu entlasten *(siehe S. 222)*.

■ **Regelmäßig Algenteppiche** und Wasserlinsen entfernen *(siehe S. 222)*.

■ **Schwimmblatt-** und Unterwasserpflanzen regelmäßig auslichten *(siehe S. 222)*.

PFLANZUNG

■ **Unterwasserpflanzen,** Tiefwasser-, Flachwasser- und Sumpfpflanzen einsetzen *(siehe S. 220–221)*.

REGELMÄSSIGE PFLEGE

■ **Seerosen** und andere Pflanzen in Pflanzkörben düngen *(siehe S. 222)*.

WICHTIGE ARBEITEN

■ **Kübelkräuter gießen und düngen.**

KRÄUTER IN ÜBEREINANDER GESTELLTEN TÖPFEN

■ **Die Samen ein- und zweijähriger** Kräuter sammeln, sobald sie reif sind. Säubern und in Papiertütchen an kühlem trockenen, dunklen Ort lagern.

■ **Die Aussaat** zweijähriger Kräuter in Reihen an einer freien Stelle oder im Saatbeet abschließen *(siehe S. 149)*.

REGELMÄSSIGE PFLEGE

■ **Kräuter** laufend ernten und ausputzen.

VERMEHRUNG

■ **Stecklinge von zwei- und mehrjährigen** Kräutern schneiden *(siehe Kasten S. 381)*.

■ **Von häufig benutzten** Kräutern wie Basilikum und Petersilie *(siehe S. 243)* alle 2–4 Wochen Folgesaaten im Freiland aussäen.

ERNTE

■ **Zweige und Blüten** zum Trocknen, Einfrieren oder für Tee pflücken *(siehe S. 233)*.

OBST- UND GEMÜSEGARTEN

WICHTIGE ARBEITEN

■ **Nutzpflanzen im Freien** bei Bedarf, Kübel- oder Gewächshauskulturen regelmäßig gießen, damit sich die Pflanzen gut und gleichmäßig entwickeln (*siehe S. 236*).

■ **Den Boden** im Gewächshaus sprengen und bei warmem Wetter stärker lüften, um Spinnmilbenbefall und Überhitzung vorzubeugen (*siehe S. 297*).

■ **Gemüsepflanzen in Kübeln**, Pflanzsäcken und im Gewächshaus, einschließlich Tomaten (*siehe S. 257*), regelmäßig Dünger nach ihren Bedürfnissen verabreichen.

■ **Junge Salatpflanzen beschatten** (*siehe S. 255*) bei warmem Wetter.

■ **Bei Apfel- und Birn**bäumen den Fruchtbehang ausdünnen (*siehe S. 264*).

■ **Bei Weinreben** regelmäßig den Sommerschnitt (*siehe S. 273*) für einen offenen Wuchs durchführen und sie aufbinden.

AUSSAAT UND PFLANZUNG

■ **Gründüngungspflanzen aussäen**, um während der Vegetationszeit die zeitweilig freien Stellen zu füllen (*siehe S. 239*).

■ **Von Sommergemüsearten** in regelmäßigen Abständen Folgesaaten im Freiland aussäen, damit man lange Zeit ernten kann. Man sät auch Wintergemüse aus: z. B. Erbsen, unter Netz, um Vögel und Mäuse abzuwehren (*siehe S. 247*)
Lauchzwiebel (*siehe S. 250*)
Mangold (*siehe S. 255*)
Radieschen (*siehe S. 249*)
Salat (*siehe S. 254*)

■ **Vorgezogenes Gemüse und empfindliche Gemüsearten auspflanzen:**
Grünkohl (*siehe S. 248*)
Kopfkohl zum Lagern (*siehe S. 249*)
Lauch (*siehe S. 251*)
Salat (*siehe S. 254*)

REGELMÄSSIGE PFLEGE

■ **Gemüse und Obst mulchen**, wenn der Boden warm und feucht ist (*siehe S. 239*).

■ **Den Komposthaufen wässern** bei Trockenheit, damit er besser verrotten kann.

■ **Gründüngungspflanzen** untergraben, bevor sie blühen (*siehe S. 239*).

■ **Gemüse**, das einen Wachstumsschub braucht, stickstoffreichen Dünger geben (*siehe S. 239*).

■ **Reifende Pfirsiche** zum Schutz vor Vögeln locker mit Stoff umhüllen (*siehe S. 267*).

■ **Überschüssige** Ausläufer von Erdbeerpflanzen entfernen (*siehe S. 272*). Früchte mit Stroh unterlegen, damit sie sauber bleiben. Abgeerntete Pflanzen säubern.

■ **Herabgefallene verfaulte Früchte sammeln** und verbrennen, damit sich keine Krankheiten ausbreiten können.

SCHNITT UND ERZIEHUNG

■ **Bei am Spalier erzogenen** Steinobstbäumen einen Sommerschnitt durchführen (*siehe S. 263*).

■ **Die ursprünglichen Ruten** aus neu gepflanzten Himbeerpflanzen herausschneiden (*siehe S. 270*).

SCHNITT AN EINEM PFLAUMENBAUM

■ **Brombeeren und verwandte** Arten am Gerüst aufbinden (*siehe S. 271*).

■ **Pyramidenförmige Birnbäume** schneiden (*siehe S. 264*).

■ **Bei Tomaten regelmäßig** die Seitentriebe (»Geiztriebe«) entfernen (*siehe S. 252*), damit der Fruchtansatz am Haupttrieb gestärkt wird und die Früchte sich leichter pflücken lassen. Tomatenpflanzen aufbinden.

VERMEHRUNG

■ **Ausläufer von ausgesuchten** Erdbeerpflanzen bewurzeln lassen (*siehe S. 272*).

ERNTE

■ **Gemüsearten ernten wie:**
Brokkoli (*siehe S. 248*)
Erbsen (*siehe S. 247*)
Feuerbohnen (*siehe S. 247*)
Frühkartoffeln (*siehe S. 252*)
Gartenbohnen (*siehe S. 246*)
Karotten (*siehe S. 251*)
Knoblauch (*siehe S. 250*)
Kürbis (*siehe S. 253*)
Mangold (*siehe S. 255*)
Paprika (grüne Schoten) (*s. S. 256*)
Radieschen (*siehe S. 249*)
Rote Bete (*siehe S. 251*)
Salat (*siehe S. 254*)
Schalotten (*siehe S. 250*)
Tomaten (aus dem Gewächshaus) (*siehe S. 257*)
Zucchini (*siehe S. 253*)
Zwiebeln (*siehe S. 250*)

■ **Obstarten ernten wie:**
Erdbeeren (*siehe S. 279*)
Heidelbeeren (*siehe S. 269*)
Himbeeren (*siehe S. 270*)
Rote Johannisbeeren (*siehe S. 268*)
Sauerkirschen (*siehe S. 267*)
Schwarze Johannisbeeren (*siehe S. 269*)
Stachelbeeren (*siehe S. 268*)
Süßkirschen (*siehe S. 267*)

AUGUST

RASEN	MAUERN/HECKEN/RANKGERÜSTE	BEETE UND RABATTEN

WICHTIGE ARBEITEN

- **Den neuen Rasen** *(siehe S. 84)* bei trockenem Wetter regelmäßig bewässern, so dass er richtig einwächst.

- **Das Einpflanzen** von Zwiebelblumen, die im nächsten Herbst blühen, in den Rasen abschließen *(siehe S. 89)*. Die Zwiebeln setzen, sobald diese erhältlich sind.

AUSSAAT UND PFLANZUNG

- **Boden und Standort** *(siehe S. 78)* für die Herbstaussaat von Grassamen oder für den Rollrasen vorbereiten.

- **Boden und Standort** *(siehe S. 78)* für die Herbstpflanzung von Rasen, der nicht aus Gras besteht, vorbereiten.

REGELMÄSSIGE PFLEGE

- **Den Rasen** in entsprechenden Abständen je nach Rasentyp mähen *(siehe S. 82)*; die Mähhöhe kann herabgesetzt sein. Die Rasenkanten säubern *(siehe S. 83)*.

- **Bei Bedarf Rasendünger** für den Herbst ausbringen *(siehe S. 84)*.

- **Auf Unkraut achten** und es bei Bedarf bekämpfen *(siehe S. 87)*.

- **Rasen, der nicht aus Gras** besteht, säubern, indem man abgestorbene oder unschön in die Höhe gewachsene Triebe entfernt *(siehe S. 88)*, sofern dies nicht schon im März geschehen ist.

WICHTIGE ARBEITEN

- **Falls nötig, gießen,** vor allem kürzlich eingesetzte oder Jungpflanzen.

- **Ausschau halten nach Schädlingen** und Krankheiten und sie bei Bedarf bekämpfen *(siehe S. 111)*.

- **Kletterpflanzen und Sträucher,** die am vorjährigen Holz blühen, sofort nach der Blüte zurückschneiden *(siehe S. 112–113)*.

- **Ramblerrosen gleich nach** der Blüte zurückschneiden *(siehe S. 115)*.

REGELMÄSSIGE PFLEGE

- **Verblühtes ausputzen,** wenn man die Blühdauer verlängern will; jedoch nicht, wenn man später Samen sammeln will.

CLEMATIS ›ROUGE CARDINAL‹

SCHNITT UND ERZIEHUNG

- **Wachsende Kletterpflanzen** *(siehe S. 108–109)* und Rosen am Rankgerüst anbinden, und man kontrolliert alte Befestigungen, damit sie nicht zu eng werden. Abgestorbene oder kranke Triebe herausschneiden.

- **Bei vorhandenen Blauregen** einen Sommerschnitt durchführen *(siehe S. 111)*.

- **Formhecken schneiden,** wenn diese aus Pflanzen wie Buche, Hainbuche und Stechpalme *(siehe Tabelle S. 117 und S. 121)* bestehen.

- **Weißdorn- und Ligustersträucher,** die im vergangenen Winterhalbjahr eingepflanzt wurden, werden in die richtige Form geschnitten *(siehe S. 120)*.

WICHTIGE ARBEITEN

- **Neue und alte Pflanzen** gießen, wenn es nötig ist *(siehe S. 152)*.

PFLANZUNG

- **Frühlingsblühende Zwiebeln** *(siehe S. 149)*, einschließlich Tulpen, setzen *(siehe S. 137)*. Nur gute gesunde Zwiebeln *(siehe S. 146)* für besten Erfolg kaufen.

- **In Beeten und Rabatten** die Bodenbedingungen – außer bei lockeren, sandigen Böden – verbessern, damit sie zur Pflanzung bereit sind *(siehe S. 142–143)* oder man verbessert die Bedingungen nur an einer bestimmten Stelle *(siehe S. 150)*.

REGELMÄSSIGE PFLEGE

- **Zwiebelpflanzen, Stauden** *(siehe S. 155)*, Ein- und Zweijährige, Steingartenpflanzen, Rosen und blühende Sträucher ausputzen, sobald die Blüten welken. Jedoch Blätter von Zwiebelpflanzen von allein einziehen lassen.

SCHNITT UND ERZIEHUNG

- **Laub abwerfende Sträucher,** die am vorjährigem Holz blühen, schneiden *(siehe S. 158)*.

- **Die meisten Alten Rosen** zurückschneiden, wenn sie geblüht haben *(siehe S. 161)*.

VERMEHRUNG

- **Die Samen früh blühender** Stauden *(siehe S. 155)* sowie Ein- und Zweijähriger sammeln, sobald diese ausgereift sind. Man lagert die Samen für eine Aussaat im Herbst oder nächsten Frühjahr *(siehe S. 162–163)*.

- **Halbreife Stecklinge** von Sträuchern schneiden *(siehe S. 164)*.

- **Grünstecklinge von Stauden** schneiden *(siehe S. 165 und 381)*.

KÜBELPFLANZEN/HOCHBEETE

ZIERBÄUME

LILIEN AUS BRUTZWIEBELN

■ **Was sind Brutzwiebeln (Bulbillen)?**
Manche Lilien wie *Lilium bulbiferum*,
L. leichtlinii, L. sargentiae, L. chalcedonicum und
L. × testacum bilden in den Blattachseln Organe zur ungeschlechtlichen Vermehrung,
die wie kleine, dunkle Beeren aussehen.
Sie bieten eine einfache, allerdings langsame Möglichkeit, Lilien zu vermehren.

■ **Wie nimmt man sie ab?** Reife Brutzwiebeln kann man leicht abpflücken.

■ **Wie kultiviert man sie?** Man behandelt sie wie große Staudensamen und sät
sie in Töpfe (*siehe S. 162*) oder Saatschalen.

■ **Wann pflanzt man sie aus?** Den
ganzen Topf mit den »Sämlingen« im folgenden Herbst ins Freiland auspflanzen.

DIE BRUTZWIEBELN WERDEN EINGESAMMELT

KAKTEEN UND ANDERE SUKKULENTEN IN METALLTÖPFEN

WICHTIGE ARBEITEN

■ **Kübelpflanzen** regelmäßig gießen –
täglich kontrollieren (*siehe S. 178*).

■ **Kübel belebt man,** indem man einige
Sommerblumen durch spät blühende Arten
wie Astern oder Herbstanemonen ersetzt.

■ **Hochbeete bei Bedarf** gießen (*siehe S. 183*).

■ **Kübelpflanzen wie Buntnessel** werden
abgeknipst (*s. S. 173 und Kasten S. 381*).

PFLANZUNG

■ **In Kübel** (*siehe S. 176*) winterharte Laub
abwerfende Kletterpflanzen und herbstblühende Steingartengewächse einpflanzen.

REGELMÄSSIGE PFLEGE

■ **Kübelpflanzen** alle 6–8 Wochen nach
dem Bepflanzen düngen (*siehe S. 178*), falls
man keinen Langzeitdünger verwendet hat.
Düngestäbchen oder Flüssigdünger sind am
bequemsten anzuwenden.

■ **Regelmäßig welke Blüten** ausputzen
und welke, kranke und unschöne Blätter
entfernen (*siehe S. 178*).

■ **Hochbeete unkrautfrei** halten.

SCHNITT UND ERZIEHUNG

■ **Vorhandene Formschnitt-Pflanzen** ein
letztes Mal schneiden (*siehe S. 178*).

■ **Wachsende Kletterpflanzen** an
Rankgerüsten aufbinden (*siehe S. 108–109*).

WICHTIGE ARBEITEN

■ **Falls nötig, gießen,** vor allem die Bäume,
die in den letzten 2–3 Jahren gepflanzt
wurden. Besser mehrere Kannen Wasser pro
Mal, als häufig mit wenig Wasser gießen
(*siehe S. 197*).

REGELMÄSSIGE PFLEGE

■ **Ausschau halten** nach Wurzelschösslingen und Wasserreisern, die aus dem
Stamm oder den Wurzeln austreiben, und
sie entfernen, ehe sie so groß werden, dass
sie den Baum schädigen (*siehe S. 197*).

SCHNITT UND ERZIEHUNG

■ **Immergrüne Bäume schneiden,** wenn
nötig (*siehe S. 196*). Man schneidet die Triebe
der Koniferen nicht zu weit ab; die meisten
treiben nicht neu aus dem alten Holz aus
(Ausnahme: Eibe).

ERNTE

■ **Alle essbaren Früchte pflücken,** wenn
sie reif sind (*siehe S. 197*).

AUGUST

WASSERGARTEN	KRÄUTER

WICHTIGE ARBEITEN

■ **Die Bepflanzung** *(siehe S. 220–221)* der Tiefwasserzone abschließen.

SEEROSE (*NYMPHAEA* ›FIRECREST‹)

REGELMÄSSIGE PFLEGE

■ **Letztmalig welke Blüten,** abgestorbene Blätter, Algenteppiche, Schwimmpflanzen und Wasserlinsen entfernen, um die abbauenden Mikroorganismen zu entlasten *(siehe S. 222)*.

■ **Unterwasserpflanzen,** die Sauerstoff anreichern, regelmäßig auslichten *(siehe S. 222)*.

WICHTIGE ARBEITEN

■ **Kräuter in Kübeln** gießen und düngen.

■ **Samen von ein- und** zweijährigen Kräutern einsammeln, sobald sie reif sind. Die Samen säubern und sie in Papiertüten an einem kühlen, trockenen, dunklen Ort lagern.

■ **Die letzten Stecklinge** von zweijährigen und Staudenkräutern schneiden *(siehe Kasten S. 381)*.

PFLANZUNG

■ **Bewurzelte Ableger** von angehäufelten Kräutern abnehmen *(siehe S. 231)*, indem man sie von der Mutterpflanze trennt. Man topft oder pflanzt sie ein oder setzt sie in Pflasterritzen ein.

REGELMÄSSIGE PFLEGE

■ **Kräuter regelmäßig beernten** und gleichzeitig Verblühtes ausputzen.

ERNTE

■ **Ausgereifte Zweige und Blüten ernten,** um sie zu trocknen, einzufrieren oder für Tee *(siehe S. 233)*.

KRÄUTER IN FORM HALTEN

■ **Zweige und Blüten** aller Kräuter während der Vegetationsperiode regelmäßig abschneiden, damit die Pflanzen gut aussehen und wuchsfreudig bleiben.

■ **Bei allen Kräutern,** die wegen ihrer Blätter kultiviert werden, regelmäßig die Blüten entfernen, um das Wachstum neuer kräftiger Triebe anzuregen.

■ **Man entfernt die Blütenstände** strauchartiger Kräuter, sobald diese verblüht sind, um zu verhindern, dass die Pflanze zu viel Energie für die Samenproduktion verbraucht.

■ **Bei panaschierten** Sorten nach einfarbig grünen Trieben Ausschau halten; werden diese nicht entfernt, überwachsen sie früher oder später die panaschierten, und die ganze Pflanze wird grün.

BASILIKUM

■ **Zweijährige Kräuter** leben länger, wenn sie regelmäßig beerntet und ihre welken Blüten ausgeputzt werden.

OBST- UND GEMÜSEGARTEN

WICHTIGE ARBEITEN

■ **Nutzpflanzen im Freien** bei Bedarf, Kübel- oder Gewächshauskulturen regelmäßig gießen, damit sich die Pflanzen gut und gleichmäßig entwickeln *(siehe S. 236)*.

■ **Den Boden** im Gewächshaus sprengen und bei warmem Wetter stärker lüften, um Spinnmilbenbefall und Überhitzung vorzubeugen *(siehe S. 296)*.

■ **Eventuell verwendete Schattierfarbe** vom Gewächshaus entfernen. Diese Farbe sollte nicht bis in den Herbst belassen werden, da die Lichtintensität dann für ein gesundes Wachstum der Pflanzen nicht mehr ausreicht.

■ **Gemüsepflanzen** in Kübeln, Pflanzsäcken und im Gewächshaus, einschließlich Tomaten *(siehe S. 257)*, regelmäßig Dünger nach ihren Bedürfnissen geben.

■ **Junge Salatpflanzen beschatten** *(siehe S. 255)* bei warmem Wetter.

■ **Den Schnitt** neu gepflanzter und alter, pyramidenförmig gezogener Birnbäume abschließen *(siehe S. 264)*.

■ **Den Sommerschnitt** bei am Spalier erzogenen Steinobstbäumen abschließen *(siehe S. 263)*; bei Spalieräpfeln den Sommerschnitt durchführen *(siehe S. 263)*.

■ **Sauerkirschbäume** nach der Ernte zurückschneiden *(siehe S. 267)*.

■ **Man beendet den Sommerschnitt** bei Weintrauben *(siehe S. 273)* und bindet sie auf.

AUSSAAT UND PFLANZUNG

■ **Gründüngungspflanzen aussäen,** um zeitweilig freien Boden während der Vegetationsperiode zu bedecken *(siehe S. 239)*.

■ **Herbst- und Wintergemüsearten** ins Freiland aussäen, damit man lange ernten kann:
z. B. Feldsalat *(siehe S. 255)*
Frühlingszwiebel *(siehe S. 250)*
Kopfkohl (für Frühjahrsernte) *(siehe S. 249)*
Spinat *(siehe S. 255)*
Weiße Rüben (»Herbstrübchen«) *(siehe S. 250)*

■ **Im Saatbeet oder** in Gefäßen vorgezogenes Gemüse an den endgültigen Platz auspflanzen:
z. B. Chicoree und Endivie *(siehe S. 255)*
Grünkohl *(siehe S. 248)*
Lauch *(siehe S. 251)*

■ **Erdbeeren pflanzen** *(siehe S. 272)*. Man bringt auf Sand- oder Kalkböden vor dem Einpflanzen ein Düngemittel aus.

REGELMÄSSIGE PFLEGE

■ **Gründüngungspflanzen** untergraben, bevor sie blühen *(siehe S. 239)*.

■ **Den Komposthaufen** bei Trockenheit wässern, damit er gut verrotten kann.

AUFGESCHICHTETER KOMPOST IM BEHÄLTER

■ **Dem Gemüse,** wenn es einen Wachstumsschub braucht, stickstoffreichen Dünger geben *(siehe S. 239)*.

■ **Die Spitzen** der Tomatenpflanzen abschneiden *(siehe S. 252)*, damit sie ihre Kraft in die Reifung der letzten Früchte stecken.

■ **Die Erdbeerpflanzen säubern,** die abgeerntet wurden *(siehe S. 272)*.

■ **Verfaultes Fallobst,** das von Bäumen und Sträuchern gefallen ist, sammeln und es vernichten (verbrennen) damit sich keine Krankheiten ausbreiten können.

SCHNITT UND ERZIEHUNG

■ **Himbeeren,** die im Sommer Früchte tragen, nach der Ernte zurückschneiden und die kräftigsten Ruten am Gerüst aufbinden *(siehe S. 270)*.

VERMEHRUNG

■ **Ausläufer von ausgesuchten Erdbeerpflanzen** bewurzeln lassen *(siehe S. 272)*.

ERNTE

■ **Gemüse ernten wie:**
Auberginen *(siehe S. 256)*
Brokkoli *(siehe S. 248)*
Erbsen *(siehe S. 247)*
Feuerbohnen *(siehe S. 247)*
Gartenbohnen *(siehe S. 246)*
Gurken *(siehe S. 256)*
Karotten *(siehe S. 251)*
Kartoffeln *(siehe S. 252)*
Knoblauch *(siehe S. 250)*
Kürbis *(siehe S. 253)*
Mais *(siehe S. 253)*
Mangold *(siehe S. 255)*
Paprika *(siehe S. 256)*
Radieschen *(siehe S. 249)*
Rote Bete *(siehe S. 251)*
Tomaten *(siehe S. 257)*
Zucchini *(siehe S. 253)*
Zwiebeln *(siehe S. 259)*

■ **Obst ernten wie:**
Äpfel *(siehe S. 265)*
Brombeeren *(siehe S. 271)*
Heidelbeeren *(siehe S. 269)*
Himbeeren *(siehe S. 270)*
Pfirsiche *(siehe S. 267)*
Pflaumen *(siehe S. 266)*
Sauerkirschen *(siehe S. 267)*

SEPTEMBER

RASEN	MAUERN/HECKEN/RANKGERÜSTE	BEETE UND RABATTEN

WICHTIGE ARBEITEN

■ **Bewurzelte Ableger** von angehäufelten Kräutern pflanzen, wenn man einen Rasen anlegen will, der nicht aus Gras besteht (*siehe S. 88*).

■ **Zwiebeln** in den Rasen einsetzen, die im Frühling blühen (*siehe S. 89*), sobald sie erhältlich sind.

AUSSAAT UND PFLANZUNG

■ **Rollrasen für eine neue** Rasenfläche verlegen (*siehe S. 77 und 80–81*), wenn das Wetter abkühlt, falls man es nicht schon im Frühjahr getan hat.

■ **Die Saat für einen** neuen Rasen ausbringen (*siehe S. 77 und 79*), wenn der Boden feucht ist, falls man es nicht schon im Frühjahr getan hat.

REGELMÄSSIGE PFLEGE

■ **Den Rasen** in entsprechenden Abständen je nach Rasentyp mähen (*siehe S. 82*); man stellt die Mähhöhe auf Maximum ein. Die Rasenkanten säubern (*siehe S. 83*).

■ **Die Herbstmahd** bei Blumenwiesen durchführen (*s. S. 89*), am besten mit der Sense, bei kleinen Flächen auch mit einem Nylonfadentrimmer.

■ **Die Grasnarbe sollte** vertikutiert, belüftet (aerifiziert) und abgesandet werden, damit sie in gutem Zustand bleibt (*siehe S. 85*).

■ **Bei Bedarf eine Herbstdüngung** mit Rasendünger durchführen, falls man das nicht bereits im August getan hat (*siehe S. 84*).

PFLANZUNG

■ **Sträucher oder Kletterpflanzen** an Mauern, Zäune oder Bäume pflanzen (*siehe S. 110*). Die Triebe nach Wunsch, z. B. als Fächer erziehen (*siehe S. 111 und 113*).

■ **Gehölze für Hecken** aus Containerware pflanzen (*siehe S. 120*).

REGELMÄSSIGE PFLEGE

■ **Verblühtes ausputzen,** um die Blühdauer zu verlängern.

SCHNITT UND ERZIEHUNG

■ **Rankhilfen** von Kletterpflanzen, Spaliersträuchern und Rosen kontrollieren, sie bei Bedarf erneuern; man befestigt abschließend lose Triebe und kontrolliert alte Befestigungen (*siehe S. 108–109*).

■ **Kletterrosen** zurückschneiden, wenn die Blüte vorbei ist (*siehe S. 115*).

■ **Immergrüne Hecken** aus Gehölzen wie *Thuja plicata* oder *Chamaecyparis lawsoniana* schneiden (*siehe Tabelle S. 117 und S. 121*).

ANBINDUNG KONTROLLIEREN

■ **Wozu soll kontrolliert werden?** Da wachsende Triebe dicker werden, kann altes Bindematerial in die Rinde einschneiden und Wunden verursachen; Äste können absterben. Man kontrolliert die Anbindung beim Rückschnitt und mindestens ein weiteres Mal im Jahr.

BESCHÄDIGUNG DURCH ZU ENGE ANBINDUNG

WICHTIGE ARBEITEN

■ **Neue und alte Pflanzen** gießen, wenn nötig (*siehe S. 152*).

■ **Pfingstrosenwurzeln teilen,** ehe der Boden zu kalt wird (*siehe S. 135*). So schneiden, dass jeder Teil 2–3 Augen hat. Feinwurzeln nicht beschädigen. Schnittstellen u. U. mit Fungizid behandeln und Wurzeln mit Augen direkt unter der Bodenoberfläche einsetzen.

■ **Die letzten halbreifen** Stecklinge von Sträuchern **schneiden** (*siehe S. 164*).

■ **Die letzten Weichholzstecklinge** von Stauden schneiden (*siehe S. 165 und 381*).

PFLANZUNG

■ **Frühlingsblühende** Zwiebeln (*siehe S. 149*), auch Tulpen, Narzissen und Lilien, pflanzen (*siehe S. 137*). Nur gute und gesunde Zwiebeln kaufen (*siehe S. 146*).

■ **Bei Beeten** oder kleineren Pflanzstellen (*siehe S. 150*) die Bodenbedingungen verbessern, außer bei lockeren Sandböden, damit sie zur Pflanzung bereit sind (*siehe S. 142–143*).

■ **Stauden** (*siehe S. 148*) und Sträucher als Containerware oder mit Ballen pflanzen (*siehe S. 150*). Nur gute, gesunde Pflanzen kaufen (*siehe S. 146*) für beste Ergebnisse. Bei Sträuchern Pflanzschnitt durchführen (*siehe S. 151*) und bei Bedarf anbinden (*siehe S. 150*).

REGELMÄSSIGE PFLEGE

■ **Spät blühende Pflanzen,** vor allem Stauden (*siehe S. 155*) sowie Ein- und Zweijährige ausputzen.

■ **Beete** und Rabatten mulchen, falls man es nicht schon im Frühling getan hat (*siehe S. 152–153*). U. U. vorher wässern.

■ **Absterbende Stauden** bis zum Boden zurückschneiden, außer in kalten Regionen (*siehe S. 155*). Abgestorbene Ein- und Zweijährige entfernen.

■ **Knollen** von Begonien, Dahlien und Gladiolen aus dem Boden nehmen, um sie zu überwintern (*siehe S. 397*).

KÜBELPFLANZEN/HOCHBEETE

ASTER

SCHNITT UND ERZIEHUNG

■ **Hohe Beetrosen** zurückschneiden, damit die Herbststürme sie nicht zu stark bewegen und die Wurzeln losrütteln *(siehe S. 160)*.

VERMEHRUNG

■ **Die Sämlinge von Zweijährigen** an den endgültigen Standort, wo sie zur Blüte kommen, einsetzen *(siehe S. 149)*.

■ **Reife Samen** von sommerblühenden Stauden *(siehe S. 155)*, Ein- und Zweijährigen einsammeln. Man lagert sie, um sie im Herbst oder Frühjahr auszusäen *(siehe S. 162–163)*.

■ **Die Samen** winterharter Einjähriger werden ins Freiland *(siehe S. 149 und 163)* gesät, damit sie im kommenden Jahr zeitig blühen. In kalten Gegenden kann man die Sämlinge im Winter mit Hilfe von Glasabdeckungen oder Vlies schützen.

■ **Außer in Gebieten mit kalten Wintern** kann man jetzt Stauden teilen *(siehe S. 163)*.

■ **Die bewurzelten Stecklinge** von Sträuchern *(siehe S. 164)* aus dem Vorjahr ins Freiland oder in Töpfe umpflanzen.

WICHTIGE ARBEITEN

■ **Kübelpflanzen gießen,** wenn nötig, – regelmäßig kontrollieren *(siehe S. 178)*.

■ **Kübelpflanzen** vor dem Ende der Saison letztmals Dünger geben *(siehe S. 178)*, falls kein Langzeitdünger verwendet wurde.

■ **Pflanzen wie Buntnessel,** die in Kübeln wachsen, abknipsen *(siehe S. 173 und 381)*.

PFLANZUNG

■ **Winterharte Kletterpflanzen,** frühlingsblühende Zwiebeln und Sträucher fürs folgende Jahr in Kübel pflanzen *(siehe S. 176)*.

■ **Gefäße für den Winter** mit kleinen Koniferen, immergrünen Sträuchern und Kletterpflanzen, frühlingsblühenden Zwiebeln und Stiefmütterchen bestücken.

REGELMÄSSIGE PFLEGE

■ **Welke Blüten und verwelkte,** kranke oder unschöne Blätter ausputzen, um die Blütezeit zu verlängern und die Pflanzen in Form zu halten *(siehe S. 178)*.

■ **Frühlingsblühende Kletter-** und Steingartenpflanzen in Kübeln umtopfen oder die Erde austauschen. Man kürzt die Wurzeln ein, falls nötig *(siehe S. 179)*.

■ **Hochbeete ein letztes Mal** jäten.

■ **Stauden in Hochbeeten** aus dem Boden heben und teilen, falls das nicht im Frühjahr geschehen ist; überaltete Teile wegwerfen, junge wieder pflanzen *(siehe S. 155)*.

SCHNITT UND ERZIEHUNG

■ **Kletterpflanzen an ihren** Rankgerüsten festbinden *(siehe S. 108–109)*

VERMEHRUNG

■ **Samen von winterharten** Einjährigen in Anzuchtgefäßen vorziehen *(siehe S. 162)*, um sie im Frühjahr auszupflanzen.

■ **Absenker machen** *(siehe S. 165)*.

DIE LAGERUNG VON SAMEN

■ **Sich vergewissern,** dass die Samen vor der Lagerung trocken sind; sonst können sie verfaulen und absterben. Man sammelt die Samen an einem sonnigen Tag ein und stellt sie in einer Saatschale an einen warmen, luftigen Platz, damit sie trocknen.

■ **Die Samen werden gesäubert,** indem man sie von anhaftenden Fruchtteilen trennt – z. B. mit einem Sieb.

■ **Die Samen gibt man in Papiertütchen** oder in schwarze Filmdosen. Nicht vergessen, die Behälter mit dem Namen der Pflanze und dem Datum zu beschriften.

LAGERUNG VON SAMEN
IN FILMDOSEN

■ **Die Samen können** an einem dunklen, kühlen, trockenen Ort oder im untersten Kühlschrankfach bis zu einem Jahr lang lagern.

SEPTEMBER

ZIERBÄUME	WASSERGARTEN	KRÄUTER

PFLANZUNG

■ **Den Boden für die** Herbstpflanzung von Bäumen vorbereiten *(siehe S. 192 und 142–143)* als Containerware oder ohne Ballen, in milder Lage auch immergrüne mit Ballen.

EINARBEITEN VON ORGANISCHEM MATERIAL

REGELMÄSSIGE PFLEGE

■ **Nach Wurzelschösslingen** und Wasserreisern Ausschau halten, die sich aus dem Stamm oder den Wurzeln bilden, und sie entfernen, ehe sie so groß werden, dass sie den Baum schädigen *(siehe S. 197)*.

■ **Auf den Boden** gefallene Früchte, Blätter oder andere Baumteile aufsammeln und alles auf den Komposthaufen geben. Verfaulte Früchte sollte man vernichten (verbrennen), um einer Ausbreitung von Krankheiten vorzubeugen.

ERNTE

■ **Essbare Nüsse und Früchte** pflücken, wenn sie reif sind *(siehe S. 197)*.

WICHTIGE ARBEITEN

■ **Netze über Teiche** spannen *(siehe S. 222)* und Herbstlaub regelmäßig einsammeln.

BLÄTTER VON SILBERAHORN
(*ACER SACCHARINUM*)

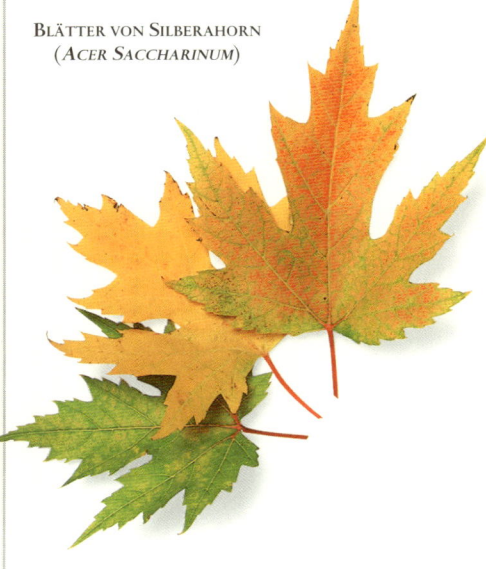

REGELMÄSSIGE PFLEGE

■ **Flachwasser- und Sumpfpflanzen** teilen, um sie zu verjüngen, falls das nicht schon im Frühjahr geschehen ist *(siehe S. 223)*.

■ **Die Unterwasserpflanzen** auslichten, indem man übermäßigen Wuchs und absterbende Teile, die im Winter verfaulen könnten, entfernt *(siehe S. 223)*.

WICHTIGE ARBEITEN

■ **Bewurzelte Ableger** von angehäufelten Kräutern abnehmen *(siehe S. 231)*, indem man sie von der Mutterpflanze trennt. Man topft oder pflanzt sie ein oder setzt sie in Pflasterritzen ein *(siehe S. 229)*.

REGELMÄSSIGE PFLEGE

■ **Kräuter, die man häufig** benutzt, wie z. B. Schnittlauch, für den Winter in Töpfe umpflanzen *(siehe S. 231)*.

VERMEHRUNG

■ **Die Sämlinge zweijähriger** Kräuter an ihren endgültigen Standort ins Freiland pflanzen *(siehe S. 149)*.

■ **Winterharte einjährige** Kräuter im Freien aussäen *(siehe S. 149 und 163)*, damit sie im nächsten Jahr früh wachsen. In kalten Regionen sollten die Sämlinge im Winter einen Schutz erhalten (Glasabdeckung oder Vlies).

■ **Große strauchartige Kräuter** oder buschige Staudenkräuter sollte man teilen *(siehe S. 231)*, falls man das nicht bereits im zeitigen Frühjahr getan hat.

OBST- UND GEMÜSEGARTEN

WICHTIGE ARBEITEN

■ **Nutzpflanzen im Freien** bei Bedarf, Kübel- oder Gewächshauskulturen regelmäßig gießen, damit sich die Pflanzen gut und gleichmäßig entwickeln *(siehe S. 236)*.

■ **Tomaten regelmäßig** düngen, damit sie gesund bleiben und gut fruchten *(siehe S. 257)*.

AUSSAAT UND PFLANZUNG

■ **Gemüsebeete zur Bodenverbesserung** umgraben *(siehe S. 239 und S. 142–143)*.

■ **Gründüngungspflanzen** untergraben, bevor sie blühen, und Neuaussaat für den Winter *(siehe S. 239)*.

■ **»Zehen«** oder Knoblauchjungpflanzen auspflanzen *(siehe S. 250)*.

■ **Gemüsesamen unter Glas** aussäen: z. B. Mangold *(siehe S. 255)* Blattsalate wie Rauke *(siehe S. 255)* Radieschen *(siehe S. 249)*

■ **Samen winterharter Gemüse** im Freiland aussäen: z. B. Feldsalate *(siehe S. 255)* Palerbsen (zur Frühjahrsernte) *(siehe S. 247)* Radieschen *(siehe S. 249)* Spinat *(siehe S. 255)*

■ **Beerensträucher und** Containerware von Obstbäumen pflanzen *(siehe S. 260–261)*, mit Ausnahme von Pflaumen.

■ **Erdbeeren** *(siehe S. 272)* **und Rhabarber** pflanzen *(siehe S. 273)*.

REGELMÄSSIGE PFLEGE

■ **Freilandtomaten auf Stroh** betten oder die Früchte pflücken und sie zum Reifen aufs Fensterbrett legen *(siehe S. 257)*.

■ **Winterkohl** *(siehe S. 249)* **und Brokkoli** *(siehe S. 248)* anhäufeln und verrottende Blätter entfernen; hochwüchsige Brokkolipflanzen aufbinden.

■ **Erdbeerpflanzen, die abgeerntet** sind, säubern *(siehe S. 272)*.

■ **Rhabarber mulchen,** falls das nicht im Frühjahr geschehen ist *(siehe S. 273)*.

■ **Verfaultes Fallobst sammeln** und vernichten (verbrennen), damit sich keine Krankheiten ausbreiten können.

■ **Bindematerial und Baumpfähle** *(siehe S. 193)* bei Obstbäumen kontrollieren und u. U. einschnürende Bänder lockern.

SCHNITT UND ERZIEHUNG

■ **Schwarze Johannisbeeren** beim Pflanzen auf ca. 10 cm zurückschneiden *(siehe S. 269)*.

■ **Rote Johannisbeeren** zurückschneiden *(siehe S. 268)*.

■ **Himbeeren, die im Sommer** tragen, nach der Ernte zurückschneiden und die kräftigsten neuen Ruten ans Gerüst binden *(siehe S. 270)*. Ebenso mit Brombeeren verfahren *(siehe S. 271)*.

VERMEHRUNG

■ **Ältere Rhabarberpflanzen teilen** *(siehe S. 273)*, wenn die Blätter absterben.

ERNTE

■ **Gemüsearten ernten wie:**
Auberginen *(siehe S. 256)*
Brokkoli *(siehe S. 248)*
Endivie *(siehe S. 255)*
Erbsen *(siehe S. 247)*
Feuerbohnen *(siehe S. 247)*
Gartenbohnen *(siehe S. 246)*
Gurken *(siehe S. 256)*
Karotten *(siehe S. 251)*
Kürbis *(siehe S. 253)*
Mangold *(siehe S. 255)*
Lauch *(siehe S. 251)*
Mais *(siehe S. 253)*
Paprikaschoten *(siehe S. 256)*
Pflücksalat *(siehe S. 254)*
Rote Bete *(siehe S. 251)*
Spätkartoffeln *(siehe S. 252)*
Tomaten *(siehe S. 257)*
Zucchini *(siehe S. 253)*
Zwiebeln *(siehe S. 250)*

■ **Obstarten pflücken wie:**
Äpfel *(siehe S. 265)*
Birnen *(siehe S. 264)*
Erdbeeren (mehrmals tragende Sorten oder Monatserdbeeren *(siehe S. 272)*
Himbeeren (späte Sorten) *(siehe S. 270)*
Pflaumen und Zwetschen *(siehe S. 266)*

GEMÜSEERNTE

■ **Wurzelgemüse:** im Boden lassen oder in Kisten mit leicht feuchtem Sand übereinander schichten.

■ **Erbsen und Bohnen:** Man hängt die entwurzelten Pflanzen, z. B. Stangenbohnen, zum Trocknen kopfüber auf; schält dann Erbsen und Bohnen aus den Hülsen und lagert sie in luftdichten Gläsern.

■ **Kürbisarten:** Kürbisse an einem warmen, trockenen, sonnigen Platz, z. B. einer Bank im Gewächshaus, einige Wochen liegen lassen, damit sie reifen.

■ **Kohlgemüse und Zwiebeln:** Zwiebeln und Kohl an einem kühlen, trockenen und frostfreien Ort in Netzen aufhängen oder sie auf Bretter in Regale oder in hölzerne Obstkisten legen.

LAGERN VON ZWIEBELN

OKTOBER

RASEN	MAUERN/HECKEN/RANKGERÜSTE	BEETE UND RABATTEN

WICHTIGE ARBEITEN

■ **Frühlingsblühende Zwiebeln** (siehe S. 89) in den Rasen pflanzen, sobald man sie erhält.

AUSSAAT UND PFLANZUNG

■ **Rollrasen für eine** neue Rasenfläche verlegen (siehe S. 77 und 80–81).

REGELMÄSSIGE PFLEGE

■ **Den Rasen in Abständen** je nach Rasentyp mähen (siehe S. 82); man nimmt die maximale Mähhöhe. Die Rasenkanten nicht vergessen (siehe S. 83).

■ **Herbstlaub** vom Rasen rechen und es in Kompostbehälter aus Maschendraht oder in schwarze Plastiksäcke füllen, um Laubkompost herzustellen.

■ **Schadstellen im Rasen ausbessern** (siehe S. 86) und nachsäen bzw. Rollrasen verlegen, falls nötig.

WURMKISTEN

Hier sind einige Tipps, damit die Würmer sich in ihrer Kiste wohl fühlen.

■ **Kompostwürmer mögen kein saures Milieu:** Man gibt nicht zu viel Abfälle von Zitrusfrüchten auf einmal hinein und ab und zu etwas trockenes Kalzium hinzu, damit die Mischung alkalisch bleibt.

■ **Wenn der Kompost zu feucht aussieht,** hilft eine Lage zerrissenes Zeitungspapier.

■ **Flüssigkeit, die sich am Boden der** Kiste gebildet hat, sollte regelmäßig entfernt werden, bevor sich der Kompost vollsaugt und die Würmer ertrinken. Mit Wasser verdünnt, ergibt sie einen guten Flüssigdünger.

■ **Die Wurmkiste sollte** im Winter mit einem isolierenden Material umhüllt werden (siehe S. 282), damit die Würmer es warm haben und aktiv bleiben.

PFLANZUNG

■ **Gehölze an Mauern,** Zäune oder Bäume pflanzen (siehe S. 110). Die Triebe in Wunschform erziehen (siehe S. 111 und 113).

DREISPITZIGE JUNGFERNREBE
(*PARTHENOCISSUS TRICUSPIDATA* ›VEITCHII‹)

■ **Clematis an Mauern,** Zäune oder Bäume pflanzen; die Triebe in der gewünschten Form erziehen (siehe S. 111).

■ **Gehölze für Hecken** als Containerware pflanzen (siehe S. 120).

SCHNITT UND ERZIEHUNG

■ **Kletterrosen zurückschneiden,** sobald die Blüte vorüber ist (siehe S. 115).

■ **Clematispflanzen** der Schnittgruppe 3, die über den vorgesehenen Raum hinauswachsen, schneidet man zurück (siehe S. 114).

■ **Heckenpflanzen** von Blütenhecken wie *Cotoneaster lacteus, Escallonia* und Weißdorn stutzen (siehe Tabelle S. 117 und 121).

PFLANZUNG

■ **Frühlingsblühende Zwiebeln** (siehe S. 149) wie Tulpen und Narzissen stecken (siehe S. 137). Nur gesunde Zwiebeln kaufen (siehe S. 146).

■ **Bei Beeten oder** kleineren Pflanzstellen (siehe S. 150) die Bodenbedingungen verbessern, außer bei lockeren Sandböden, damit sie zur Pflanzung bereit sind (siehe S. 142–143).

■ **Stauden** (siehe S. 148) **und Sträucher** als Containerware oder mit Ballen pflanzen (siehe S. 150). Nur gute, gesunde Pflanzen kaufen (siehe S. 146) für beste Ergebnisse. Bei Sträuchern einen Pflanzschnitt durchführen (siehe S. 151) und bei Bedarf anbinden (siehe S. 150). Jede Pflanze vor dem Einsetzen ausgiebig wässern, indem man den Topf für eine Stunde in einen Eimer mit Wasser stellt.

EIN PURPUR-
GLÖCKCHEN
WIRD VOR DEM
EINPFLANZEN
GEWÄSSERT

REGELMÄSSIGE PFLEGE

■ **Spät blühende Pflanzen** ausputzen, vor allem Stauden (siehe S. 155).

■ **Die Beete mulchen,** falls man das nicht im Frühling getan hat (siehe S. 152–153).

■ **Den Kies von Kiesbeeten** erneuern, falls nötig (siehe S. 133).

■ **Knollen von Begonien,** Dahlien und Gladiolen aus dem Boden nehmen, um sie zu überwintern (siehe S. 397). Blätter abschneiden, Erde abschütteln und ab-

KÜBELPFLANZEN/HOCHBEETE

ZIERBÄUME

gestorbene Teile entfernen; man lässt die Knollen in einer Kiste einige Wochen lang trocknen; packt sie dann locker mit den Wurzeln nach unten in Kisten mit Sand ein. An einem trockenen, frostfreien Platz lagern und die Beschriftung nicht vergessen.

■ **Absterbende Stauden** bis zum Boden zurückschneiden, außer in kalten Regionen (*siehe S. 155*). Man entfernt abgestorbene Ein- und Zweijährige.

■ **Gräser und Bambus** bis zum Boden abschneiden, außer wenn es empfindliche oder auch im Winter dekorative Pflanzen sind. Abgeschnittene Bambusrohre kann man im nächsten Jahr als Pflanzstäbe verwenden.

SCHNITT UND ERZIEHUNG
■ **Bei Laub abwerfenden** Sträuchern einen Erziehungs- (*siehe S. 157*) oder einen Verjüngungsschnitt (*siehe S. 159*) durchführen.

■ **Hohe Beetrosen** zurückschneiden, damit die Herbststürme sie nicht zu stark bewegen und die Wurzeln losrütteln (*siehe S. 160*).

VERMEHRUNG
■ **Die Sämlinge** von Zweijährigen an den endgültigen Standort, wo sie zur Blüte kommen, einsetzen (*siehe S. 149*).

■ **Reife Samen** von im Spätsommer blühenden Stauden sammeln (*siehe S. 155*). Entweder sie sofort aussäen oder sie lagern, um sie im nächsten Jahr auszusäen (*siehe S. 162–163*).

■ **Die Samen winterharter** Einjähriger ins Freiland säen (*siehe S. 149 und 163*), damit sie im nächsten Jahr zeitig blühen. In kalten Regionen kann man die Sämlinge im Winter mit Hilfe von Glasabdeckungen oder Vlies schützen.

■ **Stauden** (*siehe S. 163*) in Regionen mit milden Wintern teilen.

■ **Absenker von Sträuchern** machen (*siehe S. 165*).

WICHTIGE ARBEITEN
■ **Kübelpflanzen,** wenn nötig, gießen – regelmäßig kontrollieren (*siehe S. 178*).

PFLANZUNG
■ **Gefäße für den Winter** mit kleinen Koniferen, immergrünen Sträuchern und Kletterpflanzen, frühlingsblühenden Zwiebeln und Stiefmütterchen bestücken.

WINTERARRANGEMENT MIT
WACHOLDER UND SCHEINBEERE

REGELMÄSSIGE PFLEGE
■ **Welke Blüten und** verwelkte, kranke oder unschöne Blätter ausputzen, um die Pflanzen in Form zu halten (*siehe S. 178*).

■ **Frühlingsblühende Kletter-** und Steingartenpflanzen in Kübeln umtopfen oder die Erde austauschen. Die Wurzeln einkürzen, falls nötig (*siehe S. 179*).

■ **Die Mulch- oder Kiesauflage** von Hochbeeten erneuern, falls nötig (*siehe S. 183*).

■ **Stauden in Hochbeeten** aus dem Boden heben und sie teilen, falls es nicht im Frühjahr geschehen ist. Überalterte Teile wegwerfen, junge wieder pflanzen (*siehe S. 155*).

■ **Empfindlichen Pflanzen** in Kübeln (*siehe S. 179*) und Hochbeeten (*siehe S. 183*) einen Winterschutz geben, falls nötig.

■ **Sommerblühende Zwiebelpflanzen** zum Überwintern aus dem Boden nehmen, sobald sie das Laub eingezogen haben. Zwiebeln säubern, auf einer Saatschale trocknen und in Papiertüten (nicht Plastik) lagern.

WICHTIGE ARBEITEN
■ **Bindematerial** und Baumpfähle (*siehe S. 193*) bei den Bäumen kontrollieren und bei Bedarf einschnürende Bänder lockern, um die Rinde nicht zu verletzen.

PFLANZUNG
■ **Den Boden** für die Pflanzung von Containerware im Spätherbst vorbereiten (*siehe S. 192 und 142–143*).

■ **Immergrüne Bäume** mit Wurzelballen einpflanzen (*siehe S. 195*), außer in kalten Regionen.

REGELMÄSSIGE PFLEGE
■ **Die Baumscheiben** vorhandener Bäume mit einer 5–8 cm dicken Schicht aus gut zersetztem Mist oder Kompost mulchen. Aber die Mulchschicht vom Stamm entfernt halten.

■ **Man kontrolliert,** ob der Wildverbissschutz für die Baumstämme noch an seinem Platz ist.

■ **Nach Wurzelschösslingen** und Wasserreisern Ausschau halten, die sich aus dem Stamm oder den Wurzeln bilden, und sie entfernen, bevor sie so groß werden, dass sie den Baum schädigen (*siehe S. 197*).

■ **Empfindliche Bäume** in Kübeln vor dem ersten Frost in ein frostfreies Winterquartier bringen.

■ **Auf den Boden gefallene Früchte,** Blätter oder andere Baumteile aufsammeln und alles auf den Komposthaufen geben. Verfaulte Früchte sollten vernichtet (verbrannt) werden, um der Ausbreitung von Krankheiten vorzubeugen.

ERNTE
■ **Essbare Nüsse** und Früchte pflücken, wenn sie reif sind (*siehe S. 197*).

OKTOBER

| WASSERGARTEN | OBST- UND GEMÜSEGARTEN |

WICHTIGE ARBEITEN

■ **Herbstlaub regelmäßig** aus dem Netz über dem Teich entfernen (*siehe S. 222*).

■ **Für frei stehende** Miniaturteiche (*siehe S. 207*) Maßnahmen für den Winterschutz treffen: Sie ausleeren oder den Kübel in den Boden versenken.

■ **Empfindliche Pflanzen** vor dem ersten Frost aus dem Wasser nehmen, damit sie die kalte Zeit im frostfreien Winterquartier verbringen (*siehe S. 222*).

REGELMÄSSIGE PFLEGE

■ **Die Unterwasserpflanzen** auslichten, indem man übermäßigen Wuchs und absterbende Teile, die im Winter verfaulen könnten, entfernt (*siehe S. 223*).

■ **Zu dichte oder unschön** herausgewachsene Flachwasserpflanzen zurückschneiden, oder man lichtet sie aus (durch Teilung, *siehe S. 223*); alles sich zersetzende Material aus dem Wasser entfernen.

KRÄUTER VERMEHREN

■ **Die Sämlinge zweijähriger** Kräuter an ihre endgültigen Standorte ins Freiland pflanzen (*siehe S. 149*).

■ **Die Samen winterharter** Kräuter im Freien aussäen (*siehe S. 149 und 163*), damit sie im nächsten Jahr zeitig zu wachsen beginnen. In kalten Regionen sollten die Sämlinge mit Glasabdeckungen oder Vlies geschützt werden.

WICHTIGE ARBEITEN

■ **Empfindliche Pflanzen** und Wurzelgemüse im Boden mit Folie oder Stroh abdecken (*siehe S. 89*), um sie vor der Winterkälte zu schützen.

AUSSAAT UND PFLANZUNG

■ **»Zehen«** oder Knoblauchjungpflanzen einpflanzen (*siehe S. 250*).

■ **Gründüngungspflanzen aussäen**, um freien Boden im Winter zu bedecken (*siehe S. 239*).

UMGRABEN BEI EINEM ERHÖHTEN BEET

■ **Gemüsebeete umgraben** (*siehe S. S. 239 und S. 142–143*), um den Boden zu verbessern.

■ **Samen winterharter Gemüse** (*siehe S. 242*) im Freiland aussäen: z. B. Palerbsen zur Frühjahrsernte (*siehe S. 247*) Spinat (*siehe S. 255*)

■ **Beerensträucher** und Containerware von Obstbäumen pflanzen (*siehe S. 260– 261*), mit Ausnahme von Pflaumen.

■ **Rhabarber pflanzen** (*siehe S. 273*).

REGELMÄSSIGE PFLEGE

■ **Verfaultes Fallobst sammeln** und vernichten (verbrennen), damit sich keine Krankheiten ausbreiten können.

■ **Bindematerial und Baumpfähle** (*siehe S. 193*) bei Obstbäumen kontrollieren und u. U. einschnürende Bänder lockern.

■ **Die abgeernteten Erdbeerpflanzen** säubern (*siehe S. 272*).

■ **Rhabarber mulchen,** falls noch nicht geschehen (*siehe S. 273*).

SCHNITT UND ERZIEHUNG

■ **Schwarze Johannisbeeren** beim Pflanzen auf ca. 10 cm zurückschneiden (*siehe S. 269*).

■ **Rote Johannisbeeren** zurückschneiden (*siehe S. 268*).

VERMEHRUNG

■ **Ältere Rhabarberpflanzen teilen** (*siehe S. 273*), wenn die Blätter abgestorben sind.

ERNTE

■ **Gemüsearten ernten wie:**
Auberginen (*siehe S. 256*)
Brokkoli (*siehe S. 248*)
Chicoree (*siehe S. 255*)
Erbsen (*siehe S. 247*)
Feldsalat (*siehe S. 255*)
Frühlingszwiebeln (*siehe S. 250*)
Grünkohl (ab dem ersten Frost) (*siehe S. 248*)
Karotten (*siehe S. 251*)
Kopfkohl (*siehe S. 249*)
Lauch (*siehe S. 255*)
Paprikaschoten (*siehe S. 256*)
Pastinaken (*siehe S. 251*)
Pflücksalat (*siehe S. 254*)
Rote Bete (*siehe S. 251*)
Spätkartoffeln (*siehe S. 252*)
Tomaten (*siehe S. 257*)
Zwiebeln (*siehe S. 250*)

■ **Obstarten pflücken wie:**
Äpfel (*siehe S. 265*)
Birnen (*siehe S. 264*)
Himbeeren (späte Sorten) (*siehe S. 270*)

NOVEMBER

RASEN	MAUERN/HECKEN/RANKGERÜSTE	BEETE UND RABATTEN

WICHTIGE ARBEITEN

■ **Das Einpflanzen** von Zwiebeln, die im nächsten Frühjahr blühen, in Rasenflächen abschließen *(siehe S. 89)*.

■ **Den Rasen vor Winterbeginn,** falls nötig, ein letztes Mal mähen; man nimmt die maximale Mähhöhe *(siehe S. 82)*. Die Kanten säubern *(siehe S. 83)*.

AUSSAAT UND PFLANZUNG

■ **Rollrasen für eine neue** Rasenfläche verlegen *(siehe S. 77 und 80–81)*, falls das Wetter noch mild genug ist.

REGELMÄSSIGE PFLEGE

■ **Das Herbstlaub** vom Rasen rechen; den Laubabfall in einen Behälter aus Maschendraht oder in einen schwarzen Plastiksack füllen, um daraus Laubkompost herzustellen.

WICHTIGE ARBEITEN

■ **Laub abwerfende Hecken** düngen und mulchen, um sie für einen Verjüngungsschnitt im Winter vorzubereiten *(siehe S. 121)*.

PFLANZUNG

■ **Sträucher oder Kletterpflanzen** an Mauern, Zäune oder Bäume pflanzen *(siehe S. 110)*. Die Triebe in die gewünschte Form erziehen *(siehe S. 111 und 113)*.

PFLANZUNG EINER CLEMATIS VOR EINER MAUER

■ **Rambler- oder andere** Kletterrosen ohne Ballen an Mauern, Zäune oder Bäume pflanzen *(siehe S. 110)*.

■ **Hecken pflanzen** *(siehe S. 120)*.

SCHNITT UND ERZIEHUNG

■ **Die Kletterrosen** zurückschneiden, wenn die Blüte vorüber ist *(siehe S. 115)*.

■ **Clematispflanzen der Schnittgruppe 3** zurückschneiden, die über den vorgesehenen Platz hinauswachsen *(siehe S. 114)*.

■ **Heckenpflanzen stutzen** wie *Cotoneaster lacteus* und Buchsbaum *(siehe Tabelle S. 117 und 121)*.

WICHTIGE ARBEITEN

■ **Die letzten frühlingsblühenden** Zwiebeln *(siehe S. 149)* wie Tulpen und Narzissen stecken *(siehe S. 137)*. Nur gesunde Zwiebeln kaufen *(siehe S. 146)* für beste Ergebnisse.

■ **Das Mulchen der Beete** abschließen *(siehe S. 152–153)*, ehe es Frost gibt.

■ **Das Auspflanzen** der Sämlinge von Zweijährigen an den endgültigen Standort beenden *(siehe S. 149)*.

PFLANZUNG

■ **Bei Beeten oder kleineren** Pflanzstellen *(siehe S. 150)* die Bodenbedingungen verbessern, außer bei lockeren Sandböden, damit sie zur Pflanzung bereit sind *(siehe S. 142–143)*.

■ **Stauden** *(siehe S. 148)* **und Laub** abwerfende Sträucher mit oder ohne Ballen pflanzen *(siehe S. 150)*, falls es mild genug ist. Nur gute und gesunde Pflanzen kaufen *(siehe S. 146–147)*, um gute Ergebnisse zu erzielen. Man führt bei den Sträuchern einen Pflanzschnitt durch *(siehe S. 151)* und bindet sie bei Bedarf an *(siehe S. 150)*.

■ **Ballenlose Rosen einsetzen** *(siehe S. 151)*, falls die Region und das Wetter mild genug sind. Für gute Ergebnisse nur gute und gesunde Pflanzen kaufen *(siehe S. 147)*. Man führt bei den Rosen einen Pflanzschnitt durch *(siehe S. 151)*.

REGELMÄSSIGE PFLEGE

■ **Gräser und Bambus** bis zum Boden abschneiden, außer wenn es sich um empfindliche Pflanzen oder auch im Winter dekorative Arten handelt. Man hebt die abgeschnitten Bambusrohre auf, um sie im nächsten Jahr als Pflanzstäbe zu verwenden.

■ **Stauden zurückschneiden,** indem man abgestorbene, sparrig wachsende Triebe entfernt, außer in kalten Regionen *(siehe S. 155)*. Verwelkte und abgestorbene Ein- und Zweijährige entfernen.

NOVEMBER

BEETE UND RABATTEN	KÜBELPFLANZEN/HOCHBEETE	ZIERBÄUME

(Fortsetzung auf nächster Seite)

SCHNITT UND ERZIEHUNG

■ **Bei Laub abwerfenden** Sträuchern einen Erziehungs- *(siehe S. 157)* oder Verjüngungsschnitt *(siehe S. 159)* durchführen, falls nicht bereits Frost herrscht.

■ **Hohe Beetrosen** zurückschneiden, damit die Herbststürme sie nicht zu stark bewegen und die Wurzeln losrütteln, falls nicht bereits Frost herrscht *(siehe S. 160)*.

EIGENE PFLANZEN ZIEHEN

■ **Absenker von** Sträuchern machen, falls es noch mild genug ist *(siehe S. 165)*.

WURZELSTECKLINGE

Manche Stauden lassen sich leicht aus Teilen ihrer fleischigen Wurzeln vermehren. Man schneidet jetzt Stecklinge von Türkischem Mohn, Edeldistel *(Eryngium)* und Königskerze *(Verbascum)*.

■ **Man nimmt eine gesunde Pflanze** aus dem Boden und wäscht vorsichtig die Erde von den Wurzeln. Wurzeln von durchschnittlicher Dicke werden ausgesucht, und man schneidet sie nah an der Pflanze ab. Nie mehr als ein Drittel der Wurzeln abnehmen und die Pflanze wieder einsetzen.

■ **Die Wurzeln schneidet man** in 8 cm lange Stücke. Damit man die Wuchsrichtung weiß, die Stecklinge oben gerade abschneiden, unten schräg.

■ **Man füllt einen Topf** mit Stecklingserde und steckt die Wurzelstücke senkrecht mit der schrägen Schnittfläche nach unten in das Gefäß. Darauf wird eine dünne Sandschicht gestreut. Nicht die Beschriftung vergessen.

■ **Die eingetopften Wurzelstecklinge** bleiben an einem geschützten Ort. Feucht halten, bis im Frühjahr Triebspitzen und Wurzeln erscheinen. Topf hell aufstellen. Schnittlinge weiter gut pflegen; im Herbst ins Freiland pflanzen, damit sie im folgenden Jahr blühen.

WICHTIGE ARBEITEN

■ **Kübelpflanzen nach Bedarf** gießen; regelmäßig kontrollieren *(siehe S. 178)*.

■ **Terrakotta-Gefäße sollten** erhöht stehen, z. B. auf Ziegelsteinen, um Frostschäden vorzubeugen *(siehe S. 169)*. Man stellt die Kübel an einem geschützten Ort zusammen.

■ **Empfindlichen Pflanzen** in Kübeln *(siehe S. 179)* und in Hochbeeten *(siehe S. 183)* Winterschutz geben, falls nötig.

ISOLIERUNG EINES PFLANZKÜBELS
MIT EINEM JUTESACK

REGELMÄSSIGE PFLEGE

■ **Stauden in Hochbeeten** aus dem Boden herausholen und sie teilen, falls es noch mild genug ist; überalterte Teile abschneiden und die jungen gesunden wieder einpflanzen *(siehe S. 155)*.

■ **Sommerblühende Zwiebeln** aus der Erde nehmen, wenn sie die Blätter eingezogen haben, und sie über den Winter lagern. Die Zwiebeln säubern, sie zum Trocknen auf eine Saatschale legen und sie in einer Papiertüte (kein Plastik) aufheben.

WICHTIGE ARBEITEN

■ **Empfindliche Bäume in** Kübeln rechtzeitig in ein frostfreies Winterquartier bringen, ehe es die ersten Nachtfröste gibt.

REGELMÄSSIGE PFLEGE

■ **Auf Wurzelschösslinge** und Wasserreiser achten, die aus Stamm oder Wurzeln herauswachsen – bei Laub abwerfenden Arten kann man sie nach dem Laubfall besonders gut sehen. Man entfernt sie, wenn kein Frost herrscht, damit sie nicht im nächsten Jahr größer werden und den Baum schädigen *(siehe S. 197)*.

■ **Alle auf den Boden** gefallenen Früchte, Blätter oder andere Baumteile aufsammeln und auf den Komposthaufen geben. Verfaulte Früchte sollte man verbrennen oder anderweitig vernichten, um einer Ausbreitung von Krankheiten vorzubeugen.

PFLANZUNG

■ **Den Boden vorbereiten** *(siehe S. 192 und S. 142–143)*, falls man Containerware oder Laub abwerfende Bäume mit oder ohne Wurzelballen pflanzen will und das Wetter es zulässt.

■ **Laub abwerfende Bäume** ohne Ballen pflanzen *(siehe S. 194)*, soweit kein Frost herrscht. Beim Einsetzen in das Pflanzloch darauf achten, dass zwischen den Wurzeln keine Lufträume entstehen, indem man den Stamm leicht nach oben und unten bewegt.

ERNTE

■ **Essbare und reife Nüsse** und Früchte pflücken *(siehe S. 197)*.

| WASSERGARTEN | KRÄUTER | OBST- UND GEMÜSEGARTEN |

WICHTIGE ARBEITEN

▪ **Frei stehende Miniaturteiche** *(siehe S. 207)* vor Frost schützen, indem man sie entleert oder in den Boden eingräbt.

▪ **Sumpf- und Flachwasserpflanzen** *(siehe S. 222)* zum Schutz vor Frost mulchen, da sie sonst u. U. eingehen.

▪ **Alles Herbstlaub** aus dem Netz über dem Teich entfernen *(siehe S. 222)*.

REGELMÄSSIGE PFLEGE

▪ **Unterwasserpflanzen** auslichten, indem man zu dichten Wuchs und Teile, die faulen könnten, entfernt *(siehe S. 223)*.

▪ **Zu dichte oder sparrige** Randpflanzen zurückschneiden oder auslichten (durch Teilung, *siehe S. 223*); man entfernt sich zersetzendes Material aus dem Wasser.

REINIGUNG AM JAHRESENDE

▪ **Alle Gartengeräte säubern** und einfetten, bevor sie ins Winterquartier kommen *(siehe S. 281)*, damit sie nicht rosten.

▪ **Leere Pflanzgefäße reinigen**, um Krankheiten und Schädlinge zu beseitigen. Töpfe und Saatschalen werden dazu sorgsam mit Garten-Desinfektionsmittel oder Haushaltsreiniger geschrubbt.

TÖPFE IN WASSER MIT REINIGUNGSMITTEL REINIGEN

WICHTIGE ARBEITEN

▪ **Empfindliche Kräuter,** die in Kübeln wachsen, vor dem ersten Frost ins Winterquartier bringen *(siehe S. 230)*.

▪ **Das Auspflanzen von** Sämlingen zweijähriger Kräuter an ihren endgültigen Standort abschließen *(siehe S. 149)*, falls noch kein Frost herrscht.

REGELMÄSSIGE PFLEGE

▪ **In milden Klimaten jetzt** die alten Triebe von Staudenkräutern bis zum Boden zurückschneiden. In raueren Gegenden werden sie als Winterschutz belassen.

▪ **Abgestorbenes Laub entfernen** und alle anderen beschädigten Teile niederwüchsiger immergrüner Kräuter, um einem Pilzbefall vorzubeugen.

WICHTIGE ARBEITEN

▪ **Empfindliche Pflanzen** und das Wurzelgemüse im Boden mit Glas *(siehe S. 89)* oder Stroh abdecken, um sie in kalten Regionen vor der Winterkälte zu schützen.

AUSSAAT UND PFLANZUNG

▪ **Gemüsebeete umgraben** *(siehe S. S. 239 und S. 142–143)*, um den Boden zu verbessern.

▪ **Obstbäume ohne Ballen** *(siehe S. 260–261)* oder als Containerware pflanzen sowie Beerenobst und Weinreben *(siehe S. 273)*.

REGELMÄSSIGE PFLEGE

▪ **Rhabarberpflanzen mulchen,** falls das nicht bereits geschehen ist *(siehe S. 273)*.

▪ **Verfaulte Früchte** und Nüsse aufsammeln und vernichten (verbrennen), um Krankheiten vorzubeugen.

SCHNITT UND ERZIEHUNG

▪ **Schwarze** *(siehe S. 269)* **und Rote** Johannisbeeren zurückschneiden *(siehe S. 268)*.

▪ **Himbeerruten** ans Gerüst binden, damit sie im Winter nicht geschädigt werden *(siehe S. 270)*.

ERNTE

▪ **Gemüsearten ernten wie:**
Brokkoli *(siehe S. 248)*
Chicoree *(siehe S. 255)*
Endivie *(siehe S. 255)*
Feldsalat *(siehe S. 255)*
Frühe Erbsensorten *(siehe S. 247)*
Grünkohl (nach dem ersten Frost) *(siehe S. 248)*
Karotten *(siehe S. 251)*
Kohlsorten *(siehe S. 249)*
Lauch *(siehe S. 251)*
Pastinaken *(siehe S. 251)*
Pflücksalate *(siehe S. 254)*
Spinat *(siehe S. 255)*
Weiße Rüben (»Herbstrübchen«) *(siehe S. 249)*

▪ **Obst pflücken:**
Äpfel *(siehe S. 265)*

DEZEMBER BIS JANUAR

MAUERN/HECKEN/RANKGERÜSTE	BEETE UND RABATTEN	ZIERBÄUME

WICHTIGE ARBEITEN

■ **Das Einpflanzen von Rambler-** oder anderen Kletterrosen an Mauern, Zäune oder Bäume *(siehe S. 110)* abschließen, falls nicht bereits Frost herrscht.

PFLANZUNG

■ **Eventuell Hecken** pflanzen *(siehe S. 120)*.

SCHNITT UND ERZIEHUNG

■ **Bei Laub abwerfenden** Kletterpflanzen und Hecken Verjüngungsschnitte durchführen *(siehe S. 115 und 121)*, wenn es frostfrei ist.

ÖLWEIDE *(ELEAGNUS PUNGENS ›MACULATA‹)*

■ *Vitis*-**Arten und Wandsträucher**, die wegen ihres Laubes kultiviert werden, zurückschneiden *(siehe S. 112–113)*; ebenso Blauregen *(siehe S. 111)*, wenn kein Frost herrscht.

■ **Sträucher** von Blütenhecken wie *Cotoneaster lacteus* und Schlehe *(siehe S. 117 und 121)* schneiden, wenn es frostfrei ist, ebenso jungen Weißdorn und Liguster *(siehe S. 120)*.

WICHTIGE ARBEITEN

■ **Anfang Dezember werden** die letzten Rosen ohne Ballen gepflanzt *(siehe S. 151)*, falls das Wetter es noch zulässt. Nur gute, gesunde Pflanzen kaufen *(siehe S. 147)*, damit man beste Ergebnisse erzielt. Auch bei den Rosen einen Pflanzschnitt durchführen *(siehe S. 151)*.

PFLANZUNG

■ **Containerware von** Sträuchern pflanzen *(siehe S. 150)*, falls das Wetter es noch zulässt. Nur gute und gesunde Pflanzen kaufen *(siehe S. 146)*, damit man beste Ergebnisse erzielt. Bei den Sträuchern einen Pflanzschnitt durchführen *(siehe S. 151)* und sie bei Bedarf anbinden *(siehe S. 150)*.

REGELMÄSSIGE PFLEGE

■ **Gräser und Bambus** im Dezember bis zum Boden abschneiden, außer wenn es sich um empfindliche Pflanzen handelt oder sie auch im Winter dekorativ aussehen. Die abgeschnittenen Bambusrohre können im nächsten Jahr als Pflanzstäbe verwendet werden.

■ **Bei leichten,** sandigen Böden auf der Erdoberfläche eine 8–13 cm dicke Schicht von gut zersetztem organischen Material ausbringen und sie bis zum Frühjahr liegen lassen, um sie dann einzuarbeiten.

SCHNITT UND ERZIEHUNG

■ **Bei Laub abwerfenden Sträuchern** Erziehungs- *(siehe S. 157)* und Verjüngungsschnitte *(siehe S. 159)* durchführen, wenn es frostfrei ist.

VERMEHRUNG

■ **Von Sträuchern** Hartholzstecklinge schneiden *(siehe S. 164)*.

WICHTIGE ARBEITEN

■ **Man sollte verhindern,** dass der Schnee die Äste von Koniferen herunterdrückt, indem man ihn sofort herunterfegt oder -schüttelt. Man kann Bäume auch mit einer Schnur zusammenbinden, damit sie ihre Form behalten.

STECHPALME
(*ILEX ×
ALTACLERENSIS*)

■ **An jungen Bäumen** bei frostfreiem Wetter Erziehungsschnitte durchführen *(siehe S. 196)*.

PFLANZUNG

■ **Bäume ohne Ballen** pflanzen *(siehe S. 194)*, falls das Wetter mild genug ist.

■ **Laub abwerfende Bäume** mit Ballen pflanzen *(siehe S. 195)*. Beim Einsetzen ins Pflanzloch achtet man darauf, dass zwischen den Wurzeln keine Lufträume entstehen. Dazu den Stamm leicht nach oben und unten bewegen.

WASSERGARTEN

WICHTIGE ARBEITEN
■ **Bei sehr kaltem Wetter** darf man den Eisfreihalter für den Teich nicht vergessen, damit die Wasseroberfläche nicht völlig zufriert (siehe S. 222), vor allem wenn Fische darin leben.

OBST- UND GEMÜSEGARTEN

WICHTIGE ARBEITEN
■ **Weinreben pflanzen,** falls die Witterung es zulässt. Bei vorhandenen Reben einen Formschnitt durchführen (siehe S. 273), da die Pflanzen jetzt weniger schnell ausbluten.

AUSSAAT UND PFLANZUNG
■ **Obstbäume** (außer Birnen) und Beerenobststräucher pflanzen (siehe S. 260), falls frostfreies Wetter herrscht. Schnurbäume an die Spanndrähte binden (siehe S. 261).

■ **Beerenobststräucher pflanzen,** wenn frostfreies Wetter herrscht und der Boden nicht gefroren ist (siehe S. 261).

REGELMÄSSIGE PFLEGE
■ **Den Kompostbehälter** oder -haufen mit einem alten Teppich oder einer Kunststoffplane abdecken, damit der Kompost über den Winter warm und aktiv bleibt.

SCHNITT UND ERZIEHUNG
■ **Schwarze Johannisbeeren** bei der Pflanzung kräftig zurückschneiden (siehe S. 269); man schneidet vorhandene Schwarze und Rote Johannisbeeren, soweit das Wetter es zulässt (siehe S. 268).

■ **Bei Obstbäumen** wie Apfel und Birne einen Rückschnitt durchführen, wenn kein Frost herrscht (siehe S. 262–265).

■ **Brombeerruten nach dem** Einpflanzen zurückschneiden (siehe S. 271) und Heidelbeeren auslichten (siehe S. 269), falls notwendig und soweit das Wetter es zulässt.

ERNTE
■ **Wintergemüse ernten wie:**
Endivie (siehe S. 255)
Feldsalat (siehe S. 255)
Grünkohl (s. S. 248)
Lauch (siehe S. 251)
Pastinaken (siehe S. 251)
Spinat (siehe S. 255)

DAS NÄCHSTE GARTENJAHR PLANEN

■ **An langen Winterabenden** kann man sich die Zeit vertreiben, indem man Samenkataloge bestellt und sich eine Liste von den Pflanzen anlegt, die man für die Aussaat im nächsten Jahr kaufen möchte.

■ **Man plant die Aufteilung** des Gemüsegartens im nächsten Jahr und überlegt, wie viel Platz jede Art benötigt und wie lange sie im Boden bleibt, damit man weiß, welche Samenmengen man braucht.

■ **Wenn man eigene Samen** gesammelt hat, sollte man daran denken, diese etwas dichter auszusäen als gekaufte Samen.

GROSSE SAMEN

FLACHE SAMEN

FEINE SAMEN

FEBRUAR

RASEN	MAUERN/HECKEN/RANKGERÜSTE	BEETE UND RABATTEN

AUSSAAT UND PFLANZUNG

■ **Boden und Standort** (*siehe S. 78*) vorbereiten – jedoch nicht bei Frost –, wenn man im Frühling Rollrasen verlegen oder Kräuter für einen Rasen pflanzen möchte, der nicht aus Gras besteht.

REGELMÄSSIGE PFLEGE

■ **Den Rasenmäher** sowie andere Geräte **reinigen und warten**.

HUNDE IM GARTEN

■ **Um zu verhindern**, dass der Rasen dort, wo ein Hund uriniert hat, gelb wird, sollte man auf solche Stellen so schnell wie möglich einen Eimer Wasser gießen.

■ **Baumstämme** können vor markierenden Hunden durch eine »Manschette« aus pieksendem Stroh geschützt werden.

WICHTIGE ARBEITEN

■ **Weinreben** und Sträucher, die wegen des Laubes kultiviert werden, jetzt schneiden (*siehe S. 112–113*), falls kein Frost herrscht.

EFEU (*HEDERA HELIX* ›GOLDHEART‹)

■ **Zierquitten schneiden** (*siehe S. 113*).

PFLANZUNG

■ **Eventuell Hecken pflanzen** (*siehe S. 120*).

SCHNITT UND ERZIEHUNG

■ **Kletterpflanzen und** Sträucher schneiden, die am diesjährigen Holz blühen, wenn kein Frost herrscht (*siehe S. 112–113*).

■ **Clematis der Schnittgruppe 1** auslichten, Schnittgruppen 2 und 3 schneiden (*siehe S. 114*).

■ **Laub abwerfende** Kletterpflanzen (*siehe S. 115*) bei frostfreiem Wetter verjüngen.

■ **Rankgerüste kontrollieren** und sie bei Bedarf erneuern (*siehe S. 109 und 115*).

■ **Sträucher von** Blütenhecken wie *Cotoneaster lacteus*, Weißdorn und Schlehe schnei-

---

den (*siehe S. 117 und 121*), wenn es frostfrei ist.

WICHTIGE ARBEITEN

■ **Containerware von** Sträuchern pflanzen (*siehe S. 150*), falls frostfreies Wetter es zulässt. Für beste Ergebnisse nur gesunde Pflanzen **kaufen** (*siehe S. 146*). Einen Pflanzschnitt durchführen (*siehe S. 151*) und sie bei Bedarf anbinden (*siehe S. 150*).

REGELMÄSSIGE PFLEGE

■ **Winterharte Gräser** und Bambus, die über Winter stehen geblieben sind, bis zum Boden abschneiden, ehe sie austreiben.

■ **Bei leichten** Sandböden auf die Erdoberfläche eine 8–13 cm dicke Schicht von gut zersetztem organischen Material ausbringen und bis zum Frühjahr liegen lassen, um sie dann einzuarbeiten.

SCHNITT UND ERZIEHUNG

■ **Bei Laub abwerfenden** Sträuchern Erziehungs- (*siehe S. 157*) und, falls nötig, Verjüngungsschnitte (*siehe S. 159*) durchführen, soweit das Wetter es zulässt.

■ **Laub abwerfende** Sträucher, die am diesjährigen Holz blühen, zurückschneiden (*siehe S. 158*), wenn kein Frost herrscht.

VERMEHRUNG

■ **Im Haus** die Samen von Stauden und empfindlichen Einjährigen aussäen (*siehe S. 162*).

WINTERLING (*ERANTHIS HYEMALIS*)

ZIERBÄUME	OBST- UND GEMÜSEGARTEN

WICHTIGE ARBEITEN

■ **Laub abwerfende** Bäume mit Wurzelballen bei frostfreiem Wetter pflanzen *(siehe S. 195)*.

■ **Verhindern, dass der Schnee** die Äste der Koniferen herunterdrückt, indem man ihn sofort herunterfegt oder -schüttelt. Man kann Bäume auch mit einer Schnur zusammenbinden, damit sie ihre Form behalten.

PFLANZUNG

■ **Den Boden für die** Pflanzung von Containerware oder Laub abwerfenden Bäumen ohne Ballen im März vorbereiten, falls der Boden nicht noch gefroren ist *(siehe S. 192 und 142–143)*.

■ **Laub abwerfende Bäume ohne Ballen** *(siehe S. 194)* in milden Regionen pflanzen, wenn die Witterungsbedingungen günstig sind. Beim Einsetzen ins Pflanzloch darauf achten, dass zwischen den Wurzeln keine Lufträume entstehen, indem der Stamm leicht nach oben und unten bewegt wird.

SCHNITT UND ERZIEHUNG

■ **Bäume, die im Spätsommer** blühen, schneiden – mit Ausnahme von *Prunus*-Arten (Zierkirschen und -pflaumen), falls erforderlich *(siehe S. 196)* und wenn das Wetter es zulässt.

■ **Bei Stockausschlags- und Kopfbäumen** den Rückschnitt durchführen, wenn das Wetter mild genug ist *(siehe S. 197)*.

WICHTIGE ARBEITEN

■ **Frühkartoffeln vortreiben,** um sie für die Pflanzung vorzubereiten *(siehe S. 252)*.

■ **Die Pflanzung von** Johannis- und Stachelbeersträuchern *(siehe S. 261)* bei günstigen Witterungsbedingungen abschließen.

■ **Ev. Pfirsichbäume pflanzen** *(siehe S. 260)*.

■ **Den Rückschnitt von** Obstbäumen *(siehe S. 262–265)* wie Apfel und Birne bei geeignetem Wetter beenden.

AUSSAAT VON GEMÜSE-SAMEN

AUSSAAT UND PFLANZUNG

■ **Mit der Aussaat von Gemüsearten** im Haus in Saatschalen *(siehe S. 244)* oder im Frühbeetkasten bzw. unter Folie im Freiland beginnen *(siehe S. 251)*, z.B. Lauch, Salat, Spinat.

■ **Obstbäume pflanzen,** außer Birn- und Pflaumenbäume, sowie Himbeeren und Brombeeren *(siehe S. 260–261)* bei frostfreiem Wetter.

REGELMÄSSIGE PFLEGE

■ **In kalten Regionen** die Erde mit Hilfe von Glasabdeckungen *(siehe S. 240)* oder Vlies erwärmen, um den Boden für die Aussaat im Freiland im folgenden Monat vorzubereiten.

SCHNITT UND ERZIEHUNG

■ **Schwarze Johannisbeeren** beim Pflanzen kräftig zurückschneiden *(siehe S. 269)*.

■ **Rote Johannisbeeren** und Stachelbeeren schneiden *(siehe S. 268)*, wenn das Wetter mild genug ist.

■ **Himbeersträucher** zurückschneiden, die im Herbst Früchte tragen, wenn kein Frost herrscht *(siehe S. 270)*.

ERNTE

■ **Wintergemüse ernten wie:**
Feldsalat *(siehe S. 255)*
Grünkohl *(siehe S. 249)*
Lauch *(siehe S. 251)*
Pastinaken *(siehe S. 251)*

SAISONUNABHÄNGIGE ARBEITEN

EIN GESUNDER GARTEN

■ **Pflanzen feucht halten,** damit ihr Wachstum nicht unterbrochen wird. Man erreicht mehr, wenn man Pflanzen gezielt und dann gründlich gießt (z.B. frisch gepflanzte und Kübelpflanzen), anstatt den ganzen Garten nur ein wenig zu brausen.

■ **Pflanzen nach ihren** Bedürfnissen düngen, damit sie widerstandsfähig bleiben.

■ **Auf Schädlinge** und Krankheiten im Garten achten. Wird sofort etwas gegen sie unternommen (siehe S. 294–311), bekommt man sie leichter in den Griff. Nicht alle Insekten sind Schädlinge (siehe Kasten unten).

GARTENSCHNECKE

■ **Regelmäßig Unkraut jäten,** damit die Pflanzen Wasser und Nährstoffe nicht mit Unkräutern teilen müssen (siehe S. 288–293). Auf Brachflächen bringt man eine Mulchschicht aus (siehe S. 152–153) oder sät Gründüngungspflanzen aus (siehe S. 239 und 371), damit sich nicht unerwünschte Pflanzen ansiedeln und sich von dort aus im ganzen Garten verbreiten.

NÜTZLICHE INSEKTEN

■ **Wie nützen sie dem Menschen?** Einige Insekten machen Jagd auf andere Insekten, die Gartenpflanzen befallen; andere helfen bei der Bestäubung der Pflanzen und erhöhen so den Ertrag.

■ **Welche Insekten sind das?** Zu den Nutzinsekten zählen Bienen, Schweb- und Florfliegen sowie Marienkäfer.

■ **Wie fördert man sie?** Einige Gartenbereiche lässt man natürlich, damit die Insekten in ihrem Lebensraum geschützt leben können. Verwenden Sie keine Insektizide. Man sollte sich über biologischen Gartenbau informieren.

RASEN

AUSSAAT UND PFLANZUNG

■ **Eine Rasenfläche** unter Berücksichtigung des Standorts, der Lage, der Form und der geplanten Nutzung planen (siehe S. 76–77). Falls nötig, legt man eine Drainage an (siehe S. 79).

REGELMÄSSIGE PFLEGE

■ **Buckel und Senken** im Rasen ausgleichen (siehe S. 87), jedoch nicht bei Frost oder bei großer Trockenheit.

MAUERN/HECKEN/RANKGERÜSTE

PFLANZUNG

■ **Rambler- oder andere** Kletterrosen als Containerware an Mauern, Zäune oder Bäume pflanzen (siehe S. 110), jedoch nicht bei Frost oder bei großer Trockenheit.

■ **Verhindern, dass Bambuspflanzen** sich zu stark ausbreiten, indem man eine unterirdische Barriere baut (siehe S. 118).

■ **Kletterpflanzen pflanzen,** um Bögen oder Pergolen zu beranken (siehe S. 99).

SCHNITT UND ERZIEHUNG

■ **Abgestorbenes, krankes oder** geschädigtes Holz sowie zurückgeschlagene (grüne) Triebe an panaschierten Pflanzen abschneiden (siehe S. 112), wann immer nötig.

■ **Heckengehölze mit dekorativem** Fruchtbehang zurückschneiden, sobald die Pracht vorbei ist (siehe S. 117 und 119).

HOLZSCHUTZ

■ **Wozu dienen Holzschutzmittel?** Für eine lange Lebensdauer sollte Holz alle 3–4 Jahre behandelt werden; Weichholz verrottet sonst in weniger Jahren, besonders da, wo es Bodenkontakt hat.

■ **Wann sollte der Anstrich erfolgen?** Jederzeit; Herbst und Winter sind jedoch besonders geeignet, da Holzzäune, -spaliere und -pergolen leichter zugänglich sind, wenn die Pflanzen das Laub abwerfen oder bis zum Boden absterben.

■ **Wie wird das Holz vorbereitet?** Es sollte von Schmutz- und Pflanzenresten gesäubert werden und ganz trocken sein.

EIN SPALIER WIRD MIT HOLZSCHUTZMITTEL GESTRICHEN

| BEETE UND RABATTEN | KÜBELPFLANZEN/HOCHBEETE | ZIERBÄUME |

PFLANZUNG

■ **Für die Anlage einer neuen Rabatte** (siehe S. 145) wird der Boden gut vorbereitet (siehe S. 142–145), bevor er bepflanzt wird. Falls nötig, kann die Rabatte dann mit Containerpflanzen bestückt werden. Die meisten Gewächse pflanzt man jedoch besser zu bestimmten Jahreszeiten (siehe S. 369–405).

■ **Man pflanzt Sträucher** (siehe S. 150) und Rosen (siehe S. 151) als Containerware, jedoch nicht bei strengem Frost, Wasserübersättigung oder Dürre. Für gute Ergebnisse nur gesunde Pflanzen kaufen (siehe S. 147). Einen Pflanzschnitt durchführen (siehe S. 151), falls nötig, und die Gehölze stützen (siehe S. 150).

REGELMÄSSIGE PFLEGE

■ **Das Unkraut unter Kontrolle halten,** indem man den Boden vor dem Bepflanzen (siehe S. 144–145) davon befreit und es in eingewachsenen Beeten regelmäßig jätet (siehe S. 152).

ENTFERNEN EINES ROSENWILDTRIEBS

■ **Die Wildtriebe** von Rosen entfernen, sobald sie erscheinen (siehe S. 160).

SCHNITT UND ERZIEHUNG

■ **Alle grünen Triebe** von panaschierten Pflanzen entfernen, sobald sie erscheinen (siehe S. 157).

PFLANZUNG

■ **Die Abgrenzungsmauern von Hochbeeten** mit Steingartenpflanzen bepflanzen (siehe S. 183), außer in Zeiten großer Trockenheit, starker Nässe oder bei Frost.

REGELMÄSSIGE PFLEGE

■ **Pflanzbehälter aus Holz** durch Auftragen eines Holzschutzmittels vorbereiten (siehe S. 169).

KÜBELPFLANZEN GIESSEN

■ **Bei heißem Wetter** trocknet das Substrat in den Gefäßen aus, und die Pflanzen welken sehr rasch; man gießt, falls es nötig sein sollte, zweimal am Tag: frühmorgens und am Abend.

■ **Im Winter** bleiben die Kübelpflanzen ungegossen, können aber gelegentlich in milden Wetterperioden doch wieder etwas Wasser benötigen.

■ **Man gießt ausgiebig,** bis das Wasser aus dem Topfboden herausfließt, damit die Kübelerde gut durchtränkt wird.

PFLANZUNG

■ **Bäume als Containerware** pflanzen (siehe S. 194), außer bei Trockenheit, Frost oder wasserübersättigtem Boden.

REGELMÄSSIGE PFLEGE

■ **Den Boden** nach Bedarf mit organischem Material wie Rindenmulch mulchen; jedoch nur dann, wenn der Boden feucht ist.

■ **Das Unkraut auf Baum**scheiben nicht überhand nehmen lassen (siehe S. 197), damit die Baumwurzeln keine Konkurrenz um Feuchtigkeit und Nährstoffe bekommen.

SAISONUNABHÄNGIGE ARBEITEN

KRÄUTER	OBST- UND GEMÜSEGARTEN	ALLGEMEINE PFLEGE

PFLANZUNG

▪ **Stauden- oder strauchartige** Kräuter als Containerware in Beete, Gefäße oder Ampeln setzen *(siehe S. 228–231)*, außer bei Frost, Trockenheit oder Wasserübersättigung.

ROSMARIN

▪ **Ein Kiesbeet oder Hochbeet** anlegen, das man mit Kräutern bestückt *(siehe S. 229)*.

PFLANZUNG

▪ **Den Boden kalken,** wenn es erforderlich ist *(siehe S. 238)* – mindestens aber einen Monat vor der Pflanzung der Gemüsearten.

▪ **Den Boden** mindestens zwei Monate vor der Pflanzung irgendwelcher Obstarten *(siehe S. 260)* vorbereiten.

▪ **Obstbäume als** Containerware pflanzen *(siehe S. 260)*, außer wenn der Boden gefroren, sehr trocken oder zu nass ist.

REGELMÄSSIGE PFLEGE

▪ **Regelmäßig Unkraut jäten,** damit die unerwünschten Pflanzen dem Obst und Gemüse keine Feuchtigkeit und Nährstoffe streitig machen *(siehe S. 288–293)*.

BOGEN AUS APFELBÄUMEN

▪ **Man kann einen lebenden Bogen** aus einstämmigen Apfelbäumen mit kurzen Seitenzweigen ziehen, die blühen und Früchte tragen.

▪ **Zwei Apfelbäume** zu beiden Seiten eines Weges pflanzen. Es sollte sich bei beiden um dieselbe Sorte handeln, damit sie gleich schnell wachsen.

▪ **Sobald die Bäume mehr als 2 m** hoch sind, erzieht man die Triebe so, dass sie sich zueinander neigen. Dazu wickelt man einen stabilen Draht locker um die Stammspitzen herum, während sie noch biegsam sind, und zieht sie zueinander.

▪ **Der Draht muss jedes Jahr neu angepasst werden,** damit er die Triebe nicht einschnürt, bis die Spitzen der Bäume als Bogen zusammentreffen; dann den Draht entfernen.

BAUTEN

▪ **Geräteschuppen oder Rahmen** von Frühbeeten aus Holz mit einem Schutzmittel nachstreichen und alle notwendigen Reparaturen durchführen.

▪ **Die Gewächshausfenster putzen,** damit möglichst viel Licht hineinfällt.

ROSTFREIE GERÄTE

▪ **Gartengeräte funktionieren besser** und halten länger, wenn man sie regelmäßig reinigt und einfettet *(siehe S. 279)*.

▪ **Kleingeräte reinigt man** mit einem eingefetteten Tuch oder einer Hand voll ölhaltigem Sand.

▪ **Große Geräte reinigt man,** indem man sie mehrmals in einen Eimer mit Sand taucht, dem etwas Öl beigemischt ist.

EINE GRABGABEL WIRD IN EINEN EIMER MIT ÖLIGEM SAND EINGETAUCHT

GLOSSAR

Abhärten Jungpflanzen (aus dem Treibhaus) werden durch langsames Absenken der Temperatur an kühleres Außenklima gewöhnt.

Ableger Neue Pflanzen, die durch vegetative Vermehrung aus der Mutterpflanze hervorgehen.

Absenken Vermehrungsmethode, bei der eine Sprossachse zur Wurzelbildung angeregt wird, indem man mit der Mutterpflanze verbundene Zweige oder Triebe in den Boden »absenkt«.

Adventivwurzeln Wurzeln, die direkt aus dem Stängel oder Blatt wachsen.

Ähre Blütenstand mit sitzenden Blüten auf unverzweigtem Stängel.

Alkalischer Boden (oder basischer Boden) Boden mit einem pH-Wert > 7; Böden mit einem pH-Wert = 7 werden als *neutral*, solche mit einem pH-Wert < 7 als *sauer* bezeichnet.

Auge Noch fest geschlossene Knospe.

Auskneifen Entfernen der Triebspitzen zur Anregung der Entwicklung von Seitensprossen.

Ausläufer (oder Stolone) Lang gestreckte Sprossachsen, aus deren Knospen Jungpflanzen entstehen (z. B. Erdbeere).

Ausputzen Entfernung verwelkter Blüten, um weiteres Wachstum und Blütenbildung anzuregen sowie das Aussehen der Pflanze zu verbessern.

Bestäubung Übertragung von Blütenstaub von den männlichen Staubgefäßen auf die Narbe derselben oder einer anderen Blüte derselben Art, wodurch die Samenanlagen im weiblichen Fruchtknoten befruchtet werden.

Blütenformen Die wichtigsten Blütenformen sind: *ungefüllt*, mit einem Kranz von meist 4–6 Kronblättern; *halb gefüllt*, mit mehr Kronblättern, meist in zwei Kränzen; *gefüllt*, meist kugelig, mit dicht sitzenden Kronblättern und fehlenden oder verdeckten Staubblättern.

Bodendecker Immergrüne oder halbimmergrüne, niederliegende kriechende Pflanzen, die den Boden bedecken.

Brutzwiebel (oder Bulbille) Kleines, zwiebelähnliches Organ zur vegetativen Vermehrung, meist aus Blattachseln, mitunter auch in Blütenständen wachsend.

Bulbille siehe *Brutzwiebel*.

Dolde Schirmförmiger Blütenstand aus gestielten Einzelblüten, die demselben Ausgangspunkt entspringen.

Dornen Zu spitzen Gebilden umgewandelte Kurztriebe, Blätter oder Blattteile.

Drainieren Verfahren, um schweren oder verdichteten, staunassen Boden durch Einbringen von Grobmaterial (z. B. Sand, Kies) bzw. Verlegen von Drainagerohren durchlässig zu machen.

Durchlässig Gut durchlüfteter, lockerer Boden ohne Staunässe.

Edelreis siehe *Veredeln*.

Einjährige Pflanzen, die innerhalb einer Wachstumsperiode keimen, blühen, fruchten und absterben.

Endständig Blätter oder Blüten, die am Ende einer Sprossachse stehen.

Entknospen Entfernung überzähliger Knospen, um größere Blüten oder Früchte zu erhalten.

Entspitzen Entfernen bestimmter Wachstumspunkte einer Pflanze, um Wachstum, Zahl oder Größe der Blüten zu beeinflussen.

Gehölze Mehrjährige Pflanzen mit verholzter Sprossachse (Bäume, Sträucher).

Halbstrauch Pflanze mit holziger Basis, deren krautige Sprossteile im Winter absterben, während das Holz überwintert (z. B. Schleierblume, Lavendel).

Hochstamm Baum oder Strauch mit deutlichem kahlem Stamm unterhalb des Ansatzes. Rosen, Margeriten oder Fuchsien werden gern zu dieser Form erzogen.

Horst Bei Gräsern Bezeichnung für ein Büschel dicht beisammen stehender Triebe.

Humus Abgestorbenes organisches Material im Boden, das langsam zu Nährstoffen abgebaut wird und wesentlich zur Bodenfruchtbarkeit beiträgt.

Immergrüne Pflanzen, die am Ende der Wachstumsperiode ihr Laub behalten, auch wenn sie im Lauf des Jahres einige Blätter verlieren. Halbimmergrüne behalten nur wenige Blätter oder werfen das Laub erst ab, nachdem das neue ausgebildet ist.

Infloreszenz Blütenstand.

Kalter Kasten Unbeheizter Frühbeetkasten im Freiland, der zur Überwinterung oder zur Abhärtung von Pflanzen dient.

Kätzchen Hängende Ähren aus meist unscheinbaren Blüten (Birke, Hasel, Weide).

Kiesbeet Anlage mit dicker Kiesschicht und etwas Lehm. Extrem starke Drainierung für Pflanzen, die keine Feuchtigkeit an der Basis vertragen.

Klon Gruppe genetisch identischer Pflanzen, die durch vegetative Vermehrung entsteht.

Knolle Verdicktes, meist unterirdisches Speicherorgan, das sich aus Stängel oder Wurzel entwickelt hat.

Koniferen Nadelgehölze.

Krautig Krautige Pflanzen haben unverholzte Sprossachsen (z. B. Einjährige, Zweijährige und Stauden).

Lehmboden Gut strukturierter, fruchtbarer, humusreicher Boden, der Feuchtigkeit hält, aber auch durchlässig ist. Besteht etwa zu gleichen Anteilen aus Ton, Schluff und Sand.

Moorbeet Besonderes Beet, das sauren Torfboden enthält, z. B. für Rhododendren.

Mulch Organisches Material, das in einer dicken Schicht um die Pflanze auf den Boden aufgebracht wird, um die Feuchtigkeit zu halten, die Wurzeln vor Frost zu schützen, die Unkrautentwicklung zu bremsen und den Boden zu düngen. Ausbringen von Mulch wird als mulchen bezeichnet.

Neutraler Boden siehe *Alkalischer Boden*.

Panaschiert Bezeichnung für gestreifte oder gefleckte Blätter, in denen stellenweise kein Blattgrün (Chlorophyll) gebildet wird; diese Zeichnung ist genetisch bedingt.

pH-Wert Maßstab für den Säuregehalt einer Substanz, im Gartenbau meist des Bodens.

Pikieren (oder vereinzeln) Sämlinge umpflanzen und ihnen dabei mehr Platz geben.

Remontieren Mehrfache Blütenbildung (Nachblüte) innerhalb einer Wachstumsperiode.

Rhizom Unterirdische, meist horizontal wachsende verdickte Sprossachsen, die als Speicherorgan dienen.

Rispe Verzweigte Traube.

Rosette Blattgruppe, die ungefähr am gleichen Punkt ansetzt, meist dicht am Boden an einem sehr kurzen Stängel.

Saurer Boden siehe *Alkalischer Boden*.

Schießen (richtiger: Schossen) Vorzeitige Entwicklung von Blüten und Samen, oft bei Gemüse (Saat, Rote Bete).

Schluff Bodenteilchen mittlerer Korngröße (2–63 mm), zwischen Ton und Sand.

Schnurbaum (oder Kordon) Eine erzogene Pflanze, deren Wuchs auf einen Haupttrieb mit sehr kurzen Seitentrieben beschränkt wird.

Sitzend Bezeichnung für ungestielte Blüten oder Blätter.

Spross Meist oberirdischer Abschnitt der Pflanze, bestehend aus Sprossachse (Stängel) und Blättern.

Sprossknollen Werden aus oberirdischen (Kohlrabi) oder unterirdischen (Kartoffel) Sprossabschnitten gebildet und unterscheiden sich von Rhizomen durch ihr begrenztes Wachstum.

Stacheln Harte spitze Gebilde der pflanzlichen Oberhaut, im Unterschied zu Dornen keine umgebildeten Pflanzenorgane.

Stauden Ausdauernde (mehrjährige) krautige Pflanzen, deren oberirdische Teile im Herbst vollständig oder bis auf bodennahe Teile absterben.

Staunässe Das Wasser im Boden kann schlecht abfließen; Staunässe führt oft zum Faulen der Wurzeln.

Steckling Teil einer Pflanze, der abgetrennt und zur vegetativen Vermehrung verwendet wird.

Steril Unfruchtbar; produziert weder Sporen noch Pollen oder Samen.

Stratifizieren Das Beenden der Keimruhe von Samen durch Kältezufuhr; im Freiland durch Frost oder vor der Aussaat im Kühlschrank.

Strauch Pflanze mit holzigen Sprossachsen, die sich direkt oder dicht an der Basis kräftig verzweigt.

Traube Blütenstand mit gestielten Blüten an unverzweigter Sprossachse.

Vegetationsperiode (oder Wachstumsperiode) Oft warme Jahreszeit, in der die Pflanzen wachsen, gedeihen und Blüten und Früchte hervorbringen.

Vegetative Vermehrung Ungeschlechtliche Vermehrung, hier durch Pflanzenteile; kann künstlich genutzt werden (z. B. durch Teilung oder Stecklinge).

Veredeln Vermehrungsmethode, um das Erbgut verschiedene Pflanzen künstlich zu vereinigen; meist wird ein Spross (Edelreis) der einen Pflanze auf den Wurzelstock (Unterlage) der anderen übertragen.

Vereinzeln siehe *Pikieren*.

Verwildern lassen Blumenzwiebeln jahrelang ungestört im Boden lassen, so dass sie sich vermehren und, z. B. im Rasen oder unter Gehölzen, ausbreiten.

Verziehen Herausziehen überzähliger Gemüsejungpflanzen, um die Pflanzen auf den richtigen Abstand auszudünnen.

Vortreiben Künstliche, meist vorzeitige Einleitung der Entwicklung von Trieben, Blüten oder Früchten.

Wachstumsperiode siehe *Vegetationsperiode*.

Warmes Gewächshaus Die Mindesttemperatur in diesem Gewächshaus beträgt 13 °C.

Wasserreiser (Wasserschosse) Auf Grund von Störungen, z. B. nach Schnitt, aus schlafenden Augen schnell senkrecht nach oben wachsende Triebe.

Wasserschosse siehe *Wasserreiser*.

Wurzelschössling Aus einer Knospenanlage der Wurzel entspringender, meist rasch senkrecht emporwachsender Langtrieb.

x Hybride (Bastard), die durch Kreuzung zweier Arten entstanden ist.

Zurückschlagen Rückkehr zum ursprünglichen Zustand, z. B. Bildung normaler grüner Blätter bei panaschierten Sorten.

Zweihäusig Männliche und weibliche Blüten entwickeln sich auf verschiedenen Pflanzen.

Zweijährige Pflanzen, die in der ersten Wachstumsperiode keimen und auswachsen (allerdings ohne Blütenstand), in der zweiten dann blühen, fruchten und absterben.

Zwiebel Speicherorgan, das hauptsächlich aus fleischigen Schuppen und verdickten, modifizierten Blattansätzen an einer stark verkürzten Sprossachse besteht.

REGISTER

DANK

Dank des Verlages
Der Dorling Kindersley Verlag möchte folgenden Personen und Institutionen danken: allen Mitarbeiter der RHS, insbesondere Susanne Mitchell, Barbara Haynes und Karen Wilson (Büro Vincent Sqare) sowie den Mitarbeitern des RHS-Gartens in Wisley. Weiterer Dank ergeht an folgende Personen: Lee Griffith und Mary-Clare Jerram für ihre aufopfernde Unterstützung des Herstellungsteams, Jane Simmonds, Lin Hawthorne und Pamela Brown für die Entwicklung des Buchkonzepts, Louise Abbott, Lynn Bresler, Pamela Brown, Alison Copland, Anneliese Evans and Lesley Riley für sach- und fachdienliche Unterstützung, Frances Hutchinson und Ray Rogers für ihre Beratung bei der Bildauswahl, Louise Abbott, Murdo Culver, Stephen Josland und Wesley Richards für redaktionelle Unterstützung des neuen Bildmaterials, Murdo Culver, Ursula Dawson, Clive Hayball, Wesley Richards und Alison Shackleton für weitergehende Unterstützung des Layouts, Richard Dabb für seine Unterstützung bei der Bildrecherche im Dorling-Kindersley-Bildarchiv, Andrea Hill, die beim DTP einsprang, sowie Barry Prescott, der den verwaltungstechnischen Papierkram bewältigte. David Joyce (Autor des ersten Abschnitts) und die Verlagsleitung möchten ganz besonders Andrew Lawson für die Bereitstellung von Text- und Bildmaterial danken, ohne die die Gestaltung der Doppelseite 52/53 unmöglich gewesen wäre.

Fotoredaktion
Peter Anderson

Grafiken
Gill Tomlin, S. 50–52; Karen Gavin, Illustrationen S. 71

Bildagenturen
Der Verlag möchte im Einzelnen folgenden Personen und Institutionen für die Überlassung von Bildmaterial danken:

(Abkürzungen: l = links, m = Mitte, o = oben, r = rechts, u = unten, z = zuoberst.)
1 Garden Picture Library: John Glover m
2 Clive Nichols: Anthony Noel
5 Scotts of Stow
6 Garden Picture Library: Juliette Wade
8–9 Garden Picture Library: Clay Perry
10 Marianne Majerus: Designer: Jon Baillie ul; Steve Wooster: Designer: Anthony Paul m
11 Jerry Harpur: ol, um; Clive Nichols: Designer: Keeyla Meadows ul
12 Garden Picture Library: Ron Sutherland or; Jerry Harpur: ul; Steve Wooster: Designer: Piet Oudolf m
13 Jerry Harpur: Designer: Christopher Masson or; Anne Hyde: ur; Clive Nichols: Clive & Jane Nichols ul; Steve Wooster: Hannah Deschar Gallery m
14 Jerry Harpur: ml, m
15 Jerry Harpur: ul
14–15 Jonathan Buckley: Designer Penny Smith
16 Elizabeth Whiting & Associates: ul
17 Garden Picture Library: Michael Howes ol; Elizabeth Whiting & Associates: ol
16–17 Clive Nichols: Clive & Jane Nichols
18 Greenworld Pictures Inc.: Mick Hales ul
19 Garden Picture Library: Eric Crichton ul; Jerry Harpur: br; Marianne Majerus: or
18–19 John Glover
20 Andrew Lawson: ul
21 John Glover: ur; Jerry Harpur: um
20–21 Andrew Lawson
22 Garden Picture Library: Ron Sutherland ul; Clive Nichols: The Priory, Kemerton, Worcs m
23 Garden Picture Library: Steven Wooster u
24 Garden Picture Library: Eric Crichton om; John Baker um; Ron Sutherland ur

24 Jerry Harpur: or; Clive Nichols: Designer: Vic Shanley ul
25 Garden Picture Library: Rowan Isaac um; Andrew Lawson: om, or, ur; Steve Wooster: ol
26 Derek Fell: gol; John Glover: gom; Jerry Harpur: om; Anne Hyde: zr; Andrew Lawson: York Gate, Leeds ul; Steve Wooster: ul
27 John Glover: ur; Andrew Lawson: or; Designer: Ryl Nowell, Wilderness Farm ul; Clive Nichols: ol; Designer: Anthony Noel um; Steve Wooster: om
28 Garden Picture Library: Gary Rogers ur; John Baker um; The Interior Archive: Herbert YPMA or; Elizabeth Whiting & Associates: om, ul
29 Garden Picture Library: Jerry Pavia ol; Rex Butcher ul; Andrew Lawson: om; Designer: Lynden Miller mro; Elizabeth Whiting & Associates: um, ur
30 Garden Picture Library: Marijke Heuff um; Tommy Candler ul; John Glover: Bosvigo 968 om; Andrew Lawson: Designer: Sir Miles Warren or; Marianne Majerus: ol; Elizabeth Whiting & Associates: ur
31 Jonathan Buckley: mr; Garden Picture Library: Steven Wooster um; Jerry Harpur: ul; Anne Hyde: ol; Andrew Lawson: om, or; Elizabeth Whiting & Associates: ur
32 Garden Picture Library: Marie O'Hara ul; John Glover: or, um; Marianne Majerus: Design: Lesley Rosser ur; Steve Wooster: om
33 Garden Picture Library: Ron Sutherland um; John Glover: gor; Clive Nichols: Andrew & Karla Newell ol; Lambeth Horticultural Society ul; Little Coopers, Hampshire ur; Steve Wooster: om
34 Garden Picture Library: Juliette Wade om; John Glover: or; Jerry Harpur: ul; Clive Nichols: Paula Rainey Crofts ur; Derek St Romaine: um
35 Emap Active: or, um; Garden Picture Library: John Miller om; Jerry Harpur: ul; Elizabeth Whiting & Associates: ol
36 Garden Picture Library: Brian Carter or; Gary Rogers om; Steven Wooster ul; John Glover: um; Clive Nichols: ur
37 Garden Picture Library: Lamontagne um; Mel Watson or; John Glover: ol, om; Andrew Lawson: Designer: Penelope Hobhouse ur; Derek St Romaine: ul
38 Clive Nichols: or, or; Chenies Manor, Bucks ul; Steve Wooster: um
39 Anne Hyde: ol, ul
40 Jerry Harpur: The Priory, Hatfield Peverel, Essex om; Clive Nichols: Parnham House, Dorset um; The Anchorage, Kent ur; Steve Wooster: or
41 Jerry Harpur: ur; Design: Edwina Von Gal ul; Andrew Lawson: ol, um; Clive Nichols: Bassibones Farm, Bucks om; Designer: Elisabeth Woodhouse or
42 Jerry Harpur: Neil Diboll, Wisconsin um; Clive Nichols: Chenies Manor, Bucks or
43 Garden Picture Library: Vaughan Fleming ur; Andrew Lawson: or; Clive Nichols: Designer: Anthony Noel um; Designer: Jill Billington ol
44 Jerry Harpur: m; Clive Nichols: Designer: Sarah Hammond ul
46 Jerry Harpur: Designer: Simon Fraser m; Anne Hyde: ul
47 Andrew Lawson: Designer: Penelope Hobhouse ml; Clive Nichols: Designer: Jill Billington um
48 John Glover: um; Jerry Harpur: mru; Diana Ross, London or
49 Andrew Lawson: om, m
50 Andrew Lawson: or, ur
51 Andrew Lawson: or
52 Andrew Lawson: or, mlo, mlu, ul, ur
53 Andrew Lawson: ol, ml, ul
54–55 Garden Picture Library: Janet Sorrell
61 Jerry Harpur: ur
63 Clive Nichols: uc
65 Garden Picture Library: Ron Sutherland ur
70 Emap Active: ml
71 Clive Nichols: Garden & Security lighting mr; Clive

Nichols: Andrew & Karla Newell mr
73 Clive Nichols: mr
74 Eric Crichton Photos: u; Garden Picture Library: Brigitte Thomas mro; Clive Nichols: Hilary Macpherson ur
75 Garden Picture Library: Brian Carter mro; JS Sira ul; Juliette Wade om; Jerry Harpur: Designer: Wesley & Susan Dixon mr; Clive Nichols: Bassibones Farm, Bucks ur
76 John Glover: ur; Jerry Harpur: P. Hickman, Thames Ditton ul; Andrew Lawson: mlu
81 Garden Picture Library: Jacqui Hurst ul; Jane Legate mlu; Clive Nichols: White Windows, Hampshire mr
82 Garden Picture Library: Howard Rice al
87 Garden Picture Library: Chris Burrows umr
88 John Glover: ul; Garden Picture Library: John Glover um
89 Eric Crichton Photos: or
90 Steve Wooster: ul
92 Garden Picture Library: Howard Rice ar
95 Eric Crichton Photos: ul
96 Jerry Harpur: ur
97 John Glover: m
98 Garden Picture Library: Howard Rice m
100 John Glover: ul; Jerry Harpur: um
103 Steve Wooster: or, mr
106 Garden Picture Library: Mayer/Le Scanff or
122 Garden Picture Library: Gil Hanly ul
139 Garden Picture Library: Howard Rice uml
172 Garden Picture Library: Steven Wooster mr
174 Garden Picture Library: Juliette Wade ul
176 Jo Whitworth: ur
180 Garden Picture Library: Brian Carter ul; Gary Rogers m; J. S. Sira: ur
181 Andrew Lawson: um
183 Garden Picture Library: Ann Kelley ml
184 Eric Crichton Photos: um; Jerry Harpur: mr
186 Steve Wooster: um
187 Steve Wooster: om
189 Garden Picture Library: Stephen Jury um; Steve Wooster: or
190 Steve Wooster: m
195 Andrew Lawson: m
224 Eric Crichton Photos: ul
228 Garden Picture Library: John Glover m
232 Neil Campbell-sharp: ur
274 Garden Picture Library: John Glover ul; Scotts of Stow: um
275 John Glover: m
276 Scotts of Stow: om
280 Garden Picture Library: Howard Rice mru
292 Oxford Scientific Films: Colin Milkins ml
295 Holt Studios International: Nigel Cattlin ul
296 Holt Studios International: Nigel Cattlin mlu, ul, umr
297 Holt Studios International: Nigel Cattlin uml, umr, umr
299 The Garden Magazine: Tim Sandell uml; Holt Studios International: Nigel Cattlin ur, uml
300 Holt Studios International: Nigel Cattlin ur
301 A-Z Botanical Collection: umr; RHS Wisley: J. Maynard oum
302 Heather Angel: ur; Holt Studios International: Nigel Cattlin uml
304 Holt Studios International: Nigel Cattlin ul, uml, umr
305 Holt Studios International: Nigel Cattlin ul, ur
306 Holt Studios International: Nigel Cattlin ul; RHS Wisley: K.M. Harris uml
307 Holt Studios International: Nigel Cattlin m; RHS Wisley: mru; A.J. Halstead ur; P. Becker mr
308 Holt Studios International: Nigel Cattlin ul, uml, umr
310 The Garden Magazine: Tim Sandell ul; Holt Studios International: Nigel Cattlin umr; RHS Wisley: P. Becker uml
311 The Garden Magazine: Tim Sandell ur
312–313 Garden Picture Library: Clive Nichols
362 Garden Picture Library: JS Sira ur
364–365 Garden Picture Library: Juliette Wade
Schutzumschlag: Jerry Harpur: Rückseite omr